भारतीय समाजविज्ञान कोश

पारिभाषिक शब्दसंग्रह

पुरवणी खंडातील पारिभाषिक शब्द संग्रहासह

संपादक : स. मा. गर्गे

मेहता पब्लिशिंग हाऊस

भारतीय समाजविज्ञान कोश पारिभाषिक शब्दसंग्रह

संपादक : स. मा. गर्गे

श्री. मोहन (आप्पा) आ. कुलकर्णी
(सल्लागार विश्वस्त)
सी/१, शिवाई हौसिंग सोसायटी,
साने गुरुजी स्मारकाजवळ,
सिंहगड रस्ता, पुणे- ४११०३०.
दूरध्वनी: ०२०-२४१०९०८७

प्रकाशक
सुनील अनिल मेहता,
मेहता पब्लिशिंग हाऊस,
१९४१, सदाशिव पेठ, माडीवाले कॉलनी,
पुणे ३०.

मुद्रक
स्पेक्ट्रम ऑफसेट, डी-२/४,
सत्यम इस्टेट, सीडीएसएसच्या मागे,
एरंडवणे, पुणे - ४११००४.

प्रकाशनकाल
पहिली आवृत्ती : जानेवारी, १९९३
मेहता पब्लिशिंग हाऊसची
दुसरी आवृत्ती : ऑगस्ट, २०१७

किंमत
₹ ७५०

P Book ISBN 9789386745200
E Book ISBN 9789386745217
E Books available on : play.google.com/store/books
m.dailyhunt.in/Ebooks/marathi
www.amazon.in

✆ +91 020-24476924 / 24460313
Email : info@mehtapublishinghouse.com
production@mehtapublishinghouse.com
sales@mehtapublishinghouse.com
Website : www.mehtapublishinghouse.com

म्हणौनी कर्माचे डोळे ज्ञान । तें निर्दोष होआवे ॥ ज्ञानेश्वरी ९।३५० ॥

स. मा. गर्गे

(४ नोव्हेंबर, १९२० - ४ नोव्हेंबर, २००५)

अनुक्रमाणिका

संपादकीय निवेदन

पारिभाषिक शब्दसंग्रहाच्या मूळच्या खंडातील प्रस्तावनेमधील आजच्या काळालाही उपयुक्त ठरणारा काही भाग आणि आवाहन पुनर्मुद्रित करत आहोत.

पारिभाषिक शब्दांची जडणघडण

प्रस्तुत सहावा खंड पारिभाषिक शब्दसंग्रह आहे. समाजशास्त्र, अर्थशास्त्र, राज्यशास्त्र आणि तत्सम विषयांसाठी उपयोगी पडणाऱ्या सुमारे पंचवीस हजार शब्दांचा या खंडात समावेश केलेला आहे. मराठी–इंग्रजी व इंग्रजी–मराठी अशा स्वरूपात या परिभाषेची रचना केलेली आहे. लेखक, वाचक, अध्यापक, प्राध्यापक, विद्यार्थी यांना या शब्दांचा उपयोग होईल अशी अपेक्षा आहे.

शास्त्रीय विषयांचे पारिभाषिक शब्द अवघड असतात, खडबडीत असतात आणि प्रत्यक्ष व्यवहारात येण्याच्या दृष्टीने ते निरुपयोगी ठरतात, असा या संदर्भात सरसकट आक्षेप घेतला जातो. वस्तुस्थिती अशी आहे की सर्वच आधुनिक शास्त्रे मराठी भाषेत गेल्या काही वर्षात व्यवहारात आणि अभ्यासक्रमात उपयोगात आणली जात आहेत. या शास्त्रांचे मूळ इंग्रजी भाषेतील ग्रंथात आहे. इंग्रजी ज्ञानभाषा सर्वच क्षेत्रात व्यापक आणि विशाल आहे. काही शतकांपासून ती भाषा वृद्धिंगत व विकसित होत आली आहे. त्यामुळे त्या भाषेतील शास्त्रीय परिभाषा अशा प्रदीर्घ काळातील व्यवहारातून आणि सामाजिक–राजकीय अनुभवातून समृद्ध होत गेली. तिला निश्चित अर्थाच्या छटा प्राप्त होऊ शकल्या. स्वाभाविकच इंग्रजी भाषेत महत्त्वाच्या संकल्पनांसाठी काटेकोर अर्थ दर्शविणारे शब्द त्या भाषेला लाभले. किंबहुना सामाजिक परिस्थितीच्या गरजेपोटी ते शब्द इंग्रजीत घडत गेले. त्यामागे अनेक शास्त्रज्ञांची तपश्चर्या दिसून येते. महत्त्वाच्या शब्दार्थांसाठी पाश्चात्य विद्वानांनी वादविवाद केले, विचारविनिमय केला आणि मग सर्व बाजूंनी पारखून शास्त्रीय शब्द निश्चित होऊ शकले. त्यातूनच मूळ शास्त्रीय संकल्पना आणि त्यासाठी उपयोगात आणलेली परिभाषा यांची सांधेजोड होऊ शकली.

मराठी भाषेला संस्कृत भाषेचा समृद्ध वारसा लाभलेला आहे. तिच्या साहाय्याने पारिभाषिक शब्द घडविले जावेत अशी एक सूचना वारंवार केली जाते. वस्तुत: संस्कृत शब्दांचा शक्य असेल तेथे उपयोग केला जातोच; पण असे शब्दही जसेच्या तसे स्वीकारता येत नाहीत. त्याचे एक कारण असे की, संस्कृत भाषा कितीही समृद्ध असली तरी ज्या संज्ञा, संकल्पना, व्याख्या आणि संस्था यांच्यासाठी पारिभाषिक शब्द घडवायचे आहेत, त्या कल्पना आणि विचार आधुनिक पाश्चात्य शास्त्रांशी निगडित असल्यामुळे मूळ संस्कृत शब्द अपुरे पडतात. म्हणून आधुनिक शास्त्रांचे संदर्भ आणि विविध पैलू स्पष्ट करण्यासाठी त्या शब्दांच्या रचनेत आणि घडणीत बदल करणे अपरिहार्य असते. असा बनलेला पारिभाषिक नवा शब्द अवघड आहे असा आक्षेप घेतला जातो. म्हणून आधुनिक शास्त्रांचे संदर्भ आणि विविध पैलू शोधण्यासाठी सरसकट मूळ संस्कृत संकल्पनांचा आग्रह धरणे योग्य ठरत नाही. विशेषत: पारिभाषिक शब्द सर्वार्थाने आधुनिक व शास्त्रीय तर असावा पण व्यावहारिकदृष्ट्या तो मराठी शब्दासारखा सोपाही असावा. हे दोन्ही उद्देश एकाच वेळी साध्य करणे आवश्यक असले, तरी अवघड असते याचेही भान ठेवावे लागते.

याबाबतीत आणखी एक मुद्दा लक्षात घ्यावा लागेल. मूळ संकल्पनाच जर पाश्चात्य परिस्थितीचे आणि विचारांचे संदर्भ दर्शविणाऱ्या असतील तर त्यांचा सर्व आशय जसाच्या तसा संस्कृत प्राचीन ग्रंथातील शब्दात स्पष्ट होऊ शकणार नाही. अट्टाहासाने तसे करण्यात आले तर मूळ संकल्पनांचा आशय आधुनिक निदर्शक होऊ शकणार नाही. उदाहरणार्थ, लोकशाही, समाजवाद, अर्थव्यवस्था, ऐतिहासिक भौतिकवाद,

राज्यघटना, चलनवाढ, मानवशास्त्र, लोकपाल या आणि अशा संकल्पना प्राचीन ग्रंथात धुंडाळून आधुनिक परिभाषेत बसविण्याचा प्रयत्न करणे अनावश्यक तर आहेच, पण समर्पकतेच्या दृष्टीनेही असमर्थनीय आहे. संस्कृत भाषेविषयी योग्य तो आदर बाळगूनही ही वस्तुस्थिती मान्य करावी लागेल. हे सर्व दृष्टीसमोर ठेवून आम्ही प्रस्तुत पारिभाषिक शब्दसंग्रह तयार केला आहे. तो पूर्ण निर्दोष आहे असा आमचा दावा नाही. तसेच तो शेवटचा शब्दसंग्रह आहे असेही मानण्याचे कारण नाही. त्याला जास्तीत जास्त पूर्णता, समर्पकता, सुलभता व नि:संदिग्धता प्राप्त व्हावी अशी मात्र आमची इच्छा आहे. अर्थात हे काम केवळ शाब्दिक चर्चा करून किंवा केवळ टीका करून होणार नाही. त्यासाठी एक विधायक योजना आम्ही विद्वानांपुढे मांडतो. त्यांनी त्याचा विचार करावा आणि आमच्या आवाहनाला विधायक प्रतिसाद द्यावा. मराठी भाषा समृद्ध करण्याचेच हे काम आहे म्हणून या क्षेत्रातील विद्वानांनी, प्राध्यापकांनी आणि विचारवंतांनी या कामी आम्हाला साहाय्य करावे. (खाली दिलेले आवाहन पाहावे.)

आवाहन

भारतीय समाजविज्ञान कोशाच्या या पारिभाषिक शब्दसंग्रहात दिलेल्या शब्दांचे अर्थ सर्व बाजूंनी आपण तपासावेत आणि त्या अर्थाऐवजी आपल्याला जे अधिक समर्पक अर्थ वाटतील ते आम्हाला कारणासह कळवावेत. आपण सुचविलेला पर्यायी शब्द, अर्थ समर्पक, नि:संदिग्ध, सुलभ, अर्थवाही आणि शास्त्रीय असावा अशी अपेक्षा आहे. अशा शब्दार्थांचा एक पुरवणी परिभाषासंग्रह आम्ही प्रकाशित करू. तरी सामाजिक शास्त्राच्या अभ्यासकांनी आमच्या आवाहनाचा गंभीरपणे विचार करावा आणि मराठी भाषा अधिक समृद्ध करण्याच्या कामी हातभार लावावा ही विनंती.

स. मा. गर्गे, संपादक

दुसऱ्या आवृत्तीच्या निमित्ताने

भारतीय समाजविज्ञान कोशाचा पहिला खंड १ मे १९८६ (महाराष्ट्र दिन) रोजी प्रसिद्ध झाला. त्यानंतर उरलेले पाच खंड क्रमाक्रमाने प्रसिद्ध झाले. भारतीय समाजविज्ञान कोशाचे पहिले पाच खंड अभ्यासक, पत्रकार, विद्यार्थी आणि जिज्ञासूंच्या तसेच चिकित्सक वाचकांच्या पसंतीस उतरले. त्याची दुसरी आवृत्तीही निघाली. या कोश निर्मितीला चोवीस वर्षे झाली. कोश लेखनाचे हे काम निर्मितीपूर्वी जवळजवळ दहा-बारा वर्षे चालले होते. या सर्व खंडांच्या नव्या आवृत्तीसह पुरवणी खंडाची आखणी, कोशाचे संपादक स. मा. गर्गे करत असतानाच दुर्दैवाने त्यांचे ४ नोव्हेंबर २००५ रोजी देहावसान झाले. त्यांच्या पश्चात पाच खंडांसह नवीन सहावा खंड पुरवणी खंडाच्या स्वरूपात तयार करायचा आणि पारिभाषिक शब्दसंग्रहाचा (मूळचा ६ वा खंड) स्वतंत्र खंड प्रकाशित करण्याची योजना ठरली.

या योजनेनुसार समाजविज्ञान मंडळ न्यासाने पुरवणी खंड आणि पारिभाषिक खंड हे दोन्ही स्वतंत्र प्रकल्प पूर्णत्वास नेले, याचा आम्हाला विशेष आनंद होत आहे.

मूळचा पारिभाषिक शब्दसंग्रह (खंड ६) जानेवारी १९९३ मध्ये प्रकाशित झालेला आहे. त्यात पहिल्या पाच खंडातील समाजशास्त्राच्या दृष्टीने उपयोगी पडणारे शब्द घेतलेले आहेत. पुरवणी खंडातील उपयुक्त नव्या शब्दांचा मूळच्या खंडात समावेश करून हा पारिभाषिक शब्दसंग्रहाचा स्वतंत्र खंड तयार करण्यात आला आहे.

या कामासाठी पुरवणी खंडाचे अर्थशास्त्र विषयाचे संपादक डॉ. अरविंद नगरकर, राजशास्त्र विषयाचे संपादक डॉ. सुरेश काकडे आणि समाजशास्त्र विषयाच्या संपादिका डॉ. श्रुती तांबे या सर्वांचे सहकार्य झाले आहे.

नवीन शब्द शोधणे, ते विषयावार लिहून काढणे, त्यांची कार्डे तयार करणे, ती आद्याक्षरानुसार लावणे अशी कामाची आखणी केली गेली. नवीन शब्द, जुन्या शब्दसंग्रहात समाविष्ट करण्याचे काम विशेष जिकीरीचे आणि मेहनतीचे होते. पारिभाषिक शब्दसंग्रहाच्या मराठी-इंग्रजी आणि इंग्रजी-मराठी या परिभाषेच्या रचनेसाठी विशेष कष्ट आणि दक्षता घ्यावी लागली.

हे काम न्यासाचे विश्वस्त श्रीमती कविता भालेराव आणि श्री. मोहन (आप्पा) कुलकर्णी यांनी पुढाकार घेऊन पुरेशा खबरदारीने पाठपुरावा करून पूर्णत्वाला नेले. शब्दसंग्रहाच्या डीटीपीचे काम श्री. संदीप घावरे यांनी परिश्रमपूर्वक केले. श्री. घावरे यांना मनापासून धन्यवाद.

या पारिभाषिक शब्दसंग्रहाचा अभ्यासकांना आणि जिज्ञासू वाचकांना वेळोवेळी उपयोग होईल असा विश्वास वाटतो.

– समाजविज्ञान मंडळ न्यास, पुणे

मराठी/इंग्रजी पारिभाषिक शब्दसंग्रह

मराठी/इंग्रजी पारिभाषिक शब्दसंग्रह

अ

अंक	numeral
अंकवाचक उपयोगिता	cardinal utility
अंकित	subjection
अंकित राज्य	satellite state
अंगभूत	intrinsic
अंगभूत विसंगती	inherent contradiction
अंगीकार	adoption
अंत:ऊर्जा	spirit
अंत:परिषद	inner council
अंत:प्रत्यय	intuition
अंत:प्रवाह	influx
अंत:प्रवेश	infiltration
अंत:प्रज्ञा	intuition
अंत:प्रज्ञावाद	rule intuitionism
अंत:प्रेरणा	inspiration; intuition
अंत:सत्त्व	ethos
अंत:समूह	ingroups
अंत:सामर्थ्य	potentiality
अंत:संघर्ष/ अंतर्गत कलह	inner conflict
अंत:संबंध	internal relations
अंत:स्तरीय	deep structure
अंत:स्थलांतरण	in migration
अंत:स्फुर	inspiration
अंत:स्फूर्ती	intuition
अंत:क्षेप करणे	interprete; interpose
अंतर्निरोध/अंतर्बंध	inhibition
अंतरक	core
अंतरक उद्योग	core industries
अंतरक गट	core group
अंतरचित मृदुता	built in flexibility
अंतरचित स्थिरक	built in stabilizer
अंतराळ कायदा	space law
अंतराळविद्या	astronotics
अंतरिम	interim
अंतरिम आदेश	interim order
अंतरिम बोनस	interim bonus
अंतरिम लाभांश	interim dividend
अंतरिम वित्तव्यवस्था	bridge finance; stoppage arrangement
अंतरिम शासन	interim government
अंतरिक्ष	cosmos
अंतर्गट	ingroup
अंतर्गत	internal
अंतर्गत (देशान्तर्गत) व्यापार	internal trade
अंतर्गत अनुकुलता	internal economics
अंतर्गत अर्थसाहाय्य	cross subsidy
अंतर्गत काटकसर	internal economies
अंतर्गत तपासणी/ पडताळा	internal check
अंतर्गत तांत्रिक गट	internal technical group
अंतर्गत नियंत्रण	internal control
अंतर्गत पुनर्गठन	internal reconstruction
अंतर्गत मूल्य	internal value
अंतर्गत लेखापरीक्षक	internal auditor
अंतर्गत व्यवस्थापन	internal management
अंतर्गत संरोध	internal check
अंतर्गत सेवापरीक्षा	recruitment from within
अंतर्जात घटक	endogenous factor
अंतर्दृष्टी	insight
अंतर्भाव	incorporation
अंतर्भूत हक्क	inherent rights
अंतर्भेदी विवाह	marriage by instrusion
अंतर्मुख व्यक्तिमत्व	introvert perssonality

अंतर्मुख व्यक्ती/ अंतर्मुखी	introvert
अंतर्मुखता	introversion
अंतर्लयन	absorption
अंतर्लयी बँकिंग कंपनी	absorbing banking company
अंतर्वर्धन	interlocking
अंतर्विरोध	internal conflict
अंतर्विवाह	endogamy
अंतर्ज्ञान	intuition
अंतस्थरूप	internal format
अंतिम अर्थ/श्रेय	final goal
अंतिम आधार	last resort
अंतिम कारण	final/ultimate cause
अंतिम नियम	ultimate law
अंतिम निर्मित वस्तू	final goods
अंतिम परिव्यय/खर्च	terminal cost
अंतिम प्रयोजन	final cause
अंतिम बाजार	terminal market
अंतिम मागणी लेखा	final cause account
अंतिम लेखा	final account
अंतोपयोगी पैसा	end money
अंत्यगट	end group
अंत्यविधी	funeral rituals
अंदाज	estimate; calculation; presumption
अंदाज समिती	estimate commitee
अंदाजपत्रकी तूट	budgetory deficit
अंदाजी किंमत	estimation
अंदाजी परिव्यय	estimated cost
अंदाजे मूल्य	approximate value
अंध देशभक्ती	chauvanism
अंधकल्याण	welfare of the visually challenged
अंधश्रद्धा	credulity; supersitition

अंमल	jurisdiction; regions
अंमलबजावणी	enforcement; execution; implementation
अंमलबजावणी कार्यवाही	enforcement action
अंमली औषधी द्रव्य	narcotic drugs
अंश	contribution; degree; component
अंशकालिक मजूर	part time labour
अंशकालीन शेती	part time farming
अंशत: एकत्रीकरण	partial consolidation
अंशदान	contribution
अंशदानात्मक	contributory
अंशधारक	shareholder
अंशराशीकृत मूल्य	commuted value
अंशलक्षी	micro
अंशात्मक	fractional
अकरणात्मक प्रमाद	error of ommssion
अकरणात्मक विधी/कायदा	negative law
अकरणात्मक स्वातंत्र्य	negative freedom
अकर्मण्यता	inaction
अकल्पित नफा	windfall profit
अकाल प्रौढ	precocious
अकाली निवृत्ती	untimed retirement
अकिंचन	insolvent
अकृषीक रोजगार	non-agricultural
अक्रिय	passive
अक्रिय विरोध	passive resistence
अक्रियावाद	passivism
अक्रियाशील	passive
अखंड	continous
अखंड उत्तराधिकार	perpetual succession
अखंडत्व/अखंडता	wholeness

अखंड वर्षासन/वार्षिकी	perpetual annuity
अखंडाश्म	monolithic
अखत्यार	authority
अखेरची नोंद	closing entry
अखेरची वसुली	closing collection
अखेरची शिल्लक	closing balance
अखेरचे भांडवल	closing capital
अगम्यगमन	incest
अगम्यगमन निषेध	incest taboo (tabu)
अग्र	apex; anterior
अग्र उद्योग एकीकरण	forward integration
अग्रक्रम	preference, priority
अग्रक्रम अधिपत्र	warrant of precedence
अग्रक्रयाधिकार	pre-emption
अग्रगामी	forward
अग्रगामी रणनीती	forward strategy
अग्रजाधिकार	primogeniture
अग्रदत्त	paid in advance
अग्रधन (सरकारी कामासाठी दिलेले कर्ज)	imprest
अग्रधन लेखा	impressed account
अग्रमान	priority
अग्रसीमा	anterior margin
अग्रहक्क	priority rights
अग्रहणीय	inadmissible
अग्राह्य	inadimissible, voide
अग्रिम	advance
अग्रिम लेखा	advance account
अग्रिम वार्ता	scoop
अचर	steady
अचल	constant; immobile; invariable; stationery
अचल भांडवल	constant capital
अचलता	immobility

अचिकित्सक विश्वासवृत्ती (अंधश्रद्धा)	credulity
अचूक	exact; infalliable
अचूकता	accuracy
अजड द्रव्यवाद	immaterialism
अजडवाद	immaterialism
अट	condition; proviso; term
अटक	detention; confinement
अटकाव	stoppage; barrier; contravention
अटकेत ठेवलेल्या व्यक्तीस कोर्टापुढे आणण्याचा हुकूमनामा	hebeas corpus
अटकेत ठेवलेल्या व्यक्तीस कोर्टापुढे आणण्याच्या हुकूमनाम्याविषयीचा कायदा	hebeas corpus act
अटलांटिक सनद	atlantic charter
अडकून पडलेली संपत्ती	blocked assets
अडत	commision; factorage
अडत लेखा	commision account
अडत्या	commision agent/factor
अडथळा	obstacle
अडसर	buffer; bar; obstacle
अडसर राज्य	buffer state
अणुइंधन पुरवठागट	nuclear suppliers group
अणुऊर्जा	atomic energy
अणुकरार	nuclear act
अणुचाचणी	nuclear test
अणुमुक्त क्षेत्र	atom free zone
अणुवाद	atomism
अणुशस्त्र संचय	nuclear stockpile

अणुसंमीलन	atomic amalgamation
अणू	atom
अण्वस्त्र उपयोजन विराम	nuclear pause
अण्वस्त्रधारी राष्ट्र	nuclear nation
अण्वस्त्रबंदी	nuclear ban
अण्वस्त्रीकरण	nuclearization
अण्वस्त्रे	nuclear weapons
अतरल	illiquid
अतरल मत्ता	illiquid assets
अतार्किक	irrational
अतार्किक क्रिया	non-logical action
अतिअल्पकालीन	very short period
अतिउपभोगवाद	extreme consumerism
अतिकालिक वेतन	overtime pay
अतिकालीन भत्ता	overtime allowance
अतिक्रमण	transgression; tresspass; encroachment
अतिगुंतवणूक	over investment
अतिगुणोत्तरीय	hypergeometric
अतिजैविक	super organic
अतिथी नागरिक	immigrants
अतिनैसर्गिक	supernatural
अतिप्रदान	overpayment
अतिफुगवटा	hyperinflation
अति बीजक	over invoice
अति भरपाई	over compensation
अतिभांडवलीकरण	over capitalisation
अतिभारित अर्थव्यवस्था	milkbar/overloaded economy
अतिभारी अडत	overriding commision
अतिभारी कर	heavy tax
अतिमहान शक्ती	super power
अतिमानव	superman
अतिमानवतावाद	transhumanism
अतिमानवी /अतिमानुष	superhuman
अतिमानस	supramental
अतिमानसशास्त्र	paraspsychology
अतिमूल्यांकित चलन	overvallued currency
अतिराष्ट्रीय	supranational
अतिरिक्त	accessory; excess; surplus
अतिरिक्त आकार	overcharge
अतिरिक्त उत्पादन	surplus production
अतिरिक्त कर	excess duty; profit tax
अतिरिक्त खंड	surplus rent
अतिरिक्त तरलता	excess liquidity
अतिरिक्त प्रदान/भरणा	excess payment
अतिरिक्त मागणी	excess demand
अतिरिक्त मूल्य	surplus value
अतिरिक्त लाभ कर	excess profit tax
अतिरिक्त क्षमता	surplus capacity; excess capacity
अतिरिक्तता	superfluity
अतिरेक	superfluity; excess
अतिरेकी	fanatic
अतिरेकी व्यक्तिनिष्ठता	fanatic individuality
अतिरेकी श्रद्धा	fanaticism
अतिरोजगार	overfull employment
अतिवास्तववाद	superrealism
अतिविकसित	over developed
अतिवृद्ध (चलनफुगवटा)	inflation
अतिवृद्धी प्रवृत्ती	inflationary tendency
अतिवृद्धी विरोधी	anti-inflationary
अतिवृद्धी विरोधी धोरण	anti-inflationary measure policy

अतिवृद्धीची यंत्रणा	mechanism of inflation
अतिव्याजी पैसा	dear money policy
अतिसंयमवाद	stoicism
अतिसंरचना	super structure
अतिसामाजिक	super social
अतिसेवक भरती	overstaffing
अतिसेवायोजन	hyper/overfull employment
अतींद्रिय मानसशास्त्र	parapsychology
अत्यल्प गट	minority group
अत्याधिक उत्पादन	over production
अत्याधिक उपयोग	over consumption
अत्याधिक पुरवठा	gult
अत्याधिक भांडवलीकरण	over capitalisation
अत्याधिक लोकसंख्या	over population
अत्याग्रह	fanaticism
अत्याग्रही	fanatic
अत्याचार	atrocity
अत्यानंदाची अवस्था	euphoria
अत्यावश्यक गरजा	absolute necessaries
अत्युच्च अवधी	peak period
अतृप्त गरजा	insaniable wants
अदत्त अधिमूल्य (न दिलेला विम्याचा हप्ता)	unpaid premium
अदत्त ऋण	outstanding debt
अदत्त बाकी	outstanding balance
अदृश्य	invisible
अदृश्य ताळेबंद	invisible balance of payments
अदृश्य आयात	invisible import
अदृश्य निर्यात	invisible export
अदृश्य व्यापार	invisible trade
अदृश्य (छुपे) शासन	invisible government

अदृश्य श्रम	invisible labour
अदृश्य संपत्ती	intangible property
अदेय	inalienable
अद्वैतवाद	monism
अद्वैतवादी	monist
अध:पतन	degeneration
अधर्म्य	wrong
अधिक खर्चाची अर्थयंत्रणा	high cost economy
अधिकर	super tax
अधिकर्ष	over draft
अधिकांश परिव्यय/खर्च	bulkline cost
अधिकार	authority; right; charter; domain; dominance, title
अधिकार असलेली सत्ता	delegated power
अधिकार ग्रहणानंतरचा नवलाईचा काळ	honeymoon period
अधिकार घोषणापत्र	petition rights
अधिकार दिलेली व्यक्ती	authorised person
अधिकार दिलेले विधिनियम	delegated legislation
अधिकारपत्र	letter of credence; credential letter
अधिकारपत्र समिती	credential committee
अधिकारपद	office; port folio
अधिकारपदाची शपथ	oath of office
अधिकारमान्य व्यापार व्यवस्था	authenticated trade concern
अधिकार माहितीचा	right of information
अधिकारवाद	authortanism

अधिकार विधेयक bill of rights
अधिकार श्रेणी hierarchy
अधिकार सोपवणे delegate
अधिकारक्षेत्र jurisdiction
अधिकारांचे नियोजन delegation of authority
अधिकाराचा जाहीरनामा declaration of rights
अधिकारावर नसताना सत्ता सांगणे arrogate
अधिकारिता jurisdiction
अधिकारिताविषयक विवाद jurisdictional dispute
अधिकारी कर confiscatory tax
अधिकारी वर्ग bureaucracy
अधिंकाऱ्यांची पात्रता electorate
अधिकृत official
अधिकृत अहवाल official bulletin
अधिकृत आचरण/आचार official conduct
अधिकृत दर official rate
अधिकृत नोंदणी authorised registration
अधिकृत परवाना authorised licence
अधिकृत मूल्य official value
अधिकृत विक्रेता authorised dealer
अधिकेंद्रित totalitarian
अधिकेंद्रित राज्य totalitarian state
अधिकेंद्रित शासन totalitarian government
अधिकोष bank; exchange bank
अधिकोषणेतर भत्ता non banking assets
अधिग्रहण requisition
अधिदान pay
अधिनियम act
अधिनियम दुरुस्ती amendment of act
अधिनियमित enactment
अधिनिर्णय करणे rule
अधिपतिपद chiefdom
अधिपतिराज्य chiefdom
अधिपती chieftain; ruler; suzerain
अधिपत्र warrant
अधिपरिव्य किंमत mark up price
अधिभार (अधिक आकार) supercharge
अधिभार surcharge
अधिमान्य /अधिमान्यता preference
अधिमान्य ऋण preferential debt
अधिमान्य नातेवाईक preference relative
अधिमान्य प्रदान preference payment
अधिमान्य वागणूक (खास व्यवस्था) preference treatment
अधिमान्य शुल्कदर preference rate of duty
अधिमूल्य /अधिमूल्याने at premium; above par value
अधिमूल्यन appreciation
अधिमूल्य विनिमय exchange above par
अधिमूल्याने विक्रीस काढलेले भाग share issued at premium
अधिराज suzerain
अधिराजदूत plenipotentiary
अधिराज्य dominion
अधिराष्ट्रीय supernational
अधिरोध embargo
अधिलाभांश bonus
अधिलाभांश निधी bonus fund
अधिवक्ता advocate
अधिवास domicile
अधिवास प्रमाणपत्र domicile certificate
अधिविकर्ज overdraft
अधिवृत्ती legitimacy

अधिशासक	governor
अधिशासक मंडळ	governing body
अधिशासकीय कायदा	public act
अधिशेष (वाढावा)	surplus
अधिसंरचना	super structure
अधिसत्ता	authority
अधिसभा	senate
अधिसभा सदस्य	senator
अधिसूचना	notification
अधिस्वीकृत	accredited
अधिहरण (सरकारजमा) करणे	confiscate
अधोगती	deterioration
अधोगामी गतिशीलता	downward mobility
अधोमूल्यन	devaluation; undervaluation
अध्ययन	subaltern studies
अध्ययन जाळी	learning web
अध्यक्ष	director; chairman; president; speaker
अध्यक्षमंडळ	presidium
अध्यक्षीय पद्धती	presidential system
अध्यक्षीय लोकशाही	presidential democracy
अध्यक्षीय शासन	presidential government
अध्यात्मप्रवण	spirtitual
अध्यात्मवाद	idealism; spirtiualism; spiritualisation
अध्यादेश	ordinance
अध्यादेश अधिकार	ordinance power
अध्यापनलक्ष्यी	teaching-centric
अध्यासन	chair
अनंत	infinite
अनधिकृत	unauthorised
अनधिकृत विनिमय दर	parallel rate of exchange
अनन्यता	identity; integrity
अनन्यत्व/अनन्य	uniqueness
अनन्यशक्ती	exclusive power
अनन्यसाधारण आर्थिक परिक्षेत्र	exclusive economic zone
अनन्यसाधारण पद्धती	ideothetic method
अनपेक्षित नफा	wind fall profit
अनम्य	inflexible; rigid
अनम्य संविधान	rigid constitution
अनर्थकारक	disastrous
अनाक्रमण	non-aggression
अनाक्रमण करार	non-aggression act
अनाग्रही	undogmatic
अनाचार	anrachy
अनाथगृह	infirmary
अनाथ मालमत्ता	waif asset
अनाथ व पोरकी मुलं	waifs and strays
अनाथालय	orphanage
अनामत	deposit; bailment
अनामत ठेवणारा	bailor
अनार्जित उत्पन्न	unearned income
अनार्थिक सहाय्य	non-economic assistance
अनावर्ती खर्च	non recurring expenditure
अनासक्त	detachment
अनाहूतीची सूचना	notice of dishonour
अनिगमित व्यवसाय	uncorporated business
अनिधिगत ऋण	unfunded debt
अनियंत्रित लैंगिकता	uncontrolled sexuality
अनियंत्रित सत्ता	dictatorship

अनियंत्रित सत्तावादी	authoritarian
अनियत दंडादेश	indeterminate sentence
अनियतत्ववाद /अनियतिवाद	indeterminism
अनिर्बंध	unlimited/uncontrolled
अनिर्बंध अधिकार	absolute monopoly
अनिर्बंध अधिकोषण (बँक व्यवसाय)	wild cat banking
अनिर्बंध अर्थव्यवस्था	free economy
अनिर्बंध टंकन/नाणेपाडणी	free coinage
अनिर्बंध नाणेपद्धती	free coinage
अनिर्बंध नीती	open morality
अनिर्बंध मानववाद /मानवतावाद	open humanism
अनिर्बंध व्यापार	free market
अनिर्बंध सत्ता	laissezfaire; dictatorship
अनिर्बंध सत्ताधीश	dictator
अनिर्बंध साहचर्य	free association
अनिवार्यता	inevitability
अनिर्वाहक क्षेत्र	uneconomic holding
अनिवार्य परवाना	compulsory license
अनिवार्य मतदान पद्धती	obligatory voting system
अनिवासी	non-residential; non-resident
अनुकरण	follow
अनुकरण सिद्धान्त	imitaion theory
अनुकूलतम	optimum
अनुकूलतम (इष्टतम) पर्याप्त क्षमता	optimum capacity
अनुकूलता	convenience
अनुकूल ताळेबंद	active balance of payment
अनुकूल विदेशी चलन दर	favourable foreign exchange rate
अनुकूल विनिमय दर	favourable exchange rate
अनुकूल व्यापार शेष	balance of favourable trade
अनुकूल स्थिती	pre-disposition
अनुकूलन	adjustment; conditioning; adaption
अनुकूलनीय	adaptability
अनुकूलवेदनीय	hedonic
अनुकूलक्षमता	adaptability
अनुक्रम	sequence; succession
अनुक्रमणिका	content; index
अनुक्रमांक	serial number
अनुग्रह	grace
अनुचित	illicit
अनुचित सहवास	illicit cohabitation
अनुचित स्पर्धा	unfair competition
अनुच्छेद	article
अनुजात मागणी	derived demand
अनुत्पादक	unproductive
अनुत्पादक उपभोक्ते	non-productive consumers
अनुत्पादक प्रत्यय	unproductive suffix
अनुत्पादित उपभोग	unproductive consumption
अनुदान	grant
अनुदेशित प्रतिनिधित्व	instructed representation
अनुनय धोरण	appeasement policy
अनुनयी (मनमिळाऊ नेता)	persuasive leader
अनुपयोजित भांडवली वस्तू	dead stock

अनुपस्थित जमीनमालक	absence landlord
अनुपस्थित मालकी	absence ownership
अनुपस्थिती	absenteeism
अनुपस्थिती प्रमाण	absenteeism rate
अनुपस्थितीची पद्धती/प्रवृत्ती	absenteeism
अनुपात	proportion
अनुपालन	compilance
अनुपालन जोखीम	compilance risk
अनुप्रयुक्त	applied
अनुप्रेरित पुन:स्मरण तंत्र	aided recall technique
अनुबंधन	conditioning
अनुभव	experience
अनुभवजन्य	experimental
अनुभवजन्यवाद	empiricism
अनुभवद्वारा परीक्षणीय	empirically verifiable
अनुभवनिष्ठ	empirical
अनुभवनिष्ठ मानसशास्त्र	empirical psychology
अनुभवनिष्ठतावाद	empiricism
अनुभवपूर्व	apriori
अनुभवप्रत्यय	intuition
अनुभववाद	empiricism
अनुभववादाची एकात्मता	integration of empiricism
अनुभववादी (अनुभवाश्रित विज्ञान)	empirical science
अनुभवसत्तावाद	logical empiricism
अनुभवसत्तावादी	positivist
अनुभव क्षेत्र	empifical field
अनुभवाधिष्ठित संशोधन	empiricist research
अनुभवातील वास्तवता	superempirical reality
अनुभवाधिष्ठित	empirical
अनुभवाधिष्ठित चाचणी	empirical test
अनुभवाधिष्ठित शास्त्र/विज्ञान	empirical science
अनुभवाश्रित नियम	empirical law
अनुभविक	empirical
अनुभवी व्यक्ती	veteran
अनुभूती	intuition
अनुमती	assent; consent; concurring opinion
अनुमान	hypothesis; deduction; induction; presumption
अनुमाप	scale
अनुमापन यंत्र	scaling technique
अनुयायी	henchman
अनुरक्षण खर्च	maintenance charges
अनुरूप	simulation
अनुरूप अनुदान	matching grants
अनुरूपता	cosistency; confirmity
अनुरूपत्व	compatibility
अनुलोम विवाह	hypergamy
अनुवंश	heredity
अनुवंशक्रम	pedigree
अनुवंशतज्ज्ञ	genetist
अनुवंशशास्त्र	genetics
अनुवर्ती परिवर्तन	successive variation
अनुवृद्धी	accession
अनुशासन	discipline
अनुशास्ती (परवानगी)	sanction
अनुशेष	backlog

अनुषंगी लाभ	fringe benefit
अनुसंधान	investigation
अनुसंमती/अनुसमर्थन	ratification
अनुसरण	confirmity
अनुसूचित/अनुसूची	schedule
अनुसूचित अधिकोष (बँक)	scheduled bank
अनुसूचित जमाती	scheduled tribes
अनुसूचित जाती	scheduled castes
अनुसूचित दर	scheduled rates
अनुसूचित व्याज	scheduled interests
अनुसूची/ लिखित सूची	schedule
अनुस्यूत	implicit
अनुज्ञप्ती (परवानगी)	licence
अनुज्ञा (परवानगी)	sanction; conscent
अनुज्ञा प्रमाणपत्र	clearance certificate
अनेकचर सहसंबंध	multiple corelation
अनेकत्ववाद	multiplicism
अनेकदेवतावाद	polytheism
अनेकदेवतावादी	polytheistic
अनेकपक्षवाद	multilateralism
अनेकपक्षी	multilateral
अनेकवार उपयोगी वस्तू	durable use goods
अनेकसत्तावाद	pluralism
अनेकसत्तावादी	pluralist
अनेकसदस्य मतदारसंघ	multimember constituency
अनेकान्तवाद	doctrine of multifold reality
अनैच्छिक	non-voluntary
अनैच्छिक बचत	forced saving
अनैच्छिक बेकारी	involuntary unemployment
अनैतिक व्यापार	immoral trade
अनौपचारिक	informal
अनौपचारिक मंत्रिमंडळ	kitchen cabinet
अनौपचारिक राजनय	short-sleev diplomacy
अनौपचारिक रोजगार	informal employment
अनौपचारिक वादविवाद	kitchen debate
अनौपचारिक शिक्षण	informal education
अनौपचारिक क्षेत्र	informal sector/ unofficial field
अनौपचारिकीकरण	informalisation
अनौरसता	illegitimacy
अनौरस संतती	illegitimate children
अन्नटंचाई	food scaracity
अन्न तिकीटे	food stamps
अन्नपिके	food-crops
अन्नपुरवठा	food supply
अन्नसमस्या	food problem
अन्नसुरक्षितता	food security
अन्यदेशीय	alien
अन्यदेशी शत्रू	alien enemy
अन्याय	injustice; inequity
अन्याय्य	wrong
अन्याय्य स्पर्धा	unfair competition
अन्यावलंबी	parasitical
अन्योन्य	reciprocal
अन्योन्य क्रिया	interaction
अन्योन्यपोषण	symbiosis
अन्योन्य प्रमाण नियम	law of reciprocal proportion
अन्योन्य लवचिकता	cross elasticity
अन्योन्य संतुलन	reciprocal levelling
अन्योन्य संबंध	reciprocal context
अन्योन्य स्थलांतर	intermigration

अन्वय	interpretation
अन्वयात्मक	interpretative
अन्वयात्मक व गुणात्मक पद्धतीशास्त्र	interpretivist and qualitative methodlogy
अन्वयार्थक मानवशास्त्र	interpretative anthropology
अन्वयार्थवाद	interpretivism
अन्वयार्थवादी	interpretivist
अन्वयार्थवादी ज्ञानमीमांसाशास्त्र	interpretivist epistemology
अन्वयार्थिक	meaningful
अन्वेषण	investigatory power
अन्वेषण अधिकार	investigation
अपंग	crippled; infirm; handicapped
अपंगत्व	handicap
अपंगालय	infirmary
अपकर्म प्रवणता	recidivism
अपकर्ष	degeneration; deterioration
अपकार्य	dysfunction
अपकिंमत	underprice
अपकृत्य	default
अपक्व	immature
अपखंडण	uprooting
अपगमन वृत्ती	retreatism
अपगुंतवणूक	disinvestment
अपघटन	decomposition
अपघात जोखीम	accident risk
अपघात लाभ	accident benefit
अपघात विमा	accident insurance
अपचार/अपचारिता	delinqency

अपचारी/अपराधी बालक	delinquent child
अपणनी ऋण	non-marketable debt
अपराध	crime; delinquency; offence
अपराधशास्त्र	criminology
अपराधी	convict; criminal; culprit; offender
अपरिग्रह	non-collective
अपरिणामी	dimentionless
अपरिमित	infinite
अपरिवर्तनवाद	immobilism
अपरिवर्तनक्षम	irrevocable
अपरिवर्तनीय	immultable; irrevocable
अपरिवर्तनीय कर्जरोखे	inconvertible securities
अपरिवर्तनीयता	inconvertibility
अपरिवर्तनीयत्व	immutability
अपरिवर्तनीय नोटा	fat money
अपरिहार्य कामबंदी	lay-off
अपरिहार्यता	inevitability
अपलेखा	lible
अपवादात्मक	abnormal
अपव्ययी दारिद्र्य	secondary poverty
अपव्यापार	traffic
अपसंचय	hoard
अपसंचित धन	hoarded wealth
अपसमायोजन	maladjustment
अपसरण	divergence
अपसामान्य बालक	abnormal child
अपसामान्य मागणी	abnormal demand
अपसामान्य वर्तन	abnormal behaviour
अपसामान्य समतोल	subnormal equilibrium
अपसारी श्रेणी	divergent series
अपसारी संमीलन	divergent combination

अपहरण	kidnapping; abduction; rape
अपहरण विवाह	marriage by capture
अपहार	embezzlement
अ-पक्षीय लोकसंघटना	Non-party mass organization
अपात्रता	disqualification
अपार	infinite
अपीलीय	appelable
अपीलीय अधिकारी	appealate authority
अपुरा	inadequate
अपूर्ण काळ रोजगार/रोजगारी	under employment
अपूर्ण बाजारपेठ	imperfect market
अपूर्ण विकसित अर्थव्यवस्था	under developed economy
अपूर्ण स्पर्धा	imperfect competition
अपूर्णांकी	fractional
अपेक्षण (अंदाज)	estimate
अपेक्षा	estimation
अपेक्षांची आशा/आकांक्षांची क्रांती	revolution of expectations
अपेक्षित/गृहीत किंमत	anticipated price
अपेक्षित मूल्य	expected value
अप्रकट	in camera
अप्रकट अतिवृद्धी	hidden inflation
अप्रकट कार्य	latest function
अप्रकट भावफुगवटा	latest inflation
अप्रकट विश्लेषण	latest analysis
अप्रगत	underdeveloped
अप्रगल्भ	immature
अप्रचलित	absolete
अप्रचलित नाणे	uncurrent coin
अप्रतिदेय अधिमान भाग	irredeemable preference shares
अप्रतिदेय ऋण	irredeemable debenture
अप्रतिदेय भाग	irredeemable shares
अप्रतिदेय रोखा	irredeemable stock
अप्रतिभूत (असुरक्षित) धनको	unsecured creditor
अप्रतिभूत ऋणपत्र	unsecured debenture
अप्रत्यक्ष उपभोग	indirect consumption
अप्रत्यक्ष कर	indirect tax
अप्रत्यक्ष दबाव	leverage
अप्रत्यक्ष दायित्व	indirect liability
अप्रत्यक्ष निवडणूक	indirect election
अप्रत्यक्ष परिव्यय	indirect cost
अप्रत्यक्ष (प्रच्छन्न) बेकारी	disguised unemployment
अप्रत्यक्ष मागणी	indirect demand
अप्रत्यक्ष लोकशाही	indirect democracy
अप्रत्यक्ष वस्तुविनिमय	dumb barter
अप्रत्यक्ष वित्तीय साहाय्य	indirect financial assistance
अप्रत्यक्ष विनिमय	indirect exchange
अप्रत्यक्ष व्यापार	indirect trade
अप्रमाण	invalid
अप्रमाणता	invalidity
अप्रमाणबद्ध	asymmetrical
अप्रयुक्त (निष्क्रिय) क्षमता	ideal capacity
अप्रवाहितता	stagnation
अप्रौढ	immature
अफरातफर	embezzlement; defalcation

अफवांचे पेव	grapevine
अबकारी कर	excise duty
अबद्ध कर्ज	clean loan
अबद्ध धनाकर्ष	clean draft
अबद्ध साहाय्य	united aid
अबला वर्ग	weaker sex
अबाधित स्वातंत्र्य	absolute liberty
अबोध	unconscious
अबोधावस्था	unconsciousness
अबौद्धिक	irrational
अब्रुनुकसानी	defamation
अभय योजना	amnesty
अभाववाचि	negative
अभावित चाचणी	accident sampling
अभिकर्ता (एजंट)	agent
अभिकेंद्री	centripetal
अभिचार	sorcery
अभिजन	elite
अभिजन इतिहास	elite history
अभिजन वर्ग	elite class
अभिजनवर्गीय	aristocrat; aristocratic
अभिजनवाद/वादी	elitism, elitist
अभिजनसत्ता	aristocracy
अभिजन स्त्री	elite female
अभिजनांचे अभिसरण	circulation of elites
अभिजनांच्या संक्रमणाचा सिद्धान्त	theory of circulation of elites
अभिजात	enlightened; classic; noble; classical
अभिजात पंथ	classical school
अभिजातवाद	puristic
अभिजात सिद्धान्त	classical theory
अभिजेता	conqueror
अभिदत्त भांडवल	subscribed capital
अभिनवता	novelty
अभिनिर्णय /न्यायालयीन निर्णय	adjudication
अभिनिर्णय करणे	judge adjudicate
अभिनिर्णेता	adjudication
अभिन्न	identical
अभिन्नता	identity
अभिप्राय	judgement; consultation; opinion
अभिमत प्रजासत्ताक देश	autonomous republic country
अभिमत विद्यापीठ	deemed universcity
अभिमत सोव्हिएत सोशालिस्ट रिपब्लिक	Autonomous Soviet Socialist Republic (ASSR)
अभिमतपंथीय	belonging to the classical school
अभिमुख	convergent
अभिमुख धोरण	convergent policy
अभियांत्रिकी अर्थशास्त्र	engineering economics
अभियोग	prosecution; litigation
अभियोग्यता	aptitude
अभियोग्यता चाचणी	aptitude test
अभिरुची	taste preference
अभिलेखन	record
अभिलेख कार्यालय	record office
अभिलेख न्यायालय	court of record
अभिलेख न्यायालयाचा न्यायाधीश	judge of a court of record

अभिलेखांतर्गत परिव्यय	historical cost
अभिवृत्ती	attitude
अभिवृत्ती अनुमाप	attitude scale
अभिवृत्ती मापन	attitude measurement
अभिवृद्धी	growth
अभिवृद्धी समतोल	growth equilibrium
अभिव्यक्त पसंती सिद्धान्त	revealed preferency theory
अभिव्यक्ती	expression
अभिव्यक्तीप्रधान वर्तन	expressive behaviour
अभिशासन	governance
अभिशोषण	absorption
अभिसंधान	conditioning
अभिसरण	circulation
अभिसरणाचा सिद्धान्त	theory of assimilation
अभिसारी	convergent
अभिसीमा	range
अभिहस्तांकन	assignment
अभिहस्तांकन कर्ता	assigner
अभिहस्तांकन लेखा	deed of assignment; assignment of deed
अभिहस्तांकनाची सूचना	notice of assignment
अभिज्ञान	identification
अभेदित (भेद नसलेला) समाज	undifferentitated / undifferential society
अभेद्य	indivisible
अभेद्यता	indivisibility
अभेद्य विश्वास	graveryard
अभौतिक भांडवल	immaterial capital
अभ्यर्पण (मालमत्तेवरील हक्क सोडणे)	cession
अभ्यागत प्राध्यापक	visiting professor
अभ्यास	study
अभ्यासक	scholar
अभ्यासगट	studygroup
अभ्यासपद्धती	methadology
अभ्यासविषय	subject of study/ subject matter
अभ्यासहेतू	purpose/intention of study; objectives of study
अभ्युपगम/गृहीतक	hypothesis
अमदानी	tenure; regime
अमर्याद	infinite
अमर्यादित कंपनी	unlimited company
अमर्यादित जबाबदारी तत्त्व	unlimited liability principle
अमर्यादित दायित्व	unlimited liability
अमर्यादित भागीदारी	unlimited partnership
अमर्यादित मुदत	unlimited period
अमात्य	minister
अमानुष	inhuman
अमान्यतेचा सिद्धान्त	non-recognition doctrine
अमाप	bumper
अमुक्त दिवाळखोर	undischarged bankrupt
अमूर्त	abstract; intangible
अमूर्त आदर्श	ideal abstract
अमूर्त एकतत्त्ववाद	abstract monoism
अमूर्त कल्पना	abstract idea
अमूर्त मत्ता	intangible assets
अमूर्त मालमत्ता	invisible imports
अमूर्त संपत्ती	intangible property
अमूर्त संकल्पना	abstract concept

(अमेरिकेच्या अध्यक्षांचा) अप्रकट नकाराधिकार	pocket veto
अयशस्वी उठाव	putsch
अयुक्तता	illegitimacy
अयोग्यता	disqualification
अराजक/अराजकता	anarchy
अराजकतावाद	anarchism
अराजकवाद	amarchism
अराजकीय श्रेणीवाद	anarco-syndicalism
अराज्यवाद	anarchism
अराज्यवादी श्रेणीवाद	anarco-syndicalism
अराशीकृत मूल्य	uncommuted value
अरिष्ट	crisis
अरेखित धनादेश/चेक	uncrossed/open cheque
अरेरावी सत्तावादी	authoriatarian
अर्जक	earner
अर्जन	earning
अर्जन दर	earning rate
अर्जित आय/उत्पन्न	earned income
अर्जित घटक	acquired units
अर्जित प्रज्ञा	acquired intellingence
अर्थ (संपत्ती)	wealth
अर्थअधिकार	financial rights
अर्थकारण	economical
अर्थनिर्णयशास्त्र	hermenentics
अर्थनिर्णयन प्रक्रिया	process of interpretation
अर्थनिर्णयनमीमांसा	hermeneutics
अर्थनिर्णयनाची अनेकता	plurality of interpretation
अर्थनिर्णयनातील संघर्ष	conflict in hermenentics
अर्थनिर्माता	interpretor
अर्थनीती	economic policy
अर्थपरायण/ अर्थप्रेरित मानव	economic man
अर्थपर्व	era of economy
अर्थपूर्ण प्रतिकांची प्रणाली	code of rational imaging
अर्थप्रबंध	financing
अर्थप्रबंधन	financing
अर्थमंत्री	finance minister
अर्थमितिशास्त्र	econometrics
अर्थमितिज्ञ	econometrician
अर्थमिती	econometrics
अर्थयंत्रणा	finance system
अर्थवाचकता	connotation
अर्थविषयक प्रशासन	financial administration
अर्थव्यवस्था	economy; economic system
अर्थव्यवस्था विकेंद्रित	decentralized economy
अर्थव्यवस्थेचे शिथिलीकरण	liberalization of economy
अर्थव्यवस्थेत रोखता आणणे	liquidity injected into the economy
अर्थव्यवहार	economic trend
अर्थव्यवहारक	economic agent
अर्थशास्त्र	economics
अर्थशास्त्रज्ञ	economist
अर्थशास्त्राची मूलतत्त्वे	elements of economics
अर्थशास्त्रीय	economic
अर्थशास्त्रीय प्रतिमान	economic model
अर्थशास्त्रीय विरोधाभास	economic paradox
अर्थशास्त्रीय विश्लेषण	economic analysis

अर्थशास्त्रीय विश्लेषण पद्धती — analytical method of economics
अर्थसंकल्प — budget
अर्थसंकल्प वृत्तांत — budget incidence
अर्थसंकल्प व्यवस्थापन — budgetery management
अर्थसंकल्पना — budgeting
अर्थसंकल्पशीर्ष — budget head
अर्थसंकल्पाची कार्यवाही — execution of budget
अर्थसंकल्पीय चक्र — budget cycle
अर्थसंकल्पीय नियंत्रण — budgetary control
अर्थसंकल्पीय वित्तव्यवस्थापन — budget financing
अर्थसंकल्पीय शिल्लक — budgetary balance
अर्थसंकल्पीय संकल्पना — budgetory concepts
अर्थसंकल्पीय संरोध (निर्बंध) — budgetary constraint
अर्थसाहाय्य — subsidy; subvention
अर्थसहाय्य दिलेला — subsidised
अर्थात्मक रूप — logical or semantic form
अर्थोपाय — ways and means
अर्थोपाय अग्रिमे (आगाऊ रक्कम) — ways and means advances
अर्थोपाय समिती — ways and means committee
अर्धकुशल — semi-skilled
अर्धन्यायिक — quasi-judicial
अर्धभांडवली — half capital
अर्धविकसित — underdeveloped
अर्धशासकीय — semi-official
अर्धसंरचित — half structural
अर्धसरंजामी — half feudal
अर्धसार्वभौम राज्य — semi-sovereign state
अर्बन बँक — urban bank
अर्भक मृत्युदर — infant mortality rate
अर्भक मृत्युसंख्या — infant mortality
अर्भकहत्या — infanticide
अर्वाचिन — modern
अलगता — detachment
अलगतावाद /अलगता — detachment
अलवचिक पुरवठा — inelastic supply
अलिखित घटना/संविधान — unwritten constitution
अलिप्त राष्ट्र — non alignel nations
अलिप्तता — non-alignment
अलिप्तता सिद्धान्त — indifference theory
अलिप्ततावाद — isolationism
अलिप्ततावादी गट — non-align
अलिप्ततावादी चळवळ — non-alignel movement
अलिप्तवाद — non-alignmentism
अलैंगिक — asexual
अलौकिक — supernatural
अलौकिक (पवित्र) ईश्वरशास्त्र — sacred theology
अलौकिक शक्तिवाद — supernaturalism
अलौकिक सृष्टी — supernatural world
अल्प गट — minor group
अल्पअंतर स्थलांतरण — short distance migration
अल्पकालिक — temporary; ephemeral
अल्पकाली नियोजन — short term planning
अल्पकालीन — short term
अल्पकालीन उद्दिष्ट — short term objective
अल्पकालीन कर्ज — short term debt

अल्पकालीन वित्तपुरवठा	short term capital supply
अल्पकालीन व्याजदर	short term call rate
अल्पजन	minority
अल्पजन क्रयाधिकार	oligopsony
अल्पजनशाही बाजार	oligopolistic market
अल्पजनसत्ता	oligarchy
अल्पतम एकूण त्याग तत्त्व	least aggregate sacrifice principle
अल्पतर (जर काळाचा संदर्भ असेल तर)	shorter
अल्पनियंत्रित अधिकोषण	free banking
अल्पबचत निधी	small saving fund
अल्पबचत योजना	small saving scheme
अल्पभूधारक	small farmer
अल्पमत	minority
अल्पमत पक्ष	minority party
अल्पमुदती पत	short fall term credit
अल्पमुदती परिव्यय चक्र	short fall run cost curve
अल्पमुदतीचा व्याजदर	call rate; short fall term rate of interest
अल्पविकसित	underdeveloped
अल्पव्याजी कर्ज	soft loan
अल्पव्याजी पतनीती	cheap money policy
अल्पव्याजी पतपैसा	cheap money
अल्पशिक्षित समाज	less educated society
अल्पसंख्य समूह	minority group
अल्पसंख्या/ अल्पसंख्याक	minority
अल्पसंख्याक गट	minority group
अल्पस्वरूपी प्रश्न	smaller issue
अल्पाधिकार /अल्पाधिकारशाही	oligopoly
अल्पावधी कर्ज	short fall term loan
अल्पावधी धनपत्र	short dated bill paper
अल्पावधी भांडवली लाभ	short fall term capital gains
अल्पावधी विपत्र	short dated bill paper
अवकाशयान भ्रमणकक्षा	orbits of spaceship
अवकाशविज्ञान	astronotics
अवगामी कर	degressive tax
अवगुंठन	covering
अवगुण	demerits
अवगुणाची	non-qualitative
अवचित	contingent
अवचित सत्तांतर /बंड/उठाव	coup detat
अवजड उद्योग	heavy industries
अवजार	implements
अवतार	incarnation
अवतार सिद्धान्त	doctrine of incarnation
अवनती	depression; degeneration
अवपोषित	under nourished
अवमानव	subhuman
अवमानवीकरण	dehumanisation
अवमानवीय	infra human
अवमूल्य/अवमूल्यन	devaluation
अवमूल्य विनिमय	exchange below par
अवमूल्य विमापत्र	policy below par
अवयव	component
अवयवदान	donation of organ
अवरुद्ध अर्थव्यवस्था	stagnant economy
अवरुद्ध खाते	blocked account

अवरुद्ध भांडवल	block capital
अवरुद्ध मत्ता	blocked assets
अवरुद्ध विदेशी चलन	blocked exchange
अवरुद्ध शिल्लक (बाकी)	blocked balance
अवरोध	barrier; superession
अवरोध-स्फीती	stagflation
अवर्षण प्रणव/क्षेत्र	drought prone-area
अवर्षण	famine; drought
अवलंब	dependence
अवलंबन गुणोत्तर	dependency ratio
अवलंबन भार	burden of dependence
अवलंबिता आणि बचत दर	dependency and saving rates
अवलंबिता दर	rate of dependence
अवलंबित्व/ अवलंबून असलेले	dependency
अवशिष्ट	calls in arrears
अवशिष्ट अधिकार	residuary power
अवशिष्ट प्रेरणा	unnamed inspirations
अवशिष्ट मूल्य	residual value
अवशिष्ट सेवायोजन	residual employment
अवशेष	relic
अवशेषभागी सिद्धान्त	residual claimant theory
अवशेषित स्वीकृती	unqualified acceptance
अवशोषण	absorption
अवसंरचना (मूळ रचना)	infra structure
अवसीमान्त भूमी	submarginaial land
अवस्था	condition; phase; state
अवांतर लाभ/नफा	perquisite
अवास्तव नफा	abnormal profit
अवास्तवता	abnormity
अविकसित	underdeveloped
अविकसित देशाच्या मदतीबाबत टीका	milk for hottentots
अविकारी	immutable; invariable
अविक्रेय ऋण	non-marketable debt
अवितरित कर्ज	undisturbed loan
अविनाशी माल/वस्तू	imperishable goods
अविभक्त कुटुंब	undivided family
अविभाज्य	indivisible; inseperate
अविभाज्यता	indivisibility
अविमुक्त नादार व्यक्ती	undischarged insolvent
अविमोचनीय	irredeemable
अविलंबित कर्जबाजार	call money market
अविवक्षित /यादृच्छिक नमुना	random sample
अविवेकी	irrational
अविश्वास	disbelief; infidelity
अविश्वास प्रस्ताव	motion of no confidence
अवेतनी	unpaid
अवेतनी सेवा	unpaid service
अवैचारिक	irrational
अवैदिक	non-vedic
अवैध (बेकायदेशीर)	illegal; illicit
अवैध आचार	illegal practice
अवैध सहवास	illegal cohabitation
अवैध संप	illegal strike
अवैध संपत्ती	non-legitimate property
अवैयक्तिक संस्कृती	imperatives of culture
अव्यक्त	implicit
अव्यक्त संस्कृती	implicit culture
अव्यक्तिगत लेखा	impersonal account
अव्यभिचारता	chastity
अव्ययी	immutable

अव्यवस्था	chaos; disorder
अशांतता	disorder
अशाश्वत	transitory
अशासकीय	public
अशासकीय सक्रिय संघटना	Non Governmental Organisation (NGO)
अशास्त्रीय	non-scientific
अशिक्षित समाज	illiterate society
अश्मयुग	stone age
अश्रद्धा	disbelief
असंगयुक्ती	irrelevant argument fallacy
असंघटित क्षेत्र	unorganized sector
असंचयी अधिमान भाग	non cumulative preference shares
असंतत	intermittant
असंतुलन	imbalance; disequilibrium
असंतुलित	unbalanced
असंतुलित विकास	unbalanced growth
असंतोष	displeased, dissatisfied, not content
असंतोषाचे/उठावाचे अध्ययन	subaltern studies
असंबद्ध	incoherent
असंबद्धतादोष	fallacy of irrelevant argument
असंयुक्त	incoherent
असंरचित प्रश्नावली	unstructured questionnaire
असंलग्न	incoherent
असंलग्नता	non alignment
असंसदीय	unparliamentary
असंस्कृतता	barbarism
असत्यीकरणाचे तत्त्व	principle of untruth
असद्‌भाव	bad faith
असमता	disparity
असमतोल	disequilibrium; unbalance
असमतोल अर्थसंकल्प	unbalanced budget
असमतोल विकास	unbalanced growth
असमप्रमाण उत्पादन सिद्धान्त	law of non-prportional output
असममिती	asymetrical
असममिती गृहीतक	asymetry hypothesis
असममिती माहिती	unparallel information
असममूल्य भाग	no par value shares
असमर्थ	inadequate
असमर्थता	disability
असमस्तरीय समूह	vertical group
असमानता	inequality
असमान नमुना चाचणी	disproportional sampling
असमान विनिमय	unequal exchange
असमाविष्ट व्यवसाय	unicorported business
असहकार/ असहकारिता	non co-operation
असहभागी निरीक्षण पद्धती	non participant observation method
असहिष्णुता	intolerance
अ-सांविधानिक संस्था	non-constitutional body
असांविधिक	nonsatutary
असाधारण	abnormal
असाधारण दूत	extraordinary envoy

असाधारण परिस्थिती	exceptional condition situation
असामाजिक	unsocial
असामाजिक प्रतिक्रिया	dyssocial reaction
असामाजिक वेतन	non-social stimulation
असामान्य	genius
असामान्य वर्तन	abnormal behaviour
असामान्य स्थिती	abnormal situation
असुरक्षित कर्जे व अग्रिमे	unsecured loans and advances
असुरक्षित लैंगिकसंबध	unsafe sexual relations
असुरक्षित/ खाजगी कर्ज	unsecured loan
असुरक्षितता /असुरक्षा	insecurity
असैनिक	civilian
अस्खलनीय	infalliable
अस्ति उपयोगिता	positive utility
अस्तित्व	entity
अस्तित्ववादी	existential
अस्तित्ववादी चळवळ	existential movement
अस्तित्ववादी विचारसरणी	existentialist idiology
अस्तित्वाचे अरिष्ट	identity crisis
अस्थायी	temporary
अस्थायी कर्ज/ऋण	unfunded debt
अस्थिर	unstable; variable
अस्थिरता	fluctuation
अस्थिर कामगार	unstable worker
अस्थिर विदेशी चलन दर	fluctuating/unstable exchange rate
अस्थिर विनिमय	unstable exchange
अस्थिर विनिमय दर	unstable exchange rate
अस्थिर समतोल	unstable equilibrium
अस्थैर्य	disequilibrium; instability
अस्पर्शनीय	intangible
अस्पष्ट ओळख	implicit recongnition
अस्पृश्य	untouchable
अस्पृश्यता	untouchability
अस्फुट	implicit
अस्मिता	egoism; ego-awareness
अस्मितेचे प्रकटीकरण	expression identity
अस्मितेचे राजकारण	identity politics
अस्वाभाविक	abnormal; illegitimate
अस्वाभाविकता	abnormity
अस्वाभाविक रोख/ प्रतिभूती	unclaimed security
अस्वाभाविक वर्तन	abnormal behaviour
अहंकेंद्री	ego centric
अहंगंड	superiority complex
अहंभाव	egosim
अहंवादी/आत्मकेंद्री आत्महत्त्या	egoistic suicide
अहवाल	condition
अहस्तांतरणीय माल/वस्तू	non-transferable goods
अहिंसक क्रांती	non-violent revolution
अहिंसा	non-violence
अहिंसात्मक प्रतिकार	passive resistence
अहित	disadvantage
अक्षय	eternal
अक्षर	immutable
अक्षरत्व	immutability
अक्षराष्ट्र	axis state
अक्षीय परिभ्रमण	rotation
अज्ञानदशा	tultelage

अज्ञानवयता	minority
अज्ञेयवाद	agnosticism
अज्ञेयवादी	agnostic
ॲरो अशक्यता सिद्धान्त	basic fundament

आ

आंगिक	organic
आंगिक वाढ	accuretion
आंतर अनुशासन दृष्टिकोन	interdisciplinary approach
आंतरअधिकोषीय	inter bank
आंतरअधिकोषीय ऋण	inter bank debt
आंतरउद्योग	inter industry
आंतरकालिक	inter temporal
आंतरक्रिया	interaction
आंतरक्रियात्मक	interaction interactional
आंतरक्रियावादी स्रोतगतीशीलन सिद्धान्त	interactionist resource mobilization theory
आंतरजागतिक	interworld/interglobal
आंतरजातीय	intercaste; intra specific
आंतरजाल	internet
आंतरदेशीय महसूल	inland revenue
आंतरदेशीय विपत्र	inland letter; inland bill of exchange
आंतरदेशीय व्यापार	inland trade
आंतरनिरीक्षण	introspection
आंतरनिरीक्षण पद्धती	introspective method
आंतरपरिषद	inner council
आंतरपिढीय /पिढीतंर्गत गतिशीलता	intergenerational mobility
आंतरप्रादेशिक नियोजन	inter regional planning
आंतरबँक व्यवहार	interbank transaction
आंतरबँकामधील ठेवी	inter bank deposits
आंतरबँकामधील संबंध	inter bank relations
आंतरमानवीय	interhuman
आंतरमानसिक	subconscious
आंतरराज्य वाणिज्य	inter state commerce
आंतरराज्य व्यापार	inter state trade
आंतरराज्यीय	inter state
आंतरराष्ट्रवाद	internationalism
आंतरराष्ट्रीक/ आंतरराष्ट्रीय	international
आंतरराष्ट्रीय अणुऊर्जा आयोग	international atomic energy commision
आंतरराष्ट्रीय अपचार /अपचारिता	international deliquency
आंतरराष्ट्रीय अर्थव्यवस्था	international economic system
आंतरराष्ट्रीय अर्थशास्त्र	international economics
आंततराष्ट्रीय ऋण/कर्ज	international indibetness
आंतरराष्ट्रीय कराधान विनिमय	international taxation regulation
आंतरराष्ट्रीय कर्तव्यच्युती	international deleinquency
आंतरराष्ट्रीय कायदा/विधी	law of nations

आंतरराष्ट्रीय गुन्हेगार अन्वेषण संघटना	interpol (international police)
आंतरराष्ट्रीय घडामोडी	international affairs
आंतरराष्ट्रीय चलन	international currency/ payments
आंतरराष्ट्रीय तडजोडीसाठीची बँक	bank for international settlements
आंतरराष्ट्रीय तह	internationaly treaty
आंतरराष्ट्रीय तुटीचा व्यापार	deficit balance of trade
आंतरराष्ट्रीय दहशतवाद	international terrorism
आंतरराष्ट्रीय धन	international wealth
आंतरराष्ट्रीय नाणेनिधी	international monetary fund
आंतरराष्ट्रीय नाणेनिधी कार्यकारी मंडळ	international monetary fund executive board
आंतरराष्ट्रीय नियोजन	international planning
आंतरराष्ट्रीय नीतितत्त्व/ नीतिनियम	international ethics
आंतरराष्ट्रीय न्यायालय	international court of justice
आंतरराष्ट्रीय पथक (स्पॅनिश यादवी युद्धात लोकशाही सरकारच्या बाजूने लढणारे पथक)	international brigade
आंतरराष्ट्रीय परिषद	international conference
आंतरराष्ट्रीय पैसा	international money
आंतरराष्ट्रीय प्रेष (मनीऑर्डर)	international moneyorder
आंतरराष्ट्रीय बाजार	international market
आंतरराष्ट्रीय मुद्रा	international money
आंतरराष्ट्रीय मुद्राकोश/ नाणेनिधी	international monetary fund
आंतरराष्ट्रीय मुद्राचलन	international coinage
आंतरराष्ट्रीय राजकारण	international politics
आंतरराष्ट्रीय राजकीय अर्थशास्त्र	international political economy
आंतरराष्ट्रीय रोकडसुलभता	international liquidity
आंतरराष्ट्रीय रोखे	international/inter bourse securities
आंतरराष्ट्रीय लवाद	international abritration
आंतरराष्ट्रीय वाद	internationalism
आंतरराष्ट्रीय विकाससंस्था	international development institute
आंतरराष्ट्रीय विक्रेय वस्तू करार	international commodity agreement
आंतरराष्ट्रीय वित्त	international finance
आंतरराष्ट्रीय वित्तीय केंद्र	international financial center

आंतरराष्ट्रीय विधी/कायदा	international law
आंतरराष्ट्रीय व्यवस्था	international system
आंतरराष्ट्रीय व्यापार	international trade
आंतरराष्ट्रीय शांतता	international piece
आंतरराष्ट्रीय समझोता	international endistment
आंतरराष्ट्रीय समाजवादी परिषद	socialit international
आंतरराष्ट्रीय समुदाय	international community
आंतरराष्ट्रीय सवलत	international concession
आंतरराष्ट्रीय सहयोग	international co-operation
आंतरराष्ट्रीय सुरक्षितता	international security
आंतरराष्ट्रीय सुवर्णमानक	international gold standard
आंतरराष्ट्रीय सुविधा	international concession
आंतरराष्ट्रीय सौजन्य	comity of nations
आंतरराष्ट्रीय संघटना	international organization
आंतरराष्ट्रीय संघर्ष (राजनायिक)	international eyeball to eyeball
आंतरराष्ट्रीय संपत्ती	international wealth
आंतरराष्ट्रीय संबंध	international relation
आंतरराष्ट्रीय स्पर्धात्मक परावलंबित्व	international competative dependence
आंतरराष्ट्रीय श्रमप्रमाण	international labour standard
आंतरराष्ट्रीय श्रमविभागणी	international division of labour
आंतरराष्ट्रीय श्रमिक कामगार संघटना	international labour organization
आंतरराष्ट्रीय श्रमिक कार्यालय	international labour office
आंतरराष्ट्रीय हिंसा	international violence
आंतरराष्ट्रीयीकरण	internationalisation
आंतरविवाह	intermarriage
आंतरव्यक्तिनिष्ठता	intersubjectivity
आंतरव्यक्ती आकर्षण	interpersonal attraction
आंतरव्यक्ती कौशल्य	interpersonal skill
आंतरव्यक्ती नातेसंबंध	interpersonal relationships
आंतरव्यक्ती वर्तन	interpersonal behaviour
आंतरव्यक्ती संबंध	consubjectivity
आंतरव्यवस्था	intersystem; internal system
आंतरशासकीय	inter governmental
आंतरशासकीय अभिकरणे	inter government agencies
आंतरशास्त्रीय विषय	interdisciplinary subject
आंतरसमूह वर्तन	intergroup behaviour
आंतरसंबंध	internal relations; interrelations
आंतरसंवेदन	internal perception
आंतरसंसदीय संघ	inter parliamentary union
आंतराश्म युग	mesolithic age
आंतरिक	intrinsic; internal
आंतरिक मूल्य	intrinsic value
आंतरिक संगती	internal consistency
आंतरीकरण	internalisation

आंदोलन	agitation; movement
आंशिक	macro; fractional
आंशिक प्रदान /भरणा	part payment
आंशिक विकलांगता	partial disablement
आंशिक समतोल	partial equilibrium
आंशिक समतोल विश्लेषण	partial equilibrium analysis
आंशिक संप	partial strike
आंशिक स्वीकृती	partial acceptance
आईवेड	mother fixation
आकडेवार माहिती	statistical information
आकडेवारीसंबंधी	statistical
आकल (अंदाज)	estimate
आकलन	realisation
आकस्मिक	contingent
आकस्मिक खर्च	contingent charges
आकस्मिक दायित्व	contingent liability
आकस्मिक निधी	contingent fund
आकस्मिक वर्षासन/ वार्षिकी	contingent annuity
आकस्मिक संप	contingent strike
आकस्मिकता	contingency; emergency
आकार	form
आकारणी	assessment
आकारणी करणे	assess; charge
आकारणी योग्य	assessable
आकारणी वर्ष	assessment year
आकारमान	denomination
आकारवाद	formalism
आकारवादी समाजशास्त्रीय संप्रदाय/शाखा	formal school of sociology
आकुंचन	contradiction
आकुंचित मनोवृत्ती/ विचार	insularity
आकृती	form
आकृतिबंध	composition; constitution; design; pattern
आक्रमक	aggressive; offensive
आक्रमण	aggression; invasion
आखाती युद्ध	gulf war
आग विमा	fire insurance
आगणन	estimate
आगत	immigrant
आगंतुकता	contingency
आगम	influx
आगम लेखा	revenue account
आगाऊ कर	advance tax
आगाऊ भरणा	advance payments; prepayment
आगाऊ मागण्या	calls in advance
आगाऊ लेखा	advance account
आगार	depot
आग्नेय आशियाई देशांची संघटना	Association of South-East Asian Nations (ASEAN)
आग्नेय आशियाई संघटना	Association of Southeast Asia (ASA)
आग्रही	dogmatic
आग्रही धर्ममत	dogma
आग्रही मत/सिद्धान्त	dogma
आग्रही मतप्रणाली	dogmatism
आघाडी सरकार	coalition government
आघात	trauma; impulse
आघातजन्य विकृती	trumatic psychosis

आचरण	conduct
आचरणाचे (वर्तनाचे) शास्त्र	behavioral science
आचार नियंत्रण	censorship
आचारधर्म	behavioural trait
आचारशास्त्र	ethnology
आचारसंहिता	code of conduct
आजमास	calculation
आजारी उद्योग	side industry
आजीव निधी	life fund
आजीव वार्षिकी	life annuity
आजीव वार्षिकी निधी	life annuity fund
आजीव विमा	whole life insurance
आजीविका कर	tax on callings
आडते	agent (commission)
आडमुठा	hidebound
आडवा	horizontal
आडवी बेरीज	cross addition
आढावा	review
आणीबाणी	emergency
आणीबाणी काळातील अधिकार	emergency power
आणीबाणी जाहीर/ घोषित करणे	declaration of emergency
आणीबाणीचा काळ	emergency period
आण्विक निरस्त्रीकरण	denuclearisation
आण्विक सहकार्य करार	cooperation treaty
आतंक	terror
आतंकवाद	terrorism
आतबट्याचा व्यवहार	irrational deal
आतेभावंड	cousin
आत्मघातक	self-distructive
आत्मघातकी पथके	self-distructive squads
आत्मघातकी हल्ले	self-distructive attacks
आत्मजागृत	self-conscious
आत्मत्याग	self-renunciation
आत्मदंडन	self-punishment
आत्मदूषण	self-accusation
आत्मनिग्रह	self-restraint
आत्मनिरीक्षण	introspection
आत्मनिर्भर अर्थव्यवस्था	self reliant economy
आत्मनिर्भरता	self reliance
आत्मनिष्ठ	subjective
आत्मनिष्ठ दृष्टिकोन	subjective approach
आत्मनिष्ठ मूल्य	subjective value
आत्मनिष्ठा	self reliance
आत्मनिष्ठावाद	self trustism
आत्मपरीक्षण	self-criticism
आत्मप्रधान कुल	amitate clan
आत्मबोध	self-knowledge
आत्ममूल्यन	self-evaluation
आत्मशासन	self-punishment
आत्मशुद्धी	self-purification
आत्मसमीक्षा	self-criticism
आत्मसात	assimilation
आत्मसाधना/ आत्मसाक्षात्कार	self-realisation
आत्मासिद्धान्त	soul theory
आत्मसंतुष्टता/ आत्मसंतोष	self-complacency
आत्मसंयम	self-control/command
आत्मसंरक्षण	self-preservation
आत्मस्वातंत्र्य	self-freedom
आत्महत्या/स्वनाश	suicide
आत्मज्ञान	self-knowledge

आत्मानुभव/ आत्मानुभुती	self-realisation
आत्माभियानी	self-expression
आत्मीयता	attachment
आत्यंतिकवादी	extremist
आत्यागृह निवास	amitate local residence
आदर्श	ideal; norm
आदर्श अधिकार	ideal rights
आदर्श आवृत्ती (नमुना)	mode motif
आदर्श कारागृह नियमावली	mode prison manual
आदर्श नगर सनद	model city charter
आदर्श नियम	normative law
आदर्श प्ररूप	ideal type
आदर्श बिंदू	ideal point
आदर्श राज्य	utopoa
आदर्श व्यक्तिमत्व	ideal/model personality
आदर्श व्यवस्था /सत्ता	ideal order
आदर्शक नियम	normative law
आदर्शनिष्ठ संस्कृती	idealistic culture
आदर्शरूपी संकल्पना /अधिरचना	idealistic superstructure
आदर्शलक्षी (प्रमाणकानुसारी) सिद्धान्त	normative theory
आदर्शवाद	idealism
आदर्शवादी अर्थशास्त्र	idealistic economics
आदर्शवादी नियोजन	normative planning
आदर्शात्मकता	idealistism
आदर्शी अर्थशास्त्र	normative economics
आदाता	payee
आदात्याच्या खात्यावरची जमा	account payee only
आदान	input
आदान-प्रदान	communication; input-output
आदान-प्रदान गुणोत्तर	input-output ratio
आदिकारण	first cause
आदिभौतिकता	anti metaphysics
आदिम	primitive; primal; primordial
आदिम जमात	primitive tribe/ community
आदिम जात	primitive community
आदिम पूजा संप्रदाय	primitive cult
आदिम प्रेरणा	primitive instincts
आदिम समाज	primitive (rudimentary) society
आदिम समूह	primitive community
आदिम सहजप्रवृत्ती	primitive instinct
आदिम साम्यवाद	primitive communism
आदिमता	primacy
आदिमानव युग	palaeoauthopic age
आदिमांची बंडखोरी	primitive rebels
आदिलेखन	arch writing
आदिवासी	aborginal; aborgine; primitive
आदिष्ट (अपरिवर्तनीय) पैसा	fiat money
आदृत (स्वीकारलेले) विपत्र/हुंडी	honoured bill
आदेय	due; dues
आदेय विपत्र	receivable bill
आदेश	instruction; order
आदेश प्रदेय	payable to order
आदेशपालन	order following

आदेशात्मक	instruction
आद्य	aboriginal; primitive; primordial
आद्य ऐतिहासिक युग	protohistoric age
आद्य कारण	first cause
आद्य कार्य	pioneering work
आद्य परिव्यय	prime cost
आद्य प्रतीक	primitive symbol
आद्यकालीन समाज	primitive (rudimentary) society
आद्यतत्त्व	rudiment
आद्यता	priority
आधार/आधारभूत	base; basis
आधार उद्योग	basic industry
आधार उपभोग	base consumption
आधार किंमत	support price
आधारभूत	hypothetical base
आधारकल्पना	hypothesis
आधारभूत उद्योग	key industry
आधारभूत किंमती	assured prices
आधारभूत तत्त्वे	fundamental principles
आधारभूत बाजारपेठ	key market
आधारभूत साधन	authority
आधारभूत सूत्र	basic formula
आधारभूत सूत्र स्थान	key position
आधारभूत संरचना (मूळरचना)	infrastructure
आधारभूत संरचना उद्योग	infrastructure industries
आधारभूत क्षेत्र	key sector
आधाररेषा	base line
आधारवर्ष	base year
आधारविधान	premise
आधारसामग्री	data
आधारसामग्री सप्रमाणता	validity of data
आधारसामग्रीचे अभिलेखन	recording of data
आधारसामग्रीचे प्रामाण्य	validity of data
आधारसामग्रीचे संस्करण	processing of data
आधारसाहित्य	source material
आधारस्तंभ	basis
आधिक्य	excess; superfluity; surplus
आधिदैविक	supernatural
आधिपत्य	dominance; chieftainship; suzerainty
आधिभौतिक	supernatural
आधिभौतिक शक्तिवाद	supernaturalism
आधिभौतिक सृष्टी	supernatural world
अधिराज्य	suzerainty
आधिसंख्य (आवश्यकतेपेक्षा अधिक संख्या)	super numeracy
आधीन	sub judice
आधीनता	liability; subjection; submission
आधुनिक	modern
आधुनिक अर्थशास्त्र	modern economics
आधुनिकीकरण	modernisation
आधुनिकोत्तर तत्त्वज्ञान	postmodernisation philosophy
आधुनिकोत्तरवाद	post modernism
आध्यात्मिक	spiritual
आनुवांशिक	hereditary; inherited
आनुवांशिक कारक/ घटक	genetic factor
आनुवांशिक भिन्नता	genetic diversity

आनुवांशिकता	inheritance; heredity
आनुवांशिकतावादी	hereditarian
आनुषंगिक	subsidiary/ancilliary
आनुषंगिक आकार /खर्च	incidental charges
आनुषंगिक उत्पादन	bye product
आनुषंगिक कंपनी	subsidiary company
आनुषंगिक लाभ	collateral benefit
आपत्ती	disaster
आपत्ती निवारण	disaster management
आपत्ती पश्चात	post disaster
आपत्ती पूर्व	pre disaster
आपत्ती प्रवण	disaster prone
आपत्ती व्यवस्थापन	disaster management
आपत्काल	emergency period
आपत्कालीन (आणीबाणीचे) उपाय	emergency measures
आपत्कालीन अधिकार	emergency power
आपद्ग्रस्त	distressed
आपद्जन्य विक्री	distress sale
आप्त	kindred; affinal; kins
आप्तसमूह	kinship group
आप्तसंबंध	kinship affinity
आप्तसंबंध संघटना	kinship organization
आप्तसंबंधी गट	kinship group
आभासी राजकारणातीततेचा अभाव	above politics
आमंत्रक	convener
आमसभा	general assembly
आमिष	inducement
आमूलाग्र बदल	radical change
आय (उत्पन्न)	income
आय आकारमान	size of real income
आय कर	income tax
आय धोरण	income policy
आय निर्मिती	generation of income
आय परिचलन वेग	income velocity of circulation
आय पुनर्वाटप/ पुनर्वितरण	redistribution of income
आय वितरण परिणाम	income distribution effect
आय वितरण विभाजन	income distribution
आय-व्यय	income-expenditure
आय-व्यय लेखा	income and expenditure account
आयकरातील चढउतार	fluctuating income tax
आयात अनुज्ञाप्ती /परवाना	import licence
आयात अभिकर्ता /एजंट	importing agent
आयात कर	import duty tax
आयात जकात	import octroi
आयात नियम	law of importion
आयात निर्बंध	import restriction
आयात निर्यात नियंत्रण	import-export controls
आयात निर्यातीचा समतोल	balance of trade
आयात पर्याय	import substitution
आयात प्रवृत्ती	propensity to import
आयात माल/वस्तू	imported goods
आयात व्यापार	import trade
आयात शुल्क	import duty
आयात हक्क/लेखा	import entitled account
आयात हिस्सा/वाटा	import quota
आयात क्षमता निर्देशक	income terms of trade

आयातदार	importer
आयातीवरील निर्बंध	restriction of imports
आयुर्मर्यादा	life expentancy
आयुर्मान	life span; longivity; duration of life
आयुर्विमा	life insurance
आयुर्विमा पत्र	life insurance policy
आयुर्विमेतर विमा	general insurance
आयोग	commission
आरमार	resources
आरंभबिंदू	starting point
आरक्षित संचय	reserved accumulation
आराखडा	design; blue print
आरामदायी वस्तू	articles of comfort
आरामाच्या वस्तू	comforts
आरोग्य विमा	health insurance
आरोग्यदायी पर्यावरणाचा हक्क	right to healthy environment
आरोप	imputation
आरोप ठेवणे	accuse
आरोप मुक्त होणे	discharge
आरोपपत्र	charge sheet
आर्थिक	economic; economical
आर्थिक अभिवृद्धी	economic growth
आर्थिक अरिष्ट	economic crisis
आर्थिक अवलंबित्व	economical dependence
आर्थिक असमानता	economical inequality
आर्थिक अस्थिरता	financial instability
आर्थिक आधारसामग्री	economic data
आर्थिक आधिक्य	economic surplus
आर्थिक आयुर्मान	economical ageing
आर्थिक इतिहास	economic history
आर्थिक उदारमतवाद /उदारवाद	financial liberalism
आर्थिक उन्नती	economical growth
आर्थिक उपलब्धता	economic availability
आर्थिक ऊर्जा	economical energy
आर्थिक कल्याण	economic welfare
आर्थिक कार्यक्षमता/ कार्यदक्षता	economic efficiency
आर्थिक कालशृंखला	economical chronology
आर्थिक कोंडी	economical crisis
आर्थिक खंड	economic rent
आर्थिक गरजा	economic wants
आर्थिक घटक/ आर्थिक धोरण	economical policy /strategy
आर्थिक घोटाळे	economical laundering/ fraud
आर्थिक तंगी	economic stringency
आर्थिक दंड	pecuniary penalty
आर्थिक दायित्व	pecuniary liabilities
आर्थिक दिवाळखोरी	economic bankrupcy
आर्थिक दुर्बलता	economic weakness
आर्थिक दृष्टीने	economically
आर्थिक देणी	economical debts
आर्थिक धोरण	economic policy
आर्थिक धोरणांचे मूल्यमापन	evaluation of economic policies
आर्थिक नाकेबंदी	economic blockade
आर्थिक नियोजन	economic/financial planning
आर्थिक निवड निर्णय	economic selective decision
आर्थिक नुकसान	pecuniary loss
आर्थिक न्याय/ आर्थिक विषमता	economical justice/ enequality
आर्थिक परिकल्पना	financial hypothesis

आर्थिक परिपक्वता	economic maturity
आर्थिक परिवर्तन	economic transformation
आर्थिक पाठबळ देणारा	economic backer
आर्थिक पाहणी (समालोचन)	economic survey
आर्थिक पिळवणूक (शोषण)	economic exploitation
आर्थिक पुनर्रचना	economic reconstruction
आर्थिक प्रदेश	economic region
आर्थिक प्रवृत्ती	economic tendency
आर्थिक प्रश्न	economic problem
आर्थिक प्रेरणा (हेतू)	economic motive
आर्थिक प्रोत्साहन	economic incentive
आर्थिक बदल	economic changes
आर्थिक बहिष्कार	economic boycott
आर्थिक भारक (खंड)	economic rent
आर्थिक भूगोल	economic geography
आर्थिक मध्यस्थ	economic mediator; financial mediator
आर्थिक महासत्ता	economic superpower
आर्थिक मागासलेपण	economical backwardness
आर्थिक माहितीची अपूर्णता	economical inadequacy of information
आर्थिक मूल्य	economic value
आर्थिक मंजुरी	economic sanction
आर्थिक मंदी	economic depression
आर्थिक युद्ध	economic war
आर्थिक येणी	economical dues
आर्थिक राशी	economic quantities
आर्थिक लवचिक	economic(ally) elastic
आर्थिक लाभ	economic profit
आर्थिक व सामाजिक परिषद	economic and social council
आर्थिक वर्ष	fiscal year
आर्थिक वस्तू	economic goods
आर्थिक वाढ सिद्धान्त	economical growth theory
आर्थिक विकास	economic development
आर्थिक विकास दर	economic growth rate
आर्थिक विकासाचा सिद्धान्त	theory of economic development
आर्थिक विकासाच्या अवस्था	stages of economic development
आर्थिक विनिमय	economic exchange
आर्थिक विरोधाभास	economic paradox
आर्थिक विषमता	economic inequality
आर्थिक वृद्धी	economic growth
आर्थिक वृद्धी दर	rate of economic growth
आर्थिक व्यवहार (घडामोडी)	economic activities
आर्थिक शिस्त	economical discipline
आर्थिक संकट	economic crisis
आर्थिक संघ	economic union
आर्थिक संघर्ष	economic friction/ conflict
आर्थिक संतुलन	partial equilibrium
आर्थिक संबंध	economic relations
आर्थिक संरचना	economic structure
आर्थिक सबलीकरण /सबलता	economic validity
आर्थिक समस्या	economic problem
आर्थिक समाजशास्त्र	sociology of economics
आर्थिक समानता	economic equality

आर्थिक सल्लागार	economic advisor
आर्थिक साम्राज्यवाद	economic imperialism
आर्थिक साक्षरता	economic literacy
आर्थिक सांख्यिकी	economic statistics
आर्थिक सिद्धान्त	economic law
आर्थिक सुधारणा/ वित्तीय सुधारणा	economic reforms/ financial reforms
आर्थिक सुधारनीती	economic reformation
आर्थिक सुबत्ता	economical prosperity
आर्थिक सुसाध्यता	economic easibility/ feasibility
आर्थिक सुसंवाद	economic harmony
आर्थिक स्थिर परिव्यय सुविधा	economic otherheds
आर्थिक स्थिरीकरण	economic stabilisatio
आर्थिक स्वयंनिर्भरता	economic/financial self reliance
आर्थिक स्वातंत्र्य	economic freedom
आर्थिक स्वायत्तता	economic autonomy
आर्थिक स्वावलंबन	economic self-reliance
आर्थिक हस्तक्षेप	economical intervention
आर्थिक हानी	economic/pecuniary loss
आर्थिक हितसंबंध	economic interest
आर्थिक हेतू	economical objectives
आर्थिक क्षमता (वापर)	economic capacity
आर्थिक क्षमता (सामर्थ्य)	economic capacity
आर्थिकेतर वस्तू	non economic goods
आर्षधर्म	revealed faith
आर्षसत्य	revealed truth
आर्षज्ञान	revealed knowledge

आऱ्हासी उपयोगितेचा सिद्धान्त	law of diminishing utility
आऱ्हासी प्रत्याय सिद्धान्त	law of diminishing/ decreasing returns
आलेख	chart; graph
आवडीप्रमाणे निवड	selection by choice
आवर्तन	recurrence; recurrency
आवर्ती	cyclical
आवर्ती ठेव	recurring deposit
आवर्ती निधी	revolving fund
आवर्ती पदप्राप्ती	rotation in office
आवर्ती प्रवणता	recidivism
आवश्यक	necessary
आवश्यकता	needs
आवाका	capacity; range
आवार	court
आविष्कार	phenomenon
आविष्कारवाद	expressionism
आविष्कृत	revealed
आवृत्ती	edition
आवेग	force; impulse
आवेगी क्रिया	impulse action
आवेष्टन खर्च	cost of packing
आव्हान विरहित अधिसत्ता	hegemony
आव्हाने	(threats) challenges
आशय /गाभा	content
आशय विश्लेषण	content analysis
आशयघन वर्णन	contentful description
आशयात्मक विधी/ कायदा	substantive law
आशावाद	optimism
आशियाना फ्री ट्रेड एरिया	Ashian Free Trade Area (AFTA)

आश्वासक अभिकर्ता/एजंट	del credre agent
आश्वासन	warranty; assurance
आश्वासन करारभंग	breach of contract
आश्वासित रोजगार योजना	employment assurance scheme
आस्तिक	orthodox
आस्तिकपणा	deism
आस्थापना	establishment
आस्थापना अधिकारी	personnel officer
आस्थापना आकार/खर्च	establishment charges
आश्रय	patronage
आश्रयगृह	house of refuge/relief
आश्रयस्थान (आधारस्थान)	asylum
आश्रयार्थी	refugee
आश्रयार्थी भांडवल	hot money; refuge capital
आश्रयी	subordinate
आश्रित राज्य	client state
आहार मूल्य	food value
आहे रे	haves
आक्षेप	controversy
आज्ञा	mandate; injunction
आज्ञा (ख्रिश्चन धर्माच्या)	commandment
आज्ञापक	imperative
आज्ञापत्र	decree
आज्ञापन	imperative
आज्ञापित ऋण	decreed debt
आज्ञार्थी नियोजन	imperative planning
आज्ञावली	programme
आज्ञांकित प्रदेश	demarcated zone
ऑनलाइन	online

इ

इंग्लंडचा अर्थमंत्री	chancellor of exchequer
इंटरनेट	internet
इंद्रियगम्य	concrete
इंद्रियग्राह्यता	objectivity
इंद्रियजन्य	organic
इंद्रियनिग्रह	continence
इंद्रियवैद्य	empirical
इंद्रियज्ञान	sensory knowledge
इंद्रियांकनवाद	impressionism
इंधन टंचाई	fuel scarcity
इंधनाचे राजकारण	fuel politics
इच्छा	will
इच्छावाद	volunatarism
इच्छाशक्ती	will power
इच्छास्वातंत्र्य	freedom of will
इजा	injury
इतिकर्तव्य	destiny
इतिहासपरता	historicity
इतिहासमीमांसा	historical materialism
इतिहासमीमांसायुक्त प्रज्ञावाद	historiosophical rationalism
इतिहासलेखन शास्त्र	historigraphy
इतिहासवाद	historicism
इतिहासाची भौतिकवादी संकल्पना	materialistic conception of history
इतिहासाचे आर्थिक भाष्य	economic interpretation of history
इनाम	donation
इमान	fidelity
इमान विमा	fidelity insurance

इमानदारी	loyalty
इलाज	redress
इशारा	warning
इष्टतम	optimum
इष्टतम अर्थसंकल्प	optimum budget
इष्टतम उत्पादन	optimum income/ production
इष्टतम चलनक्षेत्र	adequate currency zone/ adequate movement zone
इष्टतम भांडवलीकरण	optimum capitalisation
इष्टतम लोकसंख्या	optimum population
इष्टांक	proper number
इसारा	earnest deposit
इहनिष्ठ प्रवृत्ती	secular trend
इहवाद	secularism
इहवादी नेतृत्व	secular leadership
इहवादी समाज (धर्मनिरपेक्ष /इहनिष्ठ समाज)	secular society

ई

ईशप्रकाशित	revealed
ईश्वर	divine; deity
ईश्वरनिंदा	blaspheme
ईश्वरवाद	desim; thesim
ईश्वरविद्या	theosophy
ईश्वरशास्त्र	theology
ईश्वरशास्त्रविषयक/ ईश्वरशास्त्रीय	theocratic/theocratical

उ

उक्ता दर	piece rate
उक्ती मजुरी	piece wages
उक्ते वेतन	piece wages
उगमस्थान	locus point
उचल	advance
उचलून धरणे (पाठिंबा देणे)	back up
उच्च मूल्यांकन	high valuation
उच्च सदन	upper chamber
उच्चकुलीन	aristocrat
उच्चजात	upper caste
उच्चता गंड	superiority complex
उच्चभ्रू	snob; egghead
उच्चभ्रू समाज	high society
उच्चवचने	oscillations
उच्चवेतनजन्य काटकसर	economy of high wages
उच्चस्तर/उच्चस्तरीय	high level
उच्चाटन	eradication
उच्चाधिकार प्रतिनिधी मंडळ	high power delegation
उच्चायुक्त	high commissioner
उच्छृंखल वर्तन	rampage
उजवा पक्ष	right wing party
उजवी शक्ती	right wing strength
उजळणी प्रशिक्षण	refresher training
उज्जीवन (प्रोत्साहन)	stimulation
उठाव	uprising; insurrection; rebellion
उठावणी	uprising
उणी लोकसंख्या	under population
उणीव	defect; deficiency
उतरण लेखा/हिशेब	landing account
उतरणावळ	landing charges
उतरती कमान	diminishing curve
उतरत्या उपयोगितेचा सिद्धान्त	law of diminishing marginal utility
उतरत्या परिव्ययाचा उद्योग	decreasing cost industry

उतरत्या सीमान्त प्रतिलाभाचा नियम	law of diminishing marginal returns
उतारपेठ व्यापार (सर्व माल एकत्र ठेवून ज्याचा व्यापार केला जातो, तो व्यापार)	entrepot trade
उत्कर्ष	rise
उत्कर्षशाली	prosperous
उत्कृष्ट मुद्रा	good money
उत्क्रांत होणे	evolve
उत्क्रांतिवादी सामूहिक अध्ययन	evolutionary collective study
उत्क्रांती	evolution; upheaval
उत्क्रांतीवाद	evolutionism
उत्क्रांतीवादी	evolutionist
उत्क्रांतीवादी मानसशास्त्र	evolutionist psychology
उत्खनन	excavation
उत्पत्ती	genesis
उत्तम धनपत्र	first class paper
उत्तम परिस्थिती	best case scenario
उत्तम रोखे	gift edged securities
उत्तर आधुनिकतावाद	post modernism
उत्तर-दक्षिण संवाद	north-south dialogue
उत्तर दान कर	legacy duty
उत्तर दिनांकित धनादेश	postdated cheque
उत्तर संरचनावाद	post structuralism
उत्तर संरचनावादी सिद्धान्त	post structuralist theory
उत्तरजीवित्व/ उत्तरजीवी लाभ	survival benefit
उत्तरदाता	respondant
उत्तरदायित्व	accountability
उत्तरदायी	liable
उत्तराजीवित्त्व/ उत्तरजीवी लाभ	servival benefit
उत्तराधिकार	succession
उत्तराधिकार कर	succession tax
उत्तराधिकार विधी	law of succession
उत्तराधिकार शुल्क	succession duty
उत्तराधिकारी	successor
उत्तेजक	stimulus; inducement; stimulant
उत्तेजक मागणी	induced demand
उत्तेजके	stimuli
उत्तेजन	stimulus; stimulation
उत्तेजन परतावा	stimulus refund
उत्तेजने	stimuli
उत्पन्न	income; proceeds; yield
उत्पन्न अनुदान	income subsidy
उत्पन्न उपभोग वक्र	income consumption curve
उत्पन्न कपात	income shortage
उत्पन्न परिणाम	income effect
उत्पन्न पातळी	income level
उत्पन्न लवचीक गुंतवणूक	income elastic investment
उत्पन्न विषयक धोरण	income policy
उत्पन्नपातळी	level of income
उत्पन्नवाटप	distribution of income/ income distribution
उत्पन्नाचा वापर	use of income
उत्पन्नाची निर्मिती	income generation
उत्पन्नाचे पुनर्वितरण/ फेरवाटप	redistribution of income
उत्पन्नाचे वितरण	distribution of income
उत्पन्नाचे विषम वाटप	unequal distribution of income

उत्पन्नाचे सम वाटप	equal distribution of income
उत्पन्नाचे साधन	source of income
उत्पन्नाधिक राजव्यय (उत्पन्नापेक्षा खर्च अधिक)	deficit spending
उत्पात	havoc
उत्पादक	producer; productive; manufacturer
उत्पादक उपभोक्ते	producing consumers
उत्पादक काम	productive work
उत्पादक भांडवल	productive capital
उत्पादक मजुरी	productive wages
उत्पादक रोजगारी	productive employment
उत्पादक विनियोग	productive investment
उत्पादक श्रम	productive labour
उत्पादकता	productivity
उत्पादकता प्रनियम	canon of productivity
उत्पादकांची बाजारपेठ	producers market
उत्पादन	production; output; turn-out
उत्पादन अनुदान	production subsidy
उत्पादन अभियांत्रिकी	production engineering
उत्पादन कारक	agents/factors of production
उत्पादन कार्य/फलन	production function
उत्पादन खर्च	cost/exepenses of production
उत्पादन गुणांक	coefficient of production
उत्पादन घटक	agents/factors of production
उत्पादन तंत्र	technique of production
उत्पादन नियंत्रण	control of production; production control
उत्पादन नियोजन	production planning
उत्पादन पद्धती	means of production
उत्पादन परिव्यय /मूल्य	cost of production; prodution cost
उत्पादन पातळी	level of production
उत्पादन प्रक्रिया	production/ manufacturing process
उत्पादन फलन	production function
उत्पादन बंध	product mix
उत्पादन रचना	production structure
उत्पादन वस्तू	investment goods
उत्पादन विनिमय व्यवहार	production exchange transaction
उत्पादन व्यवस्था	mode of production
उत्पादन व्यवस्थापन	production management
उत्पादन शुल्क	excise duty/cost
उत्पादन समुच्चय	outpool
उत्पादन साधने	instruments of production
उत्पादन क्षम	productive
उत्पादन क्षमता	productivity; efficiency of production
उत्पादन क्षमता वापर	capacity to utilisation
उत्पादनमान	production level
उत्पादनवाढ/ चलनवाढ	rise in production
उत्पादनाचा इष्टतम घटक	optimum combination of factor
उत्पादनाची साधने	means of production

उत्पादनाचे घटक/ कारक	factors of production
उत्पादनाचे संघटन	organization of production
उत्पादनावरील निर्बंध	restriction of output
उत्पादनासाठी एकत्र आलेले लोक	turnout
उत्पादफल	product output
उत्पादित वस्तू	product output
उत्प्लवी फुगवटा	galloping inflation (hyper inflation)
उत्फल	input
उत्साहभंग	demoralisation
उत्साहवर्धक	stimulatnt
उत्साही तरुण	youngster
उथळ (राजकारणी)	light weight (political)
उदय	rise
उदात्त	noble; sublime
उदात्तीकरण	sublimation
उदार शब्दार्थवादी	liberal constructionist
उदार/उदारमतवादी	liberal
उदारता	charity
उदारमतवाद	liberalism
उदारमतवादी पक्ष (इंग्लंडमधील)	liberal party
उदारमतवादी	liberalise
उदारमतवादी मूल्ये	liberal value
उदारमतवादी लोकशाही	liberal democracy
उदारमतवादी शिक्षण	liberal education
उदारमतवादी स्त्रीवाद	liberal feminism
उदारीकरण	liberalization
उदासीन	apathetic
उदासीनता	neutrality
उद्दिष्टप्रधान	goal oriented
उद्दिष्टाभिमुखता	goal orientation

उद्देश	motive
उद्देशिका	preamble
उद्धार	upliftment
उद्यम	industry
उद्योग	industry; occupation; profession
उद्योग अभियांत्रिकी	industrial engineering
उद्योग विशिष्ट /शिक्षण	industry-specific education
उद्योग संस्था	industrial establishment
उद्योग स्थाननिश्चिती /स्थाननिर्धारण	location of industry
उद्योगधंदा	avocation
उद्योगन्मुख राष्ट्र/ उदयोन्मुख	emerging state
उद्योगपती	indutrialist
उद्योगप्रधान	industrialised
उद्योगप्रधानता/ उद्योगप्रियता /उद्योगवाद/ उद्योगशीलता	industrialism
उद्योगसंघटना	industrial organization
उद्योगसमूह	industrial complex
उद्योगक्षेत्र	industrial sector
उद्योगाचे संयोगीकरण	consolidation of industries
उद्योगांचे खाजगीकरण	privatization of industries
उद्योगांचे राष्ट्रीयीकरण	nationalisation of industries
उद्योगांचे विकेंद्रीकरण	decentralisation of industries
उद्योगांचे संघटन	organization of industries
उद्योगांचे संरक्षण	safe guarding of industries

उद्योगांचे स्थानिकीकरण	localisation of industries
उद्योगीकृत	industrialised
उद्योजक नियामक मंडळ (पर्यायी शब्द कार्टल)	cartel
उद्योजकता	enterprenurship
उद्रेक	outbreak
उद्गमन (अनुमान-निष्कर्ष)	induction
उद्गमन पद्धती	inductive method
उद्धृत भूमीप्रकल्प	land reclanmation project
उद्बोधन	enlightenment
उद्विकास	coevalution
उधार व्यवहार	credit transaction
उधारनिधी	borrowed fund
उधारपट्टा	lend lease
उधारपट्ट्यांचा कायदा १९४१ (अमेरिकेमधे संरक्षणाच्यादृष्टीने केलेल्या राष्ट्रांच्या साधनसामग्रीविषयींचा कायदा)	lend lease act-1941
उधारी	credit
उधारीने विकणे	sell on credit
उनाड	vagabond
उन्नत	sublime
उन्नती	amelioration; upheaval; upliftment; sublimation
उन्नयन (उदात्तीकरण)	sublimation
उन्मत्त राष्ट्रवाद	gingoism
उन्माद	mania
उन्मुक्ती	immunity

उन्मूलनवादी	abcrtionist
उपउत्पादन	by product
उपकर	cess
उपकरण	instrument
उपकरणवाद	instrumentalism
उपकरार	sub contract
उपकामगार वर्ग	sub-labour class
उपकृत	sept
उपकेंद्री	centrifugal
उपकोषागार	subtreasury
उपक्रम	undertaking; enterprise; initiative
उपक्रमी	undertaker
उपक्रमी योजक	enterprenuer
उपखंड	subclause
उपग्रह	satellite
उपग्रह वाहिनी	satelite channel
उपचार	ritual
उपचारवाद	formalism; ritualism
उपचारात्मक सेवा	theoraputic service
उपजत	congential
उपजत प्रवृत्ती	instinct
उपजीविका	living; subsistence
उपजीविकेचा धंदा	business calling
उपजीविकेची साधने	means of livelihood
उपदलाल	sub broker
उपदान (ग्रॅच्युइटी)	gratuity; subsidy
उपदेश	counsel
उपदेशक	counsellor
उपदेशात्मक पद्धती	dialectical method
उपनगर	suburb
उपनगरी प्रवृत्ती	suburban trend
उपनगरीकरण	sub-urbanisation
उपनियम	bye; byelaws
उपपत्ती	theory
उपप्रवाह	substream, subtrend

उपप्रशासक	deputy governer
उपबाजार	sub market
उपभोक्ता	consumer
उपभोक्ता प्रतिकार	consumer's resistence
उपभोक्ता बाजार	consumer market
उपभोक्ता मंडळ	consumer's council
उपभोक्ता समतोल	consumer equilibrium
उपभोक्ता संघ	consumer's association
उपभोक्ता संरक्षण	consumer's resistence
उपभोक्त्याचा समतोल	consumer's equilibrium
उपभोक्त्याची अधिपसंती	consumer's preference
उपभोक्त्याची जोखीम	consumer's risk
उपभोक्त्याची पसंती /निवड	consumer's choice
उपभोक्त्याचे वर्तन	consumer's behaviour
उपभोक्त्याचे सार्वभौमत्व/प्रभुत्व	consumer's sovereignty
उपभोक्त्याचे संतोषाधिक्य	consumer's surplus
उपभोग	consumption
उपभोग कर्ज	consumption loan
उपभोग गुणक	consumption multiplier
उपभोग पातळी	level of consumption
उपभोग प्रवृत्ती	consumption
उपभोग संस्कृती	consumption culture
उपभोगवाद /उपभोगवादी	consumerism
उपभोग्य आय/प्राप्ती	consumpable income
उपभोग्य खर्च	consumption expenditure
उपभोग्य माल/वस्तू	consumption goods
उपभोग्य वस्तू उद्योग	consumer good industry
उपभोग्य वस्तू ग्राहक संघटना	consumers organization

उपभोग्य वस्तूंचे भांडवल	consumption capital
उपभोग्य सेवा	product market, consumer service
उपभोग्यतेचे नियम	law of consumption
उपमंत्री	deputy minister
उपमानव	anthropoid; subhuman
उपयुक्तता	convenience; utility
उपयुक्तता मूल्य	use value
उपयुक्ततावाद	utilitarian philosophy
उपयुक्ततावादी सिद्धान्त	utilitarian doctrine
उपयोग	utilisation; service
उपयोग मूल्य	value in use
उपयोगक्षम जमीन	reclaimed land
उपयोगाचा	servicable
उपयोगिता	utility; utilisation
उपयोगिता गुणांक	utilisation factor
उपयोगिता परिमाणे	utility measures/ standards
उपयोगिता फल (अनुवर्त)	utility function
उपयोगिता मूल्य	utilisation value
उपयोगिता मूल्य सिद्धान्त	utility theory of value
उपयोगितावाद	utilitarian philosophy
उपयोगितेचे नेमके प्रमाण	precise magnitude of utility
उपयोजित	applied
उपयोजित अर्थशास्त्र	applied economics
उपयोजित मानवशास्त्र	applied anthropology
उपयोजित विज्ञान	applied science
उपयोजित समाजशास्त्र	applied sociology
उपयोजित संशोधन	applied research

उपयोजितावादी सिद्धान्त	utilatarian doctrine
उपयोजिता	utility
उपरिखर्च	overhead
उपरिपरिव्यय	overhead cost; fixed/ supplementary cost
उपरे राजकारणी	carpet begger
उपलब्धता	availability
उपलब्धी	recovery
उपविभाग	division; section
उपवंश	subrace
उपवृद्धी	accretion
उपव्यवसाय	business avocation
उपशमन अवधी	cooling off period
उपशामक	palliative
उपसभापती	deputy speaker
उपसा जलसिंचन योजना	water lifting scheme
उपसंघटना	sub organisation
उपसंस्कृती	subculture
उपसंस्कृती सिद्धान्त	theory of subculture
उपसंहार	wind up
उपस्त्रीसंबंध	concubinage
उपस्थिती वेतन	attendence wages
उपाध्यक्ष	deputy speaker
उपाय	redress; scheme; means
उपार्जित	acquired
उपार्जित आय /उत्पन्न	acquired income
उपार्जित प्रवृत्ती	acquired tendency
उपार्जित प्रज्ञा	acquired intelligence
उपार्जित बंध	acquired pattern
उपार्जित भांडवली भाग	acquired pattern gains
उपांग	accessory
उपेक्षावाद	cynicism
उपेक्षित	unattentive; neglected; unattentive
उपेक्षितांचा/इतरांचा /वंचितांचा इतिहास	subaltern history/ history of marginalism sections
उभयगटसंमत विधेयक	enrolled bill
उभयपक्षी	bilateral
उभयपक्षी एकाधिकार	bilateral monopoly
उभयपक्षी मक्तेदारी	bilateral monopoly
उभयपक्षी वंशक्रम	bilateral ascent
उभयपक्षी व्यापार	bilateral trade
उभयपक्षी व्यापार करार	bilateral trade agreement
उभयपक्षी व्यापारवाद	bilateralism
उभयपक्षी संमततत्व	bipartisanship
उभयपक्षीय कुटुंबव्यवस्था	bilateral family system
उभयमुखी व्यक्तिमत्त्व	ambivert personality
उभयवृत्ती	ambivalence
उभयवंशीय	biliner
उभयस्थानी नातेसमूह	bilineal kingroup
उभयस्थानी निवारा	bilocal residence
उभा	vertical
उभारणी	establishment
उभी बेरीज	long addition
उमरावशाही	aristocracy
उमेदवार	candidate
उमेदवाराचा (पक्षाचा)मतदान प्रतिनिधी	party watcher
(उमेदवाराचा) राजकीय प्रभाव	political hert

उमेदवारी	apprenticeship; candidancy
उर्मी	impulse
उर्वरित	residual
उर्वरित बिगर बँकिंग कंपनी	residuary non banking company
उलट	contrary
उलट रेपो दर	reverse repo rate
उलाढाल	turnover
उल्लंघन	infringement; contravention

ऊ

ऊर्जा	energy
ऊर्जा निर्मिती	energy production
ऊर्जा बचत	energy saving
ऊर्जा, वात	wind energy
ऊर्जा, सौर	solar energy
ऊर्जासमस्या	energy crisis
ऊर्जास्रोत	sources of energy/ power
ऊर्जास्रोत पारंपरिक	traditional sources of energy
ऊर्ध्व उत्पन्नवाटप	upward distribution of income
ऊर्ध्व संयोग	vertical combination
ऊर्ध्वगामी गतिशीलता	upword mobility
ऊर्ध्वरेषी चलनशीलता	vertical mobility
ऊर्ध्वस्तर	vertical
ऊर्ध्वस्तर समन्याय	vertical equity

ऋ

ऋण	debt; negative
ऋण (नास्ति) उपयोगिता	negative utility
ऋण आंतरराष्ट्रीय प्रदान	negative/deficit balance of payment
ऋण बाह्यता	negative externality
ऋण रोखे	debt security/ies
ऋणआकार	debt charges
ऋणको	debtor
ऋणको खातेवही	debtor's ledger
ऋणको-धनको प्रमाण	debtor; creditor ratio
ऋणकोचे खाते	debtors/borrowers account
ऋणग्रस्तता	indebtedness
ऋणधारी	debtor
ऋणनिधी	loanable funds
ऋणनिर्लेखन	debt write offs
ऋणनिवारण निधी	sinking fund
ऋणपत्र	debenture
ऋणपत्र निधी	debenture stock
ऋणपत्र विमोचन निधी	debenture redumption fund
ऋणपुस्तक	debt book
ऋणपूर्ती	settlement of debt
ऋणभेळ	debt conciliation
ऋणरचना	composition of debt
ऋणरूपांतर	coversion of debt
ऋणरोखा	debenture bond
ऋणलेख	debt instrument
ऋणलेखा	debt account
ऋणवित्तव्यवस्था	debt finance
ऋणविधिविधान	debt legislation
ऋणविमोचन	debt redumption
ऋणव्यवस्थापन	debt management
ऋणातून मुक्तता	debt redemmption
ऋणात्मक निर्देशांक	negative index

ऋणाधार	security
ऋणाबाबत आपसमेळ	composition of debt

ए

ए टी एम	automated tellering machine
एक जगत् कल्पना	one world concept
एक थांबा सर्व खरेदी	one stop shopping
एक पती-पत्नीत्व	monogamy
एक पालक कुटुंब	single parent family
एक मतदार संघपद्धती	single district system
एक रकमी	lump sum
एकक	unit
एककार्यात्मक	unifunctional
एककालिक	synchronise
एककालिक अभ्यास	synchronic study
एककेंद्राभिमुख	convergent
एककेंद्राभिमुख सिद्धान्त	convergence theory
एककेंद्राभिसारी	convergent
एककेंद्री कुटुंब	nuclear family
एकक्रयाधिकार	monopoly
एकगृही	unicameral
एकघटकी	unitary
एकच धर्मश्रद्धा मानणारे लोक	community of beliefs
एकच मूलस्थान असलेला	cognate
एकचालकानुवर्ती लोकशाही	authoritarian democracy
एकछत्री भांडार	shop departmental store
एकजिनसी/एकसारखे	homogenous
एकजिनसी तत्त्वप्रणाली	homogenous ideolgy
एकजिनसीपणा	homogenity
एकजीव	assimilation; incorporated
एकजीव एकनिष्ठ समुदाय	gemeinscaft community
एकजूट	combination
एकटा	isolated
एकतंत्र सत्ताधारी	autocrat
एकतंत्री	totalitarian
एकतंत्री पद्धती	totalotarianism; autocracy
एकतंत्री शासनपद्धती	authoritaviam system
एकतत्त्ववाद	monism; unitarianism
एकतत्त्ववादी	monist
एकतर्फी	ex parte
एकता	unity
एकतानता	concentration
एकत्र झालेल्या (सहयोगी) संस्था	associated companies
एकत्र कुटुंब	joint family
एकत्रित किंमत	pool price
एकत्रित निधी सेवा	consolidate fund service
एकत्रित निक्षेप	aggregate deposits
एकत्रित पद्धती	pool system
एकत्रित मागणी	aggregate demand
एकत्रित विक्री	pool sales
एकत्रीकरण	consolidation; combination; amalgamation
एकत्रीकृत वर्षासन /वार्षिकी	consolidate annuities
एकत्व	identity
एकदेववाद	monotheism
एकनिष्ठ	fidelity
एकनिष्ठ पक्ष सदस्य	card carrying
एकपरिणामी	unitary
एकपक्ष पद्धती	single party system

एकपक्षी/एकपक्षीय	unilateral; ex parte
एकपार्श्विक	unilateral
एकमत	unanimity
एकमेव अभिकर्ता /एजंट	sole agent
एकमेवाद्वितीय	unique
एकरकमी अनुदान	block grant
एकराज्य शासन	unitary government
एकरूप	assimilation; identical; incorporated
एकरूपता	uniformity; unification; identification
एकरूपता तत्त्व	principle of identity
एकरूपीकरण/ एकरूपीभवन	identification
एकरेषीय सिद्धान्त	unilinear theory
एकल कर	single tax
एकल कार्यकारिणी	single executive
एकल मालकी संस्था	sole trading concern
एकल संक्रमणी मत	single transferable vote
एकलन	isolation
एकलक्षी	macro
एकविवाह	monogamy
एकविवाही	monogamous
एकविषयक अभ्यास	monographic study
एकसत्ताक	totalitarian
एकसत्ताक पद्धती	autocracy; totalitarianism
एकसत्तावाद /एकसत्ताकवादी	monism
एकसत्वीकरण	essentialization
एकसदनीय	unicameral
एकसदस्य मतदारसंघ	single member constituency
एकसमान	uniform; steady
एकसारखेपणा	uniformity

एकसूत्रता	co-ordination
एकसूत्री	inclusive
एकसंध प्रणाली	cybory
एकसंघ बाजारपेठ	single market
एकसंघ	integrated
एकसंध	incorporated
एकसंधता	integrity; integration
एकसंधीकरण	cybority
एकस्तरीय कर	single point tax
एकस्व	patent
एकस्व अधिकार	patent right
एकस्व अधिनियम	patent act
एकस्वामी संस्था	proprietary concern
एकांडा	loner
एकांत	solitude
एकांतवासाची शिक्षा	solitary confinement
एकांतिक	extremist
एका राज्यातील आरोपी दुसऱ्या राज्यात गेला असता त्याला ताब्यात देणे	extradite
एकाकी	isolation; loner
एकाकीपणा	isolation
एकाग्र	concentrated
एकाग्रता	concentration
एकाच वेळी अनेक करांचे ओझे	congestion tax
एकात्म	continual; integrated
एकात्म अधिकार शेती	integrated hier archies
एकात्म समाजवाद	integral socialism
एकात्मक संविधान	unitary; constitution
एकात्मता	integrity; identity
एकात्मता संप्रदाय	integration school
एकात्मशिक्षण पद्धती	integrated/educational system

एकात्मिक पाणलोट विकास क्षेत्र	intergrated watershed development field
एकात्मिक व्यवस्थापन	integrated management
एकात्मीकरण समिती	integration commitee
एकात्मीकृत	integrated
एकात्मीकृत व विघटित पद्धत	integrated and disintegrated system
एकात्मीकृत शेती	integrated farming
एकाधिकार	monopoly; patent; patent right; trust
एकाधिकार नफा	monopoly profit
एकाधिकार नियम	patent act
एकाधिकार प्रमाण	degree of monopoly
एकाधिकार शक्ती	monopoly power
एकाधिकार बाजार	monopoly market
एकाधिकारयुक्त स्पर्धा	monopolistic competition
एकाधिकारवाद	authoritarinism
एकाधिकारी	monopolist
एकाधिकारी नफा	monopoly profit
एकाधिकारी भांडवलशाही	monopoly capitalism
एकाश्म	monolithic
एकीकरण	consolidation; integration; unification
एकीकृत	integrated
एकीय	unitary
एकीय लवचिक मागणी (ज्याच्या मागणीच्या लवचिकतेचे गुणोत्तर एक आहे असा)	unitary elastic demand
एकूण आगमरूप उत्पादन	total revenue product
एकूण उत्पादन	gross output
एकूण उपयोगिता	total utility
एकूण ठेवी	aggregate deposits
एकूण नफा/फायदा	gross/total profit
एकूण परिव्यय/खर्च	total cost
एकूण पुरवठा	aggregate supply
एकूण पैशातील प्राप्ती	aggregate money income
एकूण बचत	aggregate saving
एकूण मतदान	poll
एकूण मुद्रारूप प्राप्ती	aggregate money income
एकूण वास्तविक नुकसान	actual total loss
एकूण व्याज	gross interest
एकेरी नोंद	single entry
एकेश्वरवाद	monotheism
एकोपा	harmony
एखादे मत वा सिद्धान्त मनावर बिंबवणे	indoctrination
एखाद्या पदावरील नियुक्ती	posting
एच आय व्ही	human immuno deficiency virus
एजंट	agent
एड्स	Acquired Immuno Deficency Syndrom (AIDS)

ऐ

ऐकात्म्य	identity
ऐक्य	union; unity; unanimity
ऐक्यतत्त्ववाद	unitarianism

ऐक्यदर्शक	unitary
ऐक्यभाव	solidarity
ऐक्यभंग	disunion
ऐच्छिक	voluntary
ऐच्छिक ठेव	voluntary deposit
ऐच्छिक परवाना	voluntary licensing
ऐच्छिक बचत	voluntary saving
ऐच्छिक बेकारी	voluntary unemployment
ऐच्छिक लवाद	objective arbitrator
ऐच्छिक विनिमय सिद्धान्त	voluntary exchange theory
ऐच्छिक संघटना	voluntary organization
ऐच्छिक समूह	voluntary group
ऐच्छिक साहचर्य	voluntary association
ऐच्छिकवाद	voluntarism
ऐतिहासिक	historical
ऐतिहासिक घटना	historical event
ऐतिहासिक पद्धती	historical method
ऐतिहासिक व्यय	historical cost
ऐतिहासिक समाजशास्त्र	historical sociology
ऐतिहासिक संविधान	historical constitution
ऐतिहासिकता	historicity; historismus
ऐतिहासिकवाद/ ऐतिहासिकतावाद	historicism
ऐपत	financial capacity, spending power
ऐपतदारी (कर्ज देण्याची कुवत)	solvency
ऐवजी वेतन	lien wages
ऐहिक	temporal; mudane
ऐहिक उन्नती	material progress
ऐहिक मूल्य	temporal value
ऐंद्रिय	organic
ऐंद्रिय उपपत्ती/ सिद्धान्त	organic theory

ओ

ओढ	propensity
ओढ असणे	attach
ओढा	trend
ओला दुष्काळ	wet famine
ओलिताची जमीन	wet land
ओलिताची शेती	irrigated/wet farming
ओळख	identity; integrity
ओळखचिन्ह	token

औ

औचित्य	decency
औचित्य (शिष्टसंमत) लेखा	propriety audit
औदार्य	charity; chivalry
औद्योगिक अरिष्ट/गंडांतर	industrial crisis
औद्योगिक अर्थशास्त्र	industrial economics/ finance
औद्योगिक अवशेष	industrial waste
औद्योगिक आराखडा/नकाशा	industrial design
औद्योगिक उत्पादन	industrial production
औद्योगिक उत्पादित वस्तू	industrial product
औद्योगिक उपक्रम	industrial enterprise
औद्योगिक कंपन्यांचा कारभार	corporate governance
औद्योगिक कामगार/श्रमिक	industrial labour
औद्योगिक कार्यदक्षता	industrial efficiency
औद्योगिक क्रांती	industrial revolution
औद्योगिक चढउतार	industrial fluctuations
औद्योगिक पत	industrial credit

औद्योगिक पुनर्रचना	industrial restructure
औद्योगिक प्रगती	industrial progress
औद्योगिक प्रशासन	industrial administration
औद्योगिक प्रशिक्षण	industrial training
औद्योगिक बँक	industrial bank
औद्योगिक भौतिकशास्त्र	industrial physics
औद्योगिक मंदी	industrial depression
औद्योगिक मनोबल	industrial morale
औद्योगिक मानसशास्त्र	industrial psychology
औद्योगिक लवाद	industrial arbitration
औद्योगिक लोकशाही	industrial democracy
औद्योगिक वर्गीकरण	industrial classification
औद्योगिक वसाहत	industrial estate
औद्योगिक विकास प्राधिकरण	industrial development authority
औद्योगिक विकास बँक	industrial development bank
औद्योगिक वित्त	industrial finance
औद्योगिक वित्त महामंडळ	industrial finance corporation
औद्योगिक वित्तपुरवठा	industrial financing
औद्योगिक वित्तसंस्था	industrial finance institution
औद्योगिक विवाद	industrial dispute
औद्योगिक विवाद कायदा	industrial dispute act
औद्योगिक विस्तार	industrial expansion
औद्योगिक शांतता	industrial peace
औद्योगिक संघ	industrial union/guild
औद्योगिक संघटन मानसशास्त्र	industrial organization psychology
औद्योगिक संघर्ष	industrial conflict
औद्योगिक संघर्ष कायदा	industrial disputes act
औद्योगिक संबंध	industrial relations
औद्योगिक संयोग	industrial combination
औद्योगिक समाजशास्त्र	industrial sociology
औद्योगिक समुदाय	industrial conglomerate
औद्योगिक स्थित्यंतर	industrial transfermation
औद्योगिक क्षती	industrial injury
औद्योगिक क्षेत्र	industrial sector
औद्योगिक /व्यावसायिक बौद्धिक संपदा	industrial/professional intellectual property
औद्योगिकोत्तर समाज	post industrial society
औद्योगिकोत्तरवाद	post industrialism
औद्योगीकरण	industrialisation
औपचारिक शिक्षण	formal education
औपचारिक संघटना	formal organization
औपचारिक क्षेत्र	formal sector
औपपत्तिक	theoretic/theoretical
औपाधिक	relative
औरस	legitimate

क

कंत्राटदार	contractor
कंत्राटी	contractual
कंपनी	company
कंपनी कराधार	company taxation
कंपनी कारभार	corporate governance
कंपनी प्रवर्तक	company promoter
कंपनी लेखा	company account

कंपनी संघ	company union
कंपनी संचालक	company director
कंपनीची उभारणी	floatation of a company
कंपनीविषयक कायदा	company law
कंपू	clique
कज्जे दलाल	tout
कटवाला (कटात सामील असणारा)	conspirator
कट्टर	fundamentalist
कट्टर विरोधी	diehard
कठीण	crucial
कठोर कर्ज	hard loan
कडवा	fundamentalist
कडवे लोक	fundamental people; orthodox
कनिष्ठ	inferior
कनिष्ठ अधिकार	junior rights; ultimogeniture
कनिष्ठ मंडळ	lower chamber
कनिष्ठ वारसा	ultimogeniture
कनिष्ठ सभागृह	lower house
कनिष्ठता	inferiority
कपट	deceit; bad faith; intringue
कपटी	counterfeit
कबुली /कबुली जबाब	confession
कब्जा	custody
कमजोर	infirm
कमतरता	deficiency
कमदेय पद्धती	preference system
कमाई	earning
कमाई दर	earning rate
कमाल किंमत /मूल्य	maximum price
कमाल नफा	maximum profit
कमाल मर्यादा	celling
कमाल लोकसंख्या	maximum population
कमाल सामाजिक हित	maximum social advantage
कमावता	earner
कमिशन (दलाली)	commission
कमिशन एजंट	commission agent
कमी करणे/होणे	lessen
कमी होणारा	diminishing
कमी-जास्त होणारी मत्ता	fluctuating assets
कम्युनिस्ट क्रांतीची भीती	red scare
कम्युनिस्ट/सैन्य	red army
कर	tax
कर अनुसूची	tax schedule
कर आकारणी	assessment of tax
कर आधार	tax base
कर उत्पन्न लवचिकता	yield elasticity
कर चुकविणारा/ बुडविणारा	tax evader
कर चुकविणे	avoidence/evasion of tax
कर टाळणी	tax avoidence
कर निर्धारण	assessment of tax
कर पत	tax credit
कर पद्धती	tax system
कर परिणामांची तीव्रता	intensiveness of taxes
कर प्रतितोल (जबाबदारी)	tax liability
कर महसूल (उत्पन्न)	tax revenue
कर वित्तव्यवस्था	tax finance

करसवलत	tax allowance/ exemption/derating
कर सहभागिता/ सहभागीदार	tax sharing
कर सूट	tax allowance/ exemption
कर संरचना	tax structure
कर संवेदनशीलता	tax sensitivity
कर हस्तांतरण	shifting of tax
कर, करभारक वगैरेच्या मालावर वसुलीसाठी अटकावणी लावणे	distress
करकायदा	tax act
करजन्य घर्षण	tax friction
करटाळणी प्रमाण	avoidence ratio
करणवाद	instrumentalism
करणात्मक कार्य	positive function
करणात्मक प्रमाद	error of commission
करदायी घटक	tax paying unit
करदेयता	taxability
करपरतावा	tax refund
करपात्र आय/प्राप्ती	taxable income
करपात्र व्यक्ती	assessee
करपात्रता	taxability
करप्राधिकरण	tax authority
करप्राप्ती	tax proceuds
करभार	incidence of taxation; formal tax
करभ्रम/करभ्रांती	tax illusion
करमाफी	tax remission
करमुक्त	tax free
करमुक्त क्षेत्र	taxfree zone
करयोग्य	leviable
करयोग्यता	taxability
करवसुली	tax collection
करवसुली मक्त्याने करणे	farming of taxes
करवसुलीसाठी माल अडकविणे	distress
करव्यवस्था	taxation
करसवलत	tax allowance/ exemption/derating
करसीमा	tax limit
करसंहिता	tax code
करक्षमता	ability to pay tax
कराघात	impact of taxation
कराचा दर	state of tax
कराचा प्रमाण दर	standard rate of tax
कराचा बोजा/भार	tax incidence
कराची व्यापारचक्र संवेदनशीलता	cycle of sensitivity of tax
कराचे दायित्व	tax liability
कराचे भांडवलन	capitalisation of tax
कराधान	taxation
कराधान प्रनियम	cannon of taxation
कराधान सिद्धान्त	theory of taxation
कराधानाचा अतिभार	burden of taxation
कराधानाचा आघात	incidence of taxation
कराधानाची एकूण लवचिकता	buoyancy of taxation
कराधानाची सोपान पद्धती	slab system of taxation
कराधानाचे लाभ तत्त्व	benefit principle of taxation
कराधार लवचिकता	base elasiticity of tax
करार	agreement; pact; contract; treaty
करार सिद्धान्त	contract theory
करारनामा	convenant; agreement; bond; indenture

करारनामा लेख	deed of convenant
करारबद्ध श्रमिक/ कामगार	indentured labour
कराश्रयस्थान	tax haven
करांतरण (हस्तांतरण)	shifting of tax
कर्ज	debt; loan
कर्ज खाते	tax account
कर्ज थकीत जोखीम	credit/default risk
कर्ज परिवर्तन	loan conversion
कर्ज बुडविणारा	loan duck
कर्ज भांडवल गुणोत्तर	debt ratio
कर्ज रूपांतरण	loan conversion
कर्ज व थकबाकी यांची तडजोड	settlement
कर्जदर	lending rate
कर्जदार	debtor
कर्जदेय निधी	loanable fund
कर्जधोरण	loan policy
कर्जनिवारण निधी आकार	sinking fund charges
कर्जपुरवठा	credit supply
कर्जपूर्ती	settlement of debt
कर्जबाजारीपणा	indebtedness
कर्जमंजुरी	loan sanction/approval
कर्जयोग्य प्रस्ताव	bankable proposal
कर्जरोखा	debenture; stock
कर्जरोखे जमानत	debenture security
कर्जरोखे बाजार	debt market
कर्जवसुली	loan collection
कर्जवाटप /कर्जवितरण	distribution of loan
कर्जसंबंधित बंधन	lending obligation
कर्जहप्ता	loan instalment
कर्जाऊ भांडवल	loan capital
कर्जाऊ रक्कम	borrowed fund
कर्जाचा करार	loan agreement
कर्जाचे रूपांतर	conversion of loan
कर्णधार समिती	steering committee
कर्तरी	reason; active
कर्तव्य	duty; obligation
कर्तव्यच्युती	dereliction of duty
कर्तव्यबुद्धी	duty consciousness
कर्तव्यबंधन	duty binding
कर्तव्य भावना	ought feeling; sense of obligation
कर्तव्य क्षेत्र	sphere of duty
कर्ता	subject
कर्म	acting
कर्मकांड	ritual
कर्मकांड पाळणारा	ritualist; ritualistic
कर्मकांडवादी	ritualism
कर्मचारी	worker; workman; employee
कर्मचारी झीज	depreciation of labour
कर्मचारी प्रशासन	personnel administration
कर्मचारी प्रशासनाधिकारी	personnel officer
कर्मचारीमापन	labour assesment
कर्मचारी वर्ग	personnel
कर्मचारी व्यवस्थापन	personnel management
कर्मचारी संघ	staff association
कर्मचारी संघटना	staff organization
कर्मचारीमापन	labour assesment
कर्मठ	orthodox
कर्मठवाद/पुरातनवाद	conservatism/ obscurantism
कर्मभूमी	heartland
कर्मशाळा	workshop
कलंक	stigma
कल	aptitude; disposition; tendency; propensity

कलम	article; section
कला	phase
कला समाजशास्त्र	sociology of acts
कलात्मक बौद्धिक संपदा	artistic intellectual prospertes
कलुषीकरण	pollution
कल्पकशोध	invention
कल्पना	concept; design; image; scheme
कल्पनात्म	ideal
कल्पनावाद	idealism
कल्पनाशास्त्र	ideology
कल्पित किंमत	notional value
कल्पितादर्शवादी	utopian
कल्याण	good; benefit
कल्याणकारी उपक्रम	welfare activity
कल्याणकारी जादू	white magic
कल्याणकारी पैसा	good money
कल्याणकारी राज्य	welfare state
कल्याणकारी वाटप	welfare distribution
कल्याणकारी सुधारणा	welfare reforms
कल्याणविषयक अर्थशास्त्र	welfare economics
कष्टमय	distressed
कसब	workmanship
कसबी	veteran; skilled
कसबी कारागीर	artificer
कसर	discount; rebate
कसर कापून वटवणे	discount
कसर दर	discount rate
कसरी ऋणपत्र	debenture of discount
कसवणुकीची धारण जमीन	holding cultivated land
कसूर	default
कसोटी	criteria; rate
कक्षा	range
कागदपत्र	document
कागदी चलन	paper currency
कागदी चलनाचा आधार	note cover
कागदी पैसा/मुद्रा	paper money
कागदी मानक	paper standard
कागदी वाघ	paper guard
कागदोपत्री पुरावा	documentart evidence
काटकसर	thrift; economy
काटकसर नियम	canon of economy
काटकसर व नोकर कपात	economy and retrenchment
काटकसरीचा	economic
काटकसरीचा विरोधाभास	paradox of thrift
काटकसरीने	economically
काटेकोर	rigid
काडीमोड	dissolution of marriage; divorse
कापून घेणे	deduct
काम	job; work
काम करण्याचा अधिकार	right to work
काम देणारा	servicable
काम बंद संप	tools down strike
काम विश्लेषण	job analysis
कामकाज	transaction
कामकाजाचा खर्च	working expenses
कामगार	labour; labourer; workman; blue collar worker
कामगार अस्थायी	temporary worker
कामगार कपात	lay off

कामगार कल्याण	labour welfare
कामगार कायदे	labour laws/legislation
कामगार कार्यक्षमता	efficiency of labour
कामगार केंद्र	labour bureau
कामगार चळवळ	labour movement
कामगार न्यायालय	labour court
कामगार पुरवठा	supply of labour
कामगार मालक समिती	works committee
कामगार लवाद	labour arbitration
कामगार शेतमजूर	farmlabourer, farmhand
कामगार सुधार केंद्र	corrective labour camp
कामगार संघ	labour/trade union
कामगार संघटना	labour union/ organization
कामगार संघटना कायदा	trade union act
कामगार संघवाद	trade unionism
कामगार संरक्षक कायदे	protective labour legislation
कामगार हानिपूर्ती	workmen's compensation
कामगार हुकूमशाही	dictatorship of
कामगारांची (श्रमिकांची) अकार्यक्षमता	inefficiency of labour
कामगारांचे स्थलांतरण	migration of labour
कामचलाऊ व्यवस्था	modus vivendic way of living
कामधंदा	business
कामबंदी दर	separation rate
कामाचे दिवस	working days
कामाच्या वेळा	working hours
कामानुसार दरपद्धती	piece work
कामानुसार वेतन	piece wages
कामावर ठेवणे	engage
कायदा	law; legislation
कायदा आणि सुव्यवस्था	law and order
कायदा पाळणारा	law abiding
कायदा रद्दबातल करणे	repeal (a law)
कायदाबाह्य वर्तन कायदेभंग	breach/disobedience of law
कायदेमंडळाचा सभासद	legislator
कायदेशीर	legal; valid; legitimate; de jure; lawful; statutory
कायदेशीर अधिकार	legal rights
कायदेशीर अधिकारपत्र	authorisation
कायदेशीर आरोप करणे	indict
कायदेशीर कार्यवाही	legal proceeding
कायदेशीर संघटना	legal organization
कायद्याचा उपबंध	provision of law
कायद्याचे अधिराज्य	rule of law
कायद्याचे पुनर्विलोकन	review of law
कायद्याचे समाजशास्त्र	sociology of law
कायद्याच्या कचाट्यातून सुटण्यासाठी फरार होणे	abscond
कायद्याची यंत्रणा राबविणे	operation of legal system

कायद्यातील पळवाटांचा फायदा घेणे	avoidence
कायद्यानुसार	in accordance with law
कायद्यानुसार आरोप ठेवणे	indict
कायद्याने घालविणे	eviction
कायद्यासमोर समता	equality before law
कायम कार्यकारिणी/ कायम कार्यकारी मंडळ	permanent executive
कायमचा/ कायमस्वरूपी	standing
कारक	agent; factor
कारक प्रज्ञा	agent intelligence
कारकीर्द	regime; tenure
कारखानदार	industrialist
कारखानदार नियंत्रक संघ	cartel
कारखाना	factory
कारखाना परिव्यय/ खर्च	factory cost
कारखानी किंमत	ex-factory price
कारखान्यातील इजा	industrial injury
कारखान्यातील सामान्य कामगार	shop floor
कारणत्व	casuation/causuality
कारणमीमांसा/ कारणसिद्धान्त	law of causuality
कारणिक संबंध	relation casual
कारभार	administration
कारस्थान	intrigue
कारागिरी	workmanship
कारागृह मनोविकृती	prison psychosis
कारागृह व्यवस्थापन/ व्यवस्था	prison administration
कारागृहे, तुरुंग	prison
कारावास	custady
कार्ड खातेवही	card ledger
कार्ड सूची	card index
कार्य	duty; work; act; job
कार्य नियंत्रण	job control
कार्य परिव्यय	job costing
कार्य प्रवृत्ती	faculty
कार्य विश्लेषण	job analysis
कार्यआखणी	action draft
कार्यकारण सिद्धान्त	law of causation
कार्यकारणसंबंध	casual relations
कार्यकारिणी	syndicate; executive
कार्यकारी	working; acting
कार्यकारी अधिकारी वर्ग	executive class of officer
कार्यकारी आरेख	working drawing
कार्यकारी कारवाई	executive action
कार्यकारी खर्च	working expences
कार्यकारी भांडवल	working capital
कार्यकारी मंडळ	executive body
कार्यकारी लोकसंख्या	working population
कार्यकारी विभाग	executive department
कार्यकारी शासन	executive government
कार्यकारी शासनांग	executive
कार्यकारी सत्ता	executive power
कार्यकारी समिती	executive/working committee
कार्यकालबाह्य बोनस	task bonus
कार्यक्रम	programme
कार्यदक्ष	efficient
कार्यदक्षता तपासणी	efficiency audit
कार्यदूत (फ्रेंच शब्द शार्द फेअर्स)	charge-d-affairs

कार्यनिर्वाहक व्यवस्था	modus vivendic; way of living
कार्यनिष्ठा	commitment
कार्यनिष्ठता	functional loyalty
कार्यनिष्पत्ती अर्थसंकल्प	performannce budgeting
कार्यनैपुण्य	proficiency
कार्यपद्धती	mode of operation; modus operendi; procedure
कार्यप्रकल्प	project work
कार्यप्रेरक वित्तव्यवस्था	activating finance
कार्यभार	workload
कार्यलक्ष्यी अर्थसंकल्प	perfomance budget
कार्यवाद	functionalism
कार्यवादी पद्धत	implementation system
कार्यवादी सिद्धान्त	functionalist theory
कार्यवाह	secretary
कार्यवाही	execution
कार्यवाही गट	working group
कार्यवाही यंत्रणा	delivery mechanism
कार्यवाही सिद्धान्त	implementation theory
कार्यविधी	procedure
कार्यविभाग खाते	port folio
कार्य विश्लेषण	job analysis
कार्यवृत्त	minute
कार्यशाळा/कार्यसत्र	workshop
कार्यसमिती	works committee
कार्यसाधक राजनय	shirt sleeve diplomacy
कार्यस्थान	seal
कार्यक्षमता	ability to work; efficiency
कार्यात्मक गट	functional group
कार्यात्मक नियोजन	functional planning
कार्यात्मक वित्तव्यवस्था	functional finance
कार्यान्वयी समूह	functional group
कार्यार्थी न्यायाधीश	acting judge
कार्यालय	office
कार्यालयीन	official
कार्यालयीन आचार /आचरण	official conduct
कार्यासन अधिकारी	desk officer
कार्यिक स्वायत्तता	functional autonomy
काल आंतरिक	time intrinsic
काल उपयोगिता	time utility
काल पश्चायन	time lag
कालक्रम	chronology
कालक्रम विपरित	anachronic
कालक्रमिक अभ्यासपद्धती	chronological method
कालक्रमीय विश्लेषण	sequence analysis
कालगणना	chronology
कालगर्भ	time intrinsic
कालपट	chronological/ chronochart
कालपट लेख	articles; chronochart
कालबद्धता	time bound
कालबाह्य	outdated
कालविपर्यायी	anachronic
कालशृंखला अर्थमिती	timeseries econometrics
कालाधिष्ठित वेतन	time wages
कालानुक्रमे	chronological
कालानुसारी	chronological
कालावधी	spell
कालिक	chronological; temporal
कालिकता	temporality

कालौघ	flow of time/timespan
काल्पनिक	utopian
काल्पनिक कथा	myth
काल्पनिक संपत्ती	fictitious assets
काळजी	care
काळजीवाहू सरकार	caretaker government
काळा पैसा	black money
काळाबाजार	black/parallel market
काळे पाणी	transportation for life
काळे क्षेत्र	black sector/area
काळ्या पाण्याची शिक्षा	transportation for life
काळ्या पाण्यावर पाठविणे	transport
किताब	title
किफायत	good
किफायतशीर	economic; lucrative
किमान किंमत	minimum/bottom/floor price
किमान त्याग	minimum sacrifice
किमान नफा	minimum profit
किमान परिव्यय संयोग	least cost contribution
किमान लोकसंख्या	minimum population
किमान वेतन (अधिनियम)	minimum wages act
किरकोळ	casual
किरकोळ ऋणको	sundries debtors
किरकोळ किंमत	retail price
किरकोळ किंमत निर्देशक	index of retail price
किरकोळ धनको	sundries creditor
किरकोळ प्राप्ती	casual income
किरकोळ लेखा	sundries account
किरकोळ वस्तू	sundries
किरकोळ विक्रेता	retailer
किरकोळ वेतन पद्धती	truck system
किरकोळ व्यापार	retail trade
किशोर अपराधी	youthful offender
किशोर सुधारणागृह /सुधारशाळा	borstal institution/school
किशोरावस्था	adolessence
किंमत	price; value
किंमत कमी होणे	depreciation
किंमत तुल्यता	parity of prices
किंमत धोरण	price policy
किंमत निर्धारण	full cost pricing
किंमत निश्चित करणारी यंत्रणा	pricing mechanism
किंमत निश्चिती	price fixing, price determination
किंमत पट्टा	price band
किंमत परिणाम	price effect
किंमत पातळी	price level
किंमत बदल/ किंमतीतील बदल	price change
किंमत भेदभाव	price descrimination
किंमत (मूल्य) निर्धारण यंत्रणा	price system
किंमत युद्धाची परिस्थिती	situation of price war
किंमत रक्षण	valiorisation
किंमत रक्षण योजना	valiorisation scheme
किंमत रेषा	price line; price opportunity line; buded line
किंमत वाढ	inflation
किंमत शुद्ध	price war
किंमत सूचकांक/ निर्देशांक	price index
किंमत संधारण (रक्षण)	price maintenance

किंमत संरचना	price structure
किंमत संवेदनशीलता	price sensitivity
किंमत स्थैर्य	price fixation
किंमत भेदभाव	price discrimination
किंमतविरहित कर्ज	priceless loan
किंमती	costly
किंमती दस्तवेज	valuable security
किंमती प्रतिभूती	valuable security
किंमतीचा समतोल	price equilibrium
किंमतीची पातळी	level of price
किंमतीची लवचिकता	price elasticity; flexibility of price
किंमतीची सर्वसाधारण पातळी	general price level
किंमतीची संरचना	structure of price
किंमतीचे प्रतिमान	pricing model
किंमतीच्या हालचाली	price movements
किंमतीतील चढउतार	price fluctuation
किंमतीतील तफावत	price margin
किंमतींना आधार देण्याचे धोरण	price support policy
कीर्तीस्व (ख्यातिमूल्य)	goodwill
कीर्द नोंद	journal entry
कीर्द पुस्तक	journal book
कुटिरोद्योग	cottage industries
कुटुंब कल्याण कार्य	family welfare work
कुटुंब नियोजन	family planning
कुटुंब निवृत्तीवेतन	family pension
कुटुंब भत्ता	family allowance
कुटुंब समाजकार्य	family social work
कुटुंब संस्था पद्धती	family system
कुटुंबकुल	family clan
कुटुंबवत्सल व्यक्ती	family man
कुटुंबवत् संघटना	quasi family organization
कुटुंबीय	family member
कुदळी (शेतीप्रधान) संस्कृती	hoe culture
कुपोषण	malnutrition
कुपोषित	malnourished
कुप्रशासन	maladministration
कुमार्गी	debauchee
कुल	clan; sib
कुलक (रशियन श्रीमंत शेतकरी)	kulak
कुलक्रम	genelogy
कुलचिन्ह	totem
कुलपती	chanceller
कुलपरंपरा	ancestry
कुलपिता	paterfamilies
कुलमाता	matriarch
कुलवैर	blood tend; vendetta
कुलीन	well born
कुलीनता	good blood
कुलुपबंद शेअर्स	lock up shares
कुशल	expert; well-being
कुळ	tenant
कुळ कसणूक	tenant cultivation
कुळ शेतकरी	tenant farmers
कुळवहिवाट	tenancy
कुळवहिवाट अधिनियम	tenancy act
कुळवहिवाटीची मुदत	tenancy
कुळविषयक कायदे	tenancy/legislation
कुळी	gene; spet; parentage
कुंठितता/ कुंठितावस्था	stagnation
कूट	conudrum
कूट राजनय	machiavelian diplomacy
कूटप्रश्न	puzzle/riddle
कूळ खंडकरी वेठबिगार	bonded labour

कृतिमूल्यमापन	assessment of action
कृतिशील प्रज्ञा	agent intelligence
कृतिशील राजकारण	active politics
कृतिशीलता	activism
कृती	acting; deed
कृती आराखडा	action plan
कृती तत्त्वज्ञान	philosopy of action
कृती योजना	delivery mechanism
कृतीआदेश लेख	instrument of action
कृतीचे समाजशास्त्र	sociology of action
कृतीज्ञान	know how
कृत्रिम	synthetic
कृपादान	act of grace
कृपाप्रसाद	grace
कृषक व्यवस्था	agricultural management
कृषक समाज	agricultural society
कृषिअधिकोष	agricultural bank
कृषिआधारित उद्योग	agro-based industries
कृषिउत्पादन	agricultural production
कृषिउत्पादन बाजार	agricultural market
कृषिउत्पादित वस्तू	agricultural product
कृषिकामगार	agricultural labour
कृषिक्रांती	agrarian revolution
कृषिपत	agricultural credit
कृषिप्रधान समाज	agrarian society
कृषिवल	husbandman
कृषिवल शेतकरी	peasant
कृषिविकास बँक	agriculture development bank
कृषिविद्या	agronomy
कृषिविषयक अर्थशास्त्र	farm economy
कृषिविषयक खरेदी-विक्री	agricultural marketing
कृषिविज्ञान	agricultural science
कृषिव्यवस्थापन	farm management
कृषिक्षेत्र	farm
कृषी अभियांत्रिकी	agricultural engineering
कृषी अर्थव्यवस्था	agricultural economy
कृषी अर्थशास्त्र	agricultural economics
कृषी आर्थिक	agro-economic
कृषी पुनर्वित्तव्यवस्था	agricultural refinance
कृषी प्राप्ती	agricultural income
कृषी बेकारी	agricultural unemployment
कृषी बँक	agricultural bank
कृषी महामंडळ	agricultural corporation
कृषी मूलतत्त्ववाद	agricultural fundamentalism
कृषी वित्तव्यवस्था	agricultural finance
कृषीप्राप्तीवरील कर	agricultural produce taxation
कृष्णवर्णीय स्त्रीवाद	black feminism
केवल	absolute
केवल अर्थशास्त्र	pure economics
केवल दारिद्र्य	primary poverty
केवल न्याय	absolute justice
केवल मूल्य	absolute value
केवल वेतन	absolute wages
केवलवाद	absolution
केशवपन	tonsure
केंद्र	centre; core
केंद्र शासनाचे राजकारण	central government business
केंद्र सरकार	central government
केंद्रगामी	centripetal
केंद्रण	centralisation
केंद्रपरावर्ती	centrifugal
केंद्रबिंदू	centre
केंद्रभाग	core
केंद्रवर्ती	contrist

केंद्रविमुखी	centrifugal
केंद्रशासन	central government
केंद्रशासित प्रदेश	centrally administered territory
केंद्रस्थानी	eqicentric
केंद्राभिमुखी	contripetal
केंद्रित	concentrated
केंद्रित गट	focused group
केंद्रित गटचर्चा	focused group discussion
केंद्रित नियोजन	centralised planning
केंद्रितता	centrism
केंद्रीय	central
केंद्रीय अधिकोषण	central banking
केंद्रीय कोषागार	central treasury
केंद्रीय देवाणघेवाण	central exchange
केंद्रीय प्रशासन	central administration
केंद्रीय बँक व्यवसाय	central banking
केंद्रीय माहिती केंद्र	central information centre
केंद्रीय मुलाखत	focussed interview
केंद्रीय मूल्य	central value
केंद्रीय विक्रीकर कायदा	central sales tax act
केंद्रीय विनिमय	cenral exchange
केंद्रीय सर्व्हर	central server
केंद्रीय संगणक	central computer
केंद्रीय नियंत्रण	central control
केंद्रीकरण	centralisation; concentration
केंद्रीकरणविषयक निकष	convergence criteria
केंद्रीभवन	centralisation; concentration
केंद्रीभूत	concentrated
केंद्रोत्सारी/केंद्रोन्मुखी	centrifugal
कैद (कैद्याने द्यावयाचे) तोंडी आश्वासन/वचन, पॅरोल	parole
कैदी/बंदी	prisoner/invates
कॅनन कायदा/विधी (ख्रिस्ती धर्मशास्त्राप्रमाणे असलेला कायदा)	canon law
कॅमेरॅलिझम (व्यापार वादातील एक तत्त्वप्रणाली)	cameralism
कोंडी	bottle neck
कोंडी करणे	corner
कोअर बँकिंग	core banking
कोटा नमुना चाचणी	quote sampling
कोटिक्रम	categories
कोट्यावरील (हिस्सा /वाटा) कमाल मर्यादा	celling on quote
कोटी	degree
कोठार	depot; warehouse; silo
कोठीघर	storehouse
कोडगेपणा	incorrigibility
कोडे	conndrum
कोरडवाहू शेती	dry farming
कोरा धनादेश	blank cheque
कोरे पृष्ठांकन	blank endorsement
कोरे विपत्र	blank bill
(कोर्टात) हजर राहण्यास सांगणे	summon
कोष	pool
कोषागार अधिकोषण (बँकव्यवहार)	treasury banking
कोषागार बिल	treasury bill
कोषागार विपत्रे बाजार	treasure bill market

कोषाध्यक्ष	treasurer
कोषाभार पत्र	treasury bill
कोष्टक	tabulation
कोसळणे	dwindle
कौटुंबिक	household
कौटुंबिक अर्थसंकल्प (खर्च वेच)	family budget
कौटुंबिक आय/उत्पन्न	family income
कौटुंबिक अंदाजपत्रक	family budget
कौटुबिक वित्तव्यवस्था	household economy
कौटुंबिक समायोजन (तडजोड)	family adjustment
कौटुंबिक समुपदेशन	family councelling
कौटुंबिक संबंध	affinity
कौटुंबिक हिंसाचार	domestic violence
कौल	oracle; poll
कौशल्य	technique
कौशल्य/कसब	skill/dexterity
कौशल्यसंपन्न	rich with skill
कौंटी परिषद (परगण्याच्या कारभारासाठी निवडलेले मंडळ)	county council
कौंटी बरो (इंग्लंडमधील स्थानिक शासनाचा घटक)	county borough
कटमितीने रोख प्रवाह	discounted cash flow
कॉन्झर्व्हेटिव्ह/हुजुर पक्ष (इंग्लंडमधील)	conservative party
कॉपरहेड (लोकांना अप्रिय असलेल्या मतांचा प्रवक्ता)	copperhead
कॉमिनफॉर्म	cominform
कॉमिन्टर्न	comintern
कॉम्रेड	comrade
कॉर्पोरेशन	corporation
कॉलसेंटर	call center
क्रम	process; sequence; succession
क्रमदर्श उपयोगिता	ordinal utility
क्रमनामिका	panel
क्रमपरिवर्तन	commutation
क्रमबद्धता	systematisation
क्रमभावनियम	law of succession
क्रमऱ्हासी अनुदान	regressive grant
क्रमवर्ध अधिकार श्रेणीतील अधिकरणे	hierarchy of tribunals
क्रमवर्धी कर	graduated/progressive
क्रमवर्धी करारोपण	progressive taxation
क्रमवाचक उपयोगिता	ordinal utility
क्रमवाद	gradualism
क्रमवार परिव्यय वक्र	step shaped cost curve
क्रमवार संग्रह	codification
क्रमविकास	evolution
क्रमविपर्याय (स्थित्यंतर)	commutation
क्रमक्षणी करारोपण	regressive taxation
क्रमक्षयी कर	regressive taxation
क्रमागत	serial
क्रमिक सुधारवाद	gradualism
क्रय अनुभाग	buying section
क्रय (खरेदी) कर	purchase tax
क्रयखाते वही	bought ledger
क्रयदेय मतदान पद्धती	preference voting
क्रयपुस्तक	bought day book
क्रयविवाह	marriage by purchase
क्रयशक्ती	purchasing power
क्रयशक्ती चलनत्व	compensatory principle of money

क्रयशक्ती तुल्यता	parity of exchanging power
क्रयशक्तीचा अभाव	lack of purchasing power
क्रांतिकारी	revolutionary
क्रांतिकारी परिवर्तन	revolutionary change
क्रांतिकारी विज्ञान	revolutionary science
क्रांतिकारी समाजवाद	revolutionary socialism
क्रांतिकारी संघटना	revolutionary organization
क्रांतिवादी	revolutionist
क्रांती	revolution
क्रांतीचा सिद्धान्त	theory of revolution
क्रिया निर्धारण	price fixation
क्रिया सिद्धान्त	action theory
क्रियात्मक शोध	operation/operational research
क्रियाभिमुख संशोधन	action oriented research
क्रियावाद	activism
क्रियावादी	activist
क्रियाव्यवहार	work dealings
क्रियाशील	reason active
क्रियाशील (कृतीशील) विवेक	active reason
क्रियाशील परिचलन	active circulation
क्रियाशील पैसा	active money
क्रियाशील प्रवर्तक	movers and shakers
क्रियाशील बाजार	active market
क्रियाशील बुद्धी	agent intelligence
क्रियाशील भागीदार	active partner
क्रियाशील भांडवल	acting/active capital
क्रियाशील मुद्रा/पैसा	active money
क्रियाशून्य	passive
क्रीतपत्र	bought note
क्रीडा सिद्धान्त	game theory
क्रेता	buyer; vendee
क्रेता (खरेदीदाराची) सावधानी	coveat emptor
क्रोधजन्य	offensive
क्लिष्ट	complex
क्लिष्टता	complexity
क्लृप्ती	contrivance
क्वीअर सिद्धान्त	queer theory

ख

खंड	block; continent; rent; partition; break
खंड नमुना चाचणी	block sampling
खंड न्यायपीठ	division court
खंड सिद्धान्त	theory of rent
खंडकरी	tenant
खंडणी	ransom
खंडणी भरून सुटका करणे	ransom
खंडमय	framental
खंडरहित भूमी	no rent land
खंडशः	fractional; fragmental
खंडावधी व्याज	broken period interest
खंडित झालेल्या काळाचे व्याज	broken period interest
खंडीत वास्तव	fragmented reality
खच्चीकरण	castration
खजिनदार	cashier
खजिना	treasury
खटला	litigation
खडतर	crucial
खडे सैन्य	regular army
खतावणी	ledger; ledger book
खनिज इंधन	mineral fuel
खनिज संपत्ती	mineral wealth
खप	consumption; circulation
खबर	news

खबरे	news source
खराखुरा	bonafide
खरीदण्याची प्रेरणा	buying motive
खरे मूल्य	real value
खरेदी	buying
खरेदी कर	purchase tax
खरेदी किंमत	procurement price/ purchase price
खरेदी किंमतीवरील कमाल मर्यादा	celling on purchase price
खरेदी दर	buying rate
खरेदी मूल्य/भाव	purchase price
खरेदी विभाग	buying section
खरेदी शक्ती, कुवत	purchasing power
खरेदीची खातेवही	purchase ledger
खरेदीदार	buyer; purchaser; vendee
खरेदीवर भरलेला कर	purchase tax
खरेदीशक्ती	buying capacity
खरेपणा	authenticity
खर्च	consumption; cost; incur; expense; expenditure; outlay
खर्च, अनियोजित	expenditure, unplanned
खर्च, अस्थिर	cost, variable
खर्च, एकक	cost, unit
खर्च, तुलनात्मक	cost, comparative
खर्च दाब भाववाढ	cost push inflation
खर्च पातळी	level of expenditure
खर्च, पुन:स्थापन	cost, replacement
खर्च, प्रत्यक्ष	cost, variable
खर्च, प्रत्यक्ष अस्थिर	cost, direct variable
खर्च, बदलता	cost, variable
खर्च लाभ निकष	lost benefit criteria
खर्च लाभ विश्लेषण	cost benefit analysis
खर्च लेखा	expense account
खर्च, वास्तविक	cost, real
खर्च, सरासरी बदलता	cost, average variable
खर्च, सरासरी स्थिर	cost, average fixed
खर्च, सीमान्त	cost, marginal
खर्च, संयुक्त	cost, joint
खर्च, स्थिर	cost, fixed/constant
खर्चवेचासहित किंमत/मूल्य	franco price
खर्चवेचासहित बीजक	franco invoice
खर्चाचे गुणोत्तर	expense ratio
खर्चाचे प्रमाण	overhead cost
खर्चावरील निर्बंधविषयक कर	sumptuary tax
खाजगी (खासगत) भत्ता	privy purse
खाजगी आस्थापन	private organisation
खाजगी उपक्रम	private enterprise
खाजगी कारागृह	private prison
खाजगी खर्च	private cost
खाजगी गुंतवणूक	private investment
खाजगी तनखा	privy purse
खाजगी धर्मादाय संस्था	private charitable organization
खाजगी प्रवास	private travelling
खाजगी प्रशासन	private administration
खाजगी बँक	private bank
खाजगी भागभांडवल	private equity
खाजगी मर्यादित कंपनी	private limited company
खाजगी वाहिनी	private channel
खाजगी विनियोग	private consumption

खाजगी सरकारी भागीदारी	public private partnership
खाजगी सावकारी	private financing
खाजगी संघटन	private organization
खाजगी स्वामित्व /मालकी	private ownership
खाजगी क्षेत्र	private sector
खाजगीकरण	privatisation
खाते	account
खातेदाराची जमाखर्चाची पुस्तिका	bank pass book
खातेबदल नोंद	transfer entry
खातेवर्ष	year of account
खातेवही	ledger; ledger book; stock ledger
खातेवही नोंद	ledger entry
खातेवही पृष्ठ	ledger folio
खाद्यपदार्थ उद्योग	food industry
खाद्यपीके	food crops
खानदानी	aristocratic
खानदानी रक्त	blue blood
खालच्या न्यायालयाच्या निर्णयाविरुद्ध वरिष्ठ न्यायालयाचे अधिकार/क्षेत्र	appellate jurisdiction
खुलता सेन्सेक्स	opening sensex
खुला प्रवास	free travel
खुला प्रश्न	open question
खुला प्राथमिक पातळीवरील मतदार संघ	open primary constituency
खुला बाजार दुकान	open market shops
खुला भाव	opening price
खुला राजनय	open diplomacy
खुला व्यापार	free trade
खुला समाज	free/open class society
खुली अर्थव्यवस्था	open economy
खुली कारागृह वसाहत	open colony prison
खुली किंमत	opening price
खुली पत	blank credit
खुली मुक्त प्रश्नावली	open unstructured questionnaire
खुली बाजारयंत्रणा	open market mechanism
खुली वर्गरचना	open class society
खुली स्पर्धा	free competition
खुले कारागृह	open jail
खुले बंदर	free port
खुले मागणीपत्रक	open indent
खुले सभासदत्व	open membership
खूळ	fed; mania
खेडवळ	rustic
खेळते भांडवल	working capital
खेळते शेत भांडवल	working farm capital
खेळी	trial
खोटा (बनावट)	counterfeit
खोटा आदाता	fictitious payee
खोटी नोंद	false entry
खोटी मत्ता	fictitious assets
खोटी वार्ता	pseudo event
खोटे नाणे	false/bad coin
ख्यातीमूल्य	goodwill
ख्रिश्चन धर्माची दीक्षा	baptism
ख्रिस्ती धर्म विधान /विधी	canon law

ख्रिस्ती धर्मोपदेशकाची राजनीती	clericaism
ग	
गंडांतर	crisis
गट	group; body
गट एकात्मीकरण	group integration
गट विवाह	group marriage
गट समानीकरण अनुदान	block grant
गट स्थितीविशेष	group situation
गटचर्चा	group discussion
गटदर	block rate
गटनिर्मिती	group formation
गटनिष्ठा	group loyalty
गटपाडणी	grouping
गटबाजी	groupism
गटमुलाखत	group interview
गटवार भाव	sectorel rate
गटविमा	group insurance
गटाचे राजकारण	group politics
गटाने केलेले मतदान	block voting
गट्टी राष्ट्र	axis state
गण	gene; gens
गणक पद्धती	teller system
गणकयंत्र	computer
गणकेतन (देवकचिन्ह)	totem
गणचिन्ह	totem
गणतंत्रवाद	republicanism
गणन	numeration
गणना	calculation; reckoning
गणनास्थान	counting house
गणपूर्ती	quorum
गणराज्य	republic
गणराज्यवाद	republicanism
गणराज्यवादी	republican
गणसंख्या	quotum
गणितशास्त्रीय मीमांसा	mathematical analysis
गणिती अर्थशास्त्र	mathematical economics
गणिती प्रतिमाने	mathematical models
गणितीय फलन	mathematical function
गतकालसापेक्ष	retrospective
गति/गतिक	dynamic
गतिप्रस्ताव	motion resolution
गतिमान	dynamic
गतिमान द्रव्य	bad money
गतिमान धोरण	dynamic policy
गतिमान प्रतिमान	dynamic model
गतिमान राजकारण	dynamic politics
गतिमान विकास	dynamic development
गतिमानता	dynamics
गतिशील	locamotary, dynamic
गतिशील अर्थशास्त्र	dynamic economics
गतिशील फायदे	dynamic advantage
गतिशील बुद्धी	dynamic intellect
गतिशील समतोल	dynamic equilibrium
गतिशील समाजशास्त्र	dynamic sociology
गतिशील संस्कृती	dynamic culture
गतिशीलता	dynamism
गतिशून्य अर्थव्यवस्था	stagment economy
गतिक्षमता	speed capacity
गती	dynamism
गनिमी युद्ध	guerilla warfare
गमन शुल्क	exit fee
गमावणे	forfeit; loss
गरजपूर्ती प्रवृत्ती	need disposition tendency
गरजा	needs; wants

गरजांचा आपसमेळ /मेळ	double coincidence of wants
गरजांची पूर्ती	satisfaction of wants
गरजांची श्रेणी	hierarchy of wants
गरजेनुरूप/गरजेवर आधारित वेतन	need based wages
गर्भपात	abortion
गर्भित	implicit
गर्भित परिव्यय/खर्च	implicit cost
गलिच्छ वस्ती	slum
गलिच्छ वस्ती निर्मूलन	slum clearance
गहाण	hypothecation; mortgage; pawn
गहाण ऋणपत्र	mortgage debenture
गहाण ठेवलेली वस्तू	pawn
गहाण तारण	mortgage pawn
गहाण विमोचन (सोडविणे)	redemtion of mortgage
गहाणखत/गहाणवटी	mortgage deed
गहाणाची नोंदणी	registration of mortgage
गहाणाची पूर्ती (परतफेड)	satisfaction of mortgage
गळती व फूटतूट	leakage and brekage
गाडी भाडे	cartage
गाभा	core; centre
गावगुंड	demagogue
गिफेन	goods
गिफेन वस्तू /निकृष्ट वस्तू	inferior goods
गिऱ्हाईक	customer
गिळंकृत करणे	emberzzlment
गुण/गुणवत्ता	merits; property; traits; quality
गुणक	co-efficient
गुणकारिता	efficiency; efficacy
गुणदोषवेत्ता	critic
गुणधर्म	character; property; characteristic
गुणभेद	qualitative diffrence
गुणरहित	featureless
गुणलक्षण	attribute
गुणवत्ता	quality
गुणवत्ता नसलेली	non-qualitative
गुणवत्ता नियंत्रण	quality control
गुणवाचकत्व	connotation
गुणविशेष	qualification; attribute; traits
गुणवृद्धीसाठी निधी	betterment fund
गुणसूत्र	chromosome
गुणात्मक	qualitative
गुणात्मक अध्ययन	qualitative learning
गुणात्मक चल /परिवर्तन	qualitative variable
गुणात्मक दर्जा	qualitative status
गुणात्मक पत नियंत्रण	qualitative credit control
गुणात्मक पद्धतिशास्त्र	qualitative methodology
गुणात्मक बदल	qualitative change
गुणात्मक बाबी	qualitative aspect
गुणात्मक विश्लेषण	qualitative analysis
गुणात्मक संशोधन तंत्र	qualitative research technique
गुणात्मक/असंरचित मुलाखत	qualitative/unstructured interview
गुणानुभव	qualitative experience
गुणारोपण	qualification
गुणार्थ	connotation
गुणांक	co-efficient

गुणोत्तर ratio
गुन्हा default; delinqency; crime; offence
गुन्हाशोध विभाग criminalistics
गुन्हेगार criminal; culprit; offender
गुन्हेगार जमाती criminal tribes
गुन्हेगारी जग underworld
गुन्हेगारी जमात कायदा criminal tribes act
गुन्हेगारी वर्तन criminal behaviour
गुन्हेशास्त्र criminology
गुन्ह्याचा मानांक /प्रमाण crime rate
गुन्ह्यात गुंतविणे incriminate
गुप्त in camera
गुप्त अधिवेशन secret session
गुप्त दूत emirssary
गुप्त (आवृत्त) निधी closed fund
गुप्त मतदान पद्धती ballot system
गुप्त राखीव निधी संचिती secret reserves
गुप्त राजनय secret diplomacy
गुप्त सभा conclave
गुप्त समाज/संघ secret society
गुप्त/लपूनछपून केलेला (प्रच्छन्न विवाह) clundestine marriage
गुलाम serf; slave
गुलामगिरी slavery; serfdom; servitude
गुंतलेले हितसंबंध vested interest
गुंतवणुकीचे अर्थसंकल्प budgeting investment
गुंतवणुकीवरील अपेक्षित सीमान्त लाभ marginal efficiency of capital
गुंतवणूक investment
गुंतवणूक अनुवर्त investment function
गुंतवणूक खाते investment account
गुंतवणूक चढउतार निधी investment fluctuation fund
गुंतवणूक दर rate of investment
गुंतवणूक प्रवृत्ती propensity to invest
गुंतवणुक बँक व्यवसाय (अधिकोषण) banking investment
गुंतवणूक योजना investment plan
गुंतवणूक रोखा investment security
गुंतवणूक वितरण distribution of capital
गुंतवणदार investor
गुंतवणूकदार संरक्षण निधी investors protection fund
गुंतागुंत complexity; complication
गुंतागुंतीचा complex
गुंतागुंतीचा विस्तार extended standard
गूढ ईश्वरवाद/ ईश्वरशास्त्र mystical theology
गूढवाद mysticism
गृह (घरगुती) अर्थव्यवस्था domestic economy
गृहकर्ज housing loan
गृहतारण कर्ज home loan
गृहनिर्माण संस्था housing society
गृहप्रमुख householder
गृहमंत्रायल (ब्रिटनमधील गृहमंत्रालयाचे मुख्य कार्यालय) home office
गृहवित्त housing finance

गृहवित्त संस्था	housing finance institution
गृहवित्तक्षेत्र	home finance
गृहसचिव	home secretary
गृहस्थ	householder
गृहिणी	housewife
गृहीत	assumption; hypothesis; presumption
गृहितकृत्ये/गृहीतक	hypothesis
गृहोद्योग	home industry
गेस्टॅपो (नाझी जर्मनीतील गुप्त पोलीस)	gestapo
गैरफायदा	undue advantage
गैरराजकीय	non-political
गैरशिस्तपणा	disorder
गॅलप मत चाचणी	gallap poll
गोचिर (दृश्य) घटना	phenomenon
गोठवलेली मत्ता	frozen assets
गोडी	interest
गोत्रज	consanquine; kin
गोदाम	godown; warehouse
गोदी अधिपत्र	dock warrant
गोदी उतरण लेखा	dock landing account
गोदी भाडे	dockage
गोपालीय संस्कृती	pastoral culture
गोलमेज परिषद	round table conference
गोल्ड स्टँडर्ड/ सुवर्ण जनक	gold producer
गोषवारा	abstract
गोळाबंदी (युद्धबंदी)	cease fire
गोंदणे	tatooing
गौण	accessory; inferior; subordinate; subsidiary
गौणत्व	inferiority
गौण राखीव निधी /संचिती	secondary reserve
ग्रहणप्रक्रिया	learning process
ग्रहणशक्ती	perception; capacity
ग्रहणाधिकार	banker's lien
ग्राम सरकार	rural government
ग्रामनगरीय	rurban
ग्रामसमाज संघटना	rural community organization
ग्रामसमाजीकरण	rurality
ग्रामीण अर्थव्यवस्था	rural economy
ग्रामीण अर्थशास्त्र	rural economics
ग्रामीण उद्योग	rural industries
ग्रामीण ऋणपत्र	rural debenture
ग्रामीण औद्योगिक समूह	rural industrial community
ग्रामीण कर्ज सर्वेक्षण	rural Credit
ग्रामीण दारिद्र्य	rural poverty
ग्रामीण नागरी रोजगार	rural urban employment
ग्रामीण पत	rural credit
ग्रामीण पत बँक	rural credit bank
ग्रामीण पतपाहणी	rural survey
ग्रामीण पुनर्रचना /पुनर्निर्माण	rural reconstruction
ग्रामीण बँक /अधिकोष	rural bank
ग्रामीण भूमिहीन हमी योजना	rural landless guarantee scheme
ग्रामीण रोजगार विकास	rural employment development
ग्रामीण विकास	rural development
ग्रामीण वित्तव्यवस्था	rural finance

ग्रामीण संसाधन	rural resource
ग्रामीण संस्कृती	rural culture
ग्रामीण समाजशास्त्र	rural sociology
ग्रामीण सहकारी संस्था	rural co-operative society
ग्रामीण सामाजिक संघटना	rural social organization
ग्रामीण-ग्रामीण स्थलांतर	rural-rural migration
ग्रामीण-नागरी स्थलांतरण	rural-urban migration
ग्रामीणीकरण	ruralisation
ग्रामोद्धार	rural uplift
ग्राहक किंमत निर्देशांक	consumer price index
ग्राहक खातेवही	consumer's ledger
ग्राहक चळवळ	consumer movement
ग्राहक तक्रार	consumer complaints
ग्राहक पंचायत	consumer
ग्राहक पत	consumer's credit
ग्राहक पेठ	consumer store
ग्राहक वाद	consumer disputes
ग्राहक शिक्षण हक्क	consumer education right
ग्राहक सहकारी संस्था	consumer's co-operative society
ग्राहक सेवा	consumer service
ग्राहक संरक्षण	consumer protection
ग्राहक हक्क	consumer rights
ग्राहकाचा बाजार	buyer's market
ग्राहकाचे (उपभोक्त्याचे) संतोषाधिक्य	buyer's surplus
ग्राहकाभिमुखता	pro-consumerism
ग्राहकांचे सक्षमीकरण	empowerment of consumers
ग्राह्य विमापत्र	valid policy
ग्रीक तत्त्वज्ञान	hellenic philosophy
ग्रीन आदर्शवाद	green idealism
ग्रीन आंदोलक	green activists
ग्रीन आंदोलने	green movements
ग्रीन तत्त्व	green principle
ग्रीन तत्त्वप्रणाली	green ideology
ग्रीन पक्ष	green party
ग्रीन विचारसरणी	green ideology

घ

घट	reduction
घटक	component; element; constituent; factor; unit
घटक एकक	constituent unit
घटक किंमत	factor price
घटक किंमत परिसीमा	factor price frontier
घटक किंमत समानीकरण	factor price equalisation
घटक खर्च	factor cost
घटक राज्य संघ	federal union
घटक राज्य	state government
घटक समाज	constitent component society
घटक समूह	component group
घटकतत्त्व	component
घटकावयव	constitent part
घटती अनुमाप प्रत्याय	diminishing returns to scale
घटती मागणी	decreasing demand

घटती सीमान्त उपयोगिता	diminishing marginal utility
घटते प्रत्याय/फल	diminishing returns
घटत्या उपयोगितेचा सिद्धान्त	law of diminishing utility
घटना	composition; constitution; fact
घटनाकार	founding father
घटनात्मक	constitutional
घटनात्मक इतिहास	constitutional history
घटनात्मक कायदा	constitutional law
घटनात्मक राजा	constitutional monoarch
घटनात्मक शासन	constitutional government
घटनाबाह्य	extra constitutional
घटनावाद	constitutionalism
घटनावादी	constitutionalist
घटनाविरोधी	unconstitutional
घटनासंगती	constitutionality
घटनासमिती	constituent assembly
घटस्फोट	dissolution of marriage; divorse
घटित	occurance
घडण	composition; form; constitution; workmanship
घन उपयोगिता	positive utility
घन बाह्यता	positive externality
घनता/घनदाट	density; solidarity
घनिष्ठ संबंधांवर आधारित बँकिंग सेवा	relationship banking
घनीकरण	consolidation
घबराट	panic
घबराटखोर	panic monger
घरकुल प्रशासन	household administration
घरगुती	household
घरगुती अर्थव्यवस्था	household economy
घरघुशी विवाह	marriage by intrusion
घरटी आय/उत्पन्न	household income
घरफोडी विमा	burglary insurance
घरबसे मतदार	stay at home voter
घरसंगणना	household census
घसारा	depreciation
घसारा आकार	depreciation charges
घसारा निधी	depreciation fund
घसारा लेखांकन	depriciation insurance
घसारा सवलत	depreciation allowance
घाऊक किंमत	wholesale price
घाऊक किंमत निर्देशांक	wholesale price index
घाऊक विक्रेता	wholesaler
घाऊक विपणी (बाजार)	wholesale market
घाऊक व्यापार	wholesale trade
घात	degree
घातपात	sabotage
घातपाती	subversive
घातपाती कृत्य	sabotage
घुसखोरी	infiltration
घेणी	receipts
घोटाळा	fraud
घोषणा	slogan
घोषणात्मक अभिनिर्णय	declaratory/judgement
घोषणात्मक संविधी	statuate declaratry
घोषवाक्य	slogan
घोषित मूल्य	declared value

च

चंगळवाद	consumerism
चंगळवादी विचारप्रणाली	consumerist
चंचल	unstable
चक्रवाढ व्याज	compound interest
चक्राकार संक्रमणाचा सिद्धान्त	cyclical transition theory
चक्रानुवर्ती (मिश्र) सम्मीलन	circular
चक्री बेकारी	cyclical unemployment
चक्रीय चढउतार	cycle fluctuation
चक्रीवादळ विमा	cyclone insurance
चढउतार	fluctuation
चढउतारी उत्पन्न	fluctuating income
चढउतारी किंमत	fluctuating price
चढउतारी विदेशी चलन दर	fluctuating exchange rate
चढउतारी वेतनमान	sliding scale
चढा भाव	premium
चढाओढ	competition
चतुर्विद्य	quadra-dimensional
चराऊ पीक	forage crop
चर्चा बंदी	guillotinc
चर्चाविश्व	discourse
चल	variable
चलचित्रवत् योजना	scenario
चलता	mobility; variability
चलत्व	mobility
चलन	currency
चलन अतिमूल्यन	overvaluation of currency
चलन अधोमूल्यन	undervaluation of currency
चलन गट	currency block
चलन दर	operating rate; capacity utilisation rate
चलन धोरण	currency policy
चलन नीविमा पत्र /विमापत्र	floationg policy
चलन नियंत्रण	currency control
चलन न्यूनमूल्यन	undervaluation of currency
चलन पद्धती	currency/monetary system
चलन परिव्यय	operating/variable cost; shut down price; prime cost
चलन पेटी (तिजोरी)	currency chest
चलन प्रतिभूती	floater
चलन भांडवल	variable capital
चलनबंदी	demonetisation
चलनबाजार	currency market
चलन मंच	currency board
चलन वितरण	currency distribution
चलन वितरण खाते	currency distribution department
चलन विमापत्र	floater
चलनमानक	monetary standard
चलनमूल्य धोरण	exchange rate policy
चलनमूल्यक्षय	depreciation of currency
चलनमूल्यवृद्धी	appreciation of currency
चलनवाढ	inflation
चलनविनिमय बँक	exchange bank
चलनविस्तार	expansion of currency
चलनवृद्धी	inflation of currency
चलनवृद्धीविरोधी उपाय	anti-inflationary measures policy

चलनशीलता mobility
चलनसंकोच construction of currency
चलनसजगता currency awareness
चलनसमुच्चय currency basket
चलनसाठा stock of currency
चलनक्षय disinflation; deflation; deflamation of currency
चलनक्षय करणे /होणे deflate
चलनक्षयात्मक तूट deflamationary gap
चलनक्षयात्मक प्रवृत्ती deflamationary tendency
चलनक्षेत्र currency area
चलनाचा अवधी period of currency
चलनाचा बाह्य मूल्य ऱ्हास exchange depreciation
चलनाचा भ्रमणवेग velocity of circulation of money
चलनाचा मूल्य ऱ्हास depreciation of currency
चलनाची देवाणघेवाण/देवघेव exchange of currency
चलनाची परिवर्तनीयता convertibility of currency
चलनाचे अधोमूल्यन undervaluation of currency
चलनाचे अधिमूल्यन होणे appreciation of currency
चलनाचे अवमूल्यन devaluation of currency
चलनाचे तुल्यता मूल्य par value of currency
चलनातिवृद्धी inflation of currency
चलनातिवृद्धीचा आवर्त inflamationary spiral
चलनाधार currency base
चलनाधारित नियोजन financial planning
चलनी नोट currency note
चलनीकरण monetisation
चलविनिमय मानक currency exchange standard
चलसंख्या magnitude
चळवळ agitation; movement
चाकरी विवाह marriage by service
चाचणी test; trial
चाचेगिरी hijacking; piracy
चातुर्य wisdom
चारित्र्य character
चारित्र्यघडण character building
चारित्र्यहंता character assasin
चालक director
चालचर्या demeanour
चालता (सध्याचा) फुगवटा walking inflation
चालू current
चालू कर्ज current/unexpired loan
चालू किंमत current price
चालू खर्च current expenses
चालू खाते current account
चालू ठेव current deposit
चालू दायित्व current liability
चालू नाणे current coin
चालू पत running credit
चालू प्राप्ती current revenue
चालू (फिरती) मत्ता current assets
चालू बाजारभाव current market rate
चालू विनिमय दर current rate of exchange

चालू व्यवसायसंस्था	going concern
चालू व्यवसायसंस्थेचे मूल्य	going concern value
चालू व्याज	current interest
चालू व्याजी रोखा	active bond
चालू शिल्लक	current balance
चालू संविदा	running contract
चिंतन	thought
चिकित्सक वंशसिद्धान्त	critical race theory
चिकित्सक समाजशास्त्र	critical sociology
चिकित्सा	critique
चिटणीस	secretary
चिटफंड संस्था	chit fund institution
चिठ्ठी निधी	chit fund
चित्तवृत्ती	disposition
चित्रफिती	video tapes
चित्रमय प्रश्नावली	pictoral quentionnaire
चित्रलिपी	pictography
चित् शक्तिवाद	spiritualism
चिन्ह	sign; symbol; token
चिन्हक	signifier
चिन्हमीमांसा/ चिन्हमीमांसा शास्त्र	semiotics
चिन्हांकित माल	branded goods
चिन्हित	signified
चिन्हित/चिन्हांकित धनादेश	marked cheque
चिरंतन	eternal
चिरस्थायी/शाश्वत विकास	sustainable development
चिद्वाद	idealism
चीजवस्तू	effects
चुंबकीय पट्टी	magnetic strip
चुक दुरुस्ती निधी	rectification fund
चुकते करणे	pay-off; payment
चुकभूल देणे-घेणे	errors and omissions
चुकीचे	wrong
चेक	cheque
चेक बुक	cheque book
चेटूक	sorcery; black magic; witch craft
चेतक	stimulus
चेतना	consciousness
चेतनावस्था	state if consciousness
चेतनावाद	animatism
चेतनावादी	animist; animastic
चैतन्यवाद	spiritualism
चैनीच्या वस्तू	luxery goods
चोरटा व्यापार	smuggling
चोरटा व्यापारी	smuggler
चौकशी	enquiry; trial
चौकशी समिती	enquiry committee
चौकशीशिवाय देहदंड करणे	lynch

छ

छंद	avocation; fad
छत	ceiling
छळ	torture; victimisation; coercion
छळगृह/छळछावणी	concentration camp
छाननी	scrutiny; canvas
छापील माध्यम	print media
छापील हस्तपत्रक	leaflet
छाया किंमत	shadow price
छावणी	cantonement
छावणी मंडळ	cantonment board
छिद्रान्वेष	censorship
छिद्रित नाणे	drilled coin

छेद	section
छोटा घटक	cell

ज

जंगम मालमत्ता	chattle; movable property
जंगम संपत्ती	movable property
जंतुयुद्ध	biological / germs warfare
जकात	octroy; duty; tariff
जकात करार	tariff agreement
जकात मुद्रांक शुल्क	stamp duty
जकात संघ	custom's union
जग	cosmos
जगण्याची धडपड	struggle for survival
जगन्मिथ्यावाद	falsity of world; doctrine of cosmosism; doctrine of the world as illusion
जटिल	complex; sophisticated
जटिल संघटना	complex organization
जटिल समाज	complex society
जटिलता	complexity
जडता	inertia
जडबुद्धी	idiot; imbecile
जडवस्तू संग्रह खाते	deal stock account
जडवाद	materialism
जन आंदोलन	mass movement
जन भाषा	lingus franca
जनक	founding father
जनक कुटुंब	family of orientation
जनकत्व	parentage
जनगणना	census
जनगणना अनुसूची	census schedule
जनगणना भूभाग /भूक्षेत्र	census track
जनगुणशास्त्र	larithmics
जनजातिसमूह	tribal area
जनता	populace; public; people
जनता आघाडी	popular front; peoples front
जनता कौल	opinion poll
जनता सहभाग	public participation
जनताभिमुख	people oriented
जनतेचे सार्वभौमत्व	popular sovereignty
जनन	genesis
जननगुणोत्तर	fertility ratio
जननदर	rate of birth
जननप्रमाण	birth/fertility rate
जननबदल	genetic change
जननशास्त्र	genetics
जननक्षमता	fertility
जननक्षम	sterile
जननिक	genetic
जननिक गट	genetic group
जननिक घटक	genetic factor
जननिक भेद	genetic variation
जननिक समूह	genetic group
जननिवेदन	mass communication
जनमत	public opinion; opinion poll
जनमत चाचणी	public opinion call
जनमत दर्शन	referendum
जनमत सर्वेक्षण	public opinion survey
जनमान्य	man of the people
जनमान्य शासन	popuplar government
जनरूढी	folkways
जनवर्तन	mass behaviour
जनसंपर्क	mass communication; public relations
जनसंपर्कसाधने	mass communication media
जनसंमोह	charisma

जनसंमोही नेतृत्व	charismatic leadership
जनसंज्ञापन	mass communication
जनसंज्ञापन प्रसारमाध्यमे	mass communication
जनसमुदाय	mass; multitude
जनसांख्यिक	demographer
जनसांख्यिकी	demography
जनसांख्यिकीय सर्वेक्षण	demographic survey
जनसाधारण सुख	general hapiness
जनहितयाचिका	public interest litigation
जनुकीय बदल	public changes
जनोन्माद	mass hysteria
जन्म-मृत्यू नोंद	vital registration
जन्म-मृत्यूची आकडेवारी	vital statistics
जन्मजड	idiot
जन्मजात	inborn; innate; congential
जन्मजात प्रवृत्ती	innate tendency
जन्मठेप	transportation for life
जन्मप्रथा	birth customs
जन्मप्रमाण	birth rate
जन्मभूमीसंबंधी नियम	jus soil
जन्मसंस्कार	birth rites
जन्मसिद्ध	innate
जन्मसिद्ध अधिकार	birth right
जन्मसिद्ध नागरिक	natural citizen
जप्त केलेला /झालेला	forfeited
जप्ती	attachment; confiscation
जप्ती आणणे	attach
जबर खंड	rack rent
जबर भाडे/भारक	rack rent
जबरदस्ती	compulsion; constraint; coercion
जबरदस्तीची सुलतानी शिक्षा करणे	lynch
जबरदस्तीने	voilently
जबरी विवाह	marriage by force
जबरी संभोग	rape
जबाबदार	liable; undertaker
जबाबदार शासन	responsible government
जबाबदारी	liability; accountability
जमा	deposit; credit; payment
जमा (उधार) चिठ्ठी	credit slip
जमा केलेली रक्कम	deposited amount
जमाखर्च	account; book keeping
जमाखर्चाची वही	account book
जमा प्रमाणपत्र	certificate of deposit
जमा रक्कम	amount deposited
जमात	tribe
जमात कल्याण	tribal welfare
जमात नायक	tribal chief
जमातवाद	communalism
जमातवादी राजकारण	communal politics
जमातवादी विचारप्रवाह	communal thinking process
जमातवादी संघटना	communal organisation
जमाती बहिर्विवाह	tribal exogamy
जमानत	security
जमानतदार	bail
जमानतपत्र	bail bond
जमानोंद	credit entry
जमापत्र	credit note

जमाबंदी आयुक्त	settlement commissioner
जमाबंदीची कायमधारा पद्धती	permanent settlement
जमाबंदीची रयतवारी पद्धती	rayatwari settlement
जमाबाकी	credit balance
जमाबाजू	credit
जमाव	mob; multitude; gang; crowd; cluster
जमाववर्तन	crowd behaviour
जमावाचा सुखभ्रम	crowd euphoria
जमावाची अत्यानंदाची अवस्था	crowd euphoria
जमिनीची महसूल आकारणी	revenue assessment of land
जमिनीचे राष्ट्रीयीकरण	nationalisation of land
जमीन	floor; soil; land
जमीन अपखंडण	fragmentation of land
जमीन कमाल धारणा मर्यादा	land ceiling
जमीन धारणा	land holding
जमीन बळकाव चळवळ	land grab movement
जमीन महसूल	land revenue
जमीन मालक	landlord; landowner
जमीन विभाजन	land distribution
जमीन सुधारणा	land reforms
जमीनजुमला	land property
जमीनदार	landlord
जमीनदारी	feudalism; landlordism
जमीनदारी निर्मूलन	zamindari abolition
जमीनदारी पद्धती	jamindari system
जमीनमालकी पद्धत	landlordship
जमीनसुधार	land improvement
जरबी शिक्षा	deterrent punishment
जलप्रवास लेखा	voyage account
जलव्यवस्थापन	water management
जलसंचय	water conservation
जलसंपत्ती	water resources
जलसाक्षरता	water literacy
जलसिंचन	irrigation
जहागिरदारी	feudalism
जहाज खर्च मुक्त किंमत/मूल्य	F. O. B. price (Free on Board Price)
जहाजी किंमत	exship price
जहाजी माल विमा	cargo insurance
जहालमतवाद	radicalism
जहाल मतवादी	extremist; radicalist
जहाल मानवतावाद	radical humanism
जहाल स्त्रीवाद	radical feminism
जांगड वही	goods book
जागतिक आर्थिक मंच	world economic forum
जागतिक कारभार	global governance
जागतिक खेडे	global village
जागतिक धर्म	world religion
जागतिक प्रवाह	global trends
जागतिक बँक	global bank
जागतिक बौद्धिक संपदा संघटना	World Intellectual Property Organization
जागतिक युद्ध	global war
जागतिक राज्य	global / universal state
जागतिक व्यापार संघटना	W.T.O. (World Trade Organisation)
जागतिक शासन	world government

जागतिक समाज चर्चापीठ	world social forum
जागरूक समाज	attentive society
जागरूकता	vigllence
जागल्या	whistle blower
जागृत संघटना	perceptual organization
जागृती	perception
जाण/जाणीव	consciouce; feeling consciousness
जाणिवांचे विकसन	conscientization
जाणीव नसलेला	unconscious
जात	caste
जातवार	communal
जातीधर्माबाहेर टाकणे	ex-communication
जातिपद	class term
जातिबहिष्कृत	outcaste
जातिवाद	casterism; class view
जातिव्यवस्था	caste system
जातिसंहार	genocide
जाती	species
जाती आनुवंशिकता	phylogenetic
जाती प्रवृत्ती	caste tendency
जाती समुच्चय	caste cluster
जातीय	communal
जातीय दंगा/दंगे	communal rids
जातीय निवाडा	communal award
जातीय राजकारण	caste politics
जातीयवाद	casteism
जातीयवादी प्रचार	casteist
जातीयतावाद	communalism
जादा अभिचार	black magic
जादा कर	surtax
जादा कामाचे वेतन	over time pay
जादा खर्चिक अर्थव्यवस्था	high cost economy
जादा बीजक	additional invoice
जादा भांडवल	additional capital
जादूगिरी	sorcery
जादूटोणा	witchcraft; black magic
जादूविद्या (जादू)	magic
जानपद	rustic; rural
जामीन	gurantee; surety; security
जामीन खत	bail bond
जामीनदार	bail
जामीनदाराची सुटका	discharge of surety
जामीनमुक्ती	discharge of surety
जायदाद	assets
जारकर्म	adultery
जारी	in operation
जालरूप	network
जास्तीत जास्त किंमत	celling (maximum) price
जाहीर	public
जाहीरनामा	manifesto; declaration; proclamation
जाहीर सभा	public meeting
जिन्नस	article
जिप्सी (भटके)	gypsy
जिम्मेदारी	warranty
जिल्हा आवृत्ती	district edition
जिल्हा नियोजन	district planning
जिल्हा सहकारी बँक	ditrict co-oprative bank
जीवघेणी (घातक) स्पर्धा	cut throat competition
जीवजन्य प्रेरणा	bigenic motives
जीवन हेतू	mission
जीवन-भरण निर्देशक	vital index
जीवनकलह	struggle for existence
जीवनपद्धती	mode of life
जीवनमान	standard of living

जीवनमान वेतन सिद्धान्त — standard of living; theory of wages; standard of living wages theory
जीवनवाद — vitality
जीवनविषयक क्रांती — vital revolution
जीवनवृत्तांत पद्धती — life history method
जीवनवेतन — living wages
जीवनशक्ती — life force
जीवनशैली — lifestyle
जीवनसाध्ये — goals of life
जीवनक्षम — viable
जीवशास्त्र — biology
जीवशास्त्रप्रधान — biologistic
जीवशास्त्रीय मानसशास्त्र — biological psychology
जीवशास्त्रीय समाजशास्त्र — biological sociology
जीवात्मा — spirit
जीविका — livelihood
जीविका (किमान) वेतन — minimum wages
जीविका मजुरी — living wages
जीवे मारणे — assminate
जुगार — betting
जुजबीकरण — casualisation
जुलमी — coercive; despot
जुलूम — coercion; compulsion
जुळणी — adaption
जेता — conqrueror
जैव — organic
जैवऊर्जा — bioenergy
जैव क्रांती — vital revolution
जैवतंत्रज्ञान/ जैवतंत्रज्ञानशास्त्र — biotechnology
जैवविविधता — biodiversity
जैव समाज — organic society
जैव समाजशास्त्र — biological sociology
जैविक इंधने — biofuel
जैविक प्रेरणा — biological
जैविक बांध — biological bund
जैविक मातृत्व — biological motherhood
जैविक युद्ध — biological warfare
जैविक समग्रता — organic whole
जैविक समतोल — biological balance
जैविक सामर्थ्य — biological strength
जैसे थे स्थिती — status quo
जोखीम — risk
जोखीम खरेदी — risk note
जोखीम प्रबंधन — risk management
जोखीम भांडवल — risk capital
जोखीम व्यवस्थापन — risk management
जोखमीचा विमा — hazardous insurance
जोखमीचे हस्तांतरण — risk transfer
जोड पुरवठा — joint supply
जोड मागणी — joint demand
जोडीदार — mate; concomitant; spouse
जोरदार हंगाम — busy season
ज्याच्याकडे अनामत ठेवली तो — bailee
ज्याद्वारे मालकी बदलता येते असे (अभिहस्तांतरण) पत्र — assignment letter
ज्युरी (न्याय्यसभेतील पंच) — jury
ज्यूवाद — zionism
ज्येष्ठ मुत्सद्दी — elder statesman

झ

झगडा — dispute

झटपट संप	lightning strike
झिजलेले नाणे	defaced coin
झिरपणीचा सिद्धान्त	percolation theory
झीज-तूट	wear and tear
झुंड	mob; crowd
झुंडराज्य	mob rule
झुंड वर्तन	mob behaviour
झुंडशाही	mobocracy; ochlocracy
झुंड हिंसाचार	mob violence
झोपडपट्टी	slum

ट

टंकन	coinage
टंचाई	wants
टक्केवारी	percentage
टपाली प्रश्नावली	mailed questionnaire
टप्पा	phase; stage; zone
टप्प्या टप्प्याचे स्थलांतरण	stage migration
टाकसाळ	mint
टाकसाळी विनिमय दर	mint par of exchange
टाचण	memorandum; minute
टाळेबंदी	lockout
टिकाऊ उपभोग्य वस्तू	consumer's durables
टिकाऊ माल/वस्तू	durables; non perishable commodity
टिकून राहणारा फुगवटा	persistent inflation
टिपण	minute
टीका	critique
टीकाकार	critic
टीकात्मक चिकित्सा	critical analysis
टूम	fad
टेहळणी	reconnaissance
टोळकरी (टोळीचा नायक)	gangster
टोळके	clique
टोळी	ring; gang; horde; tribe

ठ

ठपका	censure
ठराव	pact; resolution
ठराव (कायदा)	enactment
ठराविक	definite
ठराविक किंमत	fixed price
ठरीव प्रमाण	quantum
ठळकपणे	conspicuously
ठाणे	depot
ठाम	categorical
ठाम पवित्रा	hard line
ठेकेदार/मुकादम	contractor
ठेकेदारी	contractorship
ठेव	deposit
ठेवखाते	deposit account
ठेव नोंद वही	deposited book
ठेव प्रमाणपत्र बाजार	certificate of deposit market
ठेव संस्था	depositary institution
ठेव सुरक्षितता	deposit safety
ठेवी संकलन	deposit collection/ mobilization
ठेवींची प्रमाणपत्रे	certificate of deposits
ठेवीदार	depositor
ठेवीदार संस्था	depositary institution
ठोक कमाई	gross earning
ठोक किंमत	wholesale price
ठोक बाजार	wholesale market
ठोक भाव	wholesale rate
ठोक रकमी अर्थसंकल्प	lum sum budget

	ड
डळमळीतपणा	instability
डाक बचत बँक	postal saving book
डाव (कारस्थान)	desigm
डावपेच	strategy; tactics
डावा पक्ष	left wing party
डिमॅट खाते	demat account
डेबिट कार्ड	debit card
डोईकर	pre capita tax
डोईपट्टी	head/poll tax; capitation tax
	ढ
ढासळणे	collapse
ढोबळ	gross
	त
तंग बाजार	tight market
तंटा	dispute
तंतोतंत	exact
तंत्र	technique
तंत्रजन्य बेकारी	technical/technological unemployment
तंत्रबंध	technical pattern
तंत्रविद्या	technology
तंत्रविशिष्ट ज्ञान	technical knowledge
तंत्रविज्ञान	technology
तंत्रशहा	technocrat
तंत्रज्ञसत्ता	technocracy
तंत्रज्ञान अभिशोषण क्षमता	technology absorption capacity
तक्तपेशी	celing; floor soil
तक्ता	chart; tabulation
तजवीज	redress; steps
तज्ज्ञ	expert
तज्ज्ञ समिती	expert committee
तटस्थ	neutral
तटस्थ अक्ष	neutral axis
तटस्थ पैसा	neutral money
तटस्थ वृत्ती	lazaissefaire
तटस्थ व्याजदर	neutral rate of interest
तटस्थ साक्षी	impartial spectator
तटस्थ क्षेत्र	neutral zone
तटस्थता	neutrality
तटस्थतावाद	neutralism
तटस्थीकरण	neutralisation
तडजोड	compromise
तडीपार	deportation
तणावशिथिलन	destressing
तत्त्व	doctrine; theory; tenet
तत्त्वच्युत होणे	backslide
तत्त्वत:	in principle
तत्त्वप्रणाली	ideology; cult
तत्त्वप्रणालीचा अंत	end of ideology
तत्त्वभ्रष्ट	renegade
तत्त्वमीमांसा	dialectic
तत्त्वसिद्धान्त लेख	doctrine article
तत्त्वज्ञ राजा	philosopher king
तत्त्वज्ञानाचे अर्थशास्त्र	economics of philosophy
तत्त्वज्ञानात्मक उदारमतवाद	philosopical liberalism
तत्त्वाग्रही	doctrinaire
तत्सम नोंद	corresponding entry
तत्क्षण किंमत	spot price
तत्क्षण प्रदान	payment down
तत्क्षण विक्री	spot sale
तत्क्षण/हजर रोकड	spot cash
तथ्य	fact
तथ्यसंकलन	collection of data
तदर्थ	adhoc
तदर्थ अनुदान	ad hoc grant
तदर्थ परवाना	ad hoc licence

तदर्थ राजकोष पत्र	ad hoc treasury bill
तदर्थवाद	ad hocism
तदर्थ समिती	ad hoc committee
तद्देशीय	native
तपशील	details
तपास	investigation
तफावत, फरक	disparity; difference
तयार माल/वस्तू	finished goods/products
तरता	floating
तरता भार	floating charge
तरता विनिमय दर पद्धत	floating exchange rates system
तरता व्याजदर	floating interest rate
तरती मत्ता	floating assets
तरतूद	provision; terms
तरते ऋण	floating debt
तरते गहाण	floating mortage
तरते भांडवल	floating capital
तरफ	lever
तरफबल	leverage
तरल भांडवल	floating capital
तरल मत्ता	liquid assets
तरल रोखे	liquid securities
तरलता	liquidity; fludity
तरलता गुणोत्तर	liquidity ratio
तरलता जोखीम	liquidity risk
तरलता पसंती	liquidity preference
तरुण	youngster
तरुण गुन्हेगार	youthful offender
तर्क	presumption; reason
तर्क दोष	fallacy
तर्कविसंगत वर्तन	irrational behaviour
तर्कविसंगतता (बुद्धिविसंगती)	irrationality
तर्कशक्ती	rationality
तर्कशुद्ध	logical; rational
तर्कसंगत	logical; legitimate
तर्कसंगत निवड सिद्धान्त	logical choice theory
तर्कसंगत वर्तन	rational behaviour
तर्कसंगतता	rationality
तस्कर	smuggler
तस्करी	smuggling
तह	trenty; truce
तहकुबी	stay; cessation
तहकुबीचा ठराव	adjournment motion
तळ	floor soil
ताईत	talisman
तांत्रिक अभिजन	technical elite
तांत्रिक परिव्ययऱ्हासक अनुकूलता	technical economics
तांत्रिक परिव्ययवर्धक प्रतिकूलता	technical diseconomics
तांत्रिक सहयोग	technical collaberation
तांत्रिक सेवा	technical service
ताकद	strength
ताकीद/ताकीदपत्र	injunction
ताठर	rigid; inflexible
ताठर किंमत	rigid price
ताठर घटना (संविधान)	rigid constitution
ताठर पुरवठा	inelastic supply
ताठर मागणी	inelastic demand
ताठरता	rigidity
ताण व्यवस्थापन	stress management
ताण सिद्धान्त	stress theory
ताण/असमाधान	stress
तात्काल वार्षिकी	deferred annuity
तात्कालिक	temporary

तात्कालिक किंमत	spot price
तात्कालिक दर	spot rate
तात्कालिक बाजार	spot market
तात्कालिक माल/वस्तू	spot goods
तात्कालिक व्यवहार	spot transaction
तात्पुरती हमी	temporary guarantee
तात्विक बैठक सोडणे	backslide
तात्त्विक मानवशास्त्र	philosophical anthropology
तादात्म्य	identity; identitication; integrity
तादात्म्य उपपत्ती	identity hypothesis
ताबा	custody
ताबा घेणे-देणे	charge
ताबेगहाण	pledge; usufruetuary mortage
ताबेदारी	subjection
तारण	pawn; hypothecation; pledge; collateral; security
तारण कागदपत्रे	mortage documents
तारण गहाण ठेवणे	impawn
तारण गहाण पत्र	letter of hypothecation
तारणनिक्षेप	pawn
तारतम्य	discrimination
तारुण्यागम संस्कार	puberty rites
तारुण्योचित	youthful
तार्किक	valid; logical
तार्किक अनुभववाद	logical empiricismn
तार्किक आधार	logical
तार्किक क्रिया	logical action
तार्किक प्रत्यक्षार्थवाद/ प्रत्यक्षतावाद	logical positivism
तार्किक व्याख्या	logical definition
तार्किक समर्थन	rationalisation
तार्किक संगती	logical consistency
ताळेबंद	balance sheet
ताळेबंदाचा नमुना	form of balance sheet
ताळेबंदी	lock-out
तिजोरी	chest
तिजोरी रोकड	chest money
तितिक्षा (संयमित उपभोग)	abstinence
तिय्यम नातेवाईक	tertiary kinship
तिसरे जग	third world
तीव्र	concentrated
तीव्र यातना	torture
तीव्रता	strength
तुंबलेले कर्ज	accumulated debts
तुकडी	section
तुटवडा	deficiency
तुटीचा अर्थसंकल्प	deficit budget
तुटीचा वित्तपुरवठा	deficit finance
तुटीची वित्तव्यवस्था	deficit finance
तुटीचे अर्थकारण/ तुटीचे अर्थसंकल्प	compensatory finance
तुटीच्या देवीघेवीचा ताळेबंद	deficit balance of payments
तुपा आधी तोफा (युद्धसज्जतेसाठी दैनिक गरजांपेक्षा युद्धसाहित्याला प्राधान्य)	guns before butter
तुलनात्मक खर्च	comparative cost
तुलनात्मक परिव्यय तत्त्व	principle of comparative cost

तुलनात्मक परिव्यय सिद्धान्त	comparative cost theory
तुलनात्मक लाभ तत्त्व	principle of comparative cost
तुलनात्मक वंचितता सिद्धान्त/तौलानिक अभाव सिद्धान्त	relative deprivation theory
तुलनात्मक विधी /कायदा	comparative law
तुल्यता	parity
तुल्यता मूल्य	par value; face value
तूट	deficiency; deficit; short fall
तूट अनुदान	deficit grant
तूट (न्यून) लेखा	deficiency account
तूटप्रेरित अतिवृद्धी	deficit induced inflation; inflamation deficit induce
तृतीयक सेवायोजन	teritiary employment
तृतीयश्रेणी किंमत भेद	price discrimination of third degree
तृष्टीगुणांची व्यक्ती	interpersonal comparision of utility
तेज बाजार	active market
तेजी	boom; prosperity
तेजीची प्रवृत्ती	bullish tendency
तेजीची लाट	boom
तेजीचे कारण	bull factor
तेजीमंदी विकल्पन	straddle
तेजीमंदीचे चक्र	trade (business) cycle
तेजीमंदीवाला	lameduck
तेजीवाला	bull
तेजीवाल्याचा हिशेब /लेखा	bull account
तेजीवाल्याची मोहीम	bull compaign
तेजोवलय	charisma
तेरीज	trial balance
तेलगंडांतर	oil crisis
तोंडी बेरीज	mental adition
तोटा	disadvantage; lost; deficit
तोट्यात चाललेला	in the red
तौलनिक पद्धती	comparative method
तौलनिक साहित्याभ्यास	comparative literature
त्याग	sacrifice
त्रयस्थ जोखीम	third party risk/ insurance
त्रिपक्ष करार	tripartile pact
त्रिपक्षीय	tripartile
त्रिपक्षीय तह	tripartile pact
त्रिपक्षीय व्यापार	triangular trade
त्रिविध	tripartile
त्रिशंकू कायदेमंडळ	hung legislature
त्रिशंकू सांसद	hung parliament
त्रिस्तरीय रचना	three tier system
त्रुटिनियम	law of error
त्वरा नि विलंब (पद्धती व कृती याबाबत)	leads and lags
त्वरित विनिमय केंद्र	imenedilate exchange centre
त्वरित संप	lightning strike

थ

थकबाकी	arrear due
थकबाकी लेखा /खाते	arrear account
थकलेले व्याज	overdue interest
थकलेल्या मागण्या	calls in arrear

थर	strata; stratum; layer
थवा	horde
थेट भरती	direct recruitment
थेट विदेशी गुंतवणूक	direct foreign investment
द	
दंगल/दंगा	riot
दंड	fine
दंड आलेख	bar graph
दंड कपात	docking
दंडनीती	penology
दंडभयदर्शी धोरण	big stick policy
दंडविधी/कायदा	penal law
दंडशास्त्र	penology
दंडसंहिता	penal code
दंडसिद्धान्त	penal theory
दंडुकेशाही	club law
दखलपात्र गुन्हा	cognizable offence
दडपलेली इच्छा	repressed drive/desire
दडपशाही	traitorship
दत्त परिव्यय	paid out cost
दत्तविधान	adoption
दत्तशुल्क	duty paid
दत्तशुल्क भाव /किंमत	duty paid price
दप्तर दिरंगाई	red tape
दप्तर नोंद	record
दफ्तर दिरंगाई	red tapism
दबाव	lobbying; depression
दबावगट	pressure group
दबावतंत्र	pressure technique
दमन	supperssion; inhibition
दमनकारी	coercive
दमनकारी नसलेली प्रशासकीय कार्यवाही	non coercive administrative action
दमित चलनवाढ	repressed inflation
दयाळूपणा	humanity
दयेचा परमाधिकार	prerogative of mercy
दर अनुसूची	rate schedule
दर आकारणी	rate charging
दरडोई	per capita
दरडोई अनुदान	per capita grant
दरडोई आय/उत्पन्न	per head/capita income
दरडोई कर	head/poll tax
दरडोई फी	capitation fee
दरनिश्चिती	rate making
दरबदल	change of rate
दरबारी	courtier
दरबारी राजकारण	court politics
दरमहा	per menesem
दरमाणशी	per capita
दरविनिमयन	rate regulation
दरिद्री	insolvent
दर्जा	position; rank; stratum
दर्शक	index
दर्शनी ऋणपत्र	bearer debenture
दर्शनी किंमत	face value
दर्शनी चाचणी	show trial
दर्शनी धनाकर्ष	sight draft
दर्शनी बंधपत्र	bearer bond
दर्शनी मूल्य	face value; book value
दर्शनी वचनपत्र	demand promissiry note
दर्शनी विपत्र/हुंडी	demand bill of exchange; bill payable on demand; sight bill
दल	regiment

दलबंधीकरण	regimentation
दलाल	broker
दलालाचे क्रीतपत्र	brokers bought note
दलालाचे विक्रीतपत्र	brokers sold note
दलाली	commission; brokerage
दलित वर्ग	depressed class
दशमान नाणेपद्धती	decimal coinage
दशमान पद्धती	decimal system
दशा	condition
दस्तऐवज	deed; document; endursement
दस्तऐवज वजा साक्ष	testimonio
दहशत	terror; intimidation
दहशतवाद	terrorism
दहशतवादी	terrorist
दहशतवादी संघटना	terrorist organization
दळणवळण	communication
दळणवळणाची साधने	means of communication
दक्षता	vigilence
दक्षता आयोग	vigilence commission
दक्षिण-दक्षिण संवाद	south-south dialogue
दांपत्यभावाने सहवास	cohabilation
दांपत्याधिकार	consugal rights
दाट लोकसंख्या	populons
दान	donation
दान कर	gift tax
दान निधी	endowment fund
दायासी (वारसाप्राप्त संपत्ती)	hereditament
दायित्व	liability; obligation
दायित्व असलेला	liable
दायित्व ठेव/निक्षेप	liability deposit
दायित्व निश्चिती	certainty of liability
दायित्व मर्यादा	liability limit
दायित्व राखीव निधी	liability reserve
दारिद्र्य निवारण योजना	poverty alleviation scheme
दारिद्र्यमापन पद्धती	method of poverty measurement
दारिद्र्यमापन /मोजणी	measurement of poverty
दारिद्र्यरेषा	poverty line
दारिद्र्याचा निर्देशांक	index of poverty
दारिद्र्याची संस्कृती	culture of poverty
दारिद्र्याचे महिलाकरण	feminisation of poverty
दावा	claim
दावेदार	claimant
दास	slave; labour
दास कामगार	slave labour
दासीपुत्र	bastard
दास्य	slavery; servitude
दास्यावस्था	servitude
दाक्षिण्य	chivalry
दिखाऊ उपभोग	conspicuous consumption
दिखाऊ खटला	show trial
दिनांकरहित धनादेश /चेक	undated cheque
दिवाणी	civil
दिवाणी अधिकार	civil rights
दिवाणी कायदा /विधी	civil law; jus civile
दिवाणी कारवाई	civil action
दिवाणी प्रक्रिया संहिता	civil procedure code
दिवाणी संहिता	civil code

दिवाळखोर — bankrupt; insolvent
दिवाळखोरी — insolvency
दिवाळे — liquidation
दिशा देणे — canalise
दिशानिर्देशन प्रशिक्षण — orientation training
दीपनौका — light ship
दीर-भावजय विवाह — levirate
दीर्घ वित्तपुरवठा — long term capital supply
दीर्घकालिक प्रवेग — secular acceleration
दीर्घकालीन अर्थसंकल्प — long term budget
दीर्घकालीन उद्दिष्ट — long term objective
दीर्घकालीन कर्ज — long term loan
दीर्घकालीन किंमत/मूल्य — long period price
दीर्घकालीन गतिरोध/मंदी — secular stragnation
दीर्घकालीन नियोजन — long term planning
दीर्घकालीन बेकारी — secular unemployment
दीर्घकालीन स्थिर किंमत — long run normal price
दीर्घमुदती कर्ज — long term loan
दीर्घमुदती परिव्यय वक्र — long run cool curves
दीर्घसूत्री सूचन — dilatory motion
दीर्घायुष्य — longivity
दीर्घावधी कर्ज — long term loan
दीर्घावधी भांडवल — long term capital
दीक्षा — initiation
दीक्षा संस्कार — initiation rites
दुःखमय — distressed
दुकान — shop
दुकाने व वाणिज्यिक संस्था — shops & commercial establishment
दुकाने व व्यापारीसंस्था अधिनियम — shops & establishments act
दुग्धव्यवसाय — dairy industry
दुपाखी शुल्क — two part tariff
दुपाखे कर — two part tax
दुभागणी/दुभाजन — bifurcation
दुय्यम — subordinate; subsidiary; inferior
दुय्यम नागरिक — second class citizen
दुय्यम (गौण) नाणे — subsidiary coin
दुय्यम पक्षाधिकारी — subsidiary satrap
दुय्यम लेखा — subsidiary account
दुय्यम विवाह — secondary marriage
दुय्यम समिती — subsidiary committee
दुय्यम सेवायोजन — subsidiary/secondary employment
दुय्यम स्थान — subordinate status
दुय्यम स्रोत — secondary source
दुय्यमत्व — subordination
दुराग्रह — dogmatism
दुराग्रही — dogmatic
दुराचार — malpractice
दुरावा — alienation
दुरुस्ती — amendments; reparation
दुरुस्ती खर्च — maintenance charges
दुरुस्ती व नवीकरण लेखा — repairs and renual account
दुरुस्ती समानीकरण निधी — repairs equalisation fund
दुर्बल — infirm; unsound
दुर्बलतर घटक/वर्ग — weaker section
दुर्बलता — disability

दुर्मिळ चलन	scarce currency
दुर्मिळ पैसा/मुद्रा	tight money
दुर्मिळ संसाधने	scarce resources
दुर्मिळता मूल्य	scarcity value
दुर्वर्तन	bad behaviour
दुर्वर्तनी	bad character
दुर्विनियोग	misappropriation
दुर्व्यसन	debauchery
दुवा	agency
दुष्काळ निवारण	famine relief
दुष्टचक्र	vicious circle
दुष्परिवर्तनीय संविधान	rigid constitution
दुसरे जग	second world
दुसऱ्याच्या वतीने काम करण्याचा अधिकार असलेली व्यक्ती	attorney
दुही	disunion
दुहेरी कराधान	double taxation
दुहेरी किंमत	dual price
दुहेरी गरजांचा मेळ	double coincidence of wants
दुहेरी (द्विलेखा) पद्धती	double account system
दुहेरी नीती	ethical dualism
दुहेरी नीतिमत्ता	double standards of morality
दुहेरी नोंद	double entry
दुहेरी नोंद पद्धती	double entry system
दुहेरी मानक	double standard
दुहेरी रेखन/रेखांकन	double crossing
दुहेरी विमा	double insurance
दुहेरी स्तंभांची बेरीज	double column addition
दूत	envoy
दूतमंडळ प्रमुख	chief of mission
दूतावास कार्यालय	chancellory embassy
दूतावासांतर्गत (राजनैतिक) आश्रय	diplomatic system
दूरगामी	long term
दूरचे स्थलांतरण	long distance migration
दूरशिक्षण	distance education
दूरीभाव	alienation
दृक् श्राव्य साधन	audio-visual aid
दृक्प्रत्ययवाद	impressionism
दृढ	rigid
दृढता	constancy; confirmity
दृढीकरण	consolidation
दृढैक्य	solidarity
दृश्य घटना	phenomenon
दृश्य परिणाम	intangible results
दृश्य बाबी/व्यापार	visibles
दृश्य बेकारी	visible unemployment
दृष्टिकोन	stand point
देखभालीचा खर्च	cost of maintenance
देखरेख	maintenance; care
देखावा करण्याची प्रवृत्ती	exhibitionism
देणगी	donation; contribution
देणी	payments
देणे असलेला	due
देणेकरी	debtor
देय	arrear; due; dues
देय ऋण	due debts
देय बाकी	due balance
देय विपत्रे	payable bills
देव	divine
देवऋषी	shaman
देवकचिन्ह	totem
देवकवाद	totemism
देवकस्तंभ	totem pole
देवकी कुळ	totemic clan

देवकी नातेसंबंध	totemic kinship
देवघेव	deal; transaction
देवघेव हेतू	transaction motive
देवघेवीचा ताळेबंद	balance of payments
देवता	deity; spirit
देवरविवाह	levirate
देवाणघेवाण	exchange
देश	people
देशगत विधी	jus civile
देशद्रोही	quisling
देशपार	exile
देशभक्ती	patriotism
देशविधी	law of the land
देशहितेच्छा	patriotism
देशांतर	migration; emigration; immigration
देशांतरित	emigrant
देशांतर्गत	inland
देशांतर्गत (देशी) अर्थव्यवस्था	domestic economy
देशांतर्गत अधिकारिता	domestic jurisdiction
देशांतर्गत खप /उपभोग	home consumption
देशांतर्गत निर्बंध	internal/domestic sanctions
देशांतर्गत न्यायाधिकरण	domestic tribunal
देशांतर्गत बचत	domestic savings
देशांतर्गत बाजार	home/internal market; domestic market
देशांतर्गत राष्ट्रीय उत्पन्न	gross national product
देशांतर्गत स्थलांतर	immigration
देशांतर्गत स्थूल राष्ट्रीय उत्पन्न	gross domestic product
देशी	native; indigenous
देशी उद्योग	domestic industry
देशी बँक	indigenous bank
देशी वित्तव्यवस्था	domestic finance
देशी विनिमय/चलन	domestic exchange
देशीय	indigenous
देशीयकृत नागरिक	naturalised citizan
देशीय गुंतवणूक	domestic investment
देशीयभवन	naturalisation
देशीय विपत्र	domestic bill
देशोन्माद	chauvanism
देहधारण	incarnation
देहान्त शिक्षा/दंड	capital punishment
देहान्तदंड गुन्हा	capital crime
दैनिक पुस्तक/वही	day book
दैनिक वेतन	daily wages
दैवतकथा	myth
दैववाद	fatalism
दैववादी आत्महत्या	fatalist sucide
दैवायत	contingency
दैवी अधिकार	divine right
दैवी अधिनियम	divine law
दैवी उद्भव सिद्धान्त	theory of divine origin
दैवी प्रेरणा	inspiration
दैवी भाव	godliness
दैवी मानव	god man
दोन शैक्षणिक सत्रांच्या काळातील प्रशिक्षण	sandwitch training
दोष	defect; demerits
दोषदर्शी	cynic
दोषनियम	law of error
दोषनिवारण	justification
दोषपरिहारक	palliative
दोषमुक्ती	acquital

दोषारोप करणे	charge
दोषारोपाबद्दल न्यायासनासमोर नेणे	impeach
दोषी	culprit; convict
दोस्तराष्ट्र	ally
द्रव्य	money
द्रव्य अधिकारी	currency officer
द्रव्य व्यवस्थापन	liquidity management
द्रव्यदंड	fine; pecuniary penalty
द्रव्यराशी सिद्धान्त	quantity theory of money
द्रव्यविषयक	monetary
द्रव्यवेतन	money wages
द्रव्यसंबंधी	monetary
द्रव्यसाहाय्य	grant
द्रव्यैक दृष्टी	mercency
द्रष्टा	prophet; seer
द्रावणता	fluidity
द्वंद्व	dialectics
द्वंद्व युद्ध	duel
द्वंद्वविकास पद्धती	dialectical method
द्वंद्वविकास सिद्धान्त	dialectics
द्वंद्वविकासवादी (विरोधविकासी) भौतिकवाद	dialectical materialism
द्वंद्वविकासात्मक तत्त्वविज्ञान	dialectical metaphysics
द्वंदात्मक	dialectical
द्वंद्वात्मक गती	dialectic
द्वंद्वात्मक भौतिकवाद	dialectical materialism
द्वंद्वात्मक विकास	dialectical development
द्वयाधिकार	duopoly
द्विक्रयाधिकार	duopsony
द्विगृही विधिमंडळ	bicameral legislature
द्विघटकीय आंतरराष्ट्रीय व्यापारी दर	double factoral terms of trade
द्वितीयक सेवायोजन	secondary employment
द्वितीयश्रेणी किंमत भेद	price discrimination of second degree
द्विदल अर्थव्यवस्था	dual economy
द्विदल राज्यपद्धती	diarchy
द्विदेशीय व्यापार	bilateral trade
द्विधा भाव	ambivalence
द्विधा राज्यपद्धती	diarchy
द्विध्रुवी पद्धत	bipolar system
द्विपद विरोध	binary opposition
द्विपदी पर्याय	binaminal option
द्विपरिमाणीय प्रतीक	two dimentional symbol
द्विपर्यायी (दोन भाग असलेला) प्रश्न	dichotomous question
द्विपक्ष पातळी	bilateral aid
द्विपक्षव्यापारवाद	bilateralism
द्विपक्षसंमती	bipartisanship
द्विपक्षीय करार	bilateral treaty
द्विपक्षीय संबंध	bilateral relations
द्विभाजन	bifurcation
द्विभाषिक	bilingual
द्विमितीय प्रतीक	two dimentional symbol
द्विराजेशाही	dual monarchy
द्विराज्यपद्धती	diarchy
द्विराष्ट्रीयत्व	double stationality
द्विवार्षिक (वर्षातून दोनदा)	biannual
द्विविवाही राज्य /द्विविवाही पद्धती (दोन पती किंवा दोन पत्नी)	bigamy

द्विसदनीय कायदेमंडळ bicameral legsiature
द्विसदनीय पद्धती bicameral system
द्विसदस्य मतदार संघ double member constituency
द्विस्तर कर double point tax
द्विस्तरात्मक राज्यप्रणाली dyarchy political system
द्विस्तरीय अर्थव्यवस्था bilataral economy
द्विस्तंभी बेरीज double coloumn addition
द्वैकालिक diachronic
द्वैकालिक अभ्यास diachronic study
द्वैत dualism
द्वैतवाद/द्वैतसिद्धान्त doctrine of dualism
द्वैत सार्वभौमत्व सिद्धान्त soverignty theory duel
द्वैवार्षिक (दोन वर्षातून एकदा) biennial
द्वैवार्षिक सत्र biennial session

ध

धंदा business; profession; vocation
धंदेवाईक गुन्हेगार professional criminal
धंदेशिक्षण vocational education
धंद्यातील गुपित business secret
धंद्यातील नाव business name
धक्का सिद्धान्त shock theory
धडक कार्यक्रम crash programme
धन money; wealth
धन कर wealth tax
धनको creditor; lender
धनको राष्ट्र creditor nation
धनकोचे खाते creditors account
धनविधेयक money bill
धनविषयक pecuniary
धनादेश cheque
धनादेश खातेवही cheque ledger
धनादेश पुस्तक cheque book
धनादेश प्रदान (आदृत) करणे honour of cheque
धनादेशाचे रेखन /रेखांकन crossing of cheque
धमकी intimidation
धमकीचे राजकारण politics of blackmail
धमकीने पैसे उकळणे blackmail
धर्मग्रंथ scripture
धर्मचिकित्सा critique of religion
धर्मद्वेषी profane
धर्मनिंदक profane
धर्मनियम canon; religious law; theology
धर्मनिरपेक्ष secular
धर्मनिरपेक्ष नेतृत्व secular leadership
धर्मनिरपेक्ष प्रवृत्ती secular trend
धर्मनिरपेक्ष राज्य secular state
धर्मनिरपेक्ष विवाह secular marriage
धर्मनिरपेक्ष समाज secular society
धर्मनिरपेक्ष समाजवादी secular socialist
धर्मनिरपेक्षता/ धर्मनिरपेक्षतावाद secularism
धर्मनिरपेक्षीकरण secularisation
धर्मनिष्ठा piety
धर्मन्यायपीठ inquision
धर्मप्रणीत विधी /कायदा religious law; theology
धर्मप्रमुख bishop
धर्मप्रसाराचे कार्य mission
धर्मबाह्य abandonment
धर्मयुद्ध crusade

धर्मरहित	featureless
धर्मविडंबन	blaspheme
धर्मविद्या	theology
(धर्मविषयक) स्वतंत्र विचार	free thought
धर्मवेड	fanaticism
धर्मवेडा	fanatic
धर्मशास्त्र	theology; religious law
धर्मशास्त्रविहित	canoncial
धर्मशाही	theocracy
धर्मशाळा	inn
धर्मसत्ता व राज्यसत्ता	church and state
धर्मसत्ताक राज्य /राज्यपद्धती	theocracy; theocratic state
धर्मांतर	conversion
धर्मांधता	fanaticism
धर्माचे समाजशास्त्र	sociology of religion
धर्मादाय	charity
धर्मादाय संस्था	charitable institution
धर्माज्ञा	edict
धवल क्रांती	white revolution
धसका	panic
धाक	deterence
धाकदपटशा	intimidation
धातुपैसा/धातुमुद्रा	metalic money
धातुमूल्य	metalic value
धातू	root; metal
धातूयुग	metal age
धातूवाद	bullionism
धारक	receiver; bearer
धारक रोखा	bearer bond
धारक रोखे	bearer security
धारक वचनचिठ्ठी	bearer promissory note
धारण संपत्ती	hoarded wealth
धारण उपयोगिता	possession utility
धारण जमिनीचे एकत्रीकरण	cosolidation of holdings
धारण जमीन	hoarded wealth/ holdings
धारण क्षमता	holding capacity
धारणक्षेत्र	hoarded wealth/ holdings
धारणा	presumption
धारणाधिकार	lien; holding right
धारणी (बाह्य रूप)	confignaration
धार्मिक अधिसत्ता	ecclesiastical authority
धार्मिक प्रतिके	religious symbol
धार्मिक मूलतत्त्ववाद	religious fundamentalism
धार्मिक संघर्ष	religious conflicts
धार्मिक संस्कार	sacrament
धार्मिक श्रद्धावाद	religious dogmatism
धार्मिकता	piety
धार्मिकता दानविधी	religious endowment
धास्तावलेला	panic stricken
धुरीणत्व	hegemony
धोका	risk
धोका व्यवस्थापन	risk management
धोरण	policy
धोरण आखणी	policy formulation
धोरण विश्लेषण	policy analysis
धोरणात्मक निर्णय	policy decision
ध्येय	norm; ideal; mission
ध्येयवाद	idealism
ध्रुवण/ध्रुवीकरण /ध्रुवीभवन	polerisation
ध्वनिमुद्रिका	record
ध्वनिशास्त्र /स्वरविज्ञान	acastics
ध्वनिक्षेपण	broadcasting

न

नंगी सौदेबाजी	horsetrading
नकली	counterfeit
नकारात्मक व्याख्या	negative definition
नकाराधिकार	veto; veto power
नकाशा	chart
नक्कल	contra; copy
नक्कल/दुसरी प्रत	duplicate copy
नक्त	net
नगदी उत्पन्न	cash earning
नगदी चलन	coin money
नगर	city
नगरनियोजन	town planning
नगरनिवडणूक	city election
नगर पंचायत	muncipal council
नगरपरिषद	borough; city council
नगर व निसर्ग नियोजन	town and country planning
नगर समूह	conurbation
नगरपालिका	muncipalty
नगरपालिका अभिलेख	muncipal record
नगरपालिका उपविधी	muncipal bye laws
नगरपालिका कायदा/विधी	muncipal law
नगरपालिका प्राधिकरण प्रतिनिधी	muncipalty authority
नगरपालिका समिती	muncipal commitee
नगरराज्य	city state
नगरवासी	citizen; inhabitant
नगरविकास	urban development
नगरविकास योजना	town development scheme
नगरांची वाढ	urban growth
नगराध्यक्ष	mayor
नगसंख्या/एकक	units
नजरकैद	intenment
नजरगहाण	hypothecation
नफा	gain; profit
नफा अतिवृद्धी	profit inflation
नफा अतिरिक्त	profit excess
नफा महत्तम	profit maximum
नफा-तोटा आलेख	break even chart
नफा-तोटा आव्यूह	pay of matrix
नफा-तोटा लेखा	profit and loss account
नफा-तोटा वाटणी	profit loss sharing
नफाजन्य भावफुगवटा	profit (induced) inflation
नफाविभाजन	profit sharing
नफाक्षमता	profitability
नफेखोर	profiteering
नफेबाजी	profitability
नफ्याची माया	margin of profit
नफ्याचे उगमस्थान	source of profit
नफ्याचे वितरण /वाटप	distribution of profit
नफ्यावरील कर	profit tax
न बौद्धिक	non rational
न मागितलेली बाकी/शिल्लक	unclaimed balance
नमुना	form; design; model; pattern
नमुना कुटुंब	sample household
नमुनाकृती	mode; motif
नमुना चाचणी	sampling
नमुनापद्धती	sampling
नमुना प्रारूप	sample design
नमुना सर्वेक्षण /पाहणी	sampling survey

नमुनेदार	typical
नमुन्याची सही	speciman signature
नरबली	human sacrifice
नरभक्षक	cannibal
नरमेध	human sacrifice
नरवध	homiside
नरेंद्र मंडळ	chamber of princess
नव	neo
नवअभिजातवाद	neo classical theory
नवअश्मयुग	neolithic age
नवउदारमतवाद	neo liberalism
नवउपयुक्ततावाद	neo-utilitarianism
नवऐतिहासिक	neo-historic
नवऐतिहासिकता	neo-historicity
नवऐतिहासिकतावादी	neo-historicitist
नवकल्पना	innovation
नवकेन्सप्रणाली	neo Keynesianism
नवजीवन	renaissance
नवटंकन	recoinage
नवप्रवर्तन	innovation; neo-promulgation
नवभांडवलदार	neo-capitalist
नवभांडवली अर्थव्यवस्था	neoliberal economy
नवमानवतावाद	new humansim
नववसाहतवाद	neo-colonialism
नववाणिज्यवाद	neo-mercantilism
नववास्तववाद	neo-realism
नवसनातनवाद संप्रदाय	neo-classical school
नवसमूहवाद	neo-collectivism
नवसाध्य जमीन	reclaimed land
नवसामाजिक आंदोलने दृष्टिकोन	new social movement perspective
नवसाम्राज्यवाद	neo-imperialism
नवा उपक्रम	innovation
न विभागलेला नफा	undistributed profit
नवीकरण	renewal
नवीन	neo
नवीनीकरण	renewal
नव्या संयुती/नवोन्मेष	innovations
न संपलेले कर्ज	unexpired loan
न स्वीकारलेला धनादेश/चेक	dishonoured cheque
नाकारणे	dishonour
नाकारलेला (अनादृत) धनादेश	dishononured cheque
नाकेबंदी	blokade
नागर	urban
नागर पर्यावरण	urban environament
नागरिक	citizen; subject
नागरिक आदर्श	civic ideals
नागरिक समिती	citizan's committee
नागरिक सल्लागार केंद्र	citizen's advice bureau
नागरिक स्वातंत्र्य	civil liberty
नागरिक क्षोभ/बंड	civil commotion
नागरिकत्व	citizenship
नागरिकत्व विहिनता	statelessness
नागरिकत्वाचा हक्क	enfranchisement
नागरिकत्वाचा हक्क काढून घेणे	denaturalisation
नागरिकशास्त्र	civics
नागरिकी अधिकार	civil rights
नागरिकीकरण	naturalisation
नागरी	civic; civil; civillian; urban
नागरी अधिकार	civic/civil rights
नागरी कायदा	civil law
नागरी कुटुंब	urban family

मराठी	English
नागरी केंद्रीकरण	urban centralisation
नागरी-ग्रामीण स्थलांतरण	urban-rural migration
नागरी नूतनीकरण	urban renewal
नागरी प्रवृत्ती	urban trend
नागरी प्रशासन	civil administration
नागरी बेकारी	urban unemployment
नागरी बँक	urban bank
नागरी भावना	civic sense
नागरी मानवशास्त्र	urban anthropology
नागरी रूप	urbanism
नागरी वाढ	urban growth
नागरी विकास	urban development
नागरी शिबंदी	militia
नागरी सभ्यता	urban civilization
नागरी समाज	civil society
नागरी समाजरचना	urban social structure
नागरी समाजशास्त्र	urban sociology
नागरी समूह	urban community
नागरी सहकारी बँक	urban co-operative bank
नागरी सहकारी संस्था	urban co-operative society
नागरी सेवक	civil servant
नागरी सेवा	civil service
नागरी सेवा चाचणी	test for civil service
नागरी सेवा नियत सेवावधी	civil service super annuation
नागरी सेवा लवाद न्यायाधिकरण	civil service arbitration tribunal
नागरी संरक्षण	civil defence
नागरी संस्कृती	civil/civic/culture
नागरी स्थानिक संस्था	urban local self-government
नागरी स्वातंत्र्य	civil liberty
नागरी क्षेत्र	urban zone
नागरीकरण	urbanisation
नागरीवृत्ती	civility/civil spirit
नाझीवाद	nazism
नाटो	North Allantic Theory Organization (NATO)
नाणी	hard money
नाणे	coin
नाणेनिधी	monetary fund
नाणेपद्धती	coinage
नाणेबाजार	money market
नातलग	kinderd
नातेपद्धती	kinship system
नातेपरिभाषा	kinship terminolgy
नातेवाईक	relative
नातेव्यवस्था	kinship system
नातेसंबंध	kinship
नातेसंबंध प्रथा	kinship usage
नात्याचे संबंध	bond kinship
नादारी	insolvency
नाना दैवतात्मक	polytheistic
नापत	non creditworthy
नापीक	sterile
नामजोग धनादेश (ज्या त्या व्यक्तीच्या वतीने पैसे घेण्याचा हक्क देणारा चेक)	order cheque
नामधारी/नाममात्र	nominal; titular
नामधारी कार्यकारी	titular executive
नामधारी सार्वभौमत्व	titular sovereginty
नामनिर्देशन	nominaion
नामनिर्देशित मागणीपत्र	closed indent
नामनिर्देशित व्यक्ती	nominee

नाममात्र अर्जन nominal earnings
नाममात्र आय /उत्पन्न nominal income
नाममात्र कर्जरक्कम nomial amount of loan
नाममात्र किंमत nominal price
नाममात्र परिव्यय nominal cost
नाममात्र पैसारूप वेतन nominal wages
नाममात्र भांडवल nominal capital
नाममात्र मूल्य nominal value
नाममात्र/कल्पित notional
नामांकनार्थ nominated
नामिका panel technique
नामित nominal
नामित लेखा nominal account
नायक तत्त्व leading principle
नायक राज्यपाल lieutenant governer
नायकत्व leadership
नारीत्व/लिंग femininity
नावीन्य novelty
नावीन्यभीती neophobia
नावे (खर्ची) टाकणे debit
नावे नोंद debit entry
नावे पत्र debit note
नावे प्रमाणक पुस्तक debit balance
नावे बाकी debit balance
नावे लेखा debit account
नावे व्यवहार debit transaction
नाश extinction
नाशवाद nihism
नास्ति उपयोगिता negative utility
नास्ति वाचि negative
नास्तिक atheist; heretic
नास्तिकता atheism; scepticism
नाही पक्षी noes
नाही रे have not
नि:पक्षपात equity
नि:पक्षपाती युक्तिवाद dispassionate reasoning
नि:पात होणे collapse
नि:शब्द silence
नि:शस्त्रीकरण disarmament
नि:शस्त्रीकरण आयोग disarmament commission
नि:शुल्क टंकन gratuitious coinage
नि:शुल्क (मुक्त) माल free goods
नि:श्रेयस highest good; final end
निकट संबंध समूह intimate group
निकटवर्ती तज्ज्ञ brain trust
निकड urge
निकडीचा प्रसंग emergency
निकष criteria
निकषमूल्य criteria value
निकाय (मंडळ) body
निकृष्ट inferior
निकृष्ट मुद्रा/पैसा bad money
निकेतन workshop
निगम corporation
निगम कर corporation tax
निगम करव्यवस्था corporate taxation
निगम निकाय corporate body
निगम बचत corporate saving
निगम भाग corporate stock
निगम रोखा corporate security
निगम व्यवसाय corporate business
निगम शेती corporate farming
निगम क्षेत्र corporate sector
निगमन incorporation
निगमन पद्धती deductive method /system

निगमन प्रमाणपत्र	certificate of incorporation
निगमनात्मक पद्धती	deductive method
निगमाद्वारे वित्तव्यवस्था /भांडवल पुरवठा	corporate financing
निगमित	incorporated
निगरगट्टपणा	incorrigibility
निगा	maintenance
निगामी प्रणाली	deductive method/ system
निग्रह	control; constraint; determination
निग्रही	inflexible
निघणे	break through
निजी प्रशासन	private administration
निजीकरण /खाजगीकरण	privatisation
नितांत	absolute necessaries
नित्य	eternal
नित्यकर्म /नित्यव्यवहार	usual course
नित्यसमान	identical
नित्याचा	habitual
निदर्शन	demonstration
निदानात्मक दृष्टिकोन	diagnostic perspective
निधर्मी	secular
निधर्मी लोकशाही शासन	secular democratic government
निधी	fund
निधी संस्था	fund institution
निधिगत आय /प्राप्ती	funded income
निधिगत ऋण	funded debt
निधीचे नियतवाटप	allotment of money
निधीधारण	fund holding
निधीधारण कर्ज	funding loan
निधीधारण व्यवहार	funding operations
निधीलेखा	stock account
निनावी पृष्ठांकन	blank endorsement
निपुण	efficient
निभाव, सोय	survival, accomdation
निम सार्वभौम राज्य	sami sovereign state
निमकुशल	semi-skilled
निमगेतर व्यवसाय	non-corporate business
निमग्न भांडवल	surk capital
निमंत्रक	calling
निम्नतम	the lowest
निम्नस्तर	substratum
नियंत्रक	controller (comtroller); governor
नियंत्रक परिषद	controlling counsil
नियंत्रक भूमिका	controller role
नियंत्रक संस्था	governing/controlling agency
नियंत्रक हितसंबंध	controlling interest
नियंत्रण	control; censorship
नियंत्रण काढून टाकणे	decontrol
नियंत्रण खुलेपण	open controls
नियंत्रण प्रक्रिया	control process
नियंत्रण मंडळे	control board
नियंत्रण संतुलन	checks and balance
नियंत्रणसत्ता	controlling authority
नियंत्रणाचे धोरण	policy of regulation
नियंत्रित अर्थव्यवस्था	controlled economy
नियंत्रित किंमत	regulated price
नियंत्रित गट/समूह	controlled group
नियंत्रित चलन	managed currency
नियंत्रित चलनपद्धती	managed monetary system

नियंत्रित दर	controlled price
नियंत्रित धारण किंमत	retention price
नियंत्रित नमुना चाचणी	controlled sampling
नियंत्रित पत	controlled credit
नियंत्रित पैसा	managed money
नियंत्रित विदेशी विनिमय/ चलन दर	controlled exchange rate
नियत	definite; fixed
नियत उत्पादन गुणांक	fixed production coefficient
नियत ठेव	fixed deposit
नियत ठेव खाते	fixed deposit account
नियत निधी	alloted fund
नियत मूल्य	fixed price
नियत वाटप	allotment
नियत सेवावधी निधी	super annuation fund
नियत सेवावधी निवृत्तीवेतन	super annuation pension
नियत हप्ता पद्धती	fixed instalment method
नियतकालिक	journal
नियतत्ववाद	determinism
नियतिचक्र	destiny
नियतिवाद	determinism; fatalism
नियती	destiny
नियम	rule; law
नियम अधिनिर्णय	rule adjudication
नियमन	control; moderation; regulation
नियमापुरते काम	work in rule
नियमावली	articles; code (law)
नियमित	normal
नियमित चलन	managed currency
नियमित बाजार	regulated market
नियमित राज्य (मुसोलिनीच्या काळातील इटलीचे राज्य)	corporate state
नियमितता	regulation
नियामक	controller (controller); governor
नियामक अधिकारी	regulatory officer
नियामक कराधान	regulateory taxation
नियामक मंडळ	control board; governing body
नियामक वर्तन	regulatory behaviour
नियुक्त	nominated
नियुक्त करणे	appoint
नियुक्ती	nomination
नियुक्ती पत्र	appointment letter
नियुक्तीचे अधिकार	appointment power
नियोक्ता	employer
नियोक्ता दायित्व विमा	employers liability insurance
नियोजन	delegation
नियोजन आयोग	planning commission
नियोजन प्रक्रियेचे विकेंद्रीकरण	decentralisation of planning process
नियोजन बाह्य खर्च	non-plan expenditure
नियोजन व्यूहरचना	planning strategy
नियोजनकार	planner
नियोजनबद्ध गुंतवणूक योजना	systematic investment plan
नियोजनबद्ध विकास	planned development

नियोजनाचे विकेंद्रित प्रतिमान	model of decentralised planning
नियोजनावरील खर्च	plan expenditure
नियोजित गुंतवणूक	ex-ante investment
नियोजित बचत	ex-ante saving
निरंकुश	absolute
निरंकुश अर्थव्यवस्था	laissez faire
निरंकुश अर्थव्यवस्था सिद्धान्त	laissez faire theory
निरंकुश राज्यसत्ता	absolute monarchy
निरंकुश शासक	despot
निरंकुश शासन/सत्ता	despotism; tyranny
निरंकुश सत्ता	autocracy
निरंकुश सत्ताधारी	autocrat
निरंकुशता	laissez faire; tyranny
निरंकुशतावाद	despotism
निरंतर	constant
निरंतर शिक्षण	continuing education
निरपवाद	absolute
निरपवाद हक्क	absolute title
निरपेक्ष	absolute
निरपेक्ष मूल्य	absolute value
निरर्थक	voide
निरर्हता	disqualifcation
निराकरण करणे	abrogate
निराकारवाद	immaterialism
निराशा	frustration
निराशात्मक	pessimistic
निराशावाद	pessimism
निराशावादी	pessimistic
निरीश्वरवाद	atheism
निरीश्वरवादी	atheist
निरीक्षक	refree
निरीक्षण तंत्र	observation technique
निरीक्षण समिती	inspection committee

निरीक्षणालय	inspectorate
निरूपद्रवी किंवा परोपकारी प्रकल्पाचे राजकीय भांडवल करणे	political football
निरोध/निरोधन	repression
निर्अण्वस्त्रीकरण	denuclearisation
निर्गम किंमत	issue price
निर्गुंतवणूक	disinvestment
निर्गुंतवणूक आयोग	disinvestment commision
निर्गुंतवणूक /गुंतवणूक ऱ्हास	disinvestment
निर्जन करणे/होणे	dispeople; unpeople
निर्जनीकरण /निर्जनीभवन	depopulation
निर्जल शेती	dry farming
निर्जलता	disability
निर्जीव कंपनी	defunct company
निर्जीव खाते	defunct account
निर्णय	determination; resolution
निर्णय करणे/घेणे	determine
निर्णय देणे	decide
निर्णयनिश्चिती	policy determination
निर्णयपत्र	decree
निर्णयविधी	case law
निर्णयशक्ती	judgement
निर्णयाधीन	sub judice
निर्णायक	determinant; crucial
निर्णायक मत	casting vote
निर्णायक क्षण	criteria
निर्दिष्ट रोखे	indicated securities
निर्देश	instruction
निर्देश क्षण	epoch
निर्देशक तत्त्व	directive principle

निर्देशन	demonstration
निर्देशानात्मक/ जननिष्ठ व्याकरण	generative grammer
निर्देशांक	index number (sensex)
निर्देशी	referee
निर्धार	determination
निर्धारक घटक	determining factor
निर्धारण	assessment
निर्धारणीय	assessable
निर्धारित (निश्चित) करणे	determine
निर्धारित करणे (व्यवहार बंद करणे)	liquidate
निर्धारित किंमत	floor price
निर्नियंत्रित अर्थव्यवस्था	unregulated economy
निर्बंध	restrictions
निर्बंधक पृष्ठांकन	restrictive endorsement
निर्बंधक व्यापार प्रथा	restrictive trade practices
निर्बंधित मत्ता	restricted assets
निर्बंधित विभाग	zoning
निर्बंधित व्यापार	restricted trade
निर्माण करणे	manufacture
निर्माणक	manufacturer
निर्माता	producer
निर्मिती	production
निर्मिती उद्योग	manufacturing industry
निर्मिती खर्च	cost expenditure
निर्मिती खर्च ठरविणे	costing
निर्मिती परंपरावाद	creative traditionalism
निर्मूलन	abolition
निर्मूल्यीकरण	demonetisation
निर्यात अनुदान	export subsidy
निर्यात अभिकर्ता	exporting agent
निर्यात अर्थसाहाय्य	export subsidy
निर्यात कर	export duty/tax
निर्यात कर्ता	exporter
निर्यात किंमत/मूल्य	export value
निर्यात कोटा (हिस्सा)	export quota
निर्यात परवाना	export licence
निर्यात प्रक्रिया क्षेत्र	export processing zone
निर्यात प्रत नियंत्रण	export quality control
निर्यात वाटा	export quota
निर्यात विपत्र	export bill
निर्यात शुल्क	export duty
निर्यात संवर्धन योजना	export promotion scheme
निर्यातदार	exporter
निर्यातमूल्य	export value
निर्यातयोग्य अधिक्य	exportable surplus
निर्यातवृद्धी	export growth
निर्यातीभिमुख उद्योग	export oriented industries
निर्लष्करीकरण	demititarisation
निर्वसाहतीकरण	decolonization
निर्वाचक गण	electoral college
निर्वाचक मतदार	elector
निर्वाचक वृंद	electorate
निर्वाचन अधिकारी	returning officer
निर्वाचन आयुक्त	election commissioner
निर्वाचन आयोग	election commission
निर्वाचन कार्यपद्धती	electoral procedure
निर्वाचन गणना	electoral count
निर्वाचन प्रशासन	election administration
निर्वाचन क्षेत्र	constituency; electoral area/district

निर्वाचनाधीन	elective
निर्वाचित उमेदवार	returned candidate
निर्वाचित कार्यकारिणी	elective executive
निर्वाचित राजसत्ता	elective monarchy
निर्वाणीचा क्षण	crisis
निर्वातन/निर्वासन	evacuation
निर्वासित	refugee
निर्वासित सरकार	government-in-excile
निर्वाह	subsistence; living; maintenance
निर्वाह खर्च	maintenance charges
निर्वाह धारण जमीन	subsistance holdings
निर्वाह निधी	providend fund
निर्वाह वेतन	subsistance living wages
निर्वाह वेतन सिद्धान्त	subsistance theory of wages
निर्वाह साधने	means of substance
निर्वाहक क्षेत्र	economic holding
निर्विकल्प ज्ञान	non-relational knowledge
निर्विवाद	absolute; implicit
निर्हस्तक्षेप	non intervention laissser faire
निर्हस्तक्षेप धोरण	laissez faire policy (policy of non interference)
निलंबन लेखा	suspense account
निलंबन शिक्षा	suspended sentence
निलंबी नकाराधिकार	suspensive veto
निवड	preference
निवड उपपत्ती	selective theory
निवड समिती	selection committee
निवड स्वातंत्र्य	freedom of choice
निवडक	selective

निवडक उत्पादन शुल्क	selective duty/excise
निवडक पत	selective credit
निवडक पत नियंत्रण	selective credit control
निवडणूक	election
निवडणूक उमेदवार	election candidate
निवडणूक प्रतिनिधी	election agent
निवडणूक प्रमाणपत्र	certificate of election
निवडणूक मोहीमेतील आश्वासन	compaign promise
निवडणूकशास्त्र	psephology
निवडणुकीचे राजकारण	politics of election
निवडीचा हक्क	preference right
निवाडा	award
निवारक प्रदान	relief payment
निवारण	deterrence
निवास	domicile
निवासी जागांवरील कर	occupancy tax
निवांतवास	seclusion
निविदा	tender
निवृत्ती	detachment
निवृत्तीवेतन	pension
निवृत्ती वेतन निधी	pension fund
निवृत्तीवेतन निधी विनियात्मक प्राधिकरण	pension fund regulatory authority
निवेदन	communication; representation
निवेदनपत्र	memorandum
निवेशक, गुंतवणुकदार	investor
निव्वळ	net

निव्वळ आय/उत्पन्न net income

निव्वळ उत्पादन /उत्पादित net product

निव्वळ कमाई (अर्जन) net earnings

निव्वळ किंमत/मूल्य net price

निव्वळ खेळते (कार्यकारी) भांडवल net working capital

निव्वळ खंड/भारक net rent

निव्वळ घटक परिव्यय/खर्च net factor cost

निव्वळ तोटा net loss

निव्वळ नफा net profit

निव्वळ मत्ता net assets

निव्वळ मत्ता कराधान net worth taxation

निव्वळ मालमत्ता मूल्य net asset value (NAV)

निव्वळ मंजुरी basic wages

निव्वळ राष्ट्रीय उत्पादन net national product

निव्वळ रोख उत्पन्न net cash income

निव्वळ व्याज net interest

निव्वळ स्वनिधी net owned fund

निव्वळ हप्ता (अधिमूल्य) net premium

निशाणी emblem; token

निशावधी कर्ज overnight loan

निश्चय resolution

निश्चल steady; inert

निश्चलता immobility

निश्चित positive; fixed

निश्चित ऋण confirmed debt

निश्चित केलेला माल ascertained goods

निश्चित मुदत fixed period

निश्चित वार्षिकी certain annuity

निश्चित विनिमय दर पद्धत fixed exchang rate system

निश्चितीकरण spellout

निषिद्ध taboo (tabu); illicit

निषिद्ध व्यापार नियंत्रण contra band control

निषेध taboo (tabu); prohibition; contravention

निषेध संप protest strike

निषेधदर्शी मत protest vote

निषेधाची व्याख्या negative definition

निष्कासन (बडतर्फी) eviction; clearing

निष्कासन अभिकर्ता clearing agent

निष्क्रिय passive

निष्क्रिय प्रेक्षण downtime ????

निष्क्रिय बुद्धी passive intellect

निष्क्रिय मत्ता passive assets

निष्क्रिय मुद्रा/पैसा inactive money

निष्क्रिय रोख शिल्लक idle balance

निष्क्रियतावाद inactivism

निष्ठा allegiance; loyalty; chivalry

निष्ठाबंध fidelity bond

निष्ठाभंग breach of faith

निष्ठावंत henchman

निष्ठांचा संघर्ष conflict of loyalties

निष्पत्ती outcome

निष्परिणामक होणे cease to have effect

निष्प्रभावी गुणविशेष recessive traits

निष्प्रभावी लक्षणे recessive characteristics

निष्प्रभावी होणे	cease to operate
निसर्ग	nature
निसर्गघटना	phenomenon
निसर्गदत्त वस्तू	original goods
निसर्गनियम	natural law; law of nature
निसर्गवाद	naturism
निसर्गवादी नीतिशास्त्र	naturalistic ethics
निसर्ग विधी/कायदा	natural law
निसर्गविज्ञान	natural science
निसर्ग संरक्षण	nature conservancy
निसर्गाधिष्ठित कायदा	natural law
निक्षेप (ठेव)	deposit; bailment; pawn
निक्षेप खाते	deposit account
निक्षेप ग्राही	bailee
निक्षेप दर	deposit rate
निक्षेप दायित्व	deposit liabilities
निक्षेप पीक	commercial crop
निक्षेप पैसा	ready money
निक्षेप रक्कम	cash
निक्षेप विमा	deposit insurance
निक्षेपस्थान	depository
निंदा	censure
निंदा प्रस्ताव	censure motion
निंदाव्यंजक ठराव	censure motion
नीतितत्त्वे	morals
नीतिनिरपेक्ष	non-moral
नीतिपरायण	righteousness
नीतिबाह्य	amoral
नीतिभ्रष्ट	abandonment
नीतिभ्रष्ट व्यक्तिमत्त्व	aberrant personality
नीतिभ्रष्टता	demoralisation
नीतिवाद	moralism
नीतिवादी	moralist
नीतिशास्त्र	ethics
नीतिशास्त्रीय आदर्शवाद	ethical idealism
नीतिशास्त्रीय बुद्धिवाद	ethical rationalism
नीतिशास्त्रीय व्यवस्था	ethocracy
नीतिशास्त्रीय श्रेयस तत्त्व	good the ethical
नीतिशाही धर्मराज्य	ethocracy
नीतिसंकेत	code of morality
नीतिसंहिता	ethical code; code of morality; moral code
नीतिस्वास्थ्य	moral hygiene
नीती	morality
नीती तत्त्वज्ञान	moral philosophy
नीतीशास्त्र	ethics
नीलमुद्रित/नील प्रत	blue print
नुकसान	damage
नुकसानभरपाई	compensation; damages; indemnity
नुकसानभरपाईची जुळणी/जोडणी	assembly of damages
नुकसानभरपाईची फेड	reparation
नुकसानभरपाईची वसुली	realisation of damages
नुकसानभरपाईचे निर्धारण	assembly of damages
नूतनक्षम इंधन	renewable fuel
नूतनीकरण	renewal
नूतनीकरण करणे	renovate
नूर	tone
नृहत्या	homicide
नेटवर्कींग प्रोटोकॉल्स	networking protocols
नेणावळ	haulage charges

नेणीव	unconsciousness
नेता	fughrer; leader
नेतृत्व	leadership
नेत्रहीन, अंध	visionally impaired /visually challenged
नेमणूक	nomination; appointment
नेमणूक करणे	appoint
नेमणूक पत्र	appointment letter
नेमस्त	moderate
नेमस्त पक्ष	moderate party
नेमस्तपणा	moderation
नेमून दिलेले काम	assignment
नेहमीचा	common
नैतिक अधिकार	moral right
नैतिक आचारसंहिता	moral code of conduct
नैतिक द्वैत	ethical dualism
नैतिक नियतिवाद	moral determinism
नैतिक नियम	moral law
नैतिक निर्णय अभिरोचन उपपत्ती	approval theory of moral judgement
नैतिक निर्बंध	moral restraint
नैतिक पातळी	moral standard
नैतिक प्रवचन	moral discourse
नैतिक भावगंड	moral sentiments
नैतिक मानदंड (कसोटी)	moral standard
नैतिक मूल्य	moral value
नैतिक मूल्यमापन	moral evaluation
नैतिक व भौतिक गरजांच्या बाबतीत उपेक्षा	moral abandonment
नैतिक व्यवस्था	moral order
नैतिक संयम	moral restraint
नैतिक स्थिरभाव	moral sentiments
नैतिक श्रेय	moral good
नैतिकता	morality
नैमित्तिक कर्ज	provisional loan
नैमित्तिक कामगार	casual labour
नैमित्तिक मागणीपत्र	casual indent
नैमित्तिक सत्य	contingent truth
नैराश्य	frustration
नैसर्गिक अधिकार	natural rights
नैसर्गिक अर्थव्यवस्था	natural economy
नैसर्गिक धन/संपत्ती	natural wealth
नैसर्गिक न्याय	natural justice
नैसर्गिक नियम	natural law; jus naturae
नैसर्गिक परिसंस्था	natural enviornment
नैसर्गिक परिस्थिती	natural environment
नैसर्गिक भांडवल	natural capital
नैसर्गिक मक्तेदारी	natural monopoly
नैसर्गिक मूल्य	natural value
नैसर्गिक विज्ञान	natural science
नैसर्गिक संसाधने	natural resources
नैसर्गिक स्वतंत्रता /स्वातंत्र्य	natural liberty
नैसर्गिक साधनसंपत्ती	natural resources
नोकरकपात समिती	retrenchment committee
नोकरशाही	bureaucracy
नोकरी	employment; service
नोकरी देणारा	employer
नोकरीस लावणे	employ
नोटांचे विमुद्रीकरण (नोटांचे चलन बंद करणे)	demonetisation of currency
नोंद	record; entry
नोंदणी	registraion
नोंदणी सनदी हक्क /एकस्व अधिकार	patent rights

नोंदणीकृत ऋणपत्र /प्रमाणपत्र	registered debenture
नोंदणीकृत	registered
नोंदवही	logbook; register
नोंदित गहाण	registered mortgage
नौकानयन	shipping
नौकांतर व्यापार	transhipment trade
नौतारण बंधपत्र	bottomry bond
नौभरण आदेश	shipping rate
नौभरण-जहाजी माल	shipment
नौभरण देयक	shipping bill
नौभरण सूचनापत्र	shipping advice note
नौविधी	admiralty law
नौविधी न्यायालय	admiralty court
नौविमा	marine insurance
न्याय	justice; award; right; trust
न्यायदान समिती	judicial committee
न्यायदानासंबंधी	judicial
न्याय देणे/करणे	judge
न्यायनिर्णय	adjuication; judgement
न्यायनिर्णय करणे	adjudge
न्यायनिर्णायक	adjudicator
न्यायपर्याप्त	equitable
न्यायप्रविष्ट	subjudice
न्यायमंडळ अधिकारिता	judicature
न्यायमंडळाचे स्वातंत्र्य	independence of judiciary
न्यायमूर्ती	justice
न्यायलेख	writ
न्यायविभाग	judicial department
न्यायव्यवस्था	judicature
न्यायशास्त्र	jurisprudence
न्यायशास्त्रीय	juritic
न्यायशुल्क	court fee
न्यायसभा	tribunal
न्यायसेवा	judiciary
न्यायाधिकरण	tribunal
न्यायाधिकरण परिषद	council of tribunes
न्यायाधीश	judge
न्यायाधीश मंडळ	bench
न्यायालय	court
न्यायालयसदृश्य	quasi judicial
न्यायालयाचा अवमान	contempt of court
न्यायालयाचा निर्णय	judicial decision
न्यायालयाचा लेखी हुकुम	writ
न्यायालयीन कृतिशीलता/ सक्रियता	judicial activism
न्यायालयीन पुनर्विलोकन	court review
न्यायासन	court
न्यायांग	judiciary
न्यायिक	judicial
न्यायिक आढावा	judicial review
न्यायिक पद्धती	judicial method
न्यायिक परीक्षा	judicial trial
न्यायिक पुनर्विलोकन	judicial review
न्यायिक प्रशासन	judicial administration
न्यायिक मंजुरी	judicial sanction
न्यायिकवत्	quasi judicial
न्यायिक स्पष्टीकरण /विवरण	judicial interpretation
न्याय्य	legitimate; just; fair
न्याय्यपरीक्षा	trial
न्याय्यमंडळ	judiciary
न्याय्य वाटप	distributive justice/ just distribution
न्याय्य वेतन	fair wage

न्याय्य स्पर्धा	fair competition
न्यास	trust
न्यास निक्षेप	trust deposit
न्यास पावती	trust receipt
न्यास सूचना	notice of trust
न्यून	demerits
न्यून अनुदान	under estimation
न्यून उत्पादन	under production
न्यून उपभोग सिद्धान्त	under consumption theory
न्यूनगंड	inferiority complex
न्यून गुंतवणूक	under investment
न्यून बीजक करणे	under invoice
न्यून रोजगार	under employment
न्यून लेखा	deficiency account
न्यून लोकसंख्या	under population
न्यून विकसित	underdeveloped
न्यूनता	defect; deficiency; reduction; wants
न्यूनतम मूल्य	minimum value
न्यूनत्व	inferiority
न्यूनत्वभाव	inferiority complex
न्यूनपूर्ती प्रदान	deficiency payment
न्यूनभार	depression
न्यूनमूल्यित चलन	undervalued currency

प

पंगुत्व	handicap
पंगू	crippled
पंच	umpire; refree; jury
पंचमस्तंभी (दुसऱ्या गोटात शिरून माहिती काढणारा)	trojan borseman (fifth columnist)
पंचनिर्णय	award
पंचशील तत्त्वे	panchasheal principles
पंचशील धोरण	jury refree, umpire
पंचायत राज/ पंचायती राज्य	panchayat raj
पंचायत राज्य (पूर्वी)	panchayat raj
पंचायत शासन	panchayat administration
पंचायत समिती	panchayat committee
पंजीकृत	registered
पंतप्रधान	prime minister
पंथ	cult; denomination; sect
पंथबाह्य	heterodx
पंथीय	sectarian
पगार	pay; payment; salary; remonetisation; stipend
पगारदार वर्ग	salaried class
पगारी नोकर	employee
पगारी वेतन	with pay
पटई	celling
पटलावर ठेवणे	lay on the table
पट्टा	range
पट्टा लेख	deed of lease
पट्टाकार (पट्ट्याने देणारा)	lessor
पट्टानिधी	reserve for discount
पट्टी	cess; rate
पट्टी (दर)	rate
पट्टीयोग्य मूल्य	ratable value
पट्टेदार (पट्ट्याने घेणारा)	leaser
पट्टेदारीने घेतलेला	lease hold
पडछाया किंमत	shadow price
पडताळा	verification
पडीक (अप्रयुक्त) ठेवी	idle deposit
पडेल उमेदवार	lane duck
पण विवाह	marriage by probation
पणन व्यवस्था	marketing system

पणनावर्त (उलाढाल)	turnover
पणनावर्त (बाजारातील उलाढालीनुसार कर)	turnover tax
पण्यचिन्हे (व्यापारचिन्हे)	mechantise marks
पत	credit
पत अतिवृद्धी	credit inflation
पत अनुसारी व्यापारचक्र सिद्धान्त	credit theory of the trade cycle
पत देण्यास अयोग्य	non credit worthy
पत पाहणी समिती	credit survey committee
पत फुगवटा (अतिवृद्धी)	credit inflation
पत नियंत्रण	quality/credit control
पतनियंत्रणाची प्रत्यक्ष पद्धत	direct method of credit control
पतनिर्माण साधन	instrument of credit
पत निश्चित	credit rating
पत प्रमाणपत्र	certificate of credit
पतकर्ज	cash credit
पतत विस्तार	credit expansion
पतदार	credit worthy
पतनियमन	credit control
पतनिर्मिती	credit creation
पतनिश्चयन श्रेणी	credit fixation series
पतपत्र	letter of credit
पतपात्र	credit worthy
पतपात्रता	credit worthiness
पतपत्रे	credits
पतपुरवठा	credit supply
पतपेढी	indigenous
पतपैसा	credit money
पतपैसा नीती	dear money policy
पतपैसा परिणाम	volume of credit
पतमापन	credit rating
पतयोग्य	credit worthy
पतरोध (पतीवर पैसा मिळवणे अवघड झाले अशी परिस्थिती)	credit squeeze
पतरोधक नीती /धोरण	credit squeeze policy
पतलेखन	instrument of credit
पतविस्तार	credit expansion
पतव्यवस्थापन	credit management
पत संघटना	credit organization/ association
पतसंस्था	credit society
पतसाधन	credit instrument
पतहमी	credit guarantee
पतहमी योजना	credit assurance scheme
पतहस्तांतरण	credit transfer
पती-पत्नी	consort
पत्र	bill; paper
पत्रिका	journal
पथक	unit
पथकर	toll tax
पथदर्शक अभ्यास	pilot study
पथदर्शक तत्त्वे	guided principles
पथदर्शक/पथदर्शी प्रकल्प	pilot project
पथभ्रष्ट (गुन्हेगारी) वर्तन	deviant behaviour
पथिकाश्रम	inn
पद	office
पदत्याग	abdication

पदधारक	office bearer
पदनिश्चयन	determination of destination
पदयोजन	designation plan
पदवी	degree
पदस्थ	official
पदसिद्ध	ex offico
पदाधिकार	office bearer
पदार्थ	commodity
पदारोहण	accession
पदावर्तन	rotation in office
पदावधी	term of office
पदीय आधार /आचरण	official conduct
पदोन्नती	promotion
पद्धत	mode; technique
पद्धतशीर	systematic
पद्धतशीरपणा	systematization
पद्धती	discipline; manners; process; system
पद्धती नियोजन	system planning
पद्धतीकरण	systematisation
पद्धतीमीमांसा	methodology
पद्धतीशास्त्र	methodology
पद्धतीशास्त्रीय पैलू	methodological dimension
परंपरा	tradition
परंपराप्रिय	orthodox
परंपराभिमुख समाज	tradition oriented society
परंपरावाद	traditionalism
परंपरावादी	orthodox
परका	alien
परकीय गुंतवणूक	foreign investment
परकीय गुंतवणूकदार	foreign investor
परकीय चलन	foreign currency
परकीय विनिमय बँक	foreign exchange bank
परकेपणा	alienation
परगणा (इंग्लंड-अमेरिका इ. देशातील स्थानिक प्रशासनाचा भूक्षेत्रीय घटक)	county
परचक्र	aggression
परजीवी	parasite
परत करणे	reimbursement
परत घेणे	revoke
परत न मिळण्याजोगे	irredeemable
परत बोलावणे	recall
परत मूल्य	extrinsic value
परतंत्राने चालणारे शासन	puppet government
परतावा	returns
परतावा अधिपत्र	refund warnet
परतावा दर्शक	yield curve
परतावा बिल	refund bill
परतः मूल्य	extrinisic value
परदेशस्थ/परके	foreigner
परदेशी	foreigner
परदेशी चलन	foreign currency
परदेशी चलन बाजार	foreign exchange market
परदेशी चलन व्यवहार	external commercial borrowings (ECB)
परदेशी बँक	foreign bank
परदेशी विपत्र	external bill
परदेशी व्यापार	balance of payments
परदेशी हुंडणावळ /विनिमय दर	foreign exchange rate
परपीडाप्रियता	sadism
परतफेड	repayment
परभृत	parasitical
परम अहं	superego

परमकल्याण	highest good
परमगौप्य	graveyard
परमप्रयोजन	final end
परमहित	highest good
परमाणूत विभाजन करण्याची क्रिया	atomisation
परमादेश (वरिष्ठ न्यायालयाने कनिष्ठ न्यायालयास केलेला हुकूम)	mandamus
परमाधिकार	prerogative right
परमाधिकार विधान	prerogative legislation
परमाज्ञा	mandate
परमेश्वरी वरदान सिद्धान्त	divine right theory
परमोच्च	maximum
परमोच्च रेषा	contour
परमोच्च शिव	highest good
परमोच्च सत्ता	paramountacy
परमोच्च सत्तेचा विलय	lapse of paramountacy
परमोच्चता	paramountacy
परराष्ट्र	external
परराष्ट्र दळणवळण	external communication
परराष्ट्र मदत	foreign aid
परराष्ट्रधोरण निर्मिती	foreign policy making
परराष्ट्रमंत्री	foreign minister; secretary of state
(परराष्ट्रातील) व्यापारी वकील	consul
परराष्ट्रीय देण्याघेण्याची तूट	external deficit
परराष्ट्रीय धोरण	foreign policy
परराष्ट्रीय मदत	foreign aid
परराष्ट्रीय व्यवहार	foreign affairs
परलोक विद्या	spiritualism
परलोकवाद	spiritualisation
परवाना	licence; warrant
परवाना देण्याचा अधिकार	licensing power
परवाना मिळालेला विक्रेता	licenced dealer
परवाना राज	licence raj
परवानाधारक	licensee
परवानामुक्त धोरण	licencefree policy
परसमूह	they group
परस्पर	reciprocal
परस्पर फेरबदल	reciprocal modification
परस्पर बचत बँक अधिकोष	mutual saving bank
परस्पर मान्यता	reciprocal recognition
परस्पर व्यापार	reciprocal trade
परस्परछेदक	interpetrating
परस्परबद्ध संचालक	interlocking director
परस्परवर्जी	mutual exclusive
परस्परवर्तन	reciprocal behaviour
परस्परसंबंध	correlation; interrelation
परस्परसंबंध गुणांक	coefficient of corelation
परस्परानुकुल अटींचा खुला व्यापार	fair trade
परस्परावलंबित्व	mutual interdependence
परस्परान्वय	corelation
परस्परनिधी	mutual funds
परस्परविरोध	contradiction
परस्परविरोधी	conflicting
परस्परव्यापी	overlapping
परस्परव्याप्त	overlapping
परस्परव्याप्त वर्ग	overlapping class
परसुखवाद	altruistic hedonism
परहितकेंद्री आत्महत्या	altruistic suicide

परहितवृती	benevolence
परागतिक/परागामी	regressive/retrogressive
परागामी अनुदान	regressive grant
परागामी कर	regressive tax
परागामी पुरवठा वक्र	regressive supply curve
परात्मभाव/परकेपणा /दुरीकरण	alienation
परार्थवादी	altruistic
परार्थवृत्ती/परार्थवाद	altruism
पराधीन चल	dependent variable
पराधीनता	subjection
परामानवशास्त्र	meta-anthropology
परायत्त/पराधीन चल	dependent variable
परावलंबन सिद्धान्त	dependency theory
परावृत्तकारी क्रिया	deterrent action
पराश्रित मागणी	derived demand
परिकल्पना	hypothesis
परिगणना	calculation
परिगती	rotation
परिगमन	rotation
परिग्रहणशीलता	acquisitiveness
परिग्रही वर्ग	aquisitive class
परिघ	periphery
परिघाकृती	controur
परिचर्चा	debate
परिचर्या	servitude
परिचालन महसूल	operating revenue
परिणत स्वभाववाद	enlightened naturalism
परिणाम	consequence; influence
परिणामकारक	consenquential
परिणामकारक मात्रा	effective dose
परिणामकारी लेखनपद्धती	impressionism
परिणामरूप	consenquential
परित्यक्त बालक	abandoned child
परित्याग	abandenment
परिदृष्टी	paradigm
परिदृष्टीतील स्थित्यंतर	paradigm shift
परिनिरीक्षण	scrutiny
परिपक्वता	maturity
परिपाठ	usage
परिपूर्ण लोकशाही	perfect democracy
परिपूर्ण वार्षिकी	complete annuity
परिपूर्ण स्पर्धा	perfect competition
परिपूर्ती	consummation
परिपूरकता	complementarity
परिप्रेक्ष्ये	perspective
परिभाषा	terminology
परिभ्रमण	rotation
परिमंडल	zone
परिमंडलन	zoning
परिमंडलीय परिषद	zonal council
परिमार्जक न्याय	corrective justice
परिमाण	quantity; dimention; degree; proportion
परिमाण निर्देशांक	quantity index
परिमाण बट्टा किंमत निर्धारण	quantity discount pricing
परिमाणात्मक चल	quantitative variable
परिमाणात्मक बदल	quantitative charge
परिमित	temperate; finite
परिमिती	magnitude
परिमेय	rational
परिरक्षा (सांभाळ)	maintenance
परिरक्षा अनुदान	maintenance grant
परिरक्षा खर्च/आकार	maintenance charges
परिवर्तक (रुपांतर करणारा)	transformer

परिवर्तन	mutation; change/ change over; conversion; varition; transformation; switch over
परिवर्तन बंध	patterns of change
परिवर्तनवादी	reformist
परिवर्तनशील	variable
परिवर्तनशील घटना /संविधान	flexible constitution
परिवर्तनीय	convertible
परिवर्तनीय कर्ज रोखे	convertible securities
परिवर्तनीय चलन	convertible currency
परिवर्तनीय पैसा	convertible money
परिवर्तनीय बंधपत्र	convertible bond
परिवर्तनीय मुदती विमापत्र	convertible policy
परिवर्तनीय रुपया	convertible rupee
परिवर्तनीयता	convertibility; variability; changeability
परिवलन	rotation
परिवहन	transport; circulation
परिवहन अर्थशास्त्र	transport economics
परिवार भत्ता	family allowance
परिवीक्षाकाल	probation period
परिवीक्षावधी (नोकरीची शाश्वती असलेला उमेदवारीचा काळ)	probation period
परिवेधन	break through
परिवेश	milien
परिवेष्टन वक्र	envelop curve
परिव्यय	cost; inflation
परिव्यय अनुसूची	cost schedule
परिव्यय खातेवही	cost ledger

परिव्यय भेदतत्त्व /भेदरीती	principle of cost difference
परिव्यय मूल्य	cost price
परिव्यय लेखा /लेखांकन	cost accounting
परिव्यय लेखपाल	cost accountant
परिव्यय वक्र	cost curve
परिव्यय सोपान	cost ladder
परिव्ययजन्य फुगवटा	cost push inflation
परिव्ययफल	cost function
परिव्ययफुगवटा	cost inflation
परिव्ययवर्धक अंतर्गत प्रतिकूलता	internal diseconomics
परिव्ययवर्धक बाह्य प्रतिकूलता	external diseconomics
परिव्ययवर्धक प्रतिकूलता	diseconomics
परिव्ययविमा	franco price
परिव्यय-हासक अंतर्गत अनुकूलता	internal economics
परिव्यय-हासक बाह्य अनुकूलता	external economics
परिव्ययाचे व्यवस्थापन	management of cost
परिव्ययाधिक किंमत	mack up price
परिव्ययानुसार सेवा	service at cost
परिशोधी न्याय (सुधारणायोग्य न्याय)	recificatory justice
परिषद	conference; council
परिषदसदस्य	councillor
परिसमापन	liquidation
परिसर	environment
परिसर शेती	estate farming
परिसर संपदा	estate management

परिसहाय्यक (सेनाधिकाऱ्याचा मदतनीस अधिकारी)	circumstance
परिसंपत्ती विक्री खाजगीकरण	asset sale privatization
परिसंस्था	ecosystem
परिश्रमपूर्वक	labouriously
परिस्थिती	enviroment; condition
परिस्थितीजन्य	circumstancial
परिस्थितीशास्त्र	ecology
परिस्थितीशास्त्रीय तंत्र	ecological technique
परिहाससंबंध	joking relationsip
परिहितैषी	rational benevolence
परिक्षेत्र	range
परिष्कृत (संस्कारित)	sophisticated
परिष्कृत दर	reflaned rates
परीक्षक	critic
परीक्षण	review
परीक्षा	trial; test
परीक्षीत लेखा	audited account
परोपकारवृत्ती	benevolance
परोपकारिता	rational benevolence
परोपजीवी	parasitel; parasitical
पर्जन्यजल संकलन	rain water harvesting
पर्यवेक्षित ऐच्छिक	voluntary liquidation
पर्याप्त	optimum; adequate; sufficient
पर्याप्त उत्पादन संस्था	optimum firm
पर्याप्त गहाण	equitabel mortgage
पर्याप्त मत्ता	equitable assets
पर्याप्त हितसंबंध	equitable interests
पर्यायता परिणाम	substitution effect
पर्यायन सिद्धान्त	law of substitution
पर्यायी	substitute ; alternative
पर्यायी आदाता	alternation payee
पर्यायी इंधन	alternative fuel
पर्यायी गरज	alternative want
पर्यायी गृहीतकृत्य	alternative hypothesis
पर्यायी पैसा	substitute money
पर्यायी मार्ग	alternate ways
पर्यायी मूल्य	transfer value
पर्यायी रणनीती	alternate stratergy
पर्यायी रोजगार	alternate employment
पर्यायी लैंगिकता	alternate sexuality
पर्यायी वस्तू	substitute commodity
पर्यायी विकास	alternative development
पर्यायी संस्कृती	counterculture
पर्यायी सुरक्षितता	substitute security
पर्यायी सिद्धान्त	alternate theory
पर्यावरण	enviornement
पर्यावरण चळवळी	environmental movements
पर्यावरण ऱ्हास	enviornmental degradation
पर्यावरण स्नेही	environmental friendly
पर्यावरणवाद	enviormentalism
पर्यावरणवादी स्त्रीवाद	eco feminism
पर्यावरणविषयक अर्थशास्त्र	environmental economics
पर्यावरणविषयी सुज्ञता	environmental wisdom
पर्यावरणशास्त्र	science of enviornment
पर्यावरणसमस्या	environmental problems
पर्यावरणसंरक्षण	protection of environment
पर्यावरणात्मक भांडवल	environmental capital
पर्यावरणात्मक मूलतत्त्ववाद	enviornmental fundamentalism
पर्यावरणात्मक स्त्रीवाद	eco feminism

पर्यावरणी उत्तेजन	enviornmental stimulus
पर्यावरणी नियंत्रण	enviornmental control
पर्यावरणी नियोजन	environmental planning
पर्यावरणीय अर्थशास्त्र	ecological economics
पर्यावरणीय न्याय	environmental justice
पर्यावरणीय विकास	enviornmental development
पलायनयंत्रणा	escape mechanism
पलायनवाद; पलायनवृत्ती	excapism
पल्ला	range
पवन ऊर्जा	wind energy
पवित्र करार	holy alliance
पशुउद्योग	animal industry
पशुगणना	census
पशुता	barbarism
पशुदेवतावाद	theoriomorphism
पशुधन	cattle wealth
पशुपालक भटके समूह/समाज	pastaral namadic community
पशुपूजा	zootheism
पश्चायन (मागे पडणे, मागासणे)	lag
पसंती/अधिमानश्रेणी	scale of preference
पसंतीक्रम	order of preference
पसंतीसाठी वस्तू	goods on approval
पसंती स्वातंत्र्य	freedom of choice
पसरणे	divergence
पक्ष	denomination
पक्ष पुरस्कृत भांडवलशाही	party capitalism/ party sponsored
पक्षगामी (पक्षांतर करणारा)	defetor
पक्षधोरण	partyline

पक्षनिरपेक्ष	non partisan
पक्षनिरपेक्ष प्राथमिक पातळी वरील मतदारसंघ	open primary constituency
पक्षनीती	partyline
पक्षनेता	party leader
पक्षपद्धती	party system
पक्षप्रतोद	party whip
पक्षबदल	floor crossing defection
पक्षरचनासदृश पद्धती	quasi party system
पक्षविरहित लोकशाही	partyless democracy
पक्षशिस्त नियंत्रक	hatchetman
पक्षशोधन (नको असलेले पक्षसदस्य काढून पक्षाची शुद्धी)	purge
पक्षसमर्थक	advocate
पक्षांतर्गत प्राथमिक पातळीवरील मतदार संघटना	primary voters organization
पक्षांतर	defection
पक्षाचा प्रमुख	party whip
पक्षाभिनिवेश	partism
पक्षाभिमान	party spirit
पक्षीय राजकारण	party politics
पॅरोल	parole
पांगळा	lame duck
पांढरपेशा	white collar
पांढरपेशे कर्मचारी	white collar workers
पांढरपेशी कामे	white collar jobs
पांथगृह	inn
पांडित्यवाद	scholasticism
पाखंडी मत	heressy

पाखंडीपणा	heretic	पारंपरिक मूल्ये	traditional values
पाठपुरवठा	monitoring	पारलौकिक	supramundane
पाठपुरावा	follow up	पारस्परिक व्यापार करार	reciprocal trade
पाठिंबा देणे	backup	पारितोषिक चिठ्ठी निधी	prize fund chit
पाठीराखा	backer	पारेषण	distribution
पाठ्यक्रम समिती	course committee	पालक	conservator
पाणलोट क्षेत्र	watershed/ catchment area	पालकत्व	guardianship; parenthood; tutelage
पाणलोट क्षेत्र विकास	watershed field development	पालकदेवता	guardian spirit
पाणिग्रहण	matrimony	पालट	alternation; change; switch over
पातळी	level	पालन	conservation
पातळीची जुळणी	convergence	पालनपोषण	nurture
पात्र	subjudice	पार्लमेंटचे सार्वभौमत्व	sovereignty of parliament
पात्र विपत्र	eligible bill	पाल्याधिकरण	court of wards
पात्रता	eligibility	पावती आणि शेष लेखा खाता	receipt and balance
पापनिवेदन	confession	पावित्र्य	chastity; piety
पापोच्चारण विधी	confession	पावित्र्यभंग	sacrllege
पायरी	stage	पावित्र्यविडंबन करणे	blaspheme
पाया/पायाभूत	base; basis; infrastructure	पाश्चात्त्य	occidental
पायाबली	building sacrifice	पाश्चात्त्यवाद	occidentalism
पायाभूत वर्ष	base year	पाश्चात्त्यीकरण	westernisation
पायाभूत सेवा	basic services, infrastructure	पाश्चिमात्त्यीकरण	westernization
पायाभूत सुविधा	basic amenities, infrastructural facilities	पार्श्वभूमी	setting
पायाभूत संरचना	infra-structure	पार्श्विक सम्मीलन	latternal combination
पायाभूत निर्वाहमजुरी दर	infrastructural substance rate	पाळी कामगार	shift labour
पायाभूत प्रशिक्षण	fundamental training	पाळी पद्धती	shift system
पारंपरिक ऊर्जास्रोत	conventional energy source	पिंड	temperament
पारंपरिक कार्य	traditional function	पिकाचा विमा	crop insurance
पारंपरिक प्राधिकार	traditional authority	पिगूप्रणित कर	Pigavian tax
		पिढी	generation
		पिढ्यांतील समन्वय	intergeneration equity

पिढ्यांमधील संवादाभाव	generation gap
पिता–अपत्य संबंध	parent-child relation
पितृ/पितृज अधिकार	father right
पितृक रक्तसंबंध	lineal consanquinity
पितृगृहीय	patrilocal
पितृधर्म	filial picty
पितृत्व	parenthood; paternity; parentage
पितृनामी	patronymic
पितृनिवासी	patrilocal
पितृबांधव	agnate
पितृभावनेने केलेले प्रजेच्या जीवनव्यवहारांचे नियंत्रण	paternalism
पितृभावी शासनप्रणाली	paternalism
पितृवंशीय नातेसंबंध	patrilineal kinship
पितृवंशीय वारसापद्धती	patrilineal linkerstance system
पितृवंशीयता	patrilineality
पितृसत्ताक	patriarchal
पितृस्थानीय	patrilocal
पित्रीय	parental
पित्रीय अधिकार	parental right
पिन	Personal Identification Number (PIN)
पिशाच्चपूजा	ghost worship
पिशाच्च पूजा संप्रदाय	ghost cult
पिळवणूक	exploitation
पीक कर्ज	crop loan
पीक कर्ज पृच्छा	crop loan supply
पीक चक्र	crop cycle
पीडित	sufferer
पुंज (प्रमाण)	quantum
पुंजवाद	quantum theory; capitalism
पुंजवादी कारकीर्द	capitalist regime
पुंजसिद्धान्त	quantum theory
पुंजीपती	capitalist
पुढच्या तारखेचा चेक/धनादेश	post dated cheque
पुढाकार	initiative
पुढारणी व रेंगाळणी (पद्धती व कृत्य याबाबत)	leadership; hegemony
पुन: समायोजन	readjustment
पुन: संकलन	reintegration
पुन: संघटन	reorganisation
पुन: प्राप्ती	recovery
पुन: स्थापन	rehabilitation
पुन: स्थापन करणे	restore
पुन: स्थापन दर	replacement rate
पुन: स्थापन परवाना	replacement licence
पुन: स्थापन परिव्यय तत्त्व	replacement cost principle
पुनर्खरेदी करार	repurchase agreement
पुनर्गठन	consolidation
पुनर्गुंतवणूक	reinvestment
पुनर्गुंतवणूक जोखीम	reinvestment risk
पुनर्घटना	reconstruction
पुनर्जन्मवाद	metempsychosis
पुनर्जीवन	resurrection
पुनर्जीवी	resurrection
पुनर्निर्माण	reconstruction
पुनर्निर्मिती व्यय	cost of reproduction

पुनर्निर्यात (सर्व माल एकत्र ठेवून त्याचा व्यापार होतो तो व्यापार)	entrepottrade
पुनर्निर्यात निक्षेपस्थान	entrepot
पुनर्निर्माणात्मक पुनर्विक्री	re-sale
पुनर्भरती	re-recruitment
पुनर्भांडवल	recapital
पुनर्भांडवलीकरण	re-capitalization
पुनर्मांडणी	representation
पुनर्मूल्यन	revaluation
पुनर्मेळ	reconciliation
पुनर्रचना	reorganisation; reconstruction
पुनर्रचना कर्ज	reconstruction loan
पुनर्वटव	re-duscaunting
पुनर्वसन	rehabilitation
पुनर्विक्री किंमतीचे पालन करणे	resale price maintainance
पुनर्विलोकन	review; repetitive phenomena
पुनर्वित्त	re-finance
पुनर्वित्त पुरवठा	re-financing
पुनर्वित्त सहाय्य	refinancing assistance
पुनर्वित्तव्यवस्था	refinance
पुनर्व्याख्या	re-defination
पुनर्संघटन	reconcilation/ re-organisation
पुनरुज्जीवन	renaissance; fication revivalism; revivi
पुनरुज्जीवनवाद	revivalism
पुनरुज्जीवनवादी	revivalist
पुनरुज्जीवित करणे	revive
पुनरुत्थान	resurrection; resurgence

पुनरुत्थानवाद	revivalism
पुन्हा पुन्हा घडणे	recurrance
पुन्हा वटलेली बिले	rediscounted bills
पुर	city
पुरवठा अनुसुची	supply schedule
पुरवठा फल/अनुवर्त	supply function
पुरवठा रेषा/वक्र	supply curve
पुरवठाकार	supplier
पुरवठाकिंमत	supply price
पुरवठ्याचा ताठरपणा	inelasicity of supply
पुरवठ्याची लवचीकता	elasticity of supply
पुरवणी अर्थसंकल्प	supplementary budget
पुरस्कार	award
पुरस्कारवाद	prescriptivism
पुराणकथा	myth
पुराणकथाशास्त्र	mythology
पुराणमतभंजनवाद	radicalism
पुराणमतवाद	conservatism
पुराणमतवादी	conservatism
पुराणसाहित्य	mythology
पुरातत्त्वविद्या /पुरातत्त्वशास्त्र	archaeology
पुरातत्त्वीय अध्ययन	archaeological study
पुरातन	archaic
पुरातन (प्राचीन) संस्कृती	archaic civilization
पुरुषकेंद्री	andro centrered; androcentric
पुरुषकेंद्रीवृत्ती	androcentric attitude
पुरुषसत्ता	patriarchy
पुरुषाने साध्य करायच्या गोष्टी/पुरूषार्थ	ends of man
पुरुषोत्तम	superman
पुरोगामी	forward; progressive

पुरोगामित्त्व	progressivision/ radicalism
पुरोगामी लोकशाही आघाडी	progressive democratic front
पुरोगामी विचारसरणी	progressive
पुरोभिकरण	foregrounding
पुरोहितशाही	priestism
पुष्ठीकृत पत	confirmed credit
पुस्तक पालन	book keeping
पुस्तक लेखा	book account
पुस्तकी ऋण	book debt
पुस्तकी खातेबदल	book transfer
पुस्तकी जमा	book credit
पुस्तकी ठेव	book deposit
पुस्तकी शिल्लक	book balance
पूजा	worship
पूजासंप्रदाय	cult
पूजास्वातंत्र्य	liberty of worship
पूर्ण (निर्दोष) आकृती	clean acceptance
पूर्ण किंमत भेद	full time disomention
पूर्ण तारण	fully secured
पूर्ण परिव्यय	full cost pricing
पूर्ण बाजारपेठ	perfect market
पूर्ण भरणा केलेले भाग	full paid shares
पूर्ण मानवतावाद	integral humanism
पूर्ण मूल्य	full bodied money
पूर्ण रोजगार /रोजगारी	full employment
पूर्ण रोजगारी उत्पादन	full employment output
पूर्ण विकलन (विभेदन)	total differentiation
पूर्ण साक्षरता	total literacy
पूर्ण सेवायोजन	full employment
पूर्ण स्वीकृती	clean acceptance
पूर्णकालिक	all time
पूर्णत्व	consummation
पूर्णांश पैसा	full bodied moeny
पूर्तता	compliance
पूरक	accessory; compensatory; complementary; contributory
पूरक उद्योग	complementary industries
पूरक कर्ज घेणे	compensatry borrowings
पूरक घटक	complementary factor
पूरक पीक	complementary crop
पूरक महागाईभत्ता	compensatory allowance
पूरक मागणी	supplementary demand
पूरक वर्ग	complementary class
पूरक वर्तन	compensatory behaviour
पूरक वित्तव्यवस्था करणे	compensatory finance
पूरक वित्तसेवा /पूरक सेवा	complementary financial service
पूरक व्यवसाय	auxillary occupation
पूरक शर्ती	complementary conditions
पूरनियंत्रण	flood control
पूर्वआकलन	pre-undersanding
पूर्वकल्पना	intimation
पूर्वग्रह	prejudice
पूर्वगृहयुक्त	biassed
पूर्वगृहीत /पूर्वगृहीतत्त्व	presupposition

पूर्वज	ancestor
पूर्वजपरंपरा	ancestry
पूर्वजपूजा	ancestro worship
पूर्वजपूजा संप्रदाय	ancestor cult
पूर्वदत्तखर्च	prepaid
पूर्वदिनांकित धनादेश	antidated chque
पूर्वनियुक्त हेतू	destination
पूर्वनिश्चित	pre-determined
पूर्वपहाणी	reconnaisance
पूर्वप्रदान	prepayment
पूर्वमानदंडात्मक	preparadigmatic
पूर्वयोजना	destination
पूर्वसंस्कार	disposition
पूर्वाद्दिष्ट	destination
पूर्वाधिकार भाग	preference share
पूर्वाधिकारी	predecessoar
पूर्वानुमान	prediction
पूर्वानुमान पद्धती	prediction method
पूर्वावश्यकता	prerequisite
पृथःक्करणात्मक अध्ययन	analytical study
पृथक् रक्षित आय	franked income
पृथक्वाद/पृथक्पणा	isolationism
पृथक्वास	quarantine
पृथक्करण	analysis
पृष्ठभूमी	settlement
पृष्ठांकन	endorsement
पृष्ठी न दिलेली पत	unconfirmed credit
पेच	constaint
पेचात आणलेला तेजीवाला	trapped bull
पेटंट	patent
पेढी	depository
पेढीवाले	firm owner
पेढीव्यवस्था	depositary system
पेव	silo
पेशा	profession
पैतृक	ancestral; lineal; parental
पैतृक अधिकार	paternal right
पैतृक कुटुंब	paternal family
पैतृक पावित्र्य	filial piety
पैतृक भूमी	paternal land
पैतृक राज्य	patrimonial state
पैतृक राष्ट्रीयता	jus gentium
पैतृक वंशानुक्रम	agnatic descent
पैदास	output
पैलू	facets
पैशाचा मूल्य ऱ्हास	depreciation of money
पैशाचे अधिमूल्यन	appreuation of money
पैशाचे गतिमान कार्य	dynamic function of money
पैशातील मजुरी	money wages
पैशाला पूरक	supplement to money
पैसा	money
पैसा खाणे	peculation
पैसा तटस्थ ठेवण्याचे धोरण	neutral money policy
पैसा दलाल	money broker
पैसा पद्धती	monetary system
पैसा पद्धतीची लवचिकता	elasticity of monetary system
पैसा बाजार	money market
पैसा मिळवून देणारा	moeny making
पैसानिधी	monetary fund
पैसारहित अर्थव्यवस्था	moneyless economy
पैसारूप कमाई	nominal earnings
पैसारूपी भरपाई	money compensation
पैसारूपी भांडवल	money capital
पैसारूपी वेतनदर	money wage rate

पैसाविषयक monetary
पैसाविषयक अर्थशास्त्र monetary economics
पैसाविषयक अरिष्ट /गंडांतर monetary crises
पैसाविषयक गुणवत्ता सिद्धान्त quality of money theory
पैसाविषयक धोरण monetary policy
पैसाक्षेत्र monetary area
पैसे कर्जाऊ देणे advancing of money
पैसे घेणारा payee
पोकळ unsound; unsubstnatial
पोकळी voide
पोचदेय due acknowledgement
पोचवणी पत्र delivery note
पोचवणी/बटवडा आदेश delivery order
पोट कलम subsection
पोट कंत्राट sub contract
पोट कूळ subtenant
पोट कूळवहिवाट subtenancy
पोट भाडेपट्टा underlease; sublease
पोटगी alimony
पोटजात species; subcaste
पोटतिडीक urge
पोटनिवडणूक bye-election
पोटपट्टा sublease
पोटभाडेकरी subtenancy
पोटभाडेकरू subtenant
पोतविमा hull insurance
पोथीनिष्ठ docrtinatire; arthodoe
पोप व राज्यकर्ते यांच्यातील करार (कॉनकोरडाट) concordat
पोरके मूल orphan
पोशाखी राजदूत/ राजनय cookie pusher (diplomat)
पोस्ट बचत बँक postal savings bank
पौगंडावस्था adolesscence
पौर्वात्य संस्कृती eastern culture
पौर्वात्य हुकूमशाही oriental despotism
प्रकट revealed
प्रकट इच्छा actual will
प्रकट सनद patent
प्रकटित अधिक्य disclosed surplus
प्रकटीकरण discovery
प्रकटीकरणाचे तत्त्व revelation principle
प्रकरण article; case
प्रकरण अभ्यास case study
प्रकल्प project
प्रकल्प नियोजन project planning
प्रकार्यवाद functionalism
प्रकार्यवादी समाजशास्त्र functionalist sociology
प्रकार category; form; mode; species
प्रकार चिकित्सा तंत्र typological technique
प्रकार भेद qualitative difference
प्रकाशन discovery
प्रकाशबंदी blackout
प्रक्रिया technique; process
प्रक्रिया प्रेरक catalyst
प्रक्रिया व्यवहार /विधी procedure
प्रक्रिया स्वरूप process method
प्रक्रियानुवर्ती सम्मीलन process integration
प्रक्रियावादी मानसशास्त्र functional psychology
प्रकृती nature; temperament
प्रकृतीधर्म character

प्रगत	forward
प्रगतिकारक	progressive
प्रगतिशील	progressive
प्रगती	progress
प्रगतीनियोजन	telesis
प्रगल्भ	noble
प्रगल्भता	maturity
प्रघटना	phenomenon
प्रघटनाशास्त्र	phenomenology
प्रघात	vogue
प्रचलित	current
प्रचंड विजय	land slide victory
प्रच्छन्न (गुप्त) विवाह	clandestine (secret) marriage
प्रच्छन्न (छुपी) बेकारी	disguised unemployment
प्रचार	canvass; propagation; lobbying
प्रचार गटसदस्य	lobby member
प्रचोदन (प्रोत्साहन)	incentive
प्रजनन	reproduction
प्रजनन दर	reproduction rate
प्रजननलक्षी लैंगिकता	fertility oriented sexuality
प्रजा	subjects; progency
प्रजाजन	subject
प्रजाधर्म	allegiance
प्रजाप्रधान राजकीय संस्कृती	subject political culture
प्रजावत्सल शासन	paternal government
प्रजासत्ताक	republic
प्रजासत्ताक राज्य	democracy
प्रजासत्ताक शासन	republican government
प्रजासत्ताकवाद	block rate
प्रजासत्ताकवादी	republican
प्रणाली, व्यवस्था	discipline; school; irrational motion; system
प्रणालीतील धोका	systemic risk
प्रत	contra; copy; magnitude
प्रतवारीकरण पद्धती	rating system
प्रतारणा	infidelity
प्रति अभिजन	counter elites
प्रति मंत्रिमंडळ	shadow cabinate
प्रतिकार	oppositin
प्रतिकात्मक	symbolic
प्रतिकाराचा अधिकार	right of resistance
प्रतिक्रांती	counter revolution
प्रतिकूल	contrary
प्रतिकूल आयात निर्यात शेष	unfavourable balance of payment; negative balance of payment
प्रतिकूल ताळेबंद	adverse balance
प्रतिकूल विनिमय दर	unfavourable rate of exchange
प्रतिकूल व्यापारशेष	unfavourable balance of trade
प्रतिकृती	model; copy
प्रतिगामी	mossback; hidebound; regressive; orthodox; retrogressive; reactornary
प्रतितोल	offset
प्रतिदेय अधिमान भाग	redeemable preference share
प्रतिदेय ऋणपत्र	redeemable debenture

प्रतिदेय बंधपत्र	redeemable bond
प्रतिदेय भाग	redeemable shares
प्रतिधारण पैसा	retention money
प्रतिनिधित्व	representation; agency
प्रतिनिधित्व पद्धती	system of proportional representation
प्रतिनिधी	agent; proxy; representative
प्रतिनिधी (ग्राम)	representation
प्रतिनिधी मंडळ (अमेरिकेच्या संदर्भात)	chamber of deputies
प्रतिनिधी म्हणून नेमणे	delegate
प्रतिनिधी सभेतील (पार्लमेंट)	burgess
प्रतिनिधी समिती	representation committee
प्रतिनियुक्त करणे	depute
प्रतिनोंद	cross entry
प्रतिपत्री	proxy
प्रतिपादन	enuniciation
प्रतिपिंडे	antibodies
प्रतिपूर्ती	reimbursement
प्रतिपूरक यंत्रणा	compernsatory mechanism
प्रतिप्रत	counter foil
प्रतिप्रभावी शक्ती	countervailing power
प्रतिप्रमेय	antithesis
प्रतिफल	amends
प्रतिफलरूप न्याय	retibutive injustice
प्रतिफलित	counter output
प्रतिबंध	stoppage; prohibition; barrier
प्रतिबंध (निरोधन) करणे	picketing
प्रतिबंधक स्थानबद्धता	preventive defention
प्रतिबंधात्मक युद्ध	preventive war
प्रतिबंधात्मक सेवा	preventive service
प्रतिबिंबित व्यक्तिमत्व	self looking glass
प्रतिभाग	counterpart
प्रतिभार	counter weight
प्रतिभाशाली	genius
प्रतिभाज्ञान	intution
प्रतिभूत ऋण	situate
प्रतिभूती (रोखा)	security
प्रतिभूती (सुरक्षा) रोखा	security bond
प्रतिभूती ठेव	security deposit
प्रतिभूती ठेवीदार	security depositor
प्रतिभूती बंधपत्र	security bond
प्रतिमा	model; image
प्रतिमान	mode; mofit
प्रतिमान उभारणी बांधणी	model building
प्रतिमान विकासाचे	model of development
प्रतिमान संसद	model parliament
प्रतिमानीकरण	modelling
प्रतिमापूजन	image worship
प्रतिमावाद	imagism
प्रतियुती/प्रतियोग	opposition
प्रतिरचना	contra structure
प्रतिरूप	mode; mofit; counterpart
प्रतिरूप खंड	producer's surplus/ quasirent
प्रतिरूपण (भाषिक)	linguistic representation
प्रतिरूपभाषा	model language
प्रतिरूपी निधी	counterpart fund
प्रतिरोध	deterrence; restraint
प्रतिरोधी	antagonistic

प्रतिरोधी क्रिया	deterent action
प्रतिलाभ	output
प्रतिलिपी	contra; copy; duplicate
प्रतिलिपी अधिकार	copy-right
प्रतिलेख	counterpart
प्रतिलेख काढणे	issue of writ
प्रतिलोम विवाह	hypogancy
प्रतिवस्तू	counterpart
प्रतिवाद	antithesis
प्रतिवादी	defendant
प्रतिवादी जोखीम	counterparty risk
प्रतिवेध आणि मनाई हुकूम	prohibition and injunction
प्रतिव्यवहारी बँक /अधिकोष	correspondant bank
प्रतिव्यक्ती आय /उत्पन्न	per capita income
प्रतिव्यक्तीवर डोईकर	capitation tax
प्रतिशुल्क	counter alling/ countervailing duty
प्रतिशेष	contra balance
प्रतिष्ठार्थ स्वीकृती	acceptance for honour
प्रतिष्ठित	classic/classical
प्रतिष्ठित संप्रदाय	classical school
प्रतिसंतुलन करणे	counter balance
प्रतिसंदर्भ विनिमय दर	cross rate of exchange
प्रतिसंरचना	contrastructure
प्रतिसाद	response
प्रतिसादी	respondant
प्रतिसिद्धान्त	antithesis
प्रतिहल्ला	counter attack
प्रतिहेरगिरी	counter espionage
प्रतिज्ञा	enunciation
प्रतिज्ञापत्र	affidavit; indenture
प्रतिज्ञालेख	affidavit
प्रतीक	token; symbol
प्रतीक नाणे	token coin
प्रतीक बंध	symbolic pattem
प्रतीक मुद्रा	token money
प्रतीकनिष्ठा	fetistism
प्रतीकयुक्त	symbolic
प्रतीकवाद	symbolism
प्रतीकात्मक	symbolic
प्रतीकात्मक प्रदान	token payment
प्रतीकात्मक वर्तन	symbolic behaviour
प्रतीकात्मक संस्कृती	symbolic culture
प्रतीकासक्ती	fetistism
प्रतोद (पक्षप्रमुख)	whip
प्रत्ययवाद	idealism
प्रत्यंतराचे तत्त्व	veritability principle
प्रत्यक्ष	concrete; positive
प्रत्यक्ष आर्थिक आधिक्य	actual economic surplus
प्रत्यक्ष उपभोग	direct consumption
प्रत्यक्ष उपयोग करणाऱ्याला पडणारा खर्च /परिव्यय	user cost
प्रत्यक्ष कर	direct tax
प्रत्यक्ष कामगिरीचा आढावा	performance budget
प्रत्यक्ष खरेदी/विक्री	delivery direct sale/ purchase
प्रत्यक्ष गुंतवणुक व्यवस्थापन	direct investment management
प्रत्यक्ष दायित्व	direct liability
प्रत्यक्ष मागणी	direct demand
प्रत्यक्ष माल नोंदपत्र	bill of sight
प्रत्यक्ष रोजगार	primary employment
प्रत्यक्ष लोकशाही	direct democracy

प्रत्यक्ष लोकशाही मार्ग (स्वित्झर्लंडचा)	direct democracy device
प्रत्यक्ष साक्षीदार	eye witness
प्रत्यक्ष सेवायोजन	primary employment
प्रत्यक्ष संपर्क समूह /गट	direct contact group
प्रत्यक्ष हुंडणावळ	direct exchange rate
प्रत्यक्ष ज्ञान	perception
प्रत्यक्ष पत	direct credit
प्रत्यक्ष परिवर्तन	direct variation
प्रत्यक्ष परिव्यय	direct charge
प्रत्यक्ष किंमत/मूल्य	actual price
प्रत्यक्ष निवडणूक	direct election
प्रत्यक्ष विधिविधान	direct legislation
प्रत्यक्ष विनिमय	direct exchange
प्रत्यक्ष विनिमय दर	direct exchange rate
प्रत्यक्ष वित्तीयसहाय्य	direct financial assistance
प्रत्यक्ष बोलणे, भाषिक वर्तन	parole, speech, sassere
प्रत्यक्ष बेकारी	visible unemployment
प्रत्यक्ष प्रवाह	direct current
प्रत्यक्ष व्यापार	direct trade
प्रत्यक्षता	directness
प्रत्यक्षवाद	logical empiricism; positivism
प्रत्यक्षवित्तीय सहाय्य	direct financial aid
प्रत्यक्षज्ञानवाद	positivism
प्रत्यक्षज्ञानवादी	positivist
प्रत्यक्षार्थवाद	positivism
प्रत्यक्षार्थवादोत्तर काळ	post positivism
प्रत्यक्षानुभूती	intution
प्रत्यक्षानुसारी अर्थशास्त्र	positive economics
प्रत्यक्षानुसारी विज्ञान	positive science

प्रत्याय	equimarginal return
प्रत्यावर्ती प्रवाह	alternating current
प्रत्यावाहन	recall
प्रत्यार्पण (परदेशस्थ आरोपीला ताब्यात देणे)	extradition
प्रत्यार्पण तह	extradition treaty
प्रथम	premier; primal
प्रथमश्रेणी (उपभोग्य) वस्तू	goods of the first order
प्रथमश्रेणी किंमत भेद	price diriminations of first degree
प्रथा	practice; usage
प्रदल	sector
प्रदर्शन	representation
प्रदर्शनवृत्ती	exhibitionism
प्रदर्शनी सेवन	conspicuous consumption
प्रदान	output; payment
प्रदान निलंबन	suspension of payment
प्रदानाच्या अटी	terms of payment
प्रदाने	output
प्रदानोत्तर दस्तऐवज	document against payment
प्रदानोत्तर विपत्र	payment bills
प्रदूषण	pollution
प्रदेय विपत्रे	payable bills
प्रदेश	country; zone; territorry
प्रदेशनिष्ठ	endemic
प्रदेशराज्य	contry/county state
प्रदेशवाद	regionalism
(प्रदेशाचे) तुकडे करणे	balkanisation
प्रधान	supreme; premier
प्रधानमंत्री	prime minister
प्रधानमूल्य	principle value

प्रपत्र लेखा (ठरलेल्या नमुन्याप्रमाणे केलेला हिशोब)	proforma account
प्रबंधाधिकार पत्र	letter of adminisation
प्रबंधित किंमत	adminstered price
प्रबळ शिक्षण प्रभाव	strong learning effect
प्रबोधन	enlightenment
प्रबोधन कालखंड	enlightenment period
प्रबोधन युग	renaissance
प्रबोधनकाळ	renaissance
प्रबुद्ध मन	illumined mind
प्रबुद्ध स्वरतंत्र	enlightened despotism
प्रबुद्धस्वहित	enlightened self interest
प्रभारी	incharge
प्रभाव	dominance; consequnce; influence
प्रभावलोपन	neutralisation
प्रभावशून्य	neutral
प्रभावशून्य पैसा	neutral money
प्रभावशून्य समतोल	neutral equilibrium
प्रभावशून्यता	neutrality
प्रभावसमूह	pressure group
प्रभाव क्षेत्र	area of influence
प्रभावित करणे	charge
प्रभावी कर दर	effective tax rate
प्रभावी गुणविशेष	dominant traits
प्रभावी तटस्थता	affective neutrality
प्रभावी पक्ष	powerful party
प्रभावी मागणी	effective demand
प्रभुत्व	sovereignity; deminance
प्रभुत्व अतिभाज्यता	indivisibility of sovereignity
प्रभुत्वशाली वर्ग	hegemonic class
प्रभुत्वाधिकार	eminent domain
प्रमाण	measure; amount; proportion; standard
प्रमाण विचलन	standard deviation
प्रमाण सोने/सुवर्ण	standard gold
प्रमाणक	norm; voucher
प्रमाणकविज्ञान	normative science
प्रमाणकशून्य आत्महत्या	anomic sucide
प्रमाणकानुसारी	normative
प्रमाणचलन	standard currency
प्रमाणदर	standard rate
प्रमाणदाखला	voucher
प्रमाणदिवस	standard day
प्रमाणन पृष्ठांकन	certify endorsement
प्रमाणपत्र खाजगीकरण	voucher privatization
प्रमाणपत्र/पावती खाजगीकरण	voucher privatization
प्रमाणभूत	standard weights and measures
प्रमाणवेतन	standard wages
प्रमाणशास्त्र	epistemology
प्रमाणशीर कर	proportional tax
प्रमाणशीर कराधान पद्धती	proportional tax system
प्रमाणशीर नमुना चाचणी	proportional sampling
प्रमाणशीर प्रतिकृती	scale model
प्रमाणशीर प्रतिनिधित्व	proportional representation
प्रमाणहीन	disproportional
प्रमाणित	validated; established
प्रमाणित दाखला	certified voucher
प्रमाणित धनादेश	certified chque
प्रमाणित पृष्ठांकन	certified endorsement
प्रमाणित लेख	certified voucher
प्रमाणित लेखापाल	certified accountant

प्रमाणित सिद्धान्त	authenticated truth
प्रमाणीकरण	standardisation
प्रमाणीकृत /प्रमाणीभूत दर	standardised rate
प्रमाणीय (सिद्ध करता येण्याजोगे) कर्ज	provable debt
प्रमात्रा	quantum
प्रमादशीलता	fallibility
प्रमेय	proposition; thesis
प्रमुख	premier
प्रमुख प्रशासन अधिकारी	chief administration officer
प्रमुख व्याजदर	prime lending rate
प्रयत्न	trial
प्रयोग पद्धती	method
प्रयोग परीक्षा	experimentation
प्रयोग व प्रमाद पद्धती	trial and error method
प्रयोगवत् पद्धती	quasi experimental method
प्रयोगविवाह	trial marriage
प्रयोगात्मक	experimental
प्रयोगात्मक समाजशास्त्र	experimental sociology
प्रयोगात्मक सामाजिक मानसशास्त्र	experimental social psychology
प्रयोजकता	motivation
प्रयोजन	telic
प्रयोजनलक्षी वित्तव्यवस्था	functional finance
प्रयोजनवादी मानसशास्त्र	hormic psychology
प्रयोजनानुसारी (हेतूदर्शक)	teleological
प्रलोभन	inducement
प्रलोभित मागणी	induced demand
प्रवर्ग	catagory
प्रवणता	prodisposition
प्रवर्तक	inducemerit;promoter
प्रवर्तक संस्था	promoter institution
प्रवर्तन	conation; promulgation
प्रवर्तना (प्रेरणा)	motivation
प्रवास अभिकर्ता /एजंट	travel agent
प्रवास रोजवही	journey log book
प्रवासी	immigrant
प्रवासी धनादेश	traveller's cheque
प्रवासी पतपत्र	traveller's letter of credit
प्रवाह	trend
प्रवाह संकल्पना	flow trends
प्रवाही समतोल	flow equilibrium
प्रवाही साधनसंपत्ती	fluid resources
प्रवाहीपणा	finidity
प्रवीण	expert
प्रवृत्ती	trend; aptitude; disposition;conatus; process; propensity; tendency
प्रवेगी कोषागार विपत्र	hot money treasury bill
प्रवेगी (विदेशी) भांडवल	hot money (refuee capital)
प्रवेश	entry
प्रवेशपत्र	visa
प्रवेशपूर्व प्रशिक्षण	pre-entry training
प्रवेशाचा परवाना	visa

प्रवेशी (येणारा) भागीदार	incoming partner
प्रवेशोत्तर प्रशिक्षण	postentry training
प्रशासक	administrator
प्रशासकीय अधिकारिता	administrative jurisdiction
प्रशासकीय कायदा	administrative law
प्रशासकीय कार्यकारिणी	administrative executive
प्रशासकीय न्यायालय	administrative court
प्रशासकीय प्रदेश	administrative region
प्रशासकीय प्रशिक्षण	administrative training
प्रशासकीय यंत्रणा	administrative
प्रशासकीय विधी	administrative law
प्रशासकीय व्यवस्था	administrative system
प्रशासकीय स्वायत्तता	administrative autonomy
प्रशासन	administration
प्रशासन सुधारणा आयोग	Administrative Reforms Commission
प्रशासनाचे वैधानिक कार्य	legislative function of administration
प्रशासनाचे समग्र व व्यवस्थापकीय दृष्टिकोन	integral and managerial views of administration
प्रशासनिक संरचना	administrative structure
प्रशिक्षण	training
प्रशिक्षण परिव्यय	cost of training
प्रशुल्क	tarriff
प्रशुल्क व व्यापार यासंबंधी सर्वसाधारण करार	general agreement on tariff and trade

प्रश्न	proposition
प्रश्नावली	questionnaire
प्रसभवता	stochastic
प्रसरण	expansion
प्रसरणशीलता	diffuseness
प्रसवशक्ती	fertility
प्रसविदा	convenant
प्रसार	circulation
प्रसारकता	diffuseness
प्रसारमाध्यम	communication media
प्रसिद्धीपूर्व वृत्तनिर्बंध	news per censor
प्रसूतिमान	fertility rate
प्रसूतिलाभ	maternity benefit
प्रस्ताव	proposition
प्रस्ताव किंमत	offer price
प्रस्तावना	preamble
प्रस्तावमूल्यन	appraisal of proposals
प्रस्थापित मूल्ये झुगारणारा	non-conformist
प्रस्थापित सिद्धान्त	established truth
प्रक्षेपण	broadcasting
प्रक्षेपण/प्रक्षेपी तंत्र	projective technique
प्रक्षोभक	provocative
प्रक्षोभक राजकीय वादप्रश्न	gut issue
प्रज्ञा	intelligence; wisdom
प्रांतवाद	provincialism
प्रांतिक कार्यकारिणी	provincial executive
प्रांतिक विधिमंडळ	provincial legislature
प्रांतिक स्वायत्तता	provincial autonomy
प्रांतिकतावाद	provincialism
प्राकृत	phenomenal
प्राकृतावस्था	savagery stage
प्राकृतिक	normal
प्राकृतिक नियम	law of nature
प्राकृतिक भूगोल	physical geography

प्राकृतिक मक्तेदारी	natural monopoly
प्राकृतिक विज्ञान	natural science
प्राक् समाजशास्त्र	oriental sociology
प्राक् सांस्कृतिक	pre cultural
प्राक्कथन	prediction
प्राक्कलन	estimate
प्रागितिहास	prehistory
प्रागैतिहासिक काळ	prehistoric period
प्रागैतिहासिक संस्कृती	prehistoric culture
प्राच्यविद्या	indology
प्राच्यविद्यात्मक दृष्टिकोन	indological perspective
प्राचीनवादी	anti-quariam
प्राचीनत्व/प्राचीनता	antiquity
प्राणत्याग	blood sacrifice
प्राणपणाचा निवडणूक लढा	hellbent for election
प्राणवाद	vitality
प्राणस्वरूपी प्रेरणा	vital force
प्रातिनिधिक	typical
प्रातिनिधिक कागदी पैसा	representative paper money
प्रातिनिधिक गरजपूर्ती स्वातंत्र्य	freedom from wants
प्रातिनिधिक नमुना	representative sample
प्रातिनिधिक नातेसंबंध	primary kinship relation
प्रातिनिधिक नियम	primary law
प्रातिनिधिक परिव्यय	prime cost
प्रातिनिधिक पातळीवरील मतदार संघटना	primaries
प्रातिनिधिक प्रत्यक्ष निवडणूक /निर्वाचन	direct primary election
प्रातिनिधिक प्राथमिक उद्योग	primary industry
प्रातिनिधिक मुद्रा	representative money
प्रातिनिधिक रोजगार	primary employment
प्रातिनिधिक लोकशाही	representative democracy
प्रातिनिधिक वक्र	representative curve
प्रातिनिधिक विधान	elementary proposition
प्रातिनिधिक शासन	representative government
प्रातिनिधिक संवेदन	representative perception
प्रातिनिधिक समाज	primary/rudimentary society
प्रातिनिधिक समिती	representation committee
प्रातिनिधिक सेवायोजन	primary employment
प्राथमिक विक्रेता	primary dealer
प्राथमिक समभाग विक्री	initial public offer (IPO)
प्राथमिक स्रोत	primary source
प्रार्थना	canvass
प्रादेशिक	regional
प्रादेशिक अखंडता (ऐक्य)	territorial integrity
प्रादेशिक अर्थशास्त्र	regional economics
प्रादेशिक औद्योगिक विकास	regional industrial development
प्रादेशिक कुल/कुळी	territorial clan
प्रादेशिक ग्रामीण बँक	regional rural bank
प्रादेशिक नियोजन	regional planning
प्रादेशिक पक्ष	regional party
प्रादेशिक विभाजन	regional division/ fragmentation

प्रादेशिक विषमता regional disparity/ inequality
प्रादेशिक संघटना regional organization
प्रादेशिक संघर्ष (आखाती युद्ध) regional conflict
प्रादेशिक समतोल regional balance
प्रादेशिक समीपता territorial proximity
प्रादेशिक सेना territorial army
प्रादेशिक श्रमविभागणी territorial division of labour
प्रादेशिकता regionalism
प्रादेशिकतावाद regionalism
प्राधान्य primacy
प्राधान्य असलेले भाग भांडवल priority share capital
प्राधान्य क्षेत्र priority sector
प्रापंचिक household
प्राधिकरण authority
प्राधिकरण, सार्वजनिक /सार्वत्रिक public authority
प्राधिकारवादी नेता man of the horseback
प्राधिकृत authorised
प्राधिकृत भांडवल authorised capital
प्राधिलेख writ; pre-rogative right
प्राप्त किंमत fave value
प्राप्त परिस्थिती given conditions
प्राप्त भांडवली लाभ realised capital gain
प्राप्त मूल्यार्थ for value received
प्राप्त विपत्रे receivable bill
प्राप्ती gain; proceeds; yield
प्राप्ती आणि शिल्लक लेखाखाते receipt and balance account
प्राप्ती व नफा समुच्चय income and profit pool
प्राप्ती व प्रदान लेखा receipt and payment account
प्राप्ती वेग income velocity
प्राप्तीकर महसूल revenue from income tax
प्राप्तीकर वाटप distribution of income tax
प्राप्तीचे धोरण revenue policy
प्राप्तीचे भांडवलीकरण capitalisation of income
प्रामाणिक bonafide
प्रामाण्य credit; legitimacy; validity
प्रामाण्यनिर्धारण validation
प्रामाण्यवाद doctrine of validity
प्रायोगिक experimental
प्रायोगिक अर्थशास्त्र experimental economics
प्रायोगिक निरीक्षण experimental observation
प्रारंभिक primitive
प्रारंभिक कुटुंब elementary/nuclear family
प्रारंभिक नोंद opening entry
प्रारंभिक न्यायालय court of first instance
प्रारंभिक लेखा initial account
प्रारंभिक शिल्लक opening balance
प्रारंभिक सममूल्य initial par value
प्रारंभीची शिल्लक opening balance
प्रारब्धवाद fatalism
प्रारूप model
प्रारूप बीजक (ठरलेल्या नमुन्याप्रमाणे असलेले बीजक) proforma invoice
प्रावीण्य proficiency
प्रासंगिक casual
प्रासंगिक कर्ज collateraliged borrowing

प्रात्यक्षिक	demonstration
प्रास्ताविक	preamble
प्रेतात्मा	spirit
प्रेयस व श्रेयस	lower good and higher good
प्रेरक	motivation
प्रेरक कराधान	incentive taxation
प्रेरक वेतन	incentive wages
प्रेरकशक्ती	spring
प्रेरण	conation
प्रेरणा	motivation; motive; force; impluse; urge; inspiration
प्रेरणावाद	voluntarism
प्रिव्ही कौन्सिल (इंग्लंडच्या राजाचे मंत्रिमंडळ)	privy council
प्रोत्साहक	stimulant
प्रोत्साहन	incentive; sput; spring; stimulation
प्रौढ मताधिकार	adult franchise/suffrage

फ

फटके (फटक्यांची शिक्षा)	whipping
फडणिशी प्रयत्न	fiscal effort
फडणिशी शिस्त	fiscal discipline
फरक	margin
फरार/फरारी	absconder
फलदायित्व	fruitfulness
फलदायी/फलप्रद	productive
फलनिष्पत्ती	output
फलप्राप्तीचा दर	rate of interest
फलप्रामाण्यवाद	pragmatism
फलप्रामाण्यवादी चिद्‌वाद	pragmatic idealism
फलश्रुती	consequence
फलोत्पादन	fruit production
फलोपभोग गहाण	usufructuary mortage
फसवणूक	deceit
फळशेती	fruit farming
फळसंवर्धन	fruit cultivation
फॅशन	fashion
फॅसिझम	fascism
फॅसिस्ट पक्ष	fascist party
फॅसिस्ट राज्य	fascist state
फॅसिस्टवाद (हुकूमशाही)	fascism
फाजील लोकसंख्या	over population
फायदा	benefit; good; profit
फायदेशीर	money making
फायद्याचे उगमस्थान	source of profit
फायद्याचे दर	beneficial rate
फाशी	hanging
फाळणी	partition
फितुरी	revolt
फितूर	fifth columnist
फिरता एजंट	travelling agent
फिरता परराष्ट्र वकील	rolling/roving ambassador
फिरती (चालू) मत्ता	circulating assets
फिरती बचत	rotating savings
फिरते भांडवल	circulating capital
फिरते स्थलांतरण	turn over migration
फिरत्या जमाती	migratory tribes
फिलिप्स वक्र	philips curve
फी	fee
फुगवटा	inflation
फुटतूट	breakage
फुटलेल्या जहाजातील माल वाचविल्याबद्दल द्यायची मजुरी	salvage

फुटीर	seperative
फुटीर गट	spliter group
फुटिरता/फुटिरपणा	disunion
फुटीरतावादी	secessionism
फुटीरतावादी धोरण	secessionist policy
फुटीरवादी	seperationist
फूट	cleavage
फेड	retaliation
फेडलेले कर्ज	discharged loan
फेरफार	alteration
फेरबदल	alteration; modification
फेरबदल होणारे मूल्य	commuted value
फेबियन समाजवाद	fabian socialism
फेरमांडणी	restructuring
फेररचना	resconstructing
फेरवाटप	re-distribution; reallocation
फेऱ्याची उत्पादन पद्धती	round about method of production
फौजदारी अधिकारिता	criminal jurisdiction
फौजदारी प्रक्रिया संहिता	criminal procedure code
फौजदारी विधी /कायदा	criminal law
फौजदारी संहिता	criminal code

ब

बंड	rebellion; revolt; uprising
बंडखोरी	insurrection
बंद अर्थव्यवस्था	closed economy
बंद खाते	dead account
बंद खाते नोंद वही	dead book
बंद ठेव	dead deposit
बंद भाव	closing price
बंद लेखा (पैसे चुकते करून बंद केलेले खाते)	closed account
बंदर विश्वस्त मंडळ	port trust
बंदिवास	confinement
बंदिस्त	in camera
बंदिस्त अर्थव्यवस्था	closed economy
बंदिस्त गट	closed group
बंदिस्त जातिव्यवस्था	closed caste system
बंदिस्त पद्धती	closed system
बंदिस्त प्रश्न	closed question
बंदिस्त प्रश्नावली	close questionnaire
बंदिस्त मानवतावाद	closed humanism
बंदिस्त व्यवसाय	closed shop
बंदिस्त समाज (बाह्य जगाशी संपर्क नसलेला समाज)	closed society
बंदी	ban; prohibition
बंदी विनिमय करार (पर्यायी रूढ शब्द कार्टल्)	cartel
बंदीकरण	confinement
बंदोबस्त	regulation
बंध	pattern
बंधन	obligation
बंधन करार	tying agreement
बंधनकारक मतदान पद्धती	compulsory voting system
बंधपत्र	bond
बंधपत्रित ऋण	bonded debt
बंधपत्रित कामगार	bonded labour
बंधस्थान	attachment
बंधुता	brotherhood
बंधुत्व	followship
बंधुभाव	comradeship; charity
बचत	economy; saving

बचत खाते/लेखा	saving account
बचत गट	saving group
बचत गुंतवणूक सिद्धान्त	saving investment theory
बचत ठेव	saving deposit
बचत ठेव खाते	saving deposit account
बचतपत्र	saving certificate
बचतबँक	saving bank
बचत बँक खाते	saving bank account
बचत ऱ्हास /बचतक्षय	dissaving
बचतक्षमता	capacity to save
बचतीचा आदर्श दर	ideal savings rate
बचाव	conservation; defence
बचावात्मक आंदोलन	defensive agilation
बटाई (पीक निम्मे निम्मे वाटणे)	crop sharing
बट्टा	discount
बट्टा ऋणनिवारण निधी	discount sinking fund
बट्टा खातेवही	discount ledger
बट्टा दर	discount rate
बट्टा दलाल	discount broker
बट्ट्याने विक्रीस काढलले भाग	share issued at discount
बडी राष्ट्रे	great powers
बढती	promotion
बदकर्म	crime
बदनामी	defamation; libe
बदल	mutation; change; change over; switch over
बदलणारा (अस्थिर) कर	commuted tax
बदलता चलन दरमूल्य	floating exchange rate
बदलता येण्याजोगा विलेख	deed of assignment
बदलते भांडवल	variable capital
बदलते विनिमय दर	floating exchange rate
बदला	retaliation
बदलाचे विश्लेषण	trend analysis
बदली	substitute; transfer; proxy
बदली उत्पादन अनुवर्त	surrogate production function
बदली कामगार	substitute labour
बदली परिव्यय	transfer cost
बदली व्यवहार (तात्काळ उपयोगासाठी व व्यवहारासाठी अर्थसंस्थेकडून घेतलेले चलन)	arbitrage
बद्ध कर्ज	tied loan
बनावट	counterfeit
बनावट दस्तऐवज /कागदपत्र	forged documents
बनावट नाणे	counterfeit coin
बनावट नोट	forged note
बनावट लेखा	fictitius account
बनावट स्वीकृती	forged acceptance
बयाणा रक्कम	earnest
बयाणा विसार	earnest money
बयाणा/बयाणा ठेव	earnest; earnest deposit
बरखास्त करणे	dissolve
बर्हिलेखा	outsourcing
बल	force
बलस्थान	position of strength
बलात्कार	rape

बली sacrifice
बहि:स्थलांतरण out migration
बहिर्गत व्यवहार external transaction of deal
बहिर्गामी centrifugal
बहिर्मुख व्यक्तिमत्त्व extrovert personality
बहिर्मुखता extroversion
बहिर्विवाह exogamy
बहिष्कार boycott
बहिष्कार घालणे excomunication
बहुआयामी multidimensional
बहुआयामी विश्लेषण multidimentional analysis
बहुआवृत्ती multiedition
बहुकेंद्रवाद polycentrism
बहुकेंद्री/जग polycentric world
बहुकेंद्रीय समाज multiple society
बहुजन महासंघ mass federation
बहुजन समाज bahujan society; people; mass; populace
बहुजन समाज पक्ष mass society party
बहुजातीयता /बहुजिनसीपणा heterogenity
बहुतावादी /अनेकसत्तावादी pluralism
बहुदल अर्थव्यवस्था plural economy
बहुदल पद्धती multiple party system
बहुदेववाद /बहुदेवतावाद polytheism
बहुदेशीय व्यापार multilateral trade
बहुद्देशीय कार्यकारी multipurpose executive
बहुद्देशीय परिवर्तनीयता /विनिमयता multilateral convertibility
बहुद्देशीय प्राधिकरण multipurpose authority

बहुधर्मीय multireligious
बहुपतिक कुटुंब polyandrous family
बहुपतिक विवाह polyandrous marriage
बहुपतित्व polyandry
बहुपत्नित्व polygyny
बहुपत्नित्व-पतित्व polygamy
बहुपदरी multidimensional
बहुपर्यायी प्रश्न multiple choice question
बहुपक्ष पातळी multilateral aid
बहुपक्षीय multi partite
बहुपक्षीय पद्धती multiparty system; multiple party system
बहुपक्षीय संबंध multiparty relations
बहुपार्श्विक multilateral
बहुभगिनी पत्नित्व sororal polygyny
बहुभाषिक multi lingual
बहुभाषिक समाज mulitlingual society
बहुभाषी multilingual
बहुभेदात्मक heterogiossic
बहुमत majority
बहुमताचा नियम rule of the majority
बहुमताची दादागिरी steam roller
बहुमताधिष्ठित राज्यकारभार political administration on majority
बहुमुखी कर multiple tax
बहुमुखी जनता multiple public
बहुराज्यीय multistate
बहुराष्ट्रीय multinational
बहुराष्ट्रीय कंपनी multinational company
बहुराष्ट्रीय राज्य multinational/ polynational state
बहुलक (सर्वसाधारण) mode
बहुलक व्यक्तिमत्त्व modal personality
बहुवंशीय multi racial
बहुविध उत्पादन सेझ multi product sez

बहुविध करपद्धती	multiple taxation	बँक ठेव लेखा	bank's deposit account
बहुविध परिव्यय	multiple cost	बँक ड्राफ्ट/धनाकर्ष	bank draft
बहुविध पाळी पद्धती	multiple shift system	बँक दर (मध्यवर्ती बँकेचा दर)	discount rate
बहुविध विदेशी चलन विनिमय दर	multiple exchange rate	बँक दलाल	broker
बहुविधता	multi-dimensional	बँक धारणाधिकार	banker's lien
बहुव्यावसायिक	multitrade/ multicommercial	बँक नियमन	bank regulation
		बँक पर्यवेक्षण	bank superintendence
बहुशाखीय क्षेत्र	multidisciplinary field	बँक पृष्ठांकन	bank endorsement
बहुसंख्य लोक	masses	बँक पैसा	bank money
बहुसंख्यांक	majority	बँक रोखा पट	bank's cash scroll
बहुसंख्यांकांचे शासन	majority rule	बँक रोखा/खाते	bank account
बहुसमावेशक	inclusive of multiple things	बँक विवरणपत्र	bank return
		बँक व्यवसाय	banking
बहुसांस्कृतिक दृष्टिकोन	cross-cultural approach	बँक व्यवसायसंघ	banking syndicate
		बँक व्यवसायी	banker
बहुसांस्कृतिक परिप्रेक्ष्य	multicultural prospective	बँक व्यवसायी संस्था	banking firm
		बँक व्यवहार	banking; bank operations
बहुस्तरीय	multilayer	बँकप्रणाली	bank system
बहुस्तरीय कर	multi point tax	बँकविषयक कायदे	banking legislation
बहुस्तरीय नियोजन	multilateral planning	बँकांची बँक	banker's bank
बहुस्थल नमुना चाचणी पद्धती	multiple stage sampling method	बँकांचे एकीकरण	amalgamation of banks
		बँकिंग विशिष्ट वर्गापुरते	class banking
बहुश्रुती विश्वरचना	multi polar world	बँकिंग व्यवसाय	banking business
बळ	strength	बँकिंग सर्वसामान्यांसाठी	mass banking
बळकटी	confirmity		
बळजबरी	compulsion		
बळी	victimisation	बँकेकडून पुष्टी /मान्यता	bank endorsement
बळेच केलेली विक्री	coercive sale		
बक्षिसी	donation	बँकेचा गुंतवणूक रोखा	bank's investment account
बक्षीसरूपी वेतन	gratuity		
बक्षीसरोखा	prize bond		
बँक	bank	बँकेचा मागणी दर	banker's call rate
बँक अग्रिमे	bank advances	बँकेचा राखीव निधी	bank reserves
बँक आकार	bank charges	बँकेचा व्याजाचा दर	bank rate

बँकेचा सामान्य धारणाधिकार	general banker's lien
बँकेची कसर/बट्टा	banker's discount
बँकेची वित्तीय (आर्थिक) स्थिती	bank's financial position
बँकेचे दिवाळे निघणे/बुडणे	bank failure
बँकेचे व्यवहार	banking operation
बँकेतील जमा-नावे यांचा तपशील दर्शविणारे पत्र	bank return
बँकेतील रोकड	cash at balance
बँकेतील शिल्लक	bank balance
बँकेतून काढलेली रक्कम	withdrawal amount
बांडगूळ	parassite
बांधकाम समिती	works committee
बांधणी	constructionn
बांधव	kubdred
बांधवसमूह	kindred group
बांधा, व्यवस्थापन सांभाळा आणि हस्तांतर करा	build, operate and transfer (BOT)
बांधिलकी	commitment
बांधील नसलेले राष्ट्र	uncommitted nation
बांधील न्यायसंस्था	committed judiciary
बांधील मजूर	bonded labour
बांधील श्रमिक दल	committed labour force
बाकी	balance; outstanding advance
बाजार/बाजारपेठ	market
बाजार अत्यल्पकालीन	market very short term
बाजार अल्पकालीन	market short term
बाजार दीर्घकालीन	market long term
बाजार परिव्ययवर्धक प्रतिकूलता	marketing diseconomics
बाजार प्रदीर्घकालीन	market very long term
बाजार व्यवस्था	market system
बाजार/किंमत यंत्रणा	market cost mechanism
बाजारकेंद्रित	market concentrated
बाजारतळ	market yard
बाजारपेठ आंतरराष्ट्रीय	market international
बाजारपेठ राष्ट्रीय	market national
बाजारपेठ स्थानिक	market local
बाजारप्रधान अर्थव्यवस्था	economy
बाजारप्रधान प्रशासन	pro-market administration
बाजारबाह्य	out of market
बाजारभाव	market price/rate
बाजारमूल्य	market value
बाजारयंत्रणा	market system
बाजारवाद	marketing
बाजारविस्तार	market expanse
बाजारसमिती	market committee
बाजारस्थितीची जोखीम	market risk
बाजाराची संरचना	market structure
बाजाराचे आवार	market yard
बाजाराचे वर्गीकरण	classification of market
बाजारात गैर वध गट करणे	rigging the market
बाजारातील वाटा	market share
बाजारातील संतुलन	market equilibrium
बाजाराधिष्ठीत व्यवस्था	market based system
बाजारी अर्थव्यवस्था	market economics
बाजूबदल	floor crossing

बाधकतत्त्व	falsification principle
बाधकतेचा नियम	repugnancy rule
बाब	case
बाल उद्योग	infant industry
बालअपचारिता	juvenile delinquency
बालकामगार	child labour
बालगुन्हेगार कार्यालय	juvenile court
बालगुन्हेगारी	juvenile delinquency
बालन्यायालय	children's court
बालमृत्यूदर/अर्भक मृत्यूदर	infant mortality rate
बाललैंगिक शोषण	child abuse
बालविवाह	child marriage
बालविवाहविरोधी अधिनियम	child marriage restraint act
बालसंगोपन	child care; mother craft
बालसंगोपन संस्था	child caring agency
बालहत्या	infanticide
बालिश साहस	infantile adventure
बालेकिल्ला	power base
बाहेरून करून घेतलेले काम	outsourcing
बाह्य आर्थिक परिस्थिती	external economic condition
बाह्य दळणवळण	external communication
बाह्य नियंत्रण	external control
बाह्य नेतृत्व	external leadership
बाह्य परिवर्तनीयता	external convertibility
बाह्य मूल्य	extrinsic/external value
बाह्य रूप	configuration
बाह्य रेषा	contour
बाह्य लेखा परीक्षा	external audit
बाह्य वर्तणूक	demeanour

बाह्य व्यवहार	external transaction
बाह्य सेवा प्रवेश	recruitment from without
बाह्यता	externality
बाह्यस्रोत	external resources, outsourcing
बाह्यक्षेत्राकडून मिळालेले निव्वळ उत्पन्न	net external income
बाह्याकार/बाह्याकृती	configuration
बिगर पतसंस्था	non credit society
बिगर बँकिंग वित्तसंस्था	non banking financial company
बिगर बँकिंग वित्तीय कंपनी/संस्था	Non Banking Non Financial Company (NBNFC)
बिगरशेती अर्थव्यवस्था	non-agricultural economy
बिगर संभाव्यता नमुना चाचणी	non probability sampling
बिगर सरकारी	non-government
बिगार	force
बिघडलेले कौटुंबिक नातेसंबंध	dysfunctional family relationship
बिन अमानती ऋणपत्र (साधे ऋणपत्र)	naked debenture (simple debenture)
बिनकिफायती धारणक्षेत्र	uneconomic holding
बिनपगारी	unpaid
बिनव्याजी	non interest bearing
बिनव्याजी रोखा	non interest bearing security

बिनशर्त अभिहस्तांकन	unconditional assignment
बिनशर्त शरणागती	unconditional surrender
बिनशर्त स्वीकार /स्वीकृती	clean/uncondional acceptance
बिलाचा (विपत्राचा) अवधी	tenur of bill
बीज	root
बीजक (किंमतीसह मालाची यादी)	invoice
बीजक पुस्तक/वही	invoice book
बीजनिर्मिती	seed formation
बीजभांडवल	seed capital
बीमोड	suppression
बुंडे स्टाग (जर्मन विधिमंडळातील कनिष्ठ सभागृह)	bundestag
बुंडेस्ट्राट (जर्मन विधिमंडळातील वरिष्ठ सभागृह)	bundestrat
बुडीत कर्ज	dead loan; bad debt
बुडीत कर्ज राखीव निधी लेखा	bad debt reserve account
बुडीत कर्जवसुली लेखा	bad debt recovered account
बुडीत बाकी	dead balance
बुडीत भरणावळ	dead freight
बुडीत भांडवल	sunk capital
बुडीत रोखा	dead security
बुद्ध (ज्ञान प्राप्त झालेला)	enlightened
बुद्धिकसोटी	intelligence test
बुद्धिगम्य	rational
बुद्धिजीवी वर्ग	intelligensia
बुद्धिजीवी समाज	intellectual society
बुद्धिजीवी, जैविक	organic intellectuals
बुद्धितत्त्व	intelligence
बुद्धिनाश	dementia
बुद्धिनिष्ठ मानवतावाद	rational humanism
बुद्धिनिष्ठ स्वार्थवाद	rational egoism
बुद्धिनिष्ठ/तर्कसंगत	rational/logical
बुद्धिनिष्ठता /तार्किकता	rationality
बुद्धिप्रणीत	rational
बुद्धिप्रधान स्वार्थवाद	rational egoism
बुद्धिप्रमाणत्व	rational principle
बुद्धिप्रक्षालन (सतत एकाच विचाराचा दुसऱ्यावर परिणाम घडविणे)	brain washing
बुद्धिप्रामाण्य/तार्किक	rational
बुद्धिप्रामाण्यवाद	rationalism
बुद्धिभ्रष्टता	insanity
बुद्धिमत्ता	intelligence
बुद्धिमत्तांचे परदेशगमन	brain drain
बुद्धिमानव	homo sapiens
बुद्धियुक्त उपपादन	rational explanation
बुद्धिवाद	rationalism; intellectualism
बुद्धिवादी/बुद्धिनिष्ठ मानसशास्त्र	rational psychology
बुद्धिविसंगत (तर्कविसंगत)	irrational
बुद्धिसंगतता	rationality
बुद्धी	logos; reason; wisdom
बूर्ज्या (भांडवलदार)	bourgeoisie

बूर्ज्या क्रांती	bourgeois revolution
बृहत् उद्योग	large scale industry
बृहत् योजना	master plan
बृहत्परिणाम उत्पादन	large scale production
बेअदबी	defamation
बेअब्रू	lible; defamation
बेइमानी	sell out
बेकायदेशीर	unlawful; illegal
बेकायदेशीर (चोरटा) व्यापार	contra band
बेकायदेशीर जमाव	unlawful assembly
बेकायदेशीर शिरकाव	encroachment
बेकायदेशीर संतती	illegitimate children
बेकायदेशीरपणे कर चुकविणे	evasion
बेकार	unemployed
बेकारी	unemployment
बेकारी दर	unemployment rate
बेकारी भत्ता	dole
बेकारी भरपाई	unemployment compensation
बेकारी लाभ	unemployment benefits
बेकारी विमा	unemployment insurance
बेकारी हितलाभ	unemployment benefits
बेचनीय	negotiable
बेचनीय दस्तऐवज	negotiable documents
बेदखली	eviction
बेदखलीची कार्यवाही	ejectment
बेबंदशाही	despotism
बेबनाव	discord; disunion
बेमुदत स्थगित करणे	adjournment sine die
बेरीज	addition
बेरोजगारी/बेरोजगार	unemployment

बेरोजगारीचा नैसर्गिक दर	national rate of unemployment
बेवारशी मालमत्ता	waif; bona vacanfia
बेव्हरीज योजना (इ. स. १९४२ मध्ये ब्रिटनमधील बेव्हरीज समितीने सुचविलेली समाजकल्याण––विषयक योजना)	beviridge plan
बेसुमार उत्पादन	over production
बेहिशोबी पक्षनिधी	sluch fund
बैठक	metting; base/basic; sitting
बैठा संप	pen down strike
बोगस मतदान	impersonate voting
बोध	consciousness; perceptio; ego-awareness
बोधचिन्ह	emblem
बोधवाक्य	motto
बोधात्मक	cognitive
बोधात्मक तत्त्व व त्याचे उपयोजन	cognitive principle and its application
बोधात्मक विसंवाद	congnitive dissorance
बोधावस्था	state of consciousness
बोधिपद /बोधिपदप्राप्ती	enlightenment
बोनस (अधिलाभांश) भाग/शेअर	bonus issue share
बोनस (पगारापेक्षा अधिक बक्षिस)	bonus
बोलावणे (कोर्टाचे)	summon
बोली	bid

बोली किंमत	bid price
बोली भाषा	colloquial language
बौद्धिक (वैचारिक) अवधान	intellectual attention
बौद्धिक अंत:प्रज्ञावाद	rational intutionism
बौद्धिक चाचणी	intelligence test
बौद्धिक परंपरा अधिकार	intellectual property rights
बौद्धिक मक्तेदारी	intellectual monopoly
बौद्धिक लाभ	brain gain
बौद्धिक संपत्ती/संपदा	intellectual property
बौद्धिक संपदा निर्मिती	creation of intellectual property
बौद्धिक स्थलांतर	brain drain
बौद्धिक स्वातंत्र्य	intellectual liberty
ब्रह्मचर्य	celibacy
ब्रँड	brand
ब्रिटनच्या कमिन्स सभागृहाचा सचिव	clerk of the house of the commons
ब्रिटिश साम्राज्यांतर्गत स्वायत्त राष्ट्र	dominion
ब्रीद	motto
ब्रीदवाक्य	slogan

भ

भंग	infringement
भगत	shaman
भटकंती	roaming
भटका	vagabond; vagrant
भटका समाज	nomadic community
भटकी वृत्ती	nomadism
भटके	gypsy nomades
भटकेपणा	vagrancy
भटक्या व स्थलांतरित जनजाती	nomadic and migratory tribes
भत्ता	allowance
भपकेबाज उपभोग	conspicuous consumption
भयमुक्ती स्वातंत्र्य	freedom from fear
भर	addition
भरघोस	bumper
भरणा	payment
भरणा केलेला /झालेला	paid up
भरणा झालेले भाग	paid up shares
भरणा झालेले भांडवल	paid up capital
भरणावळ	loading charges
भरणे	reimbursement
भरती	recruitment
भरपाई	compensation; amends; reparation; offset
भरपाई तत्त्व	compensation principle
भरपाई पत	countervailing crowd; back to back credit
भरपाईदाखल न्याय	compensatory justice
भरपूर	substantial
भरभराट	boom
भरभराटीचा	prosperous
भरलेला माल (परिवहनासाठी)	cargo
भरीव	substantial
भवितव्य	destiny
भविष्यकथन	prediction
भविष्यदृष्टी	prevision
भविष्यनिर्वाह निधी	providend fund
भविष्यवाणी	prophecy
भविष्यवेध	prediction of future

भविष्यसूचक अध्ययन	prognostic studies
भाई	comrade
भाऊबंद	kin
भांडवल	capital
भांडवल उत्पादन गुणोत्तर प्रमाण	capital output ratio
भांडवल उभारणी /निर्मिती	capital formation
भांडवल उभारणी	capital procurement
भांडवल अंत:प्रवाह	capital inflow
भांडवल केंद्रीकरण	capital centralization
भांडवल खाती खर्च	capital charges
भांडवल घनता	capital intensity
भांडवल घसारा	depreciation of capital
भांडवल देशांतरीत होणे	capital fight; flight of capital
भांडवल पर्याप्तता संहिता/नियमावली	capital adequecy guidelines
भांडवल पाया	capital base
भांडवल प्रधानतंत्र	capital-oriented technique
भांडवल बचत तंत्र	capital saving technique
भांडवल बचतकरी शोध	capital saving inventions
भांडवल बाजार	capital market
भांडवल भाग	capital share
भांडवल रोकडसुलभ	capital, fluid current
भांडवल विस्तार	widening of capital
भांडवल संघटित करून कामी लावणे	mobilisation of capital
भांडवल, नाममात्र	capital, nominal
भांडवल/भांडवली दायित्व	capital liability
भांडवलकेंद्रित उत्पादन पद्धती	capitalist made and production
भांडवलदार	capitalist
भांडवलदार वर्ग	bourgeoise
भांडवलदारी	capitalistic
भांडवलदारी उत्पादन	capitalistic production
भांडवलदारी उपक्रम	capitalistic enterprise
भांडवलनिर्मिती	capital creation
भांडवलप्रवाह	capital flow
भांडवलवाद	capitalism
भांडवलवादी राज्यकाल	capitalistic regime
भांडवलशाही	capitalistic
भांडवलशाही अर्थव्यवस्था	capitalistic economic system
भांडवलशाही शेती	capitalistic farming
भांडवलशाहीप्रणीत विकास	capitalistic development
भांडवलसंचय /संचयन	capital accumulation
भांडवलसंचयनाचा (मार्क्सचा) सिद्धान्त	maxism theory of capital accumulation
भांडवलसघन	capital intensive
भांडवलक्षय	capital depletion
भांडवलाचा वार्षिक हप्ता	annual instalment of capital
भांडवलाची चलता /चलनशीलता	mobility of capital
भांडवलाची निर्यात	export of capital
भांडवलाची सीमान्त कार्यक्षमता	internal role return

भांडवलाची सीमान्तिक कार्यक्षमता	marginal efficiency of capital
भांडवलाची संरचना	capital structure
भांडवलाची हानी (नुकसान)	capital loss
भांडवलाचे कालनियत वितरण	age distribution of capital
भांडवलाचे प्रकार	forms of capital
भांडवलाचे प्रतिपादन	redemption of capital
भांडवलाचे विनियोजन	capital appropriation
भांडवलाचे विमोचन	redemption of capital
भांडवलाचे स्थलांतरण	migration of capital
भांडवलावरील प्रत्याय	return of capital
भांडवली	capital
भांडवली (भांडवलित/ भांडवलीकृत) मूल्य	capitalised value
भांडवली अधिमूल्यन	capital appreciation
भांडवली अर्थसंकल्प	capital budget
भांडवली उत्पादनव्यवस्था	capitalist production system
भांडवली उद्दिष्ट	capital goal
भांडवली कर	capital levy tax
भांडवली कराधान	capital taxation
भांडवली खर्च	capital expenditure outlay
भांडवली खाते	capital account
भांडवली खात्यावर चलन परिवर्तनीयता	capital account convertibility
भांडवली गुंतवणूक	capital investment
भांडवली जिंदगीची किंमत निश्चिती	formation of the capital asset pricing model
भांडवली देवाणघेवाण	capital exchange
भांडवली नफा	capitalised profit
भांडवली निविष्टी (लाभ)	capital input
भांडवली प्राप्ती	capital receipts
भांडवली मत्ता	capital assets
भांडवली मालमत्ता	capital assets
भांडवली रक्कम	capital money
भांडवली राखीव निधी	capital reserve fund
भांडवली लाभ	capital gain
भांडवली लाभ कर	capital gain tax
भांडवली लेखा	capital account
भांडवली व महसुली खर्च	capital and revenue expenditure
भांडवली वस्तू	capital goods
भांडवली वस्तूंचे नियंत्रण	control of investments
भांडवली विकास	capital development
भांडवली विकास प्रक्रिया	capitalised development process
भांडवली व्यय	capital expenditure
भांडवली सूट	capital account
भांडवली स्थित्यंतर	capital transformation
भांडवली हालचाल	capital movement
भांडवलीकरण	capitalisation
भांडवलीकरणपूर्व किंमत	ex-capitalisation
भांडशाही	capitalism

भांडार	depot; store
भांडारपाल	storekeeper
भाकरीचा प्रश्न	bread and butter issue
भाकित	prediction
भाग	shares
भाग अधिपत्र	share warrant
भाग एकत्रीकरण	consolidation of shares
भाग जप्ती	forfeiture of shares
भाग दलाल	share broker
भाग प्रमाणपत्र	certificate of shares
भाग बटाई	share issue
भाग भांडवल	share capital
भाग भांडवल धारक	share holder
भाग भांडवलातील प्रमाण	percentage in share capital
भाग मर्यादित कंपनी	company limited by shares
भाग मुद्रांक शुल्क	capital duty
भाग राखीव निधी /संचिती	share reserve
भागधारक	share holder
भागपत्र	share certificate
भागभांडवलाची घट	reduction of share capital
भागवाटप	allotment of shares
भागवाटप रक्कम	allotment money
भागवाटपावरील निर्बंध	restriction of allotment
भागविक्री	sale of shares
भागविक्री खाजगीकरण	share issure privatization
भागश:	fractional; fragmental
भागसीमित	limited by shares
भागहस्तांतरण (भागांचे हस्तांतरण)	share transfer
भागाचे किंमत लाभधंद्यात गुणोत्तर	price earning ratio
भागांचे संक्रमण	transmission of share capital
भागीदार	partner; participant
भागीदारी	partnership
भागीदारी नियमावली	articles of partnership
भागीदारी प्रकल्प	partnership project
भागीदारी लेखा	partnership account
भागीदारी विलेख	deed of partnership
भागीदारीचे एकीकरण	amalgamation of partnership
भाज्य	dividend
भाडे	rent
भाडेकरू	tenant
भाडेखरेदी	hire purchase
भाडेतत्त्व	rent principle
भाडे नियंत्रण	rent control
भाडे मूल्य	rentable value
भाडेदारी /भाडेदारीची मुदत	tenancy
भाडेपट्टा	lease; share lease
भाडेपट्टा विलेख	deed of lease
भाडेपट्टा संस्था	lease institute
भाडेपट्ट्याची कागदपत्रे	lease deed
भार	liability
भारक	rent
भारगुणक	load factor
भारग्रस्त	encumbered
भारत प्रशासन सेवा	Indian Administrative Service
भारत सहाय्य निधी	aid, India conscrtion
भारतविद्या/ भारतविद्याशास्त्र	indology

भारताचे समाजशास्त्र	sociology of India
भारतातील समाजशास्त्र	sociology in India
भारतासाठीचे समाजशास्त्र	sociology for India
भारतीय औद्योगिक, वित्त महामंडळ	industrial finance corporation of India
भारतीय जनता पक्ष	BJP
भारतीय जनसंघ	Jan Sangh
भारतीय दंड संहिता	Indian Penal Code
भारतीय विद्या /प्राच्यविद्या	indology/orientary
भारतीय शिक्षण आयोग	Indian education commision
भारतीय समाजशास्त्र	Indian sociology
भारतीय समाजशास्त्राचे भारतीयीकरण	Indianisation of Indian sociology
भारदायक पट्टी /स्थानीय कर	onerous rates
भारप्रमाणपत्र	certificate of charge
भारवक्र	load curve
भारान्वित मत्ता	riskweighted assets
भारान्वित सरासरी	weighted average
भारांक	load factor
भारी उद्योग	heavy industry
भाव	price; sentiment
भावउतारा	depreciation
भावगंड	sentiment
भावघट	deflation
भावघसरण	price fall
भावना	feeling; sentiment
भावनावाद	emotive theory
भावनिक एकत्व /समानत्व	community of feelings
भावफुगवटा	cost inflation
भावफुगवटा आवर्त	spiral of inflation
भावफुगवटाकारी तफावत	inflamationary gap
भावफुगवटाकारी दबाव	inflamationary pressure
भावमान	pricing
भावमूल्य	positive value
भावरूप व्याख्या	positive definition
भाववाढ	price hike
भाववाढ नियंत्रण	inflation control
भाववाढीचा वेग	rate of inflation
भाववृद्धी	price rise
भावात्मक	cathetic
भाविकालशास्त्र	futurology
भावी किंमत/मूल्य	forward price
भावी पिढी	posterity
भावी पोचवणी	forward delivery
भावी विनिमय	forward exchange
भावी विनिमय दर	forward exhange rate
भावीकाल दर्शन सिद्धान्त	prospect theory
भाषण व मुद्रण स्वातंत्र्य	liberty of the speech and the press
भाषणस्वातंत्र्य	freedom/liberty of speech
भाषणी अडवणूक (विधान मंडळात भाषा अडवणूक करणे)	filibuster
भाषा कूळ/ळे	language families
भाषा तत्त्वज्ञान	philosophy of language
भाषा सिद्धान्तन	language theorisation

भाषानुवर्ती	language dependent
भाषाविज्ञान	science of language
भाषाशास्त्र	linguistics; philology
भाषिक अत्याग्रह	lignuistic fanati ism
भाषिक भेद	linguistic differences
भाषिक वर्तन	linguistic behaviour
भाषिक वृत्तपत्र	linguistic newspaper
भाषिक व्यवस्था	linguistic system
भाषिक सर्जनशीलता	linguistic creativity
भाषिक संदेशवहन	linguistic communication
भाषिक क्षमता	linguistic competence
भाषिक ज्ञान	linguistic knowledge
भाषिकता	linguisticality
भाषेच्या वापरातील राजकारण	politics of language use
भाष्य	critique
भास	illusion
भिन्न मत	dissenting opinion
भिन्न वेतन	differential wage
भिन्नता	divergence
भिन्नतादर्शक	distinguishing
भिन्नलैंगिकता	heterosexuality
भिन्नस्तर एकात्मता	vertical integration
भिन्नस्तर सम्मीलन	vertical combination
भीषण	disatrous
भू-राजकीय	geo political
भूकर सर्वेक्षण (जमीन व इतर मालमत्तेसंबंधी सरकारी नोंदीचे सर्वेक्षण)	cadastral survey
भूगोलशास्त्र	geography
भूजल सर्वेक्षण	underground water survey
भूतकालसापेक्ष	retrospective
भूतदयावाद	humanitarinism
भूतदयावादी	humanitrian
भूतलक्षी	restrospective
भूतारण	land mortage
भूतारण बँक	land mortage bank
भूदास	serf
भूदासपद्धती	serfdom
भूदारण	landholding; tenure
भूदारण पद्धती	land tenure
भून्यास	lay of land
भूप्रदेश	territory
भूप्रादेशिक	regional
भूमानकीय उद्दिष्ट्य	geo political objectives
भूमिका	role; stand point
भूमिका निर्वाह तंत्र	role playing technique
भूमिगत	underground
भूमिगत क्षेत्र	under ground area
भूमितीय श्रेणी	geometrical progression
भूमिधारक	land holder
भूमिपात	land slide
भूमिहीन	landless
भूमिहीन वर्ग/लोक	landless people
भूमिहीनता	landlessness
भूमी अभिलेख कार्यालय	land record office
भूमी कर	land tax
भूमी कराधान	land taxation
भूमी बँक/अधिकोष (स्थावर मिळकतीवर कर्ज देणारी बँक)	land bank
भूमी राष्ट्रीयीकरण	nationalisation of land
भूमी संपादन	land reclamation
भूमी संपादन प्रकल्प	land reclamation project
भूमूल्य कर	land value tax

भूराज्यनीती	gepolitics
भूविकास	land development
भूविकास बँक	land development bank
भूसुधारणा	land reforms
भूसंपत्ती	landed property
भूस्वामी	landlord; landowner
भूहीन	landless
भेदकारक	differentiable
भेदजन्य मजुरी	differential wages
भेदतत्त्व	idea of dfference
भेददर्शक/भेदभावी शुल्क	differential fertility rate
भेददर्शी	differentiable
भेददर्शी कराचा बोजा	differential tax incidence
भेददर्शी गुणक	differential co-efficient
भेददर्शी भाडे	differential rent
भेददर्शी मजुरी	differential wages
भेदनिष्ठ	variationist
भेदनीती	differential morality
भेदभाव	discrimination
भेदभावकार चलनव्यवहार	discriminatory currency
भेदभावकारी कराधान	discriminatory taxation
भेदभावी मूल्य	discriminating duty
भेदभावी संरक्षण	discrimnating protection
भेदमूलक	differentiable
भेदमूलक दर आकारणी	discrimnatory rate charging
भेदावर न आधारलेला समाज	undifferential society
भोगवटा	occupation
भोगवट्याचा (वहिवाटीचा) अधिकार	occupancy right

भोगवर्जन	abstinence
भोगवर्जनामुळे मिळणाऱ्या व्याजाचा सिद्धान्त	abstinence theory of interest
भोगवाद	epicureanism
भोळेपणा	credulity
भौगोलिक चलत्व /चलनशीलता	geographical mobility
भौतिक (पार्थिव) घटना	physical phenomenon
भौतिक उपलब्धता	physical availability
भौतिक कल्याण	material welfare
भौतिक गुणवत्तेचा निर्देशांक	material index
भौतिक चिकित्सा	physiotherapy
भौतिक परिस्थिती	physical environment
भौतिक मूल्यनिर्णय	physical appraisal
भौतिक वस्तू	material goods
भौतिक विज्ञान	physical/natural science
भौतिक संपत्ती	material wealth
भौतिक संस्कृती	material culture
भौतिक/वास्तव भांडवल	material capital
भौतिकवाद	materialism
भौतिकवादी	materialistic
भौतिकवादी मांडणी	materialistic arguments
भ्रमणध्वनी	mobile phone
भ्रष्ट	debauchee
भ्रष्टाचार	corruption
भ्रष्टाचारी	carpet begger
भ्रातृक	phraty
भ्रातृक बहुपतित्व	fraternal polyandry
भ्रातृकहत्या	fratricide
भ्रूणहत्या	foeticide

म

मंजुरी	sanction; confirmity
मंजुरी समिती	sanctious committee
मंडन	justification
मंडळ	board; body; council; cluster; panel
मंडळात्मक	collegial; collgiate
मंडळी	company
मंडळीय	colleglal; collegiate
मंत्र	spell
मंत्रालय	ministry
मंत्रालयीन	ministerial
मंत्रिमंडळ	cabinate
मंत्रिमंडळ व मंत्रिपरिषद	cabinate and ministry
मंत्रिमंडळात्मक शासन	cabinate government
मंत्री	minister
मंत्री परिषद (भारताच्या संदर्भात)	ministery; minister's council
मंद अतिवृद्धी	creeping inflation
मंद गतीने प्रसृत होणारा समाजवाद	creeping socialism
मंदकार्य संप	go-slow strike
मंदगतीने काम	ca-canny
मंद बाजार	dull market
मंदिरकेंद्री अर्थकारण	temple centric economy
मंदी	depression; stagnation
मंदी निर्मूलन	eradication
मंदीची तीव्र लाट	slump
मंदीची प्रवृत्ती	bearish tendency
मंदीचे कारण	bear factor
मंदीयुक्त भावफुगवटा	stagflation
मंदीयुक्त भावफुगवट्याचे संख्यात्मक सिद्धान्त	quality theories of stagflation; quantitative theories of stagflation
मंदीवाला	bear
मंदीवाल्याचा लेखा	bear account
मंदीवाल्याची धाड	bear raid
मंदीवाल्याची विक्री	short fall sale
मंदीवाल्याचे क्षतितारण	bear covering
मक्तेदार	monopolist
मक्तेदारी	monopoly; patent
मक्तेदारी परिस्थिती	monopoly situation
मक्तेदारीचा अधिकार	monopoly rights
मक्तेदारीयुक्त स्पर्धा	monopolistic competition
मक्तेदारीयुक्त स्पर्धा विश्लेषण	monopolistic competition analysis
मक्तेवाला	monopolist
मजुरी	servitude; wage/wages
मजुरी दक्षता	wages efficiency
मजुरी प्रोत्साहन	wage incentive
मजुरी विभेदक	wage differential
मजुरीचा सीमान्त उत्पादकता सिद्धान्त	marginal productivity theory of wages
मजूर	labourer
मजूर पक्ष	labour party
मज्जातंतू विकृती /मज्जाविकृती	neurosis
मज्जाशास्त्र /मज्जाविज्ञान	neurology
मत	judgement; counsel; consensus; opinion

मतदान अधिकार	voting rights
मतदान केंद्र	polling booth
मतदान पेटी	ballot box
मतदान यंत्रणा	voting machine
मतदानस्थळ	polling space
मतदानाचा (नागरिकत्वाचा अधिकार काढून घेणे)	disfranchisement
मतदार	constituent; voter
मतदार हक्क	suffrage
मतदारगण	electorate
मतदारमंडळ	electoral college
मतदारवृंद	electorate
मतदारसंघ	constituency
मतनोंदणी	poll
मतपत्रिका	ballot paper
मतप्रणाली	ideology; school of thought
मतप्रदर्शन	opinion
मतप्रवाह	opinion stream
मतभिन्नता	difference of opinion; dissent
मतभेद	controversy; discord; dissent; differ from opinion
मतमोजणी	poll
मतविभाजन	division
मतसंकलनविषयक संशोधन	exit poll research
मतसमन्वय	synchotism
मताधिकार	enfranchisement; voting electoral rights
मताधिकारहरण	disfranchisement
मताभिमानी	dogmatic
मतांचे भांडवलीकरण	capitalisation of assets

मतांचे राजकारण	politics of votes
मतांतर	assets
मतारोपण	indoctriation
मतैक्य	unanimity
मत्ता (संसाधने)	assets
मत्ता व दायित्व	assets and liabilities
मदत	subsidy
मदतनीस	helper/assistant
मद्यार्कयुक्त	alcholic liquor
मध्यगत/मध्यगा	median
मध्यपाषाणयुग	mesolithic period
मध्यप्रवाही विकास	mainstream development
मध्यबिंदू	centre
मध्यम अंतर स्थलांतरण	modium distance migration
मध्यम किंमत	mean price
मध्यम मुदती पत	medium term credit
मध्यम लहरी	medium waves
मध्यम वर्ग	middle class
मध्यम वित्तपुरवठा	medium form capital supply
मध्यम सत्ताधारी संस्था	intermediate holding company
मध्यममार्गी	centrist
मध्यमावधी कर्ज	intermediate loan
मध्ययुगीन	medieval
मध्यवर्ती	central; median
मध्यवर्ती बँक	central bank
मध्यवर्ती समिती	central committee
मध्यस्तरीय तंत्रज्ञान	intermidiate technology
मध्यस्थ	mediater; umpire; intermediary
मध्यस्थी	deal; mediation

मध्यहिमयुग	miocene
मध्यावधी (अंतरिम) अर्थसंकल्प	interim budget
मध्यावधी निवडणूक	midterm election
मध्यावधी बोनस	interim bonus
मध्यावी तूट	intermediate deficit
मध्याश्म	mesolithic age
मध्ये पडणे	intervene
मन	psyche
मन:प्रवृत्ती	disposition
मन:स्थिती	mental condition
मननीय	considerable
मनमिळाऊ नेता	persuassive leader
मनवळवणी	conciliation; persuasion
मनाई	prohibition
मनाने दुर्बल	imbecile
मनुष्यतंत्र	anthropacentric
मनुष्यदेहमापनविद्या	anthropometry
मनुष्यबळ	strength; man power; human capital/force
मनुष्यबळ विकास	socialist modernisation
मनुष्यवध	homicide
मनुष्यशक्ती	manpower
मनो-कायिक	psycho-somatic
मनो-वैदिक	psycho-somatic
मनोदेवता	conscience
मनोदौर्बल्य	unsoundness of mind
मनोधारणा	judice
मनोधैर्य	morale
मनोधैर्य खचणे	demoralisation
मनोनिग्रह	will power
मनोनिर्मिती	mentifact
मनोनिष्ठ	subjective
मनोबल	morale
मनोमज्जाविकृती	psychoneurosis
मनोमयतावाद	psycholigism

मनोमिती	psychometry
मनोरचना	mentality
मनोरोगी	psychotic
मनोरोगी व्यक्तिमत्व	psychopathic personality
मनोवाद	psychism
मनोविकल	of unsound mind
मनोविकार	sentiment; psychic disorder
मनोविकृती	psychosis
मनोविकृतीशास्त्र	psychopathology
मनोविश्लेषण पद्धती	psyho-analysis
मनोविज्ञान क्षेत्र	field of psychology
मनोवृत्ती	mentality
मनोवैकल्य	unsoundness of mind; mental defficiency
मनोवैज्ञानिक चाचणी	psychological test
मनोवैज्ञानिक युद्धपद्धती	psychological warfare
मनोव्यापार	psychology; metalion
मनोसामाजिक	psyco-social
मनोसामाजिक आधार	psyco-socio-support
मरणोत्तर प्रभावी बंधपत्र	post obit bond
मर्चंट बँक	merchant bank
मर्त्यता	mortality
मर्मदृष्टी	insight
मर्यादा	limit
मर्यादाक्षेत्र/मर्यादांतर	range
मर्यादित	finit
मर्यादित कंपनी	limited company
मर्यादित दायित्व	limited liability
मर्यादित नीती	closed morality
मर्यादित प्रतिसाद	conditioned response
मर्यादित प्रदान विमा	limited payment insurance
मर्यादित भागीदारी	limited partnership

मर्यादित मतदान	limited voting
मर्यादित राजसत्ता	limited monarchy
मर्यादित वैध निविदा	limited legal tender
मर्यादित हमी	limited guarantee
मलिनीकरण	pollution
मवाळ	moderate
मस्तक निर्देशांक	cephalic index
महत्तम	maximum
महत्तम उत्तरदायित्व	highest obligation
महत्तम मूल्य	maximum value
महत्त्व	consequence
महत्त्ववर्ती राज्य	pivotal state
महत्त्वाची आकडेवारी	vital statistics
महसुलाचे नियतवाटप	allotment of revenue
महसुली अर्थसंकल्प	revenue budget
महसुली प्राप्ती	receipt on revenue account
महसुली राखीव निधी	revenue reserve fund
महसुली रोखा	revenue account
महसुली व्यय/खर्च	revenue expenditure
महसूल बंधपत्र	revenue bond
महसूल विधेयक	revenue bill
महसूली तूट /चालू तूट	current/revenue deficit
महा अधिवक्ता	advocate general
महाकाय समाज	mass society
महाग	costly
महागाई पगार	dearness payment (allowance)
महागाई भत्ता	dearness allowance
महाजनसत्ता	aristocracy
महाजाल	mega-web/internet
महादेश	mandate
महादेश पद्धती	mandate system
महादेशक	mandatory
महानगर	metropolis
महानगर परिषद	metropolitan burough
महानगर प्रदेश	metropolitan region
महानगरपालिका	muncipal corporation
महानगरपालिका अधिनियम	muncipal corporation act
महानगरशासन	metropolitan government
महानगरक्षेत्र	metropolitan area
महानगरी भवन	conurbation
महानगरीकरण	metropolitisation; urbanisation
महानियंत्रक	controller general
महानिरीक्षक	superitendent
महान्यायाभिकर्ता	solicitor general
महापरिषद	general council
महापौर	mayar
महापौर पद /कार्यकाळ	mayoralty
महाभियोग लावणे (दोषारोप ठेवून न्यायासनासमोर चौकशी करणे)	impeachment
महाभियोग शक्ती (अधिकार)	impeachment power
महामहानगरे	metropolitan cities
महामंडळ	corporation
महामंडळ कर	corporate tax
महामंडळे	coroporations
महामंत्री	prime minister
महामंदी	great depression
महायुग	epoch
महायुती	grand alliance
महाराष्ट्र औद्योगिक विकास महामंडळ	Maharashtra Industries Development Corporation (MIDC)

महालवारी पद्धती	mahalwari system
महालेखापरीक्षक	auditor general
महालेखापाल	accountant general
महावाणिज्य दूतावास	consulate general
महाशक्ती	superpower
महासंघ	federation
महासंघराज्यवत्	quasi federal state
महासत्ता	super power
महासभा	general assembly
महासांघिक/महागानी	federal
महिला मताधिकार	women suffrage
मांगल्य	piety
मांडलिक	feudatory
मांडलिक राज्य	vassal state
मांत्रिक	witch doctor
मागच्या काळापासून लागू होणारा परिणाम	back wash effect
मागणी	demand; call; claim; order; requisition
मागणी अनुसूची	demand schedule
मागणी करणे	indent
मागणी कर्ज	call/demand loan
मागणी किंमत	demand price
मागणी केलेली राज्यघटना	demand constitution
मागणी केलेले भांडवल	called up capital
मागणी खेच	demand pull
मागणी ठेव	demand deposit
मागणी दर	demand rate
मागणी दायित्व	demand liability
मागणी देय ठेव	call deposit
मागणी देय रक्कम	call money
मागणी धनाकर्ष	demand draft
मागणी पुस्तक	call book
मागणी फुगवटा	demand inflation
मागणी व पुरवठा समतोल	equilibrium of demand and supply
मागणी वक्र	demand curve
मागणी विश्लेषणाची वैशिष्ट्ये आधारित दृष्टिकोन	approach based on the characteristics of the demand analysis
मागणीचा ऱ्हास	decrease in demand
मागणीचा सिद्धान्त	law of demand
मागणीची अन्याश्रयी (द्विलक्षी) लवचिकता	cross elasticity of demand
मागणीची अस्थिरता	instability of demand
मागणीची लवचिकता	elasticity of demand
मागणीची वाढ	increase in demand
मागणीची संवेदनक्षमता	sensitivity of demand
मागणीचे अस्थैर्य	instability of demand
मागणीचे प्रसरण	expansion of demand
मागणीचे प्रक्षेपण	demand projection
मागणीजन्य अतिवृद्धी (फुगवटा)	demandful inflation
मागणीदार	claimant
मागणीपत्र	indent
मागणीप्रमाण	demand rate
मागणीबिंदू लवचिकता	point of elasticiy of demand
मागणीवक्र	demand curve
मागणीशैथिल्य	weakening of demand
मागणीसंकोच	contraction of demand
मागण्यांवरील मतदान	voting of the demand

मागताक्षणी पैसे देणे
(प्रदान करणे) pay of demand
मागास backward
मागासलेपणा backwardness
मागास वर्ग
(सामाजिक) backward class
मागासलेला backward
मागासक्षेत्र backward area
मागील बाकावरील
कामकाजात भाग
न घेणारा सदस्य backbencher
माणसांचा अपव्यापार traffic (in human beings)
माणसाच्या मूलभूत
गरजा basic human needs
माणूसघाणा misanthrope
माता-अपत्य संबंध parent-child relation
मातुल maternal
मातुलस्थानीय avuncnlocal
मातृअधिकार mother right
मातृक maternal; matriarchal
मातृक परंपरा matriarchal tradition; matriarch/uterine descent
मातृकल्याण maternity welfare
मातृकेंद्रितता mother fixation
मातृत्व motherhood
मातृत्वसंकल्पना concept of motherhood
मातृबंधन maternal deprivation
मातृबंधू mother kin
मातृबद्धता maternal fixation
मातृवंशीय matrilineal
मातृवंशीय आप्त
/नातेवाईक matrilineal kins
मातृसत्ताक matriarchal
मातृसत्ताक कुटुंब matriarchal family
मातृहक्क mother right
मात्रा degree
माध्यम medium
माध्यमे media
मान measure; dimention; degree
मानक standard
मानक नाणे standard coin
मानक परिव्यय standard cost
मानकीकरण standardisation
मानकीकृत दर standardised rate
मानदंड measure; norm ; paradigm
मानदंडात्मक paradigmatic
मानद्रव्य/मानधन honourarium
मानव अधिकार human rights
मानवअधिकार
आयोग human rights commision
मानव आणि
जैवावकाश man and biosphere
मानव मुक्ती human salvation
मानव संसाधन human resource
मानव संसाधन
व्यवस्थापन human resource management
मानव/मानवी human
मानवकुल hominidae
मानवकुलीन anthropoid
मानवकेंद्रितवाद humanism
मानवगुणारोपणवाद anthropomorphism
मानवजात humanity
मानवजाती human race
मानवजाती
मानसशास्त्र ethnopsychology
मानवजाती विज्ञान ethnology; etymology
मानवजाती शास्त्र etymology
मानवता humanity

मानवता धर्म	human religion
मानवतावाद	humaism; humanitarianism
मानवतावादी	humanist; humanistic
मानवतावादी आयाम	humanistic fact
मानवत्वारोप	anthropomorphism
मानवद्वेष्टा	misanthrope
मानवनिर्मित	manmade
मानवप्रेमी	philanthropy
मानववाद	humanity
मानववादी मूल्यवाद	humatic valueism
मानववादी संस्कृती	humanistic culture
मानवविकृतीशास्त्र	human pathology
मानवविज्ञान	humanities
मानवविज्ञानवादी निसर्गवाद	anthropological naturalism
मानववंश	hominidae; race of mankind
मानववंशशास्त्र	ethnology
मानवशास्त्र	anthropology
मानवशास्त्र, उपयोजित	applied anthropology
मानवशास्त्र, जीवशास्त्रीय	biological anthropology
मानवशास्त्र, पुराश्मयुगीन/ पुरातत्त्वीय	archoeological anthropology
मानवशास्त्र, प्रागैतिहासिक	prchistoric, anthropology
मानवशास्त्र, भौतिकी	physical anthropology
मानवशास्त्र, शारीरिक	physical anthropology
मानवशास्त्र, सांस्कृतिक	cultural anthropology
मानवशास्त्र, सामाजिक	social anthropology
मानवशास्त्रीय परंपरा	anthropology tradition
मानवशास्त्रीय क्षेत्रपद्धती	ethnography
मानवसेवा तत्त्व	human service principle
मानवस्वभाव सिद्धान्त	law of human nature
मानवस्वास्थ	humal well-being
मानवहित बुद्धी	philanthropy
मानवहितवाद	humanitarianism
मानवहितैषी	philanthropy
मानवानुगुण	anthropoidea
मानविकी	humanities
मानवी अधिकारी आयोग	human rights commission
मानवी कायदा	human law
मानवी जीनोप्त प्रकल्प	human genome project
मानवी जीवन /परिस्थिती	human situation
मानवी प्रजनन	human reproduction
मानवी प्रेरणा	human inspirations
मानवी भांडवल	human capital
मानवी भांडवल गुंतवणूक	human capital investment
मानवी मन	human mind
मानवी वागणुकीचे अर्थशास्त्र	managerial economics
मानवी विकास	human development
मानवी विकास निर्देशांक	human development index
मानवी संघचारिता /यूथचारिता	human gregariousness
मानवी संबंध	human relationship
मानवी संसाधन	human resources

मानवी संसाधन विकास — human resource development
मानवी संसाधन व्यवस्थापन — human resource management
मानवी संसाधने — human resources
मानवी स्वभाव — human nature
मानवी स्वातंत्र्य — human liberty
मानवी हक्क संरक्षण — human right
मानवीकरण — humanisation
मानवीमितीय पद्धती — anthropometrical system
मानवीय — human
मानवीय विचार — humane thoughts
मानवोचित परिस्थिती — humane conditions
मानव्यविद्या /मानव्यविज्ञान — humanities
मानस — psyche
मानसघटनावाद — mentalism
मानसघटनाशास्त्र — phenomenology
मानसचाचणी — mental test
मानसचिकित्सा — psychiatry
मानसवाद — mentalism; psychism
मानसशास्त्र — psychology
मानसशास्त्रवाद — psychologism
मानसशास्त्रीय चाचणी — psychological task
मानसशास्त्रीय समाजशास्त्र — psychological sociology
मानसशास्त्रीय सुखवाद — psychological hedonism
मानसिक आजार — psychological disease
मानसिक आरोग्य — mental hygiene
मानसिक जाणीव — mental awareness
मानसिक दूरीभवन — mental alienation
मानसिकदृष्ट्या अपंग — mentally handicapped
मानसिक द्वंद्व — mental conflict
मानसिक पुनर्वसन — mental rehabilation
मानसिक वाढ खुंटलेली व्यक्ती — mentally retarted
मानसिक संघर्ष — mental/psychic conflict
मानसिक स्थिती — mental condition
मानसिक-सामाजिक — psycho-social
मानसिकता — mindset
मानसोपचार — psychotherapy
मानसोपचारशास्त्र — psychiatry
मान्य जामीन /जामीनदार — approved surety
मान्य नसलेली व्यक्ती — persona non grata
मान्य भाग/शेअर्स — approved shares
मान्य रोखा /कर्ज रोखा — approved surety
मान्य हमीदार — approved underwriters
मान्यता — ratification; endorsement
मान्यता प्राप्त चलन — approved currency
मान्यता समिती — recognition committee
मापक — measure
मापदंड — measuring rod
मापनदंड — criterion
मापनसाधन — measuring instrument
माफक — moderate
माफी — exemption; rebate; remission; immunity
माफीचा साक्षीदार — approver
माया — margin
मायावाद — doctrine of the world as illusion
मारक शक्ती — distructive power
मार्ग — means; mode
मार्ग काढणे — break through
मार्ग व साधने — ways and means

मार्गच्युती	deviancy; deviation; aberrant behaviour
मार्गदर्शक अभ्यास	pilot study
मार्गदर्शक तत्त्वे	guiding principles
मार्गदर्शक योजना	pilot project
मार्गदर्शित लोकशाही	guided democracy
मार्गस्थ माल/वस्तू	goods in transit
मार्गापासून ढळणे	divergence
मार्मिक विवेचन	rational analysis
माल अटकावून ठेवणे	distrain
माल घेणारा (माल ज्याला पाठविला तो)	consignee
माल पाठविणारा	consigner (or)
माल पोचता क्षणी प्रदान	Cash On Delivery (C.O.D)
माल लेखा	goods account
माल वही	goods book
माल वाहतूक	goods transport
माल हवाली करणे	consign
मालक	proprietor
मालक आश्रित	patrom client
मालक कसणूक	owner cultivation
मालकी	domain; ownership
मालकी नफा	owner's profit
मालकी सत्ताधारी संस्था	proprietary holding company
मालकी हक्क /अधिकार	copy right
मालकी हक्कातील परिवर्तन	transfer of ownership rights
मालकीच्या वस्तू	belongings
मालमत्ता	assets; property
मालमत्ता कर	property tax
मालमत्ताधारक	property holder
मालमत्ताविषयक हक्क	property rights
मालमत्तेवरील कमाल मर्यादा	celling on property
मालविक्रय अधिनियम	sale of goods act
मालसाठा वस्तुसूची	inventary
मालाचा उठाव	take off
माहिती	data
माहिती आणि माध्यम तंत्रज्ञान	information and communication technology
माहिती केंद्र	information center
माहिती तंत्रज्ञान	information technology
माहिती तंत्रज्ञान क्रांती	information technology revolution
माहिती विवरणपत्र	information brochure
माहिती संकलन पद्धती	system of information collection
माहितीचा अधिकार	right to information
माहितीचा महाजाल	information web
माहितीचा विस्फोट	information explorer
माहितीचा हक्क	information right
माहितीचे सार्वत्रिकीकरण	universalisation of information
माहितीपत्रक	bulletin
मितव्यय (काटकसर)	economy; frugality; thrift
मितव्ययाचे तत्त्वज्ञान	philosophy of economy
मितव्ययाने	economically
मितसेवी	temperate
मिती	dimension

मितीहीन	dimensionless
मित्र	comrade
मित्रराष्ट्रे	allied countries
मिथक	myth
मिथ्याकथा	myths
मिथ्याज्ञान	illusion
मिरासदारी	monopoly
मिलाफ	fusion
मिश्र	miscellaneous
मिश्र अर्थव्यवस्था	mixed economy
मिश्र प्रश्नावली	mixed questionnaire
मिश्र लेखा	mixed account
मिश्र शासन	mixed government
मिश्र समाज /समाजरचना	mixed social pattern
मिळकत	assets; enroluments; gain
मिळतेजुळते	adaption
मिळवता	earner
मिळालेली (प्राप्त) भूमिका	ascribed role
मिळालेले व्याज	accured interest
मिळालेले स्थान /दर्जा	ascribed status
मिळालेल्या माहितीवरील संस्कार	data processing
मीमांसा	critique
मीमांसावाद	theory
मुकादम/ठेकेदार	contractor
मुक्त अधिकोषण	free banking
मुक्त अर्थव्यवस्था	free economy
मुक्त उपक्रम	free enterprise
मुक्त करणे/होणे	discharge
मुक्त केलेला दिवाळखोर	discharged bankrupt
मुक्त टंकन	free coinage
मुक्त तरल निर्देशांक	free float index
मुक्त नादार	discharged insolvent
मुक्त निवड पद्धत	cafetaria approach
मुक्त नीती	open morality
मुक्त पत	open credit
मुक्त प्रतिसाद	free response
मुक्त बँक व्यवसाय	free banking
मुक्त बाजार	free market
मुक्त बाजाराधिष्ठित अर्थव्यवस्था	open market economy
मुक्त भांडवल	free capital
मुक्त मानववाद /मानवतावाद	open humanism
मुक्त राखीव निधी	free reserves
मुक्त लैंगिक व्यवहार	promiscuity
मुक्त वापर अधिकार	free use rights
मुक्त विदेशी चलन दर/विनिमयदर	free exchange rate
मुक्त व्यवसाय	open shop
मुक्त व्यापार	free/unrestricted trade
मुक्त व्यापारक्षेत्र	free trade zone/area
मुक्त समाज	free/open society
मुक्त साहचर्य	free association
मुक्त सीमा	free boundry
मुक्त स्पर्धा	free competition
मुक्त क्षेत्र	free zone
मुक्त क्षेत्र पद्धती	open field system
मुक्तता	liberty
मुक्तद्वार धोरण	open door policy
मुक्तबाजार विचारप्रणाली	free-trade philosophy
मुक्तस्पर्धा	open competition
मुक्ताचारी (स्वच्छंद) समाज	permissive society
मुक्ती	liberation; salvation

मुक्ती सेना	liberation army
मुखत्यार	asigner; proxy
मुखत्यारनामा	power of attorney
मुख्य कार्यकारी	chief executive
मुख्य निवडणूक आयुक्त	chief election commissioner
मुख्य न्यायमूर्ती	chief justice
मुख्य प्रवाह	main stream
मुख्य रोजगार /सेवायोजन	primary employment
मुग्ध मतदार	silent voter
मुत्सद्दी	apportunist
मुदत बाह्य (पतावधी) धनादेश	stable cheque
मुदत रकमा	capital sums
मुदत संपलेले कर्ज	expired loan
मुदतपूर्व निवडणूक	mid term election
मुदतपूर्व परतफेडीचा दंड	pre payment penalty
मुदतबंद ठेव	fixed deposit
मुदतबाह्य	time barrel
मुदतमर्यादा संविधी	statute of limitations
मुदतविवाह	term marriage
मुदतसमाप्ती दिनांक	date of maturity
मुदती कर्ज	term loan
मुदती ठेव	term/time deposit
मुदती विपत्र	period bill of exchange
मुद्रणतंत्र	weboffset
मुद्रणनियंत्रण	censorship
मुद्रा	money
मुद्रापरिमाण	volume of money
मुद्रा प्रवाह	flow of fund; accounting (flow of money)
मुद्रामूल्य	value of money
मुद्रा मूल्य क्रांती	money illusion
मुद्रावादी	monetarist
मुद्रासंकोच	contraction of money
मुद्रांक छापील प्राधिकरण	securities appeliate tribunal
मुद्रांक शुल्क	stamp duty
मुद्रिका	record
मुद्रित वृत्तपत्र	printed newsletter
मुद्रीकरण	monetisation
मुद्रेला पूरक	supplement to money
मुरब्बी/मुरब्बी योद्धा	veteran
मुलकी सत्ता	civil power
मुलाखत	interview
मुलाखत अनुसूची	interview schedule
मुलाखतकार /मुलाखत घेणारा	interviewer
मुस्कटदाबी कायदा	gag law
मूक आज्ञापालन	passive obedience
मूक बहुसंख्या	silent majority
मूक संमती	acquiesence
मूर्त	concrete
मूर्त परिणाम	tangible results
मूर्त प्रतिभूती (सुरक्षा)	tangible security
मूर्त मत्ता	tangible assets
मूर्त मालमत्ता	tangible property
मूर्तता	objectivity
मूर्तिनिष्ठ संस्कृती	iconic culture
मूर्तिनिष्ठा	iconism
मूर्तिपूजा	idolary
मूर्तिभंजन	iconoclasm
मूलगामी मांडणी	fundamental presentation
मूलगामी मानवतावादी आदर्श	radically humanist ideals
मूलगामी विवेचन	fundamental description

मूलतत्त्व	fundamental principle
मूलतत्त्ववाद	fundamentalism
मूलतत्त्ववादी	fundamentalist
मूलप्रेरणावादी मानसशास्त्र	hormic psychology
मूलभूत अधिकार	fundamental rights
मूलभूत असमतोल	fundamental disequilibrium
मूलभूत उद्योग	basic industry
मूलभूत गरज	basic requirement/need
मूलभूत गरजा	fundamental needs
मूलभूत जोखीम	basic risk
मूलभूत तत्त्व	basic principle
मूलभूत प्रशिक्षण	basic training
मूलभूत लोकशाही	basic democracy
मूलभूत विधान (कायदा)	substantive law; fundamental law
मूलरूपी	native
मूलाधार	base; basis; substratum
मूलाधिष्ठान	basis
मूल्य	value; cost; price; denomination
मूल्य एकक	unit of value
मूल्य तत्त्वज्ञान	philosophy of values
मूल्य दिनांक	value dated
मूल्य धारणा	value judgement
मूल्यदर्शित्ववाद	cardinalism
मूल्यदर्शी उपयोगिता	cardinal utility
मूल्यद्वंद्व	pattern variable
मूल्यन	evaluation; appraisement
मूल्यनिधान	store of value
मूल्यनिरपेक्ष	value neutral
मूल्यनिर्णय	value judgement
मूल्यनिर्धारण	assessment/ determination of value
मूल्यनिर्धारण सिद्धान्त	theory of value determination
मूल्यनिर्माण	value judgement
मूल्यनिर्मिती कर	value added tax
मूल्यनिश्चिती	determination of value
मूल्यपरिवर्तन	transvaluation
मूल्यपरिव्यय	prime cost
मूल्यपरीक्षक	valuer
मूल्यप्राधान्य	value priority
मूल्यभारित समाजशास्त्र	value based sociology
मूल्यमानक	standard of value
मूल्यमापन	estimate; evaluation; measure of value
मूल्यमीमांसा	theory of value
मूल्यऱ्हास	depreciation of value
मूल्यवर्धित कर /विक्रीकर	Value Added Tax (VAT)
मूल्यवर्धितता	value addition
मूल्यवाढावा	surplus value
मूल्यवान	costly
मूल्यविषयक विरोधाभास	paradox of value
मूल्यवृद्धी	appreciation
मूल्यव्यवस्था	as in system of value
मूल्यसंवर्धन	value addition
मूल्यस्थिरता	stability of value
मूल्यहीनता	valuelessness
मूल्यांकन	valuation
मूल्यांकित	valued
मूल्यांकित आग विमापत्र	valued fire policy
मूल्यांकित विमापत्र	valued policy
मूल्यांचे समान तत्त्व	community of value
मूल्यांतर पणन	arbitrage
मूल्यांतरण	transvaluation

मूल्याचे मानक	standard of value
मूल्याधार	worth fundamental
मूल्याधिकरण कर	value added tax
मूल्यानुसार कर	advalorem tax
मूल्यानुसार शुल्क	advalorem duty
मूल्यानुसारी आयात शुल्क	advalorem imports duty
मूल्यानुसारी कर	advalorem tax
मूल्यामूल्य विवेक	value judgement
मूल्यार्थधारक	holder for value
मूल्यावपतन	dumping
मूळ	root
मूळ किंमत	cost price
मूळ नोंद	original entry
मूळ पाया	infra structure
मूळ मतदाराच्या नावावरील खोटे मत	cementary vote
मूळ वेतन	basic wages
मूळ व्यय (किंमत)	original cost
मूळ सिद्धान्ताचे शिक्षण	indocrination
मूळ/दर्शनी किंमत	face value
मूळचा	indigenous; native
मृतोपासना	cult of the dead
मृत्युअनुदान	death grant
मृत्युउपादान	dearth gratuity
मृत्युदर/मृत्युप्रमाण	death rate
मृत्युपत्र	will
मृत्युपत्रप्रमाण	probate
मृत्युपत्रित संपत्ती कर	legacy duty
मृत्युप्रथा	death custom
मृत्युप्रमाण	mortality
मृत्युमान	death rate
मृत्युशुल्क	death duty
मृदू कर्ज	soft loan
मृदू कर्ज योजना	soft loan scheme
मृदूसामग्री	software
मृहसंधारण	soil conservation
मेनू खर्च	menu cost
मेहुणीविवाह	sororate
मेळ	agreement
मैत्री	alliance
मैत्री करार	friendship agreement
मैथुन	coitus
मोकळीक	immunity
मोचनधन	ransom
मोजका प्रतिसाद	measured response
मोजणीघर/पेढी	counting house
मोठ्या प्रमाणावरील बेकारी	mass unemployment
मोडतोड	breakage
मोडमूल्य	scrap value
मोदीखाना	commissariatee
मोफत पोचवणी	free delivery
मोबदला	fee; compensation; remonetisation; salary
मोबदला निर्यात	unrequited export
मोबदल्यात देणे-घेणे	quid-pro-quo
मोल	worth
मोसमी (हंगामी) बेकारी	seasonal unemployment
मोसमी सेवायोजन	seasonal employment
मोहिनी	spell
मोहिनी सेना	expeditionary force
मोहोरबंद निविदा	sealed tender
मोक्ष	salvation
मौखिक	oral
मौलिक अनुभववाद	radical empiricism
मौलिकता	originality
म्युच्युअल फंड	mutual fund

य

यंत्रगत भांडवल	active capital

यंत्रणा आकृतिबंध सिद्धान्त यंत्रणा	machinery; mechanism system
यंत्रसामग्री	machinery
यंत्राद्वारे बनविणे	manufacture
यतिवर्ग	classification
यतिव्रत	ascetism
यथातथ्य	bonafide
यथादर्शन नियोजन	perspective planning
यथानुक्रम	serial
यथायोग्य विभाजन	apportionment
यथार्थ	exact
यथार्थदर्शी नियोजन	perspective planning
यथार्थविज्ञान	exact science
यथार्थीकरण	raionalization
यथावस्तू न्यायनिर्णय /यथाविधान	factual judgement
यथाविधी धारक	holder in due course
यथोचित विधी प्रक्रिया	due process of law
यशस्वी	prosperous
यहुदी धर्म	judaism
यांत्रिक ऊर्जा	mechanical energy
यांत्रिक दृष्टिकोन	mechanistic approach
यांत्रिकीकरण	mechanisation
याचना (मते मागणे, प्रचार करणे)	canvass
याचिका	plea
यादवी युद्ध	civil war
यादृच्छिक	orbitsazy
यादृच्छिक (स्वैर, अनियत)	random
यादृच्छिक नमुना चाचणी	random sampling
युक्त गुंतवणूक	optional investment
युक्त पातळी	optional level

युक्तिवाद	derivations; reasoning argument
युक्तिवादाचा सिद्धान्त	theory of derivation
युक्ती	contrivance
युग/युगकाल	epoch
युती	alliance; coalition
युद्ध गुन्हेगार	war criminals
युद्ध गुन्हेगार न्यायचौकशी	war criminal trials
युद्ध तहकुबी	armistice
युद्ध रोखा	war bond
युद्ध शास्त्र	defense studies
युद्ध सामंत	war lords
युद्धकालीन अर्थव्यवस्था	war economy
युद्धकालीन वित्तव्यवस्था	war finance
युद्धखोर	hawks
युद्धघोषणा	declaration of war
युद्धतंत्रज्ञ	strategist
युद्धनायक	war chief
युद्धनीती	strategy
युद्धनीतीशास्त्र	ethics of war
युद्धबंदी	arms truce
युद्धमान् अवस्था	beligerency
युद्धविराम	cessation of hostility
युद्धात गुंतलेला	belligerent
युनिट गुंतवणूक विश्वस्त मंडळ	unit investment trust
युनिट ट्रस्ट	unit trust
युवक कल्याण	youth welfare
युवक नेता	youth leader
युवक संघटना	youth organization
युवराज	crown prince
येणी	debts
येणी व देणी	assets and liabilities

येणे	outstanding; advance
येणे असलेला	due
योगदान	contribution
योगायोग	coincidence
योग्य	fair
योग्यतमाचा टिकाव	survival of the fittest
योग्यता	capacity; capability; eligibility; fitness; merit; worth
योजना	plan; project; scheme
योजना काळ	plan period
योजना बाह्य	non plan
योजनाबद्ध अर्थव्यवस्था	planned economy
र	
रक्कम	amount
रक्तरंजित क्रांती	armed bloody revolution
रक्तहीन राज्यक्रांती	bloodless revolution
रक्ताचे नातेसंबंध	blood relationship
रखेली	concubine
रचना	composition; organization; constitution; structure
रचनात्मक	constructive
रचनात्मक रूप	phonetic form
रचनात्मक सुधारणा कार्यक्रम	structural adjustment programme
रचनाधिष्ठित	structure dependent
रचनाबद्ध	systematic
रचनावाद	constructivism
रचनांतरणाचे नियम	rules of transformation
रजावेतन	leave wages
रणनीती	tactics
रणक्षेत्रसेवा	field co-operation; field service
रदबदली करणे	intercede
रद्द करणे	revoke
रद्द करता येण्याजोगे पतपत्र	revocable letter of credit
रद्द केल्याचे जाहीर करणे	declare null and void
रद्द झालेले विमापत्र	lapsed policy
रद्द धनादेश	cancelled cheque
रद्द न करता येण्याजोगी पत	irrevocable credit
रद्द न करता येण्याजोगे पतपत्र	irrevocable letter of credit
रद्दबातल	null and void
रद्दबातल व परिणामशून्य	voide and no effect
रयतवारी पद्धती	rayatwari system
रसद अधिकारी	commissari(y)
रहिवासी	citizen inhabitant
रक्षक	conservator
रक्षण	conservation
रक्षणकर्ता	custodian
रक्षित	protectorate
रक्षित काफिला	convoy
राखणदार	custodian
राखीव	reserve; stand by
राखीव उद्योग	reserved industry
राखीव किंमत/मूल्य	reserve price
राखीव चलन	reserved currency
राखीव जागा	reserved seats
राखीव जागांचे धोरण	policy of reservation
राखीव दायित्व	reserve liability
राखीव निधी	buffer/reserve fund
राखीव निधीचे गुणोत्तर	reserve cash ratio

राखीव भांडवल	reserve capital
राखीव रोकड गुणोत्तर	Cash Reserve Ratio (CRR)
राखीव व्यवस्था	stand by arrangement
राखीव साठा	buffer stock
राजकारण	politics
राजकारणकुशल	strategist
राजकारणातीत	above politics
राजकारणी	politician
राजकीय (राजनैतिक) तत्त्वज्ञान	political philosophy
राजकीय (राजनैतिक) सिद्धान्त	political theory
राजकीय अधिकार	political rights
राजकीय अपराध /गुन्हा	political offence
राजकीय अभिजन	political elite class
राजकीय अभिनव	political elites
राजकीय अभिनेता	political actor
राजकीय अभिव्यक्ती	political expression
राजकीय अर्थव्यवस्था	political economy
राजकीय अर्थशास्त्र	political economics
राजकीय अवस्थापूर्व अधिकार	pre-political rights
राजकीय अस्थिरता	political instability
राजकीय आदर्श	political ideal
राजकीय आदर्शवाद	political ideology
राजकीय आदेश /सुव्यवस्था	political order
राजकीय आश्रय /आश्रयस्थान	political asylum
राजकीय आश्रयार्थी /निर्वासित	political refregee
राजकीय एकवाक्यता	political unanimity
राजकीय ऐक्य	political integrity
राजकीय कर्ता	political active
राजकीय कार्यकारिणी	political executive
राजकीय कृतिशीलता	political activism
राजकीय कैदी	political prisoner
राजकीय कौशल्य	political skill
राजकीय क्लृप्ती	political contrivance
राजकीय खच्चीकरण	political sterlisation
राजकीय घटक विश्लेषण	analysis of political unity
राजकीय जागरुकता	political awareness
राजकीय जाणीव	political consciousness
राजकीय तटस्थता	political neutrality
राजकीय तणाव	political tension
राजकीय तत्त्वप्रणाली	political ideology
राजकीय तत्त्ववेत्ते	political philosophers
राजकीय दानत (सुचिता)/सचोटी	political integrity
राजकीय दायित्व	political obligation
राजकीय दृष्टिकोन	political view
राजकीय धोरण	political policy
राजकीय निष्ठा	political loyalty
राजकीय निष्पक्षता	political impartiality
राजकीय नीतिमत्ता	political morality
राजकीय परिकल्पन	political speculation
राजकीय पेचप्रसंग	political crisis
राजकीय प्रक्रिया	political process
राजकीय प्रगल्भता	political maturity
राजकीय प्रतिनिधी/ अभिकर्ता/एजंट	political agent
राजकीय प्राधिकार	political authority
राजकीय प्राधिकारपत्र /प्राधिकारणपत्र	political authority
राजकीय प्रियोक्ती	political euphemism
राजकीय बंदी	political detency
राजकीय भविष्य	political future
राजकीय भूगोल	political geography
राजकीय भेद/विभाग	political division

राजकीय मुत्सद्देगिरी, राजकीय गरजा विचार — political diplomacy
राजकीय मूल्य /मूल्यमापन — political assessment
राजकीय रचित — political construct
राजकीय लोकशाही /तत्त्वज्ञान — political democracy
राजकीय वर्तन — political behaviour
राजकीय वर्तनवाद — political behavioural trust
राजकीय विकास — political development
राजकीय विघ्न — political disturbance
राजकीय विचारसरणी — political philosophy
राजकीय व्यवस्था /पद्धती — political system
राजकीय व्यवहार — political affairs
राजकीय शिवीगाळ — political invective
राजकीय शिष्टजन — political elite
राजकीय शिक्षण — political education
राजकीय संदर्भ — political reference
राजकीय संप — political strike
राजकीय संस्कृती — political culture
राजकीय संस्कृती – आज्ञांकित — political culture - subjective
राजकीय संस्कृती – सहभागप्रधान — political culture - participatory
राजकीय संस्कृती – संकुचित — political culture - parochial
राजकीय सांगकाम्या (स्वत:ची बुद्धी न वापरता काम करणारा) — political hack
राजकीय सामाजीकरण — political socialization
राजकीय सामाजीकरणाची साधने — agencies of political socialization
राजकीय सार्वभौमत्व — political soverignty
राजकीय सिद्धान्त — political theory
राजकीय सूत्रचालक — gray eminence
राजकीय सौदेबाजी — political bargaining
राजकीय स्थिरता — political stability
राजकीय स्वातंत्र्य — political freedom
राजकीय स्वावलंबन — political self sufficiency
राजकीय हितसंबंध — political interests
राजकीय क्षमता असलेला सेनाधिकारी — man of the horseback
राजकीयीकरण — politicalisation
राजकैदी — political prisoner
राजकोष — treasury
राजकोष बंधपत्र — treasury bond
राजकोष विपत्र — treasury bill
राजकोषीय — fiscal
राजकोषीय ठेव (निक्षेप) — treasury deposit
राजकोषीय तूट — fiscal deficit
राजकोषीय धोरण — fiscal policy; treasure's policy
राजकोषीय नियंत्रण — fiscal control
राजकोषीय निर्देश — treasury directive
राजकोषीय निव्वळ लाभ — fiscal residue
राजकोषीय नीती /धोरण — fiscal policy
राजकोषीय पद्धती — fiscal system
राजकोषीय प्रयत्न — fiscal effort
राजकोषीय प्रशासन — fiscal administration

राजकोषीय व्यवस्थापन	fiscal management
राजकोषीय व्यवहार	fiscal operation
राजकोषीय शिस्त	fiscal discipline
राजकोषीय स्वायत्तता	fiscal autonomy
राजघराणे	monarchy
राजघातक	regicide
राजदप्तरविद्या	diplomatism
राजदरबारी	courtier
राजदूत	ambassador; envoy; diplomat; diplomatic
राजदूत अधिकारी	diplomatic officer
राजदूत अभिकर्ता /एजंट	diplomatic agent
राजदूत मंडळ	diplomatic mission
राजदूतनीती	diplomatism
राजदूतपरिषद	diplomatic conference
राजदूतविद्या	diplomatism
राजदूतविद्यानिपुण	diplomatist
राजदूतावास	embassy
राजदूतीय कामगिरी	diplomatic mission
राजदूतीय चाल	demarche
राजदूतीय प्रतिनिधी	diplomatic representative
राजदूतीय व्यवहार	diplomacy
राजदूतीय संबंध	diplomatic relations
राजदूतीय संरक्षण	diplomatic protection
राजद्रोह	sedition; treason
राजद्रोही अपलेख	seditious libel
राजधानी	capital
राजधानी क्षेत्र	metropolitan area
राजनय (परराष्ट्रसंबंध हाताळण्याचे चातुर्य)	diplomacy
राजनयकुशल	diplomatist
राजनयज्ञ	diplomat
राजनयिक/राजनैतिक	diplomatic
राजनयिक (राजदूत) विशेषाधिकार	diplomatic privileges
राजनयिक (राजदूतीय) मुक्ती	diplomatic immunity
राजनयिक अनुशास्ती	sanction diplomatic
राजनयिक विच्छेद /फूट	diplomatic ruptures
राजनयिक/राजनैतिक पत्रव्यवहार	diplomatic corresspondence
राजनिष्ठ पक्ष	state loyal party
राजनीतिक अवस्था	civil state
राजनीती	policy
राजनीतीकुशल	diplomat
राजनैतिक	political
राजनैतिक नियोजन	political planning
राजनैतिक प्रतिनिधी	diplomatic representative
राजनैतिक पाऊल	demarche
राजनैतिक संबंध	diplomatic relations
राजन्य	rigel
राजपत्र	gazette
राजपत्रित भाषा	official language
राजपत्रितांची सूची	civil list
राजपद/राजमुकुट	crown
राजपुत्र	rigel
राजपुरुष	courtier
राजप्रतिनिधी	crown representative; regent
राजबंदी	political prisoner
राजभक्ती	allegiance
राजभाषा	official language
राजमुखत्यार	regent
राजमुखत्यार परिषद	regency council
राजमुखत्याराचा अवधी	regency

राजमुद्रा	royal seal
राजयंत्रणा	government administration
राजवंश	dynasty
राजवट	regime
राजविधी सल्लागार	king's counsel
राजसंमत (शासनसंमत) कंपनी	chartered company
राजसत्ता	monarchy
राजहत्या	regicide
राजाचा सनदी वकील	king's counsel
राजाधिराज	suzerain
राजाज्ञा	edict
राजेशाही	monarchy
राज्य	state
राज्य अधिनियम	state act
राज्य अनुदान	state aid
राज्य उपक्रम	state enterprise
राज्य एकाधिकार	state monopoly
राज्य निरपेक्षतावाद /निरंकुशतावाद	state absolution
राज्य न्यासपीठ	king's bench
राज्य पुरस्कृत	state sponsered
राज्य भांडवलशाली	state capitalism
राज्य वस्तू सेवा कर	state service tax
राज्य विधान मंडळ	state legislature
राज्य व्यापार मंडळ	state trading corporation
राज्यकर्ता वर्ग	ruling class
राज्यकारभार	government
राज्यके	non-state actors
राज्यकोष	exchequer
राज्यकोष पत्र	exchequer bond
राज्यघटना	constitution
राज्यधुरीण	state supremo
राज्यधोरण	government policy
राज्यनिधी	state fund
राज्यनियोजन	state planning
राज्यनियंत्रण	dominion
राज्यनिवडणूक आयोग	state election commission
राज्यपाल	governor
राज्यपुनर्रचना	reorganization of state
राज्यप्रणाली सार्वभौमत्व	political ideology
राज्यप्रमुख	chief of state
राज्यमंडळ	confederacy
राज्यमंत्री	minister of state
राज्ययंत्रणा	policy
राज्यवाद	statism
राज्यविमा	state insurance
राज्यविहीन समाज	stateless society
राज्यशासन	state government
राज्यशास्त्र	political science; politics
राज्यशास्त्रीय समाजशास्त्र	political sociology
राज्यशिष्टाचार	protocol
राज्यसंघ	confederation
राज्यसंस्था	governmental institution
राज्यसभा	council of states
राज्यसमाजवाद	state of socialism
राज्यसरकार	state government
राज्यसाहाय्य	state aid
राज्यसूची	state list
राज्यस्वत्ववाद	collectivism
राज्यहीनता	statelessness
राज्यक्षेत्र	territory
राज्यक्षेत्रातीतता	exterritoriality
राज्यक्षेत्रीय सार्वभौमत्व	territorial sovereignity
राज्यांग	element of state
राज्यांतर्गत वाणिज्य	intra state commerce

राज्याचा अधिकार	authority of state
राज्याचा यंत्रवादी दृष्टिकोन	mechanistic theory of state
राज्याचा विलय होणे (मार्क्सचा सिद्धान्त)	withering of the state
राज्याच्या धोरणाची निर्देशक तत्त्वे	directive principles of states policy
राज्याभिषेक	coronation
राज्यारोहण (अधिकार प्राप्ती)	accession
राज्यारोहणाचा करारनामा	instrument of accession
रानटी	batharism
रानटी समाज	sovage society
राशी	quantity
राष्ट्र	nation; country; people state
राष्ट्र उभारणीचे कार्य	nation building function
राष्ट्र-राज्य	nation state
राष्ट्र-राज्य व्यवस्था	national state system
राष्ट्रक	nationality
राष्ट्रकुटुंब	family of nations
राष्ट्रकुल	commonwealth/ commonwealth of nations
राष्ट्रगीत	national anthem
राष्ट्रजनक	founding father
राष्ट्रदोह	treason
राष्ट्रध्वज	national flag
राष्ट्रनिष्ठ विरोधी पक्ष	loyal opposition
राष्ट्रबांधणी	building of nation
राष्ट्रवाद	nationalism
राष्ट्रवादातीत भूमिका	supranational
राष्ट्रवादी इतिहासकार	nationalist histarian
राष्ट्रवादी गट (बाल्कन राजकारण)	nationalist group
राष्ट्रवादी चळवळ	nationalist movement
राष्ट्रवादी चौकट	nationalist framework
राष्ट्रसंघ	league of nations
राष्ट्रसंघ परिषद	council of the league of nations
राष्ट्राध्यक्ष	president
राष्ट्राराष्ट्रातील कराराचा मूळ मसुदा	protocol
राष्ट्रीय अर्थव्यवस्था	national economy
राष्ट्रीय आय/उत्पन्न एकूण	national income aggregate
राष्ट्रीय आय/उत्पन्न लेखांकन	national income accounting
राष्ट्रीय आरोग्य विमा	national health insurance
राष्ट्रीय उत्थापन	national awakening
राष्ट्रीय उत्पन्न	national income
राष्ट्रीय उत्पन्नवाढ	growth in national income
राष्ट्रीय उत्पन्नाचा वाढीचा दर	growth rate of national income
राष्ट्रीय उत्पन्नाची रचना	composition of national income
राष्ट्रीय उद्यानसेवा	national park service
राष्ट्रीय ऋण	national debt
राष्ट्रीय एकता	national unity
राष्ट्रीय औद्योगिक न्यायाधिकरण	national industrial tribunal

राष्ट्रीय किंमत	national price
राष्ट्रीय कृषी आयोग	national agriculture commission
राष्ट्रीय क्रांती	national revolution
राष्ट्रीय गुंतवणूक	national investment
राष्ट्रीय ग्रामीण पत निधी	national rural credit fund
राष्ट्रीय ग्रामीण रोजगार योजना	national rural employment programme
राष्ट्रीय ग्रामीण रोजगार हमी अधिनियम (कायदा)	assured rules law
राष्ट्रीय ग्रामीण रोजगार हमी योजना	national rural employment gurantee scheme
राष्ट्रीय छात्रसेना	National Cadet Crops
राष्ट्रीय धन/संपत्ती	national wealth
राष्ट्रीय नमुना पाहणी संघटना	national sample survey organisation (NSSO)
राष्ट्रीय निधी	national fund
राष्ट्रीय नियोजन	national planning
राष्ट्रीय नोंदयादी	national register
राष्ट्रीय प्रतीक	national symbol
राष्ट्रीय प्राप्ती	national income
राष्ट्रीय बचत	national savings
राष्ट्रीय भांडवल	national capital
राष्ट्रीय मानवाधिकार आयोग	national human right commission
राष्ट्रीय लवाद संयर्धन मंडळ	national arbitration promotion board
राष्ट्रीय लेखा अहवाल	national audit report
राष्ट्रीय लोकऋण	national debt
राष्ट्रीय लोकशाही आघाडी	national democratic front
राष्ट्रीय विकास	national development
राष्ट्रीय विकास परिषद	national development council
राष्ट्रीय वित्तसेवा	national finance
राष्ट्रीय विधी/कायदा	national law
राष्ट्रीय विमा	national insurance
राष्ट्रीय विस्तारसेवा	national extension service
राष्ट्रीय व्यापार	national trade
राष्ट्रीय शेअर बाजार	national stock exchange
राष्ट्रीय संरक्षण परिषद	council of national defence
राष्ट्रीय समाजवाद	national socialism
राष्ट्रीय सामाजीकरण	national socialization
राष्ट्रीय सहकारी बँक	national co-operative bank
राष्ट्रीय स्थूल उत्पन्न	gross national income
राष्ट्रीय स्वतंत्रता	national liberty
राष्ट्रीय स्वभावविशेष /चारित्र्य	national character
राष्ट्रीय श्रम आयोग	national labour commission
राष्ट्रीय हित	national interest
राष्ट्रीय हितसंबंध	national interest
राष्ट्रीयत्व/राष्ट्रीयता	nationality
राष्ट्रीयीकरण	nationalisation
राष्ट्रीयीकृत उद्योग	nationalised industries
रासायनिक युद्ध	chemical war
रास्त	fair
रास्त किंमत	fair price

रास्त खंड/भारक	fair rent
रास्त झीज तूट	fair wear and tear
रास्त फलप्राप्ती	fair returns
रास्त भाव	fair price
रास्त भाव दुकान /रेशन दुकाने	fair price shop
रास्त मूल्य	fair price
रास्त विक्री किंमत	fair selling price
राहणी	living
राहणीखर्च निर्देशांक	cost of living index number; consumer price index
राहणीमान	standard of living
राक्षसविवाह	marriage by capture
रिवाज	convention
रीत	manners
रीतसर विधी प्रक्रिया	procedure established by law
रीती	process
रीतीरिवाज	manners
रुपया चलन	rupee currency
रुपयाची परिवर्तनीयता	convertability of rupee
रुपयातील रोखे	rupee securities
रुग्णता लाभ	sickness benefit
रुग्णालयीन समाजसेवा	hospital social service
रुधिरबली	blood sacrifice
रुची	interest
रूढवाद	conservationlism
रूढी	custom
रूढीगत विधी /कायदा	customary law
रूढीगत/रूढीप्राप्त	customary
रूढीप्रिय	convervative
रूढीप्रियता	convervatism
रूढीवाद	conventionalism
रूढीवादी	orthodox
रूप	form
रूप उपयोगिता	form utility
रूपरचनाशास्त्र	morphology
रूपरेखा	contour
रूपविवेचनशास्त्र	phenomenology
रूपांतर	alteration; conversion; modifica; transformation
रूपांतरण अधिकार	conversion rights
रूपांतरण अरिष्ट	convertibility crises
रूपांतरण परिव्यय (खर्च)	conversion/ transformation cost
रूपांतरण भाग/रोखे	conversion shares
रूपांतरण वक्र	transformation curve
रूपांतरणशीलता	convertibility
रूपांतरणीय ऋणपत्र	convertible debentures
रूपांतरणीय कर्ज रोखा	convertible loan stock
रूपांतरणीय कागदी पैसा	convertible paper money
रूपांतरणीयता	convertibility
रेखन/रेखांकन	crossing
रेखाचित्रीय तंत्र	graphic technique
रेखातक्ता	chart
रेखित/रेखांकित	crossed
रेखित/रेखांकित धनादेश	crossed cheque
रेपो बाजार	repo market; repurchase market
रेपो रेट	repo rate
रेपो व्यवहार	repo transaction
रेल्वे खर्च	F. O. R. (Free on railway invoice)

रेल्वे खर्च मुक्त किंमत/मूल्य	F. O. R. price
रोकड	cash
रोकड बाकी	cash balance
रोकड भांडवल	liquid capital
रोकड वही	cash book
रोकडदुर्लभ	illiquid
रोकडसुलभ	liquid
रोकडसुलभ मत्ता	liquid assets
रोकडसुलभता	liquidity
रोकता खोडा (सापळा)	liquidity trap
रोकता रोखे	liquid securities
रोख	cash
रोख (प्रमाण) पत्र	cash certificate
रोख आदेश	cash order
रोख खरेदी/क्रय	cash purchase
रोख जामीन/हमी	cash security
रोख ठेव	cash deposit
रोख धारण	cash holding
रोख निधी	cash fund
रोख नियंत्रण	cash control
रोख निक्षेप/ठेव गुणोत्तर	cash deposit ratio
रोख निक्षेप /ठेव प्रमाण	cash deposit ratio
रोख नोंदवही	cash register
रोख पट	cash roll
रोख पत	cash credit
रोख परतावा अधिपत्र/हमी	cash refund warrant
रोख पसंती	cash preference
रोख पुस्तक	cash book
रोख पैसा	hard cash; ready money
रोख प्रवाह	cash flow
रोख बट्टा (कसर)	cash discount
रोख मजुरी	wages money
रोख मुद्रा	ready money
रोख राखीव निधी	cash reserve fund
रोख लेखा	cash account
रोख विक्रय/विक्री	cash sales
रोख शिल्लक	cash balance
रोख शिल्लक समीकरण	cash balance equation
रोख संचिती	cash; reserve
रोखता	liquidity
रोखपाल	cashier
रोखलेले प्रदान	stopped payment
रोखा	bond; security
रोखाधारक	bond holder
रोखारूपी गुंतवणूक	port folio investment
रोखे दलाल	securities broker
रोखे नोंदवही	register of securities
रोखे बाजार	stock exchange; stock/ securities market
रोखे विक्री यंत्रणा	debt market
रोखेधारक पुस्तक	stock ledger
रोगप्रतिबंधक	prophylactic
रोजंदारी	daily wages
रोजगार	daily wages; employment
रोजगार अनुदान	employment subsidy/ grant
रोजगार कार्यालय	employment exchange
रोजगार पातळी	level of employment
रोजगार विभाजन	distribution of employment
रोजगार संधी	employment opportunity
रोजगार हमी योजना	employment guarantee scheme
रोजगाराभिमुख काम	employment oriented work

रोजगारीविना विकास jobless growth
रोजनामा journal
रोजमजुरी daily wages
रोजशिल्पी journey man
रोटी व्यवहार commensality; interdining
रोपवाटिका nursery
ऱ्हास degeneration; deterioration
ऱ्हासमान diminishing
ऱ्हासमान (घटती) उपयोगिता diminishing utility
ऱ्हासी (घटत जाणारा) परिव्यय diminishing cost

ल

लंगडा-पांगळा crippled
लग्नविधी marriage rituals
लघु व्यवस्था mini system
लघुउद्योग small scale industry
लघुपरिणाम उत्पादन small scale production
लघुभार उद्योग light industries
लघुभारी कर light tax
लघुलहरी microwaves
लघुवित्त microfinance
लघुवेतन कर्मचारी low paid employee
लढवय्या militant
लढाऊ गट fighter's group
लढाऊ वृत्तीचा militant
लढाऊ संघटना military organization
लबाडीचा व्यवहार shady transaction
लवचीक elastic; flexible
लवचीक मागणी elastic demand
लवचीक विनिमय दर flexible exchange rate
लवचीक संविधान /घटना flexible constitution
लवचीकता flexibility
लवचीकता स्थितीस्थापकत्व elasticity
लवचीकतेचा गुणांक coefficient of elasticity
लवचीकपणाचा नियम canon of elasticity
लवाद arbitration
लवाद अनिवार्य compulsory orbitration
लवाद ऐच्छिक voluntary orbitration
लवाद औद्योगिक industrial orbitration
लवाद करणे arbitrate
लवाद नियम rules of arbitraion
लवाद न्यायालय court of arbitral justice
लवाद मंडळ arbitration board
लवाद संवर्धन orbitration promotions
लवादी arbitrator
लष्कर cantonment; land force; resources
लष्करशाही militarism
लष्कराची हुकूमशाही military dectatorship
लष्करी करार martial agreement
लष्करी कायदा martial law
लष्करी कारवाई military action
लष्करी डावपेच strategy
लष्करी न्यायालय /न्यायदान court martial
लष्करी प्रतिनिधी commissionar(y)
लष्करी बंड military camp
लष्करी संघटना military organisation
लष्करी समिती military committee
लसीकरण vaccination
लहर fad
लक्षण definition
लक्षणरहित featureless
लक्षणे character/characteristic
लक्ष्य norm; target
लक्ष्य गट दृष्टिकोन target group approach

लॅटव्हीयन लॅट	latvian lat
लागवड न केलेली जमीन	virgin land
लाच देण्याघेण्याच्या व्यवहारातील दलाल	bagman
लाचलुचपत /लाचखोरी	bribery
लाभ	benefit; gain; good; profit; yield
लाभ कराधानाचा सिद्धान्त	internal theory of taxation
लाभ परिव्यय विश्लेषण	cost benefit ananlysis
लाभ व्यय	cost benefit/benefit cost
लाभ सिद्धान्त	theory of profits; benefit theory
लाभ हेतू	specualtive motive
लाभ-व्यय तत्त्व	principle of benefit cost
लाभ-व्यय प्रमाण	benefit cost ratio
लाभदक्षता	internal role of return
लाभदायी कर	beneficial rate
लाभधारक	beneficiary
लाभपद	office of profit
लाभप्रद	lucrative
लाभप्रदता	profit ability, profitability
लांब अंतराचे स्थलांतरण	long distance migration
लाभांक	gain
लाभांश	dividend
लाभांश अधिपत्र	dividend mandate/ warrant
लाभांश पुस्तक	dividend book
लाभांश भाग	scrip dividend
लाभांश समानीकरण निधी	dividend equalisation fund
लाभाग्राही /लाभाधिकारी	beneficiary
लाभार्थी	beneficiery
लाभालाभ /नफा-तोटा लेखा	profit and loss account
लाल क्रांतीची भीती	red scare
लाल फीत	red tape
लाल सेना	red army
लालित्य	grace
लाक्षणिक संप	token strike
लिंग नातेसंबंध	gender relationship
लिंगपूजा	phallic worship
लिंगभाव	gender
लिंगभावमयता	gender based
लिंगभावविषयक विषमता	about gender bios
लिंगभावसमानता	gender equality
लिंगभावात्मक	gendered
लिंगभावाधारित परिप्रेक्ष्य	gender perspective
लिंगभावाधिष्ठित राजकारण	gender based politics
लिंगभावांधळेपणा	gender blindness
लिंगभावी	gendered
लिंगभेद	gender discrimination
लिंगाधारित विषमता	gender inequality
लिंगाधारित संघर्ष	gender conflict
लिंगाधिष्ठित अस्मिता	gender identity
लिखित बंधपत्र	drawn bond
लिखित व अलिखित संविधान	writtern and unwritten constitution
लिजिंग	leasing
लिपिपूर्व (अक्षरपूर्व) समाज	preliterate society

लिपिविज्ञान	scriptology
लिलाव	auction
लिलाव अभिकर्ता /एजंट	auctioneer agent
लिलाव मीमांसा	revenue equivalance, congestional pricing
लुप्तप्राय	obsolete
लूव्र करार	lourue accord
लेख	document
लेखणी संप	pen down strike
लेखनाचा साक्षेपी वापर	intertexuality
लेखप्रमाणक	notary public
लेखसेवा	feature agency
लेखा	account
लेखा अहवाल	audit report
लेखा कार्य	book keeping
लेखा खातेवही	account ledger
लेखा परवानगी /अनुमती	sanction
लेखा परीक्षा	audit
लेखा व वित्त लेखा	accounts and finance section
लेखा विवरणपत्र	statement of accounts; account to balance
लेखांकन	accounting; flow of fund accounting
लेखाधिकार	copyright
लेखानुदान	vote on account
लेखापरीक्षक	auditor
लेखापाल	accountant
लेखावर्ष	year of accounting; accounting year
लेखाशास्त्र	accountancy
लेखी पुरावा	documentation
लैंगिक	sexual
लैंगिक अत्याचार	sexual atrocity
लैंगिक अपराधी	sex offender
लैंगिक अभिव्यक्ती	sexual expression
लैंगिक अस्मिता	sexual identity
लैंगिक आरोग्य	sex hygiene
लैंगिक इच्छा	sexual desire
लैंगिक उद्योग	sex industry
लैंगिक उपभोग	sexual intercourse
लैंगिक करमणूक	sexual entertainment
लैंगिक क्रांती	sexual revolution
लैंगिक गुलामगिरी	sexual slavery/ sexual subcordination
लैंगिक छळ	sexual harrassment
लैंगिक राजकारण	sexual politics
लैंगिक लोकनीती	sex mores
लैंगिक विकास	sexual development
लैंगिक विकृती	sex perversion/ abnormility
लैंगिक विषमता	sexual inequality
लैंगिक व्यवहार	sexual practices
लैंगिक शिक्षण	sex education
लैंगिक शुद्धता	gender purity
लैंगिक सहजप्रवृत्ती	sex instinct
लैंगिक संबंध	sex relation
लैंगिक स्वातंत्र्य	sexual freedom
लैंगिक स्वैराचार	promiscuity
लैंगिक श्रम	sexual labour
लैंगिक हिंसा /हिंसाचार	sexual violence
लैंगिकता	sexuality
लैंगिकतेचा इतिहास	history of sexuality
लैंगिकतेची संकल्पना	concept of sexuality
लैंगिकतेचे आकलन	understands of sexuality
लैंगिकतेचे आयाम	dimensions of sexuality
लैंगिकतेचे नियमन	control of sexuality
लैंगिकतेचे राजकारण	politics of sexuality

मराठी	English
लैंगिकतेतील विभेदने	difference in sexuality
लोक	masses; people; population; public
लोक अनुशास्ती	mass sanction
लोक आवाहन	mass appeal
लोक लेखा	public account
लोकआकर्षण	mass appeal
लोकऋण	national/public debt
लोककथा	folktale
लोककल्याण	public good/welfare
लोककल्याणाचा निधी	benevolent fund
लोककेंद्री	people centred
लोककैवारी	tribune
लोकक्रांती	people's revolution
लोकचळवळ	mass movement
लोकतंत्र	democracy
लोकतंत्रात्मक संस्था	democratic organisation
लोकतांत्रिक शासन	popular government
लोकदल	people's party
लोकनियुक्त सरकार	public elected government
लोकनीती	mores; mos
लोकनेतृत्व	mass leadership
लोकपद्धतीशास्त्र	ethomethodology
लोकपाल	ombudsman
लोकप्रशासक	public administrator
लोकप्रशासन	public administration
लोकप्रिय शासन	popular government
लोकमत	public opinion
लोकमत कौल	public opinion call
लोकमत तज्ज्ञ	pollster
लोकमान्य शासन	popular government
लोकयुद्ध	public war
लोकरंजनवादी राजकारण	popular politics
लोकरंजनवादी /लोकानुनयी	pro-populist
लोकराजनीती मंच	people's political forum
लोकवादी मतप्रवाह	people's inclination
लोकविद्या	folklore
लोकव्यय प्रनियम	canon of public expenditure
लोकशाही	democracy; democratic
लोकशाही केंद्रवाद	democratic centralisation
लोकशाही गणराज्य	democratic republic
लोकशाही प्रणाली	democratic ideology demotracycratic
लोकशाही भांडवलशाही	capitalist democracy
लोकशाही विकेंद्रीकरण	democratic decentralisation
लोकशाही व्यवस्थापन	democratic management
लोकशाही समाजवाद	democratic socialism
लोकशाही सिद्धान्त	democratic theories
लोकशाही हक्क संरक्षण समिती	security agency/ committee
लोकशाहीकरण	democratisation
लोकशाहीप्रधान	pro-democratic
लोकशाहीवादी	democrats; democratic
लोकशाहीवादी क्रांती	democratic revolution
लोकसंख्या	population
लोकसंख्या चलनशीलता/चलता	population nobility
लोकसंख्या पुन:स्थापन	population replacement
लोकसंख्या बंध	demographic pattern
लोकसंख्या विस्फोट	population explosion
लोकसंख्या समतोल	demographic balance

लोकसंख्या संक्रमण demographic transmission
लोकसंख्या स्वरूप क्रांती demographic revolution
लोकसंख्यात्मक population oriented
लोकसंख्याशास्त्र demography
लोकसंख्याशास्त्रीय घटक population units
लोकसंख्येचा कल /प्रवृत्ती population trend
लोकसंख्येची अदलाबदल exchange of population
लोकसंख्येची घट होणे depopulation
लोकसंख्येची घनता density of population
लोकसंख्येचे गतित्व /गतिविज्ञान dynamics of population
लोकसंघटन people's organisation
लोकसंपर्क mass communication
लोकसत्ताक सर्वंकष populist authoritarian
लोकसभा house of peoples; parliament
लोकसमाज mass society
लोकसमिती people's committee
लोकसमूह group of people; community
लोकसहभाग popular participation
लोकसहभागातून विकास participatary development
लोकसाहित्य folklore
लोकसेना militia
लोकसेवा public service
लोकसेवा आयोग public service commision
लोकहित public good/interest
लोकहितैषी निधी benevolent fund
लोकहितैषी निरंकुश सत्ताधीश benevolent despot
लोकहितैषी वृत्ती benevolence
लोकाचार ethos
लोकानुययी populist
लोकानुरंजनवादी populist/populism
लोकान्वय पद्धती ethnomethodology
लोकाभिमुख people oriented
लोकाभिमुख विकास people oriental development
लोकायुक्त ombudsman
लोकालेख ethnograph
लोकालेखकार ethonographer
लोकोत्तर genius
लोकोपयोगिता public utilities
लोकोपयोगी public
लोकोपयोगी सेवा public utility
लोप होणे lapse; extinct
लौकिक जडवाद vulger materialism
लॉबी सदस्य lobby member

व

वंचित deprive
वंचितता deprivedness
वंटन (वाटणी) distribution
वंध्यता sterility
वंध्यत्व sterile
वंश descent; dynasty; gene; race
वंशक्रम leneage; line
वंशज descendant
वंशद्वेष्ट्या ethnic rival
वंशनिर्णायके racial determinants
वंशपरंपरा descent; heredity; lineage
वंशपरंपरागत lineal

वंशपरंपरागत कार्यकारिणी	hereditary executive
वंशपरंपरागत राजसत्ता	hereditary monarchy
वंशभेद	ethnic discrimination
वंशभेदाभेद	ethnic discrimination
वंशमिश्रण	race mixture
वंशवर्गीकरण	classification of ethnicity
वंशवाद	racism; racialism
वंशविशेष	race hatred
वंशवृक्ष	geneological tree
वंशसंकर	miscengenation
वंशसंघर्ष	race conflict
वंशश्रेष्ठता	race of superiority
वंशश्रेष्ठत्व सिद्धान्त	master race doctrine
वंशागत	inherited
वंशागत प्रवृत्ती	inherited tendency
वंशागत राजसत्ता	hereditary monarchy
वंशाची जननिक उपपत्ती/सिद्धान्त	genetic theory of race
वंशानुक्रम	descent
वंशानुक्रमवाद	theory of descent
वंशावळ	geneological; lineage; pedigree
वंशावळ गट	lineage group
वंशावळ तक्ता	geneological chart
वंशावळ संबंध	geneological relationship
वंशीय श्रेणी	ethnic scale
वकिलात	delegation; legation; embassy
वकिलात उघडण्याचा अधिकार	right to legation
वकील	advocate
वकीलमंडळ	legation
वकीलाचा अशील (पक्षकार)	client
वक्ता	speaker
वक्र	curve
वखार	warehouse
वखार अधिपत्र	warehouse warrant
वखार किंमत	warehouse price
वचक	deominance
वचन	commitment; parole
वचनचिट्ठी/वचनपत्र	primisory note
वचनभंग	breach of promise
वजन	weight
वजा करणे	deduct
वजा नोंद	deduct entry
वजात	deduction
वजाबाकी	deduction; substraction
वजावट	deduction; set off
वजावट योग्य खर्च	deductable expenditure
वटवणी	clearing
वटवणी अभिकर्ता	clearing agent
वटवणी गृह	clearing house
वटवणी पत्र	encashment credit
वटवणी बँक	clearing bank
वटवणी सुविधा	clearing credit
वटवलेले विपत्र/हुंडी	discounted bill
वटहुकूम	ordinance
वटाव	rebate
वटावगृह	clearing house
वटावाने विपत्र निवर्तित करणे	retiring a bill under rebate
वडिलोपार्जित	ancestral; hereditary
वणिक् बँक	merchant bank
वणिक् सभा	chamber of commerce
वधूमूल्य/वधूशुल्क	bride price
वन्यता	barbarism

वयोगट	age group
वयोमर्यादा	agelimit
वरकड खर्च	over head changes/ expenses
वरखर्च	incidental expenses
वरशुल्क	bridegroom dowry
वरश्रेणीकरण	superordination
वरिष्ठ	supreme
(वरिष्ठ न्यायालयाचा) परमादेष न्यायालेख	writ of mandamus
वरिष्ठ वर्गाने केलेली क्रांती	bourgeois revolution
वरिष्ठ सभागृह	upper house
वरिष्ठता गंड	superiority complex
वर्ग	bench; category; class; form; section; species
वर्ग अभिवृत्ती	class attitude
वर्ग चलनशीलता	class mobility
वर्ग निम्न	lower class
वर्ग संकल्पना	class concept
वर्गजाणीव	class consiousness
वर्गणी	contribution
वर्गणीदार	subscriber
वर्गदर्शक नोंद	class index entry
वर्गनिष्ठ नातेपद्धती	classificatory kinship
वर्गभावना	classfeeling
वर्गलढा	class conflict
वर्गवारी	classification
वर्गविग्रह	class strike
वर्गविभाजन	class division
वर्गविरहीत समाजव्यवस्था	classless society
वर्गविश्लेषण	class analysis
वर्गविहीन समाज	classless society
वर्गसंघर्ष	class conflict/struggle
वर्गसंबंध	class relations
वर्गसंरचना	class structure
वर्गसिद्धान्त	class theory
वर्गहित/ वर्गहितसंबंध	class interest
वर्गीकरण	differentiation; classification; taxonomy
वर्गीकृत	classified
वर्गीय क्रम	class hierarchy
वर्गीय जाणीव	class consciousness
वर्गीय पूर्वग्रह	class prejudice
वर्गीय भिन्नता	class distinction
वर्गीय वर्चस्व	class based
वर्गीय शक्ती	class strength
वर्गीय स्तरीभवन /स्तरीकरण	class stratification
वर्गीय श्रेणी	class hierarchy
वर्चस्व	hegemony; predominance; paramountancy
वर्चस्ववादी वर्णव्यवस्था	varna system
वर्जन	abstinence; taboo; tabu
वर्जनरूढी	custom of avoidence
वर्जित जाती	excluded caste
वर्णनात्मक अध्ययन	descriptive study
वर्णनात्मक अर्थशास्त्र	descriptive economics
वर्णविद्वेष	apartheid
वर्णविद्वेषी	segregationist; red neck
वर्तणूक/वर्तन	behaviour; conduct
वर्तन समायोजन	behaviour adjustment
वर्तनप्रकार	behaviour pattern
वर्तनप्रक्रिया	behaviour process
वर्तनबंध	behaviour pattern
वर्तनवाद	behaviourism
वर्तनवादी दृष्टिकोन	behavioural attitude
वर्तनवादी भूमिका	behavioural strategy

वर्तनवादी मनोविज्ञान	behavioural psycho-science
वर्तनवादी विचारसरणी	behavioural philosophy
वर्तनवादी शास्त्र	behavioural science
वर्तनात्मक वैद्यकीयीकरण	behvioural medicalisation
वर्तमान मूल्य	present value
वर्तमान विकास	present development
वर्तुळ	ring
वर्धनध्रुव सिद्धान्त	growth price theory
वर्धनश्रम	viable
वर्धमान	progressive
वर्धमान उपयोगिता	increasing utility
वर्धित धनादेश	raised cheque
वर्धिष्णू (वाढती) उपयोगिता	increasing utility
वर्धिष्णू परिव्यय	increasing/increased cost
वर्धिष्णू सीमान्तिक परिव्यय	increasing marginal cost
वर्षासन (वार्षिकी)	annuity
वर्षासन निधी	annuity fund
वर्षासन प्रमाणपत्र	annuity certificate
वशिलेबाजी	nepotism
वसतिस्थान	domicile; habitation
वसाहत	colony; settlement
वसाहतवाद	colonialism
वसाहतवादी इतिहास लेखन	colonial historigraphy
वसाहतवादी दृष्टिकोन	colonial attitudes
वसाहतवादी सत्ता	colonial power
वसाहतीकरण	colonisation
वसाहतीचे कार्यालय	colonial office
वसाहतीचे साम्राज्य	dominion state
वसुली	collection; levy; recovery; realisation; brick axe layers
वसुली आकार	collection charges
वसुली नोंदवही	collection register
वसुली योग्य	recoverable
वसूल कर्ज	recovered advance
वसूल किंमती	realised price
वस्ती	habitation; settlement
वस्तुगत मूल्य	intrinsic value
वस्तुजात रूप	phenomenon
वस्तुत: अधिकारी	officer defacto
वस्तुतथ्य विधान	factual judgement
वस्तुद्रव्य	commodity money
वस्तुधिष्ठित आंतरराष्ट्रीय व्यापार दर	commodity terms of international trade
वस्तुनिष्ठ	objective
वस्तुनिष्ठ अनुसूची	objective inolex
वस्तुनिष्ठ आकलन	objective realisation
वस्तुनिष्ठ दृष्टिकोन	objective approach
वस्तुनिष्ठ निर्णय	objective resolution
वस्तुनिष्ठ पद्धत	objective system
वस्तुनिष्ठ पुनर्मांडणी	objective representation
वस्तुनिष्ठ फलन	objective output
वस्तुनिष्ठ माहिती	objective information
वस्तुनिष्ठ मूल्य	objective value
वस्तुनिष्ठ विचार	objective thoughts
वस्तुनिष्ठता	objectivity
वस्तुनिष्ठता प्रयोगजन्यता	objectiveness experiementism
वस्तुनिष्ठा	being objective
वस्तुनिष्ठावाद	objectivism

वस्तुप्रधान दृष्टिकोन	commodity approach
वस्तुप्रवाह	commodity flow
वस्तुरूप कमाई	real earnings
वस्तुरूप नियोजन	physical planning
वस्तुरूप परिव्यय	real cost
वस्तुरूप पैसा	commodity money
वस्तुरूप बाबी	visibles
वस्तुरूप भांडवल	physical capital
वस्तुरूपातील कर	tax in kind
वस्तुरूपाने	in kind
वस्तुविनिमय	barter truck; commodity exchange
वस्तुविनिमय अर्थव्यवस्था	barter economy
वस्तुविनिमय पद्धती	barter system
वस्तुविभेदन	product differentiation
वस्तुविषयक करार	commodity agreement
वस्तुस्तोम	commodity fetishism
वस्तुस्थिती	circumstances; fact; reality
वस्तू	article; commodity
वस्तू आयात	visible imports
वस्तू किंमत	commodity price
वस्तू तंत्र	cosmocentric
वस्तू नियंत्रण योजना	commodity control scheme
वस्तू मानक	commodity standard
वस्तू मूल्य	value material
वस्तू विविधता सिद्धान्त	product variety theory
वस्तू व्यापार बाबी	visible items of trade
वस्तू सत्त्व	commodity entity
वस्तू समूह	group of commodities
वस्तू सेवाकर /सेवा कर	goods service tax
वस्तू हस्तगत करण्याची किंमत	procurement price
वस्तूचे नामाभिधान	nomenciature
वस्तूनिर्यात	visible exports
वस्तूबाजार	commodity market
वस्तूसूची मूल्यांकन	inventory valuation
वस्तूंची समरूपता	homogenity of product
वहन	transmission
वहिवाटदार कूळ	occupancy tenant
वांछनीय	desirable
वांशिक	ethnic
वांशिक अभिमान	ethnic pride
वांशिक अस्मिता	inegritude
वांशिक गट	ethnic group
वांशिक गुणविशेष	racial traits
वांशिक जाणीव	racial/ethnic consciousness
वांशिक दंगली	ethnic riots
वांशिक पूर्वग्रह	race of prejudice
वांशिक बहुजातीयता /बहुजीनसीपणा	racial heterogenity
वांशिक मानवशास्त्र	racial anthropology
वांशिक मिश्रण	ethnic mixture
वांशिक राजनीती	racial politics
वांशिक वर्गीकरण	racial classification
वांशिक वर्चस्व	ethnic supremacy
वांशिक विलग्नीकरण	racial segregation
वांशिक शुद्धता	racial parity
वांशिक सजातीयता /समजातीयता	racial/ethnic homogenity
वांशिक संघर्ष	ethnic struggle
वांशिकता	ethnicity
वाईट वर्तनाचा	bad character
वाकबगार	expert
वाक्यरचना	syntax
वागणूक	behaviour

वाचक	reader
वाचक वाद	readerism
वाचा केंद्र	phono centricism
वाजवी मजुरी	fair wage
वाटणी	distribution; division; allocation; partition
वाटप	distribution; allocation
वाटप (विभाजन) मार्ग	channel of distribution
वाटप व्यवस्था	distribution system
वाटा	dividend; dale
वाटाघाटी	negotiable treaty
वाटाघाटीने निर्णय घेण्याचा अधिनियम	negotiable instrument act
वाडी	hamlet
वाढ	growth; expansion; increment; increase
वाढता परिव्यय	increasing cost
वाढता प्रत्याय सिद्धान्त	law of increasing returns
वाढती मागणी	excess/increasing demand
वाढते अनुमाप प्रत्याय	increasing returns to scale
वाढावा	surplus
वाढीव आगम	incremental revenue
वाढीव दर	rate of surplus value; rate of exploitation
वाढीव परिव्यय	incremental cost
वाढीव भांडवल उत्पादन गुणोत्तर	incremental capital output ratio
वाणिज्य	commerce
वाणिज्य अभिकर्ता /एजंट	commercial/ merchantile agent
वाणिज्य उत्पादन	commercial products
वाणिज्य उपक्रम	commercial enterprise
वाणिज्य केंद्र	commercial centre
वाणिज्य क्रांती	commercial revolution
वाणिज्य दूत (परराष्ट्रातील)	consul
वाणिज्य दूतावास	consulate
वाणिज्य नीती/धोरण	commercial policy
वाणिज्य पत्र	commercial letter
वाणिज्य पत्रव्यवहार	commercial correspondence
वाणिज्य पत्रे	commercial papers
वाणिज्य बीजक	commercial invoice
वाणिज्य बँक	commercial/mercantile bank
वाणिज्य भूगोल	commercial geography
वाणिज्य महसूल	commercial revenue
वाणिज्य मंडळ	chamber of commerce
वाणिज्य लवाद	commercial arbitration
वाणिज्य लेखा	commercial account
वाणिज्य वस्तू	articles of mercandize
वाणिज्य विधी (कायदा)	mecantile law
वाणिज्य विमापत्र	commercial policy
वाणिज्य व्यवहार	commercial transaction
वाणिज्य सूचना	commercial intelligence
वाणिज्य सेवा	commercial service
वाणिज्य संघ	commercial federation
वाणिज्य संधी	commercial treaty
वाणिज्य संस्था/गृह	commercial house
वाणिज्य क्षेत्रातील अरिष्ट/संकट	commercial crises
वाणिज्यता	merchantalism
वाणिज्यदूताचे अधिकारक्षेत्र	consular jurisdiction

वाणिज्यदूताचे विशेषाधिकार	consular privileges and immunities
वाणिज्यदूतीय प्रतिनिधी	consular representative
वाणिज्यदूतीय बीजक (बिल)	consular invoice
वाणिज्यदूतीय व्यवहार	consular transaction
वाणिज्यवाद	commercialism; merchantalism
वाणिज्यवादी	mechantalist
वाणिज्यविषयक नाकेबंदी	commercial blockade
वाणिज्यविषयक भांडवल	commercial capital
वाणिज्यविषयक भांडवलशाही	commercial capitalism
वाणिज्यिक संस्था	commercial establishment
वाणिज्यिक क्षेत्रातील क्रांती	commercial revolution
वाणिज्येतर विपत्र	non mercantile bill
वातावरण (सामाजिक)	milieu (social)
वात्सल्य	maternal instinct
वाद	dispute; doctrine; isms; question; theory; thesis
वादकारण (कायद्याच्या संदर्भात)	cause of action
वादग्रस्त	contravertial
वादविवाद	controversy
वादविषय (कायद्याच्या संदर्भात)	cause of action
वानरवर्गी प्राणी	primate
वापर	usage; utilisation
वापरातील पैसा	money in circulation
वायदा	promise
वायदा विदेशी चलन	forward foreign exchange
वायदा विनिमय	forward exchange
वायदा विनिमय दर	forward exchange rate
वायदे बाजार	forward/future market
वायदेपत्र	devatives
वायदेव्यवहार	currency futures contract
वायद्याचा धंदा	forward business
वायुसेना मंत्रालय	air ministry
वारसदार/वारसा	heir; inheritance; succession
वारसाप्राप्त संपदा	hereditament
वारांगना	concubine
वारंवारता वितरण	frequency distribution
वार्तास्फोट	leak
वार्ताहर	news reporter
वार्धक्य वेतन	old age pension
वार्षिक देणगी/वेतन	annuity
वार्षिक पुस्तक	year book
वार्षिक वित्तीय विवरणपत्र	annual financial statement
वार्षिक विवरणपत्रे	annual returns
वार्षिक वेतन	annual wages
वार्षिकी	annuity
वार्षिकी बंधपत्र	annuity bond
वार्षिकीचे वर्तमान मूल्य	annuity present value
वासाहतिक	colonial
वासाहतिक शासनकाळ	colonial government prision
वासाहतिकता	colonialism
वास्तव	reality
वास्तव उत्पन्न (आय) आकारमान	size of real income

वास्तव उत्पन्न/स्थिर वास्तव उत्पन्न	real income, fixed real income
वास्तव उत्पन्नाचे कालरूप	timeshape of real income
वास्तव उत्पादन	real output
वास्तव अंतर्गत	inner reality/reality inner
वास्तव घटना	fact; object
वास्तव परिव्यय	real cost
वास्तव भांडवल	real capital
वास्तव मूल्य	real value
वास्तव मूल्याचा अभिजात सिद्धान्त	classical theory of real value
वास्तव वेतन दर	real wage rate
वास्तव शिल्लक	real balance
वास्तव सत्य	objective truth
वास्तव साधनसामग्री (लोकसंख्या आणि आर्थिक विकास)	real resources
वास्तव, सामाजिक	social reality/reality social
वास्तवता	reality
वास्तववाद	naturalism; realisticism
वास्तववादी अस्तित्व	existential
वास्तववादी विचार	realistic thoughts
वास्तविक आय /उत्पन्न	real income
वास्तविक कमाई	real earnings
वास्तविक किंमत /मूल्य	real price
वास्तविक न्यायनिर्णय	factual judgement
वास्तविक परिव्यय	actual cost
वास्तविक मतदान संस्था	voting turnout
वास्तविक मान्यता	defacto recognition
वास्तविक मुद्रा/पैसा	actual money
वास्तविक मूल्य	intrinsic value
वास्तविक राष्ट्रीय उत्पन्न	real national income
वास्तविक वेतन /मजुरी	real wages
वास्तविक शासन	defacto government
वास्तविक सार्वभौमत्व	defacto sovereignity
वास्तुरचना	architecture
वास्तुरचनाकार	architect
वाहकदेय भाग अधिपत्र	share warrant payable to bearer
वाहकाची जोखीम	carrier's risk
वाहणावळ	haulage; charges; freight
वाहणावळ चिठ्ठी	freight note
वाहणावळ, विमा, परिव्यय यासहित मूल्य	franco price
(वाहणावळीसह) कमाल	C and F price
(वाहणावळीसह) कमाल किंमत	ceiling and fare price
वाहतूक	traffic
वाहतूक आकार विमा	freight insurance
वाहतूक आकार /भाडे	freight charges
वाहतूक खर्च	freight charges
वाहतूक प्राप्ती	freight return
वाहतूक समुच्चय	traffic pool
वाहनलेखा	carriage account
वाहनव्यवसाय	carrying trade
वाहनांतरण व्यापार	transhipment trade
वाहिनी	cable

वाळीत टाकणे	boycot; ostrasize; excommunication
विकल	unsound
विकलांगता	disability
विकलांगता लाभ	disablement/ displacement benefit
विकल्प	alternative
विकल्पक विधान	alternative proposition
विकसक	developer
विकसित करणे	evolve
विकसित भांडवलशाही	developed capitalism
विकाऊ माल	ware
विकार	mutation; variation
विकारक्षम	variable
विकारी	variability
विकास	development
विकास आणि मानवशास्त्र	develpment and anthropology
विकास कार्यक्रम	development programme
विकास निधी	development fund
विकास निर्देशांक	development index
विकास पद्धती	development method
विकास प्रतिमान	development model
विकास प्रशासन	development administration
विकास बँक	development bank
विकास लाभ	advantages of development
विकास संसाधन	development resources
विकास हक्क	developmental rights
विकासधोरण	development policy
विकासप्रकल्प	development project
विकासप्रक्रियेचे फलित	results of developmental process
विकासलक्ष्यी आयात	development import
विकासवाद	evolutionary
विकासवादी	developmentalist
विकासशील संविधान	evolutionary constitution
विकाससहाय्य समिती	development cooperation
विकासाची संधी	opportunities
विकासाचे अग्रक्रम	priorities of development
विकासाचे अर्थशास्त्र	economics of growth
विकासाचे अंत:सामर्थ्य	development potential
विकासाचे तंत्र	interfere intervention
विकासाचे समाजशास्त्र	sociology of development
विकासात्मक अरिष्ट	development crisis
विकासात्मक योजना (नियोजन)	development planning
विकासात्मक सेवा	development services
विकासार्थ करसवलत	decelopment rebate
विकासावरोध	dispause
विकासाशी बांधिलकी	commitment to development
विकासासाठी कर्ज	development loan
विकासासाठी वित्तव्यवस्था	development finance
विकीर्णता	diffuseness
विकुंचित	kinked
विकृत	abnormal
विकृत बालक	abnormal child
विकृत बुद्धिवाद	vicious intellectualism

विकृत वर्तन	perverse behaviour
विकृती	perversity
विकृतीकरण	denaturalisation
विकेंद्रवाद	rationalism
विकेंद्रीकरण	decentralization
विकेंद्रीत	decentralised
विकेंद्रीत अर्थव्यवस्था	decentralised economic system
विकेंद्रीत नियोजन	decentralised planning
विकेंद्रीत नियोजन प्रतिमान	model of decentralised planning
विक्रय	sale deed
विक्रय अधिकरण	sales agency
विक्रय कोटा (वाटा)	sales quota
विक्रय नियंत्रण संस्था	cartel
विक्रय परिवर्तन	sales promotion
विक्रय परिव्यय	selling cost
विक्रय मूल्य	selling price
विक्रयकला	salesmanship
विक्रयाधिकार पत्र	bill of sale
विक्रयालय	shop emporium
विक्री अभिकर्ता /एजंट	selling agent
विक्री आणि पुर्नखरेदी	sell and buy book (re-purchase)
विक्री एजन्सी	sales agency
विक्री कर	sales tax
विक्री कर कायदा /अधिनियम	sales tax act
विक्री किंमत	issue price/selling price
विक्री कोटा पद्धती	marketing quota system
विक्री खर्च	selling cost
विक्री लेखा	sales account
विक्री व्यवस्थापक	sales manager
विक्री व्यवहार	selling transactions
विक्रीकर कायदा	sales tax act
विक्रीखत विलेख	sales deed
विक्रीखर्च	selling cost
विक्रीची किंमत	sale price/selling price
विक्रीची खातेवही	sales ledger
विक्रीचे स्थान/पेठ	shop emporium
विक्रीदर मूल्य	sale price
विक्रीयोग्य	sellable
विक्रीयोग्य वस्तू	marketable goods
विक्रीयोग्य वाढावा (आधिक्य)	marketable surplus
विक्रीवरील कसर	discount on sale
विक्रीस काढलेले भाग भांडवल	issued share capital
विक्रीस काढलेले भांडवल	issued capital
विक्रीसूचनापत्र	sold note
विक्रीसंघ	cartel
विक्रीसंवर्धन	sales promotion
विक्रेता	dealer; vendor
विक्रेता बाजार	seller's market
विक्रेत्याचा अधिकार	seller's right
विक्रेत्याचा धारणाधिकार	seller's lien
विक्रेत्याची राखीव किंमत	reservation price
विक्रेय	sellable; vendiable
विक्रेय माल	marketable goods
विक्रेय वस्तू कर	commodity tax
विक्रेय वस्तूंचा करार	agreement of sellable goods
विक्रेय वाढावा	saleable surplus
विक्रेय विश्लेषण	sells analysis
विक्रेय शिल्लक	marketable surplus
विखुरलेले	scattered
विखंडन करणे	balkanization

विगमन	induction
विग्रह	disintegration
विघटन	disorganization; dissolution; disintegration; decomposition
विघटनवादी शक्ती	separation of power
विघटनीय व्यवस्था	decompensable set
विघटित समाज	disorganised society
विघातक	subversive
विचलन	deviation
विचलित	fluctuate
विचार मंथन	brain storming
विचारसरणी	philosophy
विचारणीय	considerable
विचारतत्त्व	logos
विचारदोष	fallacy
विचारधारा	ideology, proxiology; thinking stream
विचारप्रणाली	individualistic thinking; thought; idealogy; school of thought
विचारप्रधान संशोधन	thinking oriented research
विचारप्रवाह	isms
विचारविनिमय	consultation; counsel; conference
विचारविनिमय समिती	deliberation body
विचारविमर्श	deliberation; thought
विचारवंत	intellectual
विचारशक्तीचा नाश	dementia
विचारसाहचर्य	association of ideas
विचारसंक्रमण	thought transference
विचाराची दिशा	stand point
विचारार्थ विषय	terms of reference
विचारार्ह	considerable
विच्छिन्न व्यक्तिमत्त्व	dissociated personality
विच्छेदन	disintegration
विजयी	conqueror
विजातीयता	heterogeneity
विजेता	conqueror
वितरक	distributor
वितरण	disbursement; distribution
वितरण खर्च	distribution cost
वितरण नियम	distributive law
वितरण न्याय	distributive justice
वितरण व्यवस्था	distribution system
वितरणात्मक न्याय	distributive justice
वितरित रकमा	disbursement
वित्त अधिनियम	finance act
वित्त आयोग	finance commission
वित्त उभारणी	raising of finance
वित्त निगम	finance corporation
वित्त पुरवठा	finance supply
वित्त महामंडळ	finance corporation
वित्त मंत्रालय	finance ministry
वित्त मंत्री	finance minister
वित्त विधेयक	finance bill
वित्त व्यवस्थापन	finance management
वित्त समिती	finance committee
वित्त स्थिती	finance status
वित्तदायी भागीदार	financing partner
वित्तदायी संस्था	financing agency
वित्तपुरवठा	finance supply
वित्तप्रबंधन	financial provision
वित्तप्राप्तीकर	wealth tax
वित्तप्रेषण लेखा	remitance account
वित्तयंत्रणा /अर्थव्यवस्था	finance system
वित्तलब्धी	emoluments
वित्तविवरण	financial statement
वित्तव्यवस्था	finance; financing; financial system

वित्तव्यवस्थापन	financial management
वित्तव्यवहार	financial transaction
वित्तसल्लागार	finance adviser
वित्तसहाय्य	financial assistance
वित्तसंस्था	finance institute
वित्तीय	financial
वित्तीय अर्थशास्त्र	financial economics
वित्तीय आणीबाणी	financial emergency
वित्तीय एकसंधता	financial integration
वित्तीय कामे	financial activities
वित्तीय कार्यनिष्पत्ती	financial performance
वित्तीय कार्यपद्धती	financial procedure
वित्तीय कार्यक्षमता	financial efficiency
वित्तीय घोटाळे	money-laundering
वित्तीय जिंदगीची किंमत घडण	theory of price formation for financial assets
वित्तीय तरतूद	finance procurement
वित्तीय तूट	fiscal deficit
वित्तीय नियोजन	financial planning
वित्तीय नियंत्रण	financial control
वित्तीय परिव्ययऱ्हासक अनुकूलता	financial economics
वित्तीय परिव्ययऱ्हासक प्रतिकूलता	financial diseconomics
वित्तीय प्रक्रिया	financial procedure
वित्तीय प्रशासन	financial administration
वित्तीय बांधिलकी	financial commitement
वित्तीय भार	financial burden
वित्तीय भांडवल	financial capital
वित्तीय मध्यस्थ	financial intermediary
वित्तीय महामंडळ	finance corporation
वित्तीय वर्ष	financial year
वित्तीय विधेयक	financial bill
वित्तीय विनियोजन	financial administration

वित्तीय शिस्त	financial discipline
वित्तीय सहाय्य	financial assistance
वित्तीय साधन	financial instrument
वित्तीय साधने	financial resources
वित्तीय सुधारणा	financial reforms
वित्तीय सुसाध्यता	financial feasibility
वित्तीय सेवा	finance service
वित्तीय संस्था	financial institution
वित्तीय हस्तांतरण	financial transference
वित्तीय क्षमता	financial capacity
विदेश चलन दर	exchange rate
विदेश नीती	foreign policy
विदेश मंत्री	foreign minister
विदेश विनिमय जोखीम	foreign exchange risk
विदेश विनिमय दर	foreign exchange rate
विदेश व्यापार	external/foreign trade; external affairs trade
विदेशी	foreigner
विदेशी अधिकारिता	foreign jurisdiction
विदेशी अधिवास	foreign domicile
विदेशी अर्थसहाय्य	foreign aid
विदेशी अवक्षेत्रीय अर्थव्यवस्था	enclave economy
विदेशी ऋण/कर्ज	external/foreign debt
विदेशी कचेरी	over seas office
विदेशी कर्ज	external loan
विदेशी कार्यालय	foreign office
विदेशी गुंतवणूक	foreign/overseas investment
विदेशी गुंतवणूकदार	foreign investor
विदेशी चलन	foreign currency
विदेशी चलन दलाल	foreign exchange broker
विदेशी चलन निधीसाठा	foreign exchange
विदेशी चलन नियंत्रण	foreign exchange control

विदेशी चलन बाजार	foreign exchange market
विदेशी चलन मत्ता	foreign exchange assets
विदेशी चलन रूपांतर	foreign exchange conversion
विदेशी चलन विनिमय	foreign indirect exchange
विदेशी चलन समाशोधन	foreign clearing exchange
विदेशी चलनसाठा	foreign basket of currency
विदेशी चलनाचा काळा बाजार	black bourse
विदेशी चलनांचे वायदेव्यवहार	foreign currency
विदेशी चलनांतर	exchange conversion
विदेशी देय रोखा	foreign domiciled security
विदेशी निवेशक	foreign investor
विदेशी न्यायालय	foreign court
विदेशी प्रत्यक्ष गुंतवणूक	direct foreign investment
विदेशी बँक	foreign bank
विदेशी भांडवल	foreign capital
विदेशी मत्ता	foreign assets
विदेशी मदत	foreign aid
विदेशी राज्य	foreign state
विदेशी लोकऋण	foreign public debt
विदेशी विनिमय	foreign exchange
विदेशी विनिमय बाजार	foreign exchange market
विदेशी विनिमय /हुंडणावळ दर	foreign exchange rate
विदेशी विपत्र	foreign bill/ foreign bill of exchange
विदेशी व्यापार	foreign trade
विदेशी व्यापार गुणक	foreign trade multiplier
विदेशी व्यापार धोरण	foreign trade policy
विदेशी सेवा	foreign service
विदेशी स्थाननिर्दिष्ट रोखा	foreign domiciled security
विदेशी हुंडणावळ	foreign exchange
विद्यमान स्थिती	status quo
विद्यापीठ अनुदान आयोग	university grants commission (UGC)
विद्यार्थी अहिंसा सहनियमन सभा	student non violent coordinating committee (SNCC)
विद्यावंत	intelligensia
विद्याशाखा	faculty
विद्याक्षेत्रातील (ज्ञानक्षेत्रातील) बौद्धिक स्वातंत्र्य	academic freedom
विद्रोह	revolt
विद्रोही	protestant
विधवा विवाह	widow marriage
विधान कार्य	legislative affairs
विधान परिषद	legislative council
विधान मंडळ	legislature
विधान मंडळ सदस्यांमधील मतांची सौदेबाजी	log rolling
विधान मंडळातील पहिले भाषण	maiden speech
विधान विभाग	legislative department
विधान सभा	legislative assembly
विधानांग	legislative
विधायक	constructive

विधायक न्यास	constructive trust
विधिकल्पित	juristic
विधिकल्पित व्यक्तिमत्त्व	juridical personality
विधिगत	juristic
विधिगत संकल्पना	juristic concept
विधिग्राह्य नियतवाटप /भागवाटप	valid allotment
विधिग्राह्यता	legal validity
विधित:	de jure
विधित: अधिकारी	office de jure
विधित: सार्वभौमत्व	de jure sovereignity
विधितत्त्वज्ञान /विधितत्त्वमीमांसा	jurisprudence
विधिद्वारा संस्थापन	incorporation
विधिनिकाय	corpus juris
विधिनियम	act
विधिनिर्मित एकाधिकार	legal monopoly
विधिनिष्ठ	legalist
विधिनिष्ठ आज्ञापन	legal imperatives
विधिबहिष्कृत	outlaw
विधिबाह्य	illegal; invalid
विधिबाह्यता	invalidity
विधिभंग	breach of law
विधिमीमांसक	jurist
विधियुक्त	lawful
विधिवत्	de jure
विधिविधान	legislation
विधिविषयक साहाय्य	legal aid
विधिविहित आज्ञापन	legal imperatives
विधिशास्त्र	jurisprudence
विधिशास्त्रज्ञ	jurist
विधिसभा	court
विधिसंग्रह	body of laws
विधिसंमत	lawful
विधिसंमत पालक	lawful guardian
विधिसंमत पैसा	lawful money
विधिसंस्थापित /विधिस्थापित (कायद्याने स्थापन) केलेली संस्था	incorporated company
विधिसंहिता	the law
विधी (कायदा)	law
विधी अग्राह्य	unlawful
विधी अग्राह्य मत	invalid vote
विधी अभिकर्ता /एजंट	law agent
विधी विधानित करणे (कायदेकानून तयार करणे)	legislate
विधीसभा	senate
विधी सल्लागार	legal adviser
विधीकार (कायदे करणारा)	legislator
विधीचे समाजकार्य	sociology of law
विधीतर (कायदेता)	extra legal
विधीतर मंजुरी	extra legal sanction
विधीपुढे समानता	equality before law
विधीमंडळ	assembly
विधीसंगत	legitimate
(विधेयक) प्रस्तुत करणे	introduce a bill
विनयभंग	molestation
विना तारण	non-mortaged
विनाधोरण	random
विनामूल्य पोचवणी	free delivery
विनामोबदला	without compensation
विनाशकारी जादू	black magic
विनाशकारी शस्त्रे	distructive weapons
विनिमय	exchange
विनिमय आकार	exchange charges

विनिमय तुल्यता	parity of exchange
विनिमय दर	exchange of broker; rate
विनिमय नियंत्रण	exchange control
विनिमय पत्र	bill
विनिमय प्रक्रिया	exchange system
विनिमय प्रमाण	exchange ratio
विनिमय माध्यम	medium of exchange
विनिमय मूल्य	exchange value
विनिमय लेखा	exchange account
विनिमय वाटा	exchange quota
विनिमय विवाह (साटेलोटे)	marriage by exchange
विनिमय व्यवहार	exchange transaction
विनिमय सममूल्य	par of exchange
विनिमय सिद्धान्त	theory of exchange
विनिमय हिस्सा	exchange quota
विनिमयक्षमता /विनिमेयता	exchangeability
विनिमयात्मक कायदा	exchange law
विनिमयित	regulated
विनियमित बाजार	regulated market
विनियोग विश्वस्त मंडळ	investment trust
विनियोजन अधिनियम (विधेयक)	appropriation bill
विनियोजन लेखा	appropriation account
विनियोजन समिती	appropriation committee
विनियोज्य आय /उत्पन्न	disposable income
विनियोज्य भाग	blue chip
विनंती	requisition
विनंती अर्ज	petition
विपणन	marketing
विपणन परिव्ययऱ्हासक अनुकूलता	marketing economics
विपणन परिव्ययऱ्हासक प्रतिकूलता	marketing diseconomics
विपणन समिती	market committee
विपणी (बाजार)	market
विपणी समाजवाद	market socialism
विपत्र	allorge; bill
विपत्र दलाल	bill broker
विपत्र द्वितीयक	second of exchange
विपत्र निवर्तित करणे	retire a bill of exchange
विपत्र पुस्तक	bill book
विपत्र प्रथमक	first of exchange
विपत्र (हुंडी) बाजार	bill market
विपत्र मुद्रांक शुल्क	stamp duty bill of exchange
विपत्र विनिमय दर	bill of exchange
विपत्र स्वीकार	accept a bill
विपत्र हमी देणे	back a bill
विपत्राचा नकार	protesting a bill of exchange
विपत्राची तिसरी प्रत	triplicate bill of exchange
विपत्राची फेड	discharge of a bill
विपत्राची मुदत	term/currency of bill
विपत्राचे अधिवाटप /विपत्रावर अधिटिप्पणी लिहिणे	noting of bill
विपथगमन	deviancy
विपथगामी वर्तन	aberrant behaviour
विपथगामी व्यक्तिमत्त्व	aberrant personality
विपरित संवेदन	illusion
विपर्यस्त	contrary
विपुल	bumper
विपुल उत्पादन	mass production

विफल बचत	frustrated saving
विफलता	handicap
विभक्त	detach
विभक्तता	detachment
विभक्ततावाद	separatism
विभक्तीकरण	separation
विभाग	division; zone
विभागणी	break down/up
विभागणी मूल्य	break up value
विभागवाद	departmentalism
विभागश: व्यवस्थापन	divisional administration
विभागीकरण	departmentisation
विभागीय परिषद	zonal council
विभागीय लेखा	departmental account
विभागीय संघटना	departmental organization
विभाजक न्याय	divisive justice
विभाजन	distribution; division; partition; break down (up)
विभाजन, आर्थिक	economic distribution
विभाजन कार्य	distribution function
विभाजन नियम	distributive law
विभाजनवाद	sepeartion
विभूती	charisma
विभूती तत्त्व	charism
विभूतीपूजा	hero worship
विभूतीमत्त्व	charisma
विभूतीवाद	personalism
विभेद	division
विभेदकारी	differentiated
विभेदन	differentiated
विभेदित वस्तू	differentiated products
विमर्ष	reflcxive
विमा	insurance
विमा अभिकर्ता /एजंट	insurance agent
विमा उतरविलेले बचत ठेव खाते	insured savings deposit account
विमा उतरविलेल्या वस्तू	insured articles
विमा कर्ज	policy loan
विमा निधी	insurance fund
विमा पत्र	insurance policy
विमा बँक	insurance bank
विमा क्षतितारण	insurance cover
विमा क्षेत्र	insurance premia
विमागणितीय	actuarial
विमापत्राचे अभिहस्तांकन	assignment of policy
विमाबद्ध	assured
विमाबद्ध बचत ठेव खाते	insured savings deposit account
विमायोग्य हितसंबंध	insurable interest
विमाविषयक	acturial
विमासंस्था	insurance institute
विमाहप्ता	premium
विमुक्त जाती	denotified tribes
विमुक्त मदत	united aid
विमुक्त/विशेष मुक्त	denotified
विमुक्तीधन	ransom
विमुक्तीवाद	libertarianism
विमुद्रीकरण	demonetisation
विमूल्यन	depreciation
विमेदार	assured person; subscriber
विमोचन आकार	redemption charge
विमोचनयोग्य/ विमोचनीय बंधपत्र	redeemable bond

वियुक्ती दर	separation rate
वियोग	separation
विरक्तिवाद	ascetism
विरक्ती	renunciation
विरचना	deconstruction
विरचनावाद	deconstructionism
विराम	cessation
विरामसंधी	arms truce; truce
विरुद्ध	contary
विरुद्ध नोंद	contra entry
विरेचन	purge; digestion
विरोध	contradiction; opposition; inconsistency
विरोधक	opponent
विरोधभाव	antagonism
विरोधविकास	dialectical
विरोधविकास पद्धत	dialectical method
विरोधविकासवाद	dialectics
विरोधाभास	controversy
विरोधी	antagonistic
विरोधी पक्ष	opposition bench/party
विरोधी सूचना	contrary suggestion
विलगता /विलग्नीकरण	segregation; separation
विलग्नीकरणवादी	segregationist; red neck
विलय	dissolution
विलयन	absorption
विलयावस्था	chaos
विलासवास	epicureanism
विलासी वस्तू	luxury goods
विलीनीकरण	merge
विलेख	deed
विलोप	extinction
विलंब आकार/शुल्क	demurrage charges
विलंबकारी प्रस्ताव	dilatory motion

विल्हेवाट	allocation
विवरण	abstraction; interpretation
विवरणपत्रक	return of tax
विवरणपत्रिका	bulletin
विवरणमार्ग	channel of distribution
विवरणात्मक अन्वय	hermeneutical interpretation
विवर्तनवाद (अलगतावाद)	isolationism
विवक्षित	definite
विवाद	dispute; litigation; prosectuion
विवादग्रस्त ऋण	disputed debt
विवाह	marriage
विवाहपूर्व	pre-marriage
विवाहपूर्व मैथून	premartial coitus
विवाहपूर्व समुपदेशन	pre-marriage counselling
विवाहपूर्व संबंध	pre-marriage relations
विवाहपूर्व स्वैराचार	premartial licence
विवाहबाह्य	extra marital
विवाहबाह्य वर्तन	incest
विवाहबाह्य संतती	bastard
विवाहबंधन	wedlock
विवाहविघटन	dissolution of marriage
विवाहविच्छेद	divorce; dissolution of marriage
विवाहविधी	marriage rites
विवाहविषयक /विवाहसंबंधी	connubial
विवाहसंबंध	affinity
विवाहसंस्कार	marriage rituals
विविध कर्मचारी	multipurpose
विविध जातीय	cosmopolitan
विविध जातीयता	heterogeneity

विविध वस्तू भांडार	departmental store
विविधता गुणांक	diversity factor
विविधीकरण विश्वरचना	universal structure
विविधीकृती शेती	diversified farming
विवेक	reason; rationality; wisdom
विवेककेंद्रवाद	rationalism
विवेककेंद्रवादी	rationalist
विवेकबुद्धी	discretion
विवेकवादी	rationalist
विवेकशून्य पुढारी	demagogue
विवेकाधिष्ठित	reason, wisdom etc.
विवेकाधीन (स्वेच्छाधीन) शक्ती	discretionary power
विवेकी	decesion; rational
विवेकीकरण	rationalisation
विवेकीकरण औद्योगिक	industrial rationalisation
विवेचक	critic
विवेचक दृष्टी	discernment
विवेचक विश्लेषण /विवरण	critical interpretation
विवेचन	analysis
विशाल दृष्टिकोनाचा	cosmopolitan
विशालनगर	megapolis
विशालेयीकरण	deschooling
विशिष्ट कर	specific tax
विशिष्ट गहाण	charge
विशिष्ट गुण	paricularity
विशिष्ट चिन्ह	brand
विशिष्ट जात	section
विशिष्ट पक्षाला, तत्त्वाला अगर धोरणाला बांधील नोकरशाही	committed bureaucracy

विशिष्ट प्रमाण	specific quota
विशिष्ट मुदतीत परत घेण्याच्या आश्वासनावर केलेली कैद्याची सुटका (पॅरोल)	parole
विशिष्ट वस्तू उत्पादन सेवा	specific product service
विशिष्ट विज्ञान	special science
विशिष्ट स्थान	formalised status
विशिष्ट ज्ञानपद्धती	know how
विशिष्ट, निश्चित प्रमाण	quota
विशिष्टता प्रमाण	degree of specificity
विशिष्टत्वात्मक दृष्टिकोन	specific vision
विशेष अभिकर्ता /एजंट	particular agent
विशेष आर्थिक क्षेत्र विभाग	special economic zone
विशेष उचल अधिकार	special drawing rights (SDRs)
विशेष जोखीम	high risk
विशेष जोखीम गट	high risk group
विशेष निधी	special fund
विशेष परवाना	special licence
विशेष पृष्ठांकन	special endorsement
विशेष रेखांकन	special crossing
विशेष विकास सहाय्य निधी	special development aid fund
विशेष सवलत/हक्क	weightage; privilage
विशेष हेतूने एकत्र आलेला पक्ष	coalition
विशेषता	particularity

विशेषाधिकार patent; privilage
विशेषाधिकारामुळे अग्रक्रमित प्रश्न privileged question
विशेषाधिकाररहित underprivileged
विशेषाधिकारी वर्ग privileged class
विशेषाधिकारी समिती privileged committee
विशेषिकृत उद्योग specialised industry
विशेषित नकाराधिकार qualified veto
विशेषित पृष्ठांकन qualified endorsement
विशेषित स्वीकृती qualified acceptance
विशेषीकरण specialization
विशोधन amendments
विश्लेषण analysis
विश्लेषणात्मक अर्थशास्त्र analytical economics
विश्व cosmos
विश्वजनहितवाद universalism
विश्वधर्म universal religion
विश्वपरता universalism
विश्वबंधुत्वाचा cosmopolitan
विश्वरचना विचार /विश्वरचनाशास्त्र cosmology
विश्ववाद universalism
विश्वव्यापी cosmic; universal
विश्वशास्त्र cosmology
विश्वसनीयता authenticity; credibility
विश्वसंहिता textual universe
विश्वस्त trustee; caretaker
विश्वस्त निधी trust fund
विश्वस्त पद्धती trusteeship system (mandate system)
विश्वस्त परिषद trusteeship council
विश्वस्त प्रदेश trust territory
विश्वस्त मंडळ trust/trusty board
विश्वस्त रोखे trustee securities
विश्वस्तता सिद्धान्त trusteeship theory
विश्वात्मा universal spirit
विश्वास belief; credit; trust; loyalty
विश्वासघात breach of trust
विश्वासश्रित नोटा fiduciary paper money
विश्वासार्ह creditable
विश्वासार्हता credibility
विश्वासार्हता त्रुटी credibility gap
विश्वासाश्रित मुद्रा fiduciary money
विश्वोत्पत्तिशास्त्र cosmology
विपणन संशोधक marketing scientist
विषम न्याय inequity
विषम परिस्थिती inequal conditions
विषम वागणूक differential treatment
विषमजातीय समाज hetergeneous society
विषमता disparity; inequality
विषमतावादी परंपरा disparity inequality
विषमतावादी समाजरचना unequalistic social pattern
विषमताविषयक सैद्धान्तिक विश्लेषण therotical analysis of ineqality
विषमतोल imbalance
विषममूल्यता disparity
विषय पत्रिका agenda
विषयनिष्ठ प्रश्नावली subjective questionnaire
विषयप्रतिवादन agenda challenging
विषयसापेक्ष subjective
विषवायू युद्ध /युद्धपद्धती progrom
विषाणू virus
विसर्जन dissolution; dissolve
विसर्जन प्रक्रिया dissolution process

विसंगत	incoherent
विसंगती/विसंवाद	incompatability; inconsistency; contradiction
विस्कटलेले (भंग) कुटुंब	broken family
विस्कळीतपणा	disorganization
विसार	earnest
विस्तार	growth; earnest; expansion; volume
विस्तार कार्यक्रम	extension programme
विस्तार सेवा योजना	extension service scheme
विस्तारवाद	imperialism
विस्तारवादी धोरण	expansionism policy
विस्तारित कुटुंब	extended family
विस्तारित व्यक्तिमत्त्व	expanded/extended personality
विस्तृत लागवड	extensive cultivation
विस्थापन	diplacement
विस्थापित	displaced
विज्ञान	science
विज्ञान व्यवहार	science transaction
विज्ञानप्रतिमान	scientific mode
विज्ञानाचे तत्त्वचिंतक	philosopher of science
विज्ञानाचे तत्त्वज्ञान	philosophy of science
विज्ञानोत्तर सिद्धान्त	post-science theory
वीजवेगी	blitgkrieg
वीरपूजा	hero worship
वृक् (गनिमी) युद्ध	guerilla warfare
वृत्त	bulletin
वृत्तनिर्बंध	news censor
वृत्तपत्र	gazette
वृत्तपत्रीय नियंत्रण	censership hyperlink
वृत्तप्रसारण माध्यम	newsbroadcasting media
वृत्तवाहिनी	news cable
वृत्तविभाग	news agency
वृत्तसेवा	news agency
वृत्तसंकलन	news collection
वृत्ती	tendency
वृद्धसत्ता/वृद्धसत्ताक	gerontocracy
वृद्धि प्रतिमान	growth unit
वृद्धिकारी	growth oriented
वृद्धिजनक स्थल सिद्धान्त	growth poles theory
वृद्धिबिंदू	growth point
वृद्धी	developement; increase; expansion
वृद्धी प्रतिमान	growth unit
वृद्धी/वाढ	growth
वृद्धी दर	growth rate
वृक्ष विवाह	tree marriage
वृंद नमुना चाचणी	cluster sampling
वृंद विश्लेषण	cluster analysis
वेग	velocity
वेगवान अतिवृद्धी	galloping inflation; hyper inflation
वेगवान हल्ला	blitgkrieg
वेठबिगार/वेठबिगारी	forced labour; bonded/ compulsory labour
वेड	insanity; mania
वेडगळ धर्मसमजूत	superstition
वेतन	pay; payment; salary; remuneration; wage/ wages; stipend
वेतन अतिवृद्धी	wage inflation; wage induced inflation
वेतन आणि किंमत धोरण	wage and price policy
वेतन किंमती आवर्त	wages prices spiral
वेतन खर्च	wage cost
वेतन खाते	wage department

वेतन गोठवणी	wage freeze
वेतन घट	wage inflation
वेतन निधी	wage fund
वेतन निधी सिद्धान्त	wage fund theory
वेतन प्रोत्साहन	wage incentive
वेतन मंडळ	wage board
वेतन व किंमती यांचे आवर्त	spiral of wages and prices
वेतन विभेदक	wage differential
वेतन सौदा प्रक्रिया	wage bargain process
वेतनगट बचत योजना	pay roll saving scheme
वेतनदर	wage/pay rate
वेतनदार	earner
वेतनपट कर	pay roll tax
वेतनप्रेरणा	wage incentive
वेतनप्रेरित अतिवृद्धी	wage induced inflation
वेतनमान	pay scale
वेतनलेखा	salary/wage account
वेतनवस्तू	wage goods
वेतनवाढ/वेतनवृद्धी	increment
वेतनसिद्धान्त	theory of wages
वेतनसंरचना	pay/wage structure
वेतनस्थैर्य	wage stability
वेतनश्रेणी	pay scale
वेतनाचा आधुनिक सिद्धान्त	modern theory of wages
वेतनाची लवचिकता	wage flexibility
वेतनाचे प्रदान	payment of salary
वेतनी वर्ग	salarised class
वेतनेतर लाभ	perquisite
वेदसंमत	orthodox
वेश्याकर्म/ वेश्याव्यवसाय वेश्यावृत्ती	prostitution

वेळ नमुना चाचणी तंत्र	time sampling technique
वेळ पाहून वागणारा	opportunist
वैकल्पिक	alternative
वैकल्पिक आदेशिती	alternative drawee
वैकल्पिक धारक	alternative holder
वैकल्पिक पर्यायी मागणी	alternative demand
वैकल्पिक पैसा	optional money
वैकल्पिक राजवट	optional regime
वैकल्पिक वाटा	optional share
वैगमनिक पद्धत	duductive method
वैचारिक द्वैत	idealogical intellectual
वैचारिक धुरीणत्व	idealogical binary
वैचारिक परिवर्तन	idealogical transformation
वैचारिक वर्चस्व	idealogical domination
वैचारिक संबंध	idealogical relations
वैचारिक स्तर	idealogical level
वैद्यकीय लाभ	medical benefit
वैद्यकीय समाजशास्त्र	medical sociology
वैद्यकीय समाजकार्य	medical social work
वैद्यकीयीकरण वैधता	validity
वैध/वैधिक	de jure; lawful; legal; legitimacy; legitimate; valid
वैध अधिकार	legal rights
वैध कार्यवाही	legal proceedings
वैध गहाण	legal mortage
वैध चलन मुद्रा/पैसा	legal tender money
वैध दृष्टिकोन	legal approach
वैध निविदा	legal tender
वैध बुद्धिनिष्ठ अधिकार	legal rational authority
वैध मान्यता	de jure recognition
वैध विवाह	connubum

वैध व्यक्तिमत्त्व (कायदेशीर अधिकार असलेली व्यक्ती)	legal personality
वैध व्यवस्था	legal order
वैध व्यापार	fair trade
वैध सर्वोच्चता	legal supremacy
वैध सार्वभौमत्व	legal sovereiginity
वैधता	validity; legality
वैधानिक	legislative
वैधानिक अधिनियम	legislative act
वैधानिक अभिवृत्ती	scientific attitude
वैधानिक कामकाज	legislative business
वैधानिक कार्यपद्धती	legislative procedure
वैधानिक दर्जा	legislative status
वैधानिक दृष्टिकोन	legal vision
वैधानिक नजरचूक	legislative oversight
वैधानिक प्राधिकार /प्राधिकरण	legislative authority
वैधानिक मंजुरी	legislative sanction
वैधानिक मंडळ	leagal board
वैधानिक वय	statuatory age
वैधानिक विकास	statutory development
वैधानिक विकास मंडळ	statutery development board
वैधानिक हेतू	legislative intent
वैधिक	legitimate
वैधिक कार्यवाही	legal proceedings
वैधिकेतर वेतन अधिक्य	wage drift
वैफल्य	frustration
वैभूतिक प्राधिकर	charismatic authority
वैयक्तिक	individual
वैयक्तिक आधारसामग्री	personal data
वैयक्तिक इच्छा	individual will
वैयक्तिक ईश्वरवाद	personal theism
वैयक्तिक उत्तरजीवित्व	individual survival
वैयक्तिक जबाबदारी	individual responsibility
वैयक्तिक धारणा	personal retention
वैयक्तिक निर्णय	individual judgement
वैयक्तिक नीतिमत्ता	individual morality
वैयक्तिक प्रतिभूती (सुरक्षितता)	personal security
वैयक्तिक प्रयोजनविचार	individual tellics
वैयक्तिक मागणी अनुसूची	individual demand schedule
वैयक्तिक (खाजगी) मालकीची संस्था	proprietary concern
वैयक्तिक मुलाखत पद्धती	personal interview method
वैयक्तिक मूल्ये (पसंती, मते)	individual value
वैयक्तिक राजनय (मुत्सद्देगिरी)	personal diplomacy
वैराग्य	ascetism; renunciation
वैवाहिक	conjugal; matrimonial
वैवाहिक अधिकार	conjugal/matrimonial rights
वैवाहिक अपसमायोजन	marital maladjustment
वैवाहिक एकनिष्ठा	marital fidelity
वैवाहिक प्रतिकूलन	marital maladjustment
वैवाहिक भोगवर्जन	marital abstinence
वैवाहिक समायोजन	marital adjustment
वैवाहिक समुपदेशन	marital counselling
वैवाहिक सोबती	consort

वैविध्य	diversity
वैशिष्ट्य	characteristic; perticularity
वैशिष्ट्यपूर्ण	typical
वैश्विक	universal; cosmic
वैश्विक अर्थव्यवस्था	global economic system
वैश्विक उत्क्रांती	cosmic evolution
वैश्विक कायदा /नियम	cosmic law
वैश्विक खेडे	global village, wedsights
वैश्विक गृहिते	universal assumptions
वैश्विक घटना	universal happening
वैश्विक नगरे	universal cities
वैश्विक परिमाणे	universal dimensions
वैश्विक प्रथा	universal traditions
वैश्विक बँक	universal bank
वैश्विक भांडवलशाही	global capitalistic
वैश्विक माया/अज्ञान	cosmic ignorance
वैश्विक व्यवस्था	cosmic order
वैश्विक साम्राज्य	world empire
वैश्विक स्वयंसेवी संस्था	global non government organization
वैज्ञानिक	legislative
वैज्ञानिक कारणकल्पना	scientific cause
वैज्ञानिक क्रांती	scientific revolution
वैज्ञानिक दृष्टिकोन	scientific attitude
वैज्ञानिक मानदंड	scientific criteria, scientific paradism
वैज्ञानिक वाद	scientific debet
वैज्ञानीकरण	rationalization
वॉर्सा विद्वत्सभा /करार	waras convention
व्यक्त	symbolic

व्यक्तिअभ्यास	case study
व्यक्तिइतिहास	case history
व्यक्तिकरण	individualisation
व्यक्तिकार्य तंत्र	case work
व्यक्तिगत	individual
व्यक्तिगत आय /उत्पन्न	personal income
व्यक्तिगत कर	personal tax
व्यक्तिगत कराधान	personal taxation
व्यक्तिगत लेखा	personal account
व्यक्तिगत स्वातंत्र्य	personal liberty
व्यक्तिगत हितसंबंध	personal interest
व्यक्तिचैतन्य	individual spirit
व्यक्तिता	integrity; identity
व्यक्तितंत्रवाद	individualism
व्यक्तित्व	personality; individuality
व्यक्तिनिरपेक्ष	impersonal
व्यक्तिनिष्ठ	subjective; individualistic
व्यक्तिनिष्ठ आदर्शवाद	personal idealism
व्यक्तिनिष्ठ घटना	subjective fact
व्यक्तिनिष्ठ मतदाता	swing over
व्यक्तिनिष्ठता	individualistic
व्यक्तिपूजा	personality cult
व्यक्तिमत्त्व	personality
व्यक्तिमत्त्व गुणविशेष	personality traits
व्यक्तिमत्त्व बंध	personality pattern
व्यक्तिमत्त्व विकार	personality disorder
व्यक्तिमत्त्व विकास	personality development
व्यक्तिमत्त्व विच्छेदन	dissociation of personality
व्यक्तिमत्त्व विसंघटन	personality disorganization
व्यक्तिमत्त्व संघटन	integration of personality
व्यक्तिमत्त्वातील बिघाड	personality disturbance

व्यक्तिमानसशास्त्र	individual psychology	व्यक्तीनिष्ठ	individualistic
व्यक्तिलक्षी कर	individual tax; taxes in person	व्यक्तीनिष्ठ गुणात्मक परिस्थिती	individualistic qualitative enviornment
व्यक्तिवर्ष	person year	व्यक्तीबाह्य	out of person
व्यक्तिवस्तू	subjective object	व्यक्तीला दुर्बल करून तिचे राजसत्तेवरील अवलंबन वाढविणे	autonization
व्यक्तिवाद	personality, individualism	व्यभिचार	adultery; incest; fomication
व्यक्तिवादी	individualistic	व्यभिचारिता	debauchery
व्यक्तिवादी तत्त्व	individualistic principle	व्यभिचारी	debauchee
व्यक्तिवादी लोकशाही	person-centric democracy	व्यय	consumption; outlay; expenditure
व्यक्तिवादी विचार	individualism	व्यय कर	expenditure/out lay tax
व्यक्तिविकासशास्त्र	ontogevesis	व्यय नियंत्रण	expenditure control
व्यक्तिविशिष्टता	individuation speciacity	व्यय-ढकल	cost push
व्यक्तिविषय	subjective object	व्यवच्छेदक	unique
व्यक्तिवृत्त	case history	व्यवच्छेदक संबंध	relation differential
व्यक्तिवैशिष्ट्य	individuality	व्यवच्छेदक लक्षण	unique identitication
व्यक्तिसापेक्ष अभिरूची	subjective interest	व्यवच्छेदन	differentiation
व्यक्तिसापेक्ष मत	subjective impression	व्यवसाय	business; evocation; industry; profession; vocation; trade
व्यक्तिस्वातंत्र्य	personal freedom; individual/personal liberty (Indian constitution)	व्यवसाय कर	profession tax
व्यक्तिस्वातंत्रवादी	personal liberty	व्यवसाय कर्ता	businessman
व्यक्तिस्वातंत्र्यवादी विचारसरणी	philosophy offering personal freedom	व्यवसाय कीर्ती	business name
व्यक्तिस्वातंत्र्याचा अधिकार	right to personal liberty	व्यवसाय गृह	business house
व्यक्तिस्वातंत्र्याची मुभा	laissez faire	व्यवसाय प्रक्रिया बाह्यस्रोत/बाह्याधार	business process outsourcing (BPO)
व्यक्ती	individual	व्यवसाय प्रशासन	business administration
व्यक्ती अपसमायोजन	personal maladjustment	व्यवसायनिष्ठ उपचारपद्धती	occupational therapy
व्यक्तीचे समीकरण	personal equation	व्यवसायपद्धती	economy
व्यक्तीतील तुलना	interpersonal comparision	व्यवसायप्रभू	business magnate

व्यवसायमार्गदर्शन	vocational guidence
व्यवसायसंयोग	combine firm
व्यवसायसंस्था	concern; firm
व्यवसायक्षेत्र	business sector
व्यवसायातील श्रेष्ठी	business magnate
व्यवसायात्मक पातळी	commercilistic level
व्यवसायानिष्ठ भाषाविज्ञान	commercialistic linguistology
व्यवसायानुसार प्रतिनिधित्व	functional representation
व्यवसायानुसार वर्गीकरण/विभागणी	occupation distribution
व्यवस्था	system; scheme
व्यवस्थात्मक विवेकीकरण	managerial rationlization
व्यवस्थापक	director
व्यवस्थापकीय कौशल्य	management skill
व्यवस्थापकीय क्रांती	managerial revolution
व्यवस्थापकीय परिव्ययवर्धक अनुकूलता	managerial economics
व्यवस्थापकीय परिव्ययवर्धक प्रतिकूलता	managerial diseconomics
व्यवस्थापकीय विवेक	managerial wisdom/ rationality
व्यवस्थापकीय संचालक	managing director
व्यवस्थापन	accommodation; adjustment; management
व्यवस्थापन परिव्यय	cost of management
व्यवस्थापन प्रशिक्षण	management training
व्यवस्थापन समिती	management committee
व्यवस्थापन संचालक	managing director
व्यवस्थापनाचे खाजगीकरण धोरण	management privatisation policy
व्यवस्थाप्रवण	pro-management
व्यवहार	bargain; deal/dealings; transaction; derivative
व्यवहार अदलाबदल	swaps trading
व्यवहार कारभारी	charged affairs
व्यवहार परस्परसंबंध	intercourse
व्यवहार पर्याय	options trading
व्यवहार प्रक्रिया	praxis
व्यवहार भावी	future trading
व्यवहार वायदा	forwards trading
व्यवहार शेष	balance of payment
व्यवहारजन्य जोखीम	operational risk
व्यवहारतोल	balance of payments
व्यवहारबुद्धी	common sense
व्यवहारवादी तत्त्वज्ञान	philosophy of common sense
व्यवहारविधी	procedural law
व्यवहार ज्ञान	common sense
व्यवहारातील किंमत	transaction cost
व्यवहारानुरूप	business like
व्यवहारार्थी पैसा	transaction money
व्यवहारी	business like
व्यवहार्य	logical, realistic
व्यवहार्य स्पर्धा	workable competition
व्यवहार्यता	wokability
व्यष्टी वित्त	microfinance
व्यष्टीय बुद्धिनिष्ठा	micro rationality
व्यष्टी अर्थशास्त्र	micro economics
व्यसन/व्यसनाधीनता	addiction
व्यसनासक्त	abandonment
व्यस्त कराधान	negative taxation

व्यस्त परिवर्तन	inverse variation
व्याकरण	grammer
व्याख्या	definition
व्याज	interest
व्याज अधिपत्र	interest warrant
व्याज दर	rate of interest
व्याजदर जोखीम	interest rate risk
व्याजदर, तरता	rate of interest, floating
व्याजदर, स्थिर	rate of interest, fixed
व्याजदरातील चढउतार	fluctuations in rate of interest
व्याजदरांची संरचना	structure of money rates
व्याजदरांमधले अंतर	interest rate margin
व्याजमुक्त बँकव्यवस्था /बँकिंग	interestfree banking
व्याजाचा प्रशासित दर	administered rate of interest
व्याजाचा बाजार दर	market rate/money rate of interest
व्याजी भांडवल	capital at charge
व्याप	range
व्यापक	macro/wide
व्यापक परवाना	blanket licence
व्यापक पातळी	macro level; wider level
व्यापक बेकारी	extensive unemployment
व्यापक मंजुरी	blanket sanction
व्यापक राजनयिक अभिकल्प	grand design
व्यापक विकास	comprehensive development
व्यापार	commerce; deal/ dealings; trade; traffic
व्यापार अनुशास्ती	trade sanction
व्यापार आकार	trade charges
व्यापार आकार लेखा	trade charges account
व्यापार आणि विकास	trade and development
व्यापार करार	trade agreement
व्यापार कर्ज	trade loan
व्यापार केंद्र	trade centre
व्यापार खर्च लेखा	trade expense account
व्यापार खाते वही	trade ledger
व्यापार चक्र	trade/business cycle
व्यापार चिन्ह	trade mark
व्यापार चिन्ह अधिनियम	trade marks act
व्यापार चौकशी	trade enquiry
व्यापार तूट	trade deficit
व्यापार तोल	balance of trade
व्यापार दिशा	course of trade
व्यापार धनको	trade creditor
व्यापार नाम	trade name
व्यापार निर्देशिका	trade directory
व्यापार निर्बंध कायदा	trade controls act
व्यापार नीती	trade ethics
व्यापार पद्धती	business method
व्यापार प्रतिरोध	restraint of trade
व्यापार प्रथा	trade practices
व्यापार प्रमात्रा	quantum of trade
व्यापार मंडळ	trade board; board of trade; chamber of commerce
व्यापार वाढावा	trade surplus
व्यापार वितरण	trade distribution
व्यापार विवाद	trade dispute
व्यापार विवाद अधिनियम	trade dispute act
व्यापार विविधीकरण	trade discrimination
व्यापार/विनिमय करता येण्याजोगा	tradable

व्यापारधंद्याचे अर्थशास्त्र business economics
व्यापारबंदी embargo
व्यापारमंदी depression of trade
व्यापारराशी मूल्य gross barter terms of trade
व्यापाररोध trade barriers
व्यापारलेखा trading account
व्यापारवस्तू मूल्य तुल्यता दर net barter terms of trade
व्यापारवाद commercialism
व्यापारवादी merchantialist; dealer
व्यापारवादी विचारवंत mercantilist
व्यापारविधी commercial law
व्यापारविपत्र trade bill
व्यापारविषयक कायदा commercial law
व्यापारशेष balance of trade; visible balance of trade
व्यापारसंघ trade association
व्यापारसंघटना business organization
व्यापारसंधी trade treaty
व्यापाराचे स्वरूप /पद्धती trade pattern
व्यापारिक/व्यापारी commercial
व्यापारी (वाणिज्यिक) भूगोल commercial geography
व्यापारी (वाणिज्यिक) विकास commercial development
व्यापारी अभिकर्ता mercantile agent
व्यापारी करार commercial treaty
व्यापारी कसर trade discount
व्यापारी किंमत (भाव) trade price
व्यापारी खाते trade account
व्यापारी गुपित trade secret
व्यापारी ग्वाही trade reference
व्यापारी जगत् commercial world
व्यापारी नफा trade profit
व्यापारी निर्बंध trade restriction
व्यापारी पत trade credit
व्यापारी पत्र trade bill
व्यापारी पेढी factory
व्यापारी प्रथा business practices
व्यापारी बँक commercial/mercantile bank
व्यापारी बँकिंग commercial banking
व्यापारी वस्तू commercial products
व्यापारी व्यवहार trading
व्यापारी संपत्ती/धन commercial wealth
व्यापारी संबंध commercial relations
व्यापारी संरक्षण trade protection
व्यापारी संरक्षण संघ trade protection association
व्यापारी संस्था shop establishment
व्यापारी हुंडी बाजार commercial bills market
व्यापारी, किरकोळ retail trader
व्यापारी, घाऊक wholesale trader
व्यापारीकरण commercialisation
व्यापारीकृत commercialised
व्याप्त (ताब्यात असलेली) भूमी occupied land
व्याप्ती range; scope
व्यामिश्र homogenous
व्यामिश्रता homogenousity
व्यावसायिक गतिशीलता/चलता /चलनशीलता occupational mobility
व्यावसायिक गुपित trade secret
व्यावसायिक पुनर्वसन vocational rehabilitation

व्यावसायिक प्रतिनिधित्व	occupational representation
व्यावसायिक प्रशिक्षण	vocational training
व्यावसायिक मतदारसंघ	occupational constituency
व्यावसायिक मूल्य	vocational value
व्यावसायिक विकास	professional development
व्यावसायिक शिक्षण	vocational education
व्यावसायिक समाजकार्य	professional socialwork
व्यावसायिक सेवा	professional service
व्यावसायिक संघ	occupational union
व्यावसायिक संरचना	occupational structure
व्यावहारिक	practical
व्यावहारिक अर्थशास्त्र	applied economics
व्यावहारिक जग	phenomenon
व्यावहारिक तत्त्वज्ञान	philosophy of common sense
व्यावहारिक राजकारण	practical politics
व्यावहारिक समाजशास्त्र	practical sociology
व्यावहारिक संकल्पना	practical concept
व्यावहारिकता	practicalness
व्यासंग	study
व्यूह तंत्रात्मक साधनस्वरूप तर्क	strategic instrumental relationality
व्यूहतंत्र	strategy; strategic technique
व्यूहरचना/प्रयुक्त्या	tactics

श

शकुन	omen
शक्ती	power
शक्ती व प्राधिकार	power and authority
शक्तीविभाजन	division of power
शक्तीसंचय	power accumulation
शक्तीसिद्धान्त	law of force
शक्य कमाल दर	warranted rate
शक्यता	potentiality
शक्यप्राय	possible
शत्रु राज्य	enemy state
शपथपत्र	affidavit
शपथपूर्वक (अर्थ-मत इ. चा.) त्याग	abjuration
शब्दप्रामाण्य	testimonial; verbalism
शब्दनिधी	lexicon
शब्दशास्त्र	science of words
शरण जाणे	surrender
शरणअधिकार	right of sanctuary
शरणागती लेख	capitulation
शरीरक्रियाशास्त्र	phisiology
शरीरविक्री	flesh trade
शर्त	condition
शस्त्रसंधी	armistice; cease fire
शस्त्रस्पर्धा	arms race
शस्त्रास्त्र अधिनियम	arms act
शस्त्रास्त्रोत्पादक	merchant of death
शहर	city
शहर वाहतूक सेवा	city transport service
शहरी	urban
शहरी प्रवृत्ती	urban trend
शहरी बँक	urban bank
शहरीकरण /नागरीकरण धोरण	urban develoment policy
शांतता संधी	peace treaty
शांतताकरार	treaty of peace

शांतताकालीन अर्थव्यवस्था	peaceful economy
शांतताप्रिय	doves
शांतताभंग	breach of peace
शांततामय समझोता	peaceful settlement
शांततामय सहजीवन	peaceful coexistence
शांततावादी	doves; pacifism
शांतिपूर्ण क्रांती	peaceful revolution
शांतिपूर्ण सहअस्तित्व	peaceful coexistence
शांतिवाद	pacifism
शांतिसेना	peace crops
शांती समिती	league of enforce/ peace
शाखा	discipline; thought; section
शाखाभिन्नता	branch differenciation
शाखाहीन अधिकोषण	unit banking
शाप	curse
शाब्दवाद	verbalism
शारीरिक छळ	physical torture
शारीरिक पुनर्वसन	physical rehabilitation
शारीरिक प्रेरणा	physiological drive
शारीरिक मानवशास्त्र	physical anthropology
शारीरिक शिक्षा	corporal punishment
शारीरिकदृष्ट्या अपंग	physically handicapped
शालेयीकरण	schooling
शाश्वत	constant; eternal
शाश्वत (अखंड) बंधपत्र	perpetual bond
शाश्वत उपजीविका	sustainable livelihood
शाश्वत जंगल	sustainable forest
शाश्वत नगर विकास	sustainable city development
शाश्वत पर्यावरण	sustainable enviornment
शाश्वत विधी (कायदा)	eternal law
शाश्वत शेती	sustainable farming
शाश्वत/चिरंजीवी विकास	sustainable development
शाश्वतता	sustainability
शाश्वततेचे मूल्य	principle of sustainability
शाश्वती	constancy
शासक	governing
शासक मंडळ	governing body
शासकीय कारवाई	state action
शासकीय कृती	executive action
शासकीय गुपित अधिनियम	official secret act
शासकीय धनाकर्ष /ड्राफ्ट	government draft
शासकीय नियंत्रण टाळणारे क्षेत्र	zone avoiding government control
शासकीय निर्णय	executive decision
शासकीय निर्बंध	governement restrictions
शासकीय पुनर्रचना	governmental reorganization
शासकीय प्रशासन	administration of government
शासकीय बँक	government bank
शासकीय मालकी	government ownership
शासकीय रोखे	government securities
शासकीय लेखा	government account
शासकीय विधेयक	public bill
शासकीय व्यवहार	government transactions
शासकीय संघटना	government organisation
शासकीय हस्तक्षेप	state interference

शासन	government
शासन परिवर्तन	government transformation
शासन/सरकारी विधेयक	government bill
शासनदेवता	government goddess
शासनप्रणाली	government system
शासनविरोधी कृती	anti-government move
शासनव्यवहार	governance
शासनशक्ती	executive power
शासनसंमत	charter
शासनाची मक्तेदारी	government monopoly
शासनानुकूल वृत्तप्रसार	managed news
शासनेतर विधेयक	private bill
शासीत	governed
शास्त्र	discipline; science
शास्त्रशुद्ध व्यवस्थापन	scientific management
शास्त्रशुद्ध /शास्त्रशुद्धता	scientifically
शास्त्रीय अनुभववाद	scientific empiricism
शास्त्रीय दृष्टिकोन	scientific vision
शास्त्रीय निरीक्षण	scientific observation
शास्त्रीय परंपरा	scientific tradition
शास्त्रीय प्रारूप	scientific model
शास्त्रीय व्याख्या	scientific definition
शास्त्रीय संतुलन पद्धती	sectional balancing system
शास्त्रीयकरण /शास्त्रीयीकरण	rationalization
शिकाऊ उमेदवार	apprentice
शिक्कामोर्तब केलेला (सनदशीर) करार	covenant
शिखर	aparthead

शिखर अधिकोष /बँक	apex bank
शिखर मुत्सद्देगिरी /राजनय	summit diplomacy
शिखरनीती (वरिष्ठ पातळीवरील धोरण)	summitry
शिखर परिषद	summit conference
शिथिलीकरण	liberalization
शिफारस	recommendation
शिरकाण	program (destrucion of jowls)
शिरकाव किंमत धोरण	penetration price policy
शिरगणती	census
शिरजोरपणा	dominion
शिरोगामी	apex
शिरोबिंदू	aparthead
शिलकी अर्थशास्त्र	surplus budget
शिलकी सामान	dead stock
शिलकी/वाढाव्याचे अंदाजपत्रक	surplus budget
शिल्प कारागीर	craftsman
शिल्पी संघ	craft union
शिल्लक	balance; surplus
शिल्लक खातेवही	balance ledger
शिव आणि अशिव	good and evil
शिशुकल्याण	child/infant welfare
शिशुबली	child sacrifice
शिष्ट	sophisticated
शिष्टजन	elite
शिष्टजनवाद	elitism
शिष्टमंडळ	mission
शिष्टाई	good offices; mission
शिष्टाचार	decency; etiquette; manners

शिष्यवृत्ती (फेलोशिप) fellowship
शिस्त discipline
शिस्तभंगाची कारवाई /कार्यवाही disciplinary action
शिक्षण instruction
शिक्षण औपचारिक formal education
शिक्षण प्रौढ adult education
शिक्षणाचे अर्थशास्त्र economics of education
शिक्षणाचे माध्यम medium of instruction
शिक्षा award
शिक्षा अथवा दोषारोप स्वत:वर ओढवून घेणे incur
शिक्षात्मक कर puritive tax
शिक्षा न्याय corrective justice
शिक्षा भोगणारा convict
शिक्षा वजा व्याज penal interest
शिक्षादेश sentence
शिक्षार्थी apprentice
शिक्षाविषयक कायदा penal law
शिक्षितांची बेकारी educated unemployment
शिक्षेचा प्रतिदंड सिद्धान्त retrebutive theory of punishment
शीघ्र संपर्क करार hot line agreement
शीत युद्ध cold war
शीतयुद्धोत्तर जग world after cold war
शील character
शुद्ध नफा pure profit
शुद्ध प्रज्ञा intuition
शुद्ध बुद्धिवाद cosmology
शुद्ध सत्ताधारी संस्था pure holding company
शुद्धविवेक pure veason
शुद्धी संस्कार purification rites
शुद्धीकरण purge
शुन्याधारित अर्थसंकल्प zerobase budgeting
शुभ आणि अशुभ good and evil
शुभसंकल्प/शुभेच्छा good will
शुल्क duty; fee; tariff
शुल्क आकारणे charge
शुल्क केंद्र pees centre
शुल्क धोरण tariff policy
शुल्क मुक्त duty free
शुल्क मंडळ tariff board
शुल्कयोग्य/शुल्कदेय dutiable
शुल्कविरहीत प्रदेश tax free zone
शुल्कांश drawback
शून्य voide
शून्य बलरेषा neutral axis
शून्य बातल null
शून्य राशी (रक्कम) zero sum
शून्यवाद nihilism
शृंखला पाहणी /सर्वेक्षण chain survey
शेअर दलाल stock/share broker
(शेअर बाजारात) दिवाळे निघालेला hammered
शेअर, भाग share
शेअरपत्र share certificate
शेअरबाजार stock exchange; share market
शेकडेवारी percentage
शेजार धर्मनीती good neighbouring policy
शेत farm
शेतकरी cultivator; husbandman
शेतकरी समाज agricultural society
शेतकी पत agricultural credit
शेतमजूर agricultural farm labour

शेतमाल	farm production
शेतसारा	agricultural tax
शेती	cultivation
शेती अर्थशास्त्र	agricultural economics
शेती उत्पादन	agricultural production
शेती कामगार	agricultural labour
शेतीचे उत्पन्न	agricultural income
शेतीचे शास्त्र	aggronomy
शेतीमाल	agricultural products
शेतीमालाची बाजारपेठ	agricultural market
शेतीवर आधारित व्यवसाय	agri-business
शेतीवरील किंमत	ex farm price
शेतीवाडी	farm
शेष	real balance
शेष मिळवणी	confirmation of balance
शैक्षणिक समाजशास्त्र	sociology of education; educational sociology
शोध	discovery
शोध पत्रकारिता	investigative journalism
शोधन निधी	rectification fund
शोधन शेषातील असंतुलन	imbalance in balance of payment
शोधनपद्धती	discovery procedure
शोधनाच्या सेवा	payment services
शोभा	grace
शोषक	sucker
शोषण	absorption; exploitation; sucking
शोषण दर	rate of exploitation/ surplus value
शोषणरहित श्रमप्रधानता	work priority
शोषणरहिता	absence of exploitation
शोषणव्यवस्था	exploitation system
शोषित कामगार	sweated labour
शोषित वर्ग/गट	exploited class/group
श्वेतवर्णी	white
श्रद्धा	belief
श्रद्धा बाळगण्याकडे प्रवृत्ती	attitude to faith
श्रद्धा, विश्वास व पूजा स्वातंत्र्य	right of faith; belief and worship
श्रद्धाधिष्ठित मत	dogma
श्रद्धावाद	dogmatism
श्रद्धांचे समानत्व	community of belief
श्रद्धेय मत	dogma
श्रम	labour
श्रम अर्थशास्त्र	labour economics
श्रमजीवी	labourer
श्रमजीवी कर्मचारी	blue collar worker
श्रमजीवी क्रांती	proletarian revolution
श्रमजीवींचे अग्रदल (सेनाप्रमुख)	vanguard of proletariot
श्रमतास	man hour
श्रमदिन	man day
श्रमपुरवठा	labour supply
श्रमप्रतिष्ठा	dignity of labour
श्रमप्रधान देश	labour internsive country
श्रमप्रधानता	labour instinsivlty
श्रमबाजार	labour market
श्रमभांडवल	labour capital
श्रममूल्य सिद्धान्त	labour theory of value
श्रमविपुल अर्थव्यवस्था	labour surplus economy
श्रमविभागणी	division of labour; work distribution
श्रमविभाजन	division of labour

श्रमव्यवस्था	labour system
श्रमव्यवहार	labour transaction
श्रमशक्ती	labour power/force
श्रमक्षमता	labour capacity
श्रमाची प्रादेशिक विभागणी	regional / territorial division of labour
श्रमाची सीमान्तिक अनुपयोगिता	marginal disutility of labour
श्रमाची सीमान्तिक उपयोगिता	marginal productivity of labour
श्रमानुसारी मूल्य सिद्धान्त	labour theory of value
श्रमिक	labour; laboure; worker; workman
श्रमिक आवर्तन दर	labour turnover rate
श्रमिक एकाधिकार	labour monopoly
श्रमिक कायदे	labour law/legislation
श्रमिक कार्यक्षमता	efficiency of labour's
श्रमिक कार्यक्षमता अभ्यास	ergonomics
श्रमिक पुरवठा	supply of labour
श्रमिक बाजार	labour market
श्रमिक भरपाई	workmen's compensation
श्रमिक भरपाई विमा	workmen's compensation insurance
श्रमिक मक्तेदारी	labour monopoly
श्रमिक वर्ग	labouring class
श्रमिक विधीविधान	labour laws/legislation
श्रमिक विवाद	labour dispute
श्रमिक सेवायोजन केंद्र	labour exchange
श्रमिक संघ	labour/trade union
श्रमिक संघटना	labour union
श्रमिक संघवाद	worker unitism; trade unionism
श्रमिक संबंध	labour relations
श्रमिक स्वामित्वहरण	labour expropriation
श्रमिक क्षेत्र	labour/worker sector
श्रमिकरक्षी कायदे	protective labour legislation
श्रमिकांची हुकूमशाही	dictatership of labourer/ worker
श्रमिकांचे संघटन	union of labours
श्रमिकांचे स्थलांतरण	migration of labours
श्रविका	employee
श्रावक	employer
श्राव्यसंकेत	listening signals
श्रुत	revealed
श्रुतसत्य	revealed truth
श्रेणी	degree; division; guild; series; sequence
श्रेणी अनुमाप	rating scale
श्रेणी सत्तावाद	corporativisn
श्रेणी समाजवाद	guild socialism
श्रेणीकरण	gradation
श्रेणीरचनेची व्यवस्था	system of hierarchy
श्रेणीवाढ	upgrading
श्रेणीवाद	syndicalism
श्रेयस व प्रेयस	higher good and lower good
श्रेयस्करी समूह इच्छा	general will
श्रेयाचा आधार	ground of goodness
श्रेष्ठ	supreme
श्रेष्ठता	merits
श्रेष्ठत्वभाव	elitism
श्रेष्ठी	high commands

स

संकट	crisis; risk
संकटात टाकणे	corner

संकर	hybrid
संकरज (मित्रजातीय)	hybrid; cross breed
संकरित	hybrid
संकरित समाज	hybrid society
संकलक	integral
संकलन	synthesis; integration
संकलनात्मक वास्तववाद	conceptual realism
संकलित	cumulative
संकलित सप्रमाण वस्तू	standard composit commodity
संकल्प	determination; will
संकल्पचित्र/संकल्पन	design
संकल्पन बंध	conceptual pattern
संकल्पना	concept
संकल्पनात्मक चौकट	conceptual framework
संकल्पनात्मक दृष्टिकोन	conceptual approach
संकल्पनावाद	conceptualism; idealism
संकल्पनाव्यूह	conceptual framework
संकल्पस्वातंत्र्य	freedom of will
संकीर्ण	miscellaneous; complex
संकीर्ण समाज	complex society
संकुचित	parochial
संकुचित मनोवृत्तीचा	hidebound
संकुचितता	parochialism
संकुल	complex
संकेत	code (law); convention pact
संकेत दर	indicative rate
संकेत व्यवस्था	code system
संकेतचिन्ह	emblem
संकेतमान्य	conventional
संकेतलिपी	code law (as telegraphic code)
संकेतवाद	conventionalism
सकेंद्रण	concentration
सकेंद्रण गुणोत्तर	concentration ratio
संकोच करणे/होणे	deflate
संक्रमण	infection; transition; transmission
संक्रमण अवस्था	transformation stage
संक्रमण काळ	transitional period
संख्या	magnitude; quantity
संख्याक/संख्यादर्शक	numeral
संख्यातज्ज्ञ	statistician
संख्यात्मक चल	quantitative variable
संख्यात्मक दृष्टिकोन	quantitative vision
संख्यात्मक परिवर्तन /बदल	quantitative change
संख्यात्मक बाबी	quantitative aspect
संख्यात्मक रचना	quantitative structure
संख्यात्मक साधन	quantitative unit
संख्यात्मक संशोधन	quantitative research
संख्यात्मक संशोधन तंत्र	quantitative research technique
संख्यात्मकता	quantification
संख्याबद्ध	quantification
संख्याशास्त्र	statistics
संख्याशास्त्रज्ञ	statistician
संगणक	computer
संगणक जोडणी जाळे	computer network
संगणकशास्त्र	computer science
संगणकीकरण	computerization
संगणकीय अक्षरजुळणी	computer compose
संगणकीय द्विभाजन	digital divide
संगणकीय लोकशाही	digital democracy
संगणना	census
संगत	company

संगती	compatibility; reconciliation
संगती चाचणी	consistency test
संगोपन	care; cradle
संग्रह	collection
संग्रह खातेवही	stock ledger
संग्रह लेखा	stock account
संग्राह्य चलन	reserve currency
संघ	association; union
संघ लोकसेवा आयोग	union public service commision
संघटन पद्धती	organisational system
संघटना	union; constitution; composition; organisation
संघटना अधिकार	right of association
संघटनात्मक निष्ठा	organisational loyalties
संघटनात्मक संघर्ष	organisational conflict
संघटित अपराध /गुन्हा	organized crime
संघटित दादागिरीचे राजकारण	machine politics
संघटित निधी	chest
संघटित बाजार /विपणी	organized market
संघटित क्षेत्र	organizaed sector
संघभावना	espirit de corps
संघमहाजन	guild
संघराज्य	federation; federal state
संघराज्य न्यायविभाग	federal judiciary
संघराज्य न्यायालय	federal court
संघराज्य पद्धती	federal system
संघराज्य सहाय्य	federal aid/relief
संघराज्य सूची	federal list
संघराज्य क्षेत्र	union territory
संघराज्यवाद	federalism
संघराज्यवादी (पक्षसदस्य)	federalist
संघराज्यविरोधी	antifederalist
संघराज्यशासन /सरकार	federal government
संघराज्यात्मक संरचना	federal structure
संघराज्यात्मक संविधान (घटना)	federal constitution
संघराज्यीय केंद्रीकरण	federal centralisation
संघराज्यीय विकेंद्रीकरण	federal decentralisation
संघराज्यीय वित्तव्यवस्था	federal finance
संघर्षभूमी	war land
संघर्षमय/संघर्षजन्य बेकारी	frictional unemployment
संघर्षात्मक	conflicting
संघवाद	unionism
संघसत्तावाद	syndicatism
संघस्थापना	right of association
संघस्वातंत्र्य	freedom of association
संघात्मक	federal
संघीय बँक	federal bank
संघीय लाभ (मिळकत)	union emoluments
संघीय शासन	federal government
संघीय संस्था	corporate body
संचय	accumlation; pool; hoard/hoarding
संचय दर	rate of saving
संचयप्रवृत्ती	propensity to save
संचयक्षम	storable
संचयी	cumulative
संचयी अधिमान भाग	cumulative preference
संचयी कर	cumulative tax

संचयी कारण	cumulative causation
संचयी प्रक्रिया	saving process
संचयी भाग/शेअर्स	cumulative shares
संचयी मतदान	cumulative voting
संचयी लाभ	cumulative advantage
संचयी लाभांश	cumulative dividend
संचयी वारंवारता वितरण	cumulative frequency distribution
संचयी विज्ञान	cumulative science
संचारण	transmission
संचारण साधने	means of communication
संचारबंदी	curfew
संचारस्वातंत्र्य	freedom of movement
संचालक	director
संचालक मंडळ	board of directors
संचालनालय	directorate
संचित	reserve
संचित काल ठेव योजना	cumulative time deposit scheme
संचित संपत्ती	earned property
संचित/अधिक्य	accumulated surplus
संचिती ऱ्हास	depreciation of reserve
संततिनियमन	birth control
संततिप्रतिबंधक साधने	contraceptives
संतती	child
संतुलन	balance
संतुलन किंमत	equilibrum price
संतुलित लोकसंख्या	balanced population
संतुलित संविधान	balanced constitution
संदर्भ	context
संदर्भगट	reference group
संदिग्धता	ambiguity
संदेश	message
संदेशनात्मक क्षमता	communicative competence
संदेशवहन	communication
संदेह	question
संदेहवाद	scepticism
संधान	contact
संधारण	conservation; service
संधिसाधू	opportunist
संधी (तह)	pact; treaty
संनियंत्रण कक्ष /समिती	control room
संन्यास	renunciation
संन्यासधर्म	monasticism
संन्यासव्रत /संन्यासवाद	ascetism
संप	strike
संपकर्ता	striker
संपग्रस्त	strike bound
संपत्ती	assets; property; estate; wealth
संपत्ती कर	property/wealth tax
संपत्ती लेखा	real account
संपत्तीचा अधिकार	right of property
संपत्तीचा सिद्धान्त	theory of property
संपत्तीची वाटणी	distribution of wealth
संपदा	estate
संपदा कर/शुल्क	estate duty
संपद्रोह	scabbing
संपद्रोही	blackleg
संपन्न समाज	affluent society
संपफोड्या	strike breaker; blackleg
संपभंजन	strike breaking
संपमत	strike ballot
संपर्क	contact

संपर्क (दोन राष्ट्रातील)	liason
संपर्क भाषा	lingua franca
संपलेले कर्ज	expired loan
संपविमा	strike insurance
संपादन प्रेरणेचा सिद्धान्त	need for achievement
संपादित	acquired
संपादित (प्रतिभूत) ऋण	secured debt
संपादित जमीन	reclaimed land
संपादित स्वभावधर्म	acquired character
संपूरकता	complementarity
संपूर्ण	absolute
संपूर्ण अधिकार	absolute monopoly
संपूर्ण एकत्रीकरण	complete consolidation
संपूर्ण ग्रामीण रोजगार योजना	total rural employment scheme
संपूर्ण निश्चिती /विवरण	full interpretation, finalization
संपूर्ण मक्तेदारी	absolute monopoly
संपूर्ण लवचिक मागणी	perfectly elastic demand
संपूर्ण शिव	total good
संपूर्ण सुव्यवस्था	absolute order
संपूर्णता	totality
संप्रदाय	denomination; school; sect
संप्रदायवाद	communalism; sectarianism
संबद्धता	consistency
संबंध	concern
संबंधित व्यक्ती	party
संबंधी	relative
संबंधीकरण	affiliation
संभवनीयता	probability
संभावनीय	considerable
संभावित	white collar
संभावित गुन्हेगार	white collar criminal
संभाव्य	potential
संभाव्य एकूण राष्ट्रीय उत्पादन	potential gross national product
संभाव्य मागणी	potential demand
संभाव्य लाभप्रदता	expected profitability
संभाव्य वाढावा (बचत)	potential surplus
संभाव्य हुकुमशहा	man of the horseback
संभाव्यता	probability; potentiality
संभाव्यता नमुना चाचणी	probability sampling
संभाव्येत्तर नमुना चाचणी	non probability sampling
संभाषण	discource
संभाषण विश्लेषण	conversational analysis
संभाषित	discourse
संभाषित सिद्धान्त	discourse theory
संभोग	coitus
संमतिनामा	agreement bond
संमतिपत्र	agreement letter
संमतिवय	age of consent
संमती	agreement; consent
संमती विवाह	marriage by consent
संमती शासन	rule by consent
संमिश्र	hybrid; incorporated; complex; composite
संमिश्र अर्थव्यवस्था	mixed economy
संमिश्र पुरवठा	composite supply
संमिश्र मागणी	composite demand
संमिश्र मित्रमंडळ	coalition ministry

संमिश्र वंश	composite race
संमिश्र शासन	coalition government
संमिश्र समाज	composite society
संमिश्र संमीलन	compound combination
संमिश्र सरकार	coalition government
संमिश्र सहकारी बँक	coalition cooperative bank
संमीलन	amalgamation
संमेलन	conference
संमेलन अधिकार	right of assembly
संमोहनविद्या	hypnotism
संमोहित अवस्था	hypnotic stage
संयम	abstinence
संयमी	abstinent; temperate
संयुक्त	combined; composite
संयुक्त अन्वयव्यतिरेक पद्धती	joint method of agreement & difference
संयुक्त आयुर्विमा	joint life insurance
संयुक्त उत्पादन	joint production
संयुक्त उपक्रम	joint venture
संयुक्त एकक	composite unit
संयुक्त कर	compound lavy
संयुक्त कुटुंब	composite/joint family
संयुक्त खाते	joint account
संयुक्त जबाबदारी	joint responsibility
संयुक्त नफा	joint profit
संयुक्त नमुना	composite sample
संयुक्त पुरवठा	joint supply
संयुक्त पुरोगामी आघाडी	united progressive alliance
संयुक्त बदली व्यवहार	compound arbitrage
संयुक्त बँक खाते	joint bank account
संयुक्त बेरीज	compound addition
संयुक्त भांडवल	joint capital/stock
संयुक्त भांडवल कंपनी	joint stock company
संयुक्त भांडवल बँक	credit bank; joint stock bank
संयुक्त भांडवल शेती	joint stock farming
संयुक्त भांडवली संस्था	joint capital organisation
संयुक्त मागणी	joint demand
संयुक्त मालकीची संस्था	joint stock company
संयुक्त राष्ट्रे	united nations
संयुक्त लेखा (खाते)	joint account
संयुक्त व पृथक दायित्व	joint & several liability
संयुक्त वित्तव्यवस्था	corporate finance
संयुक्त वित्तीय नियंत्रण	joint financial control
संयुक्त शुल्क	compound duty
संयुक्त शेती	corporate farming
संयुक्त संसदीय समिती	joint parliamentary committee
संयुक्त समिती	joint committee
संयुक्त सरकार/शासन	combined composite
संयुक्त सार्वभौमत्व	condominium
संयुक्त स्थायी समिती	joint standing committee
संयुक्त क्षेत्र	joint area/sector
संयुक्तिक	rational
संयुक्तिक अपेक्षा	rational expectations
संयुक्तिक/विवेकी	rational
संयुक्तितता	rationality
संयुक्ती (युती)	coalition
संयुक्तीकरण	combination
संयोग	coalition; contact; combination; composition; union

संयोगीकरण	synthesis
संयोगीकृत संघटन	coalitive organization
संयोगीकृत संघटन पद्धती	coalitive organization system; unitied organisational system
संयोजक	co-ordinator; covener
संयोजन	accommodation; combination; co-ordination
संयोजनविषयक सर्व गरजा	enterpreneual needs
संयंत्र	plant
संरचना	structure
संरचना निर्देशांक	structure index number
संरचनात्मक	structural
संरचनात्मक अतिवृद्धी (चलनफुगवटा)	structural inflation
संरचनात्मक उतरंड	structural hierarchy
संरचनात्मक कार्यात्मक पद्धती	structural functional method
संरचनात्मक ताण सिद्धान्त	structural stress theory
संरचनात्मक द्विधावृत्ती	structural ambivalence
संरचनात्मक द्वैत	structural dualism
संरचनात्मक नियोजन	structural planning
संरचनात्मक निर्बंध	structural contraint
संरचनात्मक प्रकार्यवादी	stuructural functionalism
संरचनात्मक बदल /समायोजन	structural adjustments
संरचनात्मक बाजू /पैलू	structural aspects
संरचनात्मक बेकारी	structural unemployment
संरचनात्मक मांडणी /प्रकार्यात्मक मांडणी	structural arrangement, functional arrangement
संरचनात्मक संरोध	structural constraint
संरचनावाद	structuralism
संरचनावादी	structuralist
संरचनावादी प्रणाली	structuralist theory
संरचनावादी भाषाविज्ञान	structuralist linguistics
संरचनावादी मानववंशशास्त्र	structuralist ethnology
संरचनेचा अभ्यास	study of structure
संरचित प्रश्नावली	structured questionnaire
संरचित मुलाखत	structured interview
संरक्षक	conservator
संरक्षक अभिरक्षा (कैद)	protective custody
संरक्षक ठेव	tutelary
संरक्षक युती	defensive alliance
संरक्षक शुल्क दर	protective rate of duty
संरक्षण	defence; conservation
संरक्षण यंत्रणा	defence mechanism
संरक्षण समिती	defence committee
संरक्षण/अधिकार बौद्धिक संपदा	intellectual property
संरक्षणवाद	conservation
संरक्षित	protectorate
संरक्षित शुल्क	protective duty
संरक्षित स्थानबद्धता	protective detention
संरुद्ध (अडकलेले) भांडवल	lock up capital
संरोध (निर्बंध अटकाव)	constraint
संलग्न	contact
संलग्न करणे	attach
संलग्न संस्था	sister-concern

संलग्नता	affiliation; cohesion
संलग्नीकरण	affiliation
संलेख	instrument
संवर्धन	nurture; development
संवाद	interaction
संवादक	diaglogue, conversation
संवादात्मक	intersubjective
संवादात्मक /संभाषणात्मक	dialogical
संविदा	contract
संविदा अधिनियम	contract act
संविदा कर	contract rate
संविदा परिव्यय	contract cost
संविदा भाडे	contract rent
संविदा वक्र	contract curve
संविदा सिद्धान्त	contract theory
संविदा सूचनापत्र	contract note
संविदात्मक आय /प्राप्ती	contractual income
संविदात्मक प्रदान	contractual payment
संविदापालन	discharge of a contract
संविदाबद्ध	contractual
संविधा लेखा	contract account
संविधान (घटना)	constitution
संविधान सभा	constituent assembly
संविधानबाह्य	extra constitutional
संविधानवाद	constitutionalism
संविधानवादी	constitutionalist
संविधानविरोधी	unconstitutional
संविधानिक लोकशाही	constitutional democracy
संविधी	statute
संविधी पुस्तक	statute book
संविधीचे न्यायतत्त्व	equity of statute
संविधीमान्य	statutory
संवृत निधी	closed fund
संवृत (बंदिस्त) मानवतावाद	closed humanism
संवेदन	perception
संवेदनसिद्धान्तवाद	sensationalism
संवेदनक्षम विश्लेषण	sensitivity analysis
संवेदनाशील निर्देशांक	sensitive index (sensex)
संशय पद्धती	scepticism
संशयवाद	scepticism; synthesis
संशयित कर्ज	doughtful loan
संशोधन पद्धत	research method
संशोधन विश्लेषण	research analysis
संशोधन व्यवहार	research operation
संश्लेषण	synthetic
संश्लेषणात्मक	research and development
संसक्ती	cohesion
संसद	parliament
संसद अधिनियम	act of parliament
संसदकुशल/संसदपटू	parliamentarian
संसदीय	parliamentary
संसदीय अभिकर्ता /एजंट	parliamentary agent
संसदीय उत्तरदायित्व	parliamentary account ability
संसदीय कार्यप्रणाली	parliamentary procedure
संसदीय छाननी	parliamentary scrutiny
संसदीय पद्धती	parliamentary system
संसदीय प्रभुत्व (सार्वभौमत्व)	parliamentary sovereignty
संसदीय मताधिकार	parliamentary franchise
संसदीय मुत्सद्देगिरी /राजनय	parliamentary diplomacy
संसदीय लोकशाही	parliamentary democracy

संसदीय विशेषाधिकार	parliamentary previlege
संसदीय शासन	parliamentary government
संसदीय सचिव (परिषद)	parliamentary council
संसदीय समिती	parliamentary committee
संसदेचे सार्वभौमत्व	sovereignty of parliament
संसर्ग	contagion; infection
संसर्पी फुगवटा	creeping inflation
संसाधन	resource
संस्करण	enculturation
संस्कार	rites
संस्कारक्षम/संस्कार्य	sensitive
संस्कारित	sophisticated
संस्कृतिबंध	patterns of culture
संस्कृतिवादी	culturist
संस्कृती	culture; civilization
संस्कृती अभ्यास	cultural studies
संस्कृती प्रसार	diffusion of culture
संस्कृती वर्णन	ethnography
संस्कृती विचार	cultural thinking
संस्कृती संकुल	culture complex
संस्कृती संचयन	culture accumulation
संस्कृती क्षेत्र	culture area
संस्कृतीची अंगे /बाजू	aspects of culture
संस्कृतीचे पैलू	aspects of culture
संस्कृतीचे प्रवाहन	culture drift
संस्कृतीचे वाहक	culture carriers
संस्कृतीशास्त्र	culturology
संस्कृतीशास्त्रीय दृष्टिकोन	cultural scientific vision
संस्थाकार्य	institutional function
संस्थात्मक जाळे	institutional network
संस्थात्मक नियमन	institutional control
संस्थात्मक प्रक्रिया	institutional process
संस्थात्मक संरचना	organizational structure
संस्थान	princely state
संस्थापक	founding father
संस्थापक भाग	founder's share
संस्थावाद	institutionalism
संस्थाविषयक कार्य	institutional function
संस्थाविषयक प्रक्रिया	institutional process
संस्थासंकुल	institutional complex
(संस्थेची) रचना	machinery
संस्थीकरण	institutionalisation
संहिता	code (law); text
संहितालक्ष्यी दृष्टिकोन	text book approach
संहितीकरण	codification
संहितेतील व्यूहरचना	rhetorical strategy
संक्षिप्त	abstract; abridge
संक्षिप्त रीतीने निकाल करणे	summary determination
संक्षिप्त लेखा	abstract account
संक्षेप	abstract; contradiction
संज्ञा, संकल्पना	words
संज्ञापन	communication; naming
संज्ञापन माध्यम	communication media
संज्ञापन संशोधन	communication research
संज्ञापनात्मक तार्किकता	communicative rationality
सकल	gross
सकलस्वरूप	holistic
सकृत् दर्शनी	primafacie
सक्तमजुरी	penal servitude
सक्ती	compulsion; coercion
सक्तीचा निवाडा /निर्णय	compulsory award

सक्तीचा लवाद	compulsory arbitration
सक्तीची मजुरी	forced labour
सक्तीची सेनाभरती /लष्करभरती	concription
सक्तीचे काम	compulsory labour
सक्तीचे मतदान	compulsory voting
सक्तीचे शिक्षण	compulsory education
सक्रिय	active
सक्रिय हंगाम	busy season
सक्रिय संशोधन	operation research; operational research
सखोल विश्लेषण	depth analysis
सख्खे भावंड	full blood
सगुणवाद	anthropomorphism
सगोत्रता	consanguinity
सचिव	secretary
सचिवमंडळ	secretarial
सचिवालय	secretarial
सचिवीय कर्मचारीवृंद	secretarial staff
सचिवीय कार्यपद्धती	secretarial practice
सचोटी	integrity
सचोटीचा	bonafide
सच्छील	chaste
सजातीय (एकजातीय)	congeneric; cognate
सजातीय समाज	homogenous society
सजातीयता	homogenity
सजातीयत्व	homology
सज्जड	strong
सज्जड पुरावे	strong proofs/evidences
सटोडिया	speculator
सट्टेबाज	speculator
सट्टेबाजी	speculation
सतत	constant; continual
सत्ता	domain; dominance; power jurisdiction
सत्ता दलाल	power broker
सत्ता परिवर्तन	change of power
सत्ता विकेंद्रीकरण /प्रक्रिया	decentralisation of power
सत्ता संतुलन /सत्ता समतोल	balance of power
सत्ता संतुलनाचा सिद्धान्त	theory of balance of power
सत्ताधारी कंपनी	ruling company
सत्ताधारी पक्ष	holding party
सत्ताधारी वर्ग	ruling class
सत्ताधारी संस्था	holding company
सत्ताधिकाऱ्यांच्या सोयीनुसार मतदारसंघाची पुनर्रचना	greezy mander
सत्ताधीश	sovereign; ruler
सत्ताबळकाव	power graph
सत्तामद	arrogance of power
सत्तारूढ	ruling party
सत्तारूढ पक्ष	party in power
सत्ताविभाजन	distribution/division of power; separation of power
सत्ताशास्त्र	ontology
सत्ताशास्त्रीय गृहिते	ontological assumptions
सत्ताशास्त्रीय घटक	metaphysical characteristics; ontological elements
सत्ताशास्त्रीय पैलू	ruling scientific dimension
सत्ताशास्त्रीय मांडणी	ontological arguments
सत्ताशास्त्रीय ज्ञान	ontological knowledge
सत्तासंबंध	relations of power/ power relations
सत्तासंबंधाची संरचना	structure of power relations

सत्तासमतोल	balance of power
सत्तास्थानाचे उपलाभ	honest graft
सत्ताश्रेष्ठी	power elite
सत्ताहीन	non-ruler
सत्ताहीनता	powerlessness
सत्तेची अधिमान्यता	legitimacy of ruling
सत्तेची उतरंड	hierarchy of power
सत्तेची वैधता	legitimacy of ruling
सत्तेचे केंद्रीकरण	centralisation of power
सत्तेचे राजकारण	real profitics
सत्यता	authenticity
सत्यतामूल्य	truth value
सत्त्वनिष्ठा	integrity
सत्त्वशीलता	righteousness
सत्संकल्प	good will
सदन पक्षनेता	floor leader
सदस्य	member
सदस्यत्व समाप्ती	termination of membership
सदृशीकरण	simulation
सदोष विकास	maldevelopment
सदोष वितरण	maldistribution
सदोष व्यवस्थापन	faulty management
सद्य रोखे	speculative securities
सद्भावपूर्ण	bonafide
सद्सद्बुद्धी	conscience
सद्सद्विवेक स्वातंत्र्य	freedom of conscience
सद्सद्विवेकबुद्धी	conscience
सद्सद्विवेकी आक्षेपक	conscientious objector
सद्सद्विवेकी मतदान	conscientious voting
सधन	rich
सधन शेती	intensive farming
सधन शेतीची सीमा	intensive margin of cultivation
सधर्म	qualitative
सनद	charter; grant
सनदशीर	constitutional
सनदी अधिकार	franchise
सनदी कंपनी	chartered company
सनदी लेखापाल	chartered/accountant
सनातन	eternal
सनातनी	conservative; orthodox
सन्मान	honour
सपिंड	consanguine
सपिंड विवाह (आते-मामे भावंड विवाह)	cross-cousin marriage
सपिंड संबंध	consanguineal relation
सपिंड/समरक्त समूह	consanguine group
सपिंडता	consanguinity
सप्रमाण	with proof
सप्रमाण वस्तू	standard commodity
सप्रमाणता	validity
सप्रयोजन नमुना चाचणी	purposive sampling
सबलता	validity
सबलीकरण	empowerment
सबाल्टर्न – शोषित अंकित जनसमूह /वर्गनिम्न /निम्नवर्गसमूह	subalter
सबाल्टर्न इतिहासलेखन	subaltern historiography
सबाल्टर्न विचारप्रणाली	subalter ideology
सभा	delegation; meeting
सभाकक्ष	lobbying
सभाकक्ष सदस्य	lobby member
सभाध्यक्ष	president
सभापती	speaker; chairman; president/chief of house
सभासद	member

सभासदत्व	membership	समतोल किंमत	equilibrium price
सभास्थान	conclave	समतोल राज्यघटना	balanced constitution
सभ्यजन करार	gentelman's agreement	समतोल विकास	balanced development
सभ्यता	civilization; decency	समतोल विनिमयदर	equilibrium exchange rate
सभ्यतेचे नियम	etiquette	समतोल/संतुलित अंदाजपत्रक	balanced budget
सम आगम चक्र	iso revenue curve	समतोलता	equanimity
सम उत्पादन चक्र	isoquant	समतोलन	equilibrium
सम परिव्यय रेखा	iso cost line	समतोलबिंदू	equilibrium point
समउद्देश	identity of ends	समत्व	equanimity
समकालिक	synchronise	समनुरूप	corresponding
समकालिक अभ्यास	synchronic study	समन्याय	equity; equitable
समकालीन समाज	contemporary society	समन्यायी	equitable
समकेंद्री क्षेत्रविभाग /परिमंडळ	concentric zone	समन्वय करणारी एजन्सी/संस्था	co-ordinating agency
समग्र	gross	समन्वय समिती	co-ordination committee
समग्र खर्च	aggregate expenditure	समन्वय सुविधाकरण	facilitation of co-ordination
समग्रता	integrity; integration	समन्वय	co-ordination; synthesis; reconciliation
समग्रलक्ष्यी दृष्टिकोन	macro approach	समन्वयक	co-ordinator
समजातीयता	homogenity	समन्वयन	co-ordination
समजूत	belief	समन्वयात्मक मानवतावाद	critico integral humanism
समजूतदारपणा	common sense	समपरिव्यय रेषा	equal cost lines
समझोता	settlement	समपातळी	equal level
समतल	plane	समप्रमाण त्याग	equiproportional sacrifice
समता	equanity; parity	समबुद्धी	equanimity
समता अधिकार	right of equality/equity	समभाग	equity
समता तत्त्व	principle of equality	समभाग रोखे	equity bonds
समता प्रनियम	canon of equality	समभागांचे विश्लेषण	equity research
समताधिष्ठित समाज	equalitarian society	सममूल्य	at par; par value; face value
समतावाद	equalism	सममूल्य ऋणपत्र	debenture at par
समतावादी	equalitarianism		
समतुष्टी वक्र	indifference curve		
समतोल	equilibrium; balance		
समतोल अर्थसंकल्प	balanced budget		
समतोल अर्थसंकल्प प्रमेय	balanceed budget theorem		

सममूल्य प्रमाण नियम	law of equivalent proportion
सममूल्य बिंदू	trade off point
सममूल्य विनिमय	exchange at par
सममूल्य विनिमय दर	par rate of exchange
सममूल्याने	at par; par value; face value
सममूल्यनाचे विश्लेषण	intertemporal tradeoff
सममूल्याने विक्रीस भाग	share issued at par
समय उपयोगिता	time utility
समय नमुना चाचणी तंत्र	time sampling technique
समय मजुरी/वेतन	time wages
समय श्रेणी वेतन	time scale pay
समयान्तर	time lag
समरक्त	consanguine
समरूप	identical
समरूपता	homogenousity
समर्थक कर्जबाजार	collateral money market
समर्थक भारक	rent of ability
समर्थन	justification
समर्थनीयता	justifiability
समर्पक	adequate
समलक्षण	congnate
समलिंगी	homosexual
समलिंगी संबंध	homosexual relationship
समलैंगिक स्वातंत्र्य	freedom of homosexuality
समवयस्क लोकगटाच्या वाढीचा दर	cobort population growth rate
समवर्ती	concurrent
समवर्ती (सामाईक) अधिकारिता	concurrent jurisdiction
समवर्ती विधिविधान	concurrent legislation
समवर्ती सूची	concurrent list
समवांशिक	congeneric
समविचार	equal thoughts
समविचारी	parallel thinker
समविचारी संघटना	organisation with parallel thinking
समविवाह	pair marriage
समवृत्ती नकाशा	indifference map
समवृत्ती वक्र	indifference curve
समवृत्तीवक्र विश्लेषण	indifference curve analysis
समवंश	congeneric
समव्ययवक्र	equal outlay curve
समव्यापी	co-extensive; concurrent
समष्टी	collectivity; totality
समष्टी अर्थशास्त्र	macro economics
समष्टी बोध	collective consciousness
समष्टी समाजशास्त्र	macro sociology
समष्टी स्थाननिश्चिती	collectivity orientation
समष्टिनियोजन	macro planning
समष्टिवाद	collectivism
समष्टिसुख	general happiness
समष्टिक्षेत्रीय नियोजन	macro regional planning
समसमाधान वक्र	equi curve
समसमान	identical
समसीमान्त उपयोगिता सिद्धान्त	law of equimarginal returns/utility
समसीमान्त प्राप्ती	equimarginal return
समसीमान्तिक उपयोगिता	equimarginal utility

समसीमान्तिक त्याग	equimarginal sacrifice
समस्त	integral
समस्त आयात-निर्यात शेष/समतोल	overall balance of trade
समस्तर गट/समूह	horizontal group
समस्तर चलता चलन /चलनशीलता	horizontal mobility
समस्तर प्रदेश	laternal entry
समस्तर समन्याय	horizontal equity
समस्तर सम्मीलन	horizontal combination
समस्तरीय	horizontal
समस्तरीय स्पर्धा	horizontal competition
समस्या	conudrum ; problem
समस्या निवारण	problem solving
समस्या क्षेत्र	problem area
समस्याप्रधान विषय	problematic topics
समस्यांची प्रारूपे	models of problems
समाईक	concurrent
समाईक किंमत निश्चिती	common pricing
समाकरण	equalisation
समाकलनवाद	integralism
समाकृती	contiguration
समांतर अर्थव्यवस्था	parallel economy
समांतर उत्पन्नवाटप	equal distribution of income
समांतर चाचणी	parallel test
समांतर परिवर्तन	parallel variation
समांतर संयोग	horizontal combination
समांतरवाद	parallelism
समाज	society; community
समाज आलेख	sociogram
समाज करार सिद्धान्त	social contract theory
समाज कारभार	public governence
समाज कार्यकर्ता	social worker
समाज तत्त्वज्ञान	social philosophy

समाज धन	social wealth
समाज परिवर्तन	social transformation
समाज परिस्थिती	social status
समाज बहिष्कृत करणे	ostrasize
समाज बांधणी	social building
समाज मंदिरे	community centre/ community hall
समाज मानसशास्त्र	social psychology
समाज विकास	social development
समाज समीक्षा	social critic
समाज सांस्कृतिक पैलू	socio-cultural aspects
समाज–सांस्कृतिक अनुबंधन	socio-cultural conditioning
समाज–सांस्कृतिक अभिसंहिता	socio-cultural conditioning
समाजकल्याण	social welfare
समाजकार्य, मनोवैज्ञानिक	psychoscientific, social work
समाजजन्य	sociogenic
समाजद्रोही	antisocial
समाजनियतीवाद	agelicism
समाजपद्धती	social system
समाजप्रिय	social
समाजबंधाचे जतन	maintenance of social pattern
समाजमानस	social mind
समाजमान्य	society accepted
समाजमिती	sociometry
समाजमितीय आलेख	sociometric graph
समाजमितीय प्रतीक	sociometric symbol
समाजमितीय माप/मापन	sociometric measurement

समाजमितीशास्त्र	sociometrics
समाजरचना	social structure
समाजरचना परिवर्तन	change of the social structure
समाजरचित इतिहास	social construction of history
समाजवाद	socialism
समाजवादी अर्थव्यवस्था	socialist economic system
समाजवादी उत्पादन	socialistic production
समाजवादी क्रांती	socialist revolution
समाजवादी चळवळ	socialist movement
समाजवादी धर्तीची समाजरचना	socialist pattern of society
समाजवादी समाजरचना	socialist society
समाजवादी स्त्रीवाद	socialist feminism
समाजवास्तव	social reality
समाजविघातक कृत्ये	anti social activities
समाजविघातक गोष्ट	social evil
समाजविन्मुख	insociable
समाजविन्मुखता	insociability
समाजविरोधी कार्य	antisocial action
समाजविषयक उपपत्ती	social theory
समाजविषयक घटना	social phenomena
समाजविज्ञान	social science
समाजव्यवस्था	social order/system
समाजशास्त्र	sociology
समाजशास्त्राची सार्वत्रिकता	sociological universalism
समाजशास्त्राचे एतद्देशीयीकरण /भारतीयीकरण	indianization sociological
समाजशास्त्राचे प्रादेशिकीकरण	regionalization of sociology
समाजशास्त्रीय अन्वेषण	sociological investigation
समाजशास्त्रीय आदर्श	sociological norms
समाजशास्त्रीय एकक	sociological unit
समाजशास्त्रीय कल	sociological trends
समाजशास्त्रीय काव्यशास्त्र	social poetics
समाजशास्त्रीय तत्त्वे	sociological principles
समाजशास्त्रीय दृष्टिकोन	sociological approach
समाजशास्त्रीय पद्धती	sociological method
समाजशास्त्रीय प्रमाणके	social norms
समाजशास्त्रीय मध्यस्थी	sociological deal
समाजशास्त्रीय संशोधन	sociological research
समाजशील	sociable
समाजशीलता	sociability
समाजसंबद्धता	social binding
समाजसमीक्षा	social critique
समाजसांस्कृतिक	socio-cultural
समाजसेवा	social service
समाजस्वास्थ	social hygiene
समाजाचा सहभागाने विकास	participatary growth
समाजाची संरचना	social structure
समाजाच्या खालच्या थरापर्यंत पोचलेली लोकशाही	grass root democracy
समाजात न मिसळणे	insociability

समाजातील प्रथम	primus interpares
समाजीकृत	socialised
समाजीनियंत्रण	societal control
समाजीय गरजा	societal needs
समाजीय घटना	soceital phenomena
समाजीय तणाव /कर्षण	social tension
समाजीय मिती	soceital dimension
समाजीय (सामाजिक)	societal
समाधानरूप आय /उत्पन्न	psychic income
समान अधिकार विवाह	pair marriage
समान आचारसंहिता	common standard of behaviour
समान गहाण	equitable mortgage
समान गहाणखत	mortgage deal
समान गहाणवट /गहाणवट	equal mortgage
समान नागरी कायदा	common civil code
समान रूपांतराची पद्धती	equal transformation system
समान रूपांतराचे सिद्धान्त	theory of equal transfer motion
समान सीमा असणारा	co-terminous
समान हितसंबंध	common interest
समानता	parallelism/uniformity
समानतावाद	equalitarianism
समानतावादी	equalitnian
समाननिरपेक्ष त्याग	equiproportional sacrifice
समानाधिकार	concurrent
समानामध्ये प्रथम	first among the equals
समानीकरण	equalisation
समानीकरण अनुदान	equalization grant
समानीकरण निधी	equalization fund
समानीकरण प्रशुल्क	equalization tarrif
समापन (शेवट)	windup
समापहरण करणे	forfeit
समाप्तीयोग्य वार्षिकी	terminable/terminal annuity
सामामेलन	amalgamation
समायोजक नोंद	adjusting entry
समायोजन	adoption; adjustment; accommodation
समायोजन लेखा	adjusting account
समायोज्य चलन	adjustable currency
समारंभकालीन स्वैरता /स्वैराचार	ceremonial licence
समारोध व समतोल	checks and balances
समाविष्ट गोष्ट /मजकूर	content
समावेश/समावेशन	incorporation
समावेशक मतदानपत्रिका (अमेरिकेतील)	long ballot
समाशोधन	clearing
समाशोधन अधिकोष	clearing funds
समाशोधन अभिकर्ता	clearing agent
समाष्टीय बुद्धिनिष्ठता	macro rationality
समिती	committee
समीक्षक	critic
समीक्षण	scrutiny
समीक्षणात्मक मानवतावाद	critico-integral humanism
समीक्षा	critique
समीक्षात्मक पद्धत	critic system
समुचित तंत्रज्ञान	appropriate technology

समुचित तंत्रज्ञान आधारित विकास	appropriate technology based development
समुच्चय	collective; pool
समुच्चयी	aggregative
समुदाय	community
समुदाय विकासकार्य	group development
समुदाय संघटन	group organisation
समुदायवाद	collectivism
समुदायाचे वर्तन	crowd behaviour
समुपदेशक	counseller
समुपदेशक मतदान	advisory ballet
समुपदेशन	counselling
समूह	group; community
समूह अन्योन्यक्रिया	group interation
समूह आंतरक्रिया	group interaction
समूह उज्जीवन	group stimulation
समूह उपक्रमशीलता	group initiative
समूह एकता	group unity
समूह एकात्मीकरण	group integration
समूह एकीभवन	group fusion
समूह कार्य	group action
समूह कार्यपद्धती	group work method
समूह केंद्रितता	group centricism
समूह गतिमत्व	group dynamics
समूह जीवन	group life
समूह ताण	group tensions
समूह दृढैक्य	group solidarity
समूह निधी	mutual fund
समूह निर्णय	group decision
समूह परंपरा	group tradition
समूह प्रमाणक	group norm
समूह भावना	group mindness/ feelings; community sentiments
समूह मन	collective unconooious
समूह मनोधैर्य	group morale
समूह मानक	group standard
समूह वर्तन	crowd/group behaviour
समूह वर्तनाचे विश्लेषण	cluster analysis
समूह विवाह	group marriage
समूह वैशिष्ट्ये	group characteristics
समूह संपर्क	group contacts
समूह संबंध	group relation
समूह संरचना	group structure
समूह संलग्नीकरण	group affiliation
समूह संस्कृती	group culture
समूह सहभागिता	group participation
समूह सिद्धान्त	group theory
समूह सुसंवाद	group harmony
समूह स्थितीविशेष	group situation
समूहनिष्ठा	group loyalty
समूहमत	group opinion
समूहमनस्क	massminded
समूहवत्	quasi group
समूहवाद	collectivism
समूहवादी	collectivist
समूहविघटन	group disintegration
समूहीकरण	grouping
समृद्ध	prosperous
समेट	concilation
समेट मंडळ	concilation board
समेटकर्ता	concilator
समेटाचे धोरण	concilatory policy
समोच्च रेषा	contour
सम्यक्	optimum
सम्यक् मांडणी	optimum arrangement
सम्यक् दृष्टी/वृत्ती	right attitude
सम्यक् धर्म	right action
सम्यक् बुद्धी	right reason
सम्राट	emperor

सयुक्तिक विवेचन	rationalization
सयुक्तिकता	legitimacy
सरंजामदार	feudal king
सरंजामशाही	monarchy/fudality; fendalism
सरंजामशाही उत्पादन	fendalistic production
सरंजामी	feudal
सरंजामी कायदा	feudal law
सरंजामी पद्धती	feudal system
सरंजामी मूल्ये	feudal values
सरंजामी समाजव्यवस्था	feudal social system
सरंजामी हितसंबंध	feudal interests
सरकती योजना	rolling plan; roll-over plan
सरकार	government
सरकारचा प्रतिनिधी	government representative
सरकारची बाजू मांडणारा वरिष्ठ वकील	attorney general
सरकारजमा	escheat
सरकारी	public official
सरकारी (देशी) ऋण	internal public debt
सरकारी अर्थव्यवहाराचे शास्त्र	public economics
सरकारी उत्पन्न	public income
सरकारी उपक्रम	public/state enterprise
सरकारी ऋणाचे निधीकरण	funding of public debt
सरकारी कर्ज	government loan
सरकारी कर्जरोखे	government securities
सरकारी खर्च (व्यय)	public expenditure
सरकारी गुंतवणूक	state investment
सरकारी चौकशी	inquisition
सरकारी ठेवी	public deposits
सरकारी दिवाळे (अधिकृत परिसमापन)	official liquidation
सरकारी धोरण	government policy
सरकारी नोकरशाही	public bureaucracy
सरकारी पुरावा	king's evidence
सरकारी प्रतिभूती बाजार	government securities market
सरकारी बोली	upset price
सरकारी महामंडळ	public company
सरकारी मालकी	government ownership
सरकारी रोखे	government bond
सरकारी लेखा	public accout
सरकारी वित्तव्यवस्था /राजस्व	public finance
सरकारी विश्वस्त	public trustee
सरकारी शेती	state farming
सरकारी साक्ष	king's evidence
सरकारी हस्तक्षेप	governmental interference
सरकारी क्षेत्र	public sector
सरदार	fendatory
सरनामा	preamble
सरल परिवर्तन	direct variation
सरल मूल्यान्तर पणन	simple arbitrage
सरल यादृच्छिक नमुना	simple random sampling
सरशी होणाऱ्या बाजूकडे झुकणे	climbing abroad the band wagon
सरस	classic/classical
सरसकट दराने असलेला कर	flat rate tax
सरसकट देवघेव करार	package deal

सरसकट परिव्यय flat cost
सरसकट स्थिर दर flat rate
सरसेनापती commander-in-chief
सरळ व्यवहार fair dealing
सरळ व्याज simple interest
सरळसरळ गुंतवणूक portfolio investment
सराईत गुन्हेगार habitual criminal
सरासरी आगम /महसूल average revenue
सरासरी आगमरूप उत्पादित average revenue product
सरासरी/आय /उत्पन्न/प्राप्ती average income
सरासरी उपभोग प्रवृत्ती average propensity to consume
सरासरी घसारा पद्धती straight line method of depreciation
सरासरी दर/प्रमाण average rate
सरासरी परिव्यय /खर्च average cost
सरासरी मूल्य approximate /mean value
सर्जनशील creative
सर्जनशील विकास /उत्क्रांती creative evolution
सर्जनशील विचारसरणी creative philosophy
सर्जनशीलता creativity
सर्जनशीलमूल्य creative value
सर्वंकष, एकसत्ताक totalitarian
सर्वंकष अल्पजनसत्ताक पद्धती totalitarian system
सर्वंकष राज्य totalitarian state
सर्वंकष शासन totalitarian government
सर्वंकष सत्ता authoritarianism
सर्वंकष, राज्य totalitarian state
सर्वंकषवाद totalitarianism
सर्व जातीवर्गांना समावेशक cosmopolitan
सर्व शिक्षा अभियान education for all campaign
सर्वतुच्छतावाद cyricism
सर्वदेशीय cosmopolitan
सर्वनिष्ठ तत्त्व universal principle
सर्वनिष्ठ व्याकरण universal grammer
सर्वप्रथम प्रस्ताव privileged question
सर्वव्यापकता ubiquity
सर्वव्यापी ubiquity; universal
सर्वशक्तिमान almighty
सर्वसंघ confederacy; confederation
सर्वसत्तावाद authoritarianism
सर्वसत्तावादी नेतृत्त्व authoritarian leadership
सर्वसमान common
सर्वसमावेशकता comprehensive/ness
सर्वसहभागीय लोकशाही participatary democracy
सर्वसाधारण अभिकर्ता/एजंट general agent
सर्वसाधारण आगम /महसूल general revenue
सर्वसाधारण किंमत पातळी general price level
सर्वसाधारण खातेवही general ledger
सर्वसाधारण भाग भांडवल general share capital
सर्वसाधारण मत्ता general assets
सर्वसाधारण रेखन /रेखांकन general crossing

सर्वसाधारण व्यक्तिमत्त्व	model personality
सर्वसाधारण वाटप	general distribution
सर्वसाधारण सभा	general assembly
सर्वसाधारण हमी	general guarantee
सर्वसाधारणता	generality
सर्वसामान्य तत्त्व	general principle
सर्वसामान्य लोक	populare; rank file
सर्वसामान्य विधेयक	ordinary bill
सर्वसामान्य सिद्धान्त	generalisation
सर्वश्रेष्ठता	paramountancy; primary
सर्वश्रेष्ठसत्ता	paramountancy
सर्वज्ञवाद	omniscientism
सर्वांगसमन्वित मानववाद	integral humanism
सर्वांगिण क्रांती	total revolution
सर्वांना समान कायदा	common law
सर्वेसर्वा	dictation
सर्वेक्षण	survey
सर्वेक्षण जमाबंदी पद्धती	survey settlement
सर्वोच्च	maximum; supreme
सर्वोच्च न्यायधिकारी	lord chancellor
सर्वोच्च विधी (कायदा)	supreme law
सर्वोच्च सत्ताधारी संस्था	apex holding company
सर्वोत्कृष्ट	classic/classical
सर्वोदय	awakening
सलगी संबंध	joking relationship
सलाभ अधिमान भाग	participating preference shares
सलाभ विमापत्र	insurance policy with profit
सलाभांश	cum dividend
सल्लागार	counsellor
सल्लागार मंडळ	brain trust
सल्लागार समिती	advisory committee
सल्लामसलत	consultation; counsel; conference
सवंग पैसा	cheap money
सवंगडी	mate
सवय	habit
सवयीचा	habitual
सवर्ण	cognate
सवलत	allowance; concession
सविकल्प (नेमके) ज्ञान	determinate knowledge
सविनय कायदेभंग	civil disobedience
सविनय समाज	civil society
सशक्तीकरण	empowerment
सशर्त अभिहस्तांकन	conditional assignment
सशर्त करार	tying agreement
सशर्त तटस्थता	armed neutrality
सशर्त पृष्ठांकन	conditional endorsement
सशर्त प्रदान	conditional payment
सशर्त मदत	tied aid
सशर्त लॉजिट विश्लेषण	conditional logit analysis
सशर्त शरणागती	capitulation
सशर्त स्वीकृती	conditional acceptance
सशस्त्र क्रांती	armed revolution
सशस्त्र दल/सैन्य	armed forces
सशीर्षक निर्देशांक	cephalic index
सहअस्तित्व	co-existence
सहएकात्मीकरण	cointegration
सहकार	co-operative
सहकार अधिनियम	co-operative act
सहकार शेती	co-operative farming
सहकारिता	co-operation
सहकारी उत्पादन	co-operative production

सहकारी उपक्रम	co-operative enterprise
सहकारी चळवळ	co-operative movement
सहकारी तत्त्व	co-operative principle
सहकारी पतकर्ज	co-operative credit
सहकारी पतपेढी /पतसंस्था	co-operative credit society
सहकारी प्रत/पतपैसा	co-operative credit
सहकारी बँक	co-operative bank
सहकारी लोकराज्य	co-operative democracy
सहकारी शेती	co-operative farming
सहकारी संघराज्यवाद	co-operative federalism
सहकारी संस्था	co-operative society
सहकारी क्षेत्र	co-operative sector
सहकारीकरण	co-operativism
सहकार्य	co-operation; co-ordination; collaboration
सहकार्य (दोन राष्ट्रांतील)	laison
सहक्क विपत्र	documentary bill
सहक्रिया	synergy
सहक्रिया सिद्धान्त	synergy theory
सहगुणक	co-efficient
सहगोचर	conspicously
सहचर	companion; concomitant
सहचारी स्थलांतरण	associational migration
सहज	casual
सहजप्रवृत्ती	instinct
सहजप्रेरणा	instinct
सहजस्फूर्तज्ञान	intuition
सहजीवन	symbiosis; co-existance
सहनिर्देशक	co-ordinates
सहपत्र	allorage

सहपरिव्यय	joint cost
सहपलायन विवाह	marriage by elopment
सहप्रवासी (साम्यवादाविषयी सहानुभुती असणारा)	follow travellor
सहपीक (मुख्य पिकाबरोबर घेतलेले पीक)	companion crop
सहभाग	co-sharing
सहभागप्रधान राजकीय संस्कृती	participant political culture
सहभागाने विकास	participatory growth
सहभागी	participant
सहभागी ग्रामीण अध्ययन	participant rural study
सहभागी निरीक्षण	participant observation
सहभागी विकास	participatory development
सहभागी व्यवस्थापन	participatory management
सहभागीदारी	co-partnership
सहभाव	co-existance
सहभेदसंबंध	co-variation
सहभोजन व्यवहार	commensality
सहमत	agree
सहमती	concurrence
सहमतीचा घटक	concurrence factor
सहयोग	association; collaboration
सहयोगी/अनुवंशिक	subsidiary
सहयोगी/उपसंस्था	subsidiary institute
सहयोगी बँक	subsidiary bank
सहयोजन सिद्धान्त	theory of association
सहवाटा	co-sharing

सहवारस	coheir
सहशासित प्रदेश	condomenum
सहशिक्षण	co-education
सहसंबंध	co-relation
सहसमान	co-equal
सहसुरक्षा	collateral security
सहस्वामित्व	co-ownership
सहक्षेपण	coaxial
सहानुभाव	empathy
सहानुभूती संघ	sympathetic strike
सहिष्णुता कायदा	tolerantion act
सहीचा नमुना	speciman signature
सहेतुकता	motivation
सहोदर	uterine brother; sib; sibling
सहोदर स्पर्धा	sibling rivalry
सक्षम	competent
सक्षमीकरण	empowerment
सज्ञान	full aged
सांकल्पनिक वास्तववाद	conceptual realism
सांकल्पनिक सत्ता	conceptual order
सांकल्पनिक	conceptual
सांकल्पनिक साधन/ने	conceptual instruments
सांकेतिक	symbolic
सांकेतिक संप	symbolic strike
सांख्यिक (संख्यातज्ज्ञ)	statistician
सांख्यिकी	statistical
सांख्यिकी आधारसामग्री	statistical data
सांख्यिकी तंत्र	statistical technique
सांख्यिकी पद्धत	statistical method
सांख्यिकी रीत	statistical method
सांख्यिकी विश्लेषण	statistical analysis
सांख्यिकीय	statistical
सांख्यिकीय मंत्रालय	ministry of statistics
सांख्यिकीय वारंवारता	statistical frequency
सांख्यिकी निरीक्षण	statistical observation
सांगाती	companion
सांगोपांग पृथक्करण	depth analysis
सांगोपांग मुलाखत	depth interview
सांतराल अभ्यासक्रम /शिक्षणक्रम	sandwich course
सांधणी	bridge welding
सांप्रदायिक	communal; sectarian
सांप्रदायिकता	sectarianism
सांभाळ	care
सांवत्सरिक पुस्तक	year book
सांविधानिक	constitutional
सांविधानिक उपाययोजनांचा अधिकार	right of constitutional remedies
सांविधानिक परिषद	constitutional convention
सांविधानिक राखीव निधी	statutory reserve
सांविधानिक राजा	constitutional monarch
सांविधानिक राजेशाही	constitutional monarchy
सांविधानिक लोकशाही	statutory democracy
सांविधानिक विधी	constitutional law
सांविधानिक विधेयक	constitutional bill
सांविधानिक शासन	constitutional government
सांविधानिक सत्ता	constitutional power
सांविधानिक सुधारणा	constitutional amendments
सांविधानिक संकेत	constitutional convention
सांविधानिक हुकूमशाही	constitutional dictatorship
सांविधानिकता	constitutionality

सांविधिक statutory
सांविधिक अधिकार statutory right
सांविधिक अहवाल statutory report
सांविधिक आदेश आणि नियम statutory rule
सांविधिक कंपनी statutory company
सांविधिक कायदा statute law
सांविधिक किंमत statutory price
सांविधिक घोषणा statutory declaration
सांविधिक ठेव/निक्षेप statutory deposit
सांविधिक ताकीद statutory warning
सांविधिक संघटना statutory organization
सांविधिक साधन statutory instrument
सांसर्गिक जादू contagious magic
सांस्कृतिक अनुकूलन cultural adaption
सांस्कृतिक अवशेष cultural relic
सांस्कृतिक उत्क्रांती cultural evolution
सांस्कृतिक उसनवारी cultural borrowing
सांस्कृतिक एकजिनसीपणा cultural homogenity
सांस्कृतिक एकात्मता cultural integration
सांस्कृतिक एकात्मीकरण cultural integration
सांस्कृतिक कार्यघटक functional principle
सांस्कृतिक क्रांती cultural revolution
सांस्कृतिक गुणविशेष cultural traits
सांस्कृतिक चौकट cultural frame
सांस्कृतिक जडत्व /जडता cultural inertia
सांस्कृतिक तफावत cultural gap
सांस्कृतिक धर्मशास्त्र cultural theology
सांस्कृतिक नियतिवाद cultural determinism
सांस्कृतिक पर्यावरण cultural miliue
सांस्कृतिक पश्चायन cultural lag
सांस्कृतिक प्रतीक cultural symbol
सांस्कृतिक प्रदूषण spiritual pollution
सांस्कृतिक प्रसरण culture diffusion
सांस्कृतिक बहुजिनसीपणा cultural heterogenity
सांस्कृतिक बहुविधता cultural pluralism
सांस्कृतिक बंध cultural pattern
सांस्कृतिक भिन्नता cultural diversity
सांस्कृतिक मानवशास्त्र cultural anthropology
सांस्कृतिक मापदंड cultural norms
सांस्कृतिक मिलाफ fusion of culture
सांस्कृतिक मूल्य cultural values
सांस्कृतिक वारसा cultural heritage
सांस्कृतिक विजातीयता cultural heterogenity
सांस्कृतिक वृद्धी cultural growth
सांस्कृतिक व्यवस्था cultural system
सांस्कृतिक शुद्धता cultural purity
सांस्कृतिक संक्रमण cultural transmission
सांस्कृतिक संघर्ष cultural conflict
सांस्कृतिक संरचना cultural structure
सांस्कृतिक समाकृती cultural configuration
सांस्कृतिक समाजशास्त्र cultural sociology
सांस्कृतिक समावेशन cultural assimilation
सांस्कृतिक सातत्य cultural continuum
सांस्कृतिक साम्राज्यवाद cultural imperialism
साकलिक macro
साकलिक अर्थशास्त्र macro economics; comprehensive economics
साकलिक समाजशास्त्र macro sociology
साकल्य totality

साकल्यपूर्ण मानवतावाद	critico-integral humanism
साकार	concrete
साखळी	nerus
साखळी प्रतिक्रिया	chain reaction
साखळी वृत्तपत्रे	chain newspapers
सागरसंचार स्वातंत्र्य	freedom of the seas
सागरी परिच्छेद	maritime zone
सागरी बाजार	seaborne trade
सागरी विमा	marine insurance
सागरी विमावर्ती	littoral
साचा	model
साचेबंद	rigid; stereotype
साटेलोटे	marriage by exchange
साठा	hoarding; stock
साठा न करणे (नि:संचयन)	dishoard
साठेबाजी	hoard; hoarding
सातत्य	continuity; consistency; constancy
सात्मीकरण	assimilation
साथी	comrade
साथीदार	mate; concommitant
सादृश्य	analgy; parallelism; parity
साधक कौशल्य	acquired skills
साधकबाधक प्रतिपादन	thesis
साधकबाधक विचार	deliberation
साधन	agency; implement; medium
साधनभूत उद्योग	instrumental industry
साधनभूत सिद्धान्त	instrumental theory
साधनरूप मूल्य	value as means
साधनवाद	instrumentalism
साधनसंपत्ती संघटित करून/कामी लावणे	resource mobilisation
साधनसंपत्तीचे समुपयोजन	employment of resources
साधनात्मक	instrumental
साधने	resources; means
साधाभोळा	rustic
साधारण बंधपत्र	simple bond
साधारण भाग	equity/ordinary shares
साधारण मूल्य	average price
साधारण वैज्ञानिक परंपरा	normal scientific tradition
साधित मागणी	derived demand
साधित वित्तीय साधने	derivaties
साधुत्व	piety
साधू	monk
साधे ऋणपत्र	simple debenture
साध्य	deduction
सानुग्रह निवृत्ती वेतन	gratuitary pension scheme
सापेक्ष	relative
सापेक्ष किंमत	relative price
सापेक्ष पद	relative term
सापेक्ष प्रमाण	relative scale
सापेक्ष मूल्य	relative value
सापेक्ष संज्ञा	relative term
सापेक्षता	relativism
सापेक्षतावादी वर्तनवादी	positionist behaviouralist
सापेक्षतेचा सामान्य मानवी सिद्धान्त	general human theory of relativity
साफल्यवाद	holism
सामंतशाही	samantism
सामग्री	means

सामरिक अध्ययन	strategic study
सामर्थ्य	capacity; influence; power; efficiency
सामष्टिक अबोध	collective unconscious
सामाजिक अंतनिरोध /अंतर्बंध	social inhibition
सामाजिक अचलता	social immobility
सामाजिक अचलता अधिक्रमता /अधिकारश्रेणी	social hierarchy
सामाजिक अन्वेषण	social investigation
सामाजिक अनिवार्यता	social imperative
सामाजिक अनुकूलन	social adaption
सामाजिक अनुबंध	social relations
सामाजिक अनुमाप (प्रमाण)	social scale
सामाजिक अनुरूपता	social equality
सामाजिक अनुशास्ती	social sanction
सामाजिक अपकर्ष	social retrogression
सामाजिक अपसमायोजन	social maladjustment
सामाजिक अपसामान्यता	social abnormality
सामाजिक अभिकरण	social mobility
सामाजिक अभिमुखीकरण	social orientation
सामाजिक अभियान	social campaign
सामाजिक अभियांत्रिकी	social engineering
सामाजिक अभिसरण	social circulation
सामाजिक अरिष्ट	social crisis/evil
सामाजिक अवस्था	social phase
सामाजिक अवहेलना	social negligence
सामाजिक अशांतता	social disturbance
सामाजिक असमानता	social unequality
सामाजिक अस्तित्व	social entity
सामाजिक अस्थैर्य	social instability
सामाजिक अहम्	social self
सामाजिक आंतरक्रिया	social interaction
सामाजिक आंदोलन	social agitation
सामाजिक आकृतीबंध	social pattern
सामाजिक आदर्श	social ideal
सामाजिक आधार	social base
सामाजिक आधार संरचना (मूळ पाया)	social infrastructure
सामाजिक आयाम	social dimension
सामाजिक आयुष्य	social life
सामाजिक आर्थिक	socio-economic
सामाजिक आर्थिक क्रांती	socio-economic revolution
सामाजिक आर्थिक संरचना	social economic structure
सामाजिक आशय	social content
सामाजिक इच्छा	social will
सामाजिक उच्चारण	social utterance
सामाजिक उतरंड	social pattern
सामाजिक उत्तेजक /उत्तेजन/उद्दीपन	social stimulus
सामाजिक उत्पत्ती	social genesis
सामाजिक उपभोग	social use
सामाजिक एकात्मता	social uniqueness
सामाजिक एकात्मता प्रक्रिया	social integration process
सामाजिक एकात्मीकरण/ऐक्य	social integration
सामाजिक ऐक्यभाव	social integrity

सामाजिक कंपू	social clique
सामाजिक करार	social contract
सामाजिक कर्तृत्वसिद्धी	social achievment
सामाजिक कलह	social struggle
सामाजिक कायदे	social law
सामाजिक कार्यनिष्ठता	social working
सामाजिक कार्यवाहक	social functionary
सामाजिक कार्यक्षमता	social efficiency
सामाजिक कृती	social deeds
सामाजिक क्रांती	social revolution
सामाजिक क्रिया	social action
सामाजिक खर्च	social cost
सामाजिक खर्च लाभ विषयक	social cost benefit analysis
सामाजिक गट	social group
सामाजिक गतिशास्त्र /गतिशीलता	social dynamics
सामाजिक गुणविशेष	social traits
सामाजिक घटक	social factor
सामाजिक घटना	social phenomena
सामाजिक घडण	social composition
सामाजिक चलता /चलनशीलता	social mobility
सामाजिक चलनसज्जता	social currency readiness
सामाजिक चिकित्सा	social criticism
सामाजिक जाण /जाणीव	social awareness
सामाजिक जाती	social species
सामाजिक जीवन	social life
सामाजिक टिकाव	social survival
सामाजिक डाकू	social bondits
सामाजिक तंत्र	social technique
सामाजिक तत्त्वज्ञान	social philosophy
सामाजिक तथ्य/तथ्ये	social facts/truth
सामाजिक तह	social compromise fact
सामाजिक ताण /तणाव	social tension
सामाजिक तादात्म्य	social identification
सामाजिक दबाव	social pressure
सामाजिक दमन	social suppression
सामाजिक दर्जा	social position
सामाजिक दारिद्र्य	social inequality
सामाजिक दुर्गुण	social vice
सामाजिक दृढीकरण	social ossification
सामाजिक दृष्टिकोन	social approach
सामाजिक दृष्टिकोनातून केलेले विश्लेषण	social cost benefit analysis/ cost benefit analysis through social approach
सामाजिक नाते	social relations
सामाजिक धन	social wealth
सामाजिक धाक	social deterrance
सामाजिक धोरण	social policy
सामाजिक नियंत्रण	social control
सामाजिक नियमन	social regulation
सामाजिक नियोजन	social planning
सामाजिक निर्णायके	social determinates
सामाजिक निर्देशांक	social index number
सामाजिक निर्बंध	social restraint
सामाजिक निवड	social choice
सामाजिक निश्चलता	social immobility
सामाजिक नीतिमत्ता	social morality
सामाजिक नीतिमूल्ये	social values

सामाजिक न्याय	social justice
सामाजिक पद	social position
सामाजिक परंपरा	social tradition
सामाजिक परजीवी	social parasite
सामाजिक परिपक्वता	social maturity
सामाजिक परिवर्तन	social change/mutation
सामाजिक परिव्यय	social cost
सामाजिक परिसर	social enviornment
सामाजिक परिस्थापन	social conditioning
सामाजिक परिस्थिती	social enviornment
सामाजिक परिस्थितीचा सिद्धान्त	theory of social condition
सामाजिक परिस्थितीशास्त्र	social ecology
सामाजिक पर्यावरण	social enviornment
सामाजिक पाया	social base
सामाजिक पार्श्वभूमी	social background
सामाजिक पुन:संघटन	social reorganization
सामाजिक पुनरुज्जीवन	social regeneration
सामाजिक पुनरुत्थान	social resurrection
सामाजिक पुराणमतवाद /स्थितीवाद	social conservation
सामाजिक प्रक्रिया	social process
सामाजिक प्रगती	social development
सामाजिक प्रतिसाद	social response
सामाजिक प्रभाव	social impact
सामाजिक प्रमाणके (आदर्श मानदंड)	social norms
सामाजिक प्रयोगदर्शन /प्रयोजन विचार /प्रगतीयोजन	socialtelesis
सामाजिक प्रवाह /प्रवृत्ती	social trends
सामाजिक प्राणी	social animal
सामाजिक प्राधिकार	social authority
सामाजिक प्रेरणा	social derives
सामाजिक फलित	social output
सामाजिक बंध	social nexus
सामाजिक बँकिंग	social banking
सामाजिक बदल	social change/mutation
सामाजिक बहिष्कार	social excommunication
सामाजिक बहिष्कृत	social ostracism
सामाजिक बहुजिनसीपणा	social heterogenity
सामाजिक भावना	social feelings
सामाजिक भाषाविज्ञान	social linguistics
सामाजिक भेद	social difference
सामाजिक मन	social mind
सामाजिक मनोविकृती चिकित्सा	social psychiatry
सामाजिक माध्यम	social medium
सामाजिक मानक	social standard
सामाजिक मानववंशशास्त्र	social ethnology
सामाजिक मानवशास्त्र /मानववंश शास्त्र	social anthropology
सामाजिक मानसशास्त्र	social psychology
सामाजिक मानसशास्त्र सिद्धान्त	social psychology theory
सामाजिक मापदंड /प्रमाणके	social norms
सामाजिक मापन	social measurement
सामाजिक मार्गदर्शन	social guidance
सामाजिक मालमत्तातत्त्व	social property principle
सामाजिक मूलतत्त्वे	social elements
सामाजिक रचना	social structure
सामाजिक रचित	social construct
सामाजिक रूढी	social custom
सामाजिक रूपरेखा	social contours

सामाजिक ऱ्हास	social deterioration/ retardation
सामाजिक लाभ	social advantage
सामाजिक लेखा परीक्षा	social audit
सामाजिक लोकशाही	social democracy
सामाजिक वर्तन	social behaviour
सामाजिक वस्तू	social goods
सामाजिक वातावरण	social millieu
सामाजिक वारसा	social heritage; inheritance
सामाजिक वास्तव /वास्तवता	social reality
सामाजिक विकलता (पंगुत्व)	social handicap
सामाजिक विकास	social development
सामाजिक विकृतीशास्त्र	social pathology
सामाजिक विघटन	social disorganisation
सामाजिक विभेद	social difference
सामाजिक विषमता	social disparity
सामाजिक विसंघटन	social disorganization
सामाजिक विज्ञान	social science
सामाजिक वृत्ती	social attitude
सामाजिक व्यक्तिकार्य तंत्र	social case-work method
सामाजिक व्यवच्छेद (भेददर्शक)	social differential
सामाजिक व्यवस्था	social system
सामाजिक व्यवहार	social intercourse
सामाजिक शास्त्र	social science
सामाजिक शास्त्रज्ञ	social scientists
सामाजिक शिस्त	social discipline
सामाजिक संकेत	social signals/values
सामाजिक संक्रमण	social transmission
सामाजिक संघटना	social organization
सामाजिक संघर्ष	social conflict
सामाजिक संतुलन	social equilibrium
सामाजिक संदर्भ	social context
सामाजिक संपादनशीलता	social acquisitiveness
सामाजिक संबंध	social nexus/relations
सामाजिक संबंध दमन	social repression
सामाजिक संमती	social approval
सामाजिक संयोगीकरण	social synthesis
सामाजिक संरचना	social structure
सामाजिक संविदा (करार)	social contract
सामाजिक संशोधन	social research
सामाजिक संसर्ग	social contagin
सामाजिक संस्कार	social rites
सामाजिक संस्था	social institution
सामाजिक सत्तासंबंध	social ruling relations
सामाजिक समता	social equality
सामाजिक समतोल	social equilibrium
सामाजिक समस्या	social problem
सामाजिक समाकृती	social configuration
सामाजिक समायोजन	social adjustment/ accommodation
सामाजिक समूहीकरण (गट पाडणी)	social grouping
सामाजिक सर्वेक्षण	social survey
सामाजिक सवय	social habit
सामाजिक सहिष्णुता	social tolerance
सामाजिक सात्मीकरण (समावेशन)	social assimilation
सामाजिक साधने	social resources
सामाजिक सांस्कृतिक क्रांती	socio cultural revolution

सामाजिक सिद्धान्त (समाज विधायक उत्पत्ती)	social theory
सामाजिक स्थितीशास्त्र	social statics
सामाजिक सुधारणा	social reforms
सामाजिक सुरक्षितता	social security
सामाजिक सेवा	social service
सामाजिक सेवेदन	social perception
सामाजिक स्तर	social level/strata
सामाजिक स्तरीकरण /स्तरीभवन	social stratification
सामाजिक स्थान	social position/status
सामाजिक स्थानमापक /स्थान अनुमान /स्थिती अनुमाप	social status scale
सामाजिक स्थितीसुधारणा	social amilioration
सामाजिक स्थैर्य	social stability
सामाजिक श्रेणीकरण	social gradation
सामाजिक क्षमता	social competancy
सामाजिक क्षेत्रनिहाय	social zonewise
सामाजिकीकरण /सामाजिकरण	socialization
सामान्य अभिकर्ता /एजंट	general agent
सामान्य उत्पादन शुल्क	general excise
सामान्य किंमत/मूल्य	normal price
सामान्य केंद्रीय महसूल	general central revenue
सामान्य क्रम	visual course
सामान्य खातेवही	general ledger
सामान्य जनता	common people
सामान्य नफा	normal profit
सामान्य निधी	general fund
सामान्य निधी अर्थसंकल्प	general fund budgetting
सामान्य नियम /सिद्धान्त	general law
सामान्य पत	general credit
सामान्य परवाना	general licence
सामान्य पृष्ठांकन	general endorsement
सामान्य प्रयोजन मदत	general purpose aid
सामान्य भागीदारी	general partnership
सामान्य मागणी	normal demand
सामान्य लाभ	normal profit
सामान्य वक्र	normal curve
सामान्य विज्ञान	general science
सामान्य वेतन	normal wages
सामान्य व्यक्ती	commoner
सामान्य संतुलन सिद्धान्त	general equilibrium theory
सामान्य समतोल	general equilibrium
सामान्य समाजशास्त्र	general sociology
सामान्य स्वीकृती	general acceptance
सामान्यता	generality
सामान्यीकरण	generalisation
सामान्यीक्रम विश्वास	generalised faith
सामायिक	common; equnimity
सामायिक बाजारपेठ	common market
सामायिक मालमत्ता	common property
सामिलीकरण	absorption/merger
सामीलनामा	instrument of occasion
सामुदायिक	collective
सामुदायिक घटना	mass phenomena
सामुदायिक निवड	collective choice
सामुदायिक नेतृत्व	collective leadership
सामुदायिक बचत	collective saving
सामुदायिक बेकारी	mass unemployment
सामुदायिक मालमत्ता	collective goods

सामुदायिक वर्तन	collective behaviour
सामुदायिक शेती	collective farming
सामुदायिक संपत्ती	collective wealth
सामुदायिकता	collectivity
सामुद्रिक सीमाशुल्क	sea customs
सामूहिक	collective
सामूहिक इच्छा	collective will
सामूहिक ऐक्यभावना	common uniqueness
सामूहिक करार	collective agreement
सामूहिक कृती/क्रिया	collective action/ community action
सामूहिक घबराट	group panic
सामूहिक जबाबदारी	collective responsibility
सामूहिक जाणीव	collective conscience
सामूहिक दफन	collective burial
सामूहिक धन	communal/collective wealth
सामूहिक निवासस्थान	group settlement
सामूहिक पूर्वग्रह	group prejudice
सामूहिक प्रकल्प	community project
सामूहिक प्रक्रिया	collective process
सामूहिक प्रश्नावली	common questionnair
सामूहिक बचत	collective saving
सामूहिक बोध	collective consciousness
सामूहिक मत	collective opinion
सामूहिक मन	social mind
सामूहिक मालमत्ता	collective property
सामूहिक/आधुनिक लोकशाही	collective democracy
सामूहिक वर्तन	collective behaviour
सामूहिक वाटाघाटी	collective bargaining
सामूहिक विकास प्रकल्प	community development programme/project
सामूहिक विमा	group insurance

सामूहिक व्यवसाय संस्था (विविध उद्देशाने एकत्र आलेल्या व्यवसायांचे जाळे)	conglomerate firms
सामूहिक शिरकाण	mass killing
सामूहिक शेती	collective farming
सामूहिक संघटना	community organization
सामूहिक संघटित निधी	community chaste
सामूहिक संरक्षण	mass protection
सामूहिक समसमाधान वक्र	community indifference curve
सामूहिक सहभाग	mass participation
सामूहिक सुरक्षा/ सुरक्षितता	collective security
सामूहिक सौदा	collective bargaining
सामूहिक हितसंबंध	group interest
सामूहिकता	collectivity
सामोपचार	concilation
साम्यवाद	communism
साम्यवादी	communist
साम्यवादी जाहीरनामा	communist manifesto
साम्यवादी पक्ष	communist party
साम्यवादी लोकशाही	communist democracy; people's democracy
साम्यवादी विकास	communistic development
साम्यवादी सहप्रवासी (कम्युनिस्ट सिंफथाइझर)	communist sympatizer solis (Comsymp)
साम्राज्य	empire
साम्राज्य आदेश	imperial decree

साम्राज्य परिषद	imperial conference
साम्राज्य संघ	imperial federation
साम्राज्यवाद	imperialism
साम्राज्यवादी देश	imperialist countries
साम्राज्यवादी युद्ध	imperial war
साम्राज्यशाही /साम्राज्यवादी	imperialist
साम्राज्यांतर्गत अधिमान्यता	imperial preference
सार	abstract; synopsis
सारणी (कोष्टक)	tabulation
साररूप विज्ञान	synoptic science
सारवाद	essentialism
सारा	cess
साराभूत/साररूप	synoptic; substantial
सारांश	synopsis
सारांशी	synoptic
सार्थ मागणी	effective demand
सार्वजनिक अधिनियम	public act
सार्वजनिक आंतरराष्ट्रीय विधी	public international law
सार्वजनिक आयव्यय	general income -expenditure
सार्वजनिक आरोग्य	public health
सार्वजनिक ईहा (इच्छा)	general will
सार्वजनिक उद्योग	public sector undertaking
सार्वजनिक उपक्रम	public enterprise
सार्वजनिक उपयुक्तता /उपयोगिता	public utilities
सार्वजनिक कंपनी	public company
सार्वजनिक कर्ज	public debt
सार्वजनिक कल्याण	general welfare
सार्वजनिक कायदा	public law

सार्वजनिक कारभार	public governance
सार्वजनिक खर्च	public sector expenditure
सार्वजनिक गरजा	public wants
सार्वजनिक धोरण	public policy
सार्वजनिक निकाय	public body
सार्वजनिक निगम	public company
सार्वजनिक नोकरशाही	public bureaucracy
सार्वजनिक न्यास	public trust
सार्वजनिक प्रशासन	public administration
सार्वजनिक भावना	public sentiments
सार्वजनिक भूक्षेत्र	public domain
सार्वजनिक मालकी	public ownership
सार्वजनिक रोखे	public funds
सार्वजनिक लेखा	public account
सार्वजनिक लेखा समिती	public accounts committee
सार्वजनिक वितरण व्यवस्था	public distribution system (PDS)
सार्वजनिक व्यवस्थापन	public management
सार्वजनिक संघटन	public organisation
सार्वजनिक सभा	public meeting
सार्वजनिक सेवानिर्मिती संस्था	public utility concern
सार्वजनिक हित	common good
सार्वजनिक क्षेत्र	public sector
सार्वत्रिक	universal
सार्वत्रिक नियम	general rule
सार्वत्रिक निवडणूक	general election
सार्वत्रिक निवडणुका	general elections
सार्वत्रिक न्याय	general justice
सार्वत्रिक प्राधिकरण	general administration

सार्वत्रिक बँकिंग	universal banking
सार्वत्रिक संप /हरताळ	general strike
सार्वत्रिक समतोल	general equilibrium
सार्वत्रिकता	universality ubiquity
सार्वत्रिकतेचा दृष्टिकोन	universality view
सार्वत्रिकीकरण /सार्वत्रीकरण	generalisation
सार्वभौम	sovereign
सार्वभौमत्व	paramountancy; sovereignty
सार्वभौम घटना समिती	sovereign constitutent assembly
सार्वभौम लोकशाही गणराज्य	sovereign democratic republic
सार्वभौम समतेचे तत्त्व	principle of sovereign equality
सार्वभौमत्व (आग्नेय आशियाई देशाची संघटना)	Association of South-East Asian Nations (ASEAN)
सार्वभौमत्वाचा बहुसत्ताक सिद्धान्त	multi-ruling theory of pluralism
सार्वभौमत्वाची अखंडता /अविभाज्यता	individuality of sovereignty
सार्वभौमत्वाची स्थाननिश्चिती	location of sovereignty
सार्वलौकिक विधी /कायदा	jus gentium
सार्वसमतोल विश्लेषण	general equilibrium analysis
सार्वसमतोल सिद्धान्त	general equilibrium theory
सार्वहेतूक प्राधिकरण	all purpose authority
सावकार	lender; creditor
सावकारी	money lending
सावत्र	half blood
सावधगिरी हेतू	precautionery motive
सावधिमूल्य ऋणपत्र	debenture of premium
सावधी ठेव	time deposit
सावधी दायित्व	time liability
सावधी विपत्र (हुंडी)	time bill
सावधी विमा	endorsement insurance
सावयव पद	composite term
सावयवी एकात्मता	mechanistic organic solidarity
साहचर्य	companionship; association
साहचर्य विवाह	companionate marriage
साहसी कृत्य/योजना	enterprise
साहाय्य	co-operation
साहाय्यक	contributory
साहाय्यक केंद्र	subsidiary operation
साहाय्यक अनुदान	grant in aid
साहाय्यकारी	auxiliary; contributory
साहाय्यकारी अधिकारी	auxiliary officer
साहाय्यकारी विधियोजन	auxiliary legislation
साहाय्यभूत	auxiliary
साहाय्यभूत तंत्रज्ञान	assistive technology
साहाय्यभूत भांडवल	instrumental/auxiliary capital

साहित्याचे समाजशास्त्र	sociology of literature
साक्षात्कार	vision; intuition; illumination
साक्षात्कारवाद	realisationism
साक्षात्कारवादी	intuitiontist
साक्षात्काराचे विकृतीकरण	perersion of revolation
सिक्युरिटी मार्केट	security market
सिटो	seato
सिद्धता	readiness; consummation
सिद्धान्त	hypothesis; induction; doctrine; thesis; theory
सिद्धान्तकल्पना	hypothesis
सिद्धान्तन	theorisation
सिद्धान्तनिर्मिती	hypothesis induction, doctrine, thesit, theory
सिद्धान्तपद्धती	hypothesis methodology
सिद्धान्तरोपण	indoctrination
सिद्धान्तलेख	doctrine article
सिद्धान्ताचा अन्वय	interpretation of theory
सिद्धान्ताची विपुलता /विपुलीकरण	proliferation
सिद्धान्ताचे पुनर्परिक्षण	reexamination of theory
सिंचनव्यवस्था	irrigation system
सिंहासनामागील सूत्रधार	power behind the throne
सीमा	margin; limit
सीमा कराधान	terminal taxation
सीमा किंमत निर्धारण सिद्धान्त	marginal price fixation theory
सीमा पथकर	terminal toll
सीमा प्रशुल्क	customs tariff
सीमा रेषा	border line
सीमा शुल्क	customs duty
सीमान्त	margin; marginal
सीमांक	limit
सीमांतीकरण	marginalisation
सीमान्त आय /महसूल	marginal revenue
सीमान्त आयात प्रवृत्ती	marginal propernsity to import
सीमान्त उत्पन्न	marginal income
सीमान्त उत्पादकता वेतन सिद्धान्त	marginal productivity theory of wages
सीमान्त उत्पादनसंस्था	marginal firm
सीमान्त उपयोगिता	marginal utility
सीमान्त उपयोगिता सिद्धान्त	law of marginal utility
सीमान्त खर्च	marginal cost
सीमान्त फायदा	marginal profit
सीमान्त फायदे	marginal benefits
सीमान्त मागणी	marginal demand
सीमान्त लाभ	internal role of return
सीमान्त लाभक्षमता	marginal efficiency
सीमान्त वाटणी	marginal distribution
सीमान्तक कर	terminal tax
सीमान्तक किंमत	marginal price
सीमान्तक घटक परिव्यय	marginal factor cost
सीमान्तक त्याग	marginal sacrifice
सीमान्तक नफा	marginal profit
सीमान्तक परिव्यय	marginal cost
सीमान्तक परिव्यय किंमत निर्धारण	marginal cost pricing
सीमान्तबाह्य	explosive escillations
सीमान्तर्गत	intramarginal
सीमान्तर्गत उपयोगिता	intramarginal utility

सीमान्तर्गत लागवड	intramarginal cultivation
सीमान्तवादी	marginalist
सीमान्तिक	marginal
सीमान्तिक उपयोगिता	marginal utility
सीमान्तिक किंमत /मूल्य	marginal price
सीमान्तिक घटक पर्याययोजन दर	marginal rate of substitution
सीमान्तिक जमीन	marginal land
सीमान्तिक त्याग	marginal sacrifice
सीमान्तिक पतपत्र	marginal letter of credit
सीमान्तिक परिव्यय	marginal cost
सीमान्तिक पर्याय योजनक्षमता	marginal substituability
सीमान्तिक पर्याययोजन दर	marginal rate of substitution
सीमान्तिक प्रत्याय /फल	marginal return
सीमान्तिक भूमी	marginal land
सीमान्तिक मागणी	marginal demand
सीमान्तिक श्रम उत्पादकता	marginal productivity of labour
सीमापार व्यापार	transfrontier trade
सीमाबाह्य लागवड	extra margnial cultivation
सीमाशुल्क	custom; custom duty
सीमाशुल्क अधिपत्र	customs warrant
सीमाशुल्क करप्रतिग्रह	customs drawback
सीमाशुल्क कार्यालय	custom house
सीमाशुल्क ग्रह (आयात मालावर घेतलेल्या जकातींपैकी तोच माल परदेशी पाठविल्यावर परत मिळणारा भाग)	drawback
सीमाशुल्क परवाना	customs permit
सीमित अधिकार	limited authority
सीमित धनादेश	limited cheque
सुखदायी वस्तू	articles of comfort
सुखभ्रम	cuphorid
सुखवाद	hedonism; optimism
सुखसोयी	aminities
सुखात्मक	hedonic
सुखापेक्ष कर्मवाद	hedonism
सुखासीन राजकारण	armchair strategy
सुगमीकरण	simplification
सुजात	well-born
सुटका होणे	discharge
सुधार निधी	betterment fund
सुधार पट्टी	betterment levy
सुधार विश्वस्त मंडळ	improvement trust
सुधारक	unorthodox
सुधारगृह	house of correction; remand home
सुधारणा	amelioration amends; amendments; civilization
सुधारणा कायदा	reform act
सुधारणा विधेयक	reform bill
सुधारणागृह	reformatory
सुधारणातत्त्व विश्लेषण	meta-civilization
सुधारणात्मक नियोजन	corrective planning

सुधारणारूप नियोजन	corrective planning
सुधारणावाद	meliorism; reformism
सुधारणावादी	reformist
सुधारणावादी (निंदाव्यंजक शब्द)	revisionist
सुधारणावादी व्यवस्थापन	reformist management
सुधारन्यास	improvement trust
सुधारशाळा	reformatory school
सुधारात्मक उपाययोजना	remedial measures
सुधारालय	reformatory
सुधारित अर्थसंकल्प	revised/revival budget
सुधारित आवश्यक गरजा	improved essential needs
सुधारीतता	incorrigibility
सुपीकता	fertility
सुपोषित	well fed
सुप्त (निष्क्रिय) भागीदार	dormant partner
सुप्त आर्थिक अधिक्य	potential economic surplus
सुप्त कार्य	leatent function
सुप्त गुण	latent quality
सुप्त पुस्ती (विधेयकाचा अर्थ बदलणारी परंतु विधेयक संमत झाल्यानंतर लक्षात येणारी पुस्ती)	sleepens
सुप्त भांडवल	dormant capital
सुप्त भागीदार (केवळ भांडवल गुंतविलेला भागीदार)	sleeping partner
सुप्रजननशास्त्र	eugenics
सुबुद्ध हुकुमशहा	enlightened dictator
सुबुद्धस्वहित	enlightened selfinterest

सुयोग्य वित्तव्यवस्था	sound finance
सुरंग लावणे	sabotage
सुरक्षा	security
सुरक्षा करार	pact of security
सुरक्षा झडप	safety valve
सुरक्षा ठराविक परिव्यय	explicit cost co-ordination
सुरक्षा ठेव	security deposit
सुरक्षा निधी	safety fund
सुरक्षा परिषद	security council
सुरक्षित कक्ष	strong room
सुरक्षित कालखंड	safe period
सुरक्षित ठेव	safe deposit
सुरक्षित ठेवघर	safe deposit vault
सुरक्षित निधी	reserve fund
सुरक्षिततेचा हक्क	security right
सुलभ चलन	soft currency
सुवर्ण निर्यात बिंदू	gold export point; export specie point
सुवर्ण प्रमाणाचे विघटन	break down of gold standard
सुवर्ण प्रवाह सिद्धान्त	price specific flow theory
सुवर्ण रोखा	gold band
सुवर्ण हुंडणावळ मानक	gold exchange standard
सुवर्णतुल्यता	gold parity
सुवर्णतुल्यता मानक	gold parity standard
सुवर्णाचा दर्जा	gold parity
सुवाह्यता	transportability
सुविकसित	sophisticated
सुविधा	facility; aminities
सुविधाभार	servitude
सुविहीत व्यवस्था	systemetic administration
सुविहित शासन	good government
सुव्यक्त व्याज	explicit interest

सुव्यक्त संस्कृती	explicit culture
सुव्यवस्था	order
सुशिक्षित बेरोजगार	educated unemployed
सुशिक्षितावस्था	civilization
सुसंगत	coherent; corresponding
सुसंगती	consistency; coherence
सुसंगतेची अट	conditional rationality
सुसंवाद	coherence; harmony
सुसंवाद सिद्धान्त	coherence theory
सुसंवादी कार्य	harmonious function
सुसंवादी समायोजन	harmonious adjustment
सुसंस्कृत	cultural
सुसभ्य	sophisticated
सुसूत्र व्यवस्था	organization
सुसूत्रता	co-ordination/coherence
सुसूत्रीकरण	rationalization
सुस्थिती	well-being maintenance
सुस्पष्ट	categorical
सुस्पष्ट ठराविक परिव्यय	explicit cost co-ordination
सुज्ञेयता	cagrugibility
सूचक	prompter
सूचक नियोजन	indicative planning
सूचक प्रश्न	leading question
सूचकांक	index number
सूचिबाह्य रोखे	unlisted securities
सूची	index
सूट	allowance; immunity rebate; exemption; concession; remission
सूड	retariation
सूत्र	formula; canon rudiment
सूत्रधारी कंपनी	holding company
सूर	tone
सूक्ष्म अध्ययन	micro study
सूक्ष्म अध्ययन तंत्र	micro study technique
सूक्ष्म कर्ज	micro loan
सूक्ष्म दृष्टी	insight
सूक्ष्म नियोजन	micro planning
सूक्ष्म भेद	discrimination
सूक्ष्म संदर्भ	documentation
सूक्ष्म समाजशास्त्र	micro sociology
सूक्ष्म/सूक्ष्मक अभ्यास	microcosmic study
सूक्ष्मदर्शी	micro
सूक्ष्मलक्षी	micro analysis
सूक्ष्मलक्षी अर्थशास्त्र	micro economics
सूक्ष्मलक्षी वित्तव्यवस्था	micro finance system
सृजनशील	creative
सृजनशीलता	creativity
सृष्टिशास्त्र	cosmology
सेंद्रिय	organic
सेंद्रिय समाज	organic society
सेना रसद विभाग	commissiariat
सेनाविसर्जन	demobilisation
सेनेट	senate
सेनेट सदस्य	senator
सेबी	Securities and Exchange Board of India (SEBI)
सेवन	consumption
सेवन वस्तू	consumable goods
सेवा	commodity; service; servitude
सेवा उपयोगिता	service utility
सेवा कृती	service attitude
सेवा तत्त्व	service principle
सेवा परिव्यय	cost of service
सेवा पुरवठा	services supply
सेवा पुरविणारे उद्योग	service providing industries
सेवा क्षेत्र	service sector

सेवाआकार	service charges
सेवादर	service charges
सेवाभाव/सेवाकृती	voluntrerism
सेवामुक्त	terminated from service
सेवामुक्ती खंड	quit rent
सेवामुक्ती लाभ	retirement benefits
सेवायोजक	employer
सेवायोजन	employment
सेवायोजन कार्यालय	employment exchange
सेवायोजनांची सुरक्षितता	security of employment
सेवायोजित	service-prone
सेवारूप निर्यात	invisible exports
सेवारूप (अदृश्य) बाबी	invisible
सेवावधी	servitude
सेवाविद्रोह	military camp
सेवाविवाह	marriage by service
सेवाशर्ती	service conditions
सेवाक्षेत्र	service area/sector
सेवांतर्गत प्रशिक्षण	in service training
सैद्धान्तिक	theoretic/theoretical
सैद्धान्तिक अंतर्दृष्टी	theoretical insight
सैद्धान्तिक अर्थशास्त्र	theoretical economics
सैद्धान्तिक किंमत	theoretical value/price
सैद्धान्तिक चर्चा	theoretical discussion
सैद्धान्तिक विज्ञान	theoretical science
सैद्धान्तिक चौकट	theoretical framework
सैद्धान्तिक धोरण	theoretical policy
सैद्धान्तिक भौतिकशास्त्र	theoretical physics
सैद्धान्तिक मान्यता	theoretical acceptance
सैद्धान्तिक वर्तनवादी	theoretical behaviouralist
सैद्धान्तिक सामान्यीकरण	theoretical generalisation
सैनिकी अधिकारिता	military jurisdiction
सैनिकी अविष्कार	military menifestation
सैनिकी कब्जा	military occupation
सैनिकी प्रशासन	military administration
सैनिकी बलप्रदर्शन	military showdown
सैनिकी समाजशास्त्र	military sociology
सैन्य	convoy
सैन्य काढून टाकणे	de mobilisation
सैन्याची तुकडी	regiment; company
सोडकिंमत	surrender value
सोने-चांदी बाजार	bullion market
सोने-चांदी विनिमय	bullion exchange
सोने-चांदीच्या स्वरूपातील नाणी	spacie
सोपपत्तिक	rationalization
सोपाधिक	relative
सोपानश्रेणी	hierarchy
सोपानश्रेणीमय कार्यप्रणाली	hierarchical procedure
सोपीव काम	job
सोपीव कामातील समाधान	job satisfaction
सोबत	company
सोय	convenience; facility
सोयरिक	affinity
सोयरे	affinal kins
सोयीचे राजकारण	politics of expediency
सोसणारा	sufferer
सौकर्य	facility
सौजन्यशील राष्ट्रमंडळ	comity of nations
सौदा	bargain
सौदा करण्याची क्षमता	bargaining power
सौदा वेतन सिद्धान्त	bargaining theory of wages
सौम्य कर्ज	soft loan
सौम्य चलन वृद्धी	reflation

सौर विद्युत फलक	solar panel
सौरऊर्जा	solar energy
स्टोईकवाद	stoicism
स्तब्ध	immobile
स्तर	strata; stratum; layer
स्तरच्छेद आधारसामग्री	cross section data
स्तरित नमुना चाचणी	stratified random sampling
स्तरीकरण/स्तरीभवन	stratification
स्तंभ	column
स्तंभीय चलता /चलनशीलता	verticle mobility
स्तंभीय रोकडवही	column cashbook
स्त्रियांचे अदृश्यीकरण	women made invisible
स्त्रियांचे हक्क	women's rights
स्त्रियांच्या हक्कांचे समर्थन	vindication of the rights of women
स्त्री, बाई	female
स्त्री अर्भक हत्या	female intanticide
स्त्री कामगार	female worker
स्त्री चळवळ	women's movement
स्त्री-पुरुष विभागणी	sex distribution
स्त्री प्रश्नांसंबंधीचे सिद्धान्त	theorisation about women's issues
स्त्री/महिला आरक्षण	reservation for women
स्त्री समतावाद	feminism
स्त्रीअभ्यास	women's studies
स्त्रीतत्त्व	feminine entity
स्त्रीत्व	femininity
स्त्रीप्रमुख कुटुंब	female headed households
स्त्रीभ्रूणहत्या	female foeticide
स्त्रीमताधिकार	female suffrage

स्त्रीमताधिकारवाद	suffragism
स्त्रीमताधिकारवादी	suffragette; suffragist
स्त्रीमुक्ती	women's liberation
स्त्रीलिंगी गर्भपात	female foetus abortion
स्त्रीवाद	feminism
स्त्रीवादाची दुसरी लहर	second wave femninism
स्त्रीवादी अध्ययनपद्धती	feminist methodology
स्त्रीवादी अभिव्यक्ती	feminist expression
स्त्रीवादी आंदोलन	feminist movement
स्त्रीवादी इतिहासलेखन	feminist histriography
स्त्रीवादी कार्यकर्ती	feminist activist
स्त्रीवादी चळवळ	feminist movement
स्त्रीवादी प्रणाली	feminist ideology
स्त्रीवादी मूल्य/मूल्ये	feminist principles
स्त्रीवादी विकास	feminist development
स्त्रीवादी विश्लेषण	feminist analysis
स्त्रीवादी सिद्धांकन	feminist theorisation
स्त्रीवादी सिद्धान्त	feminist theories
स्त्रीशक्ती	women's power
स्थगन प्रस्ताव	adjourmment motion
स्थगित आय/प्राप्ती	deferred income
स्थगित प्रदान	deferred payment
स्थगित बटाव (कसर)	deferred rebate
स्थगित भाग/शेअर्स	deferred shares
स्थगित महसुली खर्च	deferred revenue expenditure
स्थगित मागणीपत्र	deferred indent
स्थगित रोखा	deferred bond
स्थगित लाभांश	deferred dividend
स्थगित वार्षिकी	deferred annuity
स्थगित वेतन	deferred wages

स्थगित शिक्षा	suspended sentence
स्थगिती	stay
स्थल सीमान्त व्यापार	land frontier trade
स्थलप्रत	counter foil
स्थलसेना	land force
स्थलात्मक	spatial
स्थलांतर	emigration; immigration; evacuation
स्थलांतरण	migration
स्थलांतरित	migratory
स्थलांतरित श्रमिक	migratory workers
स्थलांतरी	migrant; immigrant
स्थलीय नियोजन	spatial planning
स्थान	position
स्थान उपयोगिता	place utility
स्थान निर्विष्ट रोखा	domiciled security
स्थानबद्धता	detention; internment
स्थानबद्धतागृह	house of detention
स्थान मर्यादित पतपत्र	limited letter of credit
स्थानाचे आरक्षण	reservation of seats
स्थानाभिनिवेश राजकीय संस्कृती	parochial political culture
स्थानाभिनिवेशी	parochial
स्थानाविपर्यय (स्थित्यंतर)	commulation
स्थानांतर	migration
स्थानांतरण	transfer; transformation
स्थानांतरण धनादेश	transfer cheque
स्थानांतराच्या रचनांतरणाचा नियम	move alpha minimalism
स्थानिक	local; indigenous
स्थानिक अधिकारी	local authority
स्थानिक उपयोगिता	local utility
स्थानिक कारवाई	local action
स्थानिक किंमत	local price
स्थानिक केंद्र	local station
स्थानिक निधी	local fund
स्थानिक नियोजन	local planning
स्थानिक परिपाठ (रिवाज)	local usage
स्थानिक पातळी	local level
स्थानिक प्राधिकरण /प्राधिकार	local authority
स्थानिक फडणिशी व्यवहार	local finance
स्थानिक बँक	local bank
स्थानिक मजूर	local labour
स्थानिक मत्ता	local assets
स्थानिक मूल्य	local value
स्थानिक मंडळ	local board
स्थानिक लेखा परीक्षा	local audit
स्थानिक शासन	local government
स्थानिक संप	local strike
स्थानिक स्वराज्य	local self government
स्थानिक स्वराज्य संस्था	local self institute
स्थानिक स्वायत्तता	local autonomy
स्थानियीकरणाचे धोरण	policy of localization
स्थानीय	local
स्थानीय कर	local rate
स्थानीय मंडळ	local board
स्थानीय वित्त	local finance
स्थापत्य गणितशास्त्र	engineering mathematics
स्थापना	establishment; thesis
स्थायी	constancy; stable; standing
स्थायी आंशिक विकलांगता	permanent partial disablement

स्थायी आदेश	standing order
स्थायी आय परिकल्पना	permanent income hypothesis
स्थायी कर्ज	funded debt
स्थायी कार्यदूत	charged affairs
स्थायी निधी	permanent fund
स्थायी न्यायाधीश	permanent judge
स्थायी पत	standing credit
स्थायी भाडे	dead rent
स्थायी मत्ता	permanent assets
स्थायी मार्ग	permanent route
स्थायी मूल्य	constant value
स्थायी रोजगार	permanent employment
स्थायी विकास	sustainable development
स्थायी समिती	standing committee
स्थावर	stationary
स्थावर पैसा	flat money
स्थावर मालमत्ता	immovable property
स्थावर मूल्य	value of immovable property
स्थावर वसाहत	immovable estate
स्थावर संपत्ती	immovable property
स्थित विनिमय दर	fixed exchange rate system
स्थितप्रज्ञता	equanimity
स्थितिजन्य /स्थितिशील	static
स्थितिशील धोरण	static policy
स्थितिशील समतोल	static equilibrium
स्थितिशील समाज	static society
स्थिती	condition; position case; state
स्थितीक अर्थव्यवस्था	static economy
स्थितीगती	static energy
स्थितीप्रिय	conservative
स्थितीवाद	statism
स्थितीवादी	staticism
स्थितीविशेष भाडे /खंड	situation rent
स्थितीसुधार	amelioration
स्थितीसुधारविषयक उपाययोजना	ameliorative measures
स्थित्यंतर	conversion; vicissitude
स्थिर	constant; definite; fixed; invariable; stable; static; steady
स्थिर अनुमाप फल	constant returns; to scale
स्थिर अर्थव्यवस्था	stationery/stable economy
स्थिर आकार	fixed charges
स्थिर उत्पादन फल	constant returns
स्थिर किंमत	stable price
स्थिर परिव्यय	fixed cost
स्थिर प्रतिमा	static image
स्थिर प्रत्याय /फलसिद्धान्त	law of constant returns
स्थिर बाजार	immobile/steady market
स्थिर भार	fixed charge
स्थिर भांडवल	fixed capital
स्थिर मत्ता	fixed assets
स्थिर मागणी	constant demand
स्थिर मालमत्ता	immovable property
स्थिर मूल्य	stable price
स्थिर रचना	fixed structure
स्थिर लोकशाही	stable democracy
स्थिर लोकसंख्या	stable population
स्थिर व चल किंमत	constant and variable price
स्थिर विदेशी चलन (विनिमय) दर	fixed/stable exchange rate

स्थिर विदेशी विनिमय	fixed/stable exchange
स्थिर विनिमय दर	fixed exchange rate
स्थिर विश्वासश्रित राखीव निधी	fixed fiduciary reserve
स्थिर व्याजदर	fixed interest rate
स्थिर शृंखला	stationary time series
स्थिर समतोल	stable equilibrium
स्थिर साधन	fixed means/ resource input
स्थिर (स्थायी) भांडवल	fixed capital
स्थिरकल्पना	static concept
स्थिरता	equilibrium; immobility; constancy; confirmity; stability
स्थिरत्व	stability
स्थिरीकरण	stabilisation
स्थिरीकरण धोरण	stabilising policy
स्थिरीभवन	stabilisation
स्थूल	gross
स्थूल (कच्चा) लेखा	rough account
स्थूल अभ्यास	macrocosmic study
स्थूल आय/उत्पन्न	gross income
स्थूल उत्पन्न	gross yield
स्थूल उत्पादन	general production
स्थूल उत्पादन वृद्धी कर	general production growth tax
स्थूल खंड	gross rent
स्थूल गुंतवणूक	general investment
स्थूल जन्मप्रमाण	crude birth rate
स्थूल तोटा	gross loss
स्थूल देशी उत्पन्न	gross domestic product (GDP)
स्थूल भाडे	gross rent
स्थूल मतैक्य	consensus
स्थूल मूल्य	gross value
स्थूल मृत्यूदर	crude death rate
स्थूल राष्ट्रीय उत्पादन	Gross National Product (GNP)
स्थूल राष्ट्रीय उत्पादित वस्तू	Gross National Product (GNP)
स्थूल राष्ट्रीय कल्याण	gross national welfare
स्थूल लेखांकन	macro accounting
स्थूलक अभ्यास	macrocosmic study
स्थूलदर्शी	macro
स्थैतिक (स्थितीशील) समतोल	static equilibrium
स्थैर्य	stabilisation; stability; solidarity
स्थैर्य विरहित शृंखला	non-stationary time series
स्नेही	companion
स्पर्धा	competition
स्पर्धा व संघर्ष	competition and conflict
स्पर्धात्मक	competative
स्पर्धात्मक गरजा	competitive wants
स्पर्धात्मक पुरवठा	competitive supply
स्पर्धात्मक बोली	competitive bidding
स्पर्धात्मक मागणी	competitive demand
स्पर्धात्मक वर्गीय जाणीव	competitive class consciousnes
स्पर्धात्मक व्यवसाय संस्था	competitive firm
स्पर्धानिष्ठा	competitive loyalty
स्पर्धायुक्त बाजार	competitive market
स्पर्श	feeling

स्पष्ट व्याज	explicit interest
स्पष्टीकरण	interpretation
स्फुरण	inspiration
स्फूर्ती	inspiration; spur; spring
स्मरणपत्र	aide-memoire
स्मृतिरूप ज्ञान	recollective knowledge
स्रोत गतिशीलन सिद्धान्त	resource mobilize theory
स्वकीय	indigenous
स्वकेंद्रित	self-centered
स्वकेंद्रितता	self-centeredness
स्वगृह	neolocal
स्वच्छंदीपणा	selfwilled
स्वजातिकेंद्रकता	ethnocentrism
स्वत:	per se
स्वत: प्रमाण	self valid
स्वत: प्रमाणता	self evidence
स्वत: प्रामाण्य	instrinsic validity; self evidence
स्वतंत्र नियामक अभिकरण/आयोग	independent regulatory agency/commission
स्वतंत्र बँक व्यवसाय	independent banking
स्वतंत्र समाज	free society
स्वतंत्र होण्याचा अधिकार	right to be free
स्वतंत्रता	liberty
स्वतंत्रेच्छा	free will
स्वत्व	indentity; integrity
स्वत्वघडण	identity formation
स्वदेश पाठवणी	repatriation
स्वदेशत्याग	expatriation
स्वदेशातून हाकलणे	expatriate
स्वदेशाभिमान	patriotism
स्वनिधी	self funding; owned funds
स्वनिरीक्षण	introspection

स्वप्रयुक्तता	self employment
स्वप्रशासन	self-governance
स्वभाव	temperament
स्वभावधर्म	character
स्वभावरचना/स्वभाव वैशिष्ट्य	character structure
स्वमताग्रही	doctrinaire
स्वयं संतुलन खातेवही	self balancing ledger
स्वयंचलित	automatic
स्वयंचलित परवाना	automatic licensing
स्वयंतुष्टी	self compalcency
स्वयंधारित	self supporting
स्वयंनियमावली	self rules
स्वयंनिर्णय /स्वयंनियमन	self determination
स्वयंनिर्णय अधिकार	right of self determination
स्वयंनिर्भरता	self reliance
स्वयंनिर्वाही	self supporting
स्वयंनिर्वाही अर्थव्यवस्था	viable economy
स्वयंनिर्वाही प्रस्ताव	viable proposal
स्वयंनिर्वाही समाज	viable community
स्वयंपूर्ण	self sufficient
स्वयंपूर्णता	self sufficiency
स्वयंप्रकाशी	self luminous
स्वयंप्रतिपगामी सशर्त अनेकविध प्रकीर्णता	auoregressive conditional heteroskedasticity
स्वयंप्रेरणा	self motivation
स्वयंभू	self born
स्वयंभू मूल्य	intrinsic value
स्वयंमजुरी	self labour
स्वयंमन्य संस्कृतिरक्षक	book burners

स्वयंरोजगार	self employment
स्वयंशासन	local/self government
स्वयंशासित	self governing
स्वयंशिस्त	self discipline
स्वयंसहाय्यक	self assisted
स्वयंसहाय्यता गट	self help group (SHG)
स्वयंसेवी	non-government
स्वयंसेवी संस्था	non-government organization
स्वयंस्फूर्ती	self motivation
स्वर	tone
स्वरमेळ	harmony
स्वराज्य	homerule; self government
स्वरूप	characteristic
स्ववित्तव्यवस्था	self financing
स्वविरोधी	self contradictory
स्वसंरक्षण	self defence
स्वसंरक्षण दल	self defence
स्वसंरक्षणाचा अधिकार	right of self defence
स्वसत्ता	autonomy
स्वसमाज	self society
स्वसमाजकेंद्री	sociocentric
स्वसुखवाद	egoistic hedonism
स्वस्त माल	convenience goods
स्वहित	self interest
स्वहितवाद	egoism; enlightened; self interest
स्वाग्रही	elastic
स्वातंत्र्य	liberty; liberation
स्वातंत्र्य सैनिक	freedom fighter
स्वातंत्र्यपूर्व काळातील ब्रिटनमधील भारतमंत्री	secretary of state for India
स्वातंत्र्यवाद	libertarianism
स्वातंत्र्याची कक्षा	domain of freedom
स्वातंत्र्याची घोषणा	declaration of independence
स्वात्म प्रतिसंबंधी	self reflectivity
स्वाधीन करणे	delegate
स्वाधीन होणे	surrender
स्वाभाविक	inborn; intrinsic; innate; native; congential
स्वाभाविकरण	naturalisation
स्वामित्व	ownership
स्वामित्वधन/मानधन	royalty
स्वामित्वधन लेखा	royalty account
स्वामित्वहरण (स्वामित्व हक्क काढून घेणे)	expropriation
स्वामित्वाधिकार	proprietory right
स्वामी	proprietor
स्वायत्त	autonomous
स्वायत्त अधिकार	autonomous rights
स्वायत्त गुंतवणूक	autonomous investment
स्वायत्त चल	independent variable
स्वायत्त धन	possessions
स्वायत्त प्रदेश	autonomous region
स्वायत्त भांडवलप्राप्ती	autonomous capital receipts
स्वायत्त राज्य	autonomous state
स्वायत्त स्त्रिया	autonomous women
स्वायत्तता	autonomy, self government, autonomous, self containing, self policy maker
स्वार्थ	self interest
स्वार्थभाव	egoism

स्वावलंबन	self sufficiency
स्वास्थ मानसशास्त्र	health psychology
स्वीकार	acceptance
स्वीकार दर	acceptance rate
स्वीकार न करणे (अस्वीकार करणे)	dishonour
स्वीकार पत्र	acceptance letter
स्वीकार बोली	take over bid
स्वीकारक	acceptor
स्वीकारोत्तर दस्तऐवज देय	documents against acceptance DA (also D/A)
स्वीकृती	adoption; co-option; acceptance
स्वीकृती पत्र	acceptance credit
स्वेच्छा	free will
स्वेच्छा कबुली आणि प्रगटीकरण	voluntary disclosures
स्वेच्छा तत्त्व	voluntay principle
स्वेच्छा निवृत्ती योजना	voluntary retirement scheme
स्वेच्छा पालकत्व	voluntary parenthood
स्वेच्छापूर्वक	voluntary
स्वेच्छेने स्वाधीन होणे	voluntary surrender
स्वैर	arbitrary; random
स्वैर नमुना	random sample
स्वैर वर्तनी	libertine
स्वैरता	licence
स्वैरतंत्र	despotism
स्वैरतंत्री	despot
स्वैरतंत्री राज्य	despotic state
स्वैरसंबंध	promiscuity
स्वैराचार	licence
स्वैराचारवाद	libertinism
स्वैराचारी	libertine

ह

हंगामानुसारी व्यापारचक्र सिद्धान्त	harvest theory of the trade cycle
हंगामी	acting; interim; temporary
हंगामी बेकारी	seasonal unemployment
हंगामी रोजगार	seasonal/temporary employment
हंगामी व्यवसाय	seasonal occupation
हंगामी शासन/सरकार	provisional government
हंगामी सेवायोजन	seasonal employment
हंगामी स्थलांतरण	seasonal migration
हकालपट्टी	expulsion
हक्क	claim; title
हक्क (जमीन-मालमत्तेवरील) काढून घेणे	cession
हक्कपत्र	heir; documents of title
हक्क खर्चवेचासहित परिव्यय (परिव्यय, विमा, वाहनावळ यासह खर्च)	franchise
हक्कनोंद हक्कदारपत्र	record of rights
हक्कपत्रविरहित विपत्र/हुंडी	clear bill
हक्काचा गोषवारा	abstract of title
हक्काधारित रोजगार	rights based employment
हक्काधारित विकास	rights based development
हटवाद	dogmatism
हटवादी	dogmatic
हत्या करणे	assiminate
हत्याकांड	progrom
हत्यापराध	blood guiltiness
हत्यार	implement
हत्यासूड	blood revenge

हद्दपार	banish; exile
हद्दपारी	deportation; expulsion
हप्तामुक्त विमापत्र	paid up policy
हप्तेबंद खरेदी	instalment purchase
हप्तेबंदीचे बंधपत्र	instalment bond
हप्तेबंदीने	by instalments
हमी	guarantee; underwritting; warranty; security
हमी कमिशन (आडत)	underwriting commision
हमी दिलेले बंधपत्र	guaranteed bond
हमी दिलेले वेतन	guaranteed wages
हमी देणारा नफा	guaranteed profit
हमी बंधपत्र	guarantee bond
हमी मर्यादित कंपनी	company limited by guarantee
हमीकर्ता	underwriter
हमीदत्त बंधपत्र	guaranteed bond
हमीदायी कंपनी	guarantee company
हमीदार	guarantor; warranty
हमीदार अभिकर्ता	underwriter agent
हमीपत्र	letter of guarantee
हमीसंस्था	guarantee organization
हरकतीचा मुद्दा	point of order
हरितक्रांती	green revolution
हरितगृह	greenhouse
हलक्या प्रतीचे डावपेच	demagogy
हलगर्जीपणा	default
हवाई अधिकारक्षेत्र	aerial domain
हवाई व्यापार	airborne trade
हवाई सामर्थ्याधारित राजकारण	aeropolitics
हवाई क्षेत्रातील अधिकार मर्यादा	airspace jurisdiction
हवाला	custody; guarantee
हवालात	custody
हस्तक	souteneur
हस्तकौशल्य	manipulation
हस्तनिर्मिती	artifacts
हस्तपत्रक/हस्तपत्रिका	handbill
हस्तव्यवसाय अर्थव्यवस्था	handicraft economy
हस्तव्यवसाय व्यापार	handicraft trade
हस्तक्षेप	interfere; intervention
हस्तक्षेपप्रधान विकासाचे तंत्र	interventionist development strategy
हस्तांतर	transfer
हस्तांतरण	transformation; transference
हस्तांतरण व्यवहार	transfer transactions
हस्तांतरणीय धनादेश	transferable cheque
हस्तांतरणीय प्रदान	transfer payments
हस्तांतरणीय माल	transferable goods
हस्तांतरणीय लेखा	transferable accounts
हस्तांतरणीय वस्तू	transferable goods
हातचलाखी	manipulation
हातची किंमत	upset price
हाताळणी	manipulation
हाताळणी आकार /खर्च	handling charges
हाती पडणारा पगार /वेतन	take home pay
हानिपूरक वर्तन	compensatory behaviour
हानिपूर्ती	indemnity; reparation
हानी	disadvantage; loss; injury
हानी प्रतितोल	loss offset
हिणकस चलन	debased currency

हित	benefit; interest; good
हितकारी निधी	benevolent fund
हितकारी संस्था	benefit society
हितसंबंध	interest
हितसंबंधातील संघर्ष	conflict of interest
हितसंबंधांचे प्रतिनिधित्व	representation of interests
हितसंबंधी	interest
हितसंबंधी गट	interest group
हिमयुग	ice age
हिशेब	account; calculation
हिशेब एकक	unit of account
हिशेब तपासणी	audit
हिशेब तपासनीस	auditor
हिशेबनीस	chartered accountant
हिशेबपूर्ती	settlement of accounts
हिशेबपूर्ती दिन	account day
हिशेबाचा मेळ करणे	pay off
हिशेबाच्या पुस्तकाप्रमाणे शिल्लक	book balance
हिशेबाच्या रकमा पुढच्या हिशेबात ओढून घेणे	brought forward
हिशेबाचे एकक	unit of account
हिस्सा	contribution; dole; share
हिस्सेवारीने शेती करणे	share cropping
हिंदुत्व	hindutva
हिंदुत्ववाद	hindu fundamentalism
हिंसा/हिंसक	violence/violent
हिंसा/हिंसाचार	violence
हीनमूल्य नाणे	debased coin
हुकूम	injunction; jurisdiction; warrant
हुकूमनामा	decree
हुकूमशहा	dictator
हुकूमशाही	dictatorship
हुकूमशाही नेतृत्व	authoritarian leadership
हुजूरपक्ष	conservative party
हुंडणावळ	exchange
हुंडणावळ दर	exchange rate
हुंडा	bridegroom dowry
हुंडी	endorsement; bill inland bill
हुंडी परिणत होणे (मुदत संपणे)	maturity of a bill
हुंडी बाजार	discount market
हुंडी वटविणे	discount of a bill
हुंडी व्यवहार	bill transactions
हुंडीची अनाहृती	dishonour of a bill of exchange
हुंडीचा आकार	dishonourable bill of exchange
हेतू	motive
हेतूमूलकता	determinism
हेत्वाभास	fallacy
हेर	emissary
हेरगिरी अधिनियम	espionage acts
होकारात्मक	positive
होमरूल	homerule
हौतात्म्य	martyrdom

क्ष

क्षणभंगुर	transitory
क्षतिपूरण	redress
क्षतिपूर्ती (हानिपूर्ती)	indemnity
क्षतिपूर्ती पत्र	letter of indemnity
क्षतिपूर्ती बंधपत्र	indemnity bond
क्षती	injury
क्षत्रिय	rigel
क्षमता	capability; fitness

क्षमता उपयोग/ वापर दर	operating rate/capacity utilization rate
क्षमता सिद्धान्त	ability theory
क्षयी मत्ता	wasting assets
क्षितिज समांतर	horizontal
क्षीणता	reduction
क्षीणमात्र/क्षीयमाण मत्ता	wasting assets
क्षेत्र	domain; sector; zone
क्षेत्र अधिकारी	line officer
क्षेत्र अभ्यास	area studies
क्षेत्र एकीकरण	consolidation of holdings
क्षेत्र कार्यकर्ता	field worker
क्षेत्र कार्यालय	field office
क्षेत्र नमुना चाचणी	area sampling
क्षेत्र निरीक्षण पद्धती	field observation method
क्षेत्र निश्चिती	zoning
क्षेत्र पाहणी	area studies
क्षेत्र बाह्य उत्पन्न	off farm income
क्षेत्र समन्वय	field co-operation
क्षेत्र संभाव्यता नमुना	area probability sampling
क्षेत्रकार्य	fieldwork
क्षेत्रकार्यात्मक दृष्टिकोन	field work approach
क्षेत्रपद्धती	field method
क्षेत्रवाटणी (धारण जमिनीचे तुकडे पाडणे)	fragmentation of holdings
क्षेत्रवार	sectorwise
क्षेत्रसेवा	field service/co-operation
क्षेत्रस्वामी	landlord
क्षेत्रांतर्गत प्रदान	instrasectoral system
क्षेत्राभिनिवेश	parochialism
क्षेत्रीकरण	sectorisation
क्षेत्रीय अध्ययन	area studies
क्षेत्रीय ग्रामीण बँक	regional rural bank
क्षेत्रीय नियोजन	sectoral planning
क्षेत्रीय प्रयोग	field experiments
	field sectoral
क्षेत्रीय बँक	regional bank
क्षेत्रीय रचना	zonal pattern
क्षेत्रीय संशोधक	field scientist
क्षेत्रीय समतोल	sectoral equilibrium
क्षेत्रीय स्तर	regional level
क्षेपणास्त्र प्रतिरोधक पद्धती	anti-balistic missile system
क्षेम	well being
क्षोभ	agitation; rage

ज्ञ

ज्ञाता	subject
ज्ञाताकेंद्री	subject centered
ज्ञानकेंद्र विरोधी	anti logo centricism
ज्ञानगोचर	phenomenal
ज्ञानतत्त्वे	principles of knowledge
ज्ञानपत्रिका	journal
ज्ञानप्रक्रियांचा अभ्यास करणारी विज्ञाने	cognitive sciences
ज्ञानप्रमाण	means of knowledge
ज्ञानमीमांसा	epistermology
ज्ञानलक्षण	cognitive
ज्ञानशास्त्र	faculty
ज्ञानसंदेशवहन/ ज्ञानसंज्ञापन	communication of knowledge
ज्ञानसत्ता	knowledge power
ज्ञानसाधन	means of knowledge
ज्ञानसाधना	knowledge learning
ज्ञानसापेक्ष	subjective

ज्ञानाची विकृती	perceptual distoration
ज्ञानाचे समाजशास्त्र	sociology of knowledge
ज्ञानाचे हस्तांतरण	knowledge transference
ज्ञानाच्या पूर्वोपाधी	preconditions of knowledge
ज्ञानात्मक	knowledgeable
ज्ञानाधिष्ठित अर्थव्यवस्था /अर्थयंत्रणा	knowledge based economy
ज्ञानोपासना	learning

इंग्रजी–मराठी पारिभाषिक शब्दसंग्रह

इंग्रजी/मराठी पारिभाषिक शब्दसंग्रह

A

abandoned child	परित्यक्त बालक
abandonment	परित्याग, धर्मबाह्य, नीतिभ्रष्ट व्यसनासक्त
abate	घटणे
—diminish	ऱ्हास होणे
—dwindle	कोसळणे
—lessen	कमी करणे/होणे
abcrtionist	उन्मूलनवादी
abdication	पदत्याग
abduction	अपहरण
aberrant behaviour	मार्गच्युती; विपथगामी (वाईट) वर्तन
aberrant personality	नीतिभ्रष्ट/विपथगामी व्यक्तिमत्त्व
ability theory	क्षमता सिद्धान्त
ability to pay tax	करक्षमता; कर देण्याची क्षमता
ability to work	कार्यक्षमता
abjuration	शपथपूर्वक (अर्थ-मत इ. चा) त्याग
abnormal	अपवादात्मक; असाधारण; विकृत; अस्वाभाविक; नियमाला सोडून
—behaviour	अपसामान्य/अस्वाभाविक वर्तन
—child	अपसामान्य/विकृत बालक
—demand	अपसामान्य मागणी
—profit	अवास्तव नफा
—situation	असामान्य परिस्थिती
abnormality	अवास्तवता; अस्वाभाविकता
abolition	निर्मूलन; (कायदा-प्रथा) इत्यादी रद्द करणे
abolition of zamindari	जमीनदारी निर्मूलन
aboriginal; aborgine;	आदिवासी/आद्य
abortion	गर्भपात
aboutgenderbios	लिंगभावविषयक विषमता
above par value	अधिमूल्य
above politics	राजकारणातीत; आभासी राजकारणातीततेचा अभाव
abridge	संकोच; संक्षिप्त
abrogate	निराकरण करणे
abscond	(कायद्याच्या कचाट्यातून सुटण्यासाठी) फरार होणे
absconder	फरार/फरारी
absenteeism	अनुपस्थिती; अनुपस्थितीची प्रवृत्ती/पद्धती
absenteeism rate	अनुपस्थिती प्रमाण
absence landlord	अन्यत्रवासी भूस्वामी; अनुपस्थित जमीन मालक
absence ownership	अनुपस्थित मालकी
absentee ownership	अनुपस्थिती मालकी
absence of exploitation	शोषणरहिता
absolute	अप्रचलित; केवल; निरंकुश; निरपवाद; निर्विवाद; निरपेक्ष; संपूर्ण
—justice	केवल न्याय
—liberty	अबाधित स्वातंत्र्य
—monarchy	निरंकुश राज्यसत्ता
—monopoly	अनिर्बंध अधिकार; संपूर्ण एकाधिकार; संपूर्ण मक्तेदारी
—necessaries	अत्यावश्यक गरजा; नितांत

–order	संपूर्ण सुव्यवस्था
–title	निरपवाद हक्क
–value	केवल मूल्य; निरपेक्ष मूल्य
–wages	केवल वेतन
absolution	केवलवाद
absorbing banking company	अंतर्लयी बँकिंग कंपनी
absorption	अंतर्लयन; अवशोषण; विलयन; अभिशोषण
abstinence	तितिक्षा (संयमित उपभोग); भोगवर्जन; संयम
abstinence, theory of interest	भोगवर्जनामुळे मिळणाऱ्या व्याजाचा सिद्धान्त
abstinent	संयमी
abstract	गोषवारा
–account	संक्षिप्त लेखा
–concept	अमूर्त संकल्पना
abstract idea	अमूर्त कल्पना
abstract monism	अमूर्त एकतत्त्ववाद
abstract of title	हक्काचा गोषवारा
abstract	संक्षिप्त; संक्षेप; अमूर्त; सार
abstraction; interpretation	विवरण
academic freedom	विद्याक्षेत्रातील/ज्ञानक्षेत्रातील बौद्धिक स्वातंत्र्य
accept a bill	विपत्र स्वीकार
acceptance	स्वीकार; स्वीकृती
–clear acceptance	विनशर्त/पूर्ण स्वीकृती
–conditional acceptance	सशर्त स्वीकृती
–forged acceptance	बनावट स्वीकृती
–general acceptance	सामान्य स्वीकृती
–partial acceptance	आंशिक स्वीकृती
–qualified acceptance	विशेषित स्वीकृती
acceptance credit	स्वीकृती पत्र
acceptance for honour	प्रतिष्ठार्थ स्वीकृती
acceptance letter	स्वीकार पत्र
acceptance rate	स्वीकार दर
acceptor	स्वीकारक; ग्राहक
accession	अनुवृद्धी; पदारोहण; राज्यारोहण (अधिकार प्राप्ती); सामिलीकरण
–accretion	उपवृद्धी
–growth	अभिवृद्धी
–increase	वृद्धी; वाढ
accessory	उपांग; पूरक; अतिरिक्त; गौण
accident benefit	अपघात लाभ
accident insurance	अपघात विमा
accident risk	अपघात जोखीम
accident sampling	अभावित चाचणी
accommodation	व्यवस्थापन; समायोजन; संयोजन
account	खाते; लेखा
–adjusting account	समायोजन लेखा
–audited account	परीक्षित लेखा
–capital account	भांडवली लेखा
–commercial account	वाणिज्य लेखा
–cost account	परिव्यय लेखा
–deficiency account	तूट/न्यून लेखा
–exchange account	विनिमय लेखा

–government account	शासकीय लेखा
–income & expenditure account	आय-व्यय लेखा
–personal account	व्यक्तिगत लेखा
–profit and loss account	नफातोटा/लाभालाभ लेखा
–public account	लोक/सार्वजनिक लेखा
–real account	संपत्ती लेखा
–receipt & payment account	प्राप्ती व प्रदान लेखा
–remittance account	वित्तप्रेषक लेखा
–revenue account	आगम लेखा
–sales account	विक्री लेखा
–stock account	संग्रह/निधी लेखा
–subsidiary account	दुय्यम लेखा
–suspense account	निलंबन लेखा
account	खाते
–creditor's account	धनकोचे खाते
–current account	चालू खाते
–dead account	बंद खाते
–dead stock account	जडवस्तू संग्रह खाते
–debtor's account	ऋणकोचे खाते
–fixed deposit account	नियत ठेव खाते
–joint account	संयुक्त खाते
–savings account	बचत खाते
accountability	उत्तरदायित्व; जबाबदारी
accountancy	लेखाशास्त्र
accountant	लेखापाल
accountant general	महालेखापाल
account book	जमाखर्चाची वही
account day	हिशेबपूर्ती दिन
accounting	लेखांकन
account ledger	लेखा खातेवही
account payee only	आदात्याच्या खात्यावरची जमा
account; book keeping	जमाखर्च
account; calculation	हिशेब
accounts and finance section	लेखा व वित्त लेखा
account to balance on	लेखा विवरणपत्र
accredited	अधिस्वीकृत
accretion	उपवृद्धी; आंगिक वाढ
accrued capital gains	उपार्जित भांडवली भाग
accrued income	उपार्जित आय/मिळकत
accumlation	संचय
accumulated debts	तुंबलेले कर्ज
accumulated surplus	संचित/अधिक्य
accumulation, capital	भांडवल संचय/संचयन
acknowledgement due	पोचदेय
acosmism	जगन्मिथ्यावाद
acostics	ध्वनिशास्त्र/स्वरविज्ञान
accuracy	अचूकता
accured interest	मिळालेले व्याज
accuse	आरोप ठेवणे

acquiesence मूक संमती
acquired उपार्जित; संपादित
—character संपादित स्वभावधर्म
Acquired Immuno Deficency Syndrom (AIDS) एड्स
acquired income उपार्जित आय/उत्पन्न
acquired intelligence उपार्जित/आर्जित प्रज्ञा
acquired pattern उपार्जित बंध
acquired pattern gains उपार्जित भांडवली भाग
acquired skills साधक कौशल्य
acquired tendency उपार्जित प्रवृत्ती
acquired units अर्जित घटक
acquisitive class परिग्रही वर्ग
acquisitiveness परिग्रहणशीलता
acquital दोषमुक्ती
act अधिनियम; कार्य; विधिनियम
act of grace कृपादान
act of parliament संसद अधिनियम
acting कार्यकरी; कृती; अभिनय; कर्म; हंगामी
acting judge कार्यार्थी न्यायाधीश
acting/active capital क्रियाशील भांडवल
action draft कार्यआखणी
action oriented research क्रियाभिमुख संशोधन
action plan कृती आराखडा
action theory क्रिया सिद्धान्त
activating finance कार्यप्रेरक वित्तव्यवस्था
active सक्रिय
—balance of payment अनुकूल ताळेबंद
—bond चालू व्याजी रोखा
—capital क्रियाशील भांडवल
—circulation क्रियाशील परिचलन
—market क्रियाशील/तेज बाजार
—money क्रियाशील पैसा
—partner क्रियाशील भागीदार
—politics कृतिशील राजकारण
—reason क्रियाशील (कृतीशील) विवेक
activism कृतिशीलता; क्रियावाद
activist क्रियावादी
actual cost वास्तविक परिव्यय
actual economic surplus प्रत्यक्ष आर्थिक आधिक्य
actual money वास्तविक मुद्रा/पैसा
actual price प्रत्यक्ष किंमत/मूल्य
actual total loss एकूण वास्तविक नुकसान
actual will प्रकट इच्छा
actuarial विमागणितीय; विमाविषयक
actuarial valuation विमागणितीय मूल्यांकन
adaptability अनुकूलनक्षमता; अनुकूलनीय
adaptation समायोजन; अनुकूलन; जुळणी; मिळतेजुळते
addiction व्यसन/व्यसनाधीनता
addition बेरीज;भर
—compound addition संयुक्त बेरीज
—cross addition आडवी बेरीज
—double column addition द्विस्तंभी बेरीज
—long addition उभी बेरीज
additional capital जादा भांडवल
additional invoice जादा बीजक
adequate समर्पक; पर्याप्त; पुरेसा
—currencyzone/movement zone इष्टतम चलनक्षेत्र
ad hoc तदर्थ

–committee तदर्थ समिती
–grant तदर्थ अनुदान
–licence तदर्थ परवाना
ad hocism तदर्थवाद
ad hoc treasury bill तदर्थ राजकोष पत्र
adjourmment motion स्थगन प्रस्ताव; तहकुबीचा ठराव
adjournment sine die बेमुदत स्थगित करणे
adjudge न्यायनिर्णय करणे
adjudication अभिनिर्णय/न्यायालयीन निर्णय
adjudicator न्यायनिर्णयक; अभिनिर्णेता
adjustable currency समायोज्य चलन
adjusting account समायोजन लेखा
adjusting entry समायोजक नोंद
adjustment समायोजन; व्यवस्थापन; अनुकूलन
administered rate of interest व्याजाचा प्रशासित दर
administered price प्रबंधित किंमत
administration कारभार; प्रशासन
–civil administration नागरी प्रशासन
–industrial administration औद्योगिक प्रशासन
–public administration लोकप्रशासन
administration of government शासकीय प्रशासन
administrative प्रशासकीय यंत्रणा
–autonomy प्रशासकीय स्वायत्तता
–court प्रशासकीय न्यायालय
–executive प्रशासकीय कार्यकारिणी
–jurisdiction प्रशासकीय अधिकारिता
–law प्रशासकीय नियम/कायदा/विधी
–Reforms Commission प्रशासन सुधारणा आयोग
–region प्रशासकीय प्रदेश
–structure प्रशासनिक संरचना
–system प्रशासकीय व्यवस्था
–training प्रशासकीय प्रशिक्षण
administrator प्रशासक
adminstered price प्रबंधित किंमत
admiralty court नौविधी न्यायालय
admiralty law नौविधी
adolescence पौगंडावस्था; किशोरावस्था
adoption अंगीकार; दत्तविधान; समायोजन; स्वीकृती
adult education प्रौढ शिक्षण
adult franchise/suffrage प्रौढ मताधिकार
adultery जारकर्म; व्यभिचार
advalorem duty मूल्यानुसार शुल्क
advalorem imports duty मूल्यानुसारी आयात शुल्क
advalorem tax मूल्यानुसार कर; मूल्यानुसारी कर
advance अग्रिम; उचल
–account अग्रिम लेखा; आगाऊ लेखा
–payment; prepayment आगाऊ भरणा
–tax आगाऊ कर
advancing of money पैसे कर्जाऊ देणे
advantages of development विकास लाभ

adverse balance प्रतिकूल ताळेबंद
advice note सूचना पत्र/चिठ्ठी
advisory ballot समुपदेशक मतदान
advisory committee सल्लागार समिती
advocate अधिवक्ता; पक्षसमर्थक; वकील
advocate general महाअधिवक्ता
aerial domain हवाई अधिकार क्षेत्र
aeropolitics हवाई सामर्थ्याधारित राजकारण
affective neutrality प्रभावी तटस्थता
affidavit प्रतिज्ञालेख; शपथपत्र; प्रतिज्ञापत्र
affiliation संबंधीकरण; संलग्नीकरण; संलग्नता
affinal kins सोयरे
affinity आप्तसंबंध; कौटुंबिक संबंध; विवाहसंबंध; सोयरिक
affluent society संपन्न समाज
age distribution of capital भांडवलाचे कालनियत वितरण
age group वयोगट
age of consent संमतिवय
agelicism समाजनियतीवाद
agelimit वयोमर्यादा
agencies of political socialization राजकीय सामाजिकरणाची साधने
agency दुवा; साधन; प्रतिनिधित्व
agenda विषय पत्रिका
agenda challenging विषयप्रतिवादन
agent प्रतिनिधी; कारक; अभिकर्ता; एजंट
agent (commission) आडते
—auctioneer agent लिलाव अभिकर्ता; एजंट
—clearing agent वटावणी/निष्कासन अभिकर्ता
—commission agent अडत्या; कमिशन एजंट
—mercantile agent व्यापारी/वाणिज्य अभिकर्ता
—sole agent एकमेव अभिकर्ता/एजंट
—travelling agent प्रवासी अभिकर्ता; फिरता एजंट
agent intelligence कारक प्रज्ञा; कृतिशील प्रज्ञा; क्रियाशील बुद्धी
agents/factors of production उत्पादन कारक; उत्पादन घटक
age of conscent संमती व्यय
aggregate demand एकत्रित मागणी
aggregate deposits एकत्रित निक्षेप; एकूण ठेवी
aggregate expenditure समग्र खर्च
aggregate money income एकूण पैशातील प्राप्ती; एकूण मुद्रारूप प्राप्ती
aggregate saving एकूण बचत
aggregate supply एकूण पुरवठा
aggregation आक्रमण
aggregative समुच्चयी; आक्रमक
aggression परचक्र; आक्रमण
aggressive आक्रमक
agitation आंदोलन; चळवळ; क्षोभ
agnate पितृबांधव
agnatic descent पैतृक वंशानुक्रम

agnostic	अज्ञेयवादी
agnosticism	अज्ञेयवाद
agrarian revolution	कृषिक्रांती
agrarian society	कृषिप्रधान समाज
agree	सहमत
agreement	मेळ; संमती; करार
–contract	करार; संविदा
–convenant	प्रसंविदा
–indenture	करारनामा
–pact	करार
agreement bond	करारनामा; संमतिनामा
agreement letter	संमतिपत्र
agreement of sellable goods	विक्रेय वस्तूंचा करार
agri-business	शेतीवर आधारित व्यवसाय
agricultural bank	कृषी अधिकोष; कृषी बँक
–community	शेतकरी/कृषक समाज
–corporation	कृषी महामंडळ
–credit	कृषिपत; शेतकी पत
–economics	कृषी अर्थशास्त्र; शेती अर्थशास्त्र
–economy	कृषी अर्थव्यवस्था
–engineering	कृषी अभियांत्रिकी
–farm labour	शेतमजूर
–finance	कृषी वित्तव्यवस्था
–finance corporation	कृषी वित्त महामंडळ
–fundamentalism	कृषी मूलतत्त्ववाद
–income	कृषी प्राप्ती; शेतीचे उत्पन्न
–labour	कृषिकामगार; शेती कामगार
–management	कृषक व्यवस्था
–market	कृषिउत्पादन बाजार; शेतीमालाची बाजारपेठ
–marketing	कृषिविषयक खरेदी-विक्री
–produce taxation	कृषीप्राप्तीवरील कर
–production	कृषिउत्पादन; शेती उत्पादन
–products	कृषीउत्पादित वस्तू; शेतीमाल
–refinance corporation	कृषी पुनर्वित्तव्यवस्था
–science	कृषिविज्ञान
–society	कृषक समाज; शेतकरी समाज
–tax	शेतसारा
–unemployment	कृषी बेकारी
–development bank	कृषिविकास बँक
agro-based industries	कृषिआधारित उद्योग
agro-economic	कृषी-आर्थिक
agronomy	कृषिविद्या; शेतीचे शास्त्र
aid, India conscrtion	भारत सहाय्य निधी
aide-de-camp	परिसहाय्यक (सेनाधिकाऱ्याचा मदतनीस अधिकारी)
aided recall technique	अनुप्रेरित पुनःस्मरण तंत्र
aide-memoire	स्मरणपत्र
aid with strings	हेतुगर्भ साहाय्य
airborne trade	हवाई व्यापार
air ministry	वायुसेना मंत्रालय
airspace jurisdiction	हवाई क्षेत्रातील अधिकार मर्यादा
alcholic liquor	मद्यार्कयुक्त; दारू
alien	अन्यदेशीय; परका
alien enemy	अन्यदेशी शत्रू
alienation	दुरावा; परकेपणा
alimony	पोटगी
allegiance	प्रजाधर्म; राजभक्ती; निष्ठा
alliance	मैत्री; युती
allied countries	मित्रराष्ट्रे

allocation वाटणी, वाटप; विल्हेवाट
allorge; bill सहपत्र; विपत्र
alloted fund नियत निधी
allotment नियत वाटप
—money भागवाटप रक्कम
—of money निधीचे नियतवाटप
—of revenue महसुलाचे नियतवाटप
—of shares भागवाटप
allowance भत्ता; सवलत; सूट
—deduction वजावट
all purpose authority सार्वहेतूक प्राधिकरण
all time पूर्णकालिक
ally मित्रराष्ट्र; दोस्तराष्ट्र
almighty सर्वशक्तिमान
alteration फेरफार; रूपांतर; फेरबदल; पालट
alternate employment पर्यायी रोजगार
alternate sexuality पर्यायी लैंगिकता
alternate stratergy पर्यायी रणनीती
alternate theory पर्यायी सिद्धान्त
alternate ways पर्यायी मार्ग
alternating current प्रत्यावर्ती प्रवाह
alternation payee पर्यायी आदाता
alternative विकल्प; वैकल्पिक; पर्यायी
—demand वैकल्पिक पर्यायी मागणी
—development पर्यायी विकास
—drawee वैकल्पिक आदेशिती
—fuel पर्यायी इंधन
—holder वैकल्पिक धारक
—hypothesis पर्यायी गृहीतकृत्य
—proposition विकल्पक विधान
—want पर्यायी गरज
altruism परार्थवृत्ती/परार्थवाद
altruistic परार्थवादी
—hedonism परसुखवाद
—suicide परहितकेंद्री आत्महत्या
amalgamation एकत्रीकरण; संमीलन; समामेलन
—absorption विलयन; अंतर्लयन
—assimilation आत्मसात करणे
—combination संयुक्तीकरण
—incorporation समावेशन; अंतर्भाव
—integration एकीकरण
—merge विलीनीकरण
—of banks बँकांचे एकीकरण
—of partnership भागीदारीचे एकीकरण
amarchism अराजकवाद
ambassador राजदूत
ambiguity संदिग्धता
ambivalence उभयवृत्ती; द्विधा भाव
ambivert personality उभयमुखी व्यक्तिमत्त्व
amelioration स्थितीसुधार; सुधारणा; उन्नती
ameliorative measures स्थितीसुधारविषयक उपाययोजना
amendment of act अधिनियम दुरुस्ती
amendments विशोधन; दुरुस्ती
amends भरपाई; सुधारणा
aminities सुखसोयी; सुविधा
amitate clan आत्याप्रधान कुल
amitate local residence आत्यागृह निवास
amnesty अभय योजना
amoral नीतिबाह्य
amount रक्कम; राशी; प्रमाण
amount deposited जमा रक्कम
anachronic कालक्रम विपरित; कालविपर्यायी
analogy सादृश्य

analysis	पृथक्करण; विवेचन; विश्लेषण
analysis of political unity	राजकीय घटक विश्लेषण
analytical economics	विश्लेषणात्मक अर्थशास्त्र
analytical method of economics	अर्थशास्त्रीय विश्लेषण पद्धती
analytical study	पृथ:क्करणात्मक अध्ययन
anarchism	अराजकतावाद; अराज्यवाद
anarchy	अराजक/अराजकता
anarco-syndicalism	अराजकीय श्रेणीवाद; अराज्यवादी संघसत्तावाद
ancestor	पूर्वज
ancestor cult	पूर्वजपूजा संप्रदाय
ancestral	वडिलोपार्जित; पैतृक
ancestor worship	पूर्वजपूजा
ancestry	कुलपरंपरा; पूर्वजपरंपरा
andro centrered; androcentric	पुरुषकेंद्री
androcentric attitude	पुरुषकेंद्रीवृत्ती
animal industry	पशुउद्योग
animitism	चेतनावाद
animist; animstic	चेतनावादी
annual financial statement	वार्षिक वित्तीय विवरणपत्र
annual instalment of capital	भांडवलाचा वार्षिक हप्ता
annual returns	वार्षिक विवरणपत्रे
annual wages	वार्षिक वेतन
annuity	वर्षासन (वार्षिकी); वार्षिक देणगी/वेतन; वार्षिकी
–certain annuity	निश्चित वार्षिकी
–complete annuity	परिपूर्ण वार्षिकी
–contingent annuity	आकस्मिक वार्षिकी
–deferred annuity	तात्काल वार्षिकी
–life annuity	आजीव वार्षिकी
–perpetual annuity	अखंड वार्षिकी
–terminable annuity	समाप्तीयोग्य वार्षिकी
annuity bond	वार्षिकी बंधपत्र
annuity certificate	वर्षासन प्रमाणपत्र
annuity fund	वर्षासन निधी/वार्षिक निधी
annuity present value	वार्षिकीचे वर्तमान मूल्य
anomie	प्रमाणकशून्यता
anomic sucide	प्रमाणकशून्य आत्महत्या
Ans-Chluss (germony)	राजकीय किंवा आर्थिक एकीकरण(१३ मार्च १९३८ रोजी हिटलरने ऑस्ट्रिया देश जर्मनीस जोडून घेतला. या कृतीला २० एप्रिल १९३८ रोजी सार्वमताद्वारे ऑस्ट्रियाच्या मतदारांनी दिलेली मान्यता)
antagonism	विरोधभास
antagonistic	प्रतिरोधी; विरोधी
antedated cheque	पूर्वदिनांकित धनादेश/चेक
anterior	अग्र; अग्रदर्शन
anterior margin	अग्रसीमा
anthropacentric	मनुष्यतंत्र
anthropoid	मानवकुलीन; उपमानव
anthropoidea	मानवानुगुण
anthropological naturalism	मानवविज्ञानवादी निसर्गवाद
anthropology	मानवशास्त्र
–tradition	मानवशास्त्रीय परंपरा

anthropometrical system — मानवीमितीय पद्धती
anthropometry — मनुष्यदेहमापनविद्या
anthropomorphism — मानवगुणारोपणवाद; मानवत्वारोप; सगुणवाद
anti-balistic missile system — क्षेपणास्त्र प्रतिरोधक पद्धती
antibodies — प्रतिपिंडे
anticipated price — अपेक्षित/गृहीत किंमत
antidated cheque — पूर्वदिनांकित धनादेश
antifederalist — संघराज्यविरोधी
anti-government move — शासनविरोधी कृती
anti-inflationary — अतिवृद्धी विरोधी
—measure policy — अतिवृद्धी विरोधी धोरण; चलनवृद्धीविरोधी उपाय
anti logo centricism — ज्ञानकेंद्र विरोधी
anti metaphysics — आदिभौतिकता
anti social activities — समाजविघातक कृत्ये
anti-quarian — प्राचीनवादी
antiquity — प्राचीनत्व/प्राचीनता
antirational — बुद्धीविरोधी; बुद्धिवादविरोधी
antisocial — समाजद्रोही; समाजविरोधी
antisocial action — समाजविरोधी कार्य
antithesis — प्रतिप्रमेय; प्रतिवाद; प्रतिसिद्धान्त
aparthead — शिखर; शिरोबिंदू
apartheid — वर्णविद्वेष
apathetic — उदासीन
apex — शिरोगामी; अग्र
—bank — शिखर अधिकोष/बँक
—holding company — सर्वोच्च सत्ताधारी संस्था
appelate authority — अपीलीय अधिकारी
appeasement policy — अनुनय धोरण
appelable — अपीलीय
appellate jurisdiction — खालच्या न्यायालयाच्या निर्णयाविरुद्ध वरिष्ठ न्यायालयाचे अधिकार/क्षेत्र
applied — अनुप्रयुक्त; उपयोजित
—anthropology — उपयोजित मानवशास्त्र; मानवशास्त्र, उपयोजित
—economics — उपयोजित अर्थशास्त्र; व्यावहारिक अर्थशास्त्र
—research — उपयोजित संशोधन
—science — उपयोजित विज्ञान
—sociology — उपयोजित समाजशास्त्र
appoint — नियुक्त करणे; नेमणूक करणे
appointment letter — नियुक्ती पत्र; नेमणूक पत्र
appointment power — नियुक्तीचे/नेमणुकीचे अधिकार
apportionment — यथायोग्य विभाजन
apportunist — मुत्सद्दी
appraisal of proposals — प्रस्तावमूल्यन
appraisement — मूल्यन
appreciation — अधिमूल्यन; मूल्यवृद्धी
—of currency — चलनमूल्यवृद्धी; चलनाचे अधिमूल्यन होणे
—of money — पैशाचे अधिमूल्यन
apprentice — शिकाऊ उमेदवार; शिक्षार्थी
apprenticeship — उमेदवारी
approach based on the characteristics of the demand analysis — मागणी विश्लेषणाची वैशिष्ट्ये आधारित दृष्टिकोन

appropriate technology	समुचित तंत्रज्ञान
appropriate technology based development	समुचित तंत्रज्ञान आधारित विकास
appropriation account	विनियोजन लेखा
—bill	विनियोजन अधिनियम (विधेयक)
—committee	विनियोजन समिती
approval theory of moral judgement	नैतिक निर्णय अभिरोचन उपपत्ती
approved currency	मान्यता प्राप्त चलन
approved security	मान्य रोखा/कर्जरोखा
approved shares	मान्य भाग/शेअर्स
approved surety	मान्य जामीन/जामीनदार; मान्य रोखा/कर्ज रोखा
approved underwriters	मान्य हमीदार
approver	माफीचा साक्षीदार
approximate/ mean value	सरासरी मूल्य; अंदाजे मूल्य
apriori	अनुभवपूर्व
aptitude	अभियोग्यता; कल; प्रवृत्ती
aptitude test	अभियोग्यता चाचणी
aquisitive class	परिग्रही वर्ग
arbitrage	बदली व्यवहार (तात्काळ उपयोगासाठी व व्यवहारासाठी अर्थसंस्थेकडून घेतलेले चलन); मूल्यांतर पणन
arbitrary	आकस्मिक; स्वैर
arbitrate	लवाद करणे
arbitration	लवाद
arbitration board	लवाद मंडळ
arbitrator	लवादी
arch writing	आदिलेखन
archaeological study	पुरातत्त्वीय अध्ययन
archaeology	पुरातत्त्वविद्या/पुरातत्त्वशास्त्र
archaic	पुरातन; आर्ष
archaic civilization	पुरातन/प्राचीन संस्कृती
architect	वास्तुरचनाकार
architecture	वास्तुरचना
archoeological anthropology	मानवशास्त्र, पुराश्मयुगीन/ पुरातत्त्वीय
area of influence	प्रभाव क्षेत्र
area probability sampling	क्षेत्र संभाव्यता नमुना
area sampling	क्षेत्र नमुना चाचणी
area studies	क्षेत्र अभ्यास; क्षेत्र पाहणी; क्षेत्रीय अध्ययन
aristocracy	अभिजनसत्ता; उमरावशाही; महाजनसत्ता
aristocrat	अभिजनवर्गीय; उच्चकुलीन
aristocratic	खानदानी; अभिजनवर्गातील
armchair strategy	सुखासीन राजकारण
armed bloody revolution	रक्तरंजित क्रांती
armed forces	सशस्त्र दल/सैन्य
armed neutrality	सशर्त तटस्थता
armed revolution	रक्तरंजित/सशस्त्र क्रांती
armistice	युद्ध तहकुबी; शस्त्रसंधी
arms act	शस्त्रास्त्र अधिनियम
arms race	शस्त्रस्पर्धा
arms truce	विरामसंधी; युद्धबंदी
arrear account	थकबाकी लेखा/खाते
arrear	देय; थकबाकी

arrogance of power	सत्तामद
arrogate	अधिकारावर नसताना सत्ता सांगणे
article	अनुच्छेद; जिन्नस; प्रकरण; वस्तू; कलम
articles	नियमावली
articles of comfort	आरामदायी वस्तू; सुखदायी वस्तू
articles; chrona chart	कालपट लेख
articles; doctrine	सिद्धान्तलेख; तत्त्वसिद्धान्तलेख; नियमावली
articles of merchandise	वाणिज्य वस्तू
articles of partnership	भागीदारी नियमावली
artifacts	हस्तनिर्मिते
artificer	कसबी कारागीर
artisan	कारागीर
artistic intellectual prospertes	कलात्मक बौद्धिक संपदा
as in system of value	मूल्यव्यवस्था
ascertained goods	निश्चित केलेला माल
ascetism	यतिव्रत; विरक्तिवाद; संन्यासव्रत/संन्यासवाद; वैराग्य
ascribed role	मिळालेली (प्राप्त) भूमिका
ascribed status	मिळालेले स्थान/दर्जा
a sovereign constituent assembly	सार्वभौम घटनासमिती
asexual	अलैंगिक
Asian Free Trade Area (AFTA)	एशियन फ्री ट्रेड एरिया

asigner	मुखत्यार
aspects of culture	संस्कृतीची अंगे/ बाजू; संस्कृतीचे पैलू
assembly	विधीमंडळ
assembly of damages	नुकसानभरपाईची जुळणी/ जोडणी; नुकसानभरपाईचे निर्धारण
aspects of culture	संस्कृतीची अंगे; बाजू; पैलू
assent	अनुमती
–acceptance	स्वीकार; स्वीकृती
–acquiesence	मूकसंमती
–concurrence	सहमती
–consent	संमती
–ratification	अनुसमर्थन; मान्यता
assess	आकारणी करणे
–appraise	मूल्यन करणे
–determine	निर्धारित/निश्चित करणे
–estimate	अंदाज करणे
–evaluate	मूल्यमापन करणे
assessable	आकारणी योग्य; निर्धारणीय
assessee	करपात्र व्यक्ती
assessment	आकारणी; निर्धारण; मूल्यनिर्धारण
–of action	कृतिमूल्यमापन
–of tax	कर आकारणी; कर निर्धारण
–year	आकारणी वर्ष
asset sale privatization	परिसंपत्ती विक्री खाजगीकरण
assets	जायदाद; मतांतर; मत्ता; मालमत्ता (संसाधने); संपत्ती; मिळकत
–blocked assets	अवरूद्ध मत्ता; अडकून पडलेली संपत्ती
–circulating assets	फिरती/चालू मत्ता

—ficticious assets स्थिर मत्ता
—fixed assets स्थिर मत्ता
—floating assets तरती मत्ता
—fluctuating assets कमी-जास्त होणारी मत्ता
—frozen assets गोठवलेली मत्ता
—intangible assets अमूर्त मत्ता
—liquid assets रोकड सुलभ मत्ता
—restricted assets निर्बंधित मत्ता
—tangible assets मूर्त मत्ता
—wasting assets क्षीणमात्र/क्षयी मत्ता
assets and liabilities मत्ता व दायित्व; येणी व देणी
assigner अखत्यार; मुखत्यार; अभिहस्तांकन कर्ता
assignment अभिहस्तांकन; नेमून दिलेले काम
assignment letter ज्याद्वारे मालकी बदलता येते असे (अभिहस्तांतरण) पत्र
assignment of deed अभिहस्तांकन विलेख/पत्र
assignment of policy विमापत्राचे अभिहस्तांकन
assimilation आत्मसात; सात्मीकरण; एकरूप; एकजीव
assiminate हत्या करणे; जीवे मारणे
assistive technology साहाय्यभूत तंत्रज्ञान
associated companies एकत्र झालेल्या सहयोगी संस्था
association साहचर्य; सहयोग संस्था; संघ; संबद्ध
—committee समिती
—community लोकसमूह
—corporation निगम; महामंडळ
—group समूह; गट
—institution संस्था
—organization संघटना
—society समाज
—of ideas विचारसाहचर्य
Association of Southeast Asia (ASA) आग्नेय आशियाई संघटना
Association of South-East Asian Nations (ASEAN) आग्नेय आशियाई देशांची संघटना
associational migration सहचारी स्थलांतरण
assumption गृहीत
assured विमाबद्ध
—person विमेदार
—prices आधारभूत किंमती
—rules law राष्ट्रीय ग्रामीण रोजगार हमी अधिनियम (कायदा)
astronotics अंतराळविद्या; अवकाशविज्ञान
asylum आश्रयस्थान; आधारस्थान
asymmetrical असममिती; अप्रमाणबद्ध
asymetry hypothesis असममिती गृहीतक
at par; par value; face value सममूल्य; सममूल्याने
at premium; above par value अधिमूल्य; अधिमूल्याने
atheism नास्तिकता; निरीश्वरवाद
atheist निरीश्वरवादी; नास्तिक
atlantic charter अटलांटिक सनद
atom अणू

atom free zone	अणुमुक्त क्षेत्र
atomic amalgamation	अणुसंमीलन
atomic energy	अणुऊर्जा
atomisation	परमाणूत विभाजन करण्याची क्रिया
atomism	अणुवाद; परमाणूवाद
atrocity	अत्याचार
attach	ओढ असणे; जप्ती आणणे; संलग्न करणे
—confiscate	अधिहरण करणे; सरकारजमा करणे
—distrain	माल अटकावून ठेवणे
—distress	करवसुलीसाठी माल अडकविणे
—forfeit	गमावणे; समापहरण करणे
attachment	आत्मीयता; बंधस्थान; जप्ती
attendence wages	उपस्थिती वेतन
attention, intelectual	बौद्धिक/वैचारिक अवधान
attentive society	जागरूक समाज
attitude	अभिवृत्ती
—measurement	अभिवृत्ती मापन
—scale	अभिवृत्ती अनुमाप
—to faith	श्रद्धा बाळगण्याकडे प्रवृत्ती
attorney	दुसऱ्याच्या वतीने काम करण्याचा अधिकार असलेली व्यक्ती
attorney general	सरकारची बाजू मांडणारा वरिष्ठ वकील
attribute	गुणलक्षण; गुणविशेष
automated tellering machine	ए टी एम
auction	लिलाव
auctioneer agent	लिलाव अभिकर्ता/एजंट
audio-visual aid	दृक् श्राव्य साधन
audit	लेखा परीक्षा; हिशेब तपासणी
audited account	परीक्षित लेखा
auditor	लेखापरीक्षक; हिशेब तपासनीस
auditor general	महालेखापरीक्षक
audit report	लेखा अहवाल
auoregressive conditional heteroskedasticity	स्वयंप्रतिपगामी सशर्त अनेकविध प्रकीर्णता
authenticated trade concern	अधिकारमान्य व्यापार व्यवस्था
authenticated truth	प्रमाणित सिद्धान्त
authenticity	खरेपणा; सत्यता; विश्वसनीयता
authoriatarian	अरेरावी सत्तावादी
authorisation	कायदेशीर अधिकारपत्र
authorise	प्राधिकार (कायदेशीर अधिकार) देणे
authorised	प्राधिकृत; अधिकार दिलेली व्यक्ती
—capital	प्राधिकृत भांडवल
—dealer	अधिकृत विक्रेता
—licence	अधिकृत परवाना
—registration	अधिकृत नोंदणी
authoritarian	अनियंत्रित अरेरावी सत्तावादी
—democracy	एकचालकानुवर्ती लोकशाही
—leadership	सर्वसत्तावादी नेतृत्त्व; हुकूमशाही नेतृत्व
authoritarianism	सर्वंकष सत्ता; सर्वसत्तावाद; एकाधिकारवाद
authoritaviam system	एकतंत्री शासनपद्धती

authority — अखत्यार; अधिसत्ता; आधारभूत साधन; प्राधिकार; अधिकार
authority of state — राज्याचा अधिकार
authortanism — अधिकारवाद
autocracy — निरंकुश सत्ता; एकतंत्री पद्धती
autocrat — एकतंत्र सत्ताधारी; निरंकुश सत्ताधारी
automatic — स्वयंचलित
automatic licensing — स्वयंचलित परवाना
automization — व्यक्तीला दुर्बल करून तिचे राजसत्तेवरील अवलंबन वाढविणे
autonomous — स्वायत्त
—capital receipts — स्वायत्त भांडवलप्राप्ती
—investment — स्वायत्त गुंतवणूक
—region — स्वायत्त प्रदेश
—republic country — अभिमत प्रजासत्ताक देश
—rights — स्वायत्त अधिकार
—state — स्वायत्त राज्य
—Soviet Socialist Republic (ASSR) — अभिमत सोव्हिएत सोशालिस्ट रिपब्लिक
—women — स्वायत्त स्त्रिया
autonomy — स्वसत्ता; स्वायत्तता
auxiliary — साहाय्यभूत; साहाय्यकारी
—capital — साहाय्यभूत भांडवल
—legislation — साहाय्यकारी विधियोजन
—officer — साहाय्यकारी अधिकारी
—occupation — पूरक व्यवसाय
availability — उपलब्धता
average cost — सरासरी परिव्यय/खर्च
average income — सरासरी/आय/उत्पन्न/प्राप्ती
average price — साधारण मूल्य
average propensity to consume — सरासरी उपभोग प्रवृत्ती
average rate — सरासरी दर/प्रमाण
average revenue — सरासरी आगम/महसूल
average revenue product — सरासरी आगमरूप उत्पादित
avocation — उद्योगधंदा; व्यवसाय; छंद
avoidence — कायद्यातील पळवाटांचा फायदा घेणे
avoidence ratio — करटाळणी प्रमाण
avoidence/evasion of tax — कर चुकविणे/टाळणे
avunculocal — मातुलस्थानीय
awakening — सर्वोदय
award — निवाडा; पंचनिर्णय; पुरस्कार; शिक्षा; न्याय
awareness — जाण; जाणीव
axis state — अक्ष/गट्टी राष्ट्र

B

back a bill — विपत्र हमी देणे
back up — उचलून धरणे (पाठिंबा देणे)
back wash effect — मागच्या काळापासून लागू होणारा परिणाम
backbencher — मागील बाकावरील कामकाजात भाग न घेणारा सदस्य
backer — पाठीराखा; आर्थिक पाठबळ देणारा
backlog — अनुशेष
backslide — तत्त्वच्युत होणे; तात्विक बैठक सोडणे
back to back credit — भरपाई पत
backup — उचलून धरणे; पाठिंबा देणे
backward — मागास; मागासलेला

–area	मागासक्षेत्र
–class	मागास वर्ग (सामाजिक)
backwardness	मागासलेपणा
backwash effect	मागच्या काळापासून लागू होणारा परिणाम
bad behaviour	दुर्वर्तन
bad character	दु:शील; दुर्वर्तनी; वाईट वर्तनाचा
bad coin	खोटे नाणे
bad debt	बुडीत कर्ज
–recovered account	बुडीत कर्जवसुली लेखा
–reserve account	बुडीत कर्ज राखीव निधी लेखा
bad faith	असद्भाव; कपट
bad money	गतिमान द्रव्य; निकृष्ट मुद्रा/पैसा
bagman	लाच देण्याघेण्याच्या व्यवहारातील दलाल
bahujan society	बहुजन समाज
bail	जमानतदार; जामीनदार; अनामत ठेवणे
–bailment	निक्षेप; अमानत
–earnest	बयाणा रक्कम; विसार
–lien	धारणाधिकार
–mortgage	गहाण
–parole	वचन; विशिष्ट मुदतीत परत येण्याच्या आश्वासानावर केलेली कैद्याची सुटका; पॅरोल
–pawn	निक्षेप; तारण; गहाण ठेवलेली वस्तू
–pledge	तारण
–security	हमी; प्रतिभूती
bail bond	जमानतपत्र; जामीन खत

bailee	ज्याच्याकडे अनामत ठेवली तो; निक्षेपग्राही
bailor	अनामत ठेवणारा; निक्षेपक करणे
balance	संतुलन, समतोल करणे; समतोल; बाकी; शिल्लक
–bank balance	पुस्तकी शिल्लक; हिशेबाच्या पुस्तकाप्रमाणे शिल्लक
–closing balance	अखेरची शिल्लक
–contra balance	प्रतिशेष
–dead balance	बुडीत बाकी
–opening balance	प्रारंभीची शिल्लक
–outstanding balance	अदत्त बाकी
–trial balance	तेरीज बाकी
balance in hand	रोख शिल्लक
balance ledger	शिल्लक खातेवही
balance of favourable trade	अनुकूल व्यापार शेष
balance of payments	देवघेवीचा ताळेबंद; परदेशी व्यापार; व्यवहारतोल
balance of power	सत्ता संतुलन/सत्ता समतोल
balance of trade	आयात-निर्यातीचा समतोल; व्यापारशेष
balance sheet	ताळेबंद
balanced budget	समतोल अर्थसंकल्प; संतुलित अर्थसंकल्प
balanced constitution	संतुलित संविधान; समतोल राज्यघटना
balanced development	समतोल विकास
balanced population	संतुलित लोकसंख्या

balanced budget theorem — समतोल अर्थसंकल्प प्रमेय
balkanisation — (प्रदेशाचे) तुकडे करणे; विखंडन करणे
ballot box — मतदान पेटी
ballot paper — मतपत्रिका
ballot system — गुप्त मतदान पद्धती
ban — बंदी
banish; exile — हद्दपार करणे
–deport — तडीपार करणे
–exile — देशपार करणे
–expatriate — स्वदेशातून हाकलणे, हद्दपार करणे
–extradiate — एका राज्यातील आरोपी दुसऱ्या राज्यात गेला असता त्या राज्याच्या ताब्यात त्याला देणे
–transportation for life — काळ्या पाण्याची शिक्षा
bank — बँक; अधिकोष
–agricultural bank — कृषी बँक
–banker's bank — बँकांची बँक
–central bank — मध्यवर्ती बँक
–commercial bank — वाणिज्य व्यापारी बँक
–co-operative bank — सहकारी बँक
–exchange bank — चलनविनिमय बँक
–industrial bank — औद्योगिक बँक
–joint stock bank — संयुक्त भांडवल बँक
–and mortgage bank — भूतारण बँक
–mecantile bank — वाणिज्य बँक
–non-scheduled bank — अनुसूचित बँक
–saving bank — बचत बँक
–scheduled bank — अनुसूचित बँक
bankable proposal — कर्जयोग्य प्रस्ताव
bank account — बँक लेखा/खाते
–advances — बँक अग्रिमे
–balance — बँकेतील शिल्लक
–broker — बँक दलाल
–charges — बँक आकार; बँकेकडून आकारली जाणारी रक्कम
–deposit — बँक ठेवी
–draft — बँक ड्राफ्ट/धनाकर्ष
–endorsement — बँक अधिकोष पृष्ठांकन; बँकेकडून पुष्टी/मान्यता
–failure — बँकेचे दिवाळे निघणे/ बँक बुडणे
bank for international settlements — आंतरराष्ट्रीय तडजोडीसाठीची बँक
bank money — बँक पैसा
bank pass book — खातेदाराची जमाखर्चाची पुस्तिका
bank rate — बँकेचा व्याजाचा दर
bank regulation — बँक नियमन
bank reserves — बँकेचा राखीव निधी
bank return — बँक विवरणपत्र; बँकेतील जमा-नावे यांचा तपशील दर्शविणारे पत्र
bank superintendence — बँक पर्यवेक्षण
bank system — बँकप्रणाली
bankable proposal — कर्जयोग्य प्रस्ताव
banker — बँक व्यवसायी
banker's bank — बँकांची बँक
banker's call rate — बँकेचा मागणी दर
banker's discount — बँकेची कसर/बट्टा

banker's lien ग्रहणाधिकार; बँक धारणाधिकार
banking बँक व्यवसाय; बँक व्यवहार
—business बँकिंग व्यवसाय
—firm बँक व्यवसायी संस्था
—investment गुंतवणुक बँक व्यवसाय (अधिकोषण)
—legislation बँकविषयक कायदे
—syndicate बँक व्यवसायसंघ
bankrupt दिवाळखोर
bank's cash scroll बँक रोखा पट
bank's deposit account बँक ठेव लेखा
bank's financial position बँकेची वित्तीय आर्थिक स्थिती
bank's investment account बँकेचा गुंतवणूक रोखा
baptism ख्रिश्चन धर्माची दीक्षा; बाप्तिस्मा
bar अडसर
bar graph दंड आलेख
barbarism असंस्कृतता; पशुता; वन्यता; रानटी
bargain सौदा; व्यवहार
bargaining power सौदा करण्याची क्षमता; सौदाशक्ती
bargaining theory of wages सौदा वेतन सिद्धान्त
barrier अवरोध; अटकाव; प्रतिबंध
barter economy वस्तुविनिमय अर्थव्यवस्था
barter system वस्तुविनिमय पद्धती
barter truck वस्तुविनिमय
base आधार/आधारभूत; पाया/पायाभूत; मूलाधार; बैठक
—consumption आधार उपभोग
—elasiticity of tax कराधार लवचिकता
—line आधाररेषा
—year आधारवर्ष; पायाभूत वर्ष
basic amenities पायाभूत सुविधा
basic democracy मूलभूत लोकशाही
basic formula आधारभूत सूत्र
basic fundament अँरो अशक्यता सिद्धान्त
basic human needs माणसाच्या मूलभूत गरजा
basic industry आधार/मूलभूत उद्योग
basic principle मूलभूत तत्त्व
basic requirement /need मूलभूत गरज
basic risk मूलभूत जोखीम
basic services पायाभूत सेवा
basic training मूलभूत प्रशिक्षण
basic wages निव्वळ मंजुरी; मूळ वेतन
basis आधारस्तंभ; मूलाधिष्ठान
basket of currency विदेशी चलनसाठा
bastard दासीपुत्र; विवाहबाह्य संतती
batharism रानटी
bear मंदीवाला
—account मंदीवाल्याचा लेखा
—covering मंदीवाल्याचे क्षतितारण
—factor मंदीचे कारण
—raid मंदीवाल्याची धाड
bearer धारक
—bond दर्शनी बंधपत्र; धारक रोखा
—debenture दर्शनी ऋणपत्र
—promissory note धारक वचनचिठ्ठी
—security धारक रोखे
bearish tendency मंदीची प्रवृत्ती
behavioral science आचरणाचे (वर्तनाचे) शास्त्र
behaviour वागणूक; वर्तणूक; वर्तन
—abnormal behaviour अपसामान्य/असामान्य वर्तन

–collective behaviour	सामुदायिक वर्तन
–compensatory behaviour	पूरक/हानिपूरक वर्तन
–criminal behaviour	गुन्हेगारी वर्तन
–crowd behaviour	समूह वर्तन; समुदायाचे वर्तन
behaviour adjustment	वर्तन समायोजन
behaviour pattern	वर्तनप्रकार; वर्तनबंध
behaviour process	वर्तनप्रक्रिया
behavioural attitude	वर्तनवादी दृष्टिकोन
behavioural philosophy	वर्तनवादी विचारसरणी
behavioural psycho-science	वर्तनवादी मनोविज्ञान
behavioural science	वर्तनवादी शास्त्र; आचरणाचे /वर्तनाचे शास्त्र
behavioural strategy	वर्तनवादी भूमिका
behavioural trait	आचारधर्म
behaviourism	वर्तनवाद
behavioural medicalisation	वर्तनात्मक वैद्यकीयीकरण
being objective	वस्तुनिष्ठा
belief	श्रद्धा; समजूत; विश्वास
beligerency	युद्धमान् अवस्था; युद्धावस्था
belligerent	युद्धात गुंतलेला; युद्ध चालविणारा
belonging to the classical school	अभिमतपंथीय
belongings	मालकीच्या वस्तू
bench	न्यायाधीश मंडळ; वर्ग; खंडपीठ

beneficial rate	फायद्याचे दर; लाभदायी कर
beneficiary	लाभधारक; लाभाग्राही/ लाभाधिकारी; लाभार्थी
benefit cost ratio	लाभ-व्यय प्रमाण
benefit principle of taxation	कराधानाचे लाभ तत्त्व
benefit	लाभ; फायदा; हित
–accident benefit	अपघात लाभ
–disablement benefit	अपघात लाभ
–medical benefit	वैद्यकीय लाभ
–sickness benefit	रूग्णता लाभ
–survival benefit	उत्तरजीवित्व लाभ
–unemployment benefit	बेकारी लाभ
–benefit society	हितकारी संस्था
–benefit theory	लाभ सिद्धान्त
–benefit theory of taxation	लाभ कराधनाचा सिद्धान्त
–benefit approach	(कराधनाचा) लाभ दृष्टिकोन
benefit society	हितकारी संस्था
benevolance	परोपकारवृत्ती; परहितवृती; लोकहितैषी वृत्ती
benevolent despot	लोकहितैषी निरंकुश सत्ताधीश
benevolent fund	लोककल्याणाचा निधी; लोकहितैषी निधी; हितकारी निधी
best case scenario	उत्तम परिस्थिती
betterment fund	गुणवृद्धीसाठी निधी; सुधार निधी
betterment levy	सुधार पट्टी
betting	जुगार

beviridge plan	बेव्हरीज योजना (इ. स. १९४२ मध्ये ब्रिटनमधील बेव्हरीज समितीने सुचविलेली समाजकल्याणविषयक योजना)
biannual	द्विवार्षिक (वर्षातून दोनदा)
biassed	पूर्वगृहयुक्त
bicameral legislature	द्विगृही विधिमंडळ; द्विसदनीय कायदेमंडळ
bicameral system	द्विसदनीय पद्धती
bid	बोली; बोली करणे
bid price	बोली किंमत
biennial	द्वैवार्षिक (दोन वर्षातून एकदा)
biennial session	द्वैवार्षिक सत्र
bifurcation	दुभागणी; दुभाजन; द्विभाजन
bigamy	द्विविवाह राज्य/द्विविवाह पद्धती (दोन पती किंवा दोन पत्नी)
big stick policy	दंडभयदर्शी धोरण
bigenic motives	जीवजन्य प्रेरणा
bilataral economy	द्विस्तरीय अर्थव्यवस्था
bilateral	उभयपक्षीय
–aid	द्विपक्ष पातळी
–ascent	उभयपक्षीय वंशक्रम
–family system	उभयपक्षीय कुटुंबव्यवस्था
–monopoly	उभयपक्षीय एकाधिकार; उभयपक्षीय मक्तेदारी
–relations	द्विपक्षीय संबंध
–trade	उभयपक्षीय व्यापार; द्विदेशीय व्यापार
–trade agreement	उभयपक्षीय व्यापार करार
–treaty	द्विपक्षीय करार

bilateralism	उभयपक्षीय व्यापारवाद; द्विपक्षव्यापारवाद
bilineal kingroup	उभयस्थानी नातेसमूह
biliner	उभयवंशीय
bilingual	द्विभाषिक
bill	पत्र; विपत्र; हुंडी; विनिमयपत्र
–book	विपत्र पुस्तक
–broker	विपत्र दलाल
–market	विपत्र (हुंडी) बाजार
bill of exchange	विपत्र विनिमय दर
bill of exchange, dishonour	हुंडीची/विपत्राची अनाहृती
bill of exchange, inland	आंतरदेशीय विपत्र
bill of rights	अधिकार विधेयक
bill of sale	विक्रयाधिकार पत्र
bill of sight	प्रत्यक्ष माल नोंदपत्र
bill payable on demand	दर्शनी विपत्र
bill transactions	हुंडी व्यवहार
bilocal residence	उभयस्थानी निवारा
biogenic motives	जीवजन्य प्रेरणा
binaminal option	द्विपदी पर्याय
biological warfare	जैविक युद्ध; जंतुयुद्ध
binary opposition	द्विपद विरोध
biodiversity	जैवविविधता
bioenergy	जैवऊर्जा
biofuel	जैविक इंधने
biological/germs warfare	जंतुयुद्ध
biological anthropology	मानवशास्त्र, जीवशास्त्रीय
biological balance	जैविक समतोल
biological bund	जैविक बांध
biological motherhood	जैविक मातृत्व

biological psychology	जीवशास्त्रीय मानसशास्त्र
biological sociology	जीवशास्त्रीय समाजशास्त्र; जैव समाजशास्त्र
biological strength	जैविक सामर्थ्य
biological warfare	जैविक युद्ध
biologistic	जीवशास्त्रप्रधान
biology	जीवशास्त्र
biotechnology	जैवतंत्रज्ञान/ जैवतंत्रज्ञानशास्त्र
bipartisanship	उभयपक्षी संमततत्त्व; द्विपक्षसंमती
bipolar system	द्विध्रुवी पद्धत
birth control	संततिनियमन
birth customs	जन्मप्रथा
birth rate	जन्मप्रमाण
birth right	जन्मसिद्ध अधिकार
birth rites	जन्मसंस्कार
birth/fertility rate	जननप्रमाण
bishop	धर्मप्रमुख
BJP	भारतीय जनता पक्ष
black bourse	विदेशी चलनाचा काळा बाजार
black feminism	कृष्णवर्णीय स्त्रीवाद
black magic	जादा अभिचार; चेटूक विनाशकारी जादू; जादूटोणा
black money	काळा पैसा
black sector/area	काळे क्षेत्र
black/parallel market	काळाबाजार
blackleg	संपद्रोही; संपफोड्या
blackmail	धमकीने पैसे उकळणे
blackout	प्रकाशबंदी
blank bill	कोरे विपत्र
blank cheque	कोरा धनादेश
blank credit	खुली पत
blank endorsement	कोरे/निनावी पृष्ठांकन
blanket licence	व्यापक परवाना
blanket sanction	व्यापक मंजुरी
blaspheme	ईश्वरनिंदा; धर्मविडंबन; पावित्र्यविडंबन करणे
blitgkrieg	वीजवेगी; वेगवान हल्ला
block capital	अवरुद्ध भांडवल
block grant	एकरकमी अनुदान; गट समानीकरण अनुदान
block rate	गटदर; प्रजासत्ताकवाद
block sampling	खंड नमुना चाचणी
block voting	गटाने केलेले मतदान
block	खंड; गट
blocked account	अवरुद्ध खाते
—assets	अडकून पडलेली संपत्ती; अवरुद्ध मत्ता
—balance	अवरुद्ध शिल्लक (बाकी)
—capital	अवरुद्ध भांडवल
—exchange	अवरुद्ध विदेशी चलन
blokage	नाकेबंदी
blood fend	कुलवैर
blood guiltiness	हत्यापराध
blood relationship	रक्ताचे नातेसंबंध
blood revenge	हत्यासूड
blood sacrifice	प्राणत्याग; रुधिरबली
blood tend	कुलवैर
bloodless revolution	रक्तहीन राज्यक्रांती
blue blood	खानदानी रक्त
blue chip	विनियोग्य भाग
blue collar worker	श्रमजीवी कर्मचारी/कामगार
blue print	नीलमुद्रित/नील प्रत
board	मंडळ
—arbitration board	लवाद मंडळ

–conciliation board	समेट मंडळ
–wage board	वेतन मंडळ
board of directors	संचालक मंडळ
board of trade	व्यापार मंडळ
body	निकाय; संस्था; गट; मंडळ
body corporate	निगम निकाय
body of laws	विधिसंग्रह; विधिसंवाद
bonafide	खराखुरा; प्रामाणिक; यथातथ्य; सचोटीचा; सद्भावपूर्ण
bona vacantia	बेवारशी मालमत्ता
bond	बंधपत्र; रोखा; बंध
–active bond	चालू व्याजी रोखा
–agreement bond	करारनामा; संमतीनामा
–annuity bond	वार्षिक बंधपत्र
–bearer bond	दर्शनी बंधपत्र
–bottomry bond	नौतारण बंधपत्र
–convertible bond	परिवर्तनीय बंधपत्र
–debenture bond	ऋण रोखा
–deferred bond	स्थगित रोखा
–drawn bond	लिखित बंधपत्र
–exchequer bond	राज्यकोष पत्र
–gold bond	सुवर्ण रोखा
–guarantee bond	हमी बंधपत्र
–indemnity bond	क्षतिपूर्ती/हानिपूर्ती बंधपत्र
–instalment bond	हप्तेबंदीचे बंधपत्र
–post obit bond	मरणोत्तर प्रभावी बंधपत्र
–prize bond	बक्षिस रोखा
–security bond	प्रतिभूती/सुरक्षा रोखा
–simple bond	साधारण बंधपत्र
–war bond	युद्ध रोखा
bond holder	रोखाधारक
bond kinship	नात्याचे संबंध
bond note	बंधपत्र
bonded debt	बंधपत्रित ऋण
bonded labour	कूळ खंडकरी वेठबिगार; बंधपत्रित कामगार; बांधील मजूर
bonus	अधिलाभांश; बोनस (पगारापेक्षा अधिक बक्षिस)
–fund	अधिलाभांश निधी
–issue share	बोनस (अधिलाभांश) भाग/शेअर
book account	पुस्तक लेखा
book balance	पुस्तकी शिल्लक; हिशेबाच्या पुस्तकाप्रमाणे शिल्लक
book burners	स्वयंमन्य संस्कृती रक्षक
book credit	पुस्तकी जमा
book debt	पुस्तकी ऋण
book deposit	पुस्तकी ठेव
book keeping	पुस्तक पालन; जमाखर्च; लेखाकार्य
book transfer	पुस्तकी खातेबदल
book value	दर्शनी मूल्य
boom	तेजीची लाट; भरभराट; तेजी
border line	सीमा रेषा
borough	नगरपरिषद
borrowed fund	उधारनिधी; कर्जाऊ रक्कम
borstal institution/ school	किशोर सुधारणागृह/ सुधारणाशाळा
bottle neck	कोंडी
bottomry bond	नौतारण बंधपत्र
bought day book	क्रयपुस्तक
bought ledger	क्रयखाते वही
bought note	क्रीपत्र
bounties	निर्यातवाढीसाठी अर्थसाहाय्य
bourgeois revolution	बूर्ज्वा क्रांती; वरिष्ठ वर्गाने केलेली क्रांती

bourgeoiie	भांडवलदार वर्ग; बूर्ज्वा (भांडवलदार)
boycott	वाळीत टाकणे; बहिष्कार
brain drain	बुद्धिमत्तांचे परदेशगमन; बौद्धिक स्थलांतर
brain gain	बौद्धिक लाभ
brain storming	विचार मंथन
brain trust	निकटवर्ती तज्ज्ञ; सल्लागार मंडळ
brain washing	बुद्धिप्रक्षालन (सतत एकाच विचाराचा दुसऱ्यावर परिणाम घडविणे)
branch differenciation	शाखाभिन्नता
brand	ब्रँड; विशिष्ट चिन्ह; डाग देणे
branded goods	चिन्हांकित माल
breach of contract	आश्वासन/करारभंग
–faith	निष्ठाभंग
–law	विधिभंग
–peace	शांतताभंग
–promise	वचनभंग
–trust	विश्वासघात
–warranty	हमी न पाळणे
breach/ disobedience of law	कायदाबाह्य वर्तन कायदेभंग
bread and butter issue	भाकरीचा प्रश्न
break down of gold standard	सुवर्ण प्रमाणाचे विघटन
break down (break up)	विभागणी; विघटन; विभाजन
break down of gold standard	सुवर्ण प्रमाणाचे विघटन
break even chart	नफा–तोटा आलेख
break through	मार्ग निघणे; परिवेधन; मार्ग काढणे
break up value	विभागणी मूल्य
breakage	फुटतूट; मोडतोड
bribery	लाचलुचपत; लाचखोरी
brick axe layers	वसुली
bridegroom dowry	वरशुल्क; हुंडा
bride price	वधूमूल्य/वधूशुल्क
bridge finance	अंतरिम वित्तव्यवस्था
bridge welding	सांधणी
broadcasting	ध्वनिक्षेपण; प्रक्षेपण
broken family	विस्कटलेले (भंग) कुटुंब
broken period interest	खंडावधी व्याज; खंडित झालेल्या काळाचे व्याज
broker	दलाल; बँक दलाल
brokerage	दलाली
–commission	अडत; कमिशन
–concession	सवलत
–deduction	वजावट; वजात
–discount	बट्टा; कसर
–drawback	सीमाशुल्क ग्रह (आयात मालावर घेतलेल्या जकाती पैकी तोच माल परदेशी पाठविल्यावर परत मिळणारा भाग) शुल्कांश
–percentage	टक्केवारी; शेकडेवारी
–rebate	सूट; माफी; कसर
–reduction	घट
–remission	सूट; माफी
–set off	वजावट
brokers bought note	दलालाचे क्रीतपत्र
brokers sold note	दलालाचे विक्रीतपत्र
brotherhood	बंधुता

brought forward हिशेबाच्या रकमा पुढच्या हिशेबात ओढून घेणे
budget अर्थसंकल्प; अंदाजपत्रक
—balanced budget समतोल अर्थसंकल्प
—capital budget भांडवली अर्थसंकल्प
—deficit budget तुटीचा अर्थसंकल्प
—family budget कौटुंबिक अर्थसंकल्प
—revenue budget महसुली अर्थसंकल्प
—revival budget सुधारित अर्थसंकल्प
—surplus budget शिलकी अर्थसंकल्प
budget family cycle अर्थसंकल्पीय चक्र; कौटुंबिक अंदाजपत्रक
budget financing अर्थसंकल्पीय वित्तव्यवस्थापन
budget head अर्थसंकल्प शीर्ष
budget incidence अर्थसंकल्प वृत्तांत
budgetary balance अर्थसंकल्पीय शिल्लक
budgetory concepts अर्थसंकल्पीय संकल्पना
budgetary constraint अर्थसंकल्पीय संरोध (निर्बंध)
budgetary control अर्थसंकल्पीय नियंत्रण
budgetory deficit अंदाजपत्रकी तूट
budgetery management अर्थसंकल्प व्यवस्थापन
budgeting अर्थसंकल्पना
budget line (price line) किंमत रेषा
budget, optional इष्टतम अर्थसंकल्प
budget, supplementary पुरवणी अर्थसंकल्प
budgeting investment गुंतवणुकीचे अर्थसंकल्प
buffer अडसर; राखीव
—state अडसर राज्य
—stock राखीव साठा
—reserve fund राखीव निधी
build, operate and transfer (BOT) बांधा, व्यवस्थापन सांभाळा आणि हस्तांतर करा
building of nation राष्ट्रबांधणी
building sacrifice पायाबली
built in flexibility अंतरचित मृदुता
built in stabilizer अंतरचित स्थिरक
bulkline cost अधिकांश परिव्यय/खर्च
bull तेजीवाला
—account तेजीवाल्याचा हिशेब/लेखा
—compaign तेजीवाल्याची मोहीम
—factor तेजीचे कारण
bulletin माहितीपत्रक; विवरणपत्रिका; वृत्त; अधिकृत अहवाल
bullion exchange सोने-चांदी विनिमय
bullion market सोने-चांदी बाजार
bullionism धातूवाद
bullish tendency तेजीची प्रवृत्ती
bumper अमाप; भरघोस; विपुल
bumper crop अमाप/विपुल भरघोस पीक
bundestag बुंडेस्टाग (जर्मन विधिमंडळातील कनिष्ठ सभागृह)
bundestrat बुंडेस्ट्राट (जर्मन विधिमंडळातील वरिष्ठ सभागृह)
buoyancy of taxation कराधानाची एकूण लवचिकता
burden of dependence अवलंबन भार
burden of taxation कराधानाचा अतिभार
bureaucracy अधिकारी वर्ग; नोकरशाही
burgess प्रतिनिधीसभेतील (पार्लमेंट); ग्रामप्रतिनिधी

burglary insurance	घरफोडी विमा
business	कामधंदा
–avocation	उपव्यवसाय
–calling	उपजीविकेचा धंदा
–employment	नोकरी
–occupation	व्यवसाय
–profession	पेशा; व्यवसाय
–service	नोकरी
–vocation	व्यवसाय
–work	कार्य; काम
business administration	व्यवसाय प्रशासन
business economics	व्यापारधंद्याचे अर्थशास्त्र
business house	व्यवसाय गृह
business like	व्यवहारानुरूप; व्यवहारी
business magnate	व्यवसायप्रभू; व्यवसायातील श्रेष्ठी
business method	व्यापार/व्यवसाय पद्धती
business name	धंद्यातील नाव; व्यवसाय कीर्ती
business organization	व्यापारसंघटना
business practices	व्यापारी प्रथा
business secret	धंद्यातील गुपित
business sector	व्यवसायक्षेत्र
business process outsourcing (BPO)	व्यवसाय प्रक्रिया बाह्यस्रोत/बाह्याधार
businessman	व्यवसाय कर्ता
busy season	जोरदार हंगाम; सक्रिय हंगाम
buyer	खरेदीदार; ग्राहक; क्रेता
buyer's market	ग्राहकाचा बाजार
buyer's surplus	ग्राहकाचे/उपभोक्त्याचे संतोषाधिक्य
buying	खरेदी
–capacity	खरेदीशक्ती
–motive	खरीदण्याची प्रेरणा
–rate	खरेदी दर
–section	क्रय अनुभाग; खरेदी विभाग
by instalments	हप्तेबंदीने
by product	उपउत्पादन; आनुषंगिक उत्पादन
bye election	पोटनिवडणूक
bye laws	उपयिम

C

C and F price	(वाहणावळीसह) कमाल
cabinate	मंत्रिमंडळ
cabinate and ministry	मंत्रिमंडळ व मंत्रिपरिषद
cabinate government	मंत्रिमंडळात्मक शासन
cable	वाहिनी
ca-canny	मंदगतीने धीमे काम
cadastral survey	भूकर सर्वेक्षण (जमीन व इतर मालमत्तेसंबंधी सरकारी नोंदीचे सर्वेक्षण)
cafetaria approach	मुक्त निवड पद्धत
cagrugibility	सुज्ञेयता
calculation	अजमास; परिगणना; हिशेब; अंदाज; गणना
call	मागणी
call book	मागणी पुस्तक
call center	कॉलसेंटर
call deposit	मागणी देय ठेव
call/demand loan	मागणी कर्ज
called up capital	मागणी केलेले भांडवल
calling	निमंत्रण
call money	मागणी देय रक्कम
call money market	अविलंबित कर्जबाजार

call rate अल्पमुदतीचा व्याजदर
calls in advance आगाऊ मागण्या
calls in arrears थकलेल्या मागण्या; अवशिष्ट
cameralism कॅमेरॉलिझम (व्यापार वादातील एक मतप्रणाली)
campaign promise (निवडणूक) मोहिमेतील आश्वासन
canalise दिशा देणे
cancelled cheque रद्द धनादेश
candidancy उमेदवारी
candidate उमेदवार
cannibal नरभक्षक
canon सूत्र; सिद्धान्त; धर्मनियम
—of taxation कराधान प्रनियम
—law कॅनन कायदा/विधी (ख्रिस्ती धर्मशास्त्राप्रमाणे असलेला कायदा); ख्रिस्ती धर्म विधान/विधी
—of economy काटकसर नियम
—of elasticity लवचिकपणाचा नियम
—of equality समता प्रनियम
—of productivity उत्पादकता प्रनियम
—of public expenditure लोकव्यय प्रनियम
canoncial धर्मशास्त्रविहित
cantonement छावणी
cantonment board छावणी मंडळ
cantonment; land force; resources लष्कर
canvas प्रार्थना; याचना (मते मागणे, प्रचार करणे); छाननी; प्रचार
capability क्षमता; योग्यता
capacity योग्यता; सामर्थ्य; आवाका
—to save बचतक्षमता
—to utilisation उत्पादन क्षमता वापर
—to utilisation rate (operating rate) उत्पादनक्षमता वापर दर
capital भांडवल; भांडवली; राजधानी
—active capital क्रियाशील यंत्रगत भांडवल
—authorised capital प्राधिकृत भांडवल
—auxiliary capital साहाय्यभूत भांडवल
—blocked capital अवरूद्ध भांडवल
—called up capital मागणी केलेले भांडवल
—circulating capital फिरते भांडवल
—fixed capital स्थिर/स्थायी भांडवल
—floating capital तरते भांडवल
—fluctuating capital बदलते भांडवल
—issued capital विक्रीस काढलेले भांडवल
—nominal capital नाममात्र भांडवल
—paid up capital भरणा झालेले भांडवल
—reserve capital राखीव भांडवल
—share capital भाग भांडवल
—subscribed capital अभिदत्त भांडवल
—sunk capital बुडित भांडवल
—working capital खेळते भांडवल
capital account भांडवली खाते; भांडवली लेखा; भांडवली सूट
capital account convertibility भांडवली खात्यावर चलन परिवर्तनीयता
capital accumulation भांडवलसंचय/संचयन
capital adequecy guidelines भांडवल पर्याप्तता संहिता/नियमावली

capital and revenue expenditure	भांडवली व महसुली खर्च
capital appreciation	भांडवली अधिमूल्यन
capital appropriation	भांडवलाचे विनियोजन
capital assets	भांडवली मत्ता; भांडवली मालमत्ता
capital at charge	व्याजी भांडवल
capital base	भांडवल पाया
capital budget	भांडवली अर्थसंकल्प
capital centralization	भांडवल केंद्रीकरण
capital charges	भांडवलखाती खर्च
capital creation	भांडवलनिर्मिती
capital consumption allowance/ depreciation allowance	घसारा सवलत
capital crime	देहान्तदंड गुन्हा
capital depletion	भांडवलक्षय
capital development	भांडवली विकास
capital duty	भाग मुद्रांक शुल्क
capital exchange	भांडवली देवाणघेवाण
capital expenditure	भांडवली व्यय
capital expenditure outlay	भांडवली खर्च
capital flight	भांडवल देशांतरित होणे/ देशाबाहेर जाणे
capital fluid, current	भांडवल रोकडसुलभ
capital flow	भांडवलप्रवाह
capital formation	भांडवल उभारणी/निर्मिती
capital gain	भांडवली लाभ
capital gain tax	भांडवली लाभ कर
capital goal	भांडवली उद्दिष्ट
capital goods	भांडवली वस्तू
capital inflow	भांडवल अंत:प्रवाह
capital input	भांडवली निविष्टी लाभ
capital intensity	भांडवल घनता
capital intensive	भांडवलसघन
capital investment	भांडवली गुंतवणूक
capital levy tax	भांडवली कर
capital liability	भांडवल/भांडवलीदायित्व
capital loss	भांडवलाची हानी (नुकसान)
capital market	भांडवल बाजार
capital money	भांडवली रक्कम
capital movement	भांडवली हालचाल
capital output ratio	भांडवल उत्पादन गुणोत्तर प्रमाण
capital outlay	भांडवली खर्च
capital procurement	भांडवल उभारणी
capital punishment	देहान्त शिक्षा/दंड
capital receipts	भांडवली प्राप्ती
capital reserve fund	भांडवली राखीव निधी
capital saving inventions	भांडवल बचतकरी शोध
capital saving technique	भांडवल बचत तंत्र
capital share	भांडवल भाग
capital structure	भांडवलाची संरचना
capital sums	मुदत रकमा
capital taxation	भांडवली कराधान
capital transformation	भांडवली स्थित्यंतर

capital, fluid current	भांडवल रोकडसुलभ
capitalisation	भांडवलीकरण
–of assets	मतांचे भांडवलीकरण
–of income	प्राप्तीचे भांडवलीकरण
–of tax	कराचे भांडवलन
capitalised development process	भांडवली विकास प्रक्रिया
capitalised profit	भांडवली नफा
capitalised tax	भांडवलीत कर
capitalised value	भांडवली (भांडवलीत/ भांडवलीकृत) मूल्य
capitalism	भांडवलवाद; भांडशाही
capitalist	पुंजीपती; भांडवलदार
–democracy	लोकशाही भांडवलशाही
–made and production	भांडवलकेंद्रित उत्पादन पद्धती
–production system	भांडवली उत्पादनव्यवस्था
–regime	भांडवलवादी/पुंजीवादी कारकीर्द/राज्यकाल
capitalistic	भांडवलदारी; भांडवलशाही
–development	भांडवलशाहीप्रणीत विकास
–economic system	भांडवलशाही अर्थव्यवस्था
–enterprise	भांडवलदारी उपक्रम
–farming	भांडवलशाही शेती
–production	भांडवलदारी उत्पादन
capital-oriented technique	भांडवल प्रधानतंत्र
capitation fee	दरडोई फी
capitation tax	प्रतिव्यक्तीवर डोईकर; डोईपट्टी
capitulation	शरणागती लेख; सशर्त शरणागती
card carrying	एकनिष्ठ पक्ष सदस्य
card index	कार्ड सूची
card ledger	कार्ड खातेवही
cardinalism	मूल्यदर्शित्ववाद
cardinal utility	अंकवाचक उपयोगिता; मूल्यदर्शी उपयोगिता
cardinalism	मूल्यदर्शित्ववाद
care	काळजी; सांभाळ; संगोपन; देखरेख
caretaker government	काळजीवाहू सरकार
cargo	भरलेला माल (परिवहनासाठी)
cargo insurance	जहाजी माल विमा
carpet begger	उपरे राजकारणी; भ्रष्टाचारी
carriage account	वाहनलेखा
carrier's risk	वाहकाची जोखीम; वाहक जोखीम
carrying trade	वाहनव्यवसाय
cartage	गाडी भाडे
cartel	उद्योजक नियामक मंडळ (पर्यायी शब्द कार्टल्); कारखानदार नियंत्रक संघ; बंदी विनिमय करार (पर्यायी रूढ शब्द कार्टल्); विक्रय नियंत्रण संस्था; विक्रीसंघ
case	बाब; प्रकरण; रुग्ण; स्थिती
case history	व्यक्तिइतिहास; व्यक्तिवृत्त
case law	निर्णयविधी
case study	प्रकरण अभ्यास; व्यक्तिअभ्यास
case work	व्यक्तिकार्य तंत्र
cash	नगदी निक्षेप रक्कम; रोकड; रोख
cash account	रोख लेखा
cash at bank	बँकेतील रोकड
cash balance	रोकड बाकी; रोख शिल्लक

cash balance equation — रोख शिल्लक समीकरण
cash book — रोकड वही; रोख पुस्तक
cash certificate — रोख (प्रमाण) पत्र
cash control — रोख नियंत्रण
cash credit — पतकर्ज; रोख पत
cash deposit — रोख ठेव; नगदी निक्षेप
cash deposit ratio — रोख निक्षेप/ठेव गुणोत्तर; रोख निक्षेप/ठेव प्रमाण
cash discount — रोख बट्टा कसर
cash earning — नगदी उत्पन्न
cash flow — रोख प्रवाह
cash fund — रोख निधी
cash holding — रोख धारण
Cash On Delivery (C.O.D) — माल पोचताक्षणी प्रदान
cash order — रोख आदेश
cash preference — रोख पसंती
cash purchase — रोख खरेदी/क्रय
cash refund warrant — रोख परतावा अधिपत्र/आज्ञापत्र हमी
cash register — रोख नोंदवही
cash reserve fund — रोख राखीव निधी
cash; reserve — रोख संचिती
Cash Reserve Ratio (CRR) — राखीव रोकड गुणोत्तर
cash roll — रोख पट
cash sales — रोख विक्रय/विक्री
cash scroll — रोख पट
cash security — रोख जामीन/हमी
cashier — खजिनदार; रोखपाल
caste — जात
caste cluster — जाती समुच्चय
caste politics — जातीय राजकारण
caste system — जातिव्यवस्था
caste tendency — जाती प्रवृत्ती
casteism — जातीवाद; जातीयवाद
casteist — जातीयवादी प्रचार
casting vote — निर्णायक मत
castration — खच्चीकरण
casual — किरकोळ; प्रासंगिक; सहज; नैमित्तिक; वरवरचा
casual income — किरकोळ प्राप्ती
casual indent — नैमित्तिक मागणीपत्र
casual labour — नैमित्तिक कामगार
casual relations — कार्यकारण संबंध
casualisation — जुजबीकरण
casuation/causuality — कारणत्व
catagory — प्रवर्ग
catalyst — प्रक्रिया प्रेरक
categorical — ठाम; सुस्पष्ट
categories — कोटिक्रम
category — प्रकार; वर्ग; प्रवर्ग
—community — लोकसमूह
—group — समूह; गट
—society — समाज
catharsis — भावनांना वाट मोकळी करणे
cathetic — भावात्मक
cattle wealth — पशुधन
caucus — सूत्रचालक
cause of action — वादकारण; वादविषय (विधी; कायद्याच्या संदर्भात)
cause, scientific — वैज्ञानिक कारणकल्पना
caveat emptor — क्रेता (खरेदीदाराची) सावधानी
cease fire — गोळाबंदी; युद्धबंदी
cease to have effect — निष्परिणामक होणे
cease to operate — निष्प्रभावी होणे

ceiling — छत; तक्तपोशी; पटई; कमाल मर्यादा

ceiling and fare price — (वाहणावळीसह) कमाल किंमत

ceiling on property — मालमत्तेवरील कमाल मर्यादा

ceiling on purchase price — खरेदी किंमतीवरील कमाल मर्यादा

ceiling on quota — कोट्यावरील (हिस्सा/वाटा) कमाल मर्यादा

celibacy — ब्रह्मचर्य

cell — छोटा घटक

celling (maximum) price — जास्तीत जास्त किंमत

cementary vote — मृत मतदाराच्या नावावरील खोटे मत

censorship — आचार नियंत्रण; छिद्रान्वेष; मुद्रणनियंत्रण

censership hyperlink — वृत्तपत्रीय नियंत्रण

censure — ठपका; निंदा

censure motion — निंदा प्रस्ताव; निंदाव्यंजक ठराव

census — जनगणना; पशुगणना; शिरगणती; संगणना

census schedule — जनगणना अनुसूची

census track — जनगणना भूभाग/भूक्षेत्र

central — केंद्रीय; मध्यवर्ती

central administration — केंद्रीय प्रशासन

central bank — मध्यवर्ती बँक

central banking — केंद्रीय अधिकोषण/बँक व्यवसाय

central committee — मध्यवर्ती समिती

central computer — केंद्रीय संगणक

central control — केंद्रीय नियंत्रण

central exchange — केंद्रीय विनिमय/देवाणघेवाण

central government — केंद्र सरकार; केंद्रशासन

central government business — केंद्र शासनाचे राजकारण

central information centre — केंद्रीय माहिती केंद्र

central sales tax act — केंद्रीय विक्रीकर कायदा

central server — केंद्रीय सर्व्हर

central treasury — केंद्रीय कोषागार

central value — केंद्रीय मूल्य

centralisation — केंद्रण; केंद्रीकरण; केंद्रीभवन

centralisation of power — सत्तेचे केंद्रीकरण

centralised planning — केंद्रित नियोजन

centrally administered territory — केंद्रशासित प्रदेश

central treasury — केंद्रीय कोषागार

centre — केंद्रबिंदू; मध्यबिंदू; केंद्र

centrifugal — उपकेंद्री; केंद्रपरावर्ती; केंद्रविमुखी; केंद्रोत्सारी/केंद्रोन्मुखी; बहिर्गामी

centripetal — अभिकेंद्री; केंद्रीन्मुखी; केंद्रगामी; केंद्राभिमुखी

centrism — केंद्रितता

centrist — मध्यममार्गी; केंद्रवर्ती

cephalic index — मस्तक निर्देशांक; सशीर्षक निर्देशांक

ceremonial licence — समारंभकालीन स्वैरता/स्वैराचार
certain annuity — निश्चित वार्षिकी
certainty of liability — दायित्व निश्चिती
certificate of charge — भारप्रमाणपत्र
—of credit — पत प्रमाणपत्र
—of deposit — जमा प्रमाणपत्र
—of deposit market — ठेव प्रमाणपत्र बाजार
—of deposits — ठेवींची प्रमाणपत्रे
—of election — निवडणूक प्रमाणपत्र
—of incorporation — निगमन प्रमाणपत्र
—of shares — भाग प्रमाणपत्र
certified accountant — प्रमाणित लेखापाल
certified cheque — प्रमाणित धनादेश
certified endorsement — प्रमाणित पृष्ठांकन
certified voucher — प्रमाणित दाखला; प्रमाणित लेख
cess — उपकर; सारा; कर; पट्टी
cessation — विराम; तहकुबी
cessation of hostility — युद्धविराम
cession — अभ्यर्पण; आपखुषीने हक्क सोडणे (जमीन-मालमत्तेवरील)
chain newspapers — साखळी वृत्तपत्रे
chain reaction — साखळी प्रतिक्रिया
chain survey — शृंखला पाहणी/सर्वेक्षण
chair — अध्यासन
chairman — सभापती; अध्यक्ष
challenges (threats) — आव्हाने
chamber of commerce — वणिक् सभा; वाणिज्य मंडळ; व्यापार मंडळ
chamber of deputies — प्रतिनिधी मंडळ (अमेरिकेच्या संदर्भात)
chamber of princess — नरेंद्र मंडळ
chancellor — कुलपती
chancellor of exchequer — इंग्लंडचा अर्थमंत्री
chancellory embassy — दूतावास कार्यालय
change — परिवर्तन; बदल; पालट
changeability — परिवर्तनीयता
change over — परिवर्तन; बदल
change of power — सत्ता परिवर्तन
change of rate — दरबदल
change of the social structure — समाजरचना परिवर्तन
channel of distribution — वाटप (विभाजन) मार्ग; विवरण मार्ग
chaos; disorder — विलयावस्था; अव्यवस्था; गोंधळ
character — चारित्र्य; प्रकृतीधर्म; शील; स्वभावधर्म
character assasin — चारित्र्यहंता
character building — चारित्र्यघडण; स्वभावरचना; स्वभाववैशिष्ट्ये
character structure — स्वभावरचना; स्वभाव वैशिष्ट्ये
characteristic — लक्षणे; स्वरूप; वैशिष्ट्य
charge — ताबा घेणे-देणे; दोषारोप करणे; प्रभावित करणे; विशिष्ट गहाण; शुल्क आकारणे

–accuse	आरोप ठेवणे
–impeach	दोषारोपाबद्दल न्यायासनासमोर नेणे
–incriminate	गुन्ह्यात गुंतविणे
–indict	कायदेशीर आरोप करणे
charge	आकारणी करणे
–bank charge	बँक आकार
–contingent charges	आकस्मिक खर्च
–demurrage charge	विलंब आकार
–depreciation charge	घसारा आकार
–establishment charge	आस्थापना खर्च
–exchange charge	विनिमय आकार
–freight charges	वाहतूक खर्च/आकार
–handling charges	हाताळणी आकार
–haulage charges	नेणावळ; वाहणावळ
–incidental charges	आनुषंगिक खर्च/आकार
–landing charges	उतरणावळ
–loading charges	भरणावळ
–maintenance charges	अनुरक्षण खर्च; निर्वाह खर्च; दुरूस्ती खर्च
charge sheet	आरोपपत्र
charged affairs	व्यवहार कारभारी; स्थायी कार्यदूत
charge-d-affairs	कार्यदूत (फ्रेंच शब्द शार्द फेअर्स)
charges collection	वसुली आकार

charism	विभूती तत्त्व
charisma	जनसंमोह; तेजोवलय; विभूती; विभूतीतत्त्व
charismatic authority	वैभूतिक प्राधिकर
charismatic leadership	जनसंमोही नेतृत्व
charitable institution	धर्मादाय संस्था
charity	उदारता; धर्मादाय; बंधुभाव
charity; chivalry	औदार्य
chart	नकाशा; रेखातक्ता; आलेख; तक्ता
charter	शासनसंमत; अधिकार; सनद
chartered accountant	सनदी लेखापाल; हिशेबनीस
chartered company	सनदी कंपनी; राजसंमत (शासनसंमत) कंपनी
chaste	सच्छील; शुद्ध
chastity	अव्यभिचारिता; पावित्र्य
chattle; movable property	जंगम मालमत्ता
–assets	मत्ता; मालमत्ता; जायदाद; मिळकत
–belongings	मालकीच्या वस्तू
–effects	चीजवस्तू
–possession	स्वायत्त धन
–property	संपत्ती
–resources	साधनसंपत्ती
–wealth	धन
chauvanism	अंध देशभक्ती; देशोन्माद
cheap money	अल्पव्याजी पतपैसा; सवंग पैसा
cheap money policy	अल्पव्याजी पतनीती

checks and balance	नियंत्रण संतुलन; समारोध व समतोल
chemical warfare	रासायनिक युद्ध
cheque	चेक; धनादेश
–antidated cheque	पूर्वदिनांकित धनादेश
–bearer cheque	दर्शनी धनादेश
–blank cheque	कोरा धनादेश
–cancelled cheque	रद्द धनादेश
–certified cheque	प्रमाणित धनाददे
–crossed cheque	रेखित/रेखांकित धनादेश
–dishonoured cheque	अनाहूत/नाकारलेला धनादेश
–limited cheque	सीमित धनादेश
–marked cheque	चिन्हित/चिन्हांकित धनादेश
–open cheque	अरेखित धनादेश
–order cheque	नामजोग धनादेश (ज्या त्या व्यक्तीच्या वतीने पैसे घेण्याचा हक्क देणारा चेक)
–post dated cheque	उत्तरदिनांकित धनादेश
–raised cheque	वर्धित धनादेश
–stable cheque	मुदतबाह्य/गतावधी धनादेश
–traveller's cheque	प्रवासी धनादेश
cheque book	चेक बुक; धनादेश पुस्तक
cheque ledger	धनादेश खातेवही
chest	तिजोरी; संघटित निधी
chest money	तिजोरी रोकड
chief administrative officer	प्रमुख प्रशासन अधिकारी

chief election commissioner	मुख्य निवडणूक आयुक्त
chief executive	मुख्य कार्यकारी
chief justice	मुख्य न्यायमूर्ती
chief of mission	दूतमंडळ प्रमुख
chief of state	राज्यप्रमुख
chiefdom	अधिपतिपद; अधिपतिराज्य
chieftain	अधिपती
child	संतती
child abuse	बाललैंगिक शोषण
child care	बालसंगोपन
child caring agency	बालसंगोपन संस्था
child labour	बालकामगार
child marriage	बालविवाह
child marriage restraint act	बालविवाहविरोधी अधिनियम
child sacrifice	शिशुबली
child/infant welfare	शिशुकल्याण
children's court	बालन्यायालय
chit fund	चिठ्ठी निधी
chit fund institution	चिटफंड संस्था
chivalry	दाक्षिण्य; औदार्य; निष्ठा
chromosome	गुणसूत्र
chronic compaigner	कायम उमेदवार
chronological	कालानुक्रमे; कालानुसारी; कालिक
chronological/chronochart	कालपट
chronological method	कालक्रमिक अभ्यासपद्धती
chronology	कालक्रम; कालगणना
church and state	धर्मसत्ता व राज्यसत्ता

circular चक्रानुवर्ती (मिश्र) सम्मीलन
circulating assets फिरती (चालू) मत्ता
circulating capital फिरते भांडवल
circular combination चक्रानुवर्ती/मिश्र सम्मीलन
circulation अभिसरण; परिवहन; प्रसार; खप
circulation of currency चलन अभिसरण
circulation of elites अभिजनांचे अभिसरण
circumstance परिसहाय्यक (सेनाधिकाऱ्याचा मदतनीस अधिकारी)
circumstances वस्तुस्थिती; परिस्थिती
circumstancial परिस्थितीजन्य
citizan's committee नागरिक समिती
citizen; रहिवासी; नगरवासी; नागरिक
citizen's advice bureau नागरिक सल्लागार केंद्र
citizenship नागरिकत्व
city नगर; पूर; शहर
city council नगरपरिषद
city election नगरनिवडणूक
city state नगरराज्य; गणराज्य
city transport service शहर वाहतूक सेवा
civic नागरी
civic ideals नागरिक आदर्श
civic/civil rights नागरी अधिकार
civic sense नागरी भावना
civics नागरिकशास्त्र
civil दिवाणी
civil action दिवाणी कारवाई
civil administration नागरी प्रशासन
civil code दिवाणी संहिता
civil commotion नागरिक क्षोभ/बंड
civil defence नागरी संरक्षण
civil disobedience सविनय कायदेभंग
civil law नागरी कायदा
civil law दिवाणी कायदा
civil liberty नागरिक/नागरी स्वातंत्र्य
civil list राजपत्रितांची सूची
civil power मुलकी सत्ता
civil procedure code दिवाणी प्रक्रिया संहिता
civil rights दिवाणी/नागरिकी अधिकार
civil servant नागरी सेवक
civil service नागरी सेवा
civil service arbitration tribunal नागरी सेवा लवाद न्यायाधिकरण
civil service super annuation नागरी सेवा नियत सेवावधी
civil society नागरी समाज; सविनय समाज
civil state राजनीतिक अवस्था
civil war यादवी युद्ध
civilian असैनिक
civility/civil spirit नागरीवृत्ती
civilization सुशिक्षितावस्था; सभ्यता; सुधारणा; संस्कृती
claim; title दावा; मागणीहक्क
claimant दावेदार; मागणीदार
clan कुल
clandestine (secret) marriage प्रच्छन्न (गुप्त) विवाह; गुप्त/लपूनछपून केलेला विवाह
class वर्ग
class analysis वर्गविश्लेषण
class attitude वर्ग अभिवृत्ती
class banking बँकिंग विशिष्ट वर्गापुरते

class based	वर्गीय वर्चस्व
class concept	वर्ग संकल्पना
class conflict	वर्गलढा; वर्गसंघर्ष
class consciousness	वर्गीय जाणीव; वर्गजाणीव
class distinction	वर्गीय भिन्नता
class division	वर्गविभाजन
class overlapping	परस्परव्याप्त वर्ग
class feeling	वर्गभावना
class hierarchy	वर्गीय क्रम; वर्गीय श्रेणी
class index entry	वर्गदर्शक नोंद
class interest	वर्गहित/वर्गहितसंबंध
class mobility	वर्ग चलनशीलता
class prejudice	वर्गीय पूर्वग्रह
class relations	वर्गसंबंध
class stratification	वर्गीय स्तरीभवन/स्तरीकरण
class strength	वर्गीय शक्ती
class strife	वर्गविग्रह
class structure	वर्गसंरचना
class struggle	वर्गसंघर्ष
class term	जातिपद
class theory	वर्गसिद्धान्त
class view	जातिवाद
classic/classical	अभिजात; प्रतिष्ठित; शास्त्रीय; सरस; सर्वोत्कृष्ट
classical school	अभिजात पंथ; प्रतिष्ठित संप्रदाय
classical theory	अभिजात सिद्धान्त
classical theory of 'real value'	वास्तव मूल्याचा अभिजात सिद्धान्त
classification	यतिवर्ग; वर्गवारी
classification of ethnicity	वंशवर्गीकरण
classification of market	बाजाराचे वर्गीकरण
classification, scientific	वैज्ञानिक वर्गीकरण
classificatory kinship	वर्गनिष्ठ नातेपद्धती
classified	वर्गीकृत
classless society	वर्गविरहीत समाजव्यवस्था; वर्गविहीन समाज
clean acceptance	निर्दोषपूर्ण स्वीकृती
clean draft	अबद्ध धनाकर्ष
clean loan	अबद्ध कर्ज
clean bill	हक्कपत्रविरहित विपत्र/हुंडी
clearance certificate	अनुज्ञा प्रमाणपत्र
clearing	निष्कासन; वटवणी; समाशोधन
clearing agent	निष्कासन अभिकर्ता; वटवणी अभिकर्ता; समाशोधन अभिकर्ता
clearing bank	वटवणी बँक; समाशोधन अधिकोष
clearing credit	वटवणी सुविधा
clearing exchange	विदेशी चलन समाशोधन
clearing funds	समाशोधन अधिकोष
clearing house	वटवणी गृह; वटावगृह
cleavage	फूट
clericrism	ख्रिस्ती धर्मोपदेशकाची राजनीती
clerk of the house of the commons	ब्रिटनच्या कमिन्स सभागृहाचा सचिव
client	वकीलाचा अशील; पक्षकार
client state	आश्रित राज्य

climbing abroad the band wagon — सरशी होणाऱ्या बाजूकडे झुकणे
clique — कंपू; टोळके
close questionnaire — बंदिस्त प्रश्नावली
closed account — बंद लेखा (पैसे चुकते करून हिशेब पूर्ण केलेले खाते)
—caste system — बंदिस्त जातिव्यवस्था
—economy — बंद अर्थव्यवस्था; बंदिस्त अर्थव्यवस्था
—fund — गुप्त (आवृत्त) निधी; संवृत निधी
—group — बंदिस्त गट
—humanism — बंदिस्त मानवतावाद; संवृत (बंदिस्त) मानवतावाद
—indent — नामनिर्देशित मागणीपत्र
—morality — मर्यादित नीती
—primary voters organisation — पक्षांतर्गत प्राथमिक पातळीवरील मतदार संघटना
—question — बंदिस्त प्रश्न
—shop — बंदिस्त व्यवसाय
—society — बंदिस्त समाज (बाह्य जगाशी संपर्क नसलेला समाज)
—system — बंदिस्त पद्धती
closing balance — अखेरची शिल्लक
closing capital — अखेरचे भांडवल
closing collection — अखेरची वसुली
closing entry — अखेरची नोंद
closing price — बंद भाव
club law — दंडुकेशाही
clundestine marriage — गुप्त/लपूनछपून केलेला (प्रच्छन्न विवाह)
cluster — जमाव; मंडळ; समूह
cluster analysis — वृंद विश्लेषण; समूह वर्तनाचे विश्लेषण
cluster sampling — वृंद नमुना चाचणी
coalition — विशेष हेतूने एकत्र आलेला पक्षे संयुक्ती; युती; संयोग
coalition cooperative bank — संमिश्र सहकारी बँक
coalition government — आघाडी सरकार; संमिश्र शासन; संमिश्र सरकार
coalition ministry — संमिश्र संयुक्त मित्रमंडळ
coalitive organization — संयोगीकृत संघटन
coalitive organization system; unitied organisational system — संयोगीकृत संघटन पद्धती
coaxial — सहक्षेपण
cobort population growth rate — समवयस्क लोकगटाच्या वाढीचा दर
code (law); convention pact — नियमावली; संकेत
code (law); text — संहिता
code law (as telegraphic code) — संकेतलिपी
code of conduct — आचारसंहिता
code of morality — नीतिसंकेत; नीतीसंहिता
code of rational imaging — अर्थपूर्ण प्रतिकांची प्रणाली
code system — संकेत व्यवस्था
codification — क्रमवार संग्रह; संहितीकरण
co-education — सहशिक्षण
coefficient — गुणक; गुणांक; सहगुणक
—of corelation — परस्परसंबंध गुणांक

—of elasticity लवचिकतेचा गुणांक
—of production उत्पादन गुणांक
co-equal सहसमान
coercion छळ; जबरदस्ती, सक्ती; जुलूम
coercive दमनकारी; जबरदस्तीचा; जुलमी
coercive sale बळेच केलेली विक्री
coevalution उद्‌विकास
co-existance सहभाव; सहअस्तित्व; सहजीवन
co-extensive; concurrent समव्यापी
cognate सजातीय; सवर्ण; समलक्षण; एकच मूलस्थान असलेला
cognitive ज्ञानलक्षण; ज्ञानात्मक; बोधात्मक
cognitive principle and its application बोधात्मक तत्त्व व त्याचे उपयोजन
cognitive sciences ज्ञानप्रक्रियांचा अभ्यास करणारी विज्ञाने
cognizable offence दखलपात्र गुन्हा
cohabitation दांपत्यभावाने सहवास
coheir सहवारस
coherence; harmony सुसंगती; सुसंवाद
coherence theory सुसंवाद सिद्धान्त
coherent सुसंगत
cohesion संसक्ती; परस्पर आकर्षण; संलग्नता
cohort population growth rate समवयस्क लोकगटाच्या वाढीचा दर

coin नाणे
—counterfeit coin बनावट नाणे
—debased coin हीनमूल्य नाणे
—defaced coin झिजलेले नाणे
—drilled coin छिद्रित नाणे
—false coin खोटे नाणे
—standard coin मानक/प्रमाण मानलेले नाणे
—token coin प्रतीक नाणे
—uncurrent coin अप्रचलित नाणे
coin money नगदी चलन
coinage टंकन; नाणेपद्धती
coinage, free अनिर्बंध टंकन/नाणेपाडणी
coinage gratutious नि:शुल्क टंकन
coincidence योगायोग
cointegration सहएकात्मीकरण
coitus मैथुन; संभोग
cold war शीत युद्ध
collaboration सहयोग; सहकार्य
collapse कोसळणे; ढासळणे; नि:पात होणे
collateral benefit आनुषंगिक लाभ
collateral money market समर्थक कर्जबाजार
collateral security सहसुरक्षा
collateraliged borrowing प्रासंगिक कर्ज
collection वसुली; संग्रह
collection charges वसुली आकार
collection of data तथ्यसंकलन
collection register वसुली नोंदवही
collective सामुदायिक; सामूहिक; समुच्चय
—action सामूहिक कृती/क्रिया
—agreement सामूहिक करार
—bargaining सामूहिक वाटाघाटी; सामूहिक सौदा

–behaviour	सामुदायिक वर्तन; सामूहिक वर्तन
–burial	सामूहिक दफन
–choice	सामुदायिक निवड
–consciousness	समष्टी/सामूहिक बोध/जाणीव
–democracy	सामूहिक/आधुनिक लोकशाही
–farming	सामुदायिक/सामूहिक शेती
–goods	सामुदायिक मालमत्ता
–leadership	सामुदायिक नेतृत्व
–opinion	सामूहिक मत
–process	सामूहिक प्रक्रिया
–property	सामूहिक मालमत्ता
–responsibility	सामूहिक जबाबदारी
–saving	सामुदायिक/सामूहिक बचत
–security	सामूहिक सुरक्षा/सुरक्षितता
–unconooious	समूह मन/सामष्टिक अबोध
–wealth	सामुदायिक संपत्ती
–will	सामूहिक इच्छा
collectivism	राज्यस्वत्ववाद; समष्टिवाद समुदायवाद; समूहवाद
collectivist	समूहवादी
collectivity	सामुदायिकता; सामूहिकता; समष्टी
collectivity orientation	समष्टी स्थाननिश्चिती
collegial; collegiate	मंडळात्मक; मंडळीय
colloquial language	बोली भाषा
colonial	वासाहतिक
–attitudes	वसाहतवादी दृष्टिकोन
–government prision	वासाहतिक शासनकाळ
–historigraphy	वसाहतवादी इतिहास लेखन
–office	वसाहतीचे कार्यालय
–power	वसाहतवादी सत्ता
colonialism	वसाहतवाद; वासाहतिकता
colonisation	वसाहतीकरण
colony	वसाहत
column	स्तंभ
column cashbook	स्तंभीय रोकडवही
combination	संयोग; सम्मीलन; संयुक्तीकरण; एकजूट; संयोजन; एकत्रीकरण
combine firm	व्यवसायसंयोग
combined composite	संयुक्त सरकार/शासन; संयुक्त
comfort, articles of	आरामदायी/सुखदायी आरामाच्या वस्तू
cominform (communist information bureau)	कॉमिनफॉर्म (साम्यवादी देशातील पक्षासंबंधी माहिती देण्या-घेण्याची संघटना)
comity of nations	आंतरराष्ट्रीय सौजन्य; सौजन्यशील राष्ट्रमंडळ
commintern	कॉमिन्टर्न (साम्यवादी पक्षांची जागतिक संघटना)
commander -in-chief	सरसेनापती
commandment	आज्ञा (ख्रिश्चन धर्माच्या)
commensality	रोटी/सहभोजन व्यवहार
commerce	वाणिज्य; व्यापार
commercial	व्यापारविषयक/व्यापारी
–account	वाणिज्य लेखा
–agent	वाणिज्य अभिकर्ता/एजंट
–arbitration	वाणिज्य लवाद
–bank	वाणिज्य बँक/अधिकोष

–banking	व्यापारी बँकिंग
–bills market	व्यापारी हुंडी बाजार
–blockade	वाणिज्यविषयक नाकेबंदी
–capital	वाणिज्यविषयक भांडवल
–capitalism	वाणिज्यविषयक भांडवलशाही
–centre	वाणिज्य केंद्र
–correspondence	वाणिज्य पत्रव्यवहार
–crises	वाणिज्य क्षेत्रातील अरिष्ट/संकट
–crop	निक्षेप/नकदी पीक
–development	व्यापारी (वाणिज्यिक) विकास
–enterprise	वाणिज्य उपक्रम
–establishment	वाणिज्यिक संस्था
–federation	वाणिज्य संघ
–geography	वाणिज्य भूगोल; व्यापारी वाणिज्यिक भूगोल
–house	वाणिज्य संस्था/गृह
–intelligence	वाणिज्य सूचना
–invoice	वाणिज्य बीजक
commercialisation	व्यापारीकरण
commercialised	व्यापारीकृत
commercialism	व्यापारवाद; वाणिज्यवाद
commercial law	व्यापारविधी; व्यापारविषयक कायदा
–letter	वाणिज्य पत्र
–papers	वाणिज्य पत्रे
–policy	वाणिज्य नीती/धोरण; वाणिज्य विमापत्र
–products	व्यापारी वाणिज्य वस्तू उत्पादन
–relations	व्यापारी संबंध
–revenue	वाणिज्य महसूल
–revolution	वाणिज्य क्रांती; वाणिज्यिक क्षेत्रातील क्रांती; व्यापार क्षेत्रातील क्रांती
–service	वाणिज्य सेवा

–transaction	वाणिज्य व्यवहार
–treaty	वाणिज्य संधी; व्यापारी करार
–wealth	व्यापारी संपत्ती/धन
–world	व्यापारी जगत्
commercial/ mercantile bank	वाणिज्य बँक; व्यापारी बँक
commercial/ merchantile agent	वाणिज्य अभिकर्ता/एजंट
commercialisation	व्यापारीकरण
commercialised	व्यापारीकृत
commercialism	व्यापारवाद; वाणिज्यवाद
commercialistic linguistology	व्यवसायानिष्ठ भाषाविज्ञान
commercialistic level	व्यवसायात्मक पातळी
commision account	अडत लेखा
commision agent/factor	अडत्या; कमिशन एजंट
commision; factorage	अडत
commissari(y)	रसद अधिकारी; लष्करी प्रतिनिधी
commissariate	सेना रसद विभाग; मोदीखाना
commission	आयोग; अडत; दलाली; कमिशन
commissionar(y)	लष्करी प्रतिनिधी
commitment	कार्यनिष्ठा; बांधिलकी
commitment to development	विकासाशी बांधिलकी
commitment; parole	वचन
committed buraucracy	विशिष्टपक्षाला, तत्त्वाला अगर धोरणाला बांधील नोकरशाही

committed judiciary — बांधील न्यायसंस्था
committed labour force — बांधील श्रमिक बल
committee — समिती
–ad hoc committee — तदर्थ समिती
–advisory committee — सल्लागार समिती
–appropriation committee — विनियोजन समिती
course committee — घटनाक्रम समिती
–estimates committee — अंदाज समिती
–executive committee — कार्यकारी समिती
–expert committee — तज्ज्ञ समिती
–finance committee — वित्त समिती
–inspection committee — निरीक्षण समिती
–integration committee — एकात्मीकरण समिती
–management committee — व्यवस्थापन समिती
–market committee — बाजार समिती
–privilege committee — विशेषाधिकार समिती
–public accounts committee — सार्वजनिक लेखा समिती
–recognition committee — मान्यता समिती
–representation committee — प्रतिनिधी समिती
–selection committee — निवड समिती
–standing committee — स्थायी समिती
–steering committee — कर्णधार समिती
–working committee — कार्यकारी समिती
–works committee — कार्य समिती; बांधकाम समिती
commodity — पदार्थ; सेवा
–agreement — वस्तुविषयक करार
–approach — वस्तुप्रधान दृष्टिकोन
–control scheme — वस्तू नियंत्रण योजना
–entity — वस्तू सत्त्व
–exchange — वस्तूविनिमय
–fetishism — वस्तुस्तोम
–flow — वस्तुप्रवाह
–market — वस्तूबाजार
–money — वस्तुद्रव्य; वस्तुरूप पैसा
–price — वस्तू किंमत
–standard — वस्तू मानक
–tax — विक्रेय वस्तू कर
–terms of international trade — वस्तुधिष्ठित आंतरराष्ट्रीय व्यापार दर
common — सामान्य; सर्वसमान; सामायिक; सार्वजनिक; नेहमीचा; सर्वसाधारण
–civil code — समान नागरी कायदा
–good — सार्वजनिक हित
–interest — समान हितसंबंध
–law — सर्वांना समान कायदा
–market — सामायिक बाजारपेठ

–people सामान्य जनता
–pricing समाईक किंमत निश्चिती
–property सामायिक मालमत्ता
–questionnair सामूहिक प्रश्नावली
–sense व्यवहारबुद्धी; व्यवहार ज्ञान; समजूतदारपणा
–standard of behaviour समान आचारसंहिता
–uniqueness सामूहिक ऐक्यभावना
commoner सामान्य व्यक्ती
commonwealth/ commonwealth of nations राष्ट्रकुल
commulation स्थानाविपर्यय (स्थित्यंतर)
communal जातवार; जातीय; सांप्रदायिक
–award जातीय निवाडा
–organisation जमातवादी संघटना
–politics जमातवादी राजकारण
–rids जातीय दंगा/दंगे
–thinking process जमातवादी विचारप्रवाह
–wealth सामूहिक धन
communalism; sectarianism जमातवाद; जातीयतावाद संप्रदायवाद
communication संज्ञापन; संदेशवहन; आदानप्रदान; दळणवळण; निवेदन; प्रकटन
communication media प्रसारमाध्यम; संज्ञापन माध्यम
communication of knowledge ज्ञानसंदेशवहन/ज्ञानसंज्ञापन
communication research संज्ञापन संशोधन
communicative competence संदेशनात्मक क्षमता
communicative rationality संज्ञापनात्मक तार्किकता
communism साम्यवाद
communist साम्यवादी
communist democracy साम्यवादी लोकशाही
communist manifesto साम्यवादी जाहीरनामा (मार्क्स व एंगल्स इ. स. १८४८ मध्ये जाहीर केलेला जाहीरनामा)
communist party साम्यवादी पक्ष
communist sympatizer solis (Comsymp) साम्यवादी सहप्रवासी (कम्युनिस्ट सिंफथाइझर)
communistic development साम्यवादी विकास
community समूह; समाज; लोकसमूह; समुदाय
–action सामूहिक क्रिया
–centre/hall समाज मंदिरे
–chaste सामूहिक संघटित निधी
–development programme/ project सामूहिक विकास प्रकल्प
–indifference curve सामूहिक समसमाधान वक्र
–of belief श्रद्धांचे समानत्व; एकच धर्मश्रद्धा मानणारे लोक
–of feelings भावनिक एकत्व/समानत्व
–of values मूल्यांचे समान तत्त्व
–organization सामूहिक संघटना
–project सामूहिक प्रकल्प
–sentiments समूह भावना

commutation	क्रमपरिवर्तन; स्थानविपर्यय; क्रमविपर्यय (फेरबदल; स्थित्यंतर)
commuted tax	बदलणारा (अस्थिर) कर
commuted value	अंशराशीकृत मूल्य; फेरबदल होणारे मूल्य
compaign promise	निवडणूक मोहीमेतील आश्वासन
companiate marriage	साहचर्य विवाह
companion	सांगाती; स्नेही; सहचर
companion crop	सहपीक (मुख्य पिकाबरोबर घेतलेले पीक)
companionship; association	साहचर्य
company	कंपनी; मंडळी; संगत; सोबत; सैन्याची तुकडी
–chartered company	सनदी; राजसंमत (शासनसंमत) कंपनी
–holding company	सूत्रधारी कंपनी
–incorporated company	विधिस्थापित (कायद्याने स्थापन झालेली) कंपनी
–joint stock company	संयुक्त भांडवल कंपनी
–limited company	मर्यादित कंपनी
–private (limited) company	खाजगी (मर्यादित) कंपनी
–public company	सार्वजनिक कंपनी
–statutory company	सांविधानिक कंपनी
–unlimited company	अमर्यादित कंपनी
company accounts	कंपनी लेखा
–director	कंपनी संचालक
–law	कंपनीविषयक कायदा
–limited by guarantee	हमी मर्यादित कंपनी
–limited by shares	भाग मर्यादित कंपनी
–promoter	कंपनी प्रवर्तक
–taxation	कंपनी कराधार
–union	कंपनी संघ
comparative advantage, principle of	तुलनात्मक लाभ तत्त्व
comparative cost	तुलनात्मक खर्च
comparitive cost, principle of	तुलनात्मक परिव्यय तत्त्व
comparative cost theory	तुलनात्मक परिव्यय सिद्धान्त
comparative law	तुलनात्मक विधी/कायदा
comparative literature	तौलनिक साहित्याभ्यास
comparative method	तौलनिक पद्धती
compatibility	अनुरूपत्व; संगती
compensation	भरपाई; नुकसान भरपाई; मोबदला
–amends; reparation; offset	भरपाई
–damages; indemnity	नुकसानभरपाई
–redress	क्षतिपूरण
– principle	भरपाई तत्त्व
compensatory allowance	पूरक महागाईभत्ता
compensatory behaviour	पूरक वर्तन; हानिपूरक वर्तन

compensatory borrowings	पूरक कर्ज घेणे
compensatory finance	तुटीचे अर्थकारण/तुटीचे अर्थसंकल्प; पूरक वित्तव्यवस्था करणे
compensatory justice	भरपाईदाखल न्याय
compernsatory mechanism	प्रतिपूरक यंत्रणा
compensatory principle of money	क्रयशक्ती चलनत्व
competative	स्पर्धात्मक
competent	सक्षम; कार्यक्षम
competition	चढाओढ; स्पर्धा
competition and conflict	स्पर्धा व संघर्ष
competitive bidding	स्पर्धात्मक बोली
competitive class consciousnes	स्पर्धात्मक वर्गीय जाणीव
competitive demand	स्पर्धात्मक मागणी
competitive firm	स्पर्धात्मक व्यवसाय संस्था
competitive loyalty	स्पर्धानिष्ठा
competitive market	स्पर्धायुक्त बाजार
competitive supply	स्पर्धात्मक पुरवठा
competitive wants	स्पर्धात्मक गरजा
compilance	अनुपालन
compilance risk	अनुपालन जोखीम
complement/ complementary	पूरक
complementarity	परिपूरकता; संपूरकता
complementary class	पूरक वर्ग
–conditions	पूरक शक्ती
–crop	पूरक पीक
–demand	पूरक मागणी
–factor	पूरक घटक
–financial service	पूरक वित्तसेवा/पूरक सेवा
–industries	पूरक उद्योग
complete annuity	परिपूर्ण वार्षिकी
complete consolidation	संपूर्ण एकत्रीकरण
complex	गुंतागुंतीचा; जटिल; संकुल; संकीर्ण; क्लिष्ट; संमिश्र
–organization	जटिल संघटना
–society	जटिल/संमिश्र/संकीर्ण समाज
complexity; complication	क्लिष्टता; जटिलता; गुंतागुंत
compliance	पूर्तता
component	अवयव; घटकतत्त्व; अंश; अंगभूत; घटक
component group	घटक समूह
composite	संयुक्त संमिश्र
–demand	संमिश्र मागणी
–race	संमिश्र वंश
–sample	संयुक्त नमुना
–society	संमिश्र समाज
–supply	संमिश्र पुरवठा
–term	सावयव पद
–unit	संयुक्त एकक
–joint family	संयुक्त कुटुंब
composition	रचना; आकृतिबंध; संयोग; घटना; संघटना; घडण
–of debt	ऋणरचना; ऋणाबाबत आपसमेळ
–of national income	राष्ट्रीय उत्पन्नाची रचना

compound addition	संयुक्त बेरीज
compound arbitrage	संयुक्त बदली व्यवहार
compound combination	संमिश्र एकत्रीकरण/संमीलन
compound duty	संयुक्त शुल्क
compound interest	चक्रवाढ व्याज
compound lavy	संयुक्त कर
comprehensive development	व्यापक विकास
comprehensive/ ness	सर्वसमावेशकता
compromise	तडजोड
–agreement	मेळ
–negotiations	वाटाघाटी
–reconciliation	पुनर्मेळ
–settlement	समझोता
compulsion	बळजबरी; सक्ती; जुलूम जबरदस्ती
compulsory arbitration	सक्तीचा लवाद
–award	सक्तीचा निवाडा/निर्णय
–education	सक्तीचे शिक्षण
–labour	सक्तीचे काम
–purchase	सक्तीची खरेदी
–license	अनिवार्य परवाना
–orbitration	लवाद अनिवार्य
–voting	सक्तीचे मतदान
–voting system	बंधनकारक मतदान पद्धती
computer	गणकयंत्र; संगणक
computer compose	संगणकीय अक्षरजुळणी
computer network	संगणक जोडणी जाळे
computer science	संगणकशास्त्र
computerization	संगणकीकरण

comrade	साथी; मित्र; सहकारी; भाई; कॉम्रेड
comradeship	बंधुभाव
comsymp	साम्यवादी सहप्रवासी
comtroller (Controller)	(कम्युनिस्ट सिंफथायझर)
conation	प्रेरण; प्रवर्तन
concentrated	एकाग्र; केंद्रित; केंद्रीभूत; तीव्र
concentration	केंद्रीभवन; संकेंद्रण; एकाग्रता एकतानता; केंद्रीकरण
concentration camp	छळगृह/छळछावणी
concentration ratio	सकेंद्रण गुणोत्तर
concentric zone	समकेंद्री क्षेत्रविभाग/परिमंडळ
concept	संकल्पना; कल्पना
concept of motherhood	मातृत्वसंकल्पना
concept of sexuality	लैंगिकतेची संकल्पना
conceptual	सांकल्पनिक
–approach	संकल्पनात्मक दृष्टिकोन
–framework	संकल्पनात्मक चौकट; संकल्पनाव्यूह
–instruments	सांकल्पनिक साधन/ने
–order	सांकल्पनिक सत्ता
–pattern	संकल्पन बंध
–realism	संकल्पनात्मक वास्तववाद; सांकल्पनिक वास्तववाद
conceptualism	संकल्पनावाद
concern	व्यवसाय संस्था; संबंध
concession	सवलत; सूट
conciliation	समेट; सामोपचार; मनवळवणी
–adjudication	अभिनिर्णय
–arbitration	लवाद

—board समेट मंडळ
—mediation मध्यस्थी
conciliator समेटकर्ता; समेटक
conciliatory policy समेटाचे धोरण
conclave गुप्त सभा; सभास्थान; बैठक;
concommitant सहचर; सहकारी; साथीदार; जोडीदार
concordar पोप व राज्यकर्ते यांच्यातील करार (कॉनकोरडाट)
concrete इंद्रियगम्य; मूर्त; साकार; प्रत्यक्ष
concription सक्तीची सेनाभरती/लष्करभरती
concubinage उपस्त्रीसंबंध
concubine रखेली; वारांगना
concurrence सहमती
concurrence factor सहमतीचा घटक
concurrent समवर्ती; समाईक; समानाधिकार; समव्यापी
—jurisdiction समवर्ती (सामाईक) अधिकारिता
—legislation समवर्ती विधिविधान
—list समवर्ती सूची
concurring opinion सहमती; अनुमती
condition अहवाल; दशा; शर्त; अवस्था; स्थिती; अट
conditional acceptance सशर्त स्वीकृती
—assignment सशर्त अभिहस्तांकन
—endorsement सशर्त पृष्ठांकन
—logit analysis सशर्त लॉजिट विश्लेषण
—payment सशर्त प्रदान
—rationality सुसंगतेची अट
conditioned response मर्यादित प्रतिसाद
conditioning अनुबंधन; अभिसंधान; अनुकूलन
condomenum; condominium सहशासित प्रदेश; संयुक्त सार्वभौमत्व
conduct वर्तन; आचरण; वर्तणूक
confederacy राज्यमंडळ; सर्वसंघ; राज्यसंघ
confederation राज्यसंघ; सर्वसंघ
conference संमेलन; विचारविनिमय; सल्लामसलत; परिषद
confession कबुली/कबुली जबाब; पापनिवेदन; पापोच्चारण विधी
configuration धारणी (बाह्य रूप); बाह्यरूप; बाह्याकार/बाह्याकृती
confinement बंदिवास; बंदिकरण; कैद; अटक
confirmation of balance शेष मिळवणी
confirmed credit पुष्टीकृत पत
confirmed debt निश्चित ऋण
confirmity अनुसरण; बळकटी
confiscate अधिहरण (सरकारजमा) करणे
confiscatory tax अधिकारी कर
conflict in hermenentics अर्थनिर्णयनातील संघर्ष
conflicting परस्परविरोधी; संघर्षात्मक
conflict of interest हितसंबंधातील संघर्ष
conflict of loyalties निष्ठांचा संघर्ष
confirmity अनुसरण; दृढता; मंजुरी; अनुरूपता; बळकटी; स्थिरता
congeneric; cognate समवांशिक; समवंश सजातीय (एकजातीय)

congential	उपजत; जन्मजात स्वाभाविक
congestion tax	एकाच वेळी अनेक करांचे ओझे
conglomerate	सामूहिक व्यवसाय संस्था (विविध उद्देशाने एकत्र आलेल्या व्यवसायांचे जाळे)
conglomerate firms	सामूहिक व्यवसाय संस्था (विविध उद्देशाने एकत्र आलेल्या व्यवसायांचे जाळे)
congnate	समलक्षण
congnitive dissorance	बोधात्मक विसंवाद
conjugal; matrimonial	वैवाहिक
conjugal/ matrimonial rights	वैवाहिक अधिकार
conndrum	कोडे
connotation	अर्थवाचकता; गुणवाचकत्व; गुणार्थ
connubial	विवाहविषयक/विवाहसंबंधी
connubum	वैध विवाह
conqueror	जेता; अभिजेता; विजयी; विजेता
consanguine	सपिंड; समरक्त; गोत्रज
consanguine group	सपिंड/समरक्त समूह
consanguineal relation	सपिंड संबंध
consanguinity	सगोत्रता; सपिंडता; रक्तसंबंध
consanquine	गोत्रज
conscience	जाणीव; मनोदेवता; सद्सद्बुद्धी; सद्सद्विवेकबुद्धी
conscientious objector	सद्सद्विवेकी आक्षेपक
conscientious voting	सद्सद्विवेकी मतदान
conscientization	जाणिवांचे विकसन
consciousness	जाण/जाणीव; चेतना; बोध
consenquential	परिणामकारक; परिणामरूप
consensus	मत; स्थूल मतैक्य
consent	संमती; अनुज्ञा; अनुमती
consent of the governed	शासिताची संमती
consequence	फलश्रुती; महत्त्व; अनुमान; प्रभाव; परिणाम
conservation	पालन; रक्षण; संरक्षणवाद; बचाव; संधारण
conservationlism	रूढवाद
conservatism	पुराणमतवाद; संरक्षणवाद; रूढीप्रियता
conservative	रूढीप्रिय; स्थितीप्रिय; सनातनी
conservative party	कॉन्झर्व्हेटिव्ह/हुजुर पक्ष (इंग्लंडमधील)
conservator	पालक; रक्षक; संरक्षक
considerable	मननीय; विचारणीय; विचारार्ह; संभावनीय
consign	माल; वस्तू हवाली करणे; स्वाधीन करणे
consignee	माल घेणारा (ज्याच्याकडे माल पाठविला तो माल पाठविणारा)
consigner (or)	माल पाठविणारा
consistency	संबद्धता; सातत्य; अनुरूपता; सुसंगती
consistency test	संगती चाचणी
consolidate annuities	एकत्रीकृत वर्षासन/वार्षिकी
consolidate fund service	एकत्रित निधी सेवा

consolidation घनीकरण; दृढीकरण; पुनर्गठन; एकत्रीकरण; एकीकरण

consolidation of holdings क्षेत्र एकीकरण

consolidation of industries उद्योगाचे संयोगीकरण

consolidation of shares भाग एकत्रीकरण

consort पती-पत्नी; वैवाहिक सोबती

conspicuous consumption दिखाऊ उपभोग; प्रदर्शनी सेवन; भपकेबाज उपभोग

conspicuously ठळकपणे; सहगोचर

conspirator कटवाला; कटात सामील असणारा

constaint पेच

constancy शाश्वती; सातत्य; स्थिरता; स्थायी दृढता

constancy; confirmity दृढता

constancy; stable; standing स्थायी

constant निरंतर; स्थिर; अचल; शाश्वत; सतत

—definite ठराविक; विवक्षित; स्थिर; निश्चित

—fixed निश्चित; नियत; स्थिर

—invariable अचल

—stable स्थायी

—stationary स्थिर; स्थावर

—steady अचल; निश्चित

—uniform एकसमान

constant and variable price स्थिर व चल किंमत

constant capital अचल भांडवल

constant demand स्थिर मागणी

constant returns स्थिर उत्पादन फल

constant returns; to scale स्थिर अनुमाप फल

constant value स्थायी मूल्य

constitent component society घटक समाज

constitent part घटकावयव

constituency मतदारसंघ; निर्वाचन क्षेत्र

constituent assembly घटनासमिती; संविधान सभा

constituent parts घटकावयव

constituent power सांविधानिक सत्ता/शक्ती

constituent unit घटक एकक

constituent; voter मतदार

constitution राज्यघटना; संविधान (घटना)

—evolutionary constitution विकासशील संविधान

—flexible constitution लवचिक परिवर्तशील संविधान

—historical constitution ऐतिहासिक संविधान

—rigid constitution ताठर/दुष्परिवर्तनीय संविधान

—unwritten constitution अलिखित संविधान

—written constitution लिखित संविधान

constitution रचना; आकृतिकबंध संयोग; घटना; घडण; संघटना

constitutional घटनात्मक; सनदशीर; सांविधानिक

—amendments सांविधानिक सुधारणा

—bill सांविधानिक विधेयक

–convention सांविधानिक परिषद; सांविधानिक संकेत
–democracy संविधानिक लोकशाही
–dictatorship सांविधानिक हुकूमशाही
–government घटनात्मक शासन; सांविधानिक शासन
–history घटनात्मक इतिहास
–law घटनात्मक कायदा; सांविधानिक विधी
–monarch सांविधानिक राजा; घटनात्मक राजा
–monarchy सांविधानिक राजेशाही
–power सांविधानिक सत्ता
constitutionalism घटनावाद; संविधानवाद
constitutionalist घटनावादी; संविधानवादी
constitutionality घटनासंगती; सांविधानिकता
constraint संरोध (निर्बंध अटकाव); ; जबरदस्ती; निग्रह; पेच
construction बांधणी; रचना; योजना
construction of currency चलनसंकोच
constructive रचनात्मक; विधायक
constructive trust विधायक न्यास
constructivism रचनावाद
consubjectivity आंतरव्यक्ती संबंध
consugal rights दांपत्याधिकार
constructive trust विधायक न्यास
consul (परराष्ट्रातील) व्यापारी वकील; वाणिज्य दूत
consular invoice वाणिज्यदूतीय बीजक (बिल)
consular jurisdiction वाणिज्यदूताचे अधिकारक्षेत्र
consular privileges and immunities वाणिज्यदूताचे विशेषाधिकार
consular representative वाणिज्यदूतीय प्रतिनिधी
consular transaction वाणिज्यदूतीय व्यवहार
consulate वाणिज्यदूतावास
consulate general महावाणिज्यदूतावास
consultation; counsel; conference विचारविनिमय; सल्लामसलत
consumable goods सेवन वस्तू
consumable income उपभोग्य आय/प्राप्ती
consumer उपभोक्ता; ग्राहक पंचायत
–buyer क्रेता; खरेदीदार
–complaints ग्राहक तक्रार
–customer ग्राहक
–disputes ग्राहक वाद
–education right ग्राहक शिक्षण हक्क
–equilibrium उपभोक्ता समतोल
–purchaser खरेदीदार
consumer council उपभोक्ता मंडळ
–goods उपभोग्य वस्तू
–goods industry उपभोग्य वस्तू उद्योग
–market उपभोक्ता बाजार
–movement ग्राहक चळवळ
–preference उपभोक्त्याची अधिपसंती
–price index राहणीखर्च निर्देशांक; ग्राहककिंमत निर्देशांक
–protection उपभोक्ता संरक्षण; ग्राहक संरक्षण
–price index ग्राहक किंमत निर्देशांक
–rights ग्राहक हक्क
–service ग्राहक सेवा
–store ग्राहक पेठ
consumerism उपभोगवाद/उपभोगवादी; चंगळवाद
consumerist चंगळवादी विचारप्रणाली

consumer's association	उपभोक्ता संघ	contemporary society	समकालीन समाज
–behaviour	उपभोक्त्याचे वर्तन	contempt of court	न्यायालयाचा अवमान
–choice	उपभोक्त्याची पसंती/निवड	content	आशय/गाभा; अनुक्रमणिका; समाविष्ट गोष्ट/मजकूर
–co-operative society	ग्राहक सहकारी संस्था	content analysis	आशय विश्लेषण
–council	उपभोक्ता मंडळ	contentful description	आशयघन वर्णन
–credit	ग्राहक पत	context	संदर्भ
–durables	टिकाऊ उपभोग्य वस्तू	contiguration	समाकृती
–equilibrium	उपभोक्त्याचा समतोल	continence	इंद्रियनिग्रह
–ledger	ग्राहक खातेवही	continent	खंड
–organization	उपभोग्य वस्तू ग्राहक संघटना	contingency	आगंतुकता; दैवायत आकस्मिकता; अवचितता
–preference	उपभोक्त्याची अधिपसंती	contingent	घटनासापेक्ष; अवचित; आकस्मिक
–resistence	उपभोक्ता प्रतिकार; उपभोक्ता संरक्षण	–annuity	आकस्मिक वर्षासन/वार्षिकी
–risk	उपभोक्त्याची जोखीम	–charges	आकस्मिक खर्च
–sovereignty	उपभोक्त्याचे सार्वभौमत्व/ प्रभुत्व	–fund	आकस्मिक निधी
–surplus	उपभोक्त्याचे संतोषाधियय	–liability	आकस्मिक दायित्व
consumation	पूर्णत्व; परिपूर्ती; सिद्धता	–strike	आकस्मिक संप
consumpable income	उपभोग्य आय/प्राप्ती	–truth	नैमित्तिक सत्य
consumption	उपभोग; उपभोग प्रवृत्ती; सेवन; खप; खर्च; व्यय	continous	अखंड
–capital	उपभोग्य वस्तूंचे भांडवल	continual	अखंड; एकात्म; निरंतर; सतत
–culture	उपभोग संस्कृती	continuing education	निरंतर शिक्षण
–expenditure	उपभोग्य खर्च	continuity; consistency; constancy	सातत्य
–goods	उपभोग्य माल/वस्तू	contour	परमोच्च रेषा; बाह्य रेषा रूपरेखा; समोच्च रेषा; परिघाकृती
–loan	उपभोग कर्ज	contra	प्रतिलिपी; नक्कल; प्रत
–multiplier	उपभोग गुणक	contra balance	प्रतिशेष
contact	संधान; संपर्क; संलग्न		
contagion; infection	संसर्ग		
contagious magic	सांसर्गिक जादू		
contary	विरुद्ध		

contra band निषिद्ध व्यापार/माल; बेकायदेशीर चोरटा व्यापार/माल
contra band control निषिद्ध व्यापार नियंत्रण
contra entry विरुद्ध नोंद
contra structure प्रतिरचना
contraceptives संततिप्रतिबंधक साधने
contract करार; संविदा
—account संविधा लेखा
—act संविदा अधिनियम
—cost संविदा परिव्यय
—curve संविदा वक्र
contraction आकुंचन; संकोच; निक्षेप
—of currency चलनसंकोच
—of demand मागणीसंकोच
—of money मुद्रासंकोच
contract note संविदा सूचनापत्र
—rate संविदा कर
—rent संविदा भाडे
—theory करार सिद्धान्त; संविदा सिद्धान्त
contractor कंत्राटदार; ठेकेदार/मुकादम
contractorship ठेकेदारी
contractual संविधानात्मक; कंत्राटी; संविदाबद्ध
—income संविदात्मक आय/प्राप्ती
—payment संविदात्मक प्रदान
contradiction आकुंचन; परस्परविरोध; विरोध
contrary उलट; प्रतिकूल; विपर्यस्त; विरुद्ध
contrary suggestion विरोधी सूचना
contrastructure प्रतिसंरचना
contravertial वादग्रस्त
contribution अंशदान; योगदान; वर्गणी; अंश; हिस्सा
contributory अंशदानात्मक; साहाय्यक; अंशभर हिस्सा; देणगी; वर्गणी; योगदान
contripetal केंद्राभिमुखी
contrist केंद्रवर्ती
contrivance क्लृप्ती; युक्ती; पूरक; साहाय्यकारी
control नियंत्रण; निग्रह; नियमन
control board नियंत्रण मंडळ; नियामक मंडळ
control of investments भांडवली वस्तूंचे नियंत्रण
control of production; production control उत्पादन नियंत्रण
control of sexuality लैंगिकतेचे नियमन
control process नियंत्रण प्रक्रिया
control room संनियंत्रण कक्ष/समिती
controlled credit नियंत्रित पत
controlled economy नियंत्रित अर्थव्यवस्था
controlled exchange rate नियंत्रित विदेशी विनिमय/चलन दर
controlled group नियंत्रित गट/समूह
controlled price नियंत्रित दर
controlled sampling नियंत्रित नमुना चाचणी
controller नियंत्रक; नियामक
controller general महानियंत्रक
controller role नियंत्रक भूमिका

controlling authority नियंत्रणसत्ता
controlling council नियंत्रक परिषद
controlling interest नियंत्रक हितसंबंध
control of investment भांडवली वस्तूंचे नियंत्रण
controur परिघाकृती
controversy आक्षेप; वादविवाद; विरोधाभास; मतभेद
contry/county state प्रदेशराज्य
conudrum कूट; समस्या; कोडे
conurbation नगरसमूह; महानगरीभवन
convenant प्रसविदा; करारनामा
convener आमंत्रक; संयोजक
convenience सोय; उपयुक्तता; अनुकूलता
convenience goods स्वस्त माल
convention संकेत; रिवाज
—custom रूढी
—etiquett शिष्टाचार
—fad टूम; खूळ
—fashion फॅशन
—folkways जनरूढी
—habit सवय
—manners रीत
—mores लोकनीती
—practice प्रथा
—tradition परंपरा
—usage परिपाठ
conventional संकेतमान्य
conventional energy source पारंपरिक ऊर्जास्रोत
conventionalism रूढीवाद; संकेतवाद
convergence पातळीची जुळणी
convergence criteria केंद्रीकरणविषयक निकष
convergence theory एककेंद्राभिमुख सिद्धान्त
convergent अभिमुख; अभिसारी; एककेंद्राभिमुख; एककेंद्राभिसारी
convergent policy अभिमुख धोरण
conversational analysis संभाषण विश्लेषण
conversion रुपांतर; परिवर्तन; धर्मांतर; स्थित्यंतर
—cost रूपांतरण परिव्यय
—of debt ऋण रूपांतर
—of loan कर्जाचे रूपांतर
—rights रूपांतरण अधिकार
—stocks रूपांतरण भाग/रोखे
convertibility रूपांतरणशीलता; रूपांतरणीयता; परिवर्तनीयता
convertibility crisis रूपांतरण अरिष्ट
convertibility of currency चलनाची परिवर्तनीयता
convertability of rupee रुपयाची परिवर्तनीयता
convertible परिवर्तनीय
—bond परिवर्तनीय बंधपत्र
—currency परिवर्तनीय चलन
—debentures रूपांतरणीय ऋणपत्र
—loan stock रूपांतरणीय कर्ज रोखा
—money परिवर्तनीय पैसा
—paper money रूपांतरणीय कागदी पैसा
—policy परिवर्तनीय मुदती विमापत्र
—rupee परिवर्तनीय रुपया
—securities परिवर्तनीय कर्ज रोखे
convervatism रूढीप्रियता

convervative रूढीप्रिय
convict; criminal; culprit शिक्षा भोगणारा; दोषी; अपराधी
convoy रक्षित काफिला; सैन्य
cookie pusher (diplomat) पोशाखी राजदूत/राजनय
cooling off period उपशमन अवधी
co-operation सहकार; सहकार्य; साहाय्य; सहकारिता
cooperation treaty आण्विक सहकार्य करार
co-operative सहकार
—act सहकार अधिनियम
—bank सहकारी बँक
—credit सहकारी पतकर्ज; सहकारी पत/पतपैसा
—credit society सहकारी पतपेढी/पतसंस्था
—democracy सहकारी लोकराज्य
—enterprise सहकारी उपक्रम
—farming सहकार शेती; सहकारी शेती
—federalism सहकारी संघराज्यवाद
—movement सहकारी चळवळ
—principle सहकारी तत्त्व
—production सहकारी उत्पादन
—sector सहकारी क्षेत्र
—society सहकारी संस्था
co-option स्वीकृती
co-operativism सहकारीकरण
co-ordinates सहनिर्देशक
co-ordinating agency समन्वय करणारी एजन्सी/संस्था/साधन
co-ordination synthesis; reconciliation समन्वय; संयोजन; सहकार्य; एकसूत्रता
co-ordination committee समन्वय समिती
co-ordination/coherence सुसूत्रता
co-ordinator समन्वयक; संयोजक
co-ownership सहस्वामित्व
co-partnership सहभागीदारी
copperhead कॉपरहेड (लोकांना अप्रिय असलेल्या मतांचा प्रवक्ता)
copy नक्कल; प्रत; प्रतिलिपी; प्रतिकृती
copy right मालकी हक्क/अधिकार; लेखाधिकार; प्रतिलिपी अधिकार
core; centre अंतरक; केंद्र; केंद्रभाग; गाभा
core banking कोअर बँकिंग
core group अंतरक गट
core industries अंतरक उद्योग
co-relation परस्परान्वय; सहसंबंध
corner कोंडी करणे; संकटात टाकणे
coronation राज्याभिषेक
corporal punishment शारीरिक शिक्षा
corporate body निगम निकाय; संघीय संस्था
corporate business निगम व्यवसाय
corporate farming निगम शेती; संयुक्त शेती
corporate finance संयुक्त वित्तव्यवस्था
corporate financing निगमाद्वारे वित्तव्यवस्था/भांडवल पुरवठा
corporate governance औद्योगिक कंपन्यांचा कारभार; कंपनी कारभार
corporate saving निगम बचत
corporate sector निगम क्षेत्र

corporate security	निगम रोखा
corporate state	नियमित राज्य (मुसोलिनीच्या काळातील इटलीचे राज्य)
corporate stock	निगम भाग
corporate tax	महामंडळ कर
corporate taxation	निगम करव्यवस्था
corporation	कॉर्पोरेशन; निगम; महामंडळ
corporation stock	निगम भाग/रोखे
corporation tax	निगम कंपनी कर
corporativism	श्रेणी सत्तावाद
corpus juris	विधिनिकाय
corrective justice	परिमार्जक न्याय; शिक्षा न्याय
corrective labour camp	कामगार सुधार केंद्र
corrective planning	सुधारणात्मक नियोजन; सुधारणारूप नियोजन
correlation	परस्परसंबंध; परस्परान्वय
correspondant bank	प्रतिव्यवहारी बँक/अधिकोष
corresponding	समनुरूप; सुसंगत
corresponding entry	तत्सम नोंद
corruption	भ्रष्टाचार
co-sharing	सहभाग; सहवाटा
cosistency; confirmity	अनुरूपता
cosmic	वैश्विक; विश्वव्यापी
–evolution	वैश्विक उत्क्रांती
–ignorance	वैश्विक माया/अज्ञान
–law	वैश्विक कायदा/नियम
–order	वैश्विक व्यवस्था
cosmocentric	वस्तू तंत्र
cosmology	विश्वरचना विचार/ विश्वरचनाशास्त्र; विश्वशास्त्र; विश्वोत्पत्तिशास्त्र; शुद्ध बुद्धिवाद; सृष्टिशास्त्र

cosmopolitan	विविध जातीय; विशाल दृष्टिकोनाचा; विश्वबंधुत्वाचा; सर्व जातीवर्गांना समावेशक; सर्वदेशीय
cosmos	अंतरिक्ष; जग; विश्व
cosolidation of holdings	धारण जमिनीचे एकत्रीकरण
cost	परिव्यय; खर्च; मूल्य; उत्पादनमूल्य
–actual cost	वास्तविक परिव्यय
–average cost	सरासरी परिव्यय
–diminishing cost	ऱ्हासमानी/ऱ्हासी परिव्यय
–estimated cost	अंदाजी परिव्यय
–fixed cost	स्थिर परिव्यय
–increased cost	वाढता/वर्धिष्णु परिव्यय
–marginal cost	सीमांतिक परिव्यय
–nominal cost	नाममात्र परिव्यय
–overhead cost	वरकड खर्च
–prime cost	आद्य/प्राथमिक परिव्यय
–real cost	वास्तव परिव्यय
–standard cost	मानक परिव्यय
–variable cost	चल परिव्यय
cost accountant	परिव्यय लेखपाल
cost accounting	परिव्यय लेखा/लेखांकन
cost and freight (C. & F)	वाहणावळीसह किंमत
cost, average fixed	खर्च, सरासरी स्थिर
cost, average variable	खर्च, सरासरी बदलता
cost benefit analysis	खर्च लाभ विश्लेषण; लाभ परिव्यय विश्लेषण
cost benefit/ benefit cost	लाभ व्यय

cost benefit ratio लाभ परिव्यय प्रमाण
cost, comparative खर्च; तुलनात्मक
cost constant/fixed खर्च; स्थिर
cost curve परिव्यय वक्र
cost, direct variable खर्च, प्रत्यक्ष अस्थिर
cost expenditure निर्मिती खर्च
cost, fixed/ constant खर्च, स्थिर
cost function परिव्ययफल
cost, increasing वाढता/वर्धिष्णु परिव्यय
cost inflation परिव्ययफुगवटा; भावफुगवटा
cost, joint खर्च, संयुक्त
cost ladder परिव्यय सोपान
cost ledger परिव्यय खातेवही
cost of living index number; consumer price index राहणीखर्च निर्देशांक
cost of maintenance देखभालीचा खर्च
cost of management व्यवस्थापन परिव्यय
cost of packing आवेष्टन खर्च
cost of production; prodution cost उत्पादन परिव्यय/मूल्य
cost price परिव्यय मूल्य; मूळ किंमत
cost push व्यय-ढकल
cost push inflation खर्च दाब भाववाढ; परिव्ययजन्य फुगवटा
cost of reproduction पुनर्निर्मिती व्यय
cost of service सेवा परिव्यय
cost of training प्रशिक्षण परिव्यय
cost schedule परिव्यय अनुसूची
cost, marginal खर्च, सीमान्त
cost, real खर्च, वास्तविक
cost, replacement खर्च, पुनःस्थापन
cost, unit खर्च, एकक
cost, variable खर्च, अस्थिर; खर्च, प्रत्यक्ष; खर्च, बदलता
cost/exepenses of production उत्पादन खर्च
cost; inflation परिव्यय
costing निर्मिती खर्च ठरविणे
costly किंमती; महाग; मूल्यवान
co-terminous समान सीमा असणारा
cottage industries कुटिरोद्योग
council of national defence राष्ट्रीय संरक्षण परिषद
council of states राज्यसभा
council of the league of nations राष्ट्रसंघ परिषद
council of tribunes न्यायाधिकरण परिषद
councillor परिषदसदस्य
counsel सल्लामसलत; उपदेश; मत; विचारविनिमय
counseller समुपदेशक
counselling समुपदेशन
counsellor उपदेशक; सल्लागार
counter alling/ countervailing duty प्रतिशुल्क
counter attack प्रतिहल्ला
counter balance प्रतिसंतुलन करणे
counter culture पर्यायी संस्कृती
counter elites प्रति अभिजन
counter espionage प्रतिहेरगिरी
counter foil प्रतिप्रत; स्थलप्रत
counter output प्रतिफलित

counterpart	प्रतिभाग; प्रतिवस्तू; प्रतिरूप; प्रतिलेख (अगदी सारखी वस्तू)
counterpart fund	प्रतिरूप निधी
counterparty risk	प्रतिवादी जोखीम
counterrevolution	प्रतिक्रांती
counter weight	प्रतिभार
counterfeit	कपटी; खोटा (बनावट); नकली; बनावट
counterfeit coin	बनावट नाणे
countervailing crowd; back to back credit	भरपाई पत
countervailing power	प्रतिप्रभावी शक्ती
counting house	गणनास्थान; मोजणीघर/पेढी
country	प्रदेश; ग्रामीण भाग; देश; राष्ट्र
county	परगणा (इंग्लंड-अमेरिका इ. देशातील स्थानिक शासनाचा भूक्षेत्रीय घटक)
county borough	कौंटी बरो (इंग्लंडमधील स्थानिक शासनाचा घटक)
county council	कौंटी परिषद (परगण्याच्या कारभारासाठी निवडलेले मंडळ)
coup detat	अवचित सत्तांतर/बंड/उठाव
course committee	पाठ्यक्रम समिती
course of trade	व्यापार दिशा
court	आवार; न्यायालय; न्यायासन; विधिसभा
court fee	न्यायशुल्क
court martial	लष्करी न्यायालय/न्यायदान
court of arbitral justice	लवाद न्यायालय

court of first instance	प्रारंभिक न्यायालय
court of record	अभिलेख न्यायालय
court of wards	पाल्याधिकरण
court politics	दरबारी राजकारण
court review	न्यायालयीन पुनर्विलोकन
courtier	दरबारी; राजदरबारी; राजपुरुष
cousin	आतेभावंड; चुलतभावंड
co-variation	सहभेदसंबंध
coveat emptor	क्रेता (खरेदीदाराची) सावधानी
covenant	शिक्कामोर्तब केलेला (सनदशीर) करार; करारनामा
covering	अवगुंठन
coversion of debt	ऋणरूपांतर
craft union	शिल्पी संघ
craftsman	शिल्प कारागीर
crash programme	धडक कार्यक्रम
creation of intellectual property	बौद्धिक संपदा निर्मिती
creative	सर्जनशील; सृजनशील
–evolution	सर्जनशील विकास/उत्क्रांती
–federalism	सर्जनशील संघराज्यवाद
– philosophy	सर्जनशील विचारसरणी
–traditionalism	निर्मिती परंपरावाद
–value	सर्जनशीलमूल्य
creativity	सर्जनशीलता; सृजनशीलता
credential committee	अधिकारपत्र समिती
credential letter	अधिकारपत्र; मुखत्यारनामा
credibility	विश्वासार्हता; विश्वसनीयता
credibility gap	विश्वासार्हता त्रुटी
credit	जमा; जमा रक्कम; जमा बाजू; पत; पतपैसा; उधारी; विश्वास; प्रामाण्य

credit assurance scheme	पतहमी योजना
credit balance	जमाबाकी
credit bank; joint stock bank	संयुक्त भांडवल बँक
credit control	पतनियंत्रण
credit creation	पतनिर्मिती
credit/default risk	कर्ज थकीत जोखीम
credit entry	जमानोंद
credit expansion	पत विस्तार
credit fixation series	पत निश्चयन श्रेणी
credit guarantee	पतहमी
credit inflation	पत अतिवृद्धी; पत फुगवटा (अतिवृद्धी)
credit insurance	पत विमा
credit instrument	पतसाधन
credit management	पतव्यवस्थापन
credit money	पतपैसा
credit note	जमापत्र
credit organization/ association	पत संघटना
credit rating	पत निश्चित; पतमापन
credit short term	अल्पमुदती पत
credit slip	जमा (उधार) चिठ्ठी
credit society	पत संस्था
credit squeeze	पतरोध (पतीवर पैसा मिळवणे अवघड झाले अशी परिस्थिती)
credit squeeze policy	पतरोधक नीती/धोरण
credit supply	कर्जपुरवठा; पतपुरवठा
credit survey committee	पत पाहणी समिती
credit theory of the trade cycle	पत अनुसारी व्यापारचक्र सिद्धान्त
credit transaction	उधार व्यवहार
credit transfer	पतहस्तांतरण
credit worthiness	पतपात्रता
credit worthy	पतदार; पतपात्र; पतयोग्य
creditable	विश्वासार्ह
creditor	धनको; सावकार
creditor nation	धनको राष्ट्र
creditors account	धनकोचे खाते
credits	पतपत्रे
credulity	अचिकित्सक विश्वासवृत्ती; अंधश्रद्धा; भोळेपणा
creeping inflation	मंद अतिवृद्धी; संसर्पी फुगवटा
creeping socialism	मंद गतीने प्रसृत होणारा समाजवाद
crime	बदकर्म; गुन्हा; अपराध
crime rate	गुन्ह्याचा मानांक/प्रमाण
criminal	गुन्हेगार; अपराधी
criminal behaviour	गुन्हेगारी वर्तन
criminal code	फौजदारी संहिता
criminal jurisdiction	फौजदारी अधिकारिता
criminal law	फौजदारी विधी/कायदा
criminal procedure code	फौजदारी प्रक्रिया संहिता
criminal tribes	गुन्हेगार जमाती
criminal tribes act	गुन्हेगारी जमात कायदा
criminalistics	गुन्हाशोध विभाग
criminology	अपराधशास्त्र; गुन्हेशास्त्र
crippled; infirm; handicapped	पंगू; लंगडा-पांगळा; अपंग
crisis	अरिष्ट; गंडांतर; निर्वाणीचा क्षण; आणीबाणीची वेळ; संकट

criteria	कसोटी; निकष; निर्णायक क्षण
criteria value	निकषमूल्य
criterion	मापनदंड
critic	गुणदोषवेत्ता; टीकाकार; परीक्षक; विवेचक; समीक्षक
critic system	समीक्षात्मक पद्धत
critical	चिंताजनक; चिकित्सक; टीकात्मक
–analysis	टीकात्मक चिकित्सा
–interpretation	विवेचक विश्लेषण/विवरण
–race theory	चिकित्सक वंशसिद्धान्त
–sociology	चिकित्सक समाजशास्त्र
critico-integral humanism	समन्वयात्मक मानवतावाद; समीक्षणात्मक मानवतावाद; साकल्यपूर्ण मानवतावाद
critique	चिकित्सा; टीका; भाष्य; मीमांसा; समीक्षा
critique of practical reasoning	श्रेयबुद्धी; व्यवहारबुद्धी; व्यवहारमीमांसा
critique of religion	धर्मचिकित्सा
crop cycle	पीक चक्र
crop insurance	पिकाचा विमा
crop loan	पीक कर्ज
crop loan supply	पीक कर्ज पृच्छा
crop sharing	बटाई (पीक निम्मे निम्मे वाटणे)
cross addition	आडवी बेरीज
cross breed	संकरज; मिश्रजातीय
cross cultural approach	बहु सांस्कृतिक दृष्टिकोन
cross elasticity	अन्योन्य लवचिकता
cross elasticity of demand	मागणीची अन्याश्रयी लवचिकता/मागणीची द्विलक्षी लवचिकता
cross entry	प्रतिनोंद
crossing	रेखन; रेखांकन
–double crossing	दुहेरी रेखांकन
–general crossing	सर्वसाधारण रेखांकन/रेखन
–obliterated crossing	अस्पष्ट रेखांकन/रेखन
–special crossing	विशेष रेखांकन/रेखन
crossing of cheque	धनादेशाचे रेखन/रेखांकन
cross rate of exchange	प्रतिसंदर्भ विनिमय दर
cross section data	स्तरच्छेद आधारसामग्री
cross subsidy	अंतर्गत अर्थसाहाय्य
cross-cousin marriage	सपिंड विवाह (आते-मामे भावंड विवाह)
cross-cultural approach	बहुसांस्कृतिक दृष्टिकोन
crossed	रेखित/रेखांकित
crowd/group behaviour	जमाववर्तन; समुदायाचे वर्तन; समूह वर्तन
crowd euphoria	जमावाचा सुखभ्रम; जमावाची अत्यानंदाची अवस्था
crown	राजपद/राजमुकुट
crown prince	युवराज
crown representative	राजप्रतिनिधी
crucial	कठीण; खडतर; निर्णायक
crude birth rate	स्थूल जन्मप्रमाण
crude death rate	स्थूल मृत्यूदर

crusade	धर्मयुद्ध
culprit; convict	दोषी; अपराधी; गुन्हेगार
cult	पूजासंप्रदाय; तत्त्वप्रणाली; पंथ
cult of the dead	मृतोपासना
cultivation	शेती
cultivator	शेतकरी
cultural	सुसंस्कृत
–adaption	सांस्कृतिक अनुकूलन
–anthropology	मानवशास्त्र, सांस्कृतिक; सांस्कृतिक मानवशास्त्र
–assimilation	सांस्कृतिक समावेशन/सात्मीकरण
–borrowing	सांस्कृतिक उसनवारी
–configuration	सांस्कृतिक समाकृती
–conflict	सांस्कृतिक संघर्ष
–continum	सांस्कृतिक सातत्य
–determinism	सांस्कृतिक नियतिवाद
–diversity	सांस्कृतिक भिन्नता
–evolution	सांस्कृतिक उत्क्रांती
–frame	सांस्कृतिक चौकट
–gap	सांस्कृतिक तफावत
–growth	सांस्कृतिक वृद्धी
–heritage	सांस्कृतिक वारसा
–heterogenity	सांस्कृतिक बहुजिनसीपणा; सांस्कृतिक विजातीयता
–homogenity	सांस्कृतिक एकजिनसीपणा
–imperialism	सांस्कृतिक साम्राज्यवाद
–inertia	सांस्कृतिक जडत्व/जडता
–integration	सांस्कृतिक एकात्मता; सांस्कृतिक एकात्मीकरण
–lag	सांस्कृतिक पश्चायन
–miliue	सांस्कृतिक पर्यावरण
–norms	सांस्कृतिक मापदंड
–pattern	सांस्कृतिक बंध
–pluralism	सांस्कृतिक बहुविधता
–purity	सांस्कृतिक शुद्धता
–relic	सांस्कृतिक अवशेष
–revolution	सांस्कृतिक क्रांती
–scientific vision	संस्कृतीशास्त्रीय दृष्टिकोन
–sociology	सांस्कृतिक समाजशास्त्र
–structure	सांस्कृतिक संरचना
–studies	संस्कृती अभ्यास
–symbol	सांस्कृतिक प्रतीक
–system	सांस्कृतिक व्यवस्था
–theology	सांस्कृतिक धर्मशास्त्र
–thinking	संस्कृती विचार
–traits	सांस्कृतिक गुणविशेष
–transmission	सांस्कृतिक संक्रमण
–values	सांस्कृतिक मूल्य
culture	संस्कृती
–civic culture	नागरी संस्कृती
–parochial political culture	स्थानाभिनिवेश राजकीय संस्कृती
–participant culture	सहभागप्रधान राजकीय संस्कृती
–sub culture	उपसंस्कृती
culture accumulation	संस्कृती संचयन
culture area	संस्कृती क्षेत्र
culture borrowings	सांस्कृतिक उसनवारी
culture carriers	संस्कृतीचे वाहक
culture complex	संस्कृती संकुल
cultured	सुसंस्कृत
culture diffusion	सांस्कृतिक प्रसरण
culture drift	संस्कृतीचे प्रवाहन
culture, idealistic	आदर्शनिष्ठ संस्कृती
culture theology	सांस्कृतिक ईश्वरशास्त्र
culture of poverty	दारिद्र्याची संस्कृती

culturist	संस्कृतिवादी
culturology	संस्कृतीशास्त्र
cum dividend	सलाभांश
cumulative	संकलित; संचयी
—advantage	संचयी लाभ
—causation	संचयी कारण
—dividend	संचयी लाभांश
—frequency	संचयी वारंवारता
—frequency distribution	संचयी वारंवारता वितरण
—preference	संचयी अधिमान भाग
—science	संचयी विज्ञान
—shares	संचयी भाग/शेअर्स
—tax	संचयी कर
—time deposit scheme	संचित काल ठेव योजना
—voting	संचयी मतदान
cuphorid	सुखभ्रम
curfew	संचारबंदी
currency	चलन
—area	चलनक्षेत्र
—awareness	चलनसजगता
—base	चलनाधार
—basket	चलनसमुच्चय
—block	चलन गट
—board	चलन मंच
—chest	चलन पेटी (तिजोरी)
—control	चलन नियंत्रण
currency, circulation of	चलन अभिसरण
currency, depreciation of	चलनाचा मूल्यऱ्हास
currency distribution	चलन वितरण
currency distribution department	चलन वितरण खाते
currency exchange standard	चलनविनिमय मानक
currency, inflation of	चलनवृद्धी
currency futures contract	वायदेव्यवहार
currency market	चलनबाजार
currency note	चलनी नोट
currency of bill	विपत्राची मुदत (विपत्र चालू असण्याची मुदत)
currency officer	द्रव्य अधिकारी
currency, period of	चलनाचा अवधी
currency policy	चलन धोरण
currency/monetary system	चलन पद्धती
currency, undervaluation of	चलन अधोमूल्यन
current	चालू; प्रचलित
—account	चालू खाते
—assets	चालू (फिरती) मत्ता
—balance	चालू शिल्लक
—budget	महसूली अर्थसंकल्प
—coin	चालू नाणे
—deposit	चालू ठेव
—expenses	चालू खर्च
—interest	चालू व्याज
—liability	चालू दायित्व
—loan	चालू कर्ज
—market rate	चालू बाजारभाव
—price	चालू किंमत
—rate of exchange	चालू विनिमय दर
—revenue	चालू प्राप्ती

current/revenue deficit — महसूली तूट/चालू तूट
current/unexpired loan — चालू कर्ज
curse — शाप
curve — वक्र
custodian — रक्षणकर्ता; राखणदार
custody — हवालात; हवाला; ताबा; कब्जा; कैद; कारावास
custom; custom duty — रूढी; सीमाशुल्क
custom house — सीमाशुल्क कार्यालय
custom of avoidence — वर्जनरूढी
customary — रूढीगत/रूढीप्राप्त
customary law — रूढीगत विधी/कायदा
customer — गिऱ्हाईक; ग्राहक
customs drawback — सीमाशुल्क करप्रतिग्रह
customs duty — सीमा शुल्क
customs permit — सीमाशुल्क परवाना
customs tariff — सीमा प्रशुल्क
customs union — जकात संघ
customs warrant — सीमाशुल्क अधिपत्र
cut throat competition — जीवघेणी (घातक) स्पर्धा
cybority — एकसंधीकरण
cybory — एकसंध प्रणाली
cycle fluctuation — चक्रीय चढउतार
cycle of sensitivity of tax — कराची व्यापारचक्र संवेदनशीलता
cyclical — आवर्ती
cyclical transition theory — चक्राकार संक्रमणाचा सिद्धान्त
cyclical unemployment — चक्री बेकारी
cyclone insurance — चक्रीवादळ विमा
cynic — दोषदर्शी
cynicism — उपेक्षावाद; सर्वतुच्छतावाद

D

DA (also D/A) Documents against acceptance — स्वीकारोत्तर दस्तऐवज देय
daily wages; employment — दैनिक वेतन; रोजंदारी; रोजमजुरी; रोजगार
dairy industry — दुग्धउद्योग; दुग्धव्यवसाय
damage — नुकसान
damages, realisation of — नुकसानभरपाईची वसुली
dark horse — अपेक्षित उमेदवार
data — आधारसामग्री; माहिती
data processing — मिळालेल्या माहितीवरील संस्कार
date of maturity — मुदतसमाप्ती दिनांक
day book — दैनिक पुस्तक/वही
de jure — कायदेशीर; विधित:; विधिवत्; वैध/वैधिक
de jure recognition — वैध कायदेशीर मान्यता
de jure sovereignity — विधित: सार्वभौमत्व
de mobilisation — सैन्य काढून टाकणे
dead account — बंद खाते
dead balance — बुडीत बाकी
dead book — बंद खाते वही/नोंद वही
dead deposit — बंद ठेव
dead freight — बुडीत भरणावळ
dead loan; bad debt — बुडीत कर्ज

dead rent स्थायी भाडे
dead security बुडीत रोखा
dead stock अनुपयोजित भांडवली वस्तू; शिलकी सामान
deal stock account जडवस्तू संग्रह खाते
deal मध्यस्थी; व्यवहार; व्यापार; देवघेव
dealer विक्रेता; व्यापारी
dealings व्यवहार; व्यापार
dear money अतिव्याजी पैसा/पतपैसा
dear money policy अतिव्याजी पैसा; पतपैसा नीती
dearness allowance महागाई भत्ता
dearness payment (allowance) महागाई पगार
death custom मृत्युप्रथा
death duty मृत्युशुल्क
death grant मृत्युअनुदान
death gratuity मृत्युउपादान
death rate मृत्युदर/मृत्युप्रमाण; मृत्युमान
debased coin हिणकस; हीनमूल्य नाणे
debased currency हिणकस चलन
debate परिचर्चा
debauchee कुमार्गी; भ्रष्ट; व्यभिचारी
debauchery दुर्व्यसन; व्यभिचारिता
debenture ऋणपत्र; कर्जरोखा
–bearer debenture दर्शनी ऋणपत्र
–irredeemable debenture अप्रतिदेय ऋणपत्र
–mortgage debenture गहाण ऋणपत्र
–naked debenture बिन अमानत ऋणपत्र
–redeemable debenture प्रतिदेय ऋणपत्र
–registered debenture नोंदणीकृत ऋणपत्र
–simple debenture साधे ऋणपत्र
–unsecured debenture अप्रतिभूत ऋणपत्र
debenture at par सममूल्य ऋणपत्र
debenture bond ऋणरोखा
debenture of discount कसरी ऋणपत्र
debenture of premium सावधिमूल्य ऋणपत्र
debenture redemption fund ऋणपत्र विमोचन निधी
debenture security कर्जरोखे जमानत
debenture stock ऋणपत्र निधी; कर्जरोखा
debit नावे टाकणे; खर्ची घालणे
debit account नावे लेखा
debit balance नावे प्रमाणक पुस्तक; नावे बाकी
debit card डेबिट कार्ड
debit entry नावे नोंद
debit note नावे पत्र
debt कर्ज; ऋण
debit transaction नावे व्यवहार
debit voucher book नावे प्रमाणक पुस्तक
debt कर्ज; ऋण
–bonded debt बंधपत्रित ऋण
–decreed debt आज्ञापित ऋण
–floating debt तरते ऋण
–funded debt निधिगत ऋण; स्थायी कर्ज
–national debt राष्ट्रीय ऋण; लोकऋण

—prefential debt	अधिमान्य ऋण
—provable debt	प्रमाणीय ऋण
—unfunded debt	अनिधिगत ऋण/अस्थायी कर्ज
debt account	ऋणलेखा
debt book	ऋणपुस्तक
debt charges	ऋणआकार
debt conciliation	ऋणमेळ
debt finance	ऋणवित्तव्यवस्था
debt instrument	ऋणलेख
debt legislation	ऋणविधिविधान
debt management	ऋणव्यवस्थापन
debt market	कर्जरोखे बाजार; रोखे विक्री यंत्रणा
debt, public	लोकऋण
debt ratio	कर्ज भांडवल गुणोत्तर
debt redemption	ऋणातून मुक्तता; ऋणविमोचन
debt security/ies	ऋण रोखे
debt write offs	ऋणनिर्लेखन
debtor	ऋणको; ऋणधारी; कर्जदार; देणेकरी
debtor; creditor ratio	ऋणको-धनको प्रमाण
debtor's ledger	ऋणको खातेवही
debtor's/ borrowers account	ऋणकोचे खाते
debts	येणी
deceit; bad faith; intringue	फसवणूक; कपट
decency; etiquette; manners	औचित्य; शिष्टाचार; सभ्यता
decentralization	विकेंद्रीकरण
decentralisation of industries	उद्योगांचे विकेंद्रीकरण

decentralisation of planning process	नियोजन प्रक्रियेचे विकेंद्रीकरण
decentralisation of power	सत्ता विकेंद्रीकरण/प्रक्रिया
decentralised	विकेंद्रित
decentralised economic system	विकेंद्रित अर्थव्यवस्था
decentralized economy	अर्थव्यवस्था विकेंद्रित
decentralised planning	विकेंद्रित नियोजन
decision; rational	विवेकी
decide	निर्णय देणे
decimal coinage	दशमान नाणेपद्धती
decimal system	दशमान पद्धती
declaration of emergency	आणीबाणी जाहीर/घोषित करणे
declaration of independence	स्वातंत्र्याची घोषणा
declaration of rights	अधिकाराचा जाहीरनामा
declaration of war	युद्धघोषणा
declaratory judgement	घोषणात्मक अभिनिर्णय
declare null and void	रद्द केल्याचे जाहीर करणे
declared value	घोषित मूल्य
decolonization	निर्वसाहतीकरण
decompensable set	विघटनीय व्यवस्था
decomposition	अपघटन
deconcentration	विकेंद्रण
deconstruction	विरचना

deconstructionism	विरचनावाद
decontrol	नियंत्रण काढून टाकणे
decrease in demand	मागणीचा ऱ्हास; घटती मागणी
decreasing cost industry	उतरत्या परिव्ययाचा उद्योग
decreasing demand	घटती मागणी
decree	आज्ञापत्र; निर्णयपत्र; हुकूमनामा
decreed debt	आज्ञापित ऋण
deduct	कापून घेणे; वजा करणे
deduct entry	वजा नोंद
deductable expenditure	वजावट योग्य खर्च
deduction	वजावट; वजाबाकी; अनुमान; साध्य
deductive method/system	निगमन/निगमनात्मक पद्धती; निगामी प्रणाली
deed	कृतीलेख; विलेख
—document	दस्तऐवज; कागदपत्र
—instrument	संलेख
—paper	पत्र
deed of assignment; assignment of deed	अभिहस्तांकन लेखा; बदलता देण्याजोगा विलेख
deed of convenant	करारनामा लेख
deed of lease	पट्टा लेख; भाडेपट्टा विलेख
deed of mortgage	गहाणखत
deed of partnership	भागीदारी विलेख
deed; document; endursement	दस्तऐवज
deemed universcity	अभिमत विद्यापीठ
deep structure	अंत:स्तरीय
defaced coin	झिजलेले नाणे
defacto government	वास्तविक शासन
defacto recognition	वास्तविक मान्यता
defacto sovereignity	वास्तविक सार्वभौमत्व
defalcation	अफरातफर
—embezdement	अपहार; गिळंकृत करणे
—misapprociation	दुर्विनियोग
—peculation	पैसा खाणे
defamation	अब्रुनुकसानी; बेअदबी; बदनामी; बेअब्रू
default; delinqency; crime; offence	अपकृत्य; कसूर; हलगर्जीपणा; गुन्हा
defect; deficiency reduction; wants; demerits	उणीव; न्यूनता; दोष
defection	पक्षांतर; पक्षबदल
defence	संरक्षण
defence committee	संरक्षण समिती
defence mechanism	संरक्षण यंत्रणा
defendant	प्रतिवादी
defence studies	युद्ध शास्त्र
defensive agilation	बचावात्मक आंदोलन
defensive alliance	संरक्षक युती
deferred annuity	तात्काल वार्षिकी; स्थगित वार्षिकी

deferred bond	स्थगित रोखा
deferred dividend	स्थगित लाभांश
deferred income	स्थगित आय/प्राप्ती
deferred indent	स्थगित मागणीपत्र
deferred payment	स्थगित प्रदान
deferred rebate	स्थगित बटाव (कसर)
deferred revenue expenditure	स्थगित महसुली खर्च
deferred shares	स्थगित भाग/शेअर्स
deferred wages	स्थगित वेतन
defetor	पक्षगामी (पक्षांतर करणारा)
deficiency; deficit	तुटवडा; कमतरता; तूट न्यूनता; उणीव
deficiency account	तूट न्यून लेखा
deficiency payment	न्यूनपूर्ती प्रदान
deficit	तूट; तोटा
deficit balance of payments	तुटीच्या देवीघेवीचा ताळेबंद
deficit balance of trade	आंतरराष्ट्रीय तुटीचा व्यापार
deficit budget	तुटीचा अर्थसंकल्प
deficit finance	तुटीचा वित्तपुरवठा; तुटीची वित्तव्यवस्था
deficit financing	तुटीचा वित्तपुरवठा पद्धती
deficit grant	तूट अनुदान
deficit induced inflation; inflamation deficit induce	तूटप्रेरित अतिवृद्धी
deficit spending	उत्पन्नाधिक राजव्यय (उत्पन्नापेक्षा खर्च अधिक)
definite	ठराविक; विवक्षित; नियत
definition	लक्षण; व्याख्या
definition, logical	तार्किक व्याख्या

definition, negative	नकारात्मक; निषेधाची व्याख्या
definition, positive	भावरूप व्याख्या
definition, scientific	शास्त्रीय व्याख्या
deflate	चलनक्षय करणे/होणे; संकोच करणे/होणे
deflation/ deflamation of currency	चलनक्षय; भावघट
deflamationary gap	चलनक्षयात्मक तूट
deflamationary tendency	चलनक्षयात्मक प्रवृत्ती
deforestation	निर्वनीकरण
defunct account	निर्जीव खाते
defunct company	निर्जीव कंपनी
degeneration; deterioration	अध:पतन; अपकर्ष; ऱ्हास
degree	अंश; कोटी; घात; परिणाम; मात्रा; मान; श्रेणी; पदवी
degree of monopoly	एकाधिकार प्रमाण
degree of specificity	विशिष्टता प्रमाण
degressive tax	अवगामी कर
dehumanisation	अमानवीकरण
deism	ईश्वरवाद; आस्तिकपणा
deity	देवता; ईश्वर
del credre agent	आश्वासक अभिकर्ता/एजंट
delegate	अधिकार सोपवणे; प्रतिनिधी म्हणून नेमणे; स्वाधीन करणे
delegated legislation	अधिकार दिलेले विधिनियम
delegated power	अधिकार असलेली सत्ता

delegation — नियोजन; प्रतिनिधित्व; सभा; वकिलात
delegation of authority — अधिकारांचे नियोजन
deliberation — विचारविमर्श; साधकबाधक विचार; कार्याकार्य विचार
deliberation body — विचारविनिमय समिती
delinqency — अपचार; अपचारिता; गुन्हा; अपराध
delinquent child — अपचारी/अपराधी बालक
delivery direct sale/purchase — प्रत्यक्ष खरेदी/विक्री
delivery mechanism — कार्यवाही यंत्रणा; कृती योजना
delivery note — पोचवणी पत्र
delivery order — पोचवणी/बटवडा आदेश
demagoque — गावगुंड; विवेकशून्य पुढारी
demagogy — हलक्या प्रतीचे डावपेच
demand — मागणी
–abnormal demand — असामान्य मागणी
–alternative demand — वैकल्पिक/पर्यायी मागणी
–aggregate demand — एकत्रित मागणी
–competitive demand — स्पर्धात्मक मागणी
–composite demand — संमिश्र मागणी
–constant demand — स्थिर मागणी
–decreasing demand — घटती मागणी
–derived demand — साधित मागणी
–direct demand — प्रत्यक्ष मागणी
–effective demand — प्रभावी मागणी
–elastic demand — लवचिक मागणी
–excess demand — अतिरिक्त/वाढती मागणी
–increasing demand — वाढती मागणी
–induced demand — प्रलोभित/उत्तेजक मागणी
–inelastic demand — ताठर मागणी
–joint demand — संयुक्त मागणी
–marginal demand — सीमान्तिक मागणी
–normal demand — सामान्य मागणी
–potential demand — संभाव
–supplementary demand — पूरक मागणी
demand bill of exchange — दर्शनी विपत्र/हुंडी
demand constitution — मागणी केलेली राज्यघटना
demand curve — मागणी वक्र
demand deposit — मागणी ठेव
demand draft — मागणी धनाकर्ष
demand inflation — मागणी फुगवटा
demand liability — मागणी दायित्व
demand price — मागणी किंमत
demand projection — मागणीचे प्रक्षेपण/योजना
demand promissory note — दर्शनी वचनपत्र
demand pull — मागणी खेच
demand rate — मागणी दर; मागणी प्रमाण
demand schedule — मागणी अनुसूची
demandful inflation — मागणीजन्य अतिवृद्धी (फुगवटा)

demarcated zone	आज्ञांकित प्रदेश
demarch	राजदूतीय चाल; राजनैतिक पाऊल
demat account	डिमॅट खाते
demeanour	चालचर्या; बाह्य वर्तणूक
dementia	बुद्धिनाश; विचारशक्तीचा नाश
demerits	अवगुण; न्यून; दोष
demilitarisation	निर्लष्करीकरण
demi-official	अर्धशासकीय
demobilisation	सैन्य काढून टाकणे; बरखास्त करणे; सेनाविसर्जन
democracy democratic	प्रजासत्ताक राज्य; लोकतंत्र; लोकशाही
democratic	लोकशाहीवादी लोकशाही
–centralisation	लोकशाही केंद्रवाद
–decentralisation	लोकशाही विकेंद्रीकरण
–ideology demotracycratic	लोकशाही प्रणाली
–management	लोकशाही व्यवस्थापन
–organisation	लोकतंत्रात्मक संस्था
–republic	लोकशाही गणराज्य
–revolution	लोकशाहीवादी क्रांती
–socialism	लोकशाही समाजवाद
–theories	लोकशाही सिद्धान्त
democratisation	लोकशाहीकरण
democrats; democratic	लोकशाहीवादी
demographer	जनसांख्यिक
demographic balance	लोकसंख्या समतोल
demographic pattern	लोकसंख्या बंध
demographic revolution	लोकसंख्या स्वरूप क्रांती
demographic survey	जनसांख्यिकीय सर्वेक्षण
demographic transmission	लोकसंख्या संक्रमण
demography	जनसांख्यिकी; लोकसंख्याशास्त्र
demonetisation	चलनबंदी; निर्मूल्यीकरण; विमुद्रीकरण
demonetisation of currency	नोटांचे विमुद्रीकरण (नोटांचे चलन बंद करणे)
demonstration	निदर्शन; निर्देशन; प्रात्यक्षिक;
demoralisation	उत्साहभंग; नीतिभ्रष्टता; मनोधैर्य खचणे
demurage charges	विलंब आकार/शुल्क
denaturalisation	विकृतीकरण; स्वभाव बदलणे; नागरिकत्वाचा हक्क काढून घेणे
denomination	मूल्य; आकारमान; पंथ; संप्रदाय; पक्ष
denotified	विमुक्त/विशेष मुक्त
denotified tribes	विमुक्त जाती
density	घनता; घनदाट
density of population	लोकसंख्येची घनता
denuclearisation	आण्विक निरस्त्रीकरण; निर्अण्वस्त्रीकरण
departmental account	विभागीय लेखा
departmental organization	विभागीय संघटना
departmental store	विविध वस्तू भांडार
departmentalism	विभागवाद
departmentisation	विभागीकरण

dependence अवलंब
dependency अवलंबित्व/अवलंबून असलेले
dependency and saving rates अवलंबिता आणि बचत दर
dependency ratio अवलंबन गुणोत्तर
dependency theory परावलंबन सिद्धान्त
dependent variable पराधीन चल; परायत्त/पराधीन चल
depopulation निर्जनीकरण/निर्जनीभवन; लोकसंख्येची घट होणे
deportation हद्दपारी; तडीपार
deposit अनामत; जमा; निक्षेप
—cash deposit रोख/नगदी ठेव
—current deposit चालू ठेव
—earnest deposit इसारा ठेव
—fixed deposit नियत/मुदतबंद ठेव
—recurring deposit आवर्ती ठेव
—savings deposit बचत ठेव
—time deposit सावधी ठेव
—voluntary deposit ऐच्छिक ठेव
deposit account ठेवखाते; निक्षेप खाते
deposit collection/mobilization ठेवी संकलन
deposit insurance निक्षेप विमा
deposit liabilities निक्षेप दायित्व
deposit rate निक्षेप ठेव दर
deposit safety ठेव सुरक्षितता
deposit turnover निक्षेप/ठेव उलाढाल
depositary institution ठेव संस्था; ठेवीदार संस्था
depositary system पेढीव्यवस्था
deposited amount जमा केलेली रक्कम
deposited book ठेव नोंद वही
depositor ठेवीदार
depository निक्षेपस्थान; पेढी
depot आगार; ठाणे; भांडार; कोठार
—godown गोदाम
—store भांडार
—storehouse कोठीघर
—warehouse वखार; कोठार
depreciation किंमत कमी होणे; घसारा; भावउतारा; विमूल्यन
—accounting घसारा लेखांकन
—insurance घसारा विमा
—allowance घसारा सवलत
—charges घसारा आकार
—fund घसारा निधी
—of capital भांडवल घसारा
—of currency चलनमूल्यक्षय; चलनाचा मूल्य ऱ्हास
—of labour कर्मचारी झीज
—of money पैशाचा मूल्य ऱ्हास
—of reserve संचिती ऱ्हास
—of value मूल्यऱ्हास
depressed class दलित वर्ग
depression खिन्नता; न्यूनभंग; दबाव; मंदी; अवनती
depression of trade व्यापारमंदी
depriciation insurance घसारा लेखांकन
deprive वंचित
deprivedness वंचितता
depth analysis सखोल विश्लेषण; सांगोपांग पृथक्करण
depth interview सांगोपांग मुलाखत
depute प्रतिनियुक्त करणे

deputy governer उपप्रशासक
deputy minister उपमंत्री
deputy speaker उपसभापती; उपाध्यक्ष
dereliction of duty कर्तव्यच्युती
derivaties साधित वित्तीय साधने
derivations युक्तिवाद
derived demand अनुजात मागणी; पराश्रित मागणी; साधित मागणी
descent वंशानुक्रम; वंश; वंशपरंपरा
descendant वंशज
deschooling विशालेयीकरण
descriptive economics वर्णनात्मक अर्थशास्त्र
descriptive study वर्णनात्मक अध्ययन
design डाव (कारस्थान); आराखडा; संकल्पचित्र/संकल्पन; आकृतिबंध; कल्पना; नमुना;
designation plan पदयोजन
desim ईश्वरवाद
desirable वांछनीय
desk officer कार्यासन अधिकारी
despot निरंकुश शासक; स्वैरतंत्री; जुलमी
despotic state स्वैरतंत्री/जुलमी राज्य
despotism निरंकुशतावाद; बेबंदशाही; स्वैरतंत्र
despotism निरंकुश शासन/सत्ता
destination पूर्वनियुक्त हेतू; पूर्वयोजना; पूर्वाद्दिष्ट
destiny इतिकर्तव्य; नियतिचक्र; नियती; भवितव्य
destressing तणावशिथिलन
detach विभक्त
detachment अनासक्त; अलगता; अलगतावाद/अलगता; निवृत्ती; विभक्तता
details तपशील
detention अटक; स्थानबद्धता
deterence धाक; निवारण; प्रतिरोध
deterioration ऱ्हास; अपकर्ष; अधोगती
determinant निर्णायक
determinate knowledge सविकल्प (नेमके) ज्ञान
determination निर्णय; निर्धार; निग्रह; संकल्प
determination of destination पदनिश्चयन
determination of value मूल्यनिश्चिती
determining factor निर्धारक घटक
determination; will संकल्प
determine निर्णय करणे/घेणे; निर्धारित (निश्चित) करणे
determining factor निर्धारक घटक
determinism नियतत्ववाद; हेतूमूलकता; नियतिवाद
deterrence निवारण
deterrence; restraint प्रतिरोध
deterrent action परावृत्तकारी/प्रतिरोधी क्रिया
deterrent punishment जबरी शिक्षा
devaluation अवमूल्य/अवमूल्यन
devaluation of currency चलनाचे अवमूल्यन
devaluation अधोमूल्यन
devative वायदेपत्र
developed capitalism विकसित भांडवलशाही

developer विकसक
developement वृद्धी; विकास; संवर्धन
—administration विकास प्रशासन
—bank विकास बँक
—co-operation विकाससहाय्य समिती
—crisis विकासात्मक अरिष्ट
—finance विकासासाठी वित्तव्यवस्था
—fund विकास निधी
—import विकासलक्ष्यी आयात
—index विकास निर्देशांक
—loan विकासासाठी कर्ज
—method विकास पद्धती
—model विकास प्रतिमान
—planning विकासात्मक योजना (नियोजन)
—policy विकासधोरण
—potential विकासाचे अंत:सामर्थ्य
—programme विकास कार्यक्रम
—project विकासप्रकल्प
—rebate विकासार्थ करसवलत
—resources विकास संसाधन
—services विकासात्मक सेवा
—rights विकास हक्क
developmentalist विकासवादी
develpment and anthropology विकास आणि मानवशास्त्र
deviancy विपथगमन; मार्गच्युती
deviant behaviour पथभ्रष्ट गुन्हेगारी वर्तन
deviation विचलन; कुपथगमन; मार्गच्युती
diachronic द्वैकालिक
diachronic study द्वैकालिक अभ्यास
diaglogue संवादक
diagnostic perspective निदानात्मक दृष्टिकोन
dialectic तत्त्वमीमांसा; द्वंद्वात्मक गती; द्वंद्वविकास
dialectical विरोधविकास
—development द्वंद्वात्मक विकास
—materialism द्वंद्वविकासवादी विरोधविकासी भौतिकवाद; द्वंद्वात्मक भौतिकवाद/जडवाद
—metaphysics द्वंद्वविकासात्मक तत्त्वविज्ञान
—method उपदेशात्मक पद्धती; द्वंद्वविकास पद्धती; विरोधविकास पद्धत
dialectics द्वंद्व; द्वंद्वविकास सिद्धान्त; विरोधविकासवाद
diapause विकासावरोध
dialogical संवादात्मक/संभाषणात्मक
diarchy द्विदल राज्यपद्धती; द्विधा राज्यपद्धती; द्विराज्यपद्धती
dichotomous question द्विपर्यायी (दोन भाग असलेला) प्रश्न
dictatership of labourer/worker श्रमिकांची हुकूमशाही
dictation सर्वेसर्वा
dictator अनिर्बंध सत्ताधीश; सर्वेसर्वा; हुकूमशहा
dictatorship अनियंत्रित सत्ता; हुकूमशाही
dictatorship of protelariat कामगार हुकूमशाही
diehard कट्टर विरोधी
difference in sexuality लैंगिकतेतील विभेदने
difference of opinion; dissent मतभिन्नता
differentiable भेदकारक; भेददर्शी; भेदमूलक

differential co-efficient	भेददर्शी गुणक
differential duty	भेददर्शक/भेदभावी शुल्क
differential fertility rate	भेददर्शक/भेदभावी शुल्क
differential morality	भेदनीती
differential rent	भेददर्शी भाडे
differential tax incidence	भेददर्शी करांचा बोजा
differential treatment	विषम वागणूक
differentiated products	विभेदित वस्तू
differential wage	भिन्न वेतन
differential wages	भेदजन्य/भेददर्शी मजुरी
differentiated	विभेदकारी; विभेदन
differentiated products	विभेदित वस्तू
differentiation	व्यवच्छेदन; वर्गीकरण; विभेदन
diffuseness	प्रसरणशीलता; प्रसारकता; विकीर्णता; अस्पष्टता;
diffusion of culture	संस्कृती प्रसार
digital democracy	संगणकीय लोकशाही
digital divide	संगणकीय द्विभाजन
dignity of labour	श्रमप्रतिष्ठा
dilatory motion	दीर्घसूत्री सूचन; विलंबकारी प्रस्ताव
dimension	मिती; परिमाण; मान
dimentionless	अपरिणामी; मितीहीन
dimensions of sexuality	लैंगिकतेचे आयाम
diminishing	कमी होणारा; ऱ्हासमान
—cost	ऱ्हासी (घटत जाणारा) परिव्यय
—curve	उतरती कमान
—marginal utility	घटती सीमान्त उपयोगिता
—returns	घटते प्रत्याय/फल
—returns to scale	घटती अनुमाप प्रत्याय
—utility	ऱ्हासमान (घटती) उपयोगिता
diplacement	विस्थापन
diplomacy	राजदूतीय व्यवहार; राजनय (परराष्ट्रसंबंध हाताळण्याचे चातुर्य)
—parliamentary diplomacy	संसदीय राजनय
—secret diplomacy	गुप्त राजनय
—summit diplomacy	शिखर राजनय
diplomat	राजनयज्ञ; राजनीतीकुशल
diplomatic	राजनयिक/राजनैतिक
—agent	राजदूत अभिकर्ता/एजंट
—asylum	दूतावासांतर्गत/राजनैतिक आश्रय
—conference	राजदूत परिषद
—corresspondence	राजनयिक/ राजनैतिक पत्रव्यवहार
—envoy	राजदूत; राजनैतिक प्रतिनिधी
—immunity	राजनयिक राजदूतीय मुक्ती
—intervention	राजनयिक हस्तक्षेप
—list	राजदूतीय अधिकारी सूची
—mission	राजदूत मंडळ; राजदूतीय कामगिरी
—officer	राजदूत अधिकारी
— privileges	राजनयिक राजदूत विशेषाधिकार
—protection	राजदूतीय संरक्षण
—relations	राजदूतीय/राजनैतिक संबंध
—representative	राजदूतीय/राजनैतिक प्रतिनिधी
—ruptures	राजनयिक विच्छेद/फूट

–system	दूतावासांतर्गत राजनैतिक आश्रय
diplomatism	राजदप्तरीविद्या; राजदूतनीती; राजदूतविद्या
diplomatist	राजदूतविद्यानिपुण; राजनयकुशल
direct charge	प्रत्यक्ष परिव्यय
–consumption	प्रत्यक्ष उपभोग
–contact group	प्रत्यक्ष संपर्क समूह/गट
–credit	प्रत्यक्ष पत
–current	प्रत्यक्ष प्रवाह
–demand	प्रत्यक्ष मागणी
–democracy	प्रत्यक्ष लोकशाही
–democracy device	प्रत्यक्ष लोकशाही मार्ग (स्वित्झर्लंडचा)
–election	प्रत्यक्ष निवडणूक
–exchange	प्रत्यक्ष विनिमय
–exchange rate	प्रत्यक्ष हुंडणावळ; प्रत्यक्ष विनिमय दर
–financial aid	प्रत्यक्षवित्तीय सहाय्य
–financial assistance	प्रत्यक्ष वित्तीयसहाय्य
–foreign investment	थेट विदेशी गुंतवणूक; विदेशी प्रत्यक्ष गुंतवणूक
–investment management	प्रत्यक्ष गुंतवणुक व्यवस्थापन
–legislation	प्रत्यक्ष विधिविधान
–liability	प्रत्यक्ष दायित्व
–method of credit control	पतनियंत्रणाची प्रत्यक्ष पद्धत
–primary election	प्रातिनिधिक प्रत्यक्ष निवडणूक/निर्वाचन
–recruitment	थेट भरती
–tax	प्रत्यक्ष कर
–trade	प्रत्यक्ष व्यापार
–variation	प्रत्यक्ष/सरल परिवर्तन
directive principle	निर्देशक तत्त्व
directive principles of states policy	राज्याच्या धोरणाची निर्देशक तत्त्वे
directness	प्रत्यक्षता
director	चालक; व्यवस्थापक; संचालक; अध्यक्ष
directorate	संचालनालय
disability	असमर्थता; दुर्बलता; निर्जलता; विकलांगता
disablement/ displacement benefit	विकलांगता लाभ
disadvantage	अहित; हानी; तोटा
disarmament	नि:शस्त्रीकरण
disarmament commission	नि:शस्त्रीकरण आयोग
disaster	आपत्ती
disaster management	आपत्ती निवारण; आपत्ती व्यवस्थापन
disaster prone	आपत्ती प्रवण
disastrous	अनर्थकारक; भीषण
disbelief	अश्रद्धा; अविश्वास
disburse	वितरण/बटवडा करणे
disbursement	वितरित रकमा
disbursement; distribution	वितरण
discemment	विवेचक दृष्टी
discharge	आरोप मुक्त होणे; मुक्त करणे/होणे; सुटका होणे
discharged bankrupt	मुक्त केलेला दिवाळखोर

discharged insolvent — मुक्त नादार
discharge of a bill — विपत्राची फेड
discharge of a contract — संविदापालन
discharge of surety — जामीनदाराची सुटका; जामीनमुक्ती
discharged loan — फेडलेले कर्ज
disciplinary action — शिस्तभंगाची कारवाई/कार्यवाही
discipline — अनुशासन; शिस्त; पद्धती; प्रणाली, व्यवस्था; शास्त्र; शाखा
disclosed surplus — प्रकटित अधिक्य
discord; disunion — विसंवाद; मतभेद; बेबनाव
discount — कसर कापून वटवणे; बट्टा; कसर
—broker — बट्टा दलाल
—ledger — बट्टा खातेवही
—market — हुंडी बाजार
—of a bill — हुंडी वटविणे
—on sale — विक्रीवरील कसर
—rate — कसर दर; बट्टा दर; बँक दर (मध्यवर्ती बँकेचा दर)
—sinking fund — बट्टा ऋणनिवारण निधी
discounted bill — वटवलेले विपत्र/हुंडी
discounted cash flow — कटमितीने रोख प्रवाह
discource — संभाषण; चर्चाविश्व; संभाषित
discourse theory — संभाषित सिद्धान्त
discovery — प्रकटीकरण; प्रकाशन; शोध
discovery procedure — शोधनपद्धती
discretion — विवेकबुद्धी
discretionary power — विवेकाधीन (स्वेच्छाधीन) शक्ती
discriminating duty — भेदभावी मूल्य
discriminating monopoly — भेदभावी एकधिकार
discrimnating protection — भेदभावी संरक्षण
discrimination — तारतम्य; भेदभाव; सूक्ष्म भेद
discriminatory currency — भेदभावकार चलनव्यवहार
discrimnatory rate charging — भेदमूलक दर आकारणी
discriminatory taxation — भेदभावकारी कराधान
diseconomics — परिव्ययवर्धक प्रतिकूलता
—external diseconomics — परिव्ययवर्धक बाह्य प्रतिकूलता
—financial diseconomics — वित्तीय परिव्ययवर्धक प्रतिकूलता
—managerial diseconomics — व्यवस्थापीय परिव्ययवर्धक प्रतिकूलता
—marketing diseconomics — विपणन परिव्ययवर्धक प्रतिकूलता
disequilibrium — अस्थैर्य; असंतुलन; असमतोल
disfranchisement — मतदानाचा नागरिकत्वाचा अधिकार काढून घेणे; मताधिकारहरण
disguised unemployment — अप्रत्यक्ष प्रच्छन्न छुपी बेकारी

dishoard	साठा न करणे (नि:संचयन)
dishonour	नाकारणे; स्वीकार न करणे; अस्वीकार करणे
dishonour of a bill of exchange	हुंडीची अनाहृती; हुंडीचा आकार
dishonoured cheque	न स्वीकारलेला, नाकारलेला (अनादृत) धनादेश/चेक
disinflation; deflation; deflamation of currency	चलनक्षय
disintegration	विग्रह; विच्छेदन; विघटन
disinvestment	अपगुंतवणूक; निर्गुंतवणूक; निर्गुंतवणूक/गुंतवणूक ऱ्हास
disinvestment commision	निर्गुंतवणूक आयोग
disobedience of law	कायदेभंग
disorder	अशांतता; गैरशिस्तपणा; अव्यवस्था; गैरशिस्तपणा; अराजक
disorganised society	विघटित समाज
disorganization; dissolution; disintegration; decomposition	विघटन; विस्कळीतपणा
disparity	असमता; विषममूल्यता; तफावत; फरक
disparity inequality	विषमतावादी परंपरा; विषमता
dispassionate reasoning	नि:पक्षपाती युक्तिवाद
dispause	विकासावरोध
dispeople; unpeople	निर्जन करणे/होणे
displaced	विस्थापित
displeased, dissatisfied, not content	असंतोष
disposable income	विनियोज्य आय/उत्पन्न
disposition	चित्तवृत्ती; पूर्वसंस्कार; मन:प्रवृत्ती; कल प्रवृत्ती
disproportional	प्रमाणहीन
disproportional sampling	असमान नमुना चाचणी
dispute	झगडा; तंटा; वाद; विवाद
disputed debt	विवादग्रस्त ऋण
disqualifcation	निरर्हता; अपात्रता; अयोग्यता
dissaving	बचत ऱ्हास; बचतक्षय
dissent	मतभिन्नता; मतभेद; मतांतर
dissenting opinion	भिन्न मत
dissociated personality	विच्छिन्न व्यक्तिमत्त्व
dissociation of personality	व्यक्तिमत्त्व विच्छेदन
dissolution	विघटन; विसर्जन; विलय
dissolution of marriage	विवाहविच्छेद; विवाहविघटन काडीमोड; घटस्फोट
dissolution process	विसर्जन प्रक्रिया
dissolution; dissolve	विसर्जित/विसर्जन/बरखास्त करणे
distance education	दूरशिक्षण
distinguishing	भिन्नतादर्शक
distrain	माल वगैरे अटकावून ठेवणे

distress	कर, करभारक वगैरेच्या मालावर वसुलीसाठी अटकावणी लावणे; करवसुलीसाठी माल अडकविणे
distress sale	आपद्‌जन्य विक्री
distressed	आपद्ग्रस्त; कष्टमय; दु:खमय
distribution	पारेषण; वंटन (वाटणी)
distribution cost	वितरण खर्च
distribution, economic	विभाजन; आर्थिक
distribution function	विभाजन कार्य
distribution of capital	गुंतवणूक वितरण
distribution of employment	रोजगार विभाजन
distribution of income	उत्पन्नाचे वितरण; उत्पन्नवाटप
distribution of income tax	प्राप्तीकर वाटप
distribution of loan	कर्जवाटप/कर्जवितरण
distribution of power	सत्ताविभाजन
distribution of profit	नफ्याचे वितरण/वाटप
distribution of wealth	संपत्तीची वाटणी
distribution system	वाटप व्यवस्था; वितरण व्यवस्था
distribution	सत्ताविभाजन; वाटप; वाटणी; विभाजन
distributive justice	वितरण न्याय; वितरणात्मक न्याय
distributive justice /just distribution	न्याय्य वाटप
distributive law	वितरण नियम; विभाजन नियम
distributor	वितरक
district co-oprative bank	जिल्हा सहकारी बँक
district edition	जिल्हा आवृत्ती
district planning	जिल्हा नियोजन
distructive power	मारक शक्ती
distructive weapons	विनाशकारी शस्त्रे
disunion	ऐक्यभंग; दुही; फुटिरता; फुटिरपणा; बेबनाव
diverent combination	अपसारी संमीलन
diverent series	अपसारी श्रेणी
divergence	अपसरण; पसरणे; भिन्नता; मार्गापासून ढळणे
diversified farming	विविधीकृत शेती
diversity	वैविध्य
diversity factor	विविधता गुणांक
dividend	भाज्य; लाभांश
dividend book	लाभांश पुस्तक
dividend equalisation fund	लाभांश समानीकरण निधी
dividend mandate/warrant	लाभांश अधिपत्र
dividend	वाटा
divine; deity	ईश्वर; देव; दैवी
divine law	दैवी अधिनियम
divine right	दैवी अधिकार; ईश्वरदत्त

divine right theory — परमेश्वरी वरदान सिद्धान्त
division — मतविभाजन; उपविभाग; श्रेणी; विभाग; विभाजन; वाटणी
division court — खंड न्यायपीठ
division of labour — श्रमविभाजन; श्रमविभागणी
division of power — शक्तीविभाजन; सत्ताविभाजन
division — उपविभाग; विभाग
divisional administration — विभागशः व्यवस्थापन
divisive justice — विभाजक न्याय
divorce — विवाहविच्छेदन; घटस्फोट; काडीमोड; विवाह विघटन
dock landing account — गोदी उतरण लेखा
dock warrant — गोदी अधिपत्र
dockage — गोदी भाडे
docking — दंड कपात
doctrinaire — पोथीनिष्ठ; तत्त्वाग्रही; स्वमताग्रही
doctrine article — तत्त्वसिद्धान्त लेख; सिद्धान्तलेख
doctrine — तत्त्व; सिद्धान्त; वाद
doctrine of dualism — द्वैतवाद/द्वैतसिद्धान्त
doctrine of incarnation — अवतार सिद्धान्त
doctrine of multifold reality — अनेकान्तवाद
doctrine of the world as illusion — मायावाद
doctrine of validity — प्रामाण्यवाद
doctrine — तत्त्व
document — कागदपत्र; लेख
document against payment — प्रदानोत्तर दस्तऐवज
documentary bill — सहक्क विपत्र
documentary evidence — कागदोपत्री पुरावा
documentation — लेखी पुरावा; सूक्ष्म संदर्भ; आधार
dogma — आग्रही धर्ममत; आग्रही मत/सिद्धान्त; श्रद्धाधिष्ठित मत; श्रद्धेय मत
dogmatic — आग्रही; दुराग्रही; माताभिमानी; हटवादी
dogmatism — आग्रही मतप्रणाली; दुराग्रह; श्रद्धावाद; हटवाद
dole — बेकारीभत्ता
domain of freedom — स्वातंत्र्याची कक्षा
domain; dominance — अधिकार; सत्ता; मालकी; क्षेत्र
domestic bill — देशी विपत्र
domestic economy — गृह (घरगुती) अर्थव्यवस्था; देशांतर्गत/देशी अर्थव्यवस्था
domestic exchange — देशी विनिमय/चलन
domestic finance — देशी वित्तव्यवस्था
domestic industry — देशी उद्योग
domestic investment — देशीय गुंतवणूक
domestic jurisdiction — देशांतर्गत अधिकारिता
domestic market — देशीय/देशांतर्गत बाजार
domestic savings — देशांतर्गत बचत
domestic tribunal — देशांतर्गत न्यायाधिकरण
domestic violence — कौटुंबिक हिंसाचार

domicile — अधिवास; निवास वसतिस्थान
domicile certificate — अधिवास प्रमाणपत्र
domiciled security — स्थान निर्दिष्ट रोखा
dominance — आधिपत्य; प्रभाव
dominant traits — प्रभावी गुणविशेष
dominion — अधिराज्य;ब्रिटिश साम्राज्यांतर्गत स्वायत्त राष्ट्र; राज्यनियंत्रण; शिरजोरपणा
dominion state — वसाहतीचे साम्राज्य
donation — इनाम; दान; बक्षिसी; इनाम; देणगी
donation of organ — अवयवदान
dormant capital — सुप्त भांडवल
dormant partner — सुप्त निष्क्रिय भागीदार
double account system — दुहेरी द्विलेखा पद्धती
double coincidence of wants — गरजांचा आपसमेळ/मेळ; दुहेरी गरजांचा मेळ
double coloumn addition — द्विस्तंभी बेरीज; दुहेरी स्तंभांची बेरीज
double crossing — दुहेरी रेखन/रेखांकन
double entry — दुहेरी नोंद
double entry system — दुहेरी नोंद पद्धती
double factoral terms of trade — द्विघटकीय आंतरराष्ट्रीय व्यापारी दर
double insurance — दुहेरी विमा
double member constituency — द्विसदस्य मतदार संघ
double nationality — द्विराष्ट्रीयत्व
double point tax — द्विस्तर कर
double standard — दुहेरी मानक
double standards of morality — दुहेरी नीतिमत्ता
double stationality — द्विराष्ट्रीयत्व
double taxation — दुहेरी कराधान
doughtful loan — संशयित कर्ज
doves; pacifism — शांतताप्रिय; शांततावादी
downward mobility — अधोगामी गतिशीलता
drawback — शुल्कांश; सीमाशुल्क ग्रह (आयात मालावर घेतलेल्या जकातीपैकी तोच माल परदेशी पाठविल्यावर परत मिळणारा भाग)
drawn bond — लिखित बंधपत्र
drilled coin — छिद्रित नाणे
drought prone-area — अवर्षण प्रणव/क्षेत्र
dry farming — कोरडवाहू शेती; निर्जल शेती
dual economy — द्विदल अर्थव्यवस्था
dual monarchy — द्विराजेशाही
dual price — दुहेरी किंमत
dualism — द्वैत
duductive method — वैगमनिक पद्धत
due; dues — देय; देणे असलेला; आदेय; येणे असलेला
due acknowledgement — पोचदेय
due balance — देय बाकी
due debts — देय ऋण
due process of law — यथोचित विधी प्रक्रिया
duel — द्वंद्व युद्ध
due process of law — यथोचित विधी प्रक्रिया
dull market — मंद बाजार

dumb barter अप्रत्यक्ष वस्तुविनिमय
dumping मूल्यावपतन
duopoly द्वयाधिकार
duopsony द्विक्रयाधिकार
duplicate दुसरी प्रत; नक्कल प्रत; प्रतिलिपी
durable use goods अनेकवार उपयोगी वस्तू
durables टिकाऊ माल/वस्तू
duration of life आयुर्मान
dutiable शुल्कयोग्य/शुल्कदेय
duty कर्तव्य; कार्य; शुल्क; जकात
—assessment आकारणी
—cess उपकर
—countervailing duty प्रतिशुल्क
—custom duty सीमाशुल्क
—death duty मृत्युकर
—estate duty संपदा/संपत्तीकर
—excise duty उत्पादन शुल्क
—export duty निर्यात कर
—import duty आयात कर
—legacy duty उत्तरदान शुल्क; मृत्युपत्रित संपत्तीकर
—levy वसुली
—octroi जकात
—rate पट्टी; दर
—tariff प्रशुल्क; जकात
—tax कर
—toll पथकर
duty binding कर्तव्यबंधन
duty consciousness कर्तव्यबुद्धी
duty free शुल्क मुक्त
duty paid दत्तशुल्क
duty paid price दत्तशुल्क भाव/किंमत
duty शुल्क; कर्तव्य; कार्य
dwindle कोसळणे
dyarchy द्विधा राज्यपद्धती
dyarchy political system द्विस्तरात्मक राज्यप्रणाली
dynamic गति/गतिक; गतिमान
—advantage गतिशील फायदे
—culture गतिशील संस्कृती
—development गतिमान विकास
—economics गतिशील अर्थशास्त्र
—equilibrium गतिशील समतोल
—function of money पैशाचे गतिमान कार्य
—intellect गतिशील बुद्धी
—model गतिमान प्रतिमान
—policy गतिमान धोरण
—politics गतिमान राजकारण
—sociology गतिशील समाजशास्त्र
dynamics गतिमानता
dynamics of population लोकसंख्येचे गतितत्व/गतिविज्ञान
dynamism गतिशीलता; गती
dynasty राजवंश; वंश
dysfunction अपकार्य
dysfunctional family relationship बिघडलेले कौटुंबिक नातेसंबंध
dyssocial reaction असामाजिक प्रतिक्रिया

E

earned income अर्जित आय/उत्पन्न
earned property संचित संपत्ती
earner अर्जक; कमावता; मिळवता; वेतनदार
earnest बयाणा रक्कम; विसार
earnest deposit इसारा

earnest money	बयाणा विसार
earnest; earnest deposit	बयाणा/बयाणा ठेव
earning	अर्जन; कमाई
–gross earnings	ठोक कमाई
–net earnings	निव्वळ कमाई
–normal earnings	नाममात्र अर्जन; पैसारूप कमाई
–real earnings	वस्तुरूप/वास्तविक कमाई
earning assets	अर्जक मत्ता
earning rate	अर्जन दर; कमाई दर
eastern culture	पौर्वात्य संस्कृती
ecclesiastical authority	धार्मिक अधिसत्ता
eco feminism	पर्यावरणवादी स्त्रीवाद; पर्यावरणात्मक स्त्रीवाद
ecological economics	पर्यावरणीय अर्थशास्त्र
ecological technique	परिस्थितीशास्त्रीय तंत्र
ecology	परिस्थितीशास्त्र
econometrician	अर्थमितिज्ञ
econometrics	अर्थमितिशास्त्र; अर्थमिती
economic	आर्थिक; अर्थशास्त्रीय; किफायतशीर; काटकसरीचा
–activities	आर्थिक व्यवहार घडामोडी
–advisor	आर्थिक सल्लागार
–agent	अर्थव्यवहारक
–analysis	अर्थशास्त्रीय विश्लेषण
–and social council	आर्थिक व सामाजिक परिषद
–autonomy	आर्थिक स्वायत्तता
–availability	आर्थिक उपलब्धता
–backer	आर्थिक पाठबळ देणारा
–bankrupcy	आर्थिक दिवाळखोरी
–blockade	आर्थिक नाकेबंदी
–boycott	आर्थिक बहिष्कार
–capacity	आर्थिक क्षमता/सामर्थ्य
–capacity utilization	आर्थिक क्षमता वापर
–changes	आर्थिक बदल
–conflict	आर्थिक संघर्ष
–crisis	आर्थिक अरिष्ट; आर्थिक संकट
–data	आर्थिक आधारसामग्री
–depression	आर्थिक मंदी
–development	आर्थिक विकास
–distribution	विभाजन, आर्थिक
–easibility/ feasibility	आर्थिक सुसाध्यता
–efficiency	आर्थिक कार्यक्षमता/ कार्यदक्षता
–equality	आर्थिक समानता
–exchange	आर्थिक विनिमय
–exploitation	आर्थिक पिळवणूक (शोषण)
–freedom	आर्थिक स्वातंत्र्य
–friction/conflict	आर्थिक संघर्ष
–geography	आर्थिक भूगोल
–goods	आर्थिक वस्तू
–growth	आर्थिक अभिवृद्धी; आर्थिक वृद्धी
–growth rate	आर्थिक विकास दर
–harmony	आर्थिक सुसंवाद
–history	आर्थिक इतिहास
–holding	निर्वाहक क्षेत्र
–imperialism	आर्थिक साम्राज्यवाद
–incentive	आर्थिक प्रोत्साहन
–inequality	आर्थिक विषमता
–interest	आर्थिक हितसंबंध
–interpretation of history	इतिहासाचे आर्थिक भाष्य
–law	आर्थिक सिद्धान्त

—literacy	आर्थिक साक्षरता	—trend	अर्थव्यवहार
—man	अर्थपरायण/अर्थप्रेरित मानव	—union	आर्थिक संघ
—maturity	आर्थिक परिपक्वता	—validity	आर्थिकसबलीकरण/ सबलता
—mediator	आर्थिक मध्यस्थ		
—model	अर्थशास्त्रीय प्रतिमान	—value	आर्थिक मूल्य
—motive	आर्थिक प्रेरणा/हेतू	—wants	आर्थिक गरजा
—overheads	आर्थिक स्थिर परिव्यय सुविधा	—war	आर्थिक युद्ध
		—weakness	आर्थिक दुर्बलता
—paradox	अर्थशास्त्रीय विरोधाभास; आर्थिक विरोधाभास	—welfare	आर्थिक कल्याण
		economics	अर्थशास्त्र
—policy	अर्थनीती; आर्थिक धोरण	—agricultural economics	कृषी/शेती अर्थशास्त्र
—problem	आर्थिक प्रश्न/समस्या		
—profit	आर्थिक लाभ	—applied economics	व्यावहारिक/उपयोजित अर्थशास्त्र
—quantities	आर्थिक राशी		
—reconstruction	आर्थिक पुनर्रचना		
—reformation	आर्थिक सुधारनीती	—business economics	व्यापारधंद्याचे अर्थशास्त्र
—reforms/ financial reforms	आर्थिक सुधारणा/वित्तीय सुधारणा	—engineering economics	अभियांत्रिकी अर्थशास्त्र
—region	आर्थिक प्रदेश	—industrial economics	औद्योगिक अर्थशास्त्र
—relations	आर्थिक संबंध		
—rent	आर्थिक भारक/खंड	—mathematical economics	गणितीय अर्थशास्त्र
—sanction	आर्थिक मंजुरी		
—selective decision	आर्थिक निवड निर्णय	—theoretical economics	सिद्धान्तिक अर्थशास्त्र
—self-reliance	आर्थिक स्वावलंबन	—transport	
—stabilisation	आर्थिक स्थिरीकरण	economics	परिवहन अर्थशास्त्र
—statistics	आर्थिक सांख्यिकी	—welfare	
—stringency	आर्थिक तंगी	economics	कल्याणविषयक अर्थशास्त्र
—structure	आर्थिक संरचना	—of education	शिक्षणाचे अर्थशास्त्र
—superpower	आर्थिक महासत्ता	—of growth	विकासाचे अर्थशास्त्र
—surplus	आर्थिक आधियय	—of philosophy	तत्त्वज्ञानाचे अर्थशास्त्र
—survey	आर्थिक पाहणी (समालोचन)	economics	परिव्ययऱ्हासक अनुकूलता
—system	अर्थव्यवस्था	—external	
—tendency	आर्थिक प्रवृत्ती	economics	परिव्ययऱ्हासक बाह्य अनुकूलता
—transformation	आर्थिक परिवर्तन		

–financial economics — वित्तीय परिव्ययऱ्हासक अनुकूलता
–internal economics — परिव्ययऱ्हासक अंतर्गत अनुकूलता
economist — अर्थशास्त्रज्ञ
economy — अर्थव्यवस्था; मितव्यय; मितव्यय लाभ; काटकसर; बचत; व्यवसायपद्धती
–agricultural economy — कृषी अर्थव्यवस्था
–domestic economy — गृह/घरगुती अर्थव्यवस्था
–duel economy — द्विदल अर्थव्यवस्था
–mixed economy — मिश्र अर्थव्यवस्था
–planned economy — योजनाबद्ध अर्थव्यवस्था
–political economy — राजकीय अर्थव्यवस्था
–plural economy — बहुदल अर्थव्यवस्था
economic(ally) elastic — आर्थिक लवचिक
economic/financial planning — आर्थिक नियोजन
economic/financial self reliance — आर्थिक स्वयंनिर्भरता
economic/ pecuniary loss — आर्थिक हानी
economical — अर्थकारण
–ageing — आर्थिक आयुर्मान
–backwardness — आर्थिक मागासलेपण
–chronology — आर्थिक कालशृंखला
–crisis — आर्थिक कोंडी
–debts — आर्थिक देणी
–dependence — आर्थिक अवलंबित्व
–discipline — आर्थिक शिस्त
–dues — आर्थिक येणी
–energy — आर्थिक ऊर्जा
–growth — आर्थिक उन्नती
–growth theory — आर्थिक वाढ सिद्धान्त
–inadequacy of information — आर्थिक माहितीची अपूर्णता
–inequality — आर्थिक असमानता
–intervention — आर्थिक हस्तक्षेप
–justice/ enequality — आर्थिक न्याय/आर्थिक विषमता
–laundering — आर्थिक घोटाळे
–objectives — आर्थिक हेतू
–policy/strategy — आर्थिक घटक/आर्थिक धोरण
–prosperity — आर्थिक सुबत्ता
economically — आर्थिक दृष्टीने; काटकसरीने; मितव्ययाने
economy and retrenchment — काटकसर व नोकर कपात
economy of high wages — उच्चवेतनजन्य काटकसर
ecosystem — परिसंस्था
edict — धर्माज्ञा; राजाज्ञा
edition — आवृत्ती
educated unemployment — सुशिक्षित बेरोजगार शिक्षितांची बेकारी
education for all campaign — सर्व शिक्षा अभियान
educational sociology — शैक्षणिक समाजशास्त्र
effective demand — प्रभावी मागणी; सार्थ मागणी
effective dose — परिणामकारक मात्रा
effective tax rate — प्रभावी कर दर

effectual demand प्रभावी मागणी
efficacy गुणकारिता; सामर्थ्य
efficiency कार्यदक्षता
efficiency audit कार्यदक्षता तपासणी
efficiency of labour कामगार कार्यक्षमता; श्रमिक कार्यक्षमता
efficiency of money द्रव्याची कार्यक्षमता
efficiency of production उत्पादनक्षमता
efficient कार्यदक्ष; निपुण
egghead उच्चभ्रू
ego centric अहंकेंद्री
egoism स्वार्थभाव; अहंभाव; अस्मिता; स्वहितवाद
egoism, rational बुद्धिप्रधान स्वार्थवाद
egoistic hedonism स्वसुखवाद
egoistic suicide अहंवादी/आत्मकेंद्री आत्महत्त्या
ejectment बेदखलीची कार्यवाही
elastic लवचिक; स्थितीस्थापक; स्वाग्रही
elastic demand लवचीक मागणी
elasticity लवचीकता स्थितीस्थापकत्व
elasticity of demand मागणीची लवचिकता
elasticity of monetary system पैसा पद्धतीची लवचिकता
elasticity of supply पुरवठ्याची लवचिकता
elder statesman ज्येष्ठ मुत्सद्दी
election निवडणूक/निर्वाचन
election administration निर्वाचन प्रशासन
election agent निवडणूक/निर्वाचन प्रतिनिधी
election candidate निवडणूक उमेदवार
election commission निर्वाचन आयोग
election commissioner निर्वाचन आयुक्त
elective निर्वाचनाधीन
elective executive निर्वाचित कार्यकारिणी
elective monarchy निर्वाचित राजसत्ता
elector निर्वाचक मतदार
electoral area निर्वाचन क्षेत्र
electoral college निर्वाचक गण; मतदारमंडळ
electoral count निर्वाचन गणना
electoral district निर्वाचन/निवडणूक क्षेत्र
electoral procedure निर्वाचन/निवडणूक कार्यपद्धती
electoral rights मताधिकार
electorate अधिकाऱ्यांची पात्रता; निर्वाचक वृंद; मतदारगण; मतदारवृंद
element of state राज्यांग
elementary family प्रारंभिक कुटुंब
elementary proposition प्रातिनिधिक विधान
elements of economics अर्थशास्त्राची मूलतत्त्वे
eligibility पात्रता; योग्यता
eligible bill पात्र विपत्र; ग्राह्य प्रतिभूती
elite अभिजन; शिष्टजन
—class अभिजन वर्ग
—female अभिजन स्त्री
—history अभिजन इतिहास
elitism शिष्टजनवाद; श्रेष्ठत्वभाव
elitism, elitist अभिजनवाद/वादी
embargo अधिरोध; व्यापारबंदी
—ban बंदी

—blockade नाकेबंदी
—boycott बहिष्कार
—prohibition निषेध
—stoppage अटकाव
embassy राजदूतावास
emberzzlment गिळंकृत करणे; अपहार; अफरातफर
—misappropriation दुर्विनियोग
—peculation पैसा खाणे
emblem बोधचिन्ह; संकेतचिन्ह; निशाणी
emergency आणीबाणी; निकडीचा प्रसंग; आकस्मिकता
emergency measures आपत्कालीन आणीबाणीचे उपाय
emergency period आणीबाणीचा काळ; आपत्काल
emergency power आणीबाणी काळातील अधिकार; आपत्कालीन अधिकार
emerging state उद्योगन्मुख राष्ट्र/उदयोन्मुख
emigrant देशांतरित
emigration; evacuation स्थलांतर; देशांतर
eminent domain प्रभुत्वाधिकार
emirssary गुप्तदूत; हेर
emoluments लाभ; मिळकत; वित्तलब्धी
emotive theory भावनावाद
empathy सहानुभाव
emperor सम्राट
empifical field अनुभव क्षेत्र
empire साम्राज्य
empirical अनुभवनिष्ठ; अनुभवाधिष्ठित; अनुभविक; इंद्रियवैद्य
empirical law अनुभवाश्रित/ अनुभवाधिष्ठित नियम
empirical psychology अनुभवनिष्ठ मानसशास्त्र
empirical science अनुभववादी (अनुभवाश्रित विज्ञान/शास्त्र)
empirical test अनुभवाधिष्ठित चाचणी
empirically verifiable अनुभवद्वारा परीक्षणीय
empirical science अनुभववादी/अनुभवयाश्रित /अनुभवाधिष्ठित शास्त्र
empiricism अनुभवजन्यवाद; अनुभवनिष्ठतावाद; अनुभववाद
empiricism, scientific शास्त्रीय अनुभववाद
empiricist research अनुभवाधिष्ठित संशोधन
employ सेवायोजन करणे; नोकरीस लावणे
—appoint नियुक्त करणे; नेमणूक करणे
—depute प्रतिनियुक्त करणे
—engage कामावर ठेवणे
employee कर्मचारी; पगारी नोकर; श्रविका
employer नियोक्ता; नोकरी देणारा; श्रावक; सेवायोजक
employer's liability insurance नियोक्ता दायित्व विमा
employment सेवायोजन; रोजगार; नोकरी
—primary employment मुख्य सेवायोजन; प्रत्यक्ष सेवायोजन; मुख्य रोजगार; प्रत्यक्ष रोजगार
—residual employment अवशिष्ट समायोजन

–seasonal employment	मोसमी/हंगामी सेवायोजन
–secondary employment	दुय्यम सेवायोजन/रोजगार
–assurance scheme	आश्वासित रोजगार योजना
–exchange	रोजगार/सेवायोजन कार्यालय
–guarantee scheme	रोजगार हमी योजना
–of resources	साधनसंपत्तीचे समुपयोजन
–opportunity	रोजगार संधी
–oriented work	रोजगाराभिमुख काम
–subsidy/grant	रोजगार अनुदान
empowerment	सबलीकरण; सशक्तीकरण; सक्षमीकरण
empowerment of consumers	ग्राहकांचे सक्षमीकरण
enactment	अधिनियमित; ठराव (कायदा)
encashment credit	वटवणी पत्र; वटवणी सुविधा
enclave economy	विदेशी अवक्षेत्रीय अर्थव्यवस्था
encroachment	अतिक्रमण; बेकायदेशीर शिरकाव
enculturation	संस्करण
encumbered	भारग्रस्त
end group	अंत्यगट
end money	अंतोपयोगी पैसा
end of ideology	तत्त्वप्रणालीचा अंत
endemic	प्रदेशनिष्ठ
endogamy	अंतर्विवाह
endogenous factor	अंतर्जात घटक
endorsement	पृष्ठांकन; हुंडी; दस्तऐवज
–black endorsement	निनावी/कोरे पृष्ठांकन
–clerify endorsement	प्रमाणन पृष्ठांकन
–general endorsement	सामान्य पृष्ठांकन
–qualified endorsement	विशेषित पृष्ठांकन
–restrictive endorsement	निर्बंधक पृष्ठांकन
–special endorsement	विशेष पृष्ठांकन
endorsement insurance	सावधी विमा
endowment fund	दान निधी
endowment policy	सावधी विमापत्र
ends of man	पुरुषाने साध्य करायच्या गोष्टी; पुरुषार्थ
enemy state	शत्रू राज्य
energy	ऊर्जा
–crisis	ऊर्जासमस्या
–production	ऊर्जा निर्मिती
–saving	ऊर्जा बचत
enforcement action	अंमलबजावणी कार्यवाही
enforcement	अंमलबजावणी
enfranchisment	नागरिकत्वाचा हक्क
–voting electoral rights	मताधिकार
engage	कामावर ठेवणे
engineering economics	अभियांत्रिकी अर्थशास्त्र
engineering mathematics	स्थापत्य गणितशास्त्र
enlightened	अभिजात; बुद्ध; ज्ञान प्राप्त झालेला
–despotism	प्रबुद्ध स्वरतंत्र
–dictator	सुबुद्ध हुकुमशहा

—naturalism परिणत स्वभाववाद; वास्तववाद
—selfinterest प्रबुद्धस्वहित; स्वहितवाद; सुबुद्धस्वहित
enlightened अभिजात
enlightenment प्रबोधन; बोधिपद; उद्बोधन बोधिपदप्राप्ती
enlightenment period प्रबोधन कालखंड
enquiry चौकशी
enquiry committee चौकशी समिती
enrolled bill उभयगटसंमत विधेयक
ensure motion निंदाव्यंजक ठराव
enteral law शाश्वत विधी/कायदा
enterprenual needs संयोजनविषयक सर्व गरजा
enterpreneur उपक्रमी योजक
enterprenurship उद्योजकता
enterprise उपक्रम; साहसी कृत्य/योजना
—capitalistic enterprise भांडवलदारी उपक्रम
—co-operative enterprise सहकारी उपक्रम
—private enterprise खाजगी उपक्रम
—public enterprise सरकारी उपक्रम
—state enterprise राज्य उपक्रम
entity अस्तित्व
entrepot पुनर्निर्यात; निक्षेपस्थान; उतारपेठ
entrepot trade उतारपेठ पुनर्निर्यात व्यापार (सर्व माल एकत्र ठेवून ज्याचा व्यापार केला जातो, तो व्यापार)
entry प्रवेश; नोंद
—adjusting entry समायोजन; समायोजक नोंद
—closing entry अखेरची नोंद
—credit entry जमा नोंद
—debit entry नावे नोंद
—deduct entry वजा नोंद
—double entry दुहेरी नोंद
—journal entry कीर्द नोंद
—ledger entry खातेवही नोंद
—opening entry प्रारंभिक नोंद
—original entry मूळ नोंद
—single entry एकेरी नोंद
—transfer entry खातेबदल नोंद
enunciation प्रतिज्ञा; प्रतिपादन
envelop curve परिवरिका वक्र
enviormentalism पर्यावरणवाद
enviornement पर्यावरण; परिसर; परिस्थिती
—natural enviornment नैसर्गिक परिस्थिती
—physical enviornment भौतिक परिस्थिती
—social enviornment सामाजिक पर्यावरण/परिस्थिती
—capital पर्यावरणात्मक भांडवल
—control पर्यावरणी नियंत्रण
—degradation पर्यावरण ऱ्हास
—development पर्यावरणीय विकास
—economics पर्यावरणविषयक अर्थशास्त्र
—friendly पर्यावरण स्नेही
—fundamentalism पर्यावरणात्मक मूलतत्त्ववाद
—planning पर्यावरणी नियोजन
—justice पर्यावरणीय न्याय
—movements पर्यावरण चळवळी
—planning पर्यावरणी नियोजन
—problems पर्यावरणसमस्या

–stimulus	पर्यावरणी उत्तेजन
–wisdom	पर्यावरणविषयी सुज्ञता
envoy	दूत
–extraordinary	असाधारण दूत
–plenipotentiary	अधिराजदूत
ephemeral	अल्पकालिक
epicureanism	भोगवाद; विलासवास
epistemology	ज्ञानशास्त्र; प्रमाणशास्त्र; ज्ञानमीमांसा
epoch	निर्देश क्षण; महायुग; युग; युगकाल
eqicentric	केंद्रस्थानी
equal cost lines	समपरिव्यय रेषा
equal distribution of income	उत्पन्नाचे सम वाटप; समांतर उत्पन्नवाटप
equal level	समपातळी
equal mortgage	समान गहाणवट/गहाणवट
equal outlay curve	समव्ययवक्र
equal thoughts	समविचार
equal transformation system	समान रूपांतराची पद्धती
equalisation	समाकरण/समानीकरण
–fund	समानीकरण निधी
–grant	समानीकरण अनुदान
–tarriff	समानीकरण प्रशुल्क
equalism	समतावाद
equalitarianism	समतावादी; समानतावाद
equalitarian society	समताधिष्ठित समाज
equalitarian	समतावादी; समानतावादी
equality before law	कायद्यासमोर समता; विधीपुढे समानता
equal outlay curve	समव्यय वक्र

equanimity	समतोलता; समत्व; समबुद्धी; स्थितप्रज्ञता
equanity	समता
equi curve	समसमाधान वक्र
equilibrium	समतोल; समतोलन; स्थिरता
–dynamic equilibrium	गतिशील समतोल
–general equilibrium	सार्वत्रिक समतोल
–neutral equilibrium	प्रभावशून्य समतोल
–partial equilibrium	आंशिक समतोल
–sectoral equilibrium	क्षेत्रीय समतोल
–stable equilibrium	स्थिर समतोल
–static equilibrium	स्थितीशील समतोल
–subnormal equilibrium	अपसामान्य समतोल
–unstable equilibrium	अस्थिर समतोल
equilibrium exchange rate	समतोल विनिमयदर
equilibrium of demand and supply	मागणी व पुरवठा समतोल
equilibrium point	समतोलबिंदू
equilibrium price	समतोल किंमत
equimarginal return	प्रत्याय; समसीमान्त प्राप्ती
equimarginal sacrifice	समसीमान्तिक त्याग
equimarginal utility	समसीमान्तिक उपयोगिता

equiproportional sacrifice — समप्रमाण त्याग; समाननिरपेक्ष त्याग
equitable — न्यायपर्याप्त; समन्यायी
—assets — पर्याप्त मत्ता
—interests — पर्याप्त हितसंबंध
—mortgage — पर्याप्त गहाण; समान गहाण
equity — नि:पक्षपात; समभाग; समन्याय
equity bonds — समभाग रोखे
equity of statute — संविधीचे न्यायतत्त्व
equity research — समभागांचे विश्लेषण
equity/ordinary shares — साधारण भाग
era of economy — अर्थपर्व
eradication — उच्चाटन; मंदी निर्मूलन
ergonomics — श्रमिक कार्यक्षमता अभ्यास
error of commission — करणात्मक प्रमाद
error of ommssion — अकरणात्मक प्रमाद
errors and omissions — चुकभूल देणे-घेणे
escape mechanism — पलायन यंत्रणा
escapism — पलायनवृत्ती; पलायनवाद
escheat — सरकारजमा
espionage acts — हेरगिरी अधिनियम
espirit de corps — संघभावना
essentialism — सारवाद
essentialization — एकसत्वीकरण
established truth — प्रस्थापित सिद्धान्त
establishment — आस्थापना; स्थापना; उभारणी; प्रस्थापना; व्यापारी संस्था
establishment charges — आस्थापना आकार/खर्च
estate — संपत्ती; संपदा; स्थावर वसाहत
estate duty — संपदा कर/शुल्क
estate farming — परिसर शेती
estate management — परिसर संपदा
estimate — अपेक्षण; आकलन; अंदाज आगणन; प्राक्कलन; मूल्यमापन
estimate commitee — अंदाज समिती
estimated cost — अंदाजी परिव्यय
estimation — अंदाजी किंमत; अपेक्षा
eternal — अक्षय; चिरंतन; नित्य; सनातन
eternal law — शाश्वत विधी (कायदा)
ethical code — नीतीसंहिता
ethical dualism — दुहेरी नीती; नैतिक द्वैत
ethical idealism — नीतिशास्त्रीय आदर्शवाद
ethical rationalism — नीतिशास्त्रीय बुद्धिवाद
ethics — नीतिशास्त्र; नीतीशास्त्र
ethics of war — युद्धनीतीशास्त्र
ethnic — वांशिक
—consciousness — वांशिक जाणीव
—discrimination — वंशभेद; वंशभेदाभेद
—group — वांशिक गट
—homogenity — वांशिक सजातीयता
—politics — वांशिक राजनीति
—mixture — वांशिक मिश्रण
—pride — वांशिक अभिमान
—riots — वांशिक दंगली
—rival — वंशद्वेष्ट्या
—scale — वंशीय श्रेणी
—struggle — वांशिक संघर्ष

–supremacy	वांशिक वर्चस्व
ethnicity	वांशिकता
ethnocentrism	स्वजातिकेंद्रकता
ethnograph	लोकालेख
ethnography	मानवशास्त्रीय क्षेत्रपद्धती; संस्कृती वर्णन
ethnology	आचारशास्त्र; मानववंशशास्त्र; मानवजाती विज्ञान
ethnomethodology	लोकान्वय पद्धती; लोकपद्धतीशास्त्र
ethnopsychology	मानवजाती मानसशास्त्र
ethocracy	नीतिशास्त्रीय व्यवस्था; नीतिशाही धर्मराज्य
ethonographer	लोकालेखकार
ethos	अंत:सत्त्व; लोकाचार
etiquette	शिष्टाचार; सभ्यतेचे नियम/संकेत
etymology	मानवजातीविज्ञान; मानवजातीशास्त्र
eugenics	सुप्रजननशास्त्र
euphoria	सुखभ्रम; अत्यानंदाची अवस्था
evacuation	निर्वातन; निर्वासन; स्थलांतर
evaluation	मूल्यन; मूल्यमापन
evaluation of economic policies	आर्थिक धोरणांचे मूल्यमापन
evasion	बेकायदेशीरपणे कर चुकविणे
evasion of tax	कर चुकविणे
eviction	निष्कासन (बडतर्फी); बेदखली; कायद्याने घालविणे
evolution	उत्क्रांती; क्रमविकास
evolutionary	विकासवाद
–collective study	उत्क्रांतिवादी सामूहिक अध्ययन
–constitution	विकासशील संविधान

evolutionism	उत्क्रांतिवाद; विकासवाद
evolutionist	उत्क्रांतिवादी
evolutionist psychology	उत्क्रांतिवादी मानसशास्त्र
evolve	उत्क्रांत होणे; विकसित करणे; उत्क्रांत होणे
ex farm price	शेतीवरील किंमत
ex offico	पदसिद्ध
ex parte	एकतर्फी
exact	यथार्थ; तंतोतंत; अचूक
exact science	यथार्थविज्ञान
ex-ante investment	नियोजित गुंतवणूक
ex-ante saving	नियोजित बचत
excapism	पलायनवाद; पलायनवृत्ती
ex-capitalisation	भांडवलीकरणपूर्व किंमत
excavation	उत्खनन
exceptional condition situation	असाधारण परिस्थिती
excess	अतिरिक्त; आधिक्य; अतिरेक
–burden of taxation	कराधानाचा अतिभार
–capacity	अतिरिक्त क्षमता
–demand	अतिरिक्त मागणी
–duty	अतिरिक्त कर
–liquidity	अतिरिक्त तरलता
–payment	अतिरिक्त प्रदान/भरणा
–profit tax	अतिरिक्त लाभ कर
–demand	वाढती मागणी
exchange	देवाणघेवाण; विनिमय; हुंडणावळ
–above par	अधिमूल्य विनिमय
–account	विनिमय लेखा
–at par	सममूल्य विनिमय

–bank	चलनविनिमय बँक
–below par	अवमूल्य विनिमय
–of broker; rate	विदेश चलन; विनिमय दर
–charges	विनिमय आकार
–control	विनिमय नियंत्रण
–conversion	विदेशी चलनांतर
–depreciation	चलनाचा बाह्य मूल्य ऱ्हास
–law	विनिमयात्मक कायदा
–of currency	चलनाची देवाणघेवाण/ देवघेव
–of population	लोकसंख्येची अदलाबदल
–quota	विनिमय वाटा; विनिमय हिस्सा
exchange rate	विदेश चलन दर; हुंडणावळ दर; विनिमय दर
–controlled exchange rate	नियंत्रित विनिमय दर
–favourable exchange rate	अनुकूल विनिमय दर
–fixed exchange rate	स्थिर विनिमय दर
–fluctuating exchange rate	अस्थिर विदेशी चलन दर
–free exchnage rate	मुक्त विनिमय दर
–multiple exchange rate	बहुविध विदेशीविनिमय दर
exchange ratio	विनिमय प्रमाण
exchange stable	स्थिर विनिमय
–stable exchange rate	स्थिर विदेशी चलन दर
exchange system	विनिमय प्रक्रिया
exchange rate policy	चलनमूल्य धोरण
exchange transaction	विनिमय व्यवहार
exchange value	विनिमय मूल्य

exchangeability	विनिमयक्षमता/विनिमेयता
exchequer	राज्यकोष
exchequer bond	राज्यकोष पत्र
excise duty/cost	अबकारी कर; उत्पादन शुल्क
excluded caste	वर्जित जाती
exclusive economic zone	अनन्यसाधारण आर्थिक परिक्षेत्र
exclusive power	अनन्यशक्ती
ex-communication	जातीधर्माबाहेर टाकणे; बहिष्कार घालणे
execution	अंमलबजावणी; कार्यवाही
execution of budget	अर्थसंकल्पाची कार्यवाही
executive	कार्यकारिणी; कार्यकारी शासनांग
–action	कार्यकारी कारवाई; शासकीय कृती
–body	कार्यकारी मंडळ
–class of officer	कार्यकारी अधिकारी वर्ग
–committee	कार्यकारी समिती
–decision	शासकीय निर्णय
–department	कार्यकारी विभाग
–government	कार्यकारी शासन
–power	कार्यकारी सत्ता; शासनशक्ती
exemption	माफी; सूट
ex-factory price	कारखानी किंमत
ex-farm price	शेतावरील किंमत
exhibitionism	देखावा करण्याची प्रवृत्ती; प्रदर्शनवृत्ती
exile	देशपार; हद्दपार
ex officio	पदसिद्ध
existential	अस्तित्ववादी; वास्तववादी अस्तित्व
existential movement	अस्तित्ववादी चळवळ

existentialist idiology	अस्तित्ववादी विचारसरणी
exit fee	गमन शुल्क
exit poll research	मतसंकलनविषयक संशोधन
exogamy	बहिर्विवाह
expanded/ extended personality	विस्तारित व्यक्तिमत्त्व
expansion	विस्तार; वृद्धी; वाढ; प्रसरण
expansion of currency	चलनविस्तार
expansion of demand	मागणीचे प्रसरण
expansionism policy	विस्तारवादी धोरण
expatriate	स्वदेशातून हाकलणे
expatriation	स्वदेशत्याग
expected profitability	संभाव्य लाभप्रदता
expectation rational	संयुक्तिक आकांक्षा/अपेक्षा
expected value	अपेक्षित मूल्य
expeditionary force	मोहिनी सेना
expenditure	खर्च; व्यय
–, unplanned	खर्च, अनियोजित
–control	व्यय नियंत्रण
expenditure tax	व्यय कर
expense	खर्च; किंमत; गुंतविलेला पैसा
–account	खर्च लेखा
–ratio	खर्चाचे गुणोत्तर
expenses of production	उत्पादन खर्च
–overhead	उपरिखर्च
–prepaid	पूर्वदत्त खर्च
experience	अनुभव
experimental	अनुभवजन्य; प्रयोगात्मक; प्रायोगिक
–economics	प्रायोगिक अर्थशास्त्र
–method	प्रयोग पद्धती
–observation	प्रायोगिक निरीक्षण
–social psychology	प्रयोगात्मक सामाजिक मानसशास्त्र
–sociology	प्रयोगात्मक समाजशास्त्र
experimentation	प्रयोग; परीक्षा
expert	तज्ज्ञ; प्रवीण; वाकबगार; कुशल
expert committee	तज्ज्ञ समिती
expired loan	मुदत संपलेले कर्ज; संपलेले कर्ज
explicit cost	सुस्पष्ट ठराविक परिव्यय
explicit culture	सुव्यक्त संस्कृती
explicit interest	सुव्यक्त व्याज; स्पष्ट व्याज
exploitation	शोषण; पिळवणूक
exploitation system	शोषणव्यवस्था
exploited class/ group	शोषित वर्ग/गट
explosive escillations	सीमान्तबाह्य
exportable surplus	निर्यातयोग्य अधिक्य
export bill	निर्यात विपत्र
export bounty	निर्यात संवर्धक अर्थसाहाय्य
export duty/tax	निर्यात शुल्क; निर्यात कर
export growth	निर्यातवृद्धी
export, invisible	अदृश्य निर्यात
export licence	निर्यात परवाना
export of capital	भांडवलाची निर्यात
export oriented industries	निर्यातीभिमुख उद्योग

export processing zone निर्यात प्रक्रिया क्षेत्र
export promotion scheme निर्यात संवर्धन योजना
export quality control निर्यात प्रत नियंत्रण
export quota निर्यात कोटा (हिस्सा); निर्यात वाटा
export specie point सुवर्ण निर्यात बिंदू
export subsidy निर्यात अनुदान; निर्यात अर्थसाहाय्य
export value निर्यात किंमत/मूल्य
export tax निर्यात कर
exportable surplus निर्यातयोग्य अधिक्य
exporter निर्यात कर्ता; निर्यातदार
exporting agent निर्यात अभिकर्ता/एजंट
expression अभिव्यक्ती
expression identity अस्मितेचे प्रकटीकरण
expressionism आविष्कारवाद
expressive behaviour अभिव्यक्तीप्रधान वर्तन
expropriation स्वामित्वहरण (स्वामित्व हक्क काढून घेणे)
expulsion हद्दपारी; हकालपट्टी
exship price जहाजी किंमत
extended family विस्तारित कुटुंब
extended standard गुंतागुंतीचा विस्तार
extension programme विस्तार कार्यक्रम
extension service scheme विस्तार सेवा योजना
extensive cultivation विस्तृत लागवड
extensive unemployment व्यापक बेकारी
external परराष्ट्र; बाह्य
—affairs trade विदेशी व्यापार व्यवहार
—aggression परचक्र
—audit बाह्य लेखा परीक्षा
—bill परदेशी विपत्र
—commercial borrowings (ECB) परदेशी चलन व्यवहार
—communication परराष्ट्र/बाह्य दळणवळण
—control बाह्य नियंत्रण
—convertibility बाह्य परिवर्तनीयता
—deficit परराष्ट्रीय देण्याघेण्याची तूट
—diseconomics परिव्ययवर्धक बाह्य प्रतिकूलता
—economic condition बाह्य आर्थिक परिस्थिती
—economics परिव्ययऱ्हासक बाह्य अनुकूलता
—/foreign debt विदेशी ऋण/कर्ज
—/foreign trade; affairs trade विदेश व्यापार
—leadership बाह्य नेतृत्व
—loan विदेशी कर्ज
—resources, outsourcing बाह्यस्रोत
—transaction बाह्य व्यवहार
—transaction of deal बहिर्गत व्यवहार
—value बाह्यमूल्य
externality बाह्यता
exterritoriality राज्यक्षेत्रातीतता
extinction नाश; लोप; ऱ्हास
extra constitutional घटनाबाह्य; संविधानबाह्य

extradition प्रत्यर्पण (परदेशस्थ आरोपीला ताब्यात घेणे)
extradition treaty प्रत्यर्पण तह
extra legal विधीतर; कायदेतर
–legal sanction विधीतर मंजुरी
–margnial cultivation सीमाबाह्य लागवड
–marital विवाहबाह्य
–terrioriality राज्यक्षेत्रातीतता
extradite एका राज्यातील आरोपी दुसऱ्या राज्यात गेला असता त्याला ताब्यात देणे
extradition प्रत्यार्पण (परदेशस्थ आरोपीला ताब्यात देणे)
extradition treaty प्रत्यार्पण तह
extraordinary envoy असाधारण दूत
extreme consumerism अतिउपभोगवाद
extremist आत्यंतिकवादी; एकांतिक; जहाल मतवादी
extrinisic value परत: मूल्य; परत मूल्य; बाह्य मूल्य
extroversion बहिर्मुखता
extrovert personality बहिर्मुख व्यक्तिमत्त्व
eyeball to eyeball आतंरराष्ट्रीय संघर्ष (राजनयिक)
eye estimate दृष्टी अनुमान
eye witness प्रत्यक्ष साक्षीदार

F

F. O. B. price (Free on Board Price) जहाज खर्च मुक्त किंमत/मूल्य
F. O. R. (Free on railway invoice) रेल्वे खर्च
F. O. R. price रेल्वे खर्च मुक्त किंमत/मूल्य
fabian socialism फेबियन समाजवाद
face value दर्शनी किंमत; दर्शनी मूल्य
facets पैलू
facilitation of co-ordination समन्वय सुविधाकरण
facility सौकर्य; सुविधा; सोय
fact घटना; तथ्य; वास्तव घटना; वस्तुस्थिती
factor घटक; कारक; अडत्या
factorage अडत
factor cost निव्वळ घटक परिव्यय/खर्च
factor price घटक किंमत
factor price equalisation घटक किंमत समानीकरण
factor price frontier घटक किंमत परिसीमा
factors of production उत्पादनाचे घटक/कारक
factory कारखाना; व्यापारी पेढी
factory cost कारखाना परिव्यय/खर्च
fact, subjective वस्तुनिष्ठ घटना
factual judgement यथावस्तू न्यायनिर्णय/यथाविधान; वस्तुतथ्य विधान; वास्तविक न्यायनिर्णय
faculty विद्याशाखा; मन:शक्ती; कार्यप्रवृत्ती; ज्ञानशाखा
fad टूम; खूळ; छंद; लहर
fair रास्त; योग्य; न्याय्य
–competition न्याय्य स्पर्धा
–dealing सरळ व्यवहार
–price रास्त किंमत; रास्त भाव; रास्त मूल्य

—price shop रास्त भाव दुकान/रेशन दुकाने
—rent रास्त खंड/भारक
—returns रास्त फलप्राप्ती
—selling price रास्त विक्री किंमत
—trade परस्परानुकुल अटींचा खुला व्यापार; वैध व्यापार; परस्पर विनिमय
—wage न्याय्य वेतन; वाजवी मजुरी
—wear and tear रास्त झीज तूट
fall पडणे; उतरणे; घसरणे; ऱ्हास होणे
—contraction संकोच
—depreciation भावउतार; मूल्य ऱ्हास
—drop खाली येणे
—regression अल्पकालीन मंदी
—slump मंदीची तीव्र लाट
fallacy तर्क दोष; विचारदोष; हेत्वाभास
fallacy of irrelevant argument असंबद्धतादोष
fallibility प्रमादशीलता
false/bad coin खोटे नाणे
false entry खोटी नोंद
falsification principle बाधकतत्त्व
falsity of world जगन्मिथ्यावाद
family adjustment कौटुंबिक समायोजन (तडजोड)
—allowance कुटुंब भत्ता/परिवार भत्ता
—budget कौटुंबिक अर्थसंकल्प (खर्च वेच); कौटुंबिक अंदाजपत्रक
—clan कुटुंबकुल
—councelling कौटुंबिक समुपदेशन
—income कौटुंबिक आय/उत्पन्न
—man कुटुंबवत्सल व्यक्ती
—nuclear एककेंद्री कुटुंब
—member कुटुंबीय
—of nations राष्ट्रकुटुंब
—of orientation जनक कुटुंब
—pension कुटुंब निवृत्तीवेतन
—planning कुटुंब नियोजन
—social work कुटुंब समाजकार्य
—system कुटुंब संस्था पद्धती
—welfare work कुटुंब कल्याण कार्य
famine अवर्षण
famine relief दुष्काळ निवारण
fanatic अतिरेकी; अत्याग्रही; धर्मवेडा
fanatic individuality अतिरेकी व्यक्तिनिष्ठता
fanaticism अतिरेकी श्रद्धा; अत्याग्रह; धर्मवेड; धर्मांधता
farm कृषिक्षेत्र; शेत; शेतीवाडी; मळा
farm economy कृषिक्षेत्रविषयक/कृषीविषयक अर्थशास्त्र
farm hand शेतमजूर
farming शेती
—capitalistic farming भांडवलशाही शेती
—collective farming सामूहिक/सामुदायिक शेती
—co-operative farming सहकार शेती
—corporate farming निगम/संयुक्त शेती
—diversified farming विविधीकृत शेती
—dry farming निर्जन/कोरडवाहू शेती
—estate farming परिसर शेती

–intensive farming	सधन शेती
–joint stock farming	संयुक्त भांडवल शेती
–part time farming	अंशकालीन शेती
–state farming	सरकारी शेती
–wet/irrigate farming	ओलिताची शेती
farm labourer, farmhand	शेतमजूर
farm management	कृषिव्यवस्थापन
farm production	शेतमाल
farming of taxes	करवसुली मक्त्याने करणे
fascism	फॅसिझम; फॅसिस्टवाद (हुकूमशाही)
fascist party	फॅसिस्ट पक्ष
fascist state	फॅसिस्ट राज्य
fashion	फॅशन
fat money	अपरिवर्तनीय नोटा
fatalism	दैववाद; प्रारब्धवाद; नियतिवाद
fatalist sucide	दैववादी आत्महत्या
father right	पितृ/पितृज अधिकार
faulty management	सदोष व्यवस्थापन
favourable, balance of trade	अनुकूल व्यापार क्षेत्र
favourable, exchange rate	अनुकूल विनिमय दर
favourable foreign exchange rate	अनुकूल विदेशी चलन दर
feature agency	लेखसेवा
featureless	गुणरहित; धर्मरहित; लक्षणरहित
fed	खूळ
federal	महासांघिक/महागानी; संघात्मक; संघराज्य
–aid	संघराज्य सहाय्य
–bank	संघीय बँक
–centralisation	संघराज्यीय केंद्रीकरण
–constitution	संघराज्यात्मक संविधान (घटना)
–court	संघराज्य न्यायालय
–decentralisation	संघराज्यीय विकेंद्रीकरण
–finance	संघराज्यीय वित्तव्यवस्था
–government	संघराज्यशासन/सरकार; संघीय शासन
–judiciary	संघराज्य न्यायविभाग
–list	संघराज्य सूची
–relief	संघराज्य साहाय्य
–state	संघराज्य
–structure	संघराज्यात्मक संरचना
–system	संघराज्य पद्धती
–union	घटक राज्य संघ
federalism	संघराज्यवाद
federalist	संघराज्यवादी (पक्षसदस्य)
federation	महासंघ; संघराज्य
fee	फी; शुल्क; मोबदला
feeling	मनोवृत्ती; भावना; जाणीव; स्पर्श
fellowship	बंधुत्व; शिष्यवृत्ती (फेलोची)
fellow travellar	सहप्रवासी (साम्यवादाविषयी सहानुभूती असणारा)
female	स्त्री, बाई
female foeticide	स्त्रीभ्रूणहत्या
female foetus abortion	स्त्रीलिंगी गर्भपात
female headed households	स्त्रीप्रमुख कुटुंब

female intanticide	स्त्री अर्भक हत्या
female labour	स्त्री कामगार
female suffrage	स्त्रीमताधिकार
female worker	स्त्री कामगार
feminine entity	स्त्रीतत्त्व
femininity	नारीत्व/लिंग; स्त्रीत्व
feminisation of poverty	दारिद्र्याचे महिलाकरण
feminism	स्त्री समतावाद; स्त्रीवाद
feminist activist	स्त्रीवादी कार्यकर्ती
feminist analysis	स्त्रीवादी विश्लेषण
feminist development	स्त्रीवादी विकास
feminist expression	स्त्रीवादी अभिव्यक्ती
feminist histriography	स्त्रीवादी इतिहासलेखन
feminist ideology	स्त्रीवादी प्रणाली
feminist methodology	स्त्रीवादी अध्ययनपद्धती
feminist movement	स्त्रीवादी आंदोलन/चळवळ
feminist principles	स्त्रीवादी मूल्य/मूल्ये
feminist theories	स्त्रीवादी सिद्धान्त
feminist theorisation	स्त्रीवादी सिद्धांकन
fendalistic production	सरंजामशाही उत्पादन
fendatory	सरदार
fertility	जननक्षमता; प्रसवशक्ती; सुपीकता
–oriented sexuality	प्रजननलक्षी लैंगिकता
–rate	प्रसूतिमान
–ratio	जननगुणोत्तर
fetistism	प्रतीकनिष्ठा; प्रतीकासक्ती
feudal	सरंजामी
–interests	सरंजामी हितसंबंध
–king	सरंजामदार
–law	सरंजामी कायदा
–social system	सरंजामी समाजव्यवस्था
–system	सरंजामी पद्धती
–values	सरंजामी मूल्ये
feudalism	सरंजामशाही; जहागीरदारी; जमीनदारी
feudatory	मांडलिक; सरदार
fiat money	आदिष्ट (अपरिवर्तनीय) पैसा
fictitious account	बनावट लेखा
fictitious assets	काल्पनिक संपत्ती; खोटी मत्ता
fictitious payee	खोटा आदाता
fidelity	इमान; एकनिष्ठ
fidelity bond	निष्ठाबंध; बंधपत्र
fidelity insurance	इमान विमा
fiduciary loan	विश्वासाश्रित कर्ज
fiduciary money	विश्वासाश्रित मुद्रा
fiduciary paper money	विश्वासाश्रित नोटा
field co-ordination	क्षेत्र समन्वय; क्षेत्रसेवा
field experiments field sectoral	क्षेत्रीय प्रयोग
field method	क्षेत्रपद्धती
field observation method	क्षेत्र निरीक्षण पद्धती
field of psychology	मनोविज्ञान क्षेत्र
field office	क्षेत्र कार्यालय
field scientist	क्षेत्रीय संशोधक
field service/ co-operation	क्षेत्रसेवा
field work	क्षेत्रकार्य
field work approach	क्षेत्रकार्यात्मक दृष्टिकोन

field worker क्षेत्र कार्यकर्ता
fifth columnist फितूर
fighter's group लढाऊ गट
filial picty पितृधर्म; पैतृक पावित्र्य
filibuster भाषणी अडवणूक (विधान मंडळात भाषा अडवणूक करणे)
final account अंतिम लेखा
final call accounts अंतिम मागणी लेखा
final cause अंतिम कारण
final end अंतिम कारण
final goal अंतिम अर्थ/श्रेय
final goods अंतिम निर्मित वस्तू
final ultimate अंतिम प्रयोजन; परमप्रयोजन
finance वित्तव्यवस्था; वित्तीय साधने; वित्त
–act वित्त अधिनियम
–adviser वित्तसल्लागार
–bill वित्त विधेयक
–commission वित्त आयोग
–committee वित्त समिती
–corporation वित्त निगम; वित्त महामंडळ; वित्तीय महामंडळ
–institute वित्त संस्था
–management वित्त व्यवस्थापन
–minister अर्थमंत्री; वित्त मंत्री
–ministry वित्त मंत्रालय
–procurement वित्तीय तरतूद
–service वित्तीय सेवा
–status वित्त स्थिती
–supply वित्त पुरवठा; वित्तपुरवठा
–system अर्थयंत्रणा; वित्तयंत्रणा/अर्थव्यवस्था
financial वित्तीय
–activities वित्तीय कामे
–fiscal राजकोषीय
–monetary द्रव्यसंबंधी; द्रव्यविषयक
–pecuriary धनविषयक; पैशाचा
–administration अर्थविषयक प्रशासन; वित्तीय प्रशासन; वित्तीय विनियोजन
–adviser वित्त सल्लागार
–assistance वित्तसहाय्य; वित्तीय सहाय्य
–autonormy आर्थिक स्वायत्तता
–bill वित्तीय विधेयक
–burden वित्तीय भार
–capacity वित्तीय क्षमता; ऐपत
–capital वित्तीय भांडवल
–commitement वित्तीय बांधिलकी
–control वित्तीय नियंत्रण
–discipline वित्तीय शिस्त
–diseconomics वित्तीय परिव्ययऱ्हासक प्रतिकूलता
–economics वित्तीय अर्थशास्त्र; वित्तीय परिव्ययऱ्हासक अनुकूलता
–efficiency वित्तीय कार्यक्षमता
–emergency वित्तीय आणीबाणी
–feasibility वित्तीय सुसाध्यता
–hypothesis आर्थिक परिकल्पना
–instability आर्थिक अस्थिरता
–institution वित्तीय संस्था
–instrument वित्तीय साधन
–integration वित्तीय एकसंधता
–intermediary वित्तीय मध्यस्थ
–liberalism आर्थिक उदारमतवाद/ उदारवाद
–management वित्तव्यवस्थापन
–performance वित्तीय कार्यनिष्पत्ती
–planning चलनाधारित नियोजन; वित्तीय नियोजन
–procedure वित्तीय कार्यपद्धती; वित्तीय प्रक्रिया

–provision	वित्तप्रबंधन
–reforms	वित्तीय सुधारणा
–resources	वित्तीय साधने
–rights	अर्थअधिकार
–statement	वित्तविवरण
–transaction	वित्तव्यवहार
–transference	वित्तीय हस्तांतरण
–stringency	आर्थिक तंगी
–year	वित्तीय वर्ष
financing	अर्थप्रबंध; अर्थप्रबंधन
–agency	वित्तदायी संस्था
–partner	वित्तदायी भागीदार
fine	दंड; द्रव्यदंड
finidity	प्रवाहीपणा
finished goods/ products	तयार माल/वस्तू
finit	परिमित; मर्यादित
fire insurance	आग विमा
firm	व्यवसाय संस्था
–business house	व्यवसायगृह
–cartel	कारखानदार नियंत्रक संघ
–combine	व्यवसाय संयोग
–company	कंपनी
–corporation	महामंडळ; निगम; कार्पोरेशन
–enterprise	साहसी उपक्रम; उपक्रम
–guild	श्रेणी
–joint stock company	संयुक्त भांडवल कंपनी; संयुक्त मालकीची संस्था
–partnership	भागीदारी मालकीची संस्था
–proprietory concern	मालकी संस्था; वैयक्तिक मालकीची संस्था
–sole trading concern	एकल मालकीची संस्था
–undertaking	उपक्रम
–market	स्थिर बाजार
firm owner	पेढीवाले
first among the equals	समानांमध्ये प्रथम
first cause	आदिकारण; आद्य कारण
first class paper	उत्तम धनपत्र
first of exchange	विपत्र प्रथमक
fiscal	राजकोषीय
–administration	राजकोषीय प्रशासन
–autonomy	राजकोषीय स्वायत्तता
–control	राजकोषीय नियंत्रण
–deficit	राजकोषीय तूट; वित्तीय तूट
–discipline	फडणिशी शिस्त; राजकोषीय शिस्त
–effort	फडणिशी प्रयत्न; राजकोषीय प्रयत्न
–management	राजकोषीय व्यवस्थापन
–operation	राजकोषीय व्यवहार
–policy	राजकोषीय नीती/धोरण
–residue	राजकोषीय निव्वळ लाभ
–system	राजकोषीय पद्धती
–year	आर्थिक वर्ष
fitness	योग्यता; क्षमता
fixed	स्थिर; निश्चित; नियत
–assets	स्थिर मत्ता
–capital	स्थिर भांडवल; स्थिर (स्थायी) भांडवल
–charge	स्थिर भार
–charges	स्थिर आकार
–cost	स्थिर परिव्यय
–deposit	नियत ठेव; मुदतबंद ठेव
–deposit account	नियत ठेव खाते
–exchange rate	स्थिर विनिमय दर
–exchange rate system	स्थिर निश्चित विनिमय दर

–fiduciary reserve	स्थिर विश्वासश्रित राखीव निधी
–instalment method	नियत हप्ता पद्धती
–interest rate	स्थिर व्याजदर
–means/ resource input	स्थिर साधन
–period	निश्चित मुदत
–price	ठराविक किंमत; नियत मूल्य
–production coefficient	नियत उत्पादन गुणांक
–structure	स्थिर रचना
–exchange	स्थिर विदेशी विनिमय
–exchange rate	स्थिर विदेशी चलन (विनिमय) दर
flat cost	सरसकट परिव्यय
flat money	स्थावर पैसा
flat rate	सरसकट स्थिर दर
flat rate tax	सरसकट दराने असलेला कर
flesh trade	शरीरविक्री
flexibility	लवचीकता
flexibility of price	किंमतीची लवचिकता
flexible	लवचिक
–constitution	परिवर्तनशील घटना/ संविधान; लवचिक संविधान/घटना
–exchange rate	लवचिक विनिमय दर/विदेशी चलन दर
floatation of a company	कंपनीची उभारणी
floater	चलन प्रतिभूती; चलन विमापत्र
floating	तरता
–assets	तरती मत्ता
–capital	तरते भांडवल; तरल भांडवल
–charge	तरता भार
–debt	तरते ऋण
–exchange rate	बदलता चलन दरमूल्य; बदलते विनिमय दर
–exchange rates system	तरता विनिमय दर पद्धत
–interest rate	तरता व्याजदर
–mortage	तरते गहाण
–policy	चल नोविमा पत्र/विमापत्र
flood control	पूरनियंत्रण
floor crossing	बाजूबदल
floor crossing defection	पक्षबदल
floor leader	सदन पक्षनेता
floor price	निर्धारित किंमत
floor soil	तळ; तक्तपोशी; तळपत्रा
flow equilibrium	प्रवाही समतोल
flow of fund	मुद्रा प्रवाह; लेखांकन
flow of time/ timespan	कालौघ
flow trends	प्रवाह संकल्पना
fluctuate	विचलित
fluctuating assets	कमी-जास्त होणारी मत्ता
fluctuating capital	बदलते भांडवल
fluctuating exchange rate	चढउतारी विदेशी चलन दर
fluctuating income	चढउतारी उत्पन्न
fluctuating income tax	आयकरातील चढउतार
fluctuating price	चढउतारी किंमत
fluctuating exchange rate	अस्थिर विदेशी चलन दर
fluctuation	अस्थिरता; चढउतार
fluctuations in rate of interest	व्याजदरातील चढउतार

fluid resources	प्रवाही साधनसंपत्ती
fluidity	तरलता; द्रावणता; प्रवाहीपणा; प्रवाहीतता
focused group	केंद्रित गट
–group discussion	केंद्रित गटचर्चा
–interview	केंद्रीय मुलाखत
foeticide	भ्रूणहत्या
folklore	लोकविद्या; लोकसाहित्य
folktale	लोककथा
folkways	जनरूढी
follow	अनुकरण
follow travellor	सहप्रवासी (साम्यवादाविषयी सहानुभुती असणारा)
follow up	पाठपुरावा
followship	बंधुत्व
food crops	अन्नपीके; खाद्यपीके
food industry	अन्नोद्योग; खाद्यपदार्थ उद्योग
food problem	अन्नसमस्या
food scaracity	अन्नटंचाई
food security	अन्नसुरक्षितता
food stamps	अन्न तिकीटे
food supply	अन्नपुरवठा
food value	आहारमूल्य
for value received	प्राप्त मूल्यार्थ
forage crop	चराऊ पीक
force	बल; बिगार; प्रेरणा; आवेग
forced labour	सक्तीची मजुरी; बिगार/वेठबिगारी
forced saving	अनैच्छिक बचत
foregrounding	पुरोभिकरण
foreign affairs	परराष्ट्रीय व्यवहार
foreign aid	परराष्ट्र मदत; परराष्ट्रीय मदत; विदेशी अर्थसहाय्य; विदेशी मदत
foreign assets	विदेशी मत्ता
foreign bank	परदेशी बँक; विदेशी बँक
foreign basket of currency	विदेशी चलन साठा
foreign bill/foreign bill of exchange	विदेशी विपत्र
foreign capital	विदेशी भांडवल
foreign clearing exchange	विदेशी चलन समाशोधन
foreign commerce	विदेशी वाणिज्य/व्यापार
foreign court	विदेशी न्यायालय
foreign currency	परकीय चलन; परदेशी चलन; विदेशी चलन; विदेशी चलनांचे वायदेव्यवहार
foreign debt	विदेशी ऋण/कर्ज
foreign domicile	विदेशी अधिवास
foreign domiciled security	विदेशी देय रोखा; विदेशी स्थाननिर्दिष्ट रोखा
foreign exchange	विदेशी चलन निधीसाठा; विदेशी विनिमय; विदेशी हुंडणावळ
–assets	विदेशी चलन मत्ता
–bank	परकीय विनिमय बँक
–broker	विदेशी चलन दलाल
–control	विदेशी चलन नियंत्रण
–conversion	विदेशी चलन रूपांतर
–liability	विदेशी चलन दायित्व
–market	परदेशी चलन बाजार; विदेशी चलन बाजार; विदेशी विनिमय बाजार
–rate	परदेशी हुंडणावळ/विनिमय दर; विदेश विनिमय दर; विदेशी विनिमय/हुंडणावळ दर
–reserve	विदेशी चलन निधीसाठा

—risk विदेश विनिमय जोखीम

foreign indirect exchange विदेशी चलन विनिमय

foreign overseas investment परकीय विदेशी गुंतवणूक

foreign investor परकीय गुंतवणूकदार; विदेशी गुंतवणूकदार; विदेशी निवेशक

foreign jurisdiction विदेशी अधिकारिता

foreign minister विदेश मंत्री; परराष्ट्रमंत्री

foreign office विदेशी कार्यालय

foreign policy परराष्ट्रीय धोरण; विदेश नीती

foreign policy making परराष्ट्रधोरण निर्मिती

foreign public debt विदेशी लोकऋण

foreign service विदेशी सेवा

foreign state विदेशी राज्य

foreign trade विदेशी व्यापार

— multiplier विदेशी व्यापार गुणक

—policy विदेशी व्यापार धोरण

foreigner परदेशस्थ/परके; परदेशी; विदेशी

forfeit समापहरण करणे; गमावणे

forfeited जप्त केलेला/झालेला; गमावलेला

forfeiture of shares भाग जप्ती

forged acceptance बनावट स्वीकृती

forged documents बनावट दस्तऐवज/कागदपत्र

forged note बनावट नोट

form आकार; आकृती; रूपे; वर्ग; घडण; प्रकार; नमुना

form of balance sheet ताळेबंदाचा नमुना

form utility रूप उपयोगिता

formal education औपचारिक शिक्षण; शिक्षण औपचारिक

formal organization औपचारिक संघटना

formal school of sociology आकारवादी समाजशास्त्रीय संप्रदाय/शाखा

formal sector औपचारिक क्षेत्र

formal tax करभार

formalised status विशिष्ट स्थान

formalism आकारवाद; उपचारवाद

form of balance sheet ताळेबंदाचा नुमना

formation of the capital asset pricing model भांडवली जिंदगीची किंमत निश्चिती

forms of capital भांडवलाचे प्रकार

formula सूत्र

form utility रूप उपयोगिता

fornication व्यभिचार

for value received प्राप्त मूल्यार्थ

forward अग्रगामी; पुरोगामी; प्रगत

—business वायद्याचा धंदा

—delivery भावी पोचवणी

—exchange भावी/वायदा विनिमय

—exchange rate भावी/वायदा विनिमय दर

—foreign exchange वायदा विदेशी चलन

—integration अग्र उद्योग एकीकरण

—price भावी किंमत/मूल्य

—strategy अग्रगामी रणनीती

—market वायदे बाजार

—shifting of a tax कराचे पुरस्तरण

—strategy अग्रगामी रणनीती

forwards trading व्यवहार वायदा
founder's share संस्थापक भाग
founding father घटनाकार; जनक; राष्ट्रजनक; संस्थापक
four freedom स्वातंत्र्याची चतु:सुत्री; विचार भाषण स्वातंत्र्य; उपासना स्वातंत्र्य; गरजपूर्ती स्वातंत्र्य; भयमुक्त स्वातंत्र्य
fractional अंशात्मक; अपूर्णांकी; आंशिक; खंडश:; भागश:; भागात्मक
fragmentation of holdings क्षेत्रवाटणी (धारण जमिनीचे तुकडे पाडणे)
fragmentation of land जमीन अपखंडण
fragmented reality खंडीत वास्तव
fragmental खंडमय
franchise सनदी अधिकार; हक्क खर्चवेचासहित परिव्यय (परिव्यय, विमा, वाहनावळ यासह खर्च)
franco invoice खर्चवेचासहित बीजक
franco price खर्चवेचासहित किंमत/मूल्य; परिव्ययविमा; वाहणावळ, विमा, परिव्यय यासहित मूल्य
franked income पृथक् रक्षित आय
fraternal polyandry भ्रातृक बहुपतित्व
fratricide भ्रातृकहत्या
fraud घोटाळा
free association अनिर्बंध/मुक्त साहचर्य
–banking अल्पनियंत्रित अधिकोषण; मुक्त अधिकोषण; मुक्त बँक व्यवसाय
–boundary मुक्त सीमा
–capital मुक्त भांडवल
–coinage अनिर्बंध टंकन/नाणेपाडणी; अनिर्बंध नाणेपद्धती; मुक्त टंकन
–competition खुली स्पर्धा; मुक्त स्पर्धा
–delivery मोफत/विनामूल्य पोचवणी
–economy अनिर्बंध/मुक्त अर्थव्यवस्था
–enterprise मुक्त उपक्रम
–exchange rate मुक्त विदेशी चलन दर/विनिमयदर
–float index मुक्त तरल निर्देशांक
–goods नि:शुल्क (मुक्त) माल
–market अनिर्बंध व्यापार; मुक्त बाजार
–on board price जहाजखर्च मुक्त स्वातंत्र्य
–port खुले बंदर
–reserves मुक्त राखीव निधी
–response मुक्त प्रतिसाद
–society स्वतंत्र समाज; खुला समाज; मुक्त समाज
–thought (धर्मविषयक) स्वतंत्र विचार
–trade खुला व्यापार; मुक्त व्यापार
–trade zone/area मुक्त व्यापारक्षेत्र
–trade philosophy मुक्तबाजार विचारप्रणाली
–travel खुला प्रवास
–use rights मुक्त वापर अधिकार
–will स्वतंत्रेच्छा; स्वेच्छा
–zone मुक्त क्षेत्र
freedom fighter स्वातंत्र्य सैनिक
freedom from fear भयमुक्ती स्वातंत्र्य
freedom from wants प्रातिनिधिक गरजपूर्ती स्वातंत्र्य
freedom of association संघस्वातंत्र्य
freedom of choice निवड स्वातंत्र्य; पसंती स्वातंत्र्य

freedom of conscience सद्सद्विवेक स्वातंत्र्य
freedom of homosexuality समलैंगिक स्वातंत्र्य
freedom of movement संचारस्वातंत्र्य
freedom of the seas सागरसंचार स्वातंत्र्य
freedom of will संकल्पस्वातंत्र्य; इच्छास्वातंत्र्य
freedom/liberty of speech भाषणस्वातंत्र्य
freight वाहतूक आकार; वाहनावळ
—charges वाहतूक आकार/भाडे; वाहतूक खर्च
—insurance वाहतूक आकार विमा
—note वाहणावळ चिठ्ठी
—return वाहतूक प्राप्ती
frequency distribution वारंवारता वितरण
frictional unemployment संघर्षमय/संघर्षजन्य बेकारी
friendship agreement मैत्री करार
fringe benefit अनुषंगी लाभ
frozen assets गोठवलेली मत्ता
fruit cultivation फळसंवर्धन
fruit farming फळशेती
fruit production फलोत्पादन
fruitfulness फलदायित्व
fragality मितव्यय
frustrated saving विफल बचत
frustration निराशा; नैराश्य; वैफल्य
fuel politics इंधनाचे राजकारण
fuel scarcity इंधन टंचाई
fuhrer नेता
full aged सज्ञान
full blood सख्खे भावंड
full bodied money पूर्णांश पैसा; पूर्ण मूल्य
full cost pricing किंमत निर्धारण; पूर्ण परिव्यय
full employment पूर्ण रोजगार/रोजगारी; पूर्ण सेवायोजन
full employment output पूर्ण रोजगारी उत्पादन
full interpretation, finalization संपूर्ण निश्चिती/विवरण
full paid shares पूर्ण भरणा केलेले भाग
full time disomention पूर्ण किंमत भेद
fully secured पूर्ण तारण
functional autonomy कार्यिक स्वायत्तता
functional finance कार्यात्मक/प्रयोजनलक्षी वित्तव्यवस्था
functional group कार्यात्मक गट; कार्यान्वयी समूह
functional loyalty कार्यनिष्ठता
functional planning कार्यात्मक नियोजन
functional principle सांस्कृतिक कार्यघटक
functional psychology प्रक्रियावादी मानसशास्त्र
functional representation व्यवसायानुसार प्रतिनिधित्व
functionalism कार्यवाद; प्रकार्यवाद
functionalist sociology प्रकार्यवादी समाजशास्त्र
functionalist theory कार्यवादी सिद्धान्त
fund निधी/उत्तम रोखा
—alloted fund नियत निधी

–benevolent fund हितकारी निधी; लोकहितैषी निधी
–bonus fund बोनस निधी; अधिलाभांश निधी
–borrowed fund उधार निधी
–capital reserve fund भांडवली राखीव निधी
–chit fund चिठ्ठी निधी
–closed fund संयुक्त निधी
–debenture redemption fund ऋणपत्र विमोचन निधी
–discount sinking fund बट्ट ऋणनिवारण निधी
–dividend equalisation fund लाभांश समानीकरण निधी
–fundamental fund मूलभूत निधी
–insurance fund विमा निधी
–international monetary fund आंतरराष्ट्रीय मुद्रानाणे निधी
–life fund आजीव निधी
–rectification fund शोधन निधी; चूकदुरूस्ती
–reserve fund राखीव निधी
–revenue reserve fund महसुली राखीव निधी
–sinking fund ऋणनिवारण निधी
–small savings fund अल्पबचत निधी
fund holding निधीधारण
fund institution निधी संस्था
fundamental description मूलगामी विवेचन
fundamental disequilibrium मूलभूत असमतोल
fundamental equilibrium मौलिक मूलभूत असमतोल
fundamental law मूलभूत विधी/कायदा
fundamental needs मूलभूत गरजा
fundamental people; orthodox कडवे लोक
fundamental presentation मूलगामी मांडणी
fundamental principle मूलतत्त्व
fundamental principles आधारभूत तत्त्वे
fundamental rights मूलभूत अधिकार
fundamental training पायाभूत प्रशिक्षण
fundamentalism मूलतत्त्ववाद
fundamentalist कट्टर; कडवा; मूलतत्त्ववादी
funded debt निधिगत ऋण; स्थायी कर्ज
fund holdings निधी धारण
funded income निधिगत आय/प्राप्ती
funding loan निधीधारण कर्ज
funding of public debt सरकारी ऋणाचे निधीकरण
funding operations निधीधारण व्यवहार
funeral rituals अंत्यविधी
fusion मिलाफ
fusion of culture सांस्कृतिक मिलाफ
future market वायदेबाजार
future trading व्यवहार भावी
futurology भाविकालशास्त्र

G

gag law मुस्कटदाबी कायदा
gain लाभांश; लाभ; प्राप्ती; नफा
gallap poll गॅलप मत चाचणी

galloping inflation (hyper inflation)	उत्प्तवी फुगवटा; वेगवान अतिवृद्धी
game theory	क्रीडा सिद्धान्त
gang	टोळी; जमाव
gangster	टोळकरी; टोळीचा नायक किंवा पुढारी
gazette	राजपत्र; वृत्तपत्र
gemeinscaft community	एकजीव एकनिष्ठ समुदाय
gender	लिंगभाव
—based	लिंगभावमक्ता
—based politics	लिंगभावाधिष्ठित राजकारण
—blindness	लिंगभावांधळेपणा
—conflict	लिंगाधारित संघर्ष
—discrimination	लिंगभेद
—equality	लिंगभावसमानता
—identity	लिंगाधिष्ठित अस्मिता
—inequality	लिंगाधारित विषमता
—perspective	लिंगभावाधारित परिप्रेक्ष्य
—purity	लैंगिक शुद्धता
—relationship	लिंग नातेसंबंध
gendered	लिंगभावात्मक; लिंगभावी
gene; gens	गण; वंश; कुळी
genelogy	कुलक्रम
geneological	वंशावळ
—chart	वंशावळ तक्ता
—method	वंशावळ पद्धती
—relationship	वंशावळ संबंध
—tree	वंशवृक्ष
general acceptance	सामान्य स्वीकृती
—administration	सार्वत्रिक प्राधिकरण
—agent	सर्वसाधारण अभिकर्ता/एजंट; सामान्य अभिकर्ता/एजंट

—agreement on tariff and trade	प्रशुल्क व व्यापार यासंबंधी सर्वसाधारण करार
—assembly	आमसभा; महासभा; सर्वसाधारण सभा
—assets	सर्वसाधारण मत्ता
—banker's lien	बँकेचा सामान्य धारणाधिकार
—central revenue	सामान्य केंद्रीय महसूल
—council	महापरिषद
—credit	सामान्य पत
—crossing	सर्वसाधारण रेखन/रेखांकन
—distribution	सर्वसाधारण वाटप
—election	सार्वत्रिक निवडणूक
—endorsement	सामान्य पृष्ठांकन
— equilibrium	सामान्य समतोल; सार्वत्रिक समतोल
—equilibrium analysis	सार्वसमतोल विश्लेषण
—equilibrium theory	सामान्य संतुलन सिद्धान्त; सार्वसमतोल सिद्धान्त
—excise	सामान्य उत्पादन शुल्क
—fund	सामान्य निधी
—fund budgetting	सामान्य निधी अर्थसंकल्प
—guarantee	सर्वसाधारण हमी
—happiness	जनसाधारण सुख; समष्टिसुख
—human theory of relativity	सापेक्षतेचा सामान्य मानवी सिद्धान्त
—income-expenditure	सार्वजनिक आयव्यय
—insurance	आयुर्विमेतर विमा
—investment	स्थूल गुंतवणूक

–justice सार्वत्रिक न्याय
–law सामान्य नियम/सिद्धान्त
–ledger सर्वसाधारण खातेवही; सामान्य खातेवही
–licence सामान्य परवाना
–partnership सामान्य भागीदारी
–price level किंमतीची सर्वसाधारण पातळी; सर्वसाधारण किंमत पातळी
–principle सर्वसामान्य तत्त्व
–production स्थूल उत्पादन
–production growth tax स्थूल उत्पादन वृद्धी कर
–purpose aid सामान्य प्रयोजन मदत
–revenue सर्वसाधारण आगम/महसूल
–rule सार्वत्रिक नियम
–science सामान्य विज्ञान
–share capital सर्वसाधारण भाग भांडवल
–sociology सामान्य समाजशास्त्र
–strike सार्वत्रिक संप/हरताळ
–welfare सार्वजनिक कल्याण
–will श्रेयस्करी समूह इच्छा; सार्वजनिक ईहा (इच्छा)
generalisation सर्वसामान्य सिद्धान्त; सामान्यीकरण; सार्वत्रिकीकरण/सार्वत्रीकरण
generalised faith सामान्यीक्रम विश्वास
generality सर्वसाधारणता; सामान्यता
generation पिढी
generation gap पिढ्यांमधील संवादाभाव
generation of income आय निर्मिती
generative grammer निर्देशनात्मक/जननिष्ठ व्याकरण
genesis उत्पत्ती; जनन
genetic जननिक
–change जननबदल
–diversity आनुवांशिक भिन्नता
–factor आनुवांशिक कारक/घटक; जननिक घटक
–group जननिक गट; जननिक समूह
–theory of race वंशाची जननिक उपपत्ती/सिद्धान्त
–variation जननिक भेद
genetics अनुवंशशास्त्र; जननशास्त्र
genetist अनुवंशतज्ज्ञ
genius असामान्य; प्रतिभाशाली; लोकोत्तर
genocide जातिसंहार
gentelman's agreement सभ्यजन करार
geo political भू-राजकीय
geo political objectives भूमानकीय उद्दिष्ट्य
geographical mobility भौगोलिक चलत्व/चलनशीलता
geography भूगोलशास्त्र
–commercial geography वाणिज्य भूगोल
–economic geography आर्थिक भूगोल
–physical geography प्राकृतिक भूगोल
–political geography राजकीय भूगोल
geometrical progression भूमितीय श्रेणी
geopolitics भूराज्यनीती
germs warfare जंत युद्ध

gerontocracy वृद्धसत्ता/वृद्धसत्ताक
gerry mander सत्ताधिकाऱ्यांच्या सोयीनुसार मतदारसंघाची – निर्वाचन क्षेत्राची पुनर्रचना
gestapo गेस्टॅपो (नाझी जर्मनीतील गुप्त पोलीस)
ghetto घेटो (नकाराधिकार)
ghost cult पिशाच्च पूजा संप्रदाय
ghost worship पिशाच्चपूजा
gift edged securities उत्तम रोखे
gift tax दान कर
gingoism उन्मत्त राष्ट्रवाद
given conditions प्राप्त परिस्थिती
global state जागतिक राज्य
–bank जागतिक बँक
–capitalistic वैश्विक भांडवलशाही
–economic system वैश्विक अर्थव्यवस्था
–governance जागतिक कारभार
–non government organization वैश्विक स्वयंसेवी संस्था
–trends जागतिक प्रवाह
–village जागतिक खेडे; वैश्विक खेडे
–war जागतिक युद्ध
glut अत्याधुनिक पुरवठा
goal orientation उद्दिष्टाभिमुखता
goal oriented उद्दिष्टप्रधान
goals of life जीवनसाध्ये
godliness दैवी भाव
god man दैवी मानव
go down strike मंदकार्य संप
godown गोदाम
going concern चालू व्यवसायसंस्था
going concern value चालू व्यवसायसंस्थेचे मूल्य
gold band सुवर्ण रोखा
gold exchange standard सुवर्ण हुंडणावळ मानक
gold export point सुवर्ण निर्यात बिंदू
gold parity सुवर्णतुल्यता; सुवर्णाचा दर्जा
gold parity standard सुवर्णतुल्यता मानक
gold producer गोल्ड स्टँडर्ड/सुवर्ण जनक
good किफायत; फायदा; लाभ; कल्याण; हित
good and evil शिव आणि अशिव; शुभ आणि अशुभ
good blood कुलीनता
good government सुविहित शासन
good money उत्कृष्ट मुद्रा; कल्याणकारी पैसा
good neighbouring policy शेजार धर्मनीती
good offices शिष्टाई
good the ethical नीतिशास्त्रीय श्रेयस तत्त्व
good total संपूर्ण शिव
good will शुभसंकल्प/शुभेच्छा; सत्संकल्प; शुभेषा
goods गिफेन
–account माल लेखा
–book जांगड वही; माल वही
–in transit मार्गस्थ माल/वस्तू
–of the first order प्रथमश्रेणी (उपभोग्य) वस्तू
–on approval पसंतीसाठी वस्तू
–service tax वस्तू सेवाकर/सेवा कर
–transporttrafic माल वाहतूक
goodwill कीर्तीस्व (ख्यातिमूल्य); ख्यातीमूल्य
go-slow strike मंदकार्य संप
governance अभिशासन; शासनव्यवहार

governed शासीत
governement restrictions शासकीय निर्बंध
governing शासक; नियंत्रक संस्था
governing board नियामक मंडळ
governing body अधिशासक/शासक मंडळ; नियामक मंडळ
government राज्यकारभार; शासन; सरकार
—account शासकीय लेखा
—administration राजयंत्रणा
—bank शासकीय बँक
—bill शासन/सरकारी विधेयक
—bond सरकारी रोखे
—draft शासकीय धनाकर्ष/ड्राफ्ट/ अधिकोष
—goddess शासनदेवता
—loan सरकारी कर्ज
—monopoly शासनाची मक्तेदारी
—organisation शासकीय संघटना
—ownership शासकीय/सरकारी मालकी
—policy राज्यधोरण; सरकारी धोरण
—representative सरकारचा प्रतिनिधी
—securities शासकीय रोखे; सरकारी कर्जरोखे
—securities market सरकारी प्रतिभूती बाजार
—system शासनप्रणाली
—transactions शासकीय व्यवहार
—transformation शासन परिवर्तन
—institution राज्यसंस्था
—interference सरकारी हस्तक्षेप
—reorganization शासकीय पुनर्रचना
government-in -excile निर्वासित सरकार
governor राज्यपाल; अधिशासक; नियामक; नियंत्रक

grace कृपाप्रसाद; अनुग्रह; ईश्वरनुग्रह; दैवीप्रसाद; लालित्य; शोभा
gradation श्रेणीकरण
gradualism क्रमवाद; क्रमिक सुधारवाद
graduated tax क्रमवर्धी कर
grand alliance महायुती
grand design व्यापक राजनयिक अभिकल्प
grant सनद; अनुदान; द्रव्यसाहाय्य
—ad hoc grant तदर्थ अनुदान
—block grant गट समानीकरण अनुदान
—maintenance grant परिरक्षा अनुदान
—per capital grant दरडोई अनुदान
—in aid साहाय्यक अनुदान
grapevine अफवांचे पेव
graphic technique रेखाचित्रीय तंत्र
grass root democracy समाजाच्या खालच्या थरापर्यंत पोचलेली लोकशाही
gratuitary pension scheme सानुग्रह निवृत्ती वेतन
gratuitious coinage नि:शुल्क टंकन
gratuity उपदान; बक्षीसरूपी वेतन; ग्रॅच्युइटी
graveyard राजकीय अंतिमधाम; परमगौप्य; अभेद्य विश्वास
greatest hapiness principle अधिकात्म सुखतत्त्व
gray eminence राजकीय सूत्रचालक
great depression महामंदी
great powers बडी राष्ट्रे
great real राजमुद्रा
green activists ग्रीन आंदोलक
—idealism ग्रीन आदर्शवाद

–ideology	ग्रीन तत्त्वप्रणाली; ग्रीन विचारसरणी
–movements	ग्रीन आंदोलने
–party	ग्रीन पक्ष
–principle	ग्रीन तत्त्व
–revolution	हरितक्रांती
greenhouse	हरितगृह
greezy mander	सत्ताधिकाऱ्यांच्या सोयीनुसार मतदारसंघाची पुनर्रचना
gross	सफल; स्थूल; ढोबळ; एकूण; समग्र
–barter terms of trade	व्यापारराशी मूल्य
–domestic product (GDP)	स्थूल देशी उत्पन्न; देशांतर्गत स्थूल राष्ट्रीय उत्पन्न
–earning	ठोक कमाई
–income	स्थूल आय/उत्पन्न
–interest	एकूण व्याज
–loss	स्थूल तोटा
–national income	राष्ट्रीय स्थूल उत्पन्न
–national product	देशांतर्गत राष्ट्रीय उत्पन्न
–national welfare (GNW)	स्थूल राष्ट्रीय कल्याण
–output	एकूण उत्पादन
–rent	स्थूल खंड; स्थूल भाडे
–value	स्थूल मूल्य
–yield	स्थूल उत्पन्न
–profit	एकूण नफा/फायदा
ground of goodness	श्रेयाचा आधार
group	समूह; गट
–action	समूह कार्य
–affiliation	समूह संलग्नीकरण
–behaviour	समूह वर्तन
–centricism	समूह केंद्रितता
–characteristics	समूह वैशिष्ट्ये
–contacts	समूह संपर्क
–culture	समूह संस्कृती
–decision	समूह निर्णय
–development	समुदाय विकासकार्य
–discussion	गटचर्चा
–disintegration	समूहविघटन
–dynamics	समूह गतिमत्व
–feelings	समूह भावना
–formation	गटनिर्मिती
–fusion	समूह एकीभवन
–harmony	समूह सुसंवाद
–initiative	समूह उपक्रमशीलता
–insurance	गटविमा; सामूहिक विमा
–integration	गट/समूह एकात्मीकरण
–interaction	समूह आंतरक्रिया/अन्योन्यक्रिया
–interest	सामूहिक हितसंबंध
–interview	गटमुलाखत
–life	समूह जीवन
–loyalty	गटनिष्ठा; समूहनिष्ठा
–marriage	गट विवाह; समूह विवाह
–mind	समूहमन
–mindness	समूह भावना
–morale	समूह मनोधैर्य
–norm	समूह प्रमाणक
–of commodities	वस्तू समूह
–of people; community	लोकसमूह
–opinion	समूहमत
–organisation	समुदाय संघटन
–panic	सामूहिक घबराट
–participation	समूह सहभागिता
–politics	गटाचे राजकारण
–prejudice	सामूहिक पूर्वग्रह

—relation	समूह संबंध
—settlement	सामूहिक निवासस्थान
—situation	गट स्थितीविशेष; समूह स्थितीविशेष
—solidarity	समूह दृढैक्य
—standard	समूह मानक
—stimulation	समूह उज्जीवन
—structure	समूह संरचना
—tensions	समूह ताण
—theory	समूह सिद्धान्त
—tradition	समूह परंपरा
—unity	समूह एकता
—work method	समूह कार्यपद्धती
grouping	गटपाडणी; समूहीकरण
groupism	गटबाजी
growth	अभिवृद्धी/वृद्धी; वाढ; सविस्तर; विस्तार
—equilibrium	अभिवृद्धी समतोल
—in national income	राष्ट्रीय उत्पन्नवाढ
—oriented	वृद्धिकारी
—point	वृद्धिबिंदू
—poles theory	वृद्धिजनक स्थल सिद्धान्त
—price theory	वर्धनध्रुव सिद्धान्त
—rate	वृद्धी दर
—rate of national income	राष्ट्रीय उत्पन्नाचा वाढीचा दर
—unit	वृद्धि प्रतिमान
guarantee	हमी; जामीन; हवाला
guaranteed bond	हमी दिलेले बंधपत्र; हमीदत्त बंधपत्र
—assurance	आश्वासन
—security	प्रतिभूती
—surety	जामनी
—underwriting	हमी
—warranty	आश्वासन; हमी; जिम्मेदारी
—general guarantee	सर्वसाधारण हमी
—limited guarantee	मर्यादित हमी
—temporary guarantee	तात्पुरती हमी
guarantee company	हमीदायी कंपनी
guarantee organization	हमीसंस्था
guaranteed profit	हमी देणारा नफा
guaranteed wages	हमी दिलेले वेतन
guarantor	हमीदार
guarantine	पृथक्‌वास
guarantor	हमीदार
guardianship	पालकत्त्व
guardian spirit	पालकदेवता
guerilla warfare	गनिमी युद्ध; वृक् (गनिमी) युद्ध
guide	श्रेणी
guided democracy	मार्गदर्शित लोकशाही
guided principles	पथदर्शक तत्त्वे
guiding principles	मार्गदर्शक तत्त्वे
guild	संघमहाजन
guild socialism	श्रेणी समाजवाद
guillotinc	चर्चा बंदी
gulf war	आखाती युद्ध
gult	अत्याधिक पुरवठा
guns before butter	तुपा आधी तोफा (युद्धसज्जतेसाठी दैनिक गरजांपेक्षा युद्धसाहित्याला प्राधान्य)
gut issue	प्रक्षोभक राजकीय वादप्रश्न
gypsy	जिप्सी (भटके)
gypsy nomades	भटके

H

habeas corpus — अटकेत ठेवलेल्या व्यक्तीला कोर्टापुढे हजर करण्याचा हुकुमनामा
habeas corpus act — अटकेत ठेवलेल्या व्यक्तीला कोर्टापुढे हजर करावयास लावण्याच्या हुकुमनाम्या विषयीचा अधिनियम
habit — सवय
habitation — वस्ती; वसतिस्थान
habitual — सवयीचा; नित्याचा; सराईत
habitual criminal — सराईत गुन्हेगार
half blood — सावत्र
half capital — अर्धभांडवली
half feudal — अर्धसरंजामी
half structural — अर्धसंरचित
hamlet — वाडी
hammered — (शेअर बाजारात) दिवाळे निघालेला
handbill — हस्तपत्रक; हस्तपत्रिका
handicap — अपंगत्व; पंगुत्व; विफलता; वैफल्य
handicraft economy — हस्तव्यवसाय अर्थव्यवस्था
handicraft trade — हस्तव्यवसाय व्यापार
handling charges — हाताळणी आकार/खर्च
hanging — फाशी
hard cash — रोख पैसा
hard currancy — रोख पैसा
hard line — ठाम पवित्रा
hard loan — कठोर कर्ज
hard money — नाणी
harmonious adjustment — सुसंवादी समायोजन
harmonious function — सुसंवादी कार्य
harmony — एकोपा; स्वरमेळ; सुसंवाद
harvest theory of the trade cycle — हंगामानुसारी व्यापारचक्र सिद्धान्त
hatchetman — पक्षशिस्त नियंत्रक
haulage charges — नेणावळ; वाहनावळ
have not — नाही रे
haves — आहे रे
havoc — उत्पात
hawks — युद्धखोर
hazardous insurance — जोखमीचा विमा
head tax — डोईपट्टी; दरडोई कर
health insurance — आरोग्य विमा
health psychology — स्वास्थ मानसशास्त्र
heartland — कर्मभूमी
heavy industries — अवजड भारी उद्योग
heavy tax — अतिभारी कर
hedonic — अनुकूलवेदनीय; सुखात्मक
hedonism optimism — सुखापेक्ष कर्मवाद; सुखवाद
hedonism, altruistic — परसुखवाद
hedonism, egoistic — स्वसुखवाद
hedonism, psychological — मानसशास्त्रीय सुखवाद
hegemonic class — प्रभुत्वशाली वर्ग
hegemony — आव्हान विरहित अधिसत्ता; धुरीणत्व; पुढारीपण; वर्चस्व
heir — हक्कदार; वारसदार/वारसा
hellbent for election — प्राणपणाचा निवडणूक लढा
hellenic philosophy — ग्रीक तत्त्वज्ञान
helper — मदतनीस
henchman — अनुयायी; निष्ठावंत

hereditament	दायाप्ती; वारसाप्राप्त संपत्ती; वारसाप्राप्त संपदा
hereditarian	आनुवांशिकतावादी
hereditary executive	वंशपरंपरागत कार्यकारिणी
hereditary monarchy	वंशपरंपरागत राजसत्ता; वंशागत राजसत्ता
hereditary	आनुवांशिक; वडिलोपार्जित
heredity	वंश परंपरा; अनुवंश
heressy	पाखंडी मत
heretic	पाखंडीपणा; नास्तिकता
hermenentics	अर्थनिर्णयशास्त्र
hermeneutical interpretation	विवरणात्मक अन्वय
hermeneutics	अर्थनिर्णयनमीमांसा
hero worship	विभूतीपूजा; वीरपूजा
heterodox	पंथबाह्य; पाखंडी
heterogeneity	विजातीयता; बहुजिनसीपणा; बहुजातीयता; विविध जातीयता
heterogeneous society	विषमजातीय समाज
heterogiossic	बहुभेदात्मक
heterosexuality	भिन्नलैंगिकता
hidden inflation	अप्रकट अतिवृद्धी
hidebound	संकुचित मनोवृत्तीचा; आडमुठा; संकुचित मनाचा; प्रतिगामी
hierarchical procedure	सोपानश्रेणीमय कार्यप्रणाली
hierarchy	अधिकार श्रेणी; सोपानश्रेणी
–of power	सत्तेची उतरंड
–of tribunals	श्रेणीतील अधिकरणे
–of wants	गरजांची श्रेणी
high commands	श्रेष्ठी
high commissioner	उच्चायुक्त
high cost economy	अधिक खर्चाची अर्थयंत्रणा; जादा खर्चिक अर्थव्यवस्था
high level	उच्चस्तर/उच्चस्तरीय
high power delegation	उच्चाधिकार प्रतिनिधी मंडळ
high risk	विशेष जोखीम
high risk group	विशेष जोखीम गट
high society	उच्चभ्रू समाज
high valuation	उच्च मूल्यांकन
higher good and lower good	श्रेयस व प्रेयस
highest good	परमकल्याण; परमहित; परमोच्च शिव; नि:श्रेयस
highest obligation	महत्तम उत्तरदायित्व
hijacking; piracy	चाचेगिरी
Hindu fundamentalism	हिंदुत्ववाद
Hindutva	हिंदुत्व
hire purchase	भाडेखरेदी
historical	ऐतिहासिक
–constitution	ऐतिहासिक संविधान
–cost	अभिलेखांतर्गत परिव्यय; ऐतिहासिक व्यय
–event	ऐतिहासिक घटना
–materialism	इतिहासमीमांसा
–method	ऐतिहासिक पद्धती
–sociology	ऐतिहासिक समाजशास्त्र
historicism	इतिहासवाद; ऐतिहासिकवाद/ऐतिहासिकतावाद
historicity; historismus	इतिहासपरता; ऐतिहासिकता
historigraphy	इतिहासलेखनशास्त्र

historiousophical rationalism	इतिहासमीमांसायुक्त प्रज्ञावाद
historismas	ऐतिहासिकता
history of sexuality	लैंगिकतेचा इतिहास
hoard	अपसंचय; संचय; साठेबाजी
hoarded wealth	अपसंचित धन; धारण संपत्ती
hoarded wealth/ holdings	धारण जमीन; धारणक्षेत्र
hoarding	साठेबाजी; साठा; संचय
hoe culture	कुदळी (शेतीप्रधान) संस्कृती
holder for value	मूल्यार्थधारक
holder in due course	यथाविधी धारक
holding capacity	धारण क्षमता
holding company	सत्ताधारी संस्था; सूत्रधारी कंपनी
holding cultivated land	कसवणुकीची धारण जमीन
holding party	सत्ताधारी पक्ष
holism	साफल्यवाद
holistic	सकलस्वरूप
holy alliance	पवित्र करार
home consumption	देशांतर्गत खप/उपभोग
–finance	गृहवित्तक्षेत्र
–industry	गृहोद्योग
–loan	गृहतारण कर्ज
–office	गृहमंत्रालय (ब्रिटनमधील गृहमंत्रालयाचे मुख्य कार्यालय)
–secretary	गृहसचिव
–stead	घरवाडी
–market	देशांतर्गत बाजार
homerule	होमरूल; स्वराज्य
homicide	नृहत्या; मनुष्यवध; नरवध
hominide; race of mankind	मानवकुल; मानववंश
homo sapiens	बुद्धिमानव
homogenity	एकजिनसीपणा; सजातीयता; समजातीयता
homogenity of product	वस्तूंची समरूपता
homogenous	एकजिनसी/एकसारखे; व्यामिश्र
homogenous ideolgy	एकजिनसी तत्त्वप्रणाली
homogenous society	सजातीय समाज
homogenousity	व्यामिश्रता; समरूपता
homology	सजातीयत्व
homosexual	समलिंगी
homosexual relationship	समलिंगी संबंध
homo sapients	बुद्धिमानव
honest graft	सत्तास्थानाचे उपलाभ
honeymoon period	अधिकार ग्रहणानंतरचा नवलाईचा काळ
honour	सन्मान
honour of cheque	धनादेश प्रदान (आदृत) करणे
honourarium	मानद्रव्य; मानधन
honoured bill	आदृत (स्वीकारलेले) विपत्र/हुंडी
horde	थवा; टोळी
horizontal	आडवा; समस्तरीय; क्षितिज समांतर
–combination	समस्तर सम्मीलन; समांतर संयोग
–competition	समस्तरीय स्पर्धा
–equity	समस्तर समन्याय
–group	समस्तर गट/समूह
–mobility	समस्तर चलता चलन/ चलनशीलता

hormic psychology	प्रयोजनवादी मानसशास्त्र; मूलप्रेरणावादी मानसशास्त्र
horsetrading	नंगी सौदेबाजी
hospital social service	रुग्णालयीन समाजसेवा
hot line agreement	शीघ्र संपर्क करार
hot money (refugee capital)	प्रवेगी (विदेशी) भांडवल; आश्रयार्थी भांडवल
hot money treasury bill	प्रवेगी कोषागार विपत्र
house of correction	सुधारगृह
house of detention	स्थानबद्धतागृह
house of peoples; parliament	लोकसभा
house of refugee/ relief	आश्रयगृह
household	कौटुंबिक; घरगुती; प्रापंचिक
household administration	घरकुल प्रशासन
household census	घरसंगणना
household economy	कौटुंबिक वित्तव्यवस्था; घरगुती अर्थव्यवस्था
household income	घरटी आय/उत्पन्न
householder	गृहप्रमुख; गृहस्थ
house wife	गृहिणी
housing finance	गृहवित्त
–finance institution	गृहवित्त संस्था
–loan	गृहकर्ज
–society	गृहनिर्माण संस्था
hull insurance	पोतविमा
humanism; humanitarinism	मानवतावाद
humal well-being	मानवस्वास्थ
human	मानव/मानवी; मानवीय
–capital	मानवी भांडवल
–capital investment	मानवी भांडवल गुंतवणूक
–conditions	मानवोचित परिस्थिती
–development	मानवी विकास
–development index	मानवी विकास निर्देशांक
–genome project	मानवी जीनोप्न प्रकल्प
–gregariousness	मानवी संघचारिता/ यूथचारिता
–immuno deficiency virus	एच आय व्ही
–inspirations	मानवी प्रेरणा
–law	मानवी कायदा
–liberty	मानवी स्वातंत्र्य
–mind	मानवी मन
–nature	मानवी स्वभाव
–pathology	मानवविकृतीशास्त्र
–race	मानवजाती
–relationship	मानवी संबंध
–religion	मानवता धर्म
–reproduction	मानवी प्रजनन
–resource	मानव संसाधन
–resource development	मानवी संसाधन विकास
–resource management	मानव संसाधन व्यवस्थापन; मानवी संसाधन व्यवस्थापन
–right	मानवी हक्क संरक्षण
–rights	मानव अधिकार

–rights commision	मानवअधिकार आयोग; मानवी अधिकारी आयोग
–sacrifice	नरबली; नरमेध; पुरुषमेध
–salvation	मानव मुक्ती
–service principle	मानवसेवा तत्त्व
–situation	मानवी जीवन/परिस्थिती
–humpty dumpty	(राजकीय) अलबत्या गलबत्या
–conditions	मानवोचित परिस्थिती
–thoughts	मानवीय विचार
humanisation	मानवीकरण
humanism	मानवकेंद्रितवाद
humanism, closed	बंदिस्त/संवृत्त मानवतावाद
humanism, critico integral	समीक्षात्मक/साफल्यपूर्ण/ समन्वयात्मक मानवतावाद
humanism,integral	पूर्ण/सर्वांगसमन्वित मानवतावाद
humanism, open	अनिर्बंध/मुक्त मानवतावाद
humanist; humanistic	मानवतावाद; मानवतावादी
humanistic culture	मानववादी संस्कृती
humanistic fact	मानवतावादी आयाम
humanitarianism	मानवहितवाद; भूतदयावाद
humanities	मानवविज्ञान; मानविकी; मानव्यविद्या/मानव्यविज्ञान
humanitrian	भूतदयावादी
humanity	दयाळूपणा; मानवजात; मानवता; मानववाद
humatic valueism	मानववादी मूल्यवाद
hung legislature	त्रिशंकू कायदेमंडळ
hung parliament	त्रिशंकू सांसद
husbandman	कृषिवल; शेतकरी
hybrid	संकर; संकरित; संकरज; संमिश्र
hybrid society	संकरित समाज
hyper employment	अतिसेवायोजन
hypergamy	अनुलोम विवाह
hypergeometric	अतिगुणोत्तरीय
hyperinflation	अतिफुगवटा
hypnotic stage	संमोहित अवस्था
hypnotism	संमोहनविद्या
hypogamy	प्रतिलोम विवाह
hypothecation	नजरगहाण; तारण; गहाण
hypothesis	परिकल्पना; सिद्धान्त; अभ्युपगम/गृहीतक
hypothetical base	आधारभूत

I

ice age	हिमयुग
iconic culture	मूर्तिनिष्ठ संस्कृती
iconism	मूर्तिनिष्ठा
iconoclasm	मूर्तिभंजन
idea of dfference	भेदतत्त्व
ideal	आदर्श; ध्येय; साध्य; कल्पनात्म
–abstract	अमूर्त आदर्श
–capacity	अप्रयुक्त (निष्क्रिय) क्षमता
–order	आदर्श व्यवस्था/सत्ता
–point	आदर्श बिंदू
–rights	आदर्श अधिकार
–savings rate	बचतीचा आदर्श दर
–type	आदर्श प्ररूप
–personality	आदर्श व्यक्तिमत्व
idealism	आदर्शवाद; कल्पनावाद; ध्येयवाद; प्रत्ययवाद; संकल्पनावाद; अध्यात्मवाद
idealistic culture	आदर्शनिष्ठ संस्कृती
–economics	आदर्शवादी अर्थशास्त्र
–superstructure	आदर्शरूपी संकल्पना/ अधिरचना

idealistism	आदर्शात्मकता
idealogical binary	वैचारिक धुरीणत्व
–domination	वैचारिक वर्चस्व
–intellectual	वैचारिक द्वैत
–level	वैचारिक स्तर
–relations	वैचारिक संबंध
–transformation	वैचारिक परिवर्तन
identical	अभिन्न; नित्यसमान; समरूप; समसमान; एकरूप
identification	अभिज्ञान; एकरूपीकरण/ एकरूपीभवन; तादात्म्य
identity	अभिन्नता; एकत्व; ऐकात्म्य; तादात्म्य; ओळख
–crisis	अस्तित्वाचे अरिष्ट
–formation	स्वत्वघडण
–hypothesis	तादात्म्य/ऐकात्म्य उपपत्ती
–of ends	समउद्देश
–politics	अस्मितेचे राजकारण
ideology	कल्पनाशास्त्र; विचारप्रणाली; मतप्रणाली
ideothetic method	अनन्यसाधारण पद्धती
idiot	जन्मजड; जडबुद्धी
idle balance	निष्क्रिय रोख शिल्लक
idle capacity	अप्रयुक्त/निष्क्रिय/पडीक क्षमता
idle deposit	पडीक अप्रयुक्त ठेवी
idolatry	मूर्तिपूजा
illegal cohabitation	अवैध सहवास
illegal practices	अवैध आचार
illegal strike	अवैध संप
illegal	अवैध; बेकायदेशीर; विधिबाह्य
illegitimacy	अनौरसता; अयुक्तता; अस्वाभाविक
illegitimate children	अनौरस/बेकायदेशीर संतती
illicit	अवैध; अनुचित; निषिद्ध
illicit cohabitation	अनुचित/अवैध सहवास
illiquid	अतरल; रोकडदुर्लभ
illiquid assets	अतरल मत्ता
illiterate society	अशिक्षित समाज
illumination, direct	साक्षात्कार
illumined mind	प्रबुद्ध मन
illusion	भास; मिथ्याज्ञान; विपरित संवेदन
illusion, doctrine of the world as	जगन्मिथ्यावाद; मायावाद
image	प्रतिमा; कल्पना
image worship	प्रतिमापूजन
imagism	प्रतिमावाद
imbalance	विषमतोल; असंतुलन
imbalance in balance of payment	शोधन शेषातील असंतुलन
imbecile	मनाने दुर्बल; जडबुद्धी
imenedilate exchange centre	त्वरित विनिमय केंद्र
imitaion theory	अनुकरण सिद्धान्त
immaterial capital	अभौतिक भांडवल
immaterialism	अजड द्रव्यवाद; अजडवाद; निराकारवाद
immature	अपक्व; अप्रगल्भ; अप्रौढ
immigrant	आगत; प्रवासी; स्थलांतरी
immigrants	अतिथी नागरिक
immigration	देशान्तर; स्थलांतर
immobile	स्थिर; स्तब्ध; अचल
immobile market	स्थिर बाजार
immobilism	अपरिवर्तनवाद
immobility	अचलता; निश्चलता; स्थिरता

immoral trade अनैतिक व्यापार
immoral traffic अनैतिक व्यापार
immovable estate स्थावर वसाहत
immovable property स्थावर मालमत्ता; स्थावर संपत्ती; स्थिर मालमत्ता
immutable अपरिवर्तनीय; अव्ययी; अक्षर; अपरिवर्तनीय; अविकारी
immunity उन्मुक्ती; मोकळीक; सूट; माफी
immutability अपरिवर्तनीयत्व; अक्षरत्व
impact of taxation कराघात
impartial spectator तटस्थ साक्षी
impawn तारण गहाण ठेवणे
impeach दोषारोपाबद्दल न्यायासनासमोर नेणे
impeachment महाभियोग लावणे (दोषारोप ठेवणे; न्यायासनासमोर चौकशी करणे)
impeachment power महाभियोग शक्ती (अधिकार)
imperative आज्ञापक; आज्ञापन
imperative planning आज्ञार्थी नियोजन
imperatives of culture अवैयक्तिक संस्कृती
imperfect competition अपूर्ण स्पर्धा
imperfect market अपूर्ण बाजारपेठ
imperial conference साम्राज्य परिषद
–decree साम्राज्य आदेश
–federation साम्राज्य संघ
–preference साम्राज्यांतर्गत अधिमान्यता
–war साम्राज्यवादी युद्ध
imperialism विस्तारवाद; साम्राज्यवाद
imperialist साम्राज्यशाही/साम्राज्यवादी
imperialist countries साम्राज्यवादी देश
imperishable goods अविनाशी माल/वस्तू
impersonal व्यक्तिनिरपेक्ष
impersonal account अव्यक्तिगत लेखा
impersonate voting बोगस मतदान
implement अवजार;उपकरण; हत्यार; साधने
implementation अंमलबजावणी
implementation system कार्यवादी पद्धत
implementation theory कार्यवाही सिद्धान्त
implicit अनुस्यूत; अव्यक्त; अस्फुट; गर्भित; निर्विवाद
implicit cost गर्भित परिव्यय/खर्च
implicit culture अव्यक्त संस्कृती
implicit recongnition अस्पष्ट ओळख
import duty आयात शुल्क
–duty tax आयात कर
–entitled account आयात हक्क/लेखा
–licence आयात अनुज्ञाप्ती/परवाना
–octroi आयात जकात
–quota आयात हिस्सा/वाटा
–restriction आयात निर्बंध
–substitution आयात पर्याय
–tax आयात कर
–trade आयात व्यापार
imported goods आयात माल/वस्तू
importer आयातदार

import-export controls	आयात निर्यात नियंत्रण
importing agent	आयात अभिकर्ता/एजंट
imposable	(कर) लादण्यास योग्य
impose duties	शुल्क बसविणे/लादणे
impost	आयात कर
impressed account	अग्रधन लेखा
impressionism	इंद्रियांकनवाद; दृक्प्रत्ययवाद; परिणामकारी लेखनपद्धती
imprest	अग्रधन (सरकारी कामासाठी दिलेले कर्ज)
improved essential needs	सुधारित आवश्यक गरजा
improvement trust	सुधार विश्वस्त मंडळ; सुधारन्यास
impulse	आवेग; प्रेरणा; उर्मी; आघात
–incentive	प्रोत्साहन; प्रचोदन
–inducement	प्रलोभन
–motivation	प्रेरणा
–motive	प्रेरणा हेतू
–spring	प्रेरक शक्ती
–spur	प्रोत्साहन; स्फूर्ती
–stimulus	उत्तेजन; उत्तेजक
–urge	प्रेरणा; निकड; पोटतिडिक
impulsive action	आवेगी क्रिया
imputation	आरोप
in accordance with law	कायद्यानुसार; कायदेशीर
in camera	अप्रकट; गुप्त; बंदिस्त
in kind	वस्तुरूपाने
in migration	अंत:स्थलांतरण
in operation	जारी
in principle	तत्त्वत:
in service training	सेवांतर्गत प्रशिक्षण
in the red	तोट्यात चाललेला

inaction	अकर्मण्यता; निष्क्रियता
inactive money	निष्क्रिय मुद्रा/पैसा
inactivism	निष्क्रियतावाद
inadequate	अपुरा; असमर्थ; पर्याप्त
inademissible	अग्राह्य; अग्रहणीय
inalienable	अदेय
inborn	जन्मजात; स्वाभाविक
incarnation	अवतार; देहधारण
incamation, doctrine of	अवतारसिद्धान्त
incentive	प्रचोदन; प्रोत्साहन
incentive taxation	प्रेरक कराधान
incentive wages	प्रेरक वेतन
incest	अगम्यगमन; विवाहबाह्य वर्तन; व्यभिचार
incest taboo (tabu)	अगम्यगमन निषेध
incharge	प्रभारी
incidence of taxation; formal tax	करभार; कराधानाचा आघात
incidental charges	आनुषंगिक आकार/खर्च
incidental expenses	वरखर्च
inclusive	एकसूत्री
inclusive of multiple things	बहुसमावेशक
incoherent	असंबद्ध; असंयुक्त; असंलग्न; विसंगत
income	आय; उत्पन्न
–dispable income	विनियोजन आय/उत्पन्न
–family income	कौटुंबिक आय/उत्पन्न
–gross income	स्थूल आय/उत्पन्न
–household income	घरटी आय/उत्पन्न
–national income	राष्ट्रीय आय/उत्पन्न

–net income	निव्वळ आय/उत्पन्न
–per capital income	दरडोई आय/उत्पन्न
–personal income	व्यक्तिगत आय/उत्पन्न
–real income	वास्तविक आय/उत्पन्न
income and expenditure account	आय-व्यय लेखा
income and profit pool	प्राप्ती व नफा समुच्चय
income consumption curve	उत्पन्न उपभोग वक्र
income distribution	आय वितरण/विभाजन
income distribution effect	आय वितरण परिणाम
income effect	उत्पन्न परिणाम
income elastic investment	उत्पन्न लवचीक गुंतवणूक
income generation	उत्पन्नाची निर्मिती
income level	उत्पन्न पातळी
income leverage	(राष्ट्रीय) आयवर्धन
income per head	दरडोई/प्रतिव्यक्ती आय
income policy	आय धोरण; उत्पन्न विषयक धोरण
income shortage	उत्पन्न कपात
income subsidy	उत्पन्न अनुदान
income tax	आय कर
income terms of trade	आयात क्षमता निर्देशक
income velocity	प्राप्ती वेग
income velocity of circulation	आय परिचलन वेग

incoming partner	प्रवेशी (येणारा) भागीदार
incompatability; inconsistency; contradiction	विसंगती/विसंवाद; विरोध
inconvertibility	अपरिवर्तनीयता
inconvertible securities	अपरिवर्तनीय कर्जरोखे
incorporated	निगमित; संमिश्र; एकजीव; एकसंध
incorporated company	विधिसंस्थापित/विधिस्थापित (कायद्याने स्थापन) केलेली संस्था
incorporation	अंतर्भाव; निगमन; विधिद्वारा संस्थापन; समावेश/समावेशन
incorrigibility	कोडगेपणा; निगरगट्टपणा; सुधारातीतता
increase	वृद्धी; वाढ
increase in demand	मागणीची वाढ
increasing cost	वाढता परिव्यय
–demand	वाढती मागणी
–marginal cost	वर्धिष्णू सीमान्तिक परिव्यय
–returns to scale	वाढते अनुमाप प्रत्याय
–utility	वर्धमान उपयोगिता; वर्धिष्णू (वाढती) उपयोगिता
–cost	वर्धिष्णू परिव्यय
increment	वेतनवाढ/वेतनवृद्धी; वाढ
incremental capital output ratio	वाढीव भांडवल उत्पादन गुणोत्तर
incremental cost	वाढीव परिव्यय
incremental revenue	वाढीव आगम
incriminate	गुन्ह्यात गुंतविणे

incur	खर्च; शिक्षा अथवा दोषारोप स्वतःवर ओढवून घेणे
indebtedness	ऋणग्रस्तता; कर्जबाजारीपणा
indemnity	क्षतिपूर्ती; नुकसानभरपाई
indemnity bond	क्षतिपूर्ती बंधपत्र
indent	मागणी करणे; मागणीपत्र
–causal indent	नैमित्तिक मागणीपत्र
–closed indent	नामनिर्देशित मागणीपत्र
–deferred indent	स्थगित मागणीपत्र
–open indent	खुले मागणीपत्र
indentity	स्वत्व
Indenture	करारनामा; प्रतिज्ञापत्र
indentured labour	करारबद्ध श्रमिक/कामगार
Independencc, declaration of	स्वातंत्र्याची घोषणा
independence of judiciary	न्यायमंडळाचे स्वातंत्र्य
independent banking	स्वतंत्र बँक व्यवसाय
independent regulatory agency/ commission	स्वतंत्र नियामक अभिकरण/ आयोग
independent variable	स्वायत्त चल
indeterminate sentence	अनियत दंडादेश
indeterminism	अनियतत्ववाद/अनियतिवाद
index	दर्शक; सूची; निर्देशांक; अनुक्रमणिका
index number (sensex)	सूचकांक; निर्देशांक
index of poverty	दारिद्र्याचा निर्देशांक
index of retail price	किरकोळ किंमत निर्देशक
Indian Administrative Service (IAS)	भारत प्रशासन सेवा
Indian Education Commision	भारतीय शिक्षण आयोग
Indian Penal Code (IPC)	भारतीय दंड संहिता
Indian sociology	भारतीय समाजशास्त्र
Indianisation of Indian sociology	भारतीय समाजशास्त्राचे भारतीयीकरण
indianization sociological	समाजशास्त्राचे एतद्देशीयीकरण/भारतीयीकरण
indicated securities	निर्दिष्ट रोखे
indicative planning	सूचक नियोजन
indicative rate	संकेत दर
indict	कायदेशीर आरोप करणे; कायद्यानुसार आरोप ठेवणे
indifference curve	समतुष्टी वक्र; समवृत्ती वक्र
indifference curve analysis	समवृत्तीवक्र विश्लेषण
indifference map	समवृत्ती नकाशा
indifference theory	अलिप्तता सिद्धान्त
indigenous	देशीय; पतपेढी; स्वकीय; मूळचा
indigenous bank	देशी बँक
indirect consumption	अप्रत्यक्ष उपभोग
–cost	अप्रत्यक्ष परिव्यय
–demand	अप्रत्यक्ष मागणी
–democracy	अप्रत्यक्ष लोकशाही
–election	अप्रत्यक्ष निवडणूक

–exchange अप्रत्यक्ष विनिमय
–financial assistance अप्रत्यक्ष वित्तीय साहाय्य
–liability अप्रत्यक्ष दायित्व
–tax अप्रत्यक्ष कर
–trade अप्रत्यक्ष व्यापार
individual वैयक्तिक; व्यक्तिगत; व्यक्ती
–demand schedule वैयक्तिक मागणी अनुसूची
–judgement वैयक्तिक निर्णय
–liberty व्यक्तिस्वातंत्र्य
–morality वैयक्तिक नीतिमत्ता
–psychology व्यक्तिमानसशास्त्र
–responsibility वैयक्तिक जबाबदारी
–self जीवात्मा
–spirit व्यक्तिचैतन्य
–survival वैयक्तिक उत्तरजीवित्व
–tax व्यक्तिलक्षी कर
–tellics वैयक्तिक प्रयोजनविचार
–value वैयक्तिक मूल्ये (पसंती, मते)
–will वैयक्तिक इच्छा
individuation व्यक्तिकरण
individualism व्यक्तितंत्रवाद; व्यक्तिवादी विचार
individualistic व्यक्तिनिष्ठता; व्यक्तिवादी; व्यक्तीनिष्ठ
individualistic principle व्यक्तिवादी तत्त्व
individualistic qualitative enviornment व्यक्तिनिष्ठ गुणात्मक परिस्थिती
individualistic thinking व्यक्तिनिष्ठ विचारप्रणाली
individuality व्यक्तिवैशिष्ट्य
individuality of sovereignty प्रभुत्व अविभाज्यता; सार्वभौमत्वाची अखंडता/ अविभाज्यता
individuation speciacity व्यक्तिविशिष्टता
indivisibility अभेद्यता; अविभाज्यता
indivisibility of sovereignity प्रभुत्व अविभाज्यता
indivisible अभेद्य; अविभाज्य
indoctrination मूळ सिद्धान्ताचे शिक्षण; मतारोपण; एखादे मत वा सिद्धान्त मनावर बिंबवणे; सिद्धान्तरोपण
indological perspective प्राच्यविद्यात्मक दृष्टिकोन
indology प्राच्यविद्या; भारतविद्या/ भारतविद्याशास्त्र; भारतीय विद्या
induced demand उत्तेजक/प्रलोभित मागणी
inducement आमिष; प्रलोभन; प्रवर्तक; उत्तेजक
induction विगमन; उद्‌गमन; सिद्धान्त; अनुमान-निष्कर्ष
inductive method उद्‌गमन पद्धती
industrial administration औद्योगिक प्रशासन
–arbitration औद्योगिक लवाद
–bank औद्योगिक बँक
–classification औद्योगिक वर्गीकरण
–colony औद्योगिक वसाहत
–combination औद्योगिक संयोग
–complex उद्योगसमूह
–conflict औद्योगिक संघर्ष
–conglomerate औद्योगिक समुदाय
–credit औद्योगिक पत

–crisis	औद्योगिक अरिष्ट/गंडांतर
–democracy	औद्योगिक लोकशाही
–depression	औद्योगिक मंदी
–design	औद्योगिक आराखडा/नकाशा
–development authority	औद्योगिक विकास प्राधिकरण
–development bank	औद्योगिक विकास बँक
–dispute	औद्योगिक विवाद
–dispute act	औद्योगिक विवाद कायदा
–economics	औद्योगिक अर्थशास्त्र
–efficiency	औद्योगिक कार्यदक्षता
–engineering	उद्योग अभियांत्रिकी
–enterprise	औद्योगिक उपक्रम
–establishment	उद्योग संस्था
–estate	औद्योगिक वसाहत
–expansion	औद्योगिक विस्तार
–finance	औद्योगिक वित्त
–finance corporation	औद्योगिक वित्त महामंडळ
–finance corporation of India	भारतीय औद्योगिक, वित्त महामंडळ
–finance institution	औद्योगिक वित्तसंस्था
–financing	औद्योगिक अर्थकारण
–fluctuations	औद्योगिक चढउतार
–guild	औद्योगिक संघ
–injury	औद्योगिक क्षती; कारखान्यातील इजा
–labour	औद्योगिक कामगार/श्रमिक
–morale	औद्योगिक मनोबल
–orbitration	लवाद औद्योगिक
–organization	उद्योगसंघटना
–organization psychology	औद्योगिक संघटन मानसशास्त्र
–peace	औद्योगिक शांतता
–physics	औद्योगिक भौतिकशास्त्र
–product	औद्योगिक उत्पादित वस्तू
–production	औद्योगिक उत्पादन
–progress	औद्योगिक प्रगती
–psychology	औद्योगिक मानसशास्त्र
–rationalisation	विवेकीकरण औद्योगिक
–relations	औद्योगिक संबंध
–restructure	औद्योगिक पुनर्रचना
–revolution	औद्योगिक क्रांती
–sector	उद्योगक्षेत्र; औद्योगिक क्षेत्र
–sociology	औद्योगिक समाजशास्त्र
–training	औद्योगिक प्रशिक्षण
–transfermation	औद्योगिक स्थित्यंतर
–union/guild	औद्योगिक संघ
–waste	औद्योगिक अवशेष
–professional intellectual property	औद्योगिक/व्यावसायिक बौद्धिक संपदा
industrialisation	औद्योगिकरण
industrialised	उद्योगप्रधान; उद्योगीकृत
industrialism	उद्योगप्रधानता/उद्योगप्रियता/ उद्योगवाद/उद्योगशीलता
industrialist	उद्योगपती; कारखानदार
industry	उद्यम; उद्योग
industry-specific education	उद्योग विशिष्ट/शिक्षण
inefficiency of labour	कामगारांची (श्रमिकांची) अकार्यक्षमता
inegritude	वांशिक अस्मिता

inelasicity of supply — पुरवठ्याचा ताठरपणा
inelastic demand — ताठर मागणी
inelastic supply — अलवचिक पुरवठा; ताठर पुरवठा
inequal conditions — विषम परिस्थिती
inequality — असमानता; विषमता
inequity — विषम न्याय; अन्याय
inert — अचल; जड; निश्चल
inertia — जडता
inevitability — अनिवार्यता; अपरिहार्यता
infalliable — अस्खलनीय; अचूक
infant industry — बाल उद्योग
infant mortality — अर्भक मृत्युसंख्या
infant mortality rate — अर्भक मृत्युदर; बालमृत्यूदर
infanticide — अर्भक मृत्युसंख्या; बालहत्या
infantile adventure — बालिश साहस
infant welfare — शिशुकल्याण
infection — संक्रमण; संसर्ग
inferior — दुय्यम; कनिष्ठ; निकृष्ट; गौण
inferior goods — गिफेन वस्तू/निकृष्ट वस्तू
inferiority — कनिष्ठता; गौणत्व; न्यूनत्व
inferiority complex — न्यूनगंड; न्यूनत्वभाव
infidelity — प्रतारणा; अविश्वास
infiltration — अंत:प्रवेश; घुसखोरी
infinite — अनंत; अपरिमित; अपार; अमर्याद
infirm; unsound — दुर्बल; अपंग; कमजोर
infirmacy — अनाथगृह; अपंगालय
inflamationary gap — भावफुगवटाकारी तफावत
inflamationary pressure — भावफुगवटाकारी दबाव
inflamationary spiral — चलनातिवृद्धीचा आवर्त
inflation — अतिवृद्ध (चलनफुगवटा); किंमत वाढ; चलनवाढ; फुगवटा
—cost inflation — परिव्यय फुगवटा
—cost push inflation — परिव्ययजन्य फुगवटा
—credit inflation — पत अतिवृद्धी
—creeping inflation — संसर्पी फुगवटा
—deficit induced inflation — तूटप्रेरित अतिवृद्धी
—demand inflation — मागणी फुगवटा
—demand pull inflation — मागणीजन्य फुगवटा
—galloping inflation — उत्प्लवी फुगवटा
—hyper inflation — अति फुगवटा
—persistent inflation — टिकून राहणारा फुगवटा
—profit inflation — नफा अतिवृद्धी
—wage inflation — वेतन अतिवृद्धी
—wage induced inflation — वेतनप्रेरित अतिवृद्धी
—walking inflation — चालता फुगवटा
inflamationary gap — भावफुगवटाकारी तफावत
—pressure — भावफुगवटारूपी दबाव
—spiral — चलनातिवृद्धीचा आवर्त
—tendency — अतिवृद्धीप्रवृत्ती
inflamation deficit induce — तूटप्रेरित अतिवृद्धी
inflation control — भाववाढ नियंत्रण
inflation of currency — चलनवृद्धी; चलनातिवृद्धी
inflationary tendency — अतिवृद्धी प्रवृत्ती

inflexible; rigid	अनम्य; निग्रही; ताठर
influx	अंत:प्रवाह; आगम
informal	अनौपचारिक
informal education	अनौपचारिक शिक्षण
informal employment	अनौपचारिक रोजगार
informal sector	अनौपचारिक क्षेत्र
informalisation	अनौपचारिकीकरण
information and communication technology	माहिती आणि माध्यम तंत्रज्ञान
—brochure	माहिती विवरणपत्र
—center	माहिती केंद्र
—explorer	माहितीचा विस्फोट
—right	माहितीचा हक्क
—technology	माहिती तंत्रज्ञान
—technology revolution	माहिती तंत्रज्ञान क्रांती
—web	माहितीचा महाजाल
infra human	अवमानवीय
infrastructure	अवसंरचना (मूळ रचना); मूळ पाया; पायाभूत संरचना
infrastructural substance rate	पायाभूत निर्वाहमजुरी दर
infrastructure industries	आधारभूत संरचना उद्योग
infringement	भंग; उल्लंघन; संकोच
ingroup	अंतर्गट
ingroups	अंत:समूह
inhabitant	रहिवासी; नगरवासी
inherent contradiction	अंगभूत विसंगती
inherent rights	अंतर्भूत हक्क
inheritance	आनुवांशिकता; वारसा
inherited	वंशागत; वारसा; आनुवांशिक

inherited tendency	वंशागत प्रवृत्ती
inhibition	अंतर्निरोध/अंतर्बंध; दमन
inhuman	अमानुष
initial account	प्रारंभिक लेखा
initial par value	प्रारंभिक सममूल्य
initial public offer (IPO)	प्राथमिक समभाग विक्री
initiation	दीक्षा
initiation rites	दीक्षा संस्कार
initiative	पुढाकार; उपक्रम
injunction	ताकीद/ताकीदपत्र; आज्ञा; हुकूम
injury	इजा; क्षती; हानी
injustice; inequity	अन्याय
inland	देशांतर्गत
—letter; inland bill of exchange	आंतरदेशीय विपत्र
—marketing	आंतरदेशीय बाजार
—revenue	आंतरदेशीय महसूल
—trade	आंतरदेशीय व्यापार
inmigration	देशांतर्गत स्थलांतर; अंत:स्थलांतरण
inn	धर्मशाळा; पथिकाश्रम; पांथगृह
innate	जन्मजात; जन्मसिद्ध; स्वाभाविक
innate tendency	जन्मजात प्रवृत्ती
inner conflict	अंत:संघर्ष/अंतर्गत कलह
inner council	अंत:परिषद; आंतरपरिषद
inner reality	वास्तव अंतर्गत
innovation	नवकल्पना; नवा उपक्रम; नवप्रवर्तन
innovations	नव्या संयुती/नवोन्मेष
in operation	जारी
input	आदान; उत्फल

input-output	आदान-प्रदान
input-output ratio	आदान-प्रदान गुणोत्तर
inquision	धर्मन्यायपीठ; सरकारी चौकशी
insanity	बुद्धिभ्रष्टता; वेड
insatliable wants	अतृप्त गरजा
insecurity	असुरक्षितता/असुरक्षा
inseparate	अविभाज्य
in service training	सेवांतर्गत प्रशिक्षण
insight	अंतर्दृष्टी; मर्मदृष्टी; सूक्ष्म दृष्टी
insociability	समाजविन्मुखता; समाजात न मिसळणे
insociable	समाजविन्मुख
insolvency	दिवाळखोरी; नादारी
insolvent	अकिंचन; दरिद्री; नादार; दिवाळखोर
inspection committee	निरीक्षण समिती
inspectorate	निरीक्षणालय
inspiration	अंत:स्फुर; दैवी प्रेरणा; स्फुरण; अंत:प्रेरणा; स्फूर्ती
instability	अस्थैर्य; डळमळीतपणा
instability of demand	मागणीची अस्थिरता; मागणीचे अस्थैर्य
instalment bond	हप्तेबंदीचे बंधपत्र
instalment purchase	हप्तेबंद खरेदी
instinct	उपजत प्रवृत्ती; सहजप्रवृत्ती; सहजप्रेरणा
institutional complex	संस्था संकुल
–control	संस्थात्मक नियमन
–function	संस्थाकार्य; संस्थाविषयक कार्य
–network	संस्थात्मक जाळे
–process	संस्थात्मक प्रक्रिया; संस्थाविषयक प्रक्रिया
institutionalisation	संस्थीकरण
institutionalism	संस्थावाद
instrasectoral system	क्षेत्रांतर्गत प्रदान
instrinsic validity	स्वत: प्रामाण्य
instructed representation	अनुदेशित प्रतिनिधित्व
instruction	आदेशात्मक; निर्देश; शिक्षण; आदेश
instrument	उपकरण; संलेख
–of accession	राज्यारोहणाचा करारनामा
–of action	कृतीआदेश लेख
–of credit	पतनिर्माण साधन; पतलेखन
–of occasion	सामीलनामा; राज्यारोहण लेख
instrumental	साधनात्मक
–industry	साधनभूत उद्योग
–theory	साधनभूत सिद्धान्त
–capital	साहाय्यभूत भांडवल
instrumentalism	उपकरणवाद; करणवाद; साधनवाद
instrument of monetary policy	पैसाविषयक धोरण
instruments of production	उत्पादन साधने
insularity	आकुंचित मनोवृत्ती/विचार
insurable	विमायोग्य
insurable interest	विमायोग्य हितसंबंध
insurance	विमा
–accident insurance	अपघात विमा
–cargo insurance	जहाजी मालविमा

–cyclonic insurance	चक्रीवादळ विमा
–double insurance	दुहेरी विमा
–employer's ability insurance	नियोक्तादायित्व विमा
–endowment insurance	सावधी विमा
–fidelity insurance	इमान विमा
–fire insurance	आग विमा
–freight insurance	वाहतूक आकार विमा
–hazardous insurance	जोखमीचा विमा
–hull insurance	पोतविमा
–life insurance	आयुर्विमा
–limited payment insurance	मर्यादित प्रदान विमा
–marine insurance	नौविमा/सागरीविमा
–state insurance	राज्य विमा
–unemployment insurance	बेकारी विमा
–whole life insurance	आजीवन विमा
–workmen's compensation insurance	श्रमिक भरपाई विमा
insurance agent	विमा अभिकर्ता/एजंट
insurance bank	विमा बँक
insurance cover	विमा क्षतितारण
insurance fund	विमा निधी
insurance institute	विमा संस्था
insurance policy	विमा पत्र
insurance policy with profit	सलाभ विमा पत्र
insurance premia	विमा क्षेत्र
insured articles	विमा उतरविलेल्या वस्तू
insured savings deposit account	विमा उतरविलेले बचत ठेव खाते; विमाबद्ध बचत ठेव खाते
insurrection	बंडखोरी; उठाव
intangible	अस्पर्शनीय; अमूर्त
intangible assets	अमूर्त मत्ता
intangible property	अदृश्य संपत्ती; अमूर्त संपत्ती
intangible results	दृश्य परिणाम
integral	संकलक; समस्त; एकात्म
integral and managerial views of administration	प्रशासनाचे समग्र व व्यवस्थापकीय दृष्टिकोन
integral humanism	पूर्ण मानवतावाद; सर्वांगसमन्वित मानववाद
integral socialism	एकात्म समाजवाद
integralism	समाकलनवाद
integrated	एकसंघ; एकात्मीकृत; एकीकृत
integrated and disintegrated system	एकात्मीकृत व विघटित पद्धत
integrated educational system	एकात्मशिक्षण पद्धती
integrated farming	एकात्मीकृत शेती
integrated hierarchies	एकात्म अधिकारश्रेणी
integrated management	एकात्मिक व्यवस्थापन

integration	समग्रता; अखंडता; एकसंधता; संकलन; एकीकरण
integration commitee	एकात्मीकरण समिती
integration of empiricism	अनुभववादाची एकात्मता
integration of personality	व्यक्तिमत्त्व संघटन
integration school	एकात्मता संप्रदाय
integrity	सचोटी; सत्त्वनिष्ठा; एकात्मता; व्यक्तिता; एकसंधता; समग्रता
intellectual	विचारवंत
–attention	बौद्धिक (वैचारिक) अवधान
–liberty	बौद्धिक स्वातंत्र्य
–monopoly	बौद्धिक मक्तेदारी
–property	बौद्धिक संपत्ती/संपदा
–property rights	बौद्धिक परंपरा अधिकार
–society	बुद्धिजीवी समाज
intelligence	बुद्धितत्त्व; बुद्धिमत्ता; प्रज्ञा
intelligence test	बुद्धिकसोटी; बौद्धिक चाचणी
intelligensia	बुद्धिजीवी वर्ग; विद्यावंत
intenment	नजरकैद
intensive farming	सधन शेती
intensive margin of cultivation	सधन शेतीची सीमा
intensiveness of taxes	कर परिणामांची तीव्रता
inter bank	आंतरबँकांमधील; आंतर अधिकोषीय
–bank relations	आंतर बँकांमधील संबंध
–bank debt	आंतरअधिकोषीय ऋण
–bank deposits	आंतरबँकामधील ठेवी
–bank relations	आंतरबँकामधील संबंध
–government agencies	आंतरशासकीय अभिकरणे
–governmental	आंतरशासकीय
–industry	आंतरउद्योग
–parliamentary union	आंतरसंसदीय संघ
–regional planning	आंतरप्रादेशिक नियोजन
–state	आंतरराज्यीय
–state commerce	आंतरराज्य वाणिज्य
–state trade	आंतरराज्य व्यापार
–temporal	आंतरकालिक
interbank transaction	आंतरबँक व्यवहार
interaction	अन्योन्य क्रिया; आंतरक्रिया
interactionist resource mobilization theory	आंतरक्रियावादी स्रोतगतीशीलन सिद्धान्त
interbourse securities	आंतरराष्ट्रीय रोखे
intercaste	आंतरजातीय
intercede	रदबदली करणे
intercourse	व्यवहार परस्परसंबंध
interdining	रोटीव्यवहार
interdisciplinary approach	आंतर अनुशासन दृष्टिकोन
interdisciplinary subject	आंतरशास्त्रीय विषय
interest	व्याज; हित; हितसंबंध; हितसंबंधी; रुची; गोडी; आस्वाद
–accured interest	मिळालेले व्याज

–compound interest	चक्रवाढ व्याज
–gross interest	एकूण व्याज
–net interest	निव्वळ व्याज
–overdue interest	थकलेले व्याज
–scheduled interest	अनुसूचित व्याज
–simple interest	सरळ व्याज
interest group	हितसंबंधी गट
interest rate margin	व्याजदरांमधले अंतर
interest rate risk	व्याजदर जोखीम
interests, representation of	हितसंबंधाचे प्रतिनिधित्व
interest warrant	व्याज अधिपत्र
interestfree banking	व्याजमुक्त बँकव्यवस्था/ बँकिंग
interfere intervention	विकासाचे तंत्र; हस्तक्षेप
interference	हस्तक्षेप
intergeneration equity	पिढ्यांतील समन्वय
inter government agencies	आंतरशासकीय अभिकरणे
inter govermental	आंतरशासकीय
intergenerational mobility	आंतरपिढीय/पिढीतंर्गत गतिशीलता
intergrated watershed development field	एकात्मिक पाणलोट विकास क्षेत्र
intergroup behaviour	आंतरसमूह वर्तन
interhuman	आंतरमानवीय
interim	अंतरिम; हंगामी
–bonus	अंतरिम बोनस; मध्यावधी बोनस; अंतरिम लाभांश
–budget	मध्यावधी (अंतरिम) अर्थसंकल्प
–dividend	अंतरिम लाभांश
–government	अंतरिम शासन
–order	अंतरिम आदेश
inter industry	आंतरउद्योग
interlocking	अंतर्वर्धन
interlocking director	परस्परबद्ध संचालक
intermarriage	आंतरविवाह
intermediate deficit	मध्यावी तूट
intermediate holding company	मध्यम सत्ताधारी संस्था
intermediate loan	मध्यमावधी कर्ज
intermidiate technology	मध्यस्तरीय तंत्रज्ञान
intermigration	अन्योन्य स्थलांतर
intermittant	असंतत
internal	अंतर्गत; आंतरिक
–auditor	अंतर्गत लेखापरीक्षक
–check	अंतर्गत तपासणी/पडताळा; अंतर्गत संरोध
–conflict	अंतर्विरोध
–consistency	आंतरिक संगती
–control	अंतर्गत नियंत्रण
–debt	सरकारी/देशी ऋण
–diseconomics	परिव्ययवर्धक अंतर्गत प्रतिकूलता
–economics	अंतर्गत अनुकुलता; परिव्ययऱ्हासक अंतर्गत अनुकूलता; अंतर्गत काटकसर

–format अंतस्थरूप
–management अंतर्गत व्यवस्थापन
–market देशांतर्गत बाजार
–perception आंतरसंवेदन
–public debt सरकारी (देशी) ऋण
–reconstruction अंतर्गत पुनर्गठन
–relations interrelations अंत:संबंध; आंतरसंबंध
–role of return लाभदक्षता; सीमान्त लाभ; भांडवलाची सीमान्त कार्यक्षमता
–system आंतरव्यवस्था
–technical group अंतर्गत तांत्रिक गट
–theory of taxation लाभ कराधानाचा सिद्धान्त
–trade अंतर्गत (देशान्तर्गत) व्यापार
–value अंतर्गत मूल्य
–sanctions देशांतर्गत निर्बंध
internalisation आंतरीकरण
international आंतरराष्ट्रीक/आंतरराष्ट्रीय
–abritration आंतरराष्ट्रीय लवाद
–affairs आंतरराष्ट्रीय घडामोडी
–atomic energy commision आंतरराष्ट्रीय अणुऊर्जा आयोग
–/inter bourse securities आंतरराष्ट्रीय रोखे
–brigade आंतरराष्ट्रीय पथक (स्पॅनिश यादवी युद्धात लोकशाही सरकारच्या बाजूने लढणारे पथक)
–coinage आंतरराष्ट्रीय मुद्राचलन
–commodity agreement आंतरराष्ट्रीय विक्रेय वस्तू करार
–community आंतरराष्ट्रीय समुदाय
–competative dependence आंतरराष्ट्रीय स्पर्धात्मक परावलंबित्व
–concession आंतरराष्ट्रीय सवलत; आंतरराष्ट्रीय सुविधा
–conference आंतरराष्ट्रीय परिषद
–co-operation आंतरराष्ट्रीय सहयोग
–court of justice आंतरराष्ट्रीय न्यायालय
–currency आंतरराष्ट्रीय चलन
–deleinquency आंतरराष्ट्रीय कर्तव्यच्युती; आंतरराष्ट्रीय अपचार/अपचारिता
–development institute आंतरराष्ट्रीय विकाससंस्था
–division of labour आंतरराष्ट्रीय श्रमविभागणी
–economic system आंतरराष्ट्रीय अर्थव्यवस्था
–economics आंतरराष्ट्रीय अर्थशास्त्र
–endistment आंतरराष्ट्रीय समझोता
–ethics आंतरराष्ट्रीय नीतितत्त्व/नीतिनियम
–eyeball to eyeball आंतरराष्ट्रीय संघर्ष (राजनायिक)
–finance आंतरराष्ट्रीय वित्त
–financial center आंतरराष्ट्रीय वित्तीय केंद्र
–gold standard आंतरराष्ट्रीय सुवर्णमानक
–indebetness आंतरराष्ट्रीय ऋण/कर्ज
internationalise आंतरराष्ट्रीयीकरण
internationalism आंतरराष्ट्रीयवाद/आंतरराष्ट्रवाद
–labour office आंतरराष्ट्रीय श्रमिक कार्यालय

–labour organization	आंतरराष्ट्रीय श्रमिक कामगार संघटना
–labour standard	आंतरराष्ट्रीय श्रमप्रमाण
–law	आंतरराष्ट्रीय विधी/कायदा
–liquidity	आंतरराष्ट्रीय रोकडसुलभता
–market	आंतरराष्ट्रीय बाजार
–monetary fund	आंतरराष्ट्रीय नाणेनिधी; आंतरराष्ट्रीय मुद्राकोश/नाणेनिधी
–monetary fund executive board	आंतरराष्ट्रीय नाणेनिधी कार्यकारी मंडळ
–money	आंतरराष्ट्रीय पैसा; आंतरराष्ट्रीय मुद्रा
–money order	आंतरराष्ट्रीय प्रेष (मनीऑर्डर)
–organization	आंतरराष्ट्रीय संघटना
–piece	आंतरराष्ट्रीय शांतता
–payments	आंतरराष्ट्रीय चलन
–planning	आंतरराष्ट्रीय नियोजन
–political economy	आंतरराष्ट्रीय राजकीय अर्थशास्त्र
–politics	आंतरराष्ट्रीय राजकारण
–relations	आंतरराष्ट्रीय संबंध
–security	आंतरराष्ट्रीय सुरक्षितता
–system	आंतरराष्ट्रीय व्यवस्था
–taxation regulation	आंतरराष्ट्रीय कराधान विनिमय
–terrorism	आंतरराष्ट्रीय दहशतवाद
–trade	आंतरराष्ट्रीय व्यापार
–treaties	आंतरराष्ट्रीय तह
–violence	आंतरराष्ट्रीय हिंसा
–wealth	आंतरराष्ट्रीय धन/संपत्ती

internationalisation	आंतरराष्ट्रीयीकरण
internationalism	आंतरराष्ट्रवाद; आंतरराष्ट्रीय वाद
internationaly treaty	आंतरराष्ट्रीय तह
internet	आंतरजाल; इंटरनेट
internment	स्थानबद्धता/नजरकैद
inter parlimentary union	आंतरसंसदीय संघ
inter personal attraction	आंतरव्यक्ती आकर्षण
–behaviour	आंतरव्यक्ती वर्तन
–comparision	व्यक्तीतील तुलना
–comparision of utility	तृष्टीगुणांची व्यक्ती; व्यक्तिनिष्ठ तुलना
–relationships	आंतरव्यक्ती नातेसंबंध
–skill	आंतरव्यक्ती कौशल्य
interpetrating	परस्परछेदक
interpol (international police)	आंतरराष्ट्रीय गुन्हेगार अन्वेषण संघटना
interpose	अंत:क्षेप करणे
interpretation	अन्वय; स्पष्टीकरण; विवरण
interpretation of theory	सिद्धान्ताचा अन्वय
interpretative	अन्वयात्मक
interpretative anthropology	अन्वयार्थक मानवशास्त्र
interprete	अंत:क्षेप करणे
interpretivism	अन्वयार्थवाद
interpretivist	अन्वयार्थवादी
–and qualitative methodlogy	अन्वयात्मक व गुणात्मक पद्धतीशास्त्र

–epistemology	अन्वयार्थवादी ज्ञानमीमांसाशास्त्र
interpretor	अर्थनिर्माता
inter regional planning	आंतरप्रादेशिक नियोजन
interrelation	परस्परसंबंध; आंतरसंबंध
interstate	आंतरराज्यीय
interstate commerce	आंतरराज्य वाणिज्य
interstate trade	आंतरराज्य व्यापार
inter temporal	आंतरकालीक
intervention	हस्तक्षेप
intersubjective	संवादात्मक
intersubjectivity	आंतरव्यक्तिनिष्ठता
intersystem; internal system	आंतरव्यवस्था
intertemporal trade off	सममूल्यनाचे विश्लेषण
intertexuality	लेखनाचा साक्षेपी वापर
intervene	मध्ये पडणे
interventionist development strategy	हस्तक्षेपप्रधान विकासाचे तंत्र
interview	मुलाखत
–depth interview	सांगोपांग मुलाखत
–focussed interview	केंद्रीय मुलाखत
–structured interview	संरचित मुलाखत
interview schedule	मुलाखत अनुसूची
interviewer	मुलाखतकार/मुलाखत घेणारा
in the red	तोट्यात चाललेला
inter world/ inter global	आंतरजागतिक
intimate group	निकट संबंध समूह
intimation	पूर्वकल्पना
intimidation	धमकी; धाकदपटशा; दहशत
intolerance	असहिष्णुता
intra state commerce	राज्यांतर्गत वाणिज्य
intramarginal	सीमान्तर्गत
intramarginal cultivation	सीमान्तर्गत लागवड
intramarginal utility	सीमान्तर्गत उपयोगिता
intra sectoral payments	क्षेत्रांतर्गत प्रदाने
intrigue	कारस्थान
intrinsic	स्वाभाविक; आंतरिक; अंगभूत
intrinsic validity	स्वत: प्रामाण्य
intrinsic value	आंतरिकमूल्य; वस्तुगत मूल्य; वास्तविक मूल्य; स्वयंभू मूल्य
introduce a bill	(विधेयक) प्रस्तुत करणे
introspection	आंतरनिरीक्षण; आत्मनिरीक्षण; स्वनिरीक्षण
introspective method	आंतरनिरीक्षण पद्धती
introversion	अंतर्मुखता
introvert	अंतर्मुख व्यक्ती/अंतर्मुखी
introvert perssonality	अंतर्मुख व्यक्तिमत्व
intuition	अंत:प्रत्यय; अंतज्ञान; अंत:स्फूर्ती; अंत:प्रेरणा; शुद्धप्रज्ञा; प्रतिभाज्ञान; अनुभूती सहजस्फूर्तज्ञान; प्रत्यक्षानुभूती; अंत:प्रज्ञा; अनुभवप्रत्यय; साक्षात्कार
intuitiontist	साक्षात्कारवादी
invalid	अप्रमाण; विधीबाह्य

invalid vote विधी अग्राह्य मत
invalidity अप्रमाणता; विधिबाह्यता
invariable अचल; अविकारी; स्थिर
invasion आक्रमण
inventary मालसाठा वस्तुसूची
invention कल्पकशोध
inventory मालसाठा वस्तुसूची
inventory valuation वस्तूसूची मूल्यांकन
inverse variation व्यस्त परिवर्तन
investigation अनुसंधान; अन्वेषण अधिकार; तपास
investigative journalism शोध पत्रकारिता
investigatory power अन्वेषण
investment गुंतवणूक
—account गुंतवणूक खाते
—fluctuation fund गुंतवणूक चढउतार निधी
—foreign investment विदेशी गुंतवणूक
—function गुंतवणूक अनुवर्त
—goods उत्पादन वस्तू
—national investment राष्ट्रीय गुंतवणूक
—public investment सरकारी गुंतवणूक
—banking गुंतवणूक बँक व्यवसाय अधिकोषण
—budgeting गुंतवणूकीचे अर्थसंकल्पन
—expenditure भांडवली खर्च
—plan गुंतवणूक योजना
—security गुंतवणूक रोखा
—trust विनियोग विश्वस्त मंडळ
investor गुंतवणदार; निवेशक, गुंतवणुकदार
investors protection fund गुंतवणूकदार संरक्षण निधी
invisible अदृश्य; सेवारूप (अदृश्य) बाबी
—balance of payments अदृश्य ताळेबंद
—export अदृश्य निर्यात
—exports सेवारूप निर्यात
—government अदृश्य (छुपे) शासन
—import अदृश्य आयात
—imports सेवारूप आयात
—property अमूर्त मालमत्ता
—labour अदृश्य श्रम
—trade अदृश्य व्यापार
invisibles सेवारूप/अदृश्य बाबी
invoice बीजक (किंमतीसह मालाची यादी)
—commercial invoice वाणिज्य बीजक
—consular invoice वाणिज्य दूतीय बीजक
—F.O.R. invoice रेल्वे खर्च; मुक्त बीजक
—franco invoice खर्चवेचासहित बीजक
—over invoice अतिबीजक करणे
—proforma invoice प्रारूप बीजक
—under invoice न्यून बीजक करणे
invoice book बीजक पुस्तक/वही
involuntary unemployment अनैच्छिक बेकारी
irrational अबौद्धिक; अविवेकी; बुद्धिविसंगत (तर्कविसंगत) अतार्किक; अवैचारिक
irrational behaviour तर्कविसंगत वर्तन
irrational deal आतबट्याचा व्यवहार
irrationality तर्कविसंगतता (बुद्धिविसंगती)

irredeemable	अविमोचनीय; परत न मिळण्याजोगे
—debenture	अप्रतिदेय ऋण
—preference shares	अप्रतिदेय अधिमान भाग
—shares	अप्रतिदेय भाग
—stock	अप्रतिदेय रोखा
irrelevant argument fallacy	असंगयुक्ती; असंबद्धतादोष
irrevocable	अपरिवर्तनक्षम
—credit	रद्द न करता येण्याजोगी पत
—letter of credit	रद्द न करता येण्याजोगे पतपत्र
irrigated farming	ओलिताची शेती
irrigation	जलसिंचन
irrotational motion	अपरिभ्रमणशील गती
irrigation system	सिंचनव्यवस्था
isms	प्रणाली; विचारप्रवाह; वाद
iso cost line	सम परिव्यय रेखा
iso revenue curve	सम आगम चक्र
isolated	एकटा
isolation	एकलन; एकाकीपणा; एकटा; एकाकी
isolationism	अलिप्ततावाद; पृथक्वाद/पृथक्पणा; विवर्तनवाद (अलगतावाद)
isoquant	सम उत्पादन चक्र
issue of writ	प्रतिलेख काढणे
issue price	निर्गम किंमत; विक्री किंमत
issued capital	विक्रीस काढलेले भांडवल
issues of debenture	ऋणपत्रे विक्रीस काढणे
issue share capital	विक्रीस काढलेले भाग भांडवल

J

jamindari system	जमीनदारी पद्धती
Jan Sangh	भारतीय जनसंघ
job	सोपीव काम; कर्म; कार्य
—analysis	काम/कार्य विश्लेषण
—control	कार्य नियंत्रण
—costing	कार्य परिव्यय
—satisfaction	सोपीव कामातील समाधान
jobless growth	रोजगारीविना विकास
joint & several liability	संयुक्त व पृथक दायित्व
joint account	संयुक्त खाते; संयुक्त लेखा (खाते)
—area/sector	संयुक्त क्षेत्र
—bank account	संयुक्त बँक खाते
—capital organisation	संयुक्त भांडवली संस्था
—capital/stock	संयुक्त भांडवल
—committee	संयुक्त समिती
—cost	सहपरिव्यय
—demand	जोड मागणी; संयुक्त मागणी
—family	एकत्र कुटुंब
—financial control	संयुक्त वित्तीय नियंत्रण
—life insurance	संयुक्त आयुर्विमा
—method of agreement & difference	संयुक्त अन्वयव्यतिरेक पद्धती
—parliamentary committee	संयुक्त संसदीय समिती
—production	संयुक्त उत्पादन
—profit	संयुक्त नफा
—responsibility	संयुक्त जबाबदारी
—sector	संयुक्त क्षेत्र
—standing committee	संयुक्त स्थायी समिती
—stock	संयुक्त भांडवल
—stock bank	संयुक्त भांडवल बँक

–stock company	संयुक्त भांडवल कंपनी; संयुक्त मालकीची संस्था
–stock farming	संयुक्त भांडवल शेती
–supply	जोड पुरवठा; संयुक्त पुरवठा
–venture	संयुक्त उपक्रम
joking relationship	सलगी/परिहास संबंध
journal	नियतकालिक; पत्रिका; रोजनामा; ज्ञानपत्रिका
journal book	कीर्द पुस्तक
journal entry	कीर्द नोंद
journey log book	प्रवास रोजवही
journey man	रोजीशिल्पी
judaism	यहुदी धर्म
judge	न्याय देणे/करणे; न्यायाधीश
judge adjudicate	अभिनिर्णय करणे
–adjudge	न्यायनिर्णय करणे
–arbitrate	लवाद/लवादी करणे
–arbitration	लवाद
–award	निवाडा
–decide	निवाडा देणे
–determine	निर्णय घेणे/करणे
–referee	निर्देशी
–rule	अधिनिर्णय करणे
–umpire	पंच
judge of a court of record	अभिलेख न्यायालयाचा न्यायाधीश
judgement	निर्णयशक्ती; अभिप्राय; मत
–discrement	विवेचक दृष्टी
–discretion	विवेकबुद्धी
–discremination	तारतम्य
judgement, approval theory of moral	नैतिक निर्णय अभिरोचन उपपत्ती
judgement, factual	यथाविधाने; वस्तुतथ्य विधान
judgement, value	मूल्यनिर्माण
judicature	न्यायमंडळ अधिकारिता; न्यायव्यवस्था
judice	मनोधारणा
judicial	न्यायदानासंबंधी; न्यायिक
–activism	न्यायालयीन कृतिशीलता/सक्रियता
–administration	न्यायिक प्रशासन
–committee	न्यायदान समिती
–decision	न्यायालयाचा निर्णय
–department	न्यायविभाग
–interpretation	न्यायिक स्पष्टीकरण/विवरण
–method	न्यायिक पद्धती
–review	न्यायिक आढावा; न्यायिक पुनर्विलोकन
–sanction	न्यायिक मंजुरी
–trial	न्यायिक परीक्षा
judiciary	न्यायसेवा; न्यायांग; न्यायमंडळ
judiciary independence of	न्यायमंडळाचे स्वातंत्र्य
junior rights	कनिष्ठ अधिकार
juridical personality	विधिकल्पित व्यक्तिमत्त्व
jurisdiction	अधिकारक्षेत्र; अधिकारिता; हुकूम; सत्ता; अंमल
jurisdictional dispute	अधिकारिताविषयक विवाद
jurisprudence	न्यायशास्त्र; विधितत्त्वज्ञान/विधितत्त्वमीमांसा; विधिशास्त्र
jurist	विधिमीमांसक; विधिशास्त्रज्ञ
juristic	विधिकल्पित; विधिगत न्यायशास्त्रीय
juristic concept	विधिगत संकल्पना
jury	ज्युरी; न्याय पंच
jury refree	पंचशील धोरण

jus civile देशगत विधी
jus gentium पैतृक राष्ट्रीयता; सार्वलौकिक विधी/कायदा
jus nature नैसर्गिक नियम
jus soil जन्मभूमीसंबंधी नियम
just न्याय
justice न्यायमूर्ती; न्याय
justice, corrective परिमार्जक न्याय
–distributive वितरणात्मक/वितरक न्याय
–divisive विभाजक न्याय
–retribute प्रतिफलरूप न्याय
justifiability समर्थनीयता
justification दोषनिवारण; मंडन; समर्थन
juvenile court बालगुन्हेगार कार्यालय
juvenile delinquency बाल अपचारिता; बालगुन्हेगारी

K

key industry आधारभूत उद्योग
–market आधारभूत बाजारपेठ
–position आधारभूत सूत्र स्थान
–sector आधारभूत क्षेत्र
kidnapping अपहरण
kin भाऊबंद
kinderd; kins बांधव; आप्त; नातलग
kindred group बांधवसमूह
king's bench राज्य न्यासपीठ
king's counsel राजविधी सल्लागार; राजाचा सनदी वकील
king's evidence सरकारी पुरावा; सरकारी साक्ष
kinked विकुंचित
kinship आप्तसंबंध; नातेसंबंध; नातेपद्धती
–affinity आप्तसंबंध
–group आप्तसमूह; आप्तसंबंधी गट
–organization आप्तसंबंध संघटना
–system नातेपद्धती; नातेव्यवस्था
–terminolgy नातेपरिभाषा
–useage नातेसंबंध प्रथा
kitchen cabinet अनौपचारिक मंत्रिमंडळ
kitchen debate अनौपचारिक वादविवाद
know-how कृतीज्ञान; विशिष्ट ज्ञानपद्धती
knowledge based economy ज्ञानाधिष्ठित अर्थव्यवस्था/अर्थयंत्रणा
knowledge learning ज्ञानसाधना
knowledge power ज्ञानसत्ता
knowledge transference ज्ञानाचे हस्तांतरण
knowledge, determinate सविकल्प ज्ञान
knowledge, means of ज्ञानप्रमाण; ज्ञानसाधन
–non relational निर्विकल्प ज्ञान
–pre conditions of ज्ञानाच्या पूर्वोपाधी
–principles of ज्ञानतत्त्वे
–recollective स्मृतिरूप ज्ञान
–revealed आर्षज्ञान
knowledgeable ज्ञानात्मक
kubdred बांधव
kulak कुलक (रशियन श्रीमंत शेतकरी)

L

labouriously परिश्रमपूर्वक; कष्टाने
labour कामगार; श्रमिक; श्रम
–agricultural labour शेती/कृषी कामगार/श्रमिक
–bonded labour बंधपत्रित कामगार/श्रमिक
–child labour बालकामगार
–female labour स्त्री कामगार

–industrial labour	औद्योगिक कामगार/श्रमिक
–shift labour	पाळी कामगार/श्रमिक
–slave labour	दास कामगार/श्रमिक
–substitute labour	बदली कामगार/श्रमिक
–sweated labour	शोषित कामगार/श्रमिक
labour arbitration	कामगार लवाद
–assesment	कर्मचारीमापन
–bureau	कामगार केंद्र
–capacity	श्रमक्षमता
–capital	श्रमभांडवल
–court	कामगार न्यायालय
–dispute	श्रमिक विवाद
–economics	श्रम अर्थशास्त्र
–exchange	श्रमिक सेवायोजन केंद्र
–expropriation	श्रमिक स्वामित्वहरण
–instinsivlty	श्रमप्रधानता
–internsive country	श्रमप्रधान देश
–laws/legislation	श्रमिक/कामगार कायदे; श्रमिक विधीविधान
–market	श्रमबाजार; श्रमिक बाजार
–monopoly	श्रमिक एकाधिकार; श्रमिक मक्तेदारी
–movement	कामगार चळवळ
–party	मजूर पक्ष
–power/force	श्रमशक्ती
–relations	श्रमिक संबंध
–sector	श्रमिक क्षेत्र
–supply	श्रमपुरवठा
–surplus economy	श्रमविपुल अर्थव्यवस्था
–system	श्रमव्यवस्था
–theory of value	श्रममूल्य सिद्धान्त; श्रमानुसारी मूल्य सिद्धान्त
–transaction	श्रमव्यवहार
–turnover	कामगार अनुपात
–turnover rate	श्रमिक आवर्तन दर
–union	श्रमिक संघटना
–union/ organization	कामगार संघटना
–welfare	कामगार कल्याण
–/trade union	कामगार संघ; श्रमिक संघ
labourer	मजूर; श्रमजीवी
labouring class	श्रमिक वर्ग
labouriously	परिश्रमपूर्वक
lack of purchasing power	क्रयशक्तीचा अभाव
lag	पश्चायन (मागे पडणे, मागासणे)
laison	सहकार्य (दोन राष्ट्रांतील)
laissez faire (economy)	निरंकुश अर्थव्यवस्था; तटस्थ वृत्ती; व्यक्तिस्वातंत्र्याची मुभा
laissez faire policy (policy of non interference)	निर्हस्तक्षेप धोरण
laissez faire theory	निरंकुश अर्थव्यवस्था सिद्धान्त
laissezfaire tyranny	निरंकुशता
laissezfaire; dictatorship	अनिर्बंध सत्ता
lame duck	कर्ज बुडविणारा; पडेल उमेदवार; तेजी-मंदीवाला; पांगळा
land bank	भूमी बँक/अधिकोष (स्थावर मिळकतीवर कर्ज देणारी बँक)
–ceiling	जमीन कमाल धारणा मर्यादा
–development	भूविकास

—development bank भूविकास बँक
—distribution जमीन विभाजन
—force स्थलसेना
—frontier trade स्थल सीमान्त व्यापार
—grab movement जमीन बळकाव चळवळ
—holder भूमिधारक
—holding जमीन धारणा
—improvement जमीनसुधार
—mortage भूतारण
—mortage bank भूतारण बँक
—property जमीनजुमला
—reclamation भूमी संपादन
—reclamation project भूमी संपादन प्रकल्प; उद्धृत भूमीप्रकल्प
—record office भूमी अभिलेख कार्यालय
—reforms जमीन सुधारणा; भूसुधारणा
—revenue जमीन महसूल
—slide भूमिपात
—slide victory प्रचंड विजय
—tax भूमी कर
—taxation भूमी कराधान
—tenure भूदारण पद्धती
—value tax भूमूल्य कर
landed property भूसंपत्ती
landholding भूदारण
landing account उतरण लेखा/हिशेब
landing charges उतरणावळ
landless भूमिहीन; भूहीन
landless people भूमिहीन वर्ग/लोक
landlessness भूमिहीनता
landlord क्षेत्रस्वामी; जमीन मालक; भूस्वामी
landlordism जमीनमालकी पद्धत; जमीदारी
landlordship जमीनमालकी पद्धत
language dependent भाषानुवर्ती
language families भाषा कूळ/ळे
language, model प्रतिरूप भाषा
language, philosophy of भाषा तत्त्वज्ञान
language theorisation भाषा सिद्धान्तन
lapse लोप होणे
lapsed policy रद्द झालेले विमापत्र
lapse of paramountacy परमोच्च सत्तेचा विलय
large scale industry बृहत् उद्योग
large scale production बृहत्परिणाम उत्पादन
larithmics जनगुणशास्त्र
last resort अंतिम आधार
latent analysis अप्रकट विश्लेषण
—function अप्रकट कार्य
—inflation अप्रकट भावफुगवटा
—quality सुप्त गुण
latternal combination पार्श्विक सम्मीलन
laternal entry समस्तर प्रदेश
latvian lat लॅटव्हीयन लॅट
law विधी; कायदा; नियम; सिद्धान्त
—abding कायदा पाळणारा
—agent विधी अभिकर्ता/एजंट
—and order कायदा आणि सुव्यवस्था
—of causation कार्यकारण सिद्धान्त
—of causuality कारणसिद्धान्त
—of constant returns स्थिर प्रत्याय/फलसिद्धान्त

–of consumption	उपभोग्यतेचे नियम
–of demand	मागणीचा सिद्धान्त
–of diminishing marginal returns	उतरत्या सीमान्त प्रतिलाभाचा नियम
–of diminishing marginal utility	उतरत्या उपयोगितेचा सिद्धान्त; आऱ्हासी उपयोगितेचा सिद्धान्त
–of diminishing utility	घटत्या उपयोगितेचा सिद्धान्त
–of diminishing/ decreasing returns	आऱ्हासी प्रत्याय सिद्धान्त
–of equimarginal returns/utility	समसीमान्त उपयोगिता सिद्धान्त
–of equivalent proportion	सममूल्य प्रमाण नियम
–of error	त्रुटिनियम; दोषनियम
–of force	शक्तीसिद्धान्त
–of human nature	मानवस्वभाव सिद्धान्त
–of importion	आयात नियम
–of increasing returns	वाढता प्रत्याय सिद्धान्त
–of marginal utility	सीमान्त उपयोगिता सिद्धान्त
–of nations	आंतरराष्ट्रीय कायदा/विधी
–of nature	प्राकृतिक नियम
–of non-prportional output	असमप्रमाण उत्पादन सिद्धान्त
–of reciprocal proportion	अन्योन्य प्रमाण नियम
–of substitution	पर्यायन सिद्धान्त
–of succession	उत्तराधिकार विधी; क्रमभावनियम
–of the land	देशविधी
law, general	सामान्य नियम/सिद्धान्त
law, moral	नैतिक नियम
law, normative	आदर्शक नियम
lawful	विधिसंमत; कायदेशीर; वैध; विधियुक्त
–guardian	विधिसंमत पालक
–money	विधिसंमत पैसा
layer	स्तर; थर
lay of land	भून्यास
lay-off	कामगार कपात; अपरिहार्य कामबंदी
lay on the table	पटलावर ठेवणे
lazaissefaire	तटस्थ वृत्ती
leadership	नायकत्व; नेतृत्व; पुढारपण
leading principle	नायक तत्त्व
leading question	सूचक प्रश्न
leads and lags	त्वरा नि विलंब (पद्धती व कृती याबाबत)
leaflet	छापील हस्तपत्रक
leagal board	वैधानिक मंडळ
league of enforce/peace	शांती समिती
league of nations	राष्ट्रसंघ
leak	वार्तास्फोट
leakage and breakage	गळती व फूटतूट
learning	ज्ञानोपासना
learning process	ग्रहणप्रक्रिया
learning web	अध्ययन जाळी
lease	भाडेपट्टा
lease deed	भाडेपट्ट्याची कागदपत्रे
lease hold	पट्टेदारीने घेतलेला; पट्ट्याने घेतलेला

lease hold land पट्टेदारी जमीन
lease institute भाडेपट्टा संस्था
leaser पट्टेदार (पट्ट्याने घेणारा)
leasing लिजिंग
least aggregate sacrifice principle अल्पतम एकूण त्याग तत्त्व
least cost contribution किमान परिव्यय संयोग
leatent function सुप्त कार्य
leave wages रजावेतन
ledger खातेवही; खतावणी
—account ledger लेखा खातेवही
—balance ledger शिल्लक खातेवही
—card ledger कार्ड खातेवही
—cost ledger परिव्यय खातेवही
—customer's ledger ग्राहक खातेवही
—debtor's ledger ऋणको खातेवही
—general ledger सर्वसाधारण/सामान्य खातेवही
—purchase ledger खरेदीची खातेवही
—sales ledger विक्रीची खातेवही
—stock ledger संग्रह खातेवही; रोखेधारक पुस्तक
ledger entry खातेवही नोंद
ledger folio खातेवही पृष्ठ
left wing party डावा पक्ष
legacy duty उत्तर दान कर; मृत्युपत्रित संपत्ती कर
legal कायदेशीर; वैध
—adviser विधी सल्लागार
—aid विधिविषयक साहाय्य
—approach वैध दृष्टिकोन
—imperatives विधिनिष्ठ/विधिविहित आज्ञापन
—monopoly विधिनिर्मित एकाधिकार
—mortage वैध गहाण
—order वैध व्यवस्था
—organization कायदेशीर संघटना
—personality वैध व्यक्तिमत्त्व (कायदेशीर अधिकार असलेली व्यक्ती)
—proceedings वैध/वैधिक/कायदेशीर कार्यवाही
—rational authority वैध बुद्धिनिष्ठ अधिकार
—rights कायदेशीर अधिकार; वैध अधिकार
—sovereiginity वैध सार्वभौमत्व
—supremacy वैध सर्वोच्चता
—tender वैध निविदा
—tender money वैध चलन मुद्रा/पैसा
—validity विधिग्राह्यता
—vision वैधानिक दृष्टिकोन
legalist विधिनिष्ठ; वैधता
legation वकीलमंडळ
legation, right of वकिलात उघडण्याचा अधिकार
legislate विधी विधानित करणे (कायदेकानून तयार करणे)
legislation विधिविधान; कायदे
legislative विधानांग; वैधानिक; वैज्ञानिक
—act वैधानिक अधिनियम
—affairs विधान कार्य
—assembly विधान सभा
—authority वैधानिक प्राधिकार/प्राधिकरण
—business वैधानिक कामकाज
—council विधान परिषद
—department विधान विभाग
—function of administration प्रशासनाचे वैधानिक कार्य
—intent वैधानिक हेतू

—oversight	वैधानिक नजरचूक
—procedure	वैधानिक कार्यपद्धती
—sanction	वैधानिक मंजुरी
—status	वैधानिक दर्जा
legislator	कायदेमंडळाचा सभासद; विधीकार; कायदे करणारा
legislature	विधान मंडळ
legitimacy	प्रामाण्य; अधिवृत्ती; सयुक्तिकता
legitimacy of ruling	सत्तेची अधिमान्यता; सत्तेची वैधता
legitimate	औरस; विधीसंगत; वैधिक कायदेशीर; वैध; तर्कसंगत
legitimate	न्याय्य
lend lease	उधारपट्टा; उधारपट्ट्याने देणे
lend lease act-1941	उधारपट्ट्यांचा कायदा १९४१ (अमेरिकेच्या संरक्षणाच्या दृष्टीने आवश्यक मानल्या गेलेल्या राष्ट्राना साधनसामग्री देण्यासंबंधी अध्यक्षास अधिकार देणारा कायदा)
lender	सावकार; धनको
lending obligation	कर्जसंबंधित बंधन
lending rate	कर्जदर
leneage	वंशक्रम
less educated society	अल्पशिक्षित समाज
less development	अल्पविकसित
lessen	कमी करणे/होणे
lessor	पट्टाकार; पट्ट्याने देणारा
letter of adminisation	प्रबंधाधिकार पत्र
—credence; credential letter	अधिकारपत्र
—credit	पतपत्र
—guarantee	हमीपत्र
—hypothecation	तारण गहाण पत्र
—indemnity	क्षतिपूर्ती पत्र
level	पातळी; दर्जा
level of consumption	उपभोग पातळी
level of employment	रोजगार पातळी
level of expenditure	खर्च पातळी
level of income	उत्पन्नपातळी
level of price	किंमतीची पातळी
level of production	उत्पादन पातळी
lever	तरफ
leverage	अप्रत्यक्ष दबाव; तरफ बल
leviable	करयोग्य
levirate	दीर-भावजय विवाह; देवरविवाह
levy	वसुली; कर
lexicon	शब्दनिधी
liability	भार; जबाबदारी; दायित्व; आधीनता
—capital liability	भांडवली दायित्व
—contigent liability	घटनापेक्ष/आकस्मिक दायित्व
—demand liability	मागणी दायित्व
—direct liability	प्रत्यक्ष दायित्व
—indirect liability	अप्रत्यक्ष दायित्व
—joint and several liability	संयुक्त व पृथक् दायित्व
—imited liability	मर्यादित दायित्व
—reserve liability	राखीव दायित्व
—time liability	सावधी दायित्व

—unlimited liability	अमर्यादित दायित्व
liability deposit	दायित्व ठेव/निक्षेप
liability limit	दायित्व मर्यादा
liability reserve	दायित्व राखीव निधी
liable	उत्तरदायी; दायित्व असलेला; जबाबदार
liason	संपर्क (दोन राष्ट्रातील); सहकार्य
lible	बदनामी; अपलेखा बेअब्रू
liberal	उदार/उदारमतवादी
liberal constructionist	उदार शब्दार्थवादी
liberal democracy	उदारमतवादी लोकशाही
liberal education	उदारमतवादी शिक्षण
liberal feminism	उदारमतवादी स्त्रीवाद
liberal party	उदारमतवादी पक्ष (इंग्लंडमधील)
liberal value	उदारमतवादी मूल्ये
liberalise	उदारमतवादी
liberalism	उदारमतवाद
liberalization	उदारीकरण; शिथिलीकरण
liberalization of economy	अर्थव्यवस्थेचे शिथिलीकरण
liberation	मुक्ती; स्वातंत्र्य
liberation army	मुक्ती सेना
libertarianism	विमुक्तिवाद; स्वातंत्र्यवाद
libertrine	स्वैर वर्तनी; स्वैराचारी
libertinism	स्वैराचारवाद
liberty	मुक्तता; स्वतंत्रता; स्वातंत्र्य
—absolute	अबाधित स्वातंत्र्य
—civil	नागरी स्वातंत्र्य
—individual (Indian constitution)	व्यक्तिस्वातंत्र्य (भारतीय घटनेप्रमाणे)
liberty of speech	भाषण स्वातंत्र्य
liberty of the speech and the press	भाषण व मुद्रण स्वातंत्र्य
liberty of worship	पूजा स्वातंत्र्य
liberty, political	राजकीय स्वातंत्र्य
lible	अपलेखा; बेअब्रू
licence	अनुज्ञप्ती (परवानगी); परवाना; स्वैरता; स्वैराचार; अनुज्ञा
—ad hoc licence	तदर्थ परवाना
—blanket licence	व्यापक परवाना
—export licence	निर्यात परवाना
—general licence	सामान्य परवाना
—replacement licence	पुन:स्थापना परवाना
—special licence	विशेष परवाना
licence raj	परवाना राज
licenced dealer	परवाना मिळालेला विक्रेता
licencefree policy	परवानामुक्त धोरण
licensee	परवानाधारक
licensing power	परवाना देण्याचा अधिकार
lien	धारणाधिकार
lien wages	ऐवजी वेतन
lieutenant governer	नायब राज्यपाल
life annuity	आजीव वार्षिकी
—annuity fund	आजीव वार्षिकी निधी
—expentancy	आयुर्मर्यादा
—force	जीवनशक्ती
—fund	आजीव निधी
—goals of	जीवनसाध्ये
—history method	जीवनवृत्तांत पद्धती
—insurance	आयुर्विमा
—insurance policy	आयुर्विमा पत्र
—span	आयुर्मान
lifestyle	जीवनशैली

light industries	लघुभार उद्योग
light ship	दीपनौका
light tax	लघुभारी कर
light weight (political)	उथळ (राजकारणी)
lightning strike	झटपट संप; त्वरित संप
lignuistic fanatiism	भाषिक अत्याग्रह
limit	मर्यादा; सीमांक; सीमा
limited authority	सीमित अधिकार
—by shares	भागसीमित
—cheque	सीमित धनादेश
—company	मर्यादित कंपनी
—guarantee	मर्यादित हमी
—legal tender	मर्यादित वैध निविदा
—letter of credit	स्थान मर्यादित पतपत्र
—liability	मर्यादित दायित्व
—monarchy	मर्यादित राजसत्ता
—partnership	मर्यादित भागीदारी
—payment insurance	मर्यादित प्रदान विमा
—voting	मर्यादित मतदान
line	वंशक्रम
line officer	क्षेत्र अधिकारी
lineage	वंशपरंपरा; वंशावळ
lineage group	वंशावळ गट
lineal	वंशपरंपरागत; पैतृक
lineal consanquinity	पितृक रक्तसंबंध
lingua franca	संपर्क भाषा; जनभाषा
linguistics	भाषाशास्त्र
—behaviour	भाषिक वर्तन
—communication	भाषिक संदेशवहन
—competence	भाषिक क्षमता
—creativity	भाषिक सर्जनशीलता
—differences	भाषिक भेद
—fanaticism	भाषिक सत्याग्रह
—knowledge	भाषिक ज्ञान
—newspaper	भाषिक वृत्तपत्र
—representation	प्रतिरूपण (भाषिक)
—ystem	भाषिक व्यवस्था
linguisticality	भाषिकता
liquid	रोकडसुलभ
liquid assets	तरल मत्ता; रोकडसुलभ मत्ता
liquid capital	तरल/रोकड भांडवल
liquid securities	तरल रोखे; रोकता रोखे
liquidate	निर्धारित करणे; दिवाळे वाजणे; देणी देऊन व्यवहार बंद करणे
liquidation	दिवाळे; परिसमापन
—dissolution	विसर्जन
—extinction	विलोप; विलोपन; नाश
—wind up	समापन; शेवट; उपसंहार
liquidity	रोकडसुलभता; रोखता; तरलता
liquidity, international	आंतरराष्ट्रीय रोकडता
liquidity injected into the economy	अर्थव्यवस्थेत रोखता आणणे
liquidity management	द्रव्य व्यवस्थापन
liquidity preference	तरलता पसंती
liquidity ratio	तरलता गुणोत्तर
liquidity risk	तरलता जोखीम
liquidity trap	रोकता खोडा (सापळा)
liquid securities	रोकता/तरल रोखे
listening signals	श्राव्यसंकेत
litigation	खटला
litigation, prosecution	अभियोग; विवाद
littoral	सागरी विमावर्ती
livelihood	जीविका
living	राहणी; निर्वाह; उपजीविका

living on capital	भांडवल क्षय
living wages	जीवनवेतन; जीविका मजुरी
load curve	भारवक्र; भारगुणक; भारांक
load factor	भार गुणक; भारांक
loading charges	भरणावळ
loan	कर्ज
–clean loan	अबद्ध कर्ज
–current loan	चालू कर्ज
–dead loan	बुडित कर्ज
–discharged loan	फेडलेले कर्ज
–expired loan	संपलेले कर्ज
–external loan	विदेशी कर्ज
–intermediate loan	मध्यावधी कर्ज
–long term loan	दीर्घावधी/दीर्घमुदती कर्ज
–overnight loan	निशावधी कर्ज
–public loan	सरकारी कर्ज
–reconstruction loan	पुनर्रचना कर्ज
–tied loan	बद्ध कर्ज
–undisbursed loan	अवितरीत कर्ज
loan agreement	कर्जाचा करार
loan capital	कर्जाऊ भांडवल
loan collection	कर्जवसुली
loan conversion	कर्ज परिवर्तन; कर्ज रूपांतरण
loan duck	कर्ज बुडविणारा
loan instalment	कर्जहप्ता
loan policy	कर्जधोरण
loan sanction	कर्जमंजुरी
loanable funds	कर्जदेय निधी; ऋणनिधी
lobby member	प्रचार गटसदस्य; लॉबी सदस्य; सभाकक्ष सदस्य
lobbying	सभाकक्ष; दबाव; प्रचार
local	स्थानीय; स्थानिक
–action	स्थानिक कारवाई

–assets	स्थानिक मत्ता
–audit	स्थानिक लेखा परीक्षा
–authority	स्थानिक अधिकारी; स्थानिक प्राधिकरण/प्राधिकार
–autonomy	स्थानिक स्वायत्तता
–bank	स्थानिक बँक
–board	स्थानिक/स्थानीय मंडळ
–finance	स्थानिक फडणिशी व्यवहार; स्थानीय वित्त
–fund	स्थानिक निधी
–government	स्थानिक शासन
–labour	स्थानिक मजूर
–level	स्थानिक पातळी
–planning	स्थानिक नियोजन
–price	स्थानिक किंमत
–rate	स्थानीय कर
–self government	स्थानिक स्वराज्य; स्वयंशासन
–self institute	स्थानिक स्वराज्य संस्था
–station	स्थानिक केंद्र
–strike	स्थानिक संप
–usage	स्थानिक परिपाठ (रिवाज)
–utility	स्थानिक उपयोगिता
–value	स्थानिक मूल्य
localisation of industries	उद्योगांचे स्थानिकीकरण
locomotary, dynamic	गतिशील
location of industry	उद्योग स्थाननिश्चिती/स्थाननिर्धारण
location of sovereignty	सार्वभौमत्वाची स्थाननिश्चिती
lock up capital	संरुद्ध (अडकलेले) भांडवल
lock up shares	कुलुपबंद शेअर्स
lockout	टाळेबंदी; ताळेबंदी

locus point — उगमस्थान
log rolling — विधान मंडळ सदस्यांमधील मतांची सौदेबाजी
logbook — नोंदवही
logical — तार्किक आधार; तर्कशुद्ध; तर्कसंगत; व्यवहार्य
—action — तार्किक क्रिया
—choice theory — तर्कसंगत निवड सिद्धान्त
—consistency — तार्किक संगती
—definition — तार्किक व्याख्या
—empiricism; positivism — अनुभवसत्तावाद; प्रत्यक्षवाद; तार्किक अनुभववाद
—form — अर्थात्मक रूप
—positivism — तार्किक प्रत्यक्षार्थवाद/ प्रत्यक्षतावाद
logos — विचारतत्त्व; बुद्धी
loner — एकांडा; एकाकी
long addition — उभी बेरीज
long ballot — समावेशक मतदानपत्रिका (अमेरिकेतील)
long distance migration — दूरचे स्थलांतरण; लांब अंतराचे स्थलांतरण
long period price — दीर्घकालीन किंमत/मूल्य
long run cost curve — दीर्घमुदती परिव्यय वक्र
long run normal price — दीर्घकालीन स्थिर किंमत
long term — दीर्घकालीन
—budget — दीर्घकालीन अर्थसंकल्प
—capital — दीर्घावधी भांडवल
—capital supply — दीर्घ वित्तपुरवठा
—loan — दीर्घकालीन कर्ज; दीर्घमुदती कर्ज; दीर्घावधी कर्ज
—objective — दीर्घकालीन उद्दिष्ट
— planning — दीर्घकालीन नियोजन
looking glass — प्रतिबिंबित व्यक्तिमत्त्व
longivity — दीर्घायुष्य; आयुर्मान
lord chancellor — सर्वोच्च न्यायधिकारी
loss — तोटा; हानी; हरविणे; गमावणे
loss offset — हानी प्रतितोल
lost benefit criteria — खर्च लाभ निकष
lourue accord — लूव्र करार
low paid employee — लघुवेतन कर्मचारी
lower chamber — कनिष्ठ मंडळ
lower class — वर्ग निम्न
lower good and higher good — प्रेयस व श्रेयस
lower house — कनिष्ठ सभागृह
low paid employee — लघुवेतन कर्मचारी
loyalty — निष्ठा; इमानदारी; विश्वास; इमानदारी
loyal opposition — राष्ट्रनिष्ठ विरोधी पक्ष
lucrative — लाभप्रद; किफायतशीर
lump sum — एकरकमी
lum sum budget — एक/ठोकरकमी अर्थसंकल्प
lum sum tax — एक/ठोकरकमी कर
luxery goods — चैनीच्या वस्तू; विलासी वस्तू
luxury tax — विलासी वस्तूंवरील दंड
lynch — चौकशीशिवाय देहदंड करणे; जबरदस्तीची सुलतानी शिक्षा करणे

M

machiavelian diplomacy — कूट राजनय
machine politics — संघटित दादागिरीचे राजकारण

machinery	यंत्रसामग्री; (संस्थेची) रचना; यंत्रणा
mack up price	परिव्ययाधिक किंमत
macro	एकलक्षी; साकलिक; स्थूलदर्शी; व्यापक
–accounting	स्थूल लेखांकन
–approach	समग्रलक्ष्यी दृष्टिकोन
–economics comprehensive economics	समष्टी/साकलिक अर्थशास्त्र
–level	व्यापक पातळी
–planning	समष्टिनियोजन
–rationality	समष्टीय बुद्धिनिष्ठता
–regional planning	समष्टीक्षेत्रीय नियोजन
–sociology	समष्टी समाजशास्त्र; साकलिक समाजशास्त्र
macro, fractional	आंशिक
macrocosmic study	स्थूल अभ्यास; स्थूलक अभ्यास
magic	जादूविद्या (जादू)
–black magic	विनाशकारी जादू; जादू अभिचार
–white magic	कल्याणकारी जादू
–witchcraft	चेटूक
magnetic strip	चुंबकीय पट्टी
magnitude	चलसंख्या; परिमिती; व्याप; परिमाण; परिमिती; प्रत; संख्या
mahalwari system	महालवारी पद्धती
Maharashtra Industries Development Corporation (MIDC)	महाराष्ट्र औद्योगिक विकास महामंडळ

maiden speech	विधान मंडळातील पहिले भाषण
mailed questionnaire	टपाली प्रश्नावली
mainstream	मुख्य प्रवाह
mainstream development	मुख्यप्रवाही विकास
maintenance	निगा; परिरक्षा (सांभाळ); देखरेख; सुस्थिती; निर्वाह
maintenance charges	अनुरक्षण खर्च; दुरुस्ती खर्च; निर्वाह खर्च; परिरक्षा खर्च/आकार
maintenance grant	परिरक्षा अनुदान
maintenance of social pattern	समाजबंधाचे जतन
majority	बहुमत; बहुसंख्यांक
majority rule	बहुसंख्यांकांचे शासन
mack up price	परिव्ययाधिक किंमत
maladjustment	(सामाजिक) अपसमायोजन
maladministration	कुप्रशासन
maldevelopment	सदोष विकास
maldistribution	सदोष वितरण
malnourished	कुपोषित
malnutrition	कुपोषण
malpractice	दुराचार
man and biosphere	मानव आणि जैवावकाश
man day	श्रमदिन
man hour	श्रमतास
man of the horseback	प्राधिकारवादी नेता; राजकीय क्षमता असलेला सेनाधिकारी; संभाव्य हुकुमशहा
man of the people	जनमान्य

managed currency	नियंत्रित/नियमित चलन
managed monetary system	नियंत्रित चलनपद्धती
managed money	नियंत्रित पैसा
managed news	शासनानुकूल वृत्तप्रसार
management	व्यवस्थापन
management committee	व्यवस्थापन समिती
management of cost	परिव्ययाचे व्यवस्थापन
management privatisation policy	व्यवस्थापनाचे खाजगीकरण धोरण
management skill	व्यवस्थापकीय कौशल्य
management training	व्यवस्थापन प्रशिक्षण
managerial diseconomics	व्यवस्थापकीय परिव्ययवर्धक प्रतिकूलता
managerial economics	मानवी वागणुकीचे अर्थशास्त्र; व्यवस्थापकीय परिव्ययवर्धक अनुकूलता
managerial rationlization	व्यवस्थात्मक विवेकीकरण
managerial revolution	व्यवस्थापकीय क्रांती
managerial wisdom rationality	व्यवस्थापकीय विवेक
managing director	व्यवस्थापकीय संचालक; व्यवस्थापन संचालक
mandamus	परमादेश (वरिष्ठ न्यायालयाने कनिष्ठ न्यायालयास केलेला हुकूम)

mandate	परमाज्ञा; महादेश; आज्ञा
mandate system	महादेश पद्धती
mandalory	महादेशक
mania	उन्माद; वेड; खूळ
manifesto	जाहीरनामा
manipulation	हस्तकौशल्य; हातचलाखी; हाताळणी
manmade	मानवनिर्मित
manners	रीत; शिष्टाचार; पद्धती; रीतिरिवाज
manpower	मनुष्यशक्ती
manufacture	निर्माण करणे; यंत्राद्वारे बनविणे
manufacturer	निर्माणक; उत्पादक
manufacturing industry	निर्मिती उद्योग
manufacturing process	उत्पादन प्रक्रिया
margin	फरक; माया; सीमान्त
margin of profit	नफ्याची माया
marginal	सीमान्तिक; सीमान्त
—benefits	सीमान्त फायदे
—cost	सीमान्त खर्च; सीमान्तक परिव्यय
—cost pricing	सीमान्तक परिव्यय किंमत निर्धारण
—demand	सीमान्त/सीमान्तिक मागणी
—distribution	सीमान्त वाटणी
—disutility of labour	श्रमाची सीमान्तिक अनुपयोगिता
—efficiency	सीमान्त लाभक्षमता
—efficiency of capital	गुंतवणुकीवरील अपेक्षित सीमान्त लाभ;भांडवलाची सीमान्तिक कार्यक्षमता
—factor cost	सीमान्तक घटक परिव्यय

–firm सीमान्त उत्पादनसंस्था
–income सीमान्त उत्पन्न
–land सीमान्तिक जमीन; सीमान्तिक भूमी
–letter of credit सीमान्तिक पतपत्र
–price सीमान्तक किंमत; सीमान्तिक किंमत/मूल्य
–price fixation theory सीमा किंमत निर्धारण सिद्धान्त
–productivity of labour श्रमाची सीमान्तिक उपयोगिता; सीमान्तिक श्रम उत्पादकता
–productivity theory of wages मजुरीचा सीमान्त उत्पादकता सिद्धान्त; सीमान्त उत्पादकता वेतन सिद्धान्त
–profit सीमान्त फायदा/नफा
–propensity to import सीमान्त आयात प्रवृत्ती
–rate of substitution सीमान्तिक घटक पर्याययोजन दर; सीमान्तिक पर्याययोजन दर
–rate of technical substitution सीमान्तिक घटक पर्याययोजन दर
–return सीमान्तिक प्रत्याय/फल
–revenue सीमान्त आय/महसूल
–sacrifice सीमान्तक/सीमान्तिक त्याग
–substituability सीमान्तिक पर्याय योजनक्षमता
–utility सीमान्त/सीमान्तिक उपयोगिता
margin of profit नफ्याची माया
marginalisation सीमांतीकरण
marginalist सीमान्तवादी
marine insurance नौविमा; सागरी विमा
marital abstinence वैवाहिक भोगवर्जन
marital adjustment वैवाहिक समायोजन
marital counselling वैवाहिक समुपदेशन
marital fidelity वैवाहिक एकनिष्ठा
marital maladjustment वैवाहिक अपसमायोजन; वैवाहिक प्रतिकूलन
maritime zone सागरी परिच्छेद
mark up price अधिपरिव्य किंमत
marked cheque चिन्हित/चिन्हांकित धनादेश
market बाजार/बाजारपेठ; विपणी (बाजार)
–active market क्रियाशील बाजार
–agricultural market कृषिउत्पादन बाजार
–free market मुक्त बाजार
–internal market देशान्तर्गत बाजार
–money market नाणे; पैसा बाजार
–regulated market विनियमित बाजार
market based system बाजाराधिष्ठीत व्यवस्था
market committee बाजारसमिती; विपणन समिती
market concentrated बाजारकेंद्रित
market cost mechanism बाजार/किंमत यंत्रणा
market economics बाजारी अर्थव्यवस्था
market equilibrium बाजारातील संतुलन
market expanse बाजारविस्तार
market international बाजारपेठ आंतरराष्ट्रीय
market local बाजारपेठ स्थानिक
market long term बाजार दीर्घकालीन

market national	बाजारपेठ राष्ट्रीय
market price/rate	बाजारभाव
market rate of interest	व्याजाचा बाजार दर
market risk	बाजारस्थितीची जोखीम
market share	बाजारातील वाटा
market short term	बाजार अल्पकालीन
market socialism	विपणी समाजवाद
market structure	बाजाराची संरचना
market system	बाजार व्यवस्था; बाजार यंत्रणा
market value	बाजार मूल्य
market very long term	बाजार प्रदीर्घकालीन
market very short term	बाजार अत्यल्पकालीन
market yard	बाजारतळ; बाजाराचे आवार
marketable goods	विक्रीयोग्य वस्तू; विक्रेय माल
marketable surplus	विक्रेय शिल्लक; विक्रीयोग्य वाढावा/अधिक्य
marketing	बाजारवाद; विपणन
–diseconomics	बाजार परिव्ययवर्धक प्रतिकूलता; विपणन परिव्ययऱ्हासक प्रतिकूलता
–economics	विपणन परिव्ययऱ्हासक अनुकूलता
–quota system	विक्री कोटा पद्धती
–scientist	विपणन संशोधक
–system	पणन व्यवस्था
marriage	विवाह
–dandestine (secrete) marriage	प्रच्छन्न विवाह
–companionate marriage	साहचर्य विवाह
–group marriage	समूह/गट विवाह
–pair marriage	समविवाह; समान अधिकार विवाह
–term marriage	मुदत विवाह
–tree marriage	वृक्ष विवाह
–trial marriage	प्रयोग विवाह
marriage by capture	अपहरण विवाह; राक्षसविवाह
–consent	संमती विवाह
–elopment	सहपलायन विवाह
–exchange	विनिमय विवाह; साटेलोटे
–force	जबरी विवाह
–instrusion	अंतर्भेदी/घरघुशी विवाह
–probation	पण विवाह
–purchase	क्रयविवाह
–service	चाकरी विवाह; सेवाविवाह
marriage rites	विवाहविधी
marriage rituals	लग्नविधी; विवाहसंस्कार
martial agreement	लष्करी करार
martial law	लष्करी कायदा
martyrdom	हौतात्म्य
mass	जनसमुदाय; बहुजनसमाज
–appeal	लोक आवाहन; लोकआकर्षण
–banking	बँकिंग सर्वसामान्यांसाठी
–behaviour	जनवर्तन
–communication	जननिवेदन; जनसंज्ञापन; जनसंज्ञापन प्रसारमाध्यमे; जनसंपर्क
–communication media	जनसंपर्कसाधने
–federation	बहुजन महासंघ
–hysteria	जनोन्माद
–killing	सामूहिक शिरकाण
–leadership	लोकनेतृत्व
–movement	जन आंदोलन; लोकचळवळ
–participation	सामूहिक सहभाग

—phenomena सामुदायिक घटना
—production विपुल उत्पादन
—protection सामूहिक संरक्षण
—sanction लोक अनुशास्ती
—society महाकाय समाज; लोकसमाज
—society party बहुजन समाज पक्ष
—unemployment मोठ्या प्रमाणावरील बेकारी; सामुदायिक बेकारी
masses बहुसंख्य लोक
massminded समूह मनस्क
master plan बृहत् योजना
master race doctrine वंशश्रेष्ठत्व सिद्धान्त
matching grants अनुरूप अनुदान
mate सवंगडी; जोडीदार; साथीदार
material capital भौतिक/वास्तव भांडवल
—culture भौतिक संस्कृती
—goods भौतिक वस्तू
—index भौतिक गुणवत्तेचा निर्देशांक
—progress ऐहिक उन्नती
—wealth भौतिक संपत्ती
—welfare भौतिक कल्याण
materialism जडवाद; भौतिकवाद
materialistic भौतिकवादी
materialistic arguments भौतिकवादी मांडणी
materialistic conception of history इतिहासाची भौतिकवादी संकल्पना
materials management पदार्थ व्यवस्थापन
maternal मातुल; मातृक
—deprivation मातृबंधन
—fixation मातृबद्धता
—instinct वात्सल्य
—benefit प्रसूती लाभ
—welfare मातृकल्याण
mathematical analysis गणितशास्त्रीय मीमांसा
—economics गणिती अर्थशास्त्र
—function गणितीय फलन
—models गणिती प्रतिमाने
matriarch कुलमाता
matriarchal मातृसत्ताक; मातृक
matriarchal family मातृसत्ताक कुटुंब
matriarchal tradition; matriarch/ uterine descent मातृक परंपरा
matrilineal मातृवंशीय
matrilineal kins मातृवंशीय आप्त/नातेवाईक
matrimonial वैवाहिक
matrimonial rights वैवाहिक अधिकार
matrimony पाणिग्रहण
maturity परिपक्वता; प्रगल्भता
maturity of a bill हुंडी परिणत होणे (मुदत संपणे)
maximum सर्वोच्च; परमोच्च; महत्तम; अधिकतम; कमाल;
—population कमाल लोकसंख्या
—price कमाल किंमत/मूल्य
—profit कमाल नफा
—social advantage कमाल सामाजिक हित
—value महत्तम मूल्य
—theory of capital accumulation भांडवलसंचयनाचा (मायर्सचा) सिद्धान्त
mayar महापौर; नगराध्यक्ष
mayoralty महापौर पद/कार्यकाळ
mean price मध्यम किंमत

meaningful	अन्वयार्थिक
means	साधने; उपाय; सामग्री; मार्ग;
–of communication	दळणवळणाची साधने; संचारण साधने
–of knowledge	ज्ञानप्रमाण; ज्ञानसाधन
–of livelihood	उपजीविकेची साधने
–of production	उत्पादन पद्धती; उत्पादनाची साधने
–of substance	निर्वाह साधने
mean value	सरासरी मूल्य
measure	मापक; प्रमाण; मान; मानदंड
measured response	मोजका प्रतिसाद
measurement of poverty	दारिद्र्यमापन/मोजणी
measuring instrument	मापनसाधन
measuring rod	मापदंड
measure of value	मूल्यमापन
mechanical energy	यांत्रिक ऊर्जा
mechanisation	यांत्रिकीकरण
mechanism	यंत्रणा; यंत्ररचना
–compensatory mechanism	प्रतिपूरक यंत्रणा
–defence mechanism	संरक्षक यंत्रणा
–escape mechanism	पलायन यंत्रणा
mechanism of inflation	अतिवृद्धीची यंत्रणा
mechanistic approach	यांत्रिक दृष्टिकोन
mechanistic organic solidarity	सावयवी एकात्मता
mechanistic theory of state	राज्याचा यंत्रवादी दृष्टिकोन
mechantalist	वाणिज्यवादी
mechantise marks	पण्यचिन्हे (व्यापारचिन्हे)
media	माध्यमे
median	मध्यगत/मध्यगा; मध्यवर्ती
mediate	मध्यस्थी करणे
–arbitrate	लवाद करणे
–interfere	हस्तक्षेप करणे
–interprete	अंत:क्षेप करणे
–intervenue	मध्ये पडणे
mediation	मध्यस्थी
mediater	मध्यस्थ
medical benefit	वैद्यकीय लाभ
medical social work	वैद्यकीय समाजकार्य
medical sociology	वैद्यकीय समाजशास्त्र
medieval	मध्ययुगीन
medium	माध्यम; साधन
medium distance migration	मध्यम अंतर स्थलांतरण
medium of exchange	विनिमय माध्यम
medium of instruction	शिक्षणाचे माध्यम
medium term credit	मध्यम मुदती पत
medium waves	मध्यम लहरी
meeting	सभा; बैठक
megapolis	विशालनगर
mega-web	महाजाल
meliorism	सुधारणावाद
member	सदस्य; सभासद
membership	सभासदत्व
memorandum	निवेदनपत्र; टाचण
mental addition	तोंडी बेरीज

–alienation	मानसिक दूरीभवन
–awareness	मानसिक जाणीव
–condition	मन:स्थिती; मानसिक स्थिती
–conflict	मानसिक द्वंद्व; मानसिक संघर्ष
–deficinecy	मानोवैकल्प
–hygiene	मानसिक आरोग्य
–rehabilation	मानसिक पुनर्वसन
–test	मानसचाचणी
mentalism	मानसघटनावाद; मानसवाद
mentality	मनोरचना; मनोवृत्ती
mentally handicapped	मानसिकदृष्ट्या अपंग
mentally retarted	मानसिक वाढ खुंटलेली व्यक्ती
mentifact	मनोनिर्मिती
menu cost	मेनू खर्च
mercantile agent	व्यापारी अभिकर्ता
merchantile bank	वाणिज्य बँक
merchantile law	वाणिज्य विधी/कायदा
mercantilist	व्यापारवादी विचारवंत; वाणिज्यवादी
mercency	द्रव्यैक दृष्टी
merchant bank	मर्चंट बँक; वणिक् बँक
merchants of death	शस्त्रास्त्रोत्पादक
merchantile law	वाणिज्य विधी/कायदा
merchantalism	वाणिज्यता; वाणिज्यवाद
merchantialist	व्यापारवादी
merge	विलीनीकरण
merits	गुण/गुणवत्ता; श्रेष्ठता; योग्यता
merits wants	गुणवत्ता गरजा
mesolithic age	आंतराश्म युग; मध्याश्म युग
mesolithic period	मध्यपाषाणयुग
message	संदेश
meta-anthropology	परामानवशास्त्र

meta-civilization	सुधारणातत्त्व विश्लेषण
metal age	धातूयुग
metalic money	धातुपैसा/धातुमुद्रा
metalic value	धातुमूल्य
metaphysical characteristics	सत्ताशास्त्रीय घटक
metempsychosis	पुनर्जन्मवाद
method	प्रयोग पद्धती
method of poverty measurement	दारिद्र्यमापन पद्धती
methodological dimension	पद्धतीशास्त्रीय पैलू
methodology	पद्धतीमीमांसा; पद्धतीशास्त्र
metropolis	महानगर
metropolitan area	महानगरक्षेत्र; राजधानी क्षेत्र
–burough	महानगर परिषद
–cities	महामहानगरे
–government	महानगरशासन
–region	महानगर प्रदेश
metropolitisation	महानगरीकरण
meeting	बैठक
micro	अंशलक्षी; सूक्ष्मदर्शी; आंशिक
–analysis	सूक्ष्मलक्षी
–economics	व्यष्टी अर्थशास्त्र; सूक्ष्मलक्षी अर्थशास्त्र
–finance system	सूक्ष्मलक्षी वित्तव्यवस्था
–loan	सूक्ष्म कर्ज
–planning	सूक्ष्म नियोजन
–rationality	व्यष्टीय बुद्धिनिष्ठा
–sociology	सूक्ष्म समाजशास्त्र
–study	सूक्ष्म अध्ययन
–study technique	सूक्ष्म अध्ययन तंत्र
microcosmic study	सूक्ष्म/सूक्ष्मक अभ्यास

microfinance लघुवित्त; व्यष्टी वित्त
microwaves लघुलहरी
mid term election मध्यावधी निवडणूक
middle class मध्यम वर्ग
migrant स्थलांतरी
migration स्थलांतरण; स्थानांतर; देशांतर
—associational migration सहचारी स्थलांतरण
—in migration अंत:स्थलांतरण
—out migration बहि:स्थलांतरण
—rural-rural migration ग्रामीण-ग्रामीण स्थलांतरण
—rural-urban migration ग्रामीण-नागरी स्थलांतरण
—seasonal migration हंगामी स्थलांतरण
—stage migration टप्प्याटप्प्याचे स्थलांतरण
—turn over migration फिरते स्थलांतरण
—urban-rural migration नागरी स्थलांतरण
migration of capital भांडवलाचे स्थलांतरण
migration of labour कामगारांचे स्थलांतरण; श्रमिकांचे स्थलांतरण
migratory स्थलांतरित
migratory tribes फिरत्या जमाती
migratory workers स्थलांतरित श्रमिक
milien परिवेश
milieu (social) वातावरण (सामाजिक)
militant लढवय्या; लढाऊ वृत्तीचा
militarism लष्करशाही
military action लष्करी कारवाई
military administration सैनिकी प्रशासन
military camp लष्करी बंड; सेवाविद्रोह
—insurrection बंडखोरी
—rebellion बंड
—revolt विद्रोह
—revolution क्रांती
—uprising उठाव; बंड
military committee लष्करी समिती
military dectatorship लष्कराची हुकूमशाही
military jurisdiction सैनिकी अधिकारिता
military menifestation सैनिकी अविष्कार
military occupation सैनिकी कब्जा
military organisation लष्करी संघटना; लढाऊ संघटना
military showdown सैनिकी बलप्रदर्शन
military sociology सैनिकी समाजशास्त्र
militia नागरी शिबंदी; लोकसेना
milk for hottentots अविकसित देशाच्या मदतीबाबत टीका
milkbar economy अतिभारित अर्थव्यवस्था
mindset मानसिकता
mineral fuel खनिज इंधन
mineral wealth खनिज संपत्ती
mini system लघु व्यवस्था
minimum floor price किमान किंमत
—population किमान लोकसंख्या
—profit किमान नफा
—sacrifice किमान त्याग

–value	न्यूनतम मूल्य
–wages	जीविका (किमान) वेतन
–wages act	किमान वेतन (अधिनियम)
minister	अमात्य; मंत्री; प्रधान
minister of state	राज्यमंत्री
ministerial	मंत्रालयीन
ministery; minister's council	मंत्री परिषद (भारताच्या संदर्भात)
ministry	मंत्रालय; मंत्रिपरिषद
ministry of statistics	सांख्यिकीय मंत्रालय
minor group	अल्प गट
minority	अल्पजन; अल्पमत; अल्पसंख्या/अल्पसंख्याक; अज्ञानवयता
minority group	अत्यल्प गट; अल्पसंख्य समूह; अल्पसंख्याक गट
minority party	अल्पमत पक्ष
mint	टाकसाळ
mint par of exchange	टाकसाळी विनिमय दर
minute	कार्यवृत्त; टिपण; टाचण
miocene	मध्यहिमयुग
misanthrope	माणूसघाणा; मानवद्वेष्टा
misappropriation	दुर्विनियोग
miscellaneous	संकीर्ण; मिश्र; विविध
miscengeneation	वंशसंकर
mission	शिष्टाई; शिष्टमंडळ; धर्ममंडळ; जीवनहेतू; ध्येय; धर्मप्रसारी कार्य
mixed account	मिश्र लेखा
–economy	मिश्र अर्थव्यवस्था; संमिश्र अर्थव्यवस्था
–government	मिश्र शासन
–questionnaire	मिश्र प्रश्नावली
–social pattern	मिश्र समाज/समाजरचना
mob	झुंड; जमाव
mob behaviour	झुंड वर्तन
mob rule	झुंड राज्य
mob violence	झुंड हिंसाचार
mobile phone	भ्रमणध्वनी
mobilisation of capital	भांडवल संघटित करून कामी लावणे
mobility	चलत्व; चलनशीलता
–horizontal mobility	समस्तर चलता
–occupation mobility	व्यावसायिक चलता
–social mobility	सामाजिक चलता
–veticle mobility	स्तंभीय चलता
mobility	चलता
mobility of capital	भांडवलाची चलता/ चलनशीलता
mobocracy	झुंडशाही
mode	बहुलक (सर्वसाधारण); प्रकार; पद्धत; मार्ग; प्रतिरूप;
mode motif	आदर्श आवृत्ती नमुना
mode of life	जीवनपद्धती
mode of operation; modus operendi; procedure	कार्यपद्धती
mode of production	उत्पादन व्यवस्था
mode prison manual	आदर्श कारागृह नियमावली
model	प्रतिकृती; नमुना; साचा; प्रतिमा
model building	प्रतिमान उभारणी बांधणी

model city charter आदर्श नगर सनद
model language प्रतिरूपभाषा
model of decentralised planning नियोजनाचे विकेंद्रित प्रतिमान; विकेंद्रित नियोजन प्रतिमान
model of development प्रतिमान विकासाचे
model parliament प्रतिमान संसद
model personality सर्वसाधारण/बहुलक व्यक्तिमत्त्व
modelling प्रतिमानीकरण
models of problems समस्यांची प्रारूपे
moderate नेमस्त; मवाळ; माफक
moderate party नेमस्त पक्ष
moderation नेमस्तपणा; नियमन
modern अर्वाचिन; आधुनिक
modern economics आधुनिक अर्थशास्त्र
modern theory of wages वेतनाचा आधुनिक सिद्धान्त
modernisation आधुनिकीकरण
modification फेरबदल; कार्यपद्धती; रूपांतर
modus operendi कार्यपद्धती
modus vivendic way of living कामचलाऊ व्यवस्था; कार्यनिर्वाहक व्यवस्था
moeny making पैसा मिळवून देणारा
molestation विनयभंग
monarchy राजसत्ता; राजेशाही; सरंजामशाही
—absolute monarchy निरंकुश राजसत्ता
—constitutional monarchy सांविधानिक राजसत्ता
—elective monarchy निर्वाचित राजसत्ता
—hereditary monarchy वंशपरंपरागत/वंशागत राजसत्ता
—limited monarchy मर्यादित राजसत्ता
monasticism संन्यासधर्म
monetarist मुद्रावादी
monetary द्रव्यविषयक; द्रव्यसंबंधी; पैसाविषयक
monetary area पैसाक्षेत्र
monetary crisis पैसाविषयक अरिष्ट/गंडांतर
monetary economics पैसाविषयक अर्थशास्त्र
monetary fund नाणेनिधी; पैसानिधी
monetary policy पैसाविषयक धोरण
monetary standard चलन मानक
monetary system पैसा पद्धती; चलन पद्धती
monetisation चलनीकरण; मुद्रीकरण
money मुद्रा; पैसा; धन; द्रव्य; रक्कम
—active money क्रियाशील मुद्रा/पैसा
—actual money वास्तविक मुद्रा/पैसा
—bad money निकृष्ट मुद्रा; गतिमान द्रव्य
—bank money बँक पैसा
—cheap money सवंग पैसा
—coin money नगदी चलन
—commodity money वस्तुद्रव्य; वस्तुरूप पैसा
—credit money पतपैसा
—fiat money आदिष्ट (आदेश दिलेला) पैसा
—fiductary money विश्वासाश्रित मुद्रा

–flat money	स्थावर पैसा
–good money	उत्कृष्य मुद्रा; कल्याणकारी पैसा
–hard money	नाणी
–inactive money	निष्क्रिय मुद्रा/पैसा
–international money	आंतरराष्ट्रीय मुद्रा
–legal tender money	वैध चलन मुद्रा
–metallic money	धातुमुद्रा
–paper money	कागदी मुद्रा
–ready money	रोख मुद्रा; नगदी पैसा
–representative money	प्रतिनिधिक मुद्रा
–tight money	दुर्मिळ मुद्रा/पैसा
–token money	प्रतिक मुद्रा
money	धन
–bill	धनविधेयक
–broker	पैसा दलाल
–capital	पैसारूपी भांडवल
–compensation	पैसारूपी भरपाई
–illusion	मुद्रा मूल्य क्रांती
–in circulation	वापरातील पैसा
–lending	सावकारी
–making	फायदेशीर
–market	नाणेबाजार; पैसा बाजार
–rate of interest/market rate of interest	व्याजाचा दर
–wage rate	पैसारूपी वेतनदर
–wages	द्रव्यवेतन; पैशातील मजुरी
money-laundering	वित्तीय घोटाळे
moneyless economy	पैसारहित अर्थव्यवस्था
monism	अद्वैतवाद; एकसत्तावाद/एकसत्ताकवादी; एकतत्त्ववाद
monist	अद्वैतवादी; एकतत्त्ववादी
monitoring	पाठपुरवठा
monk	साधू
monogamous	एकविवाही
monogamy	एक पती-पत्नीत्व; एकविवाह
–bigamy	द्विविवाही तत्त्व
–endogamy	अंतर्विवाह
–exogamy	बहिर्विवाह
–fraternal polyandry	मातृक बहुपतित्व
–hypergamy	अनुलोम विवाह
–hypogamy	प्रतिलोभ विवाह
–levirate	देवर विवाह; दीरभावजय विवाह
–polyandry	बहुपत्नित्व
–polygamy	बहुपतीपतित्व
–polygyny	बहुपतित्व
–sororal polygyny	बहुभगिनी पत्नित्व
–sororate	मेहुणी विवाह
monographic study	एकविषयक अभ्यास
monolithic	अखंडाश्म; एकाश्म; अखंडशिला
monopolist	एकाधिकारी; मक्तेदार; मक्तेवाला
monopolistic competition	एकाधिकारयुक्त स्पर्धा; मक्तेदारीयुक्त स्पर्धा
monopolistic competition analysis	मक्तेदारीयुक्त स्पर्धा विश्लेषण
monopoly	मक्तेदारी; एकाधिकार
–association	संघ; संस्था
–cartel	विक्रय नियंत्रण संघ

–combine	व्यवसाय संस्था
–conference	परिषद; संमेलन
–craft union	शिल्पी संघ
–guild	संघ; महाजन
–holding company	सूत्रधारी कंपनी
–pool	संचय; कोष
–ring	टोळी; वर्तुळ
monopoly capitalism	एकाधिकारी भांडवलशाही
monopoly market	एकाधिकार बाजार
monopoly power	एकाधिकार शक्ती
monopoly profit	एकाधिकार नफा; एकाधिकारी नफा
monopoly rights	मक्तेदारीचा अधिकार
monopoly situation	मक्तेदारी परिस्थिती
monopsony	एकक्रयाधिकार
monotheism	एकदेववाद; एकेश्वरवाद
moral and abandonment	नैतिक व भौतिक गरजांच्या बाबतीत उपेक्षा
moral code	नीतिसंहिता
moral code of conduct	नैतिक आचारसंहिता
moral determination	नैतिक नियतिवाद
moral discourse	नैतिक प्रवचन
moral evaluation	नैतिक मूल्यमापन
moral good	नैतिक श्रेय
moral hygiene	नीतिस्वास्थ्य
moral law	नैतिक नियम
moral order	नैतिक व्यवस्था
moral philosophy	नीती तत्त्वज्ञान
moral restraint	नैतिक निर्बंध; नैतिक संयम
moral right	नैतिक अधिकार
moral sentiments	नैतिक भावगंड/स्थिरभाव
moral standard	नैतिक पातळी; नैतिक मानदंड (कसोटी)
moral value	नैतिक मूल्य
morale	मनोधैर्य; मनोबल
moralism	नीतिवाद
moralist	नीतिवादी
morality	नीती; नैतिकता
morals	नीतितत्त्वे
mores; mos	लोकनीती
morphology	रूपरचनाशास्त्र
mortage documents	तारण कागदपत्रे
mortality	मर्त्यता; मृत्युप्रमाण
mortage	गहाण
–charge	विशिष्ट गहाण
–hypothecation	नजर गहाण
–pawn	गहाण तारण
–pledge	ताबे गहाण
mortgage deal	समान गहाणखत
mortgage debenture	गहाण ऋणपत्र
mortgage deed	गहाणखत/गहाणवटी
mos	लोकनीती
mossback	प्रतिगामी
mother craft	बालसंगोपन
mother fixation	आईवेड; मातृकेंद्रितता
mother kin	मातृबंधू
mother right	मातृअधिकार; मातृहक्क
motherhood	मातृत्व
motion of no confidence	अविश्वास प्रस्ताव
motion resolution	गतिप्रस्ताव
motivation	प्रयोजकता; प्रवर्तना; प्रेरणा; सहेतुकता

motive	उद्देश; हेतू
–precautionary motive	सावधगिरी हेतू
–speculative motive	लाभ हेतू
–transactions motive	देवघेव हेतू
motto	बोधवायय; ब्रीद
movable property	जंगम संपत्ती
move alpha minimalism	स्थानांतराच्या रचनांतरणाचा नियम
movement	आंदोलन; चळवळ
movers and shakers	क्रियाशील प्रवर्तक
multilingual	बहुभाषीक
mulitlingual society	बहुभाषिक समाज
multi partite	बहुपक्षीय
multi point tax	बहुस्तरीय कर
multi polar world	बहुश्रुती विश्वरचना
multi product sez	बहुविध उत्पादन सेझ
multi racial	बहुवंशीय
multicultural prospective	बहुसांस्कृतिक परिप्रेक्ष्य
multidimensional	बहुआयामी; बहुपदरी; बहुविधता
multidimentional analysis	बहुआयामी विश्लेषण
multidisciplinary field	बहुशाखीय क्षेत्र
multiedition	बहुआवृत्ती
multilateral	अनेकपक्षी; बहुपार्श्विक
multilateral aid	बहुपक्ष पातळी
multilateral convertibility	बहुदेशीय परिवर्तनीयता/ विनिमयता
multilateral planning	बहुस्तरीय नियोजन
multilateral trade	बहुदेशीय व्यापार
multilateralism	अनेकपक्षवाद
multilayer	बहुस्तरीय
multilingual	बहुभाषी
multimember constituency	अनेकसदस्य मतदारसंघ
multinational	बहुराष्ट्रीय
multinational company	बहुराष्ट्रीय कंपनी
multinational state	बहुराष्ट्रीय राज्य
multiparty relations	बहुपक्षीय संबंध
multiple choice question	बहुपर्यायी प्रश्न
multiple corelation	अनेकचर सहसंबंध
multiple cost	बहुविध परिव्यय
multiple exchange rate	बहुविध विदेशी चलन विनिमय दर
multiple party system	बहुदल पद्धती
multiple public	बहुमुखी जनता
multiple shift system	बहुविध पाळी पद्धती
multiple society	बहुकेंद्रीय समाज
multiple stage sampling method	बहुस्थल नमुना चाचणी पद्धती

multiple tax बहुमुखी कर
multiple taxation बहुविध करपद्धती
multiplicism अनेकत्ववाद
multipurpose विविध कर्मचारी
multipurpose authority बहुद्देशीय प्राधिकरण
multipurpose executive बहुद्देशीय कार्यकारी
multireligious बहुधर्मीय
multi-ruling theory of pluralism सार्वभौमत्वाचा बहुसत्ताक सिद्धान्त
multistate बहुराज्यीय
multitrade बहुव्यावसायिक
multitude जनसमुदाय; जमाव
mudane ऐहिक
muncipal authority नगरपालिका प्राधिकरण/प्राधिकारी
muncipal bye laws नगरपालिका उपविधी
muncipal commitee नगरपालिका समिती
muncipal corporation महानगरपालिका
muncipal corporation act महानगरपालिका अधिनियम
muncipal council नगर पंचायत
muncipal law नगरपालिका कायदा/विधी
muncipal record नगरपालिका अभिलेख
muncipalty नगरपालिका
muncipalty authority नगरपालिका प्राधिकरण प्रतिनिधी
mutation परिवर्तन; बदल; विकार
mutual exclusive परस्परवर्जी
mutual fund म्युच्युअल फंड; समूह निधी; परस्पर निधी
mutual interdependence परस्परावलंबित्व
mutual saving bank परस्पर बचत बँक अधिकोष
mystical theology गूढ ईश्वरवाद/ईश्वरशास्त्र
mysticism गूढवाद
myth काल्पनिक कथा; दैवतकथा; पुराणकथा; मिथक; मिथ्याकथा
mythology पुराणकथाशास्त्र; पुराणसाहित्य

N

naked debenture (simple debenture) बिन अमानती ऋणपत्र (साधे ऋणपत्र)
naming संज्ञापन; नामकरण
narcotic drugs अंमली औषधीद्रव्ये
nation राष्ट्र
nation building function राष्ट्र उभारणीचे कार्य
nation state राष्ट्र-राज्य
national agriculture commission (NAC) राष्ट्रीय कृषी आयोग
national anthem राष्ट्रगीत
national arbitration promotion board (NAPB) राष्ट्रीय लवाद संवर्धन मंडळ
national audit report (NAR) राष्ट्रीय लेखा अहवाल
national awakening राष्ट्रीय उत्थापन

National Cadet Crops (NCC)	राष्ट्रीय छात्रसेना
national capital	राष्ट्रीय भांडवल
–character	राष्ट्रीय स्वभावविशेष/चारित्र्य
–co-operative bank	राष्ट्रीय सहकारी बँक
–debt	राष्ट्रीय ऋण; राष्ट्रीय लोकऋण
–democratic front	राष्ट्रीय लोकशाही आघाडी
–development	राष्ट्रीय विकास
–development council	राष्ट्रीय विकास परिषद
–dividend	राष्ट्रीय उत्पन्न/आय
–income	राष्ट्रीय प्राप्ती
–economy	राष्ट्रीय अर्थव्यवस्था
–extension service	राष्ट्रीय विस्तारसेवा
–finance	राष्ट्रीय वित्तसेवा
–flag	राष्ट्रध्वज
–fund	राष्ट्रीय निधी
–health insurance	राष्ट्रीय आरोग्य विमा
–human right commission	राष्ट्रीय मानवाधिकार आयोग
–income	राष्ट्रीय उत्पन्न; राष्ट्रीय प्राप्ती
–income accounting	राष्ट्रीय आय/उत्पन्न लेखांकन
–income aggregate	राष्ट्रीय आय/उत्पन्न एकूण
–industrial tribunal	राष्ट्रीय औद्योगिक न्यायाधिकरण
–insurance	राष्ट्रीय विमा
–interest	राष्ट्रीय हित; राष्ट्रीय हितसंबंध
–investment	राष्ट्रीय गुंतवणूक
–labour commission	राष्ट्रीय श्रम आयोग
–law	राष्ट्रीय विधी/कायदा
–liberty	राष्ट्रीय स्वतंत्रता
–park service	राष्ट्रीय उद्यानसेवा
–planning	राष्ट्रीय नियोजन
–price	राष्ट्रीय किंमत
–rate of unemployment	बेरोजगारीचा नैसर्गिक दर
–register	राष्ट्रीय नोंदयादी
–revolution	राष्ट्रीय क्रांती
–rural credit fund	राष्ट्रीय ग्रामीण पत निधी
national rural employment gurantee scheme (NREGS)	राष्ट्रीय ग्रामीण रोजगारल हमी योजना
national rural employment programme (NREP)	राष्ट्रीय ग्रामीण रोजगार योजना
national sample survey organisation (NSSO)	राष्ट्रीय नमुना पाहणी संघटना
national savings	राष्ट्रीय बचत
–socialism	राष्ट्रीय समाजवाद
–socialization	राष्ट्रीय सामाजीकरण
–state	राष्ट्र-राज्य
–state system	राष्ट्र-राज्य व्यवस्था
–stock exchange	राष्ट्रीय शेअर बाजार
–symbol	राष्ट्रीय प्रतीक
–trade	राष्ट्रीय व्यापार

—unity	राष्ट्रीय एकता
—wealth	राष्ट्रीय धन/संपत्ती
nation building function	राष्ट्र उभारणीचे कार्य
nationalisation	राष्ट्रीयीकरण
nationalisation of industries	उद्योगांचे राष्ट्रीयीकरण
nationalisation of land	जमिनीचे राष्ट्रीयीकरण; भूमी राष्ट्रीयीकरण
nationalised industries	राष्ट्रीयीकृत उद्योग
nationalism	राष्ट्रवाद; राष्ट्रीयता
nationalist framework	राष्ट्रवादी चौकट
nationalist group	राष्ट्रवादी गट (बाल्कन राजकारण)
nationalist histarian	राष्ट्रवादी इतिहासकार
nationalist movement	राष्ट्रवादी चळवळ
nationality	राष्ट्रक/राष्ट्र; राष्ट्रीयत्व/राष्ट्रीयता
native	तद्देशीय; मूलरूपी; स्वाभाविक; मूळचा; देशी
natural capital	नैसर्गिक भांडवल
—citizen	जन्मसिद्ध नागरिक
—economy	नैसर्गिक अर्थव्यवस्था
—enviornment	नैसर्गिक परिसंस्था; नैसर्गिक परिस्थिती
—justice	नैसर्गिक न्याय
—law	निसर्ग विधी; निसर्गाधिष्ठित कायदा; नैसर्गिक नियम; निसर्ग नियम
—liberty	नैसर्गिक स्वतंत्रता/स्वातंत्र्य
—monopoly	नैसर्गिक मक्तेदारी; प्राकृतिक मक्तेदारी
—resources	नैसर्गिक संसाधने; नैसर्गिक साधनसंपत्ती
—rights	नैसर्गिक/निसर्गसिद्ध अधिकार
—science	निसर्गविज्ञान; नैसर्गिक विज्ञान; प्राकृतिक विज्ञान
—value	नैसर्गिक मूल्य
—wealth	नैसर्गिक धन/संपत्ती
naturalisation	देशीयभवन; नागरिकीकरण; स्वाभाविकरण
naturalised citizan	देशीयकृत नागरिक
naturalism	वास्तववाद
naturalistic ethics	निसर्गवादी नीतिशास्त्र
nature	निसर्ग; प्रकृती
nature conservancy	निसर्ग संरक्षण
naturism	निसर्गवाद
naval disarmament	आरमारी नि:शस्त्रीकरण
nazism	नाझीवाद
necessary	आवश्यक
—alternative	वैकल्पिक; पर्यायी
—contingent	घटनापेक्ष
—contributory	पूरक
—sufficient	पर्याप्त; पुरेसा; पुरता
necessities	अत्यावश्यक गरजा
need based wages	गरजेनुरूप/गरजेवर आधारित वेतन
need disposition tendency	गरजपूर्ती प्रवृत्ती
need for achievement	संपादन प्रेरणेचा सिद्धान्त

needs आवश्यकता; गरजा
negative ऋण; अभाववाचि; नास्ति वाचि
–definition नकारात्मक व्याख्या; निषेधाची व्याख्या
–externality ऋण बाह्यता
–freedom अकरणात्मक (अभावात्मक) स्वातंत्र्य
–index ऋणात्मक निर्देशांक
–law अकरणात्मक विधी/कायदा
–taxation व्यस्त कराधान
–utility ऋण (नास्ति) उपयोगिता; नास्ति उपयोगिता
–balance of payment ऋण आंतरराष्ट्रीय प्रदान
negotiable बेचनीय; वाटाघाटी करण्यायोग्य
negotiable documents बेचनीय दस्तऐवज
negotiable instrument act वाटाघाटीने निर्णय घेण्याचा अधिनियम
negotiable treaty वाटाघाटी
negotiability बेचनीयता
negotiations वाटाघाटी
neo नव; नवीन
neo classical theory नवअभिजातवाद
neo Keynesianism नवकेन्सप्रणाली
neo-liberalism नवउदारमतवाद
neo-capitalist नवभांडवलदार
neo-classical school नवसनातनवाद संप्रदाय
neo-collectivism नवसमूहवाद
neo-colonialism नववसाहतवाद
neo-historic नवऐतिहासिक
neo-historicitist नवऐतिहासिकतावादी
neo-historicity नवऐतिहासिकता
neo-imperialism नवसाम्राज्यवाद
neoliberal economy नवभांडवली अर्थव्यवस्था
neolithic age नवअश्मयुग
neolocal स्वगृह
neo-mercantilism नववाणिज्यवाद
neophobia नावीन्यभीती
neo-realism नववास्तववाद
neo-utilitarianism नवउपयुक्ततावाद
nepotism वशिलेबाजी
nerus साखळी
net नक्त; निव्वळ
–asset value (NAV) निव्वळ मालमत्ता मूल्य
–assets निव्वळ मत्ता
–barter terms of trade व्यापारवस्तू मूल्य तुल्यता दर
–cash income निव्वळ रोख उत्पन्न
–earnings निव्वळ कमाई (अर्जन)
–external income बाह्यक्षेत्राकडून मिळालेले निव्वळ उत्पन्न
–factor cost निव्वळ घटक परिव्यय/खर्च
–income निव्वळ आय/उत्पन्न
–interest निव्वळ व्याज
–loss निव्वळ तोटा
–national product निव्वळ राष्ट्रीय उत्पादन
–owned fund निव्वळ स्वनिधी
–premium निव्वळ हप्ता (अधिमूल्य)
–price निव्वळ किंमत/मूल्य
–product निव्वळ उत्पादन/उत्पादित
–profit निव्वळ नफा
–rent निव्वळ खंड/भारक

—working capital	निव्वळ खेळते (कार्यकारी) भांडवल	nexus	सामाजिक बंध
—worth taxation	निव्वळ मत्ता कराधान	nihilism	शून्यवाद; नाशवाद; असद्‌वाद
network	जालरूप	no par value shares	असममूल्य भाग
networking protocols	नेटवर्कींग प्रोटोकॉल्स	no rent land	खंडरहित भूमी
neurology	मज्जाशास्त्र; मज्जाविज्ञान; नसशास्त्र	noble; sublime	अभिजात; उदात्त; थोर; प्रगल्भ
neurosis	मज्जातंतू विकृती; मज्जाविकृती	noes	नाही पक्षी
		nomades	भटके
neutral	उदासीन; तटस्थ; प्रभावशून्य	nomadic and migratory tribes	भटक्या व स्थलांतरित जनजाती
—axis	तटस्थ अक्ष; शून्य बलरेषा		
—equilibrium	प्रभावशून्य समतोल		
—money	तटस्थ पैसा; प्रभावशून्य पैसा	nomadic community	भटका समाज
—money policy	पैसा तटस्थ ठेवण्याचे धोरण		
—rate of interest	तटस्थ व्याजदर	nomadism	भटकी वृत्ती
—zone	तटस्थ क्षेत्र	nomenclature	वस्तूचे नामाभिधान
neutralisation	तटस्थीकरण; प्रभावलोपन	nominal	नामधारी; नाममात्र; नामित
neutralism	तटस्थतावाद	—account	नामित लेखा
neutrality	उदासीनता; तटस्थता; प्रभावशून्यता	—amount of loan	नाममात्र कर्जरक्कम
		—capital	नाममात्र भांडवल
new humansim	नवमानवतावाद	—cost	नाममात्र परिव्यय
new social movement perspective	नवसामाजिक आंदोलने दृष्टिकोन	—earnings	नाममात्र अर्जन; पैसारूप कमाई
		—income	नाममात्र आय/उत्पन्न
		—price	नाममात्र किंमत
news	खबर	—value	नाममात्र मूल्य
news agency	वृत्तविभाग; वृत्तसेवा	—wages	नाममात्र पैसारूप वेतन
news cable	वृत्तवाहिनी	nominated	नामांकनार्थ; नियुक्त
news censor	वृत्तनिर्बंध	nomination	नियुक्ती; नेमणूक; नामनिर्देशन
news collection	वृत्तसंकलन	nominee	नामनिर्देशित व्यक्ती
news pre censor	प्रसिद्धीपूर्व वृत्तनिर्बंध	non alignel nations	अलिप्त राष्ट्र
news reporter	वार्ताहर		
news source	खबरे	non-aggression	अनाक्रमण
newsbroadcasting media	वृत्तप्रसारण माध्यम	non-aggression act	अनाक्रमण करार

non alignment	असंलग्नता
non banking assets	अधिकोषणेतर भत्ता
non banking financial company	बिगर बँकिंग वित्तसंस्था
Non Banking Non Financial Company (NBNFC)	बिगर बँकिंग वित्तीय कंपनी/संस्था
non coercive administrative action	दमनकारी नसलेली प्रशासकीय कार्यवाही
non-conformist	प्रस्थापित मूल्ये झुगारणारा
non co-operation	असहकार/असहकारिता
non corporate business	निगमेतर व्यवसाय
non credit society	बिगर पतसंस्था
non credit worthy	पत देण्यास अयोग्य; नापत
non cumulative preference shares	असंचयी अधिमान भाग
non economic goods	आर्थिकेतर वस्तू
Non Governmental Organisation (NGO)	अशासकीय सक्रिय संघटना
non interest bearing	बिनव्याजी
non interest bearing security	बिनव्याजी रोखा
non intervention	निर्हस्तक्षेप/मध्ये न पडणे
non intervention laissser faire	निर्हस्तक्षेप
non marketable debt	अपणनी (अविक्रेय) ऋण
non mercantile bill	वाणिज्येतर विपत्र
non moral	नीती निरपेक्ष
non participant observation method	असहभागी निरीक्षण पद्धती
non partisan	पक्षनिरपेक्ष
non plan	योजना बाह्य
non perishable commodity	टिकाऊ वस्तू
non probability sampling	बिगर संभाव्यता नमुना चाचणी; संभाव्येत्तर नमुना चाचणी
non qualitative	अवगुणाची; गुणवत्ता नसलेली
non rational	न बौद्धिक
non recurring expenditure	अनावर्ती खर्च
non-agricultural	अकृषीक रोजगार
non-agricultural economy	बिगरशेती अर्थव्यवस्था
non-align	अलिप्ततावादी गट
non-alignel movement	अलिप्ततावादी चळवळ
non-alignment	अलिप्तता
non-alignmentism	अलिप्तवाद
non-collective	अपरिग्रह
non-conformist	प्रस्थापित मूल्ये झुगारणारा
non-constitutional body	अ-सांविधानिक संस्था
non-corporate business	निगमेतर व्यवसाय
non-economic assistance	अनार्थिक सहाय्य

non-government	बिगर सरकारी; स्वयंसेवी
non-government organization	स्वयंसेवी संस्था
non-legitimate property	अवैध संपत्ती
non-logical action	अतार्किक क्रिया
non-marketable debt	अपणनी ऋण
non-marketable debt	अविक्रेय ऋण
non-moral	नीतिनिरपेक्ष
non-mortaged	विना तारण
non-party mass organization	अ-पक्षीय लोकसंघटना
non-plan expenditure	नियोजन बाह्य खर्च
non-political	गैरराजकीय
non-productive consumers	अनुत्पादक उपभोयते
non-qualitative	अवगुणाची
non-qualitative	गुणवत्ता नसलेली
non-recognition doctrine	अमान्यतेचा सिद्धान्त
non-relational knowledge	निर्विकल्प ज्ञान
non-residential; non-resident	अनिवासी
non-ruler	सत्ताहीन
non-stautory	असांविधिक
non-scientific	अशास्त्रीय
non scheduled	अननुसुचित
non scheduled bank	अननुसुचित बँक
non-social stimulation	असामाजिक वेतन
non-state actors	राज्यके
non-stationary time series	स्थैर्य विरहित शृंखला
non-transferable goods	अहस्तांतरणीय माल/वस्तू
non-vedic	अवैदिक
non-violence	अहिंसा
non-violent revolution	अहिंसक क्रांती
non-voluntary	अनैच्छिक
no parvalue shares	असममूल्य भाग
no rent land	खंडरहित भूमी
norm	आदर्श; ध्येय; लक्ष्य; प्रमाणक
normal	सामान्य; प्राकृतिक; नियमित सममूल्य
–curve	सामान्य वक्र
–demand	सामान्य मागणी
–price	सामान्य किंमत/मूल्य
–profit	सामान्य नफा; सामान्य लाभ
–scientific tradition	साधारण वैज्ञानिक परंपरा
–wages	सामान्य वेतन
normative	प्रमाणकानुसारी
–economics	आदर्शी अर्थशास्त्र
–law	आदर्श/आदर्शक नियम
–planning	आदर्शवादी नियोजन
–science	प्रमाणकविज्ञान
–theory	आदर्शलक्षी (प्रमाणकानुसारी) सिद्धान्त
North Allantic Theory Organization (NATO)	नाटो
north-south dialogue	उत्तर-दक्षिण संवाद

notary public	लेखप्रमाणक
note cover	कागदी चलनाचा आधार
notice of assignment	अभिहस्तांकनाची सूचना
notice of dishonour	अनाहूतीची सूचना
notice of trust	न्यास सूचना
notification	अधिसूचना
noting of bill	विपत्राचे अधिवाटप/विपत्रावर अधिटिप्पणी लिहिणे
notional	नाममात्र/कल्पित
notional value/price	कल्पित किंमत
novelty	अभिनवता; नावीन्य
ntrinsic	अंगभूत
nuclear act	अणुकरार
–ban	अण्वस्त्रबंदी
–family	एककेंद्री कुटुंब
–nation	अण्वस्त्रधारी राष्ट्र
–pause	अण्वस्त्र उपयोजन विराम
–stockpile	अणुशस्त्र संचय
–suppliers group	अणुइंधन पुरवठागट
–test	अणुचाचणी
–weapons	अण्वस्त्रे
nuclearization	अण्वस्त्रीकरण
null	शून्य बातल
null and void	रद्दबातल
numeral	अंक; संख्याक; संख्यादर्शक
numeration	गणन
nursery	रोपवाटिका
nurture	पालनपोषण; संवर्धन
nutritive value	पोषकमूल्य

O

oath of office	अधिकारपदाची शपथ
objective	वस्तुनिष्ठ
–approach	वस्तुनिष्ठ दृष्टिकोन
–arbitrator	ऐच्छिक लवाद
–information	वस्तुनिष्ठ माहिती
–index	वस्तुनिष्ठ अनुसूची
–output	वस्तुनिष्ठ फलन
–realisation	वस्तुनिष्ठ आकलन
–representation	वस्तुनिष्ठ पुनर्मांडणी
–resolution	वस्तुनिष्ठ निर्णय
–system	वस्तुनिष्ठ पद्धत
–thoughts	वस्तुनिष्ठ विचार
–truth	वास्तव सत्य
–value	वस्तुनिष्ठ मूल्य
objectiveness experiementism	वस्तुनिष्ठता प्रयोगजन्यता
objectivism	वस्तुनिष्ठावाद
objectivity	इंद्रियग्राह्यता; मूर्तता; वस्तुनिष्ठता
obligation	दायित्व; कर्तव्य; बंधन
obligatory voting system	अनिवार्य मतदान पद्धती
observation technique	निरीक्षण तंत्र
obsolete	अप्रचलित; लुप्तप्राय
obstacle	अडथळा; अडसर
occidental	पाश्चात्त्य
occidentalism	पाश्चात्त्यवाद
occupancy right	भोगवट्याचा (वहिवाटीचा) अधिकार
occupancy tax	निवासी जागांवरील कर
occupancy tenant	वहिवाटदार कूळ
occupation	व्यवसाय; उद्योग; भोगवटा; आक्रमण
occupation distribution	व्यवसायानुसार वर्गीकरण/विभागणी
occupational constituency	व्यावसायिक मतदारसंघ

–mobility	व्यावसायिक गतिशीलता/ चलता/चलनशीलता
–representation	व्यावसायिक प्रतिनिधित्व
–structure	व्यावसायिक संरचना
–therapy	व्यवसायनिष्ठ उपचारपद्धती
–union	व्यावसायिक संघ
occupied land	व्याप्त (ताब्यात असलेली) भूमी
occurance	घटित
ochlocracy	झुंडशाही
octroy	जकात
of unsound mind	मनोविकल
of hotline agreement	शीघ्र संपर्क करार
off farm income	क्षेत्र बाह्य उत्पन्न
offence	अपराध; गुन्हा
offender	अपराधी; गुन्हेगार
offensive	क्रोधजन्य
offer price	प्रस्ताव किंमत
office	पद; अधिकारपद; कार्यालय
office bearer	पदधारक; पदाधिकार
office de jure	विधित: अधिकारी
office of profit	लाभपद
officer defacto	वस्तुत: अधिकारी
official	सरकारी; कार्यालयीन; पदस्थ; अधिकृत
–bulletin	अधिकृत अहवाल
–conduct	अधिकृत आचरण/आचार; कार्यालयीन आचार/आचरण; पदीय आधार/आचरण
–language	राजपत्रित भाषा; राजभाषा
–liquidation	सरकारी दिवाळे (अधिकृत परिसमापन)
–rate	अधिकृत दर
–secret act	शासकीय गुपित अधिनियम
–value	अधिकृत मूल्य
offset	प्रतितोल; भरपाई
oil crisis	तेलगंडांतर
old age pension	वार्धक्य वेतन
oligarchy	अल्पजनसत्ता
oligopolistic market	अल्पजनशाही बाजार
oligopoly	अल्पमताधिकारशाही/ अल्पाधिकारशाही
oligoposony	अल्पजन क्रयाधिकार
ombudsman	लोकपाल; लोकायुक्त
omen	शकुन
omniscientism	सर्वज्ञवाद
one stop shopping	एक थांबा सर्व खरेदी
one rous rates	भारदायक पट्टी; भारदायक स्थानीय कर
one world concept	एक जगत् कल्पना
online	ऑनलाइन
ontogevesis	व्यक्तिविकासशास्त्र
ontological arguments	सत्ताशास्त्रीय मांडणी
ontological assumptions	सत्ताशास्त्रीय गृहिते
ontological knowledge	सत्ताशास्त्रीय ज्ञान
ontology	सत्ताशास्त्र
open class society	खुली वर्गरचना; खुला समाज
–colony prison	खुली कारागृह वसाहत
–competition	मुक्तस्पर्धा
–controls	नियंत्रण खुलेपण
–credit	मुक्त पत
–diplomacy	खुला राजनय
–door policy	मुक्तद्वार धोरण
–economy	खुली अर्थव्यवस्था
–field system	मुक्त क्षेत्र पद्धती

–humanism	अनिर्बंध मानववाद/ मानवतावाद; मुक्त मानववाद/मानवतावाद
–indent	खुले मागणीपत्रक
–jail	खुले कारागृह
–market economy	मुक्त बाजाराधिष्ठित अर्थव्यवस्था
–market mechanism	खुली बाजारयंत्रणा
–market shops	खुला बाजार दुकान
–membership	खुले सभासदत्व
–morality	अनिर्बंध नीती; मुक्त नीती
–primary constituency	खुला प्राथमिक पातळीवरील मतदार संघ; पक्षनिरपेक्ष प्राथमिक पातळी वरील मतदारसंघ
–question	खुला प्रश्न
–shop	मुक्त व्यवसाय
–unstructured questionnaire	खुली मुक्त प्रश्नावली
opening balance	प्रारंभिक/प्रारंभीची शिल्लक
opening entry	प्रारंभिक नोंद
opening price	खुला भाव; खुली किंमत
opening sensex	खुलता सेन्सेयस
operating rate	क्षमता उपयोग, वापर दर; चलन दर
operating revenue	परिचालन महसूल
operating cost	चलन परिव्यय
operation of legal system	कायद्याची यंत्रणा राबविणे
operation research; operational research	सक्रिय संशोधन; क्रियात्मक शोध
operational risk	व्यवहारजन्य जोखीम
opinion	मतप्रदर्शन; मत; अभिप्राय
opinion poll	जनता कौल
opinion stream	मतप्रवाह
opponent	विरोधक
opportunist	वेळ पाहून वागणारा; संधिसाधू
opportunities	विकासाची संधी
opposition	प्रतिकार; प्रतियुती/प्रतियोग
opposition bench/party	विरोधी पक्ष
opposite bench	विरोधी पक्ष
optimism	आशावाद
optimum	अनुकूलतम; सुखवाद; इष्टतम; सम्यक्; पर्याप्त
–arrangement	सम्यक् मांडणी
–budget	इष्टतम अर्थसंकल्प
–capacity	अनुकूलतम (इष्टतम) पर्याप्त क्षमता
–capitalisation	इष्टतम भांडवलीकरण
–combination of factor	उत्पादनाचा इष्टतम घटक
–firm	पर्याप्त उत्पादन संस्था
–income/production	इष्टतम उत्पादन
–output	इष्टतम उत्पादन
–population	इष्टतम लोकसंख्या
optional investment	युक्त गुंतवणूक
optional level	युक्त पातळी
optional money	वैकल्पिक पैसा
optional regime	वैकल्पिक राजवट
optional share	वैकल्पिक वाटा
options trading	व्यवहार पर्याय
oracle	कौल
oral	मौखिक

orbitration promotions	लवाद संवर्धन
orbits of spaceship	अवकाशयान भ्रमणकक्षा
orbitsazy	यादृच्छिक
order	सुव्यवस्था
order cheque	नामजोग धनादेश (ज्या त्या व्यक्तीच्या वतीने पैसे घेण्याचा हक्क देणारा चेक)
order following	आदेशपालन
order of preference	पसंतीक्रम
ordinal utility	क्रमदर्श उपयोगिता; क्रमवाचक उपयोगिता
ordinance	अध्यादेश; वटहुकूम
ordinance power	अध्यादेश अधिकार
ordinary bill	सर्वसामान्य विधेयक
organic	आंगिक; इंद्रियजन्य; ऐंद्रिय; जैव; सेंद्रिय
–intellectuals	बुद्धिजीवी, जैविक
–society	जैव समाज; सेंद्रिय समाज
–theory	ऐंद्रिय उपपत्ती/सिद्धान्त
–whole	जैविक समग्रता
organization	सुसूत्र व्यवस्था; संघटना रचना
organization with parallel thinking	समविचारी संघटना
organisational conflict	संघटनात्मक संघर्ष
organisational loyalties	संघटनात्मक निष्ठा
organizational structure	संस्थात्मक संरचना
organisational system	संघटन पद्धती
organized sector	संघटित क्षेत्र
organization of industries	उद्योगांचे संघटन
organization of production	उत्पादनाचे संघटन
organized crime	संघटित अपराध/गुन्हा
organized market	संघटित बाजार/विपणी
oriental despotism	पौर्वात्य हुकूमशाही
oriental sociology	प्राक् समाजशास्त्र
orientation trainning	दिशानिर्देशन प्रशिक्षण
original cost	मूळ व्यय (किंमत)
original entry	मूळ नोंद
original goods	निसर्गदत्त वस्तू
originality	मौलिकता
orphan	पोरके/अनाथ मूल
orphanage	अनाथालय
ortho-cousin	चुलत किंवा मावस भावंड
orthodox	आस्तिक; कर्मठ; परंपराप्रिय; परंपरावादी; रूढीवादी; वेदसंमत; पोथीनिष्ठ; सनातनी
oscillations	उच्चवचने
ostrasize	वाळीत टाकणे; समाजबहिष्कृत करणे
ought feeling	कर्तव्य भावना
out migration	बहि:स्थलांतरण
out of market	बाजारबाह्य
out of person	व्यक्तीबाह्य
outbreak	उद्रेक
outcaste	जातिबहिष्कृत
outcome	निष्पत्ती
outdated	कालबाह्य
outlaw	विधिबहिष्कृत
outlay, expenditure	खर्च; व्यय
outlay, tax	व्यय कर
outpool	उत्पादन समुच्चय

output	पैदास; प्रतिलाभ; प्रदाने; फलनिष्पत्ती; प्रदान
outsourcing	बर्हिलेखा; बाहेरून करून घेतलेले काम
outstanding	येणे
outstanding balance	अदत्त बाकी
outstanding debt	अदत्त ऋण
over capitalisation	अतिभांडवलीकरण; अत्याधिक भांडवलीकरण
over charge	अतिरिक्त आकार
over compensation	अति भरपाई
over consumption	अत्याधिक उपयोग
over developed	अतिविकसित
over draft	अधिकर्ष; अधिविकर्ज
overdue account	थकलेले लेखा/खाते
overfull employment	अतिसेवायोजन; अतिरोजगार
over head charges/ expenses	वरकड खर्च
overhead cost/ supplementary cost/fixed cost	उपरी परिव्यय
over investment	अतिगुंतवणूक
over invoice	अति बीजक
over population	अत्याधिक लोकसंख्या; फाजील लोकसंख्या
over production	अत्याधिक उत्पादन; बेसुमार उत्पादन
over riding commission	अतिभावी अडत
overseas investment	विदेशी गुंतवणूक
over seas office	विदेशी कचेरी
over time pay	जादा कामाचे वेतन
overall balance of trade	समस्त आयात-निर्यात शेष/ समतोल
overdue interest	थकलेले व्याज
overfull employment	अतिरोजगार
overhead	उपरिखर्च
overhead cost	खर्चाचे प्रमाण
overhead cost	उपरिपरिव्यय
overlapping	परस्परव्यापी; परस्परव्याप्त
overlapping class	परस्परव्याप्त वर्ग
overnight loan	निशावधी कर्ज
overpayment	अतिप्रदान
overriding commision	अतिभारी अडत
overstaffing	अतिसेवक भरती
overtime allowance	अतिकालीन भत्ता
overtime pay	अतिकालिक वेतन
overvallued currency	अतिमूल्यांकित चलन
overvaluation of currency	चलन अतिमूल्यन
owner cultivation	मालक कसणूक
owner's profit	मालकी नफा
ownership	स्वामित्व

P

pacifism	शांतिवाद
package deal	सरसकट देवघेव करार
pact of security	सुरक्षा करार
pact	ठराव; करार; संकेत; संधी (तह)
paid in advance	अग्रदत्त
paid out cost	दत्त परिव्यय
paid up	भरणा केलेला/झालेला

paid up capital	भरणा झालेले भांडवल
paid up policy	हप्तामुक्त विमापत्र
paid up shares	भरणा झालेले भाग
pair marriage	समविवाह; समान अधिकार विवाह
palaeoauthopic age	आदिमानव युग
palliative	उपशामक; दोषपरिहारक
panchasheal principles	पंचशील तत्त्वे
panchayat administration	पंचायत शासन
panchayat committee	पंचायत समिती
panchayat raj	पंचायत राज/पंचायती राज्य; पंचायत राज्य (पूर्वी)
panel	क्रमनामिका; मंडळ
panel technique	नामिका
panic	घबराट; धसका
—monger	घबराटखोर
—stricken	धास्तावलेला
paper currency	कागदी चलन
paper guard	कागदी वाघ
paper money	कागदी पैसा/मुद्रा
paper standard	कागदी मानक
par of exchange	विनिमय सममूल्य
par rate of exchange	सममूल्य विनिमय दर
par value; face value	तुल्यता मूल्य
par value of currency	चलनाचे तुल्यता मूल्य
paradigm	परिदृष्टी
paradigm shift	परिदृष्टीतील स्थित्यंतर
paradigmatic	मानदंडात्मक
paradox of thrift	काटकसरीचा विरोधाभास

paradox of value	मूल्यविषयक विरोधाभास
parallel economy	समांतर अर्थव्यवस्था
parallel market (black market)	काळाबाजार
parallel rate of exchange	अनधिकृत विनिमय दर
parallel test	समांतर चाचणी
parallel thinker	समविचारी
parallel variation	समांतर परिवर्तन
parallelism	समांतरवाद; समानता
paramountancy	परमोच्च सत्ता; परमोच्चता; सर्वश्रेष्ठ सत्ता
paramountancy	सर्वश्रेष्ठता; सार्वभौमत्व
parapsychology	अतींद्रिय मानसशास्त्र; अतिमानसशास्त्र
parasite	परजीवी; बांडगूळ
parasitical	परोपजीवी; अन्यावलंबी; परभृत
paraspsychology	अतिमानसशास्त्र
parentage	पितृत्व; जनकत्व; कुळी; पित्रीय; पैतृक
parental right	पित्रीय अधिकार
parent-child relation	पिता-अपत्य संबंध; माता-अपत्य संबंध
parenthood	पितृत्व
paticularity	विशिष्ट गुण
parish	युरोपमधील स्थान प्रशासनाचा विभाग
parity	तुल्यता; समता; सादृश्य
parity of exchange	विनिमय तुल्यता
parity of exchanging power	क्रयशक्ती तुल्यता
parity of prices	किंमत तुल्यता
parliament	संसद; लोकसभा

parliamentarian	संसदकुशल; संसदपटू
parliamentary	संसदीय
–accountability	संसदीय उत्तरदायित्व
–agent	संसदीय अभिकर्ता/एजंट
–committee	संसदीय समिती
–council	संसदीय सचिव (परिषद)
–democracy	संसदीय लोकशाही
–diplomacy	संसदीय मुत्सद्देगिरी/राजनय
–franchise	संसदीय मताधिकार
–government	संसदीय शासन
–previlege	संसदीय विशेषाधिकार
–procedure	संसदीय कार्यप्रणाली
–scrutiny	संसदीय छाननी
–sovereignty	संसदीय प्रभुत्व (सार्वभौमत्व)
–system	संसदीय पद्धती
parochial	संकुचित; स्थानाभिनिवेशी
parochialism	संकुचितता; क्षेत्राभिनिवेश
parochial political culture	स्थानाभिनिवेश राजकीय संस्कृती
par of exchange	विनिमय सममूल्य
par rate of exchange	सममूल्य विनिमय दर
parole	कैद (कैद्याने द्यावयाचे) तोंडी आश्वासन/वचन, पॅरोल; विशिष्ट मुदतीत परत घेण्याच्या आश्वासनावर केलेली कैद्याची सुटका (पॅरोल)
parole, speech, sassere	प्रत्यक्ष बोलणे, भाषिक वर्तन
part payment	आंशिक प्रदान/भरणा
part time farming	अंशकालीन शेती
part time labour	अंशकालिक मजूर
partial acceptance	आंशिक स्वीकृती
partial consolidation	अंशत: एकत्रीकरण
partial disablement	आंशिक विकलांगता
partial/particular equilibrium	आंशिक समतोल; आर्थिक संतुलन
partial equilibrium analysis	आंशिक समतोल विश्लेषण
partial strike	आंशिक संप
participant	सहभागी; भागीदार
participant observation	सहभागी निरीक्षण
participant political culture	सहभागप्रधान राजकीय संस्कृती
participant rural study	सहभागी ग्रामीण अध्ययन
participatary democracy	सर्वसहभागीय लोकशाही
participatary development	लोकसहभागातून विकास
participatary growth	समाजाचा सहभागाने विकास
participating preference shares	सलाभ अधिमान भाग
participatory development	सहभागी विकास
participatory growth	सहभागाने विकास
participatory management	सहभागी व्यवस्थापन
particular agent	विशेष अभिकर्ता/एजंट
particularity	विशेषता; वैशिष्ट्य; विशिष्ट गुण
partism	पक्षाभिनिवेश

partition	खंड; विभाजन; वाटणी; फाळणी
partner	भागीदार
partnership	भागीदारी
partnership account	भागीदारी लेखा
partnership project	भागीदारी प्रकल्प
party	संबंधित व्यक्ती; पक्ष
party capitalism/ party sponsored	पक्ष पुरस्कृत भांडवलशाही
party in power	सत्तारूढ पक्ष
party leader	पक्ष नेता
party politics	पक्षीय राजकारण
party spirit	पक्षाभिमान
party system	पक्षपद्धती
party watcher	उमेदवाराचा (पक्षाचा) मतदान प्रतिनिधी
party whip	पक्षप्रतोद; पक्षाचा प्रमुख
partyless democracy	पक्षविरहित लोकशाही
partyline	पक्षधोरण; पक्षनीती
passive	अक्रिय; अक्रियाशील; क्रियाशून्य; निष्क्रिय
passive assets	निष्क्रिय मत्ता
passive intellect	निष्क्रिय बुद्धी
passive obedience	मूक आज्ञापालन
passive resistence	अक्रिय विरोध; अहिंसात्मक प्रतिकार
passivism	अक्रियावाद
pastaral nomadic community	पशुपालक भटके समूह/ समाज
past obit bond	मरणोत्तर प्रभावी बंधपत्र
pastoral culture	गोपालीय संस्कृती
patent; privilage	पेटंट; एकस्व; व्यक्त; प्रकट; सनद; विशेषाधिकार
patent act	एकस्व अधिनियम; एकाधिकार नियम
patent right	एकस्व अधिकार; एकाधिकार
patent rights	नोंदणी सनदी हक्क/एकस्व अधिकार
paterfamilies	कुलपिता
paternal family	पैतृक कुटुंब
paternal government	प्रजावत्सल शासन
paternal land	पैतृक भूमी (पित्याच्या वंशाकडून मिळालेली जमीन)
paternal right	पैतृक/पित्रीय अधिकार
paternalism	पितृभावनेने केलेले प्रजेच्या जीवनव्यवहारांचे नियंत्रण; पितृभावी शासनप्रणाली
paternity	पितृत्व
patriarchal	पितृसत्ताक
patriarchy	पुरुषसत्ता
patrilineal kinship	पितृवंशीय नातेसंबंध
patrilineal linkerstance system	पितृवंशीय वारसापद्धती
patrilineality	पितृवंशीयता
patrilocal	पितृगृहीय; पितृनिवासी; पितृस्थानीय
patrimonial state	पैतृक राज्य
patriotism	देशभक्ती; देशहितेच्छा; स्वदेशाभिमान
patrom client	मालक आश्रित
patronage	आश्रय; आधार
patronymic	पितृनामी
pattern	बंध; आकृतिबंध; नमुना
—acquired pattern	उपार्जित बंध

–conceptual pattern संकल्पन बंध
–demographic pattern लोकसंख्याक बंध
–personality pattern व्यक्तिमत्त्व बंध
–symbolic pattern प्रतीक बंध
–technical pattern तंत्रबंध
–composition रचना
–configuaration धारणी (बाह्य रूप)
–construction बांधणी
–design संकल्पचित्र
–form रूप
–structure संरचना
pattern variable मूल्यद्वंद्व
patterns of change परिवर्तन बंध
patterns of culture संस्कृतिबंध
pawn गहाण ठेवलेली वस्तू; तारणनिक्षेप; तारण
pay अधिदान; वेतन; पगार
pay of demand मागताक्षणी पैसे देणे (प्रदान करणे)
pay of matrix नफा-तोटा आव्यूह
pay off हिशेबाचा मेळ करणे; चुकते करणे
pay roll saving scheme वेतनगट बचत योजना
pay roll tax वेतनपट कर
pay scale वेतनमान; वेतनश्रेणी
pay/wage structure वेतनसंरचना
payable bills देय विपत्रे; प्रदेय विपत्रे
payable to order आदेश प्रदेय
payee आदाता; पैसे घेणारा
payment प्रदान; भरणा; चुकते करणे; जमा; वेतन; पगार
payment bill प्रदानोत्तर विपत्र
payment down तत्क्षण प्रदान
payment of salary वेतनाचे प्रदान
payment services शोधनाच्या सेवा
payments देणी
peace crops शांतिसेना
peace treaty शांतता संधी
peaceful coexistence शांततामय सहजीवन; शांतिपूर्ण सहअस्तित्व
peaceful economy शांतताकालीन अर्थव्यवस्था
peaceful revolution शांतिपूर्ण क्रांती
peaceful settlement शांततामय समझोता
peak period अत्युच्च अवधी
peasant कृषिवल शेतकरी
peculation पैसा खाणे
pecuniary धनविषयक
pecuniary liabilities आर्थिक दायित्व
pecuniary loss आर्थिक नुकसान
pecuniary penalty आर्थिक दंड; द्रव्य दंड
pecuniary profit आर्थिक लाभ
pedigree अनुवंशक्रम; वंशावळ
pees centre शुल्क केंद्र
pen down strike बैठा संप; लेखणी संप
penal code दंडसंहिता
penal interest शिक्षा वजा व्याज
penal law दंडविधी/कायदा; शिक्षाविषयक कायदा
penal servitude सक्तमजुरी
penal theory दंड सिद्धान्त

penetration price policy — शिरकाव किंमत धोरण
penology — दंडनीती; दंडशास्त्र
pension — निवृत्तीवेतन
pension fund — निवृत्ती वेतन निधी
pension fund regulatory authority — निवृत्तीवेतन निधी विनियात्मक प्राधिकरण
people — लोक; जनता; बहुजन समाज; देश; राष्ट्र
people centred — लोककेंद्री
people oriental development — लोकाभिमुख विकास
people oriented — जनताभिमुख; लोकाभिमुख
people's committee — लोकसमिती
people's democracy — साम्यवादी लोकशाही
people's inclination — लोकवादी मतप्रवाह
people's organisation — लोकसंघटन
people's party — लोकदल
people's political forum — लोकराजनीती मंच
people's revolution — लोकक्रांती
per capita — दरडोई; दरमाणशी
per capita grant — दरडोई अनुदान
per capita income — प्रतिव्यक्ती आय/उत्पन्न
per head/capita income — दरडोई आय/उत्पन्न
per menesem — दरमहा
per se — स्वत:
percentage — टक्केवारी; शेकडेवारी
percentage in share capital — भाग भांडवलातील प्रमाण
perception — बोध; जागृती; संवेदन; प्रत्यक्ष ज्ञान; ग्रहणशक्ती
perceptual distoration — ज्ञानाची विकृती
perceptual organization — जागृत संघटना
percolation theory — झिरपणीचा सिद्धान्त
perfect competition — परिपूर्ण स्पर्धा
perfect democracy — परिपूर्ण लोकशाही
perfect market — पूर्ण बाजारपेठ
perfectly elastic demand — संपूर्ण लवचिक मागणी
perfomance budget — कार्यलक्ष्यी अर्थसंकल्प; प्रत्यक्ष कामगिरीचा आढावा
performannce budgeting — कार्यनिष्पत्ती अर्थसंकल्प
period balance method — कालिक संतुलन पद्धती
period bill of exchange — मुदती विपत्र
period of currency — चलनाचा अवधी
periphery — परिघ
peripheral group — सीमान्त समूह
permanent assets — स्थायी मत्ता
permanent employment — स्थायी रोजगार
permanent executive — कायम कार्यकारिणी/कायम कार्यकारी मंडळ

permanent fund स्थायी निधी
permanent income hypothesis स्थायी आय परिकल्पना
permanent judge स्थायी न्यायाधीश
permanent partial disablement स्थायी आंशिक विकलांगता
permanent route स्थायी मार्ग
permanent settlement जमाबंदीची कायमधारा पद्धती
permissive society मुक्ताचारी (स्वच्छंद) समाज
perpetual annuity अखंड वर्षासन/वार्षिकी
perpetual bond शाश्वत (अखंड) बंधपत्र
perpetual succession अखंड उत्तराधिकार
perquisite अवांतर लाभ/नफा; वेतनेतर लाभ
persistent inflation टिकून राहणारा फुगवटा
person-centric democracy व्यक्तिवादी लोकशाही
person year व्यक्तिवर्ष
persona non grata मान्य नसलेली व्यक्ती
personal account व्यक्तिगत लेखा
personal data वैयक्तिक आधारसामग्री
personal diplomacy वैयक्तिक राजनय (मुत्सद्देगिरी)
personal equation व्यक्तीचे समीकरण
personal freedom; individual/ personal liberty (Indian constitution) व्यक्तिस्वातंत्र्य
personal idealism व्यक्तिनिष्ठ आदर्शवाद
Personal Identification Number (PIN) पिन
personal income व्यक्तिगत आय/उत्पन्न
personal interest व्यक्तिगत हितसंबंध
personal interview method वैयक्तिक मुलाखत पद्धती
personal liberty व्यक्तिगत स्वातंत्र्य; व्यक्तिस्वातंत्रवादी
personal maladjustment व्यक्ती अपसमायोजन
personal retention वैयक्तिक धारणा
personal security वैयक्तिक प्रतिभूती (सुरक्षितता)
personal tax व्यक्तिगत कर
personal taxation व्यक्तिगत कराधान
personal theism वैयक्तिक ईश्वरवाद
personalism विभूतीवाद
personality व्यक्तित्त्व; व्यक्तिमत्त्व
–ambivert personality उभयमुख व्यक्तिमत्त्व
–dissociateal personality विच्छिन्न व्यक्तिमत्त्व
–expanded personality (external personality) विस्तारित व्यक्तिमत्त्व
–extrovert personality बहिर्मुख व्यक्तिमत्त्व
–ideal personality आदर्श व्यक्तिमत्त्व
–introvert personality अंतर्मुख व्यक्तिमत्त्व
–psychopathic personality मनोरोगी व्यक्तिमत्त्व
personality cult व्यक्तिपूजा
–development व्यक्तिमत्त्व विकास
–disorder व्यक्तिमत्त्व विकार

–disorganization	व्यक्तिमत्त्व विसंघटन
–disturbance	व्यक्तिमत्त्वातील बिघाड
–pattern	व्यक्तिमत्त्व बंध
–traits	व्यक्तिमत्त्व गुणविशेष
personnel	कर्मचारी वर्ग
personnel administration	कर्मचारी प्रशासन
personnel management	कर्मचारी व्यवस्थापन
personnel officer	आस्थापना अधिकारी; कर्मचारी प्रशासनाधिकारी
perspective	परिप्रेक्ष्ये
–planning	यथादर्शन नियोजन; यथार्थदर्शी नियोजन
persuasive leader	अनुनयी; मनमिळाऊ नेता
persuasion	मनवळवणी
perverse behaviour	विकृत वर्तन
perversity	विकृती
pessimism	निराशावाद
pessimistic	निराशात्मक; निराशावादी
petition	विनंती अर्ज
petition rights	अधिकार घोषणापत्र
phallic worship	लिंगपूजा
phase	कला; अवस्था; टप्पा
phenomenal	प्राकृत; ज्ञानगोचर
phenomenology	प्रघटनाशास्त्र; मानसघटनाशास्त्र; रूपविवेचनशास्त्र
phenomenon	आविष्कार; गोचिर (दृश्य) घटना; दृश्य घटना; निसर्गघटना; प्रघटना; वस्तुजात रूप; व्यावहारिक जग
philanthropy	मानवप्रेमी; मानवहितबुद्धी; मानवहितैषी
philips curve	फिलिप्स वक्र
philosopher king	तत्त्वज्ञ राजा
philosopher of science	विज्ञानाचे तत्त्वचिंतक
philosophical anthropology	तात्त्विक मानवशास्त्र
philosophy	विचारसरणी
philosophy of common sense	व्यवहारवादी तत्त्वज्ञान; व्यावहारिक तत्त्वज्ञान
philosophy of economy	मितव्ययाचे तत्त्वज्ञान
philosophy of language	भाषा तत्त्वज्ञान
philosophy of science	विज्ञानाचे तत्त्वज्ञान
philosophy of values	मूल्य तत्त्वज्ञान
philosophy offering personal freedom	व्यक्तिस्वातंत्र्यवादी विचारसरणी
philosophical liberalism	तत्त्वज्ञानात्मक उदारमतवाद
philosopy of action	कृती तत्त्वज्ञान
phisiology	शरीरक्रियाशास्त्र
phonetic form	रचनात्मक रूप
phono centricism	वाचा केंद्र
phraty	भ्रातृक
phylogenetic	जाती आनुवंशिकता
physical anthropology	मानवशास्त्र, भौतिकी; मानवशास्त्र, शारीरिक; शारीरिक मानवशास्त्र
physical appraisal	भौतिक मूल्यनिर्णय

physical availability	भौतिक उपलब्धता
physical capital	वस्तुरूप भांडवल
physical environment	भौतिक परिस्थिती
physical geography	प्राकृतिक भूगोल
physical phenomenon	भौतिक (पार्थिव) घटना
physical planning	वस्तुरूप नियोजन
physical rehabilitation	शारीरिक पुनर्वसन
physical torture	शारीरिक छळ
physical science	भौतिक विज्ञान
physically handicapped	शारीरिकदृष्ट्या अपंग
physiological drive	शारीरिक प्रेरणा
physiotherapy	भौतिक चिकित्सा
picketing	प्रतिबंध (निरोधन) करणे
pictography	चित्रलिपी
pictoral quentionnaire	चित्रमय प्रश्नावली
piece rate	उक्ता दर
piece wages	उक्ती मजुरी; उक्ते वेतन; कामानुसार वेतन
piece work	कामानुसार दरपद्धती
piety	धर्मनिष्ठा; धार्मिकता; मांगल्य; साधुत्व
pigavian tax	पिगूप्रणित कर
pilot project	पथदर्शक/पथदर्शी प्रकल्प; मार्गदर्शक योजना
pilot study	पथदर्शक अभ्यास; मार्गदर्शक अभ्यास
pioneering work	आद्य कार्य
piracy	चाचेगिरी
pivotal state	महत्त्ववर्ती राज्य

place utility	स्थान उपयोगिता
plan	योजना
plan expenditure	नियोजनावरील खर्च
plan period	योजना काळ
plane	समतल
planned development	नियोजनबद्ध विकास
planned economy	योजनाबद्ध अर्थव्यवस्था
planner	नियोजनकार
planning commission	नियोजन आयोग
planning strategy	नियोजन व्यूहरचना
plant	संयंत्र
plea	याचिका
pledge	ताबेगहाण
plenipotentiary	अधिराजदूत
plural economy	बहुदल अर्थव्यवस्था
pluralism	बहुतावादी/अनेकसत्तावाद
pluralist	अनेकसत्तावादी
plurality of interpretation	अर्थनिर्णयनाची अनेकता
pocket veto	(अमेरिकेच्या अध्यक्षांचा) अप्रकट नकाराधिकार
point of elasticity of demand	मागणीबिंदू लवचिकता
point of order	हरकतीचा मुद्दा
polarization	ध्रुवण/ध्रुवीकरण/ध्रुवीभवन
polarization process	ध्रुवीकरण प्रक्रिया
policy	धोरण; राजनीती; राज्ययंत्रणा
policy analysis	धोरण विश्लेषण
policy below par	अवमूल्य विमापत्र
policy decision	धोरणात्मक निर्णय
policy determination	निर्णयनिश्चिती
policy formulation	धोरण आखणी

policy loan विमा कर्ज
policy of localization स्थानियीकरणाचे धोरण
policy of insurance विमापत्र
policy of regulation नियंत्रणाचे धोरण
policy of reservation राखीव जागांचे धोरण
political राजनैतिक
—active राजकीय कर्ता
—activism राजकीय कृतिशीलता
—actor राजकीय अभिनेता
—administration on majority बहुमताधिष्ठित राज्यकारभार
—affairs राजकीय व्यवहार
—agent राजकीय प्रतिनिधी/अभिकर्ता/एजंट
—assessment राजकीय मूल्य/मूल्यमापन
—asylum राजकीय आश्रय/आश्रयस्थान
—authority राजकीय प्राधिकार; राजकीय प्राधिकारपत्र/प्राधिकारणपत्र
—awareness राजकीय जागरुकता
—bargaining राजकीय सौदेबाजी
—behaviour राजकीय वर्तन
—behavioural trust राजकीय वर्तनवाद
—consciousness राजकीय जाणीव
—construct राजकीय रचित
—contrivance राजकीय क्लुप्ती
—crisis राजकीय पेचप्रसंग
—culture राजकीय संस्कृती
—culture - parochial राजकीय संस्कृती - संकुचित
—culture - participatory राजकीय संस्कृती - सहभागप्रधान
—culture - subjective राजकीय संस्कृती - आज्ञांकित
—democracy राजकीय लोकशाही/तत्त्वज्ञान
—detency राजकीय बंदी
—development राजकीय विकास
—diplomacy राजकीय मुत्सद्देगिरी, राजकीय गरजा विचार
—disturbance राजकीय विघ्न
—division राजकीय भेद/विभाग
—doctrine राजकीय सिद्धान्त
—economics राजकीय अर्थशास्त्र
—economy राजकीय अर्थव्यवस्था
—education राजकीय शिक्षण
—elite राजकीय शिष्टजन
—elite class राजकीय अभिजन
—elites राजकीय अभिनव
—euphemism राजकीय प्रियोयती
—executive राजकीय कार्यकारिणी
—expression राजकीय अभिव्यक्ती
—football निरुपद्रवी किंवा परोपकारी प्रकल्पाचे राजकीय भांडवल करणे
—freedom राजकीय स्वातंत्र्य
—future राजकीय भविष्य
—geography राजकीय भूगोल
—hack राजकीय सांगकाम्या (स्वत:ची बुद्धी न वापरता काम करणारा)
—hert (उमेदवाराचा) राजकीय प्रभाव
—ideal राजकीय आदर्श

—ideology राजकीय आदर्शवाद; राजकीय तत्त्वप्रणाली; राज्यप्रणाली सार्वभौमत्व
—impartiality राजकीय निष्पक्षता
—instability राजकीय अस्थिरता
—integrity राजकीय ऐक्य; राजकीय दानत (सुचिता)/सचोटी
—interests राजकीय हितसंबंध
—invective राजकीय शिवीगाळ
—loyalty राजकीय निष्ठा
—maturity राजकीय प्रगल्भता
—morality राजकीय नीतिमत्ता
—neutrality राजकीय तटस्थता
—obligation राजकीय दायित्व
—offence राजकीय अपराध/गुन्हा
—order राजकीय आदेश/सुव्यवस्था
—philosophers राजकीय तत्त्ववेत्ते
—philosophy राजकीय (राजनैतिक) तत्त्वज्ञान; राजकीय विचारसरणी
—planning राजनैतिक नियोजन
—policy राजकीय धोरण
—prisoner राजकीय कैदी; राजकैदी; राजबंदी
—process राजकीय प्रक्रिया
—reference राजकीय संदर्भ
—refugee राजकीय आश्रयार्थी/ निर्वासित
—rights राजकीय अधिकार
—science राज्यशास्त्र
—self sufficiency राजकीय स्वावलंबन
—skill राजकीय कौशल्य
—socialization राजकीय सामाजीकरण
—sociology राज्यशास्त्रीय समाजशास्त्र
—soverignty राजकीय सार्वभौमत्व
—speculation राजकीय परिकल्पन
—stability राजकीय स्थिरता
—sterlisation राजकीय खच्चीकरण
—strike राजकीय संप
—system राजकीय व्यवस्था/पद्धती
—tension राजकीय तणाव
—theory राजकीय (राजनैतिक) सिद्धान्त; राजकीय सिद्धान्त
—unanimity राजकीय एकवाक्यता
—view राजकीय दृष्टिकोन
politicalisation राजकीयीकरण
politician राजकारणी
politics राजकारण; राज्यशास्त्र
politics of blackmail धमकीचे राजकारण
politics of election निवडणुकीचे राजकारण
politics of expediency सोयीचे राजकारण
politics of language use भाषेच्या वापरातील राजकारण
politics of sexuality लैंगिकतेचे राजकारण
politics of votes मतांचे राजकारण
politics practical व्यावहारिक राजकारण
polity राजनीती; राज्ययंत्रणा
poll एकूण मतदान; मतनोंदणी; मतमोजणी
polling booth मतदान केंद्र
polling space मतदान स्थळ
pollster लोकमत तज्ज्ञ
poll tax दरडोई कर; डोईपट्टी
pollution कलुषीकरण; प्रदूषण; मलिनीकरण
polyandrous family बहुपतिक कुटुंब
polyandrous marriage बहुपतिक विवाह

polyandry	बहुपतित्व
polycentric world	बहुकेंद्री/जग
polycentrism	बहुकेंद्रवाद
polygamy	बहुपत्नित्व-पतित्व
polygyny	बहुपत्नित्व
poly national state	राष्ट्रीय राज्य
polytheism	अनेकदेवतावाद
polytheism	बहुदेववाद; बहुदेवतावाद; अनेकदेवतावाद
polytheistic	अनेकदेवतावादी; नाना दैवतात्मक
pool	कोष; संचय; समुच्चय
pooling, amalgamation	एकत्रीकरण
pool price	एकत्रित किंमत
pool sales	एकत्रित विक्री
pool system	एकत्रित पद्धती
populace	बहुजन समाज; जनता; सर्वसामान्य लोक
popular front	जनता आघाडी
popular government	लोकतांत्रिक/जनमान्य/ लोकप्रिय/लोकमान्य शासन
popular participation	लोकसहभाग
popular politics	लोकरंजनवादी राजकारण
popular sovereignty	जनतेचे सार्वभौमत्व
populare	सर्वसामान्य लोक
population	लोकसंख्या; लोक
–balanced population	संतुलित लोकसंख्या
–maximum population	कमाल लोकसंख्या
–minimum population	किमान लोकसंख्या
–optimum population	इष्टतम लोकसंख्या
–over population	अत्याधिक/फाजील लोकसंख्या
–stable population	स्थिर लोकसंख्या
–underpopulation	उणी लोकसंख्या
population explosion	लोकसंख्या विस्फोट
population mobility	लोकसंख्या चलनशीलता/ चलता
population oriented	लोकसंख्यात्मक
population replacement	लोकसंख्या पुन:स्थापन
population trend	लोकसंख्येचा कल/प्रवृत्ती
population units	लोकसंख्याशास्त्रीय घटक
populist	लोकानुययी
populist authoritarian	लोकसत्ताक सर्वंकष
populist/populism	लोकानुरंजनवादी
populons	दाट लोकसंख्या
popuplar government	जनमान्य शासन
pork barrel	राजकीय फायद्यासाठी शासकीय खर्चाची तरतूद करणारे विधेयक, धोरण अगर प्रकल्प
port folio	कार्यविभाग खाते; अधिकारपद
port folio investment	रोखारूपी गुंतवणूक; सरळसरळ गुंतवणूक
port trust	बंदर विश्वस्त मंडळ
position	स्थान; दर्जा; स्थिती; योग्यता

position of strength — बलस्थान
positionist behaviouralist — सापेक्षतावादी वर्तनवादी
positive — प्रत्यक्ष; निश्चित; होकारात्मक
—definition — भावरूप व्याख्या
—economics — प्रत्यक्षानुसारी अर्थशास्त्र
—externality — घन बाह्यता
—function — करणात्मक कार्य
—science — प्रत्यक्षानुसारी विज्ञान
—utility — अस्ति उपयोगिता; घन उपयोगिता
—value — भावमूल्य
positivism — प्रत्यक्षज्ञानवाद; प्रत्यक्षार्थवाद
positivist — अनुभवसत्तावादी; प्रत्यक्षज्ञानवादी
possession utility — धारण उपयोगिता
possessions — स्वायत्त धन
possible — शक्यप्राय
post dated cheque — पुढच्या तारखेचा चेक/ उत्तर दिनांकित धनादेश
post disaster — आपत्ती पश्चात
post industrial society — औद्योगिकोत्तर समाज
post industrialism — औद्योगिकोत्तरवाद
post modernism — आधुनिकोत्तरवाद; उत्तर आधुनिकतावाद
post obit bond — मरणोत्तर प्रभावी बंधपत्र
post positivism — प्रत्यक्षार्थवादोत्तर काळ
post structuralism — उत्तर संरचनावाद
post structuralist theory — उत्तर संरचनावादी सिद्धान्त
postal saving bank — डाक बचत बँक; पोस्ट बचत बँक
postentry training — प्रवेशोत्तर प्रशिक्षण
posterity — भावी पिढी
posting — एखाद्या पदावरील नियुक्ती
postmodernisation philosophy — आधुनिकोत्तर तत्त्वज्ञान
post-science theory — विज्ञानोत्तर सिद्धान्त
potential — संभाव्य
potential demand — संभाव्य मागणी
potential economic surplus — सुप्त आर्थिक अधिक्य
potential gross national — संभाव्य एकूण राष्ट्रीय उत्पादन
potential surplus — संभाव्य वाढावा (बचत)
potentiality — अंत:सामर्थ्य; संभाव्यता; शक्यता
potential surplus — संभाव्य वाढावा/बचत
potestas — अधिकार
poverty alleviation scheme — दारिद्र्य निवारण योजना
poverty line — दारिद्र्यरेषा
power — शक्ती
—accumulation — शक्तीसंचय
—and authority — शक्ती व प्राधिकार
—base — बालेकिल्ला
—behind the throne — सिंहासनामागील सूत्रधार
—broker — सत्ता दलाल
—elite — सत्ताश्रेष्ठी
—graph — सत्ताबळकाव
—of attorney — मुखत्यारनामा; अखत्यार, मुखत्यारपत्र
powerful party — प्रभावी पक्ष
powerlessness — सत्ताहीनता
practical — व्यावहारिक
practical concept — व्यावहारिक संकल्पना

practical politics व्यावहारिक राजकारण
practical sociology व्यावहारिक समाजशास्त्र
practicalness व्यावहारिकता
practice प्रथा
pragmatic idealism फलप्रामाण्यवादी चिद्‌वाद
pragmatism फलप्रामाण्यवाद; सत्यप्रामाण्यवाद
—empirism अनुभववाद
—idealism आदर्शवाद
—positivism प्रत्यक्षवाद
—realism वास्तववाद
praxis व्यवहार प्रक्रिया
prehistoric, anthropology मानवशास्त्र, प्रागैतिहासिक
pre capita tax डोईकर
pre cultural प्राक् सांस्कृतिक
pre disaster आपत्ती पूर्व
pre payment penalty मुदतपूर्व परतफेडीचा दंड
preamble उद्देशिका; प्रस्तावना; प्रास्ताविक; सरनामा
precautionery motive सावधगिरी हेतू
precise magnitude of utility उपयोगितेचे नेमके प्रमाण
precocious अकाल; प्रौढ
preconditions of knowledge ज्ञानाच्या पूर्वोपाधी
predecessoar पूर्वज; पूर्वाधिकारी
pre-determined पूर्वनिश्चित
prediction पूर्वानुमान; प्राक्कथन; भविष्यकथन; भाकित
prediction method पूर्वानुमान पद्धती
prediction of future भविष्यवेध

pre-disposition अनुकूल स्थिती
predominance वर्चस्व
pre-emption अग्रक्रयाधिकार
pre-entry training प्रवेशपूर्व प्रशिक्षण
preference; priority पसंतीक्रम; अधिमान्यता अधिमान अग्रक्रम; निवड
—share debt पूर्वाधिकार भाग; अधिमान्य ऋण
—payment अधिमान्य प्रदान
—rate of duty अधिमान्य शुल्कदर
—relative अधिमान्य नातेवाईक
—right निवडीचा हक्क
—share पूर्वाधिकार भाग
—system क्रमदेय पद्धती
—treatment अधिमान्य वागणूक (खास व्यवस्था)
—voting क्रमदेय मतदान पद्धती
preferential debt अधिमान्य ऋण
prehistoric culture प्रागैतिहासिक संस्कृती
prehistoric period प्रागैतिहासिक काळ
prehistory प्रागितिहास
prejudice पूर्वग्रह
preliterate society लिपिपूर्व (अक्षरपूर्व) समाज
pre-marriage विवाहपूर्व
pre-marriage counselling विवाहपूर्व समुपदेशन
pre-marriage relations विवाहपूर्व संबंध
premartial coitus विवाहपूर्व मैथून
premartial licence विवाहपूर्व स्वैराचार
premier; primal प्रमुख; प्रथम; प्रधान
premise आधारविधान
premium चढा भाव; अधिमूल्य; विमाहप्ता
prepaid पूर्वदत्तखर्च

preparadigmatic	पूर्वमानदंडात्मक
prepayment	पूर्वप्रदान; आगाऊ भरणा
pre-political rights	राजकीय अवस्थापूर्व अधिकार
pre requisite	पूर्वावश्यकता
preregative	परमाधिकार
–legislation	परमाधिकार विधान
–of mercy	दयेचा परमाधिकार
–right	परमाधिकार
prescriptivism	पुरस्कारवाद
–present value	वर्तमान मूल्य
present development	वर्तमान विकास
president	राष्ट्राध्यक्ष; सभापती; अध्यक्ष; सभाध्यक्ष
presidential democracy	अध्यक्षीय लोकशाही
presidential government	अध्यक्षीय शासन
presidential system	अध्यक्षीय पद्धती
presidium	अध्यक्षमंडळ
pressure group	दबावगट; प्रभावसमूह
pressure technique	दबावतंत्र
presumption	धारणा; गृहीत; अनुमान; अंदाज; तर्क
presupposition	पूर्वगृहीत/पूर्वगृहीततत्त्व
pre-undersanding	पूर्वआकलन
preventive defention	प्रतिबंधक स्थानबद्धता
preventive measure	प्रतिबंधक उपाय
preventive service	प्रतिबंधात्मक सेवा
preventive war	प्रतिबंधात्मक युद्ध
prevision	भविष्यदृष्टी
price	किंमत; भाव; विक्रीदर; मूल्य
–actual price	प्रत्यक्ष किंमत/मूल्य
–average price	साधारण मूल्य
–bottom (minimum) price	किमान किंमत
–c and f price (ceiling & fare price)	वाहनावळीसह कमाल किंमत
–celling (maxim) price	जास्तीत जास्त किंमत
–controlled price	नियंत्रित किंमत
–cost price	मूळ किंमत; परिव्यय मूल्य
–current price	चालू किंमत/मूल्य
–equilibrium price	समतोल किंमत
–exfactory price	कारखानी किंमत
–exship price	निर्यात किंमत/मूल्य
–exwarehouse price	वखार किंमत
–fair price	रास्त किंमत
–fair selling price	रास्त विक्री किंमत/विक्रय मूल्य
–fixed price	ठराविक किंमत; नियत मूल्य
–floor price	किमान किंमत
–fluctuating price	चढउतारी किंमत
–F.O.B price (free on board price)	जहाज खर्च मुक्त किंमत/मूल्य
–F.O.R price (free on railway price)	रेल्वे खर्च मुक्त किंमत/मूल्य
–forward price	भावी किंमत/मूल्य

—franco price खर्चवेचासहित मूल्य; परिव्यय विमा, वाहनावळ यासहित मूल्य
—loco price स्थानिक किंमत
—long period price दीर्घकालीन किंमत/मूल्य
—marginal price सीमान्तिक किंमत/मूल्य
—market price बाजार किंमत; बाजार भाव
—maximum price कमाल किंमत/मूल्य
—minimum price किमान किंमत/मूल्य
—net price निव्वळ किंमत/मूल्य
—normal price सामान्य किंमत/मूल्य
—opening price खुला भाव
—purchase price खरेदी मूल्य/भाव
—real price वास्तविक किंमत/मूल्य
—reserve price राखीव किंमत/मूल्य
—retail price किरकोळ किंमत
—selling price विक्री किंमत; विक्रय मूल्य
—wholesale price घाऊक/ठोक किंमत
price band किंमत पट्टा
—change किंमत बदल/किंमतीतील बदल
—discrimination किंमत भेदभाव
—discrimination of first degree प्रथमश्रेणी किंमत भेद
—discrimination of second degree द्वितीयश्रेणी किंमत भेद
—discrimination of third degree तृतीयश्रेणी किंमत भेद
—earning ratio भागाचे किंमत लाभधंद्यात गुणोत्तर
—effect किंमत परिणाम
—elasticity किंमतीची लवचिकता
—equilibrium किंमतीचा समतोल
—fall भावघसरण
—fixation किंमत स्थैर्य; क्रिया निर्धारण
—fixing किंमत निश्चिती
—fluctuation किंमतीतील चढउतार
—hike भाववाढ
—index किंमत सूचकांक/निर्देशांक
—level किंमत पातळी
—line किंमत रेषा
—maintenance किंमत संधारण (रक्षण)
—margin किंमतीतील तफावत
—movements किंमतीच्या हालचाली
—policy किंमत धोरण
—rise भाववृद्धी
—sensitivity किंमत संवेदनशीलता
—specific flow theory सुवर्ण प्रवाह सिद्धान्त
—structure किंमत संरचना
—support policy किंमतींना आधार देण्याचे धोरण
—system किंमत (मूल्य) निर्धारण यंत्रणा
—war किंमत युद्ध
priceless loan किंमतविरहित कर्ज
pricing भावमान
pricing mechanism किंमत निश्चित करणारी यंत्रणा
pricing model किंमतीचे प्रतिमान
priestism पुरोहितशाही
primacy आदिमता; प्राधान्य; सर्वश्रेष्ठता
prima facie सकृत् दर्शनी
primal प्रथम; आदिम
primaries प्रातिनिधिक पातळीवरील मतदार संघटना
primary dealer प्राथमिक विक्रेता

–employment	प्रत्यक्ष रोजगार; प्रत्यक्ष सेवायोजन; प्रातिनिधिक रोजगार; प्रातिनिधिक सेवायोजन; मुख्य रोजगार/सेवायोजन
–industry	प्रातिनिधिक प्राथमिक उद्योग
–kinship relation	प्रातिनिधिक नातेसंबंध
–law	प्रातिनिधिक नियम
–poverty	केवल दारिद्र्य
–source	प्राथमिक स्रोत
–voters organization	पक्षांतर्गत प्राथमिक पातळीवरील मतदार संघटना
–society	प्रातिनिधिक समाज
primate	वानरवर्गी प्राणी
prime cost	आद्य परिव्यय; प्रातिनिधिक परिव्यय; मूल्यपरिव्यय
prime lending rate	प्रमुख व्याजदर
prime minister	पंतप्रधान; प्रधानमंत्री; महामंत्री
primisory note	वचनचिठ्ठी/वचनपत्र
primitive	आदिम; आद्य; आदिवासी; प्रारंभिक; आदिफलन
primitive (rudimentary) society	आदिम समाज; आद्यकालीन समाज
primitive communism	आदिम साम्यवाद
primitive community	आदिम जात/जमात/समूह
primitive concept	मूलभूत संकल्पना
primitive cult	आदिम पूजा संप्रदाय
primitive instinct	आदिम सहजप्रवृत्ती
primitive instincts	आदिम प्रेरणा
primitive rebels	आदिमांची बंडखोरी
primitive symbol	आद्य प्रतीक
primitive tribe	आदिम जमात
primogeniture	अग्रजाधिकार
primordial	आदिम; आद्य
primus interpares	समाजातील प्रथम
princely state	संस्थान
principle of benefit cost	लाभ-व्यय तत्त्व
principle of comparative cost	तुलनात्मक परिव्यय तत्त्व; तुलनात्मक लाभ तत्त्व
principle of cost difference	परिव्यय भेदतत्त्व/भेदरीती
principle of equality	समता तत्त्व
principle of identity	एकरूपता तत्त्व; तादात्म्यतत्त्व
principle of sovereign equality	सार्वभौम समतेचे तत्त्व
principle of promotion	पदोन्नतीचे/बढतीचे तत्त्व
principle of sustainability	शाश्वततेचे मूल्य
principle of untruth	असत्यीकरणाचे तत्त्व
principle value	प्रधानमूल्य
principles of knowledge	ज्ञानतत्त्वे
print media	छापील माध्यम
printed newsletter	मुद्रित वृत्तपत्र
priorities of development	विकासाचे अग्रक्रम
priority	अग्रक्रम; आद्यता; अग्रमान
priority rights	अग्रहक्क

priority sector	प्राधान्य क्षेत्र
priority share capital	प्राधान्य असलेले भाग भांडवल
prison	कारागृहे, तुरुंग
prison administration	कारागृह व्यवस्थापन/व्यवस्था
prison psychosis	कारागृह मनोविकृती
prisoner	कैदी/बंदी
private administration	खाजगी प्रशासन; निजी प्रशासन
–bank	खाजगी बँक
–bill	शासनेतर विधेयक
–channel	खाजगी वाहिनी
–charitable organization	खाजगी धर्मादाय संस्था
–consumption	खाजगी विनियोग
–cost	खाजगी खर्च
–enterprise	खाजगी उपक्रम
–equity	खाजगी भागभांडवल
–financing	खाजगी सावकारी
–investment	खाजगी गुंतवणूक
–limited company	खाजगी मर्यादित कंपनी
–organisation	खाजगी आस्थापन; खाजगी संघटन
–ownership	खाजगी स्वामित्व/मालकी
–prison	खाजगी कारागृह
–sector	खाजगी क्षेत्र
–travelling	खाजगी प्रवास
privatisation	खाजगीकरण; निजीकरण/खाजगीकरण
privatisation of industries	उद्योगांचे खाजगीकरण
privilege	विशेषाधिकार; सूट; विशेष सवलत/हक्क
privileged class	विशेषाधिकारी वर्ग
privileged committee	विशेषाधिकारी समिती
privileged question	विशेषाधिकारामुळे अग्रक्रमित प्रश्न; सर्वप्रथम प्रस्ताव
privy council	प्रिव्ही कौन्सिल (इंग्लंडच्या राजाचे मंत्रिमंडळ)
privy purse	खाजगी (खासगत) भत्ता; खाजगी तनखा
prize bond	बक्षीस रोखा
prize chit fund	पारितोषिक चिठ्ठी निधी
probability	संभाव्यता; संभवनीयता; शक्यता
probability sampling	संभाव्यता नमुना चाचणी
probate	मृत्युपत्रप्रमाण
probation period	परिवीक्षाकाल; परिवीक्षावधी (नोकरीची शाश्वती असलेला उमेदवारीचा काळ)
problem area	समस्या क्षेत्र
problem solving	समस्या निवारण
problematic topics	समस्याप्रधान विषय
procedural law	व्यवहारविधी
procedure	कार्यपद्धती; कार्यविधी; प्रक्रिया विधी/व्यवहार
procedure established by law	रीतसर विधी प्रक्रिया
proceeds	प्राप्ती; उत्पन्न
process; sequence; succession	प्रक्रिया; रीती; पद्धती; प्रवृत्ती; क्रम
process integration	प्रक्रियानुवर्ती सम्मीलन
process method	प्रक्रिया स्वरूप

process of interpretation	अर्थनिर्णयन प्रक्रिया
processing of data	आधारसामग्रीचे संस्करण
pro-consumerism	ग्राहकाभिमुखता
proclamation	जाहीरनामा; उद्घोषणा
proclamation of emergency	आणीबाणीची उद्गोषणा
procurement price/purchase price	वस्तू हस्तगत करण्याची किंमत खरेदी किंमत
pro-democratic	लोकशाहीप्रधान
prodisposition	प्रवणता
producer; productive	निर्माता; उत्पादक
producers market	उत्पादकांची बाजारपेठ
producer's surplus/quasirent	प्रतिरूप खंड
producing consumers	उत्पादक उपभोक्ते
product differentiation	वस्तुविभेदन
product market, consumer service	उपभोग्य सेवा
product mix	उत्पादन बंध
product output	उत्पादफल; उत्पादित वस्तू
product variety theory	वस्तू विविधता सिद्धान्त
production	निर्मिती; उत्पादन
–capitalistic production	भांडवलदारी उत्पादन
–co-operative production	सहकारी उत्पादन
–feudalistic production	सरंजामशाही उत्पादन
–large scale production	बृहत्परिमाण उत्पादन
–small scale production	लघुपरिमाण उत्पादन
–socialistic production	समाजवादी उत्पादन
production control	उत्पादन नियंत्रण
–cost	उत्पादन परिव्यय
–engineering	उत्पादन अभियांत्रिकी
–exchange transaction	उत्पादन विनिमय व्यवहार
–function	उत्पादन कार्य/फलन;
–level	उत्पादनमान
–management	उत्पादन व्यवस्थापन
–planning	उत्पादन नियोजन
–structure	उत्पादन रचना
–subsidy	उत्पादन अनुदान
–process	उत्पादन प्रक्रिया
productive	उत्पादनक्षम; फलदायी/ फलप्रद; उत्पादक
–capital	उत्पादक भांडवल
–employment	उत्पादक रोजगारी
–investment	उत्पादक विनियोग
–labour	उत्पादक श्रम
–wages	उत्पादक मजुरी
–work	उत्पादक काम
productivity	उत्पादकता; उत्पादन क्षमता
product mix	उत्पादन बंध
profane	धर्मद्वेषी; धर्मनिंदक
profession	व्यवसाय; धंदा; पेशा; उद्योग
profession tax	व्यवसाय कर
professional criminal	धंदेवाईक गुन्हेगार

professional development व्यावसायिक विकास
professional service व्यावसायिक सेवा
professional socialwork व्यावसायिक समाजकार्य
proficiency कार्यनैपुण्य; प्राविण्य
profit फायदा; नफा; लाभ
—gross profit एकूण नफा
—marginal profit सीमान्त नफा
—maximum profit कमाल नफा
—minimum profit किमान नफा
—monopoly profit एकाधिकार नफा
—net profit निव्वळ नफा
—normal profit सामान्य नफा
—pure profit शुद्ध नफा
—total profit एकूण नफा
—wind fall profit अकल्पित नफा
profit (induced) inflation नफाजन्य भावफुगवटा
profitability लाभप्रदता; नफाक्षमता; नफेबाजी
profit and loss account नफा-तोटा लेखा; लाभालाभ
profit excess नफा अतिरिक्त
profit inflation नफा अतिवृद्धी
profit loss sharing नफा-तोटा वाटणी
profit maximum नफा महत्तम
profit sharing नफाविभाजन
profit tax नफ्यावरील कर
profiteering नफेखोर
proforma account प्रपत्र लेखा (ठरलेल्या नमुन्याप्रमाणे केलेला हिशोब)
proforma invoice प्रारूप बीजक (ठरलेल्या नमुन्याप्रमाणे असलेले बीजक)
progency प्रजा
prognostic studies भविष्यसूचक अध्ययन
program (destrucion of jowls) शिरकाण
programme आज्ञावली; कार्यक्रम
progress प्रगती
progressive पुरोगामी विचारसरणी; प्रगतिकारक; प्रगतिशील; वर्धमान
progressive democratic front पुरोगामी लोकशाही आघाडी
progressive taxation क्रमवर्धी करारोपण
progressivision पुरोगामित्त्व
progrom विषवायू युद्ध/युद्धपद्धती; हत्याकांड
prohibition बंदी; मनाई; प्रतिबंध
prohibition and injunction प्रतिवेध आणि मनाई हुकूम
project प्रकल्प; योजना
project planning प्रकल्प नियोजन
project work कार्यप्रकल्प
projective technique प्रक्षेपण/प्रक्षेपी तंत्र
proletarian revolution श्रमजीवी क्रांती
proliferation सिद्धान्ताची विपुलता/ विपुलीकरण
pro-management व्यवस्थाप्रवण
pro-market administration बाजारप्रधान प्रशासन
promiscuity मुक्त लैंगिक व्यवहार; लैंगिक स्वैराचार; स्वैरसंबंध
promise वायदा
promissory note वचनपत्र

promoter institution	प्रवर्तक संस्था
promotion	पदोन्नती; बढती
prompter	सूचक
propagation	प्रचार; पैदास
propensity	ओढ
propensity to import	आयात प्रवृत्ती
propensity to invest	गुंतवणूक प्रवृत्ती
propensity to save	संचयप्रवृत्ती
proper number	इष्टांक
property	संपत्ती; गुणधर्म; मालमत्ता; गुण
property, immovable	स्थावर मालमत्ता
property, movable	जंगम मालमत्ता
property holder	मालमत्ताधारक
property rights	मालमत्ताविषयक हक्क
property tax	मालमत्ता कर; संपत्ती कर
prophecy	भविष्यवाणी
prophet	द्रष्टा; प्रेषित
prophylactic	रोगप्रतिबंधक
pro-populist	लोकरंजनवादी/लोकानुनयी
proportion	अनुपात; प्रमाण; परिमाण; प्रमाणबद्ध
proportional representation	प्रमाणशीर प्रतिनिधित्व
–sampling	प्रमाणशीर नमुना चाचणी
–tax	प्रमाणशीर कर
–tax system	प्रमाणशीर कराधान पद्धती
proposition	प्रस्ताव; प्रमेय; विधान; प्रश्न
proportion, alternative	विकल्पक विधान
proportion, elementary	प्राथमिक विधान
proprietary concern	एकस्वामी संस्था; वैयक्तिक खाजगी मालकीची संस्था
proprietary holding company	मालकी सत्ताधारी संस्था
proprietor	मालक; स्वामी
proprietory right	स्वामित्वाधिकार
propriety audit	औचित्य शिष्टसंमत लेखा
prosecution	अभियोग
prospect theory	भावीकाल दर्शन सिद्धान्त
prosperous	उत्कर्षशाली; भरभराटीचा; यशस्वी; समृद्ध
prostitution	वेश्याकर्म/वेश्याव्यवसाय वेश्यावृत्ती
protection of environment	पर्यावरणसंरक्षण
protective custody	संरक्षक अभिरक्षा (कैद)
protective detention	संरक्षित स्थानबद्धता
protective duty	संरक्षित शुल्क
protective labour legislation	कामगार संरक्षक कायदे; श्रमिकरक्षी कायदे
protective rate of duty	संरक्षक शुल्क दर
protectorate	रक्षित; संरक्षित
protesting a bill of exchange	विपत्राचा नकार
protest strike	निषेध संप
protest vote	निषेधदर्शी मत
protestant	विद्रोही
protocol	राज्यशिष्टाचार; राष्ट्राराष्ट्रातील कराराचा मूळ मसुदा
protohistoric age	आद्य ऐतिहासिक युग

provable debt	प्रमाणीय (सिद्ध करता येण्याजोगे) कर्ज
providend fund	निर्वाह निधी; भविष्यनिर्वाह निधी
provincial autonomy	प्रांतिक स्वायत्तता
provincial executive	प्रांतिक कार्यकारिणी
provincial legislature	प्रांतिक विधिमंडळ
provincialism	प्रांतवाद; प्रांतिकतावाद
provision	(कायद्याचा) उपबंध; तरतूद
provision of law	कायद्याचा उपबंध
provisional government	हंगामी शासन/सरकार
provisional loan	नैमित्तिक कर्ज
proviso	अट; तरतूद; शर्त
provocative	प्रक्षोभक
proxy	प्रतिनिधी; प्रतिपत्री; बदली व्यक्ती
psephology	निवडणूकशास्त्र
pseudo event	खोटी वार्ता
psyche	मन; मानस
psychiatry	मानसचिकित्सा; मानसोपचारशास्त्र
psychic conflict	मानसिक संघर्ष
psychic income	समाधानरूप आय/उत्पन्न
psychism	मानसवाद; मनोवाद
psycholigism	मनोमयतावाद
psycho analysis	मनोविश्लेषणपद्धती
psychological disease	मानसिक आजार
psychological hedonism	मानसशास्त्रीय सुखवाद
psychological sociology	मानसशास्त्रीय समाजशास्त्र
psychological task	मानसशास्त्रीय चाचणी
psychological test	मनोवैज्ञानिक चाचणी
psychological warfare	मनोवैज्ञानिक युद्धपद्धती
psychologism	मानसशास्त्रवाद; मनोमयतावाद
psychology	मानसशास्त्र; मनोव्यापार
psychology, empirical	अनुभवनिष्ठ मानसशास्त्र
psychology, hormic	मूलप्रेरणावादी मानसशास्त्र
psychology, individual	व्यक्तिमानसशास्त्र
pyschology, rational	बुद्धिवादी/बुद्धिनिष्ठ मानसशास्त्र
psychometry	मनोमिती
psychoneurosis	मनोमज्जाविकृती
psychopathic personality	मनोरोगी व्यक्तिमत्व
psychopathology	मनोविकृतीशास्त्र
psychoscientific, social work	समाजकार्य, मनोवैज्ञानिक
psychosis	मनोविकृती
psycho-social	मानसिक-सामाजिक
psycho-somatic	मनोकायिक; मनोदैहिक
psychotherapy	मानसोपचार
psychotic	मनोरोगी
psyco-social	मनोसामाजिक
psyco-socio-support	मनोसामाजिक आधार
psyho-analysis	मनोविश्लेषण पद्धती
puberty rites	तारुण्यागम संस्कार

public सार्वजनिक; लोकोपयोगी; लोक; सरकारी; अशासकीय; जाहीर; जनता
—account लोक लेखा; सार्वजनिक लेखा; सरकारी लेखा
—accounts committee सार्वजनिक लेखा समिती
—act अधिशासकीय कायदा; सार्वजनिक अधिनियम
—administration लोकप्रशासन; सार्वजनिक प्रशासन
—administrator लोकप्रशासक
—authority प्राधिकरण, सार्वजनिक/सार्वत्रिक
—bill शासकीय विधेयक
—body सार्वजनिक निकाय
—bureaucracy सरकारी नोकरशाही; सार्वजनिक नोकरशाही
—changes जनुकीय बदल
—company सरकारी महामंडळ; सार्वजनिक कंपनी; सार्वजनिक निगम
—debt सार्वजनिक कर्ज
—deposits सरकारी ठेवी
—distribution system (PDS) सार्वजनिक वितरण व्यवस्था
—domain सार्वजनिक भूक्षेत्र
—economics सरकारी अर्थव्यवहाराचे शास्त्र
—elected government लोकनियुक्त सरकार
—enterprise सार्वजनिक उपक्रम
—expenditure सरकारी खर्च (व्यय)
—finance सरकारी वित्तव्यवस्था/राजस्व
—funds सार्वजनिक रोखे
—good लोककल्याण
—governance सार्वजनिक कारभार; समाज कारभार
—health सार्वजनिक आरोग्य
—income सरकारी उत्पन्न
—interest लोकहित
—interest litigation जनहितयाचिका
—international law सार्वजनिक आंतरराष्ट्रीय विधी
—investment सरकारी गुंतवणूक
—law सार्वजनिक कायदा
—management सार्वजनिक व्यवस्थापन
—meeting जाहीर सभा; सार्वजनिक सभा
—official सरकारी
—opinion लोकमत; जनमत
—opinion call जनमत चाचणी; लोकमत कौल
—opinion survey जनमत सर्वेक्षण
—organisation सार्वजनिक संघटन
—ownership सार्वजनिक मालकी
—participation जनता सहभाग
—policy सार्वजनिक धोरण
—private partnership खाजगी सरकारी भागीदारी
—relations जनसंपर्क
—sector सरकारी क्षेत्र; सार्वजनिक क्षेत्र
—sector expenditure सार्वजनिक खर्च
—sector undertaking सार्वजनिक उद्योग
—sentiments सार्वजनिक भावना
—service लोकसेवा
—service commision लोकसेवा आयोग
—trust सार्वजनिक न्यास
—trustee सरकारी विश्वस्त

–utilities सार्वजनिक उपयोगिता/ उपयुक्तता; लोकोपयोगी सेवा; लोकोपयोगिता
–utility concern सार्वजनिक सेवानिर्मिती संस्था
–utility service लोकोपयोगी सेवा
–wants सार्वजनिक गरजा
–war लोकयुद्ध
–welfare लोककल्याण
punishment capital देहान्त शिक्षा/दंड
punitive tax शिक्षात्मक कर
puppet government परतंत्राने चालणारे शासन
purchase ledger खरेदीची खातेवही
purchase price खरेदी मूल्य/भाव
purchase tax क्रय (खरेदी) कर; खरेदी कर; खरेदीवर भरलेला कर
purchasing power क्रयशक्ती; खरेदी शक्ती, कुवत
pure economics केवल अर्थशास्त्र
pure holding company शुद्ध सत्ताधारी संस्था
pure profit शुद्ध नफा
pure veason शुद्धविवेक
purge पक्षशोधन (नको असलेले पक्षसदस्य काढून पक्षाची शुद्धी); शुद्धीकरण विरेचन
purification rites शुद्धी संस्कार
puristic अभिजातवाद
puritive tax शिक्षात्मक कर
purpose of study अभ्यासहेतू
purposive sampling सप्रयोजन नमुना चाचणी
putsch अयशस्वी उठाव
puzzle कूटप्रश्न

Q

quadra-dimensional चतुर्विद्य
qualification गुणारोपण; गुणविशेष
qualified acceptance विशेषित स्वीकृती
qualified endorsement विशेषित पृष्ठांकन
qualified veto विशेषित नकाराधिकार
qualitative गुणात्मक; सधर्म
–analysis गुणात्मक विश्लेषण
–aspect गुणात्मक बाबी
–change गुणात्मक बदल
–credit control गुणात्मक पत नियंत्रण
–difference प्रकार भेद; गुणभेद
–experience गुणानुभव
–interview गुणात्मक/असंरचित मुलाखत
–learning गुणात्मक अध्ययन
–methodology गुणात्मक पद्धतिशास्त्र
–research technique गुणात्मक संशोधन तंत्र
–status गुणात्मक दर्जा
–variable गुणात्मक चल/परिवर्तन
quality गुण; गुणवत्ता; सिद्ध
quality control गुणवत्ता नियंत्रण; पतनियंत्रण
quality of money theory पैसाविषयक गुणवत्ता सिद्धान्त
quality theories of stagflation; quantitative theories of stagflation मंदीयुक्त भावफुगवट्याचे संख्यात्मक सिद्धान्त
quantification संख्यात्मकता; संख्याबद्ध

quantitative aspect संख्यात्मक बाबी
quantitative change संख्यात्मक परिवर्तन/बदल; परिमाणात्मक बदल
quantitative research संख्यात्मक संशोधन
quantitative research technique संख्यात्मक संशोधन तंत्र
quantitative structure संख्यात्मक रचना
quantitative unit संख्यात्मक साधन
quantitative variable परिमाणात्मक चल; संख्यात्मक चल
quantitative vision संख्यात्मक दृष्टिकोन
quantity परिमाण; राशी; संख्या
quantity discount pricing परिमाण बट्टा किंमत निर्धारण
quantity index परिमाण निर्देशांक
quantity theory of money द्रव्यराशी सिद्धान्त
quantum ठरीव प्रमाण; पुंज (प्रमाण); प्रमात्रा
quantum of trade व्यापार प्रमात्रा
quantum theory पुंजसिद्धान्त; पुंजवाद
quarantine पृथक्वास
quasi experimental method प्रयोगवत् पद्धती
quasi family organization कुटुंबवत् संघटना
quasi federal state महासंघराज्यवत्
quasi group समूहवत्
quasi judicial न्यायालयसदृश्य; न्यायिकवत्
quasi party system पक्षरचनासदृश पद्धती
quasi-judicial अर्धन्यायिक
quasi rent प्रतिरूप खंड
queer theory क्वीअर सिद्धान्त
question प्रश्न; वाद; संदेह
—closed question बंदिस्त प्रश्न
—dicholomous question द्विपर्यायी प्रश्न
—leading question सूचक प्रश्न
—multiple choice question बहुपर्यायी प्रश्न
—open question खुला प्रश्न
questionnaire प्रश्नावली
—mailed questionnaire टपाली प्रश्नावली
—open questionnaire खुली प्रश्नावली
—pictoral questionnaire चित्रमय प्रश्नावली
—structured questionnaire चित्रमय प्रश्नावली
—unstructured questionnaire खुली प्रश्नावली
quid-pro-quo मोबदल्यात देणे-घेणे
quisling देशद्रोही
quit rent सेवामुक्ती खंड
quorum गणपूर्ती
quota विशिष्ट, निश्चित प्रमाण
quota sampling कोटा नमुना चाचणी
quotum गणसंख्या

R

race वंश
race conflict वंशसंघर्ष

race consciousness (racal consciousness) वांशिक जाणीव
race hatred वंशविशेष
race mixture वंशमिश्रण
race of mankind मानववंश
race of prejudice वांशिक पूर्वग्रह
race of superiority वंशश्रेष्ठता
racial anthropology वांशिक मानवशास्त्र
—classification वांशिक वर्गीकरण
—consciousness वांशिक जाणीव
—determinants वंश निर्णायके
—heterogenity वांशिक बहुजातीयता/बहुजिनसीपणा
—homogenity वांशिक सजातीयता/समाजातीया
—parity वांशिक शुद्धता
—politics वांशिक राजनीती
—segregation वांशिक विलग्नीकरण
—traits वांशिक गुणविशेष
racism; racialism वंशवाद
rack rent जबर खंड; जबर भाडे/भारक
radical change आमूलाग्र बदल
radical empiricism मौलिक अनुभववाद
radical feminism जहाल स्त्रीवाद
radical humanism जहाल मानवतावाद
radicalism जहालमतवाद; पुराणमतभंजनवाद
radicalist जहालमतवादी
—constitutionalist संविधानवादी
—evolutionist उत्क्रांतिवादी
—extremist जहालमतवादी
—reformist सुधारणावादी; परिवर्तनवादी
—revivalist पुनरूज्जीवनवादी
—revolutionist क्रांतीवादी
—terrorist दहशतवादी
radically humanist ideals मूलगामी मानवतावादी आदर्श
rain water harvesting पर्जन्यजल संकलन
raionalization यथार्थीकरण
raised cheque वर्धित धनादेश
raising of finance वित्त उभारणी
rage क्षोभ
rampage उच्छृंखल वर्तन
random यादृच्छिक (स्वैर, अनियत); विनाधोरण
random sample अविवक्षित/यादृच्छिक नमुना; स्वैर नमुना
random sampling यादृच्छिक नमुना चाचणी
range अभिसीमा; कक्षा; पट्टा; परिक्षेत्र; पल्ला; मर्यादाक्षेत्र/मर्यादांतर; व्याप; व्याप्ती
rank दर्जा
rank file सर्वसामान्य लोक
ransom खंडणी; खंडणी भरून सुटका करणे; मोचनधन; विमुक्तीधन
rape अपहरण; बलात्कार; जबरी संभोग
ratable value पट्टीयोग्य मूल्य
rate पट्टी (दर); स्थानीयकर
—charging दर आकारणी
—making दरनिश्चिती
—of birth जनन दर
—of dependence अवलंबिता दर
—of economic growth आर्थिक वृद्धी दर
—of exploitation/surplus value शोषण दर

–of inflation भाववाढीचा वेग
–of interest फलप्राप्तीचा दर; व्याज दर
–of investment गुंतवणूक दर
–of returns फलप्राप्तीचा दर
–of saving संचय दर
–of surplus value (rate of exploitation) वाढीवदर; शोषण दर
–of tax कराचा दर
–of interest, fixed व्याजदर, स्थिर
–of interest, floating व्याजदर, तरता
–regulation दरविनिमयन
–schedule दर अनुसुची
ratification अनुसंमती/अनुसमर्थन; मान्यता
rating scale श्रेणी अनुमाप
rating system प्रतवारीकरण पद्धती
ratio गुणोत्तर
rational परिमेय; बुद्धिगम्य; बुद्धिप्रणीत; बुद्धिगम्य/परिमेय; तार्किक; विवेकी
–analysis बुद्धिनिष्ठ विवेचन
–behaviour तर्कसंगत वर्तन
–benevolence परिहितैषी; परोपकारिता; विवेकी
–cosmology शुद्ध बुद्धिवादी; विक्षोत्पत्तीशास्त्र
–decision विवेकी; मुक्त निर्णय
–egoism बुद्धिनिष्ठ स्वार्थवाद; बुद्धिप्रधान स्वार्थवाद
–expectations संयुक्तिक अपेक्षा
–explanation बुद्धियुक्त उपपादन
–humanism बुद्धिनिष्ठ मानवतावाद
–intutionism बौद्धिक अंत:प्रज्ञावाद
–principle बुद्धिप्रमाणत्व
–psychology बुद्धिवादी/बुद्धिनिष्ठ मानसशास्त्र
rationalisation तार्किक समर्थन; विवेकीकरण
rationalism बुद्धिप्रामाण्यवाद; विकेंद्रवाद; विवेककेंद्रवाद; बुद्धिवाद
rationalist बुद्धिवादी; विवेककेंद्रवादी; विवेकवादी
rationality तर्कशक्ती; तर्कसंगतता; बुद्धिनिष्ठता/तार्किकता; बुद्धिसंगतता; संयुक्तितता
rationalization तार्किक समर्थन; वैज्ञानीकरण; शास्त्रीकारण; संयुक्तिक विवेचन; सुसूत्रीकरण; सोपपत्तिक विवेचन
rayatwari settlement जमाबंदीची रयतवारी पद्धती
rayatwari system रयतवारी पद्धती
readerism वाचक वाद
readiness सिद्धता
reactionary प्रतिगामी
readjustment पुन: समायोजन
ready money निक्षेप पैसा; रोख पैसा
real account संपत्ती लेखा
–balance वास्तव शिल्लक; शेष
–capital वास्तव भांडवल
–cost वस्तुरूप परिव्यय; वास्तव परिव्यय
–earnings वस्तुरूप कमाई; वास्तविक कमाई
–income वास्तव उत्पन्न/स्थिर वास्तव उत्पन्न
–location फेरवाटप
–national income वास्तविक राष्ट्रीय उत्पन्न
–output वास्तव उत्पादन
–price वास्तविक किंमत/मूल्य

–politics	सत्तेचे राजकारण
–resources	वास्तव साधनसामग्री (लोकसंख्या आणि आर्थिक विकास)
–value	खरे मूल्य; वास्तव मूल्य
–wage rate	वास्तव वेतन दर
–wages	वास्तविक वेतन/मजुरी
realisation	आकलन; वसुली
realisation of damages	नुकसानभरपाईची वसुली
realisationism	साक्षात्कारवाद
realised capital gain	प्राप्त भांडवली लाभ
realised price	वसूल झालेल्या किंमती; वसूल किंमती
realism	वास्तववाद
realism conceptual	सांकल्पनिक/संकल्पनात्मक वास्तववाद
realistic thoughts	वास्तववादी विचार
reality	वास्तव; वास्तवता
reason	तर्क; विवेक; विवेकाधिष्ठित
reason active	क्रियाशील; कर्तरी क्रियाशील/कृतिशील विवेक
reasoning argument	युक्तिवाद
rebate	वटाव; सूट; माफी; कसर
rebellion; revolt	बंड; उठाव
recall	परत बोलावणे; प्रत्यावाहन
recapital	पुनर्भांडवल
re-capitalization	पुनर्भांडवलीकरण
receipt and balance	पावती आणि शेष लेखा खाते/ प्राप्ती आणि शिल्लक लेखा खाते
receipt and payment account	प्राप्ती व प्रदान लेखा
receipt on revenue account	महसुली प्राप्ती
receipts	घेणी
receivable bill	आदेय विपत्र; प्राप्य विपत्रे
receiver; bearer	ग्राहक; धारक
recession	अल्पकालीन मंदी
recessive characteristics	निष्प्रभावी लक्षणे
recessive traits	निष्प्रभावी गुणविशेष
recidivism	अपकर्म/आवर्ती प्रवणता
recificatory justice	परिशोधी न्याय (सुधारणायोग्य न्याय)
reciprocal	अन्योन्य; परस्पर
–behaviour	परस्परवर्तन
–context	अन्योन्य संबंध
–levelling	अन्योन्य संतुलन
–modification	परस्पर फेरबदल
–recognition	परस्पर मान्यता
–trade	परस्पर व्यापार
–trade agreement	पारस्परिक व्यापार करार
reckoning	गणना; अंदाज
reclaimed land	उपयोगक्षम जमीन; नवसाध्य जमीन; संपादित जमीन
recognition committee	मान्यता समिती
recoinage	नवटंकन
recollective knowledge	स्मृतिरूप ज्ञान
recommendation	शिफारस
reconcilation/ re-organisation	पुनर्संघटन; समन्वय; संगती; पुनर्मेळ

reconnaisance पूर्वपहाणी; टेहळणी
reconstruction पुनर्घटना; पुनर्रचना; पुनर्निर्माण
reconstruction loan पुनर्रचना कर्ज
record दप्तर नोंद; ध्वनिमुद्रिका; मुद्रिका; अभिलेखन; नोंद
record of rights हक्कनोंद हक्कदारपत्र
record office अभिलेख कार्यालय
recording of data आधारसामग्रीचे अभिलेखन
recoverable वसुली योग्य
recovered advance वसूल कर्ज
recovery उपलब्धी; पुन:प्राप्ती; वसुली
recruitment भरती
recruitment from within अंतर्गत सेवापरीक्षा
recruitment from without बाह्य सेवा प्रवेश
rectification fund चुक दुरुस्ती निधी; शोधन निधी
recurrence; recurrency पुन्हा पुन्हा घडणे; आवर्तन
recurring deposit आवर्ती ठेव
red army कम्युनिस्ट/सैन्य; लाल सेना
red scare कम्युनिस्ट क्रांतीची भीती; लाल क्रांतीची भीती
red tape दप्तर दिरंगाई; लाल फीत
red tapism दफ्तर दिरंगाई
redeemable bond प्रतिदेय बंधपत्र; विमोचनयोग्य/विमोचनीय बंधपत्र
redeemable debenture प्रतिदेय ऋणपत्र
redeemable charges विमोचन आकार
redeemable preference share प्रतिदेय अधिमान भाग
redeemable shares प्रतिदेय भाग
re-defination पुनर्व्याख्या
redemption charge विमोचन आकार
redemption of capital भांडवलाचे प्रतिपादन/ विमोचन
redemtion of mortgage गहाण विमोचन; गहाण सोडविणे
rediscounted bills पुन्हा वटलेली बिले
redistribution of income आय पुनर्वाटप/पुनर्वितरण; उत्पन्नाचे पुनर्वितरण/ फेरवाटप
re-distribution फेरवाटप
redress इलाज; क्षतिपूरण उपाय; तजवीज
reduction घट; ऱ्हास; न्यूनता; क्षीणता
reduction of share capital भागभांडवलाची घट
re-duscaunting पुनर्वटव
reexamination of theory सिद्धान्ताचे पुनर्परीक्षण
referee निर्देशी
reference group संदर्भ गट
referendum जनमत दर्शन
refinance पुनर्वित्तव्यवस्था
re-financing पुनर्वित्त पुरवठा
refinancing assistance पुनर्वित्त सहाय्य
reflaned rates परिष्कृत दर
reflation सौम्यचलनवृद्धी

reflcxive विमर्ष
reform act सुधारणा कायदा
reform bill सुधारणा विधेयक
reformatory सुधारणागृह; सुधारालय
reformatory school सुधारशाळा
reformism सुधारणावाद
reformist परिवर्तनवादी; सुधारणावादी
reformist management सुधारणावादी व्यवस्थापन
refree निरीक्षक
refresher training उजळणी प्रशिक्षण
refugee आश्रयार्थी; निर्वासित
refund bill परतावा बिल
refund warrant परतावा अधिपत्र
regency राजमुखत्याराचा अवधी
regency council राजमुखत्यार परिषद
regent राजमुखत्यार
regicide राजघातक; राजहत्या
regime राजवट; कारकीर्द; अमदानी; अंमल
regiment दल; सैन्याची तुकडी
regimentation दलबंधीकरण
regional प्रादेशिक; भूप्रादेशिक
regional division of labour श्रमाची प्रादेशिक विभागणी
regional balance प्रादेशिक समतोल
regional bank क्षेत्रीय बँक
regional conflict प्रादेशिक संघर्ष (आखाती युद्ध)
regional disparity प्रादेशिक विषमता
regional division प्रादेशिक विभाजन
regional economics प्रादेशिक अर्थशास्त्र
regional industrial development प्रादेशिक औद्योगिक विकास
regional level क्षेत्रीय स्तर
regional organization प्रादेशिक संघटना
regional party प्रादेशिक पक्ष
regional planning प्रादेशिक नियोजन
regional rural bank प्रादेशिक ग्रामीण बँक; क्षेत्रीय ग्रामीण बँक
regional trade प्रादेशिक व्यापार
regionalism प्रदेशवाद; प्रादेशिकता; प्रादेशिकतावाद
regionalization of sociology समाजशास्त्राचे प्रादेशिकीकरण
register of securities रोखे नोंदवही
register नोंदवही
registered नोंदणीकृत; पंजीकृत
registered debenture नोंदणीकृत ऋणपत्र/ प्रमाणपत्र
register of securities रोखे नोंदवही
registered mortgage नोंदित गहाण
registraion नोंदणी
registration of mortgage गहाणाची नोंदणी
regressive grant क्रमऱ्हासी अनुदान; परागामी अनुदान
regressive supply curve परागामी पुरवठा वक्र
regressive tax परागामी कर
regressive taxation क्रमक्षणी करारोपण; क्रमक्षयी कर

regressive/ retrogressive — परागामी; प्रतिगामी; परागतिक
regular army — खडे सैन्य
regulated — विनिमयित
regulated market — नियमित/विनियमित बाजार
regulating behaviour — नियामक वर्तन
regulated price — नियंत्रित किंमत
regulation — नियमितता; बंदोबस्त
regulatory behaviour — नियामक वर्तन
regulatory officer — नियामक अधिकारी
regulatory taxation — नियामक कराधान
rehabilitation — पुन: स्थापन; पुनर्वसन
reign — राजवट; कारकीर्द; अंमल
reimbursement — परत करणे; प्रतिपूर्ती; भरणे
reintegration — पुन: संकलन
reinvestment — पुनर्गुंतवणूक
reinvestment risk — पुनर्गुंतवणूक जोखीम
relation casual — कारणिक संबंध
relation differential — व्यवच्छेदक संबंध
relations of power — सत्तासंबंध
relationship banking — घनिष्ठ संबंधांवर आधारित बँकिंग सेवा
relative — औपचारिक; नातेवाईक; संबंधी; सापेक्ष; सोपाधिक
relative deprivation theory — तुलनात्मक वंचितता सिद्धान्त/तौलानिक अभाव सिद्धान्त
relative price — सापेक्ष किंमत
relative scale — सापेक्ष प्रमाण
relative term — सापेक्ष पद; सापेक्ष संज्ञा
relative value — सापेक्ष मूल्य
relativism — सापेक्षता
relic — अवशेष
relief payment — निवारक प्रदान
religious conflicts — धार्मिक संघर्ष
religious dogmatism — धार्मिक श्रद्धावाद
religious endowment — धार्मिक दानविधी
religious fundamentalism — धार्मिक मूलतत्त्ववाद
religious law — धर्मप्रणीत विधी/कायदा
religious symbol — धार्मिक प्रतिके
remand home — सुधारगृह
remedial measures — सुधारात्मक उपाययोजना
remission — सूट
remittance account — वित्तप्रेषण लेखा
remonetisation — मोबदला; पगार; वेतन
renaissance; revivalism; revivi — नवजीवन; प्रबोधन युग; प्रबोधनकाळ; पुनरुज्जीवन
renegade — तत्त्वभ्रष्ट
renewable fuel — नूतनक्षम इंधन
renew — नवीकरण करणे
—rennovate — नूतनीकरण करणे
—restore — पुन:स्थापन करणे
—revive — पुन:रूज्जीवित करणे
renewal — नवीकरण; नवीनीकरण; नूतनीकरण
rent — भाडे; भारक; खंड
—contract rent — संविदा भाडे

–differential rent भेददर्शी भाडे
–economic rent आर्थिक भारक; आर्थिक खंड
–gross rent स्थूल खंड/भाडे
–net rent निव्वळ खंड
–quasi rent प्रतिरूप खंड
–quit rent सेवामुक्ती खंड
–rack rent जबर भारक/भाडे/खंड
–situation rent स्थितीविशेष भाडे/खंड
rent control भाडे नियंत्रण
rent of ability समर्थक भारक
rent principle भाडेतत्त्व
rentable value भाडे मूल्य
renunciation विरक्ती; नैराश्य; संन्यास
reorganisation; reconstruction पुनर्रचना; पुन:संघटन
reorganization of state राज्यपुनर्रचना
repairs and renewal account दुरुस्ती व नवीकरण लेखा
repairs equalisation fund दुरुस्ती समानीकरण निधी
reparation हानिपूर्ती; भरपाई; दुरुस्ती
repatriation स्वदेश पाठवणी
repayment परतफेड
repeal (a law) कायदा रद्दबातल करणे
repetitive phenomena पुनरावृत्त घटना
replacement cost principle पुन: स्थापन परिव्यय तत्त्व
replacement licence पुन: स्थापन परवाना
replacement rate पुन: स्थापन दर
repo market रेपो बाजार
repo rate रेपो रेट
repo transaction रेपो व्यवहार
representation पुनर्मांडणी; प्रदर्शन; प्रतिनिधित्व; निवेदन
representation committee प्रतिनिधी समिती; प्रातिनिधिक समिती
representation of interests हितसंबंधांचे प्रतिनिधित्व
representative प्रतिनिधी
–agent अभिकर्ता; एजंट
–factor अडत्या
–proxy प्रतिपत्री; मुखत्यार
–curve प्रातिनिधिक वक्र
–democracy प्रातिनिधिक लोकशाही
–government प्रातिनिधिक शासन
–money प्रातिनिधिक मुद्रा
–paper money प्रातिनिधिक कागदी पैसा
–perception प्रातिनिधिक संवेदन
–sample प्रातिनिधिक नमुना
repressed drive/desire दडपलेली इच्छा
repressed inflation दमित चलनवाढ; निरोध; निरोधन; अवरोध; निग्रह; दमन
repression निरोध/निरोधन
reproduction प्रजनन
reproduction rate प्रजनन दर
republic गणराज्य; प्रजासत्ताक
republican गणराज्यवादी; प्रजासत्ताकवादी
republican government प्रजासत्ताक शासन
republicanism गणतंत्रवाद; गणराज्यवाद; प्रजासत्ताकवाद
repugnancy rule बाधकतेचा नियम
repurchase agreement पुनर्खरेदी करार

requisition अधिग्रहण; मागणी; विनंती
re-recruitment पुनर्भरती
re-sale पुनर्निर्माणात्मक पुनर्विक्री
resale price maintainance पुनर्विक्री किंमतीचे पालन करणे
resconstructing फेररचना
research analysis संशोधन विश्लेषण
research and development संश्लेषणात्मक
research method संशोधन पद्धत
research operation संशोधन व्यवहार
reservation for women स्त्री/महिला आरक्षण
–of seats स्थानाचे आरक्षण
–price विक्रेत्याची राखीव किंमत
reserve संचित; राखीव
–capital राखीव भांडवल
–cash ratio राखीव निधीचे गुणोत्तर
–currency संग्राह्य चलन
–for discount पट्टानिधी
–fund सुरक्षित निधी
–liability राखीव दायित्व
–price राखीव किंमत/मूल्य
reserved accumulation आरक्षित संचय
reserved currency राखीव चलन
reserved industry राखीव उद्योग
reserved seats राखीव जागा
residual उर्वरित
residual claimant theory अवशेषभागी सिद्धान्त
residual employment अवशिष्ट सेवायोजन
residual value अवशिष्ट मूल्य
residuary non banking company उर्वरित बिगर बँकिंग कंपनी
residuary power अवशिष्ट अधिकार
resolution निर्णय; ठराव; निश्चय
resource संसाधन
resource mobilisation साधनसंपत्ती संघटित करून/कामी लावणे
resource mobilize theory स्रोत गतिशीलन सिद्धान्त
resources साधनसंपत्ती; साधने; आरमार व लष्कर
respondant उत्तरदाता; प्रतिसादी
response प्रतिसाद
responsible government जबाबदार शासन
restore पुन: स्थापन करणे
restraint of trade व्यापार प्रतिरोध
restricted assets निर्बंधित मत्ता
restricted trade निर्बंधित व्यापार
restriction of allotment भागवाटपावरील निर्बंध
restriction of imports आयातीवरील निर्बंध
restriction of output उत्पादनावरील निर्बंध
restrictions निर्बंध
restrictive endorsement निर्बंधक पृष्ठांकन
restrictive trade practices निर्बंधक व्यापार प्रथा
restrospective भूतलक्षी
restructuring फेरमांडणी

results of developmental process — विकासप्रक्रियेचे फलित
resurgence — पुनरुत्थान
resurrection — पुनर्जीवन; पुनर्जीवी
retaliation — बदला; सूड; फेड
retail price — किरकोळ किंमत
retail trade — किरकोळ व्यापार
retail trader — व्यापारी, किरकोळ
retailer — किरकोळ विक्रेता
retaliation — फेड; बदला; सूड
retention money — प्रतिधारण पैसा
retention price — नियंत्रित धारण किंमत
retibutive injustice — प्रतिफलरूप न्याय
retire a bill of exchange — विपत्र निवर्तित करणे
retirement benefits — सेवामुक्ती लाभ
retiring a bill under rebate — वटावाने विपत्र निवर्तित करणे
retreatism — अपगमन वृत्ती
retrebutive theory of punishment — शिक्षेचा प्रतिदंड सिद्धान्त
retrenchment — कामगारकपात
retrenchment committee — नोकरकपात समिती
retrospective — गतकालसापेक्ष; भूतकालसापेक्ष
return of capital — भांडवलावरील प्रत्याय
return of tax — विवरणपत्रक
returned candidate — निर्वाचित उमेदवार
returning officer — निर्वाचन अधिकारी
return on capital — भांडवलावरील प्रत्याय
returns — परतावा
revaluation — पुनर्मूल्यन
revealed — आविष्कृत; ईशप्रकाशित; प्रकट; श्रुत
revealed faith — आर्षधर्म
revealed knowledge — आर्षज्ञान
revealed preferency theory — अभिव्यक्त पसंती सिद्धान्त
revealed truth — आर्षसत्य; श्रुतसत्य
revelation principle — प्रकटीकरणाचे तत्त्व
revenue — महसूलप्राप्ती
–account — आगम लेखा; महसुली रोखा
–assessment of land — (जमिनीची) महसुली आकारणी
–bill — महसूल विधेयक
–bond — महसूल बंधपत्र
–budget — महसुली अर्थसंकल्प
–equivalance, congestional pricing — लिलाव मीमांसा
–expenditure — महसुली व्यय/खर्च
–from income tax — प्राप्तीकर महसूल
–policy — प्राप्तीचे धोरण
–reserve fund — महसुली राखीव निधी
–repo rate — उलट रेपो दर
review; repetitive phenomena — आढावा; परीक्षण; पुनर्विलोकन
review of law — कायद्याचे पुनर्विलोकन
revised/revival budget — सुधारित अर्थसंकल्प
revisionist — सुधारणावादी (निंदाव्यंजक शब्द)

revival पुनरुज्जीवन
revivalism पुनरुज्जीवनवाद; पुनरुत्थानवाद
revivification पुनरूज्जीवन
revivalist पुनरुज्जीवनवादी
revive पुनरुज्जीवित करणे
revocable letter of credit रद्द करता येण्याजोगे पतपत्र
revoke परत घेणे; रद्द करणे
revolt विद्रोह; बंड; फितुरी
revolution क्रांती
—armed revolution सशस्त्र क्रांती
—bloody revolution रक्तरंजित क्रांती
—bloodless revolution रक्तहीन क्रांती
—commercial revolution वाणिज्य क्रांती
—counter revolution प्रतिक्रांती
—cultural revolution सांस्कृतिक क्रांती
—demecratic revolution लोकशाहीवादी क्रांती
—green revolution हरित क्रांती
—industrial revolution औद्योगिक क्रांती
—non-violent revolution अहिंसक क्रांती
—peoples revolution लोकक्रांती; कम्युनिस्ट क्रांती
—social revolution सामाजिक क्रांती
—socialists revolution समाजवादी क्रांती
—total revolution सर्वांगीण क्रांती
—vital revolution जैव/जीवनविषयक क्रांती
—white revolution धवलक्रांती
revolution of expectations अपेक्षांची आशा/आकांक्षांची क्रांती
revolutionary क्रांतिकारी
revolutionary change क्रांतिकारी परिवर्तन
revolutionary organization क्रांतिकारी संघटना
revolutionary science क्रांतिकारी विज्ञान
revolutionary socialism क्रांतिकारी समाजवाद
revolutionist क्रांतिवादी
revolution, peaceful शांतिपूर्ण क्रांती
revolving fund आवर्ती निधी
rhetorical strategy संहितेतील व्यूहरचना
rich सधन
rich with skill कौशल्यसंपन्न
rigel राजन्य; राजपुत्र; क्षत्रिय
rigging the market बाजारात गैर वध घट करणे
right अधिकार; न्याय
—father right पितृ/पितृक अधिकार
—junior right कनिष्ठ अधिकार
—mother right मातृहक्क; मातृ अधिकार
—paternal right पैतृक/पित्रिय अधिकार
right action सम्यक् धर्म
—attitude सम्यक् दृष्टी/वृत्ती
—moral नैतिक अधिकार
—of assembly संमेलन अधिकार

–of association	संघटना अधिकार; संघस्थापना
–of constitutional remedies	संविधानिक उपाययोजनांचा अधिकार
–of equality/ equity	समता अधिकार
–information	माहितीचा अधिकार
–of faith	श्रद्धा, विश्वास व पूजा स्वातंत्र्य
–of property	संपत्तीचा अधिकार
–of resistance	प्रतिकाराचा अधिकार
–of sanctuary	शरणअधिकार
–of self defence	स्वसंरक्षणाचा अधिकार
–of self determination	स्वयंनिर्णय अधिकार
–reason	सम्यक् बुद्धी
rights based development	हक्काधारित विकास
rights based employment	हक्काधारित रोजगार
rights civil	नागरी/दिवाणशी/नागरिकी अधिकार
rights legal	कायदेशीर/वैध अधिकार
rights political	राजकीय अधिकार
right to be free	स्वतंत्र होण्याचा अधिकार
right to healthy environment	आरोग्यदायी पर्यावरणाचा हक्क
right to legation	वकिलात उघडण्याचा अधिकार
right to personal liberty	व्यक्तिस्वातंत्र्याचा अधिकार
right to property	संपत्तीचा अधिकार
right to work	काम करण्याचा अधिकार
right wing party	उजवा पक्ष
right wing strength	उजवी शक्ती
righteousness	नीतिपरायण; सत्त्वशीलता
rigid	काटेकोर; दृढ; ताठर; साचेबंद
rigid constitution	अनम्य संविधान; ताठर घटना (संविधान); दुष्परिवर्तनीय संविधान
rigid price	ताठर किंमत
rigidity	ताठरता
ring	टोळी; वर्तुळ
riot	दंगल/दंगा
rise	उत्कर्ष; उदय
rise in production	उत्पादनवाढ/चलनवाढ
risk	जोखीम; धोका; संकट
–capital	जोखीम भांडवल
–management	जोखीम प्रबंधन; जोखीम व्यवस्थापन; धोका व्यवस्थापन
–note	जोखीम खरेदी
–purchases	जोखीम खरेदी
–transfer	जोखमीचे हस्तांतरण
–weighted assets	भारान्वित मत्ता
rites	संस्कार
–birth rites	जन्मसंस्कार
–initiation rites	दीक्षा संस्कार
–puberty rites	तारूण्यागम संस्कार
–purification rites	शुद्धी संस्कार
–social rites	सामाजिक संस्कार
–ritual	कर्मकांड; उपचार
–ritualism	कर्मकांडवाद; उपचारवाद
–ritualist -ritualistic	कर्मकांड पाळणारा
roaming	भटकंती

role playing technique	भूमिका निर्वाह तंत्र
role	भूमिका
rolling/roving ambassador	फिरता परराष्ट्र वकील
rolling plan; roll-over plan	सरकती योजना
root	बीज; मूळ; धातू
rotating savings	फिरती बचत
rotation	अक्षीय परिभ्रमण; परिगती; परिगमन; परिभ्रमण; परिवलन
rotation in office	आवर्ती पद प्राप्ती; पदावर्तन
rough account	स्थूल (कच्चा) लेखा
round about method of production	फेऱ्याची उत्पादन पद्धती
round table conference	गोलमेज परिषद
roving ambassabor	फिरता परराष्ट्र वकील
royal signet; royal seal	राजमुद्रा
royalty	स्वामित्वधन/मानधन
royalty account	स्वामित्वधन लेखा
rudiment	मूलतत्त्व; सूत्र; आद्यतत्त्व
rudimentary society	आदिम समाज
rule	अधिनिर्णय करणे; निर्णय
rule adjudication	नियम अधिनिर्णय
rule by consent	संमती शासन
rule intuitionism	नियम; अंत:प्रज्ञावाद
rule of law	कायद्याचे अधिराज्य
rule of the majority	बहुमताचा नियम
ruler	अधिपती
rules of arbitration	लवाद नियम
rules of transformation	रचनांतरणाचे नियम
ruling class	राज्यकर्ता वर्ग; सत्ताधारी वर्ग
ruling company	सत्ताधारी कंपनी
ruling party	सत्तारूढ
ruling scientific dimension	सत्ताशास्त्रीय पैलू
running contract	चालू संविदा
running credit	चालू पत
rupee currency	रुपया चलन
rupee securities	रुपयातील रोखे
rural	ग्रामीण; जानपद
–bank	ग्रामीण बँक/अधिकोष
–community organization	ग्रामसमाज संघटना
–co-operative society	ग्रामीण सहकारी संस्था
–credit	ग्रामीण कर्ज सर्वेक्षण; ग्रामीण पत
–credit bank	ग्रामीण पत बँक
–credit survey	ग्रामीण कर्ज सर्वेक्षण/पतपाहणी
–culture	ग्रामीण संस्कृती
–debenture	ग्रामीण ऋणपत्र
–development	ग्रामीण विकास
–economics	ग्रामीण अर्थशास्त्र
–economy	ग्रामीण अर्थव्यवस्था
–employment development	ग्रामीण रोजगार विकास
–finance	ग्रामीण वित्तव्यवस्था
–government	ग्राम सरकार
–industrial community	ग्रामीण औद्योगिक समूह
–industries	ग्रामीण उद्योग

—landless guarantee scheme	ग्रामीण भूमिहीन हमी योजना
—poverty	ग्रामीण दारिद्र्य
—reconstruction	ग्रामीण पुनर्रचना/पुनर्निर्माण
—resource	ग्रामीण संसाधन
—social organization	ग्रामीण सामाजिक संघटना
—sociology	ग्रामीण समाजशास्त्र
—survey	ग्रामीण पतपाहणी
—uplift	ग्रामोद्धार
ruralisation	ग्रामीणीकरण
rurality	ग्रामसमाजीकरण
rural-rural migration	ग्रामीण-ग्रामीण स्थलांतर
rural-urban migration	ग्रामीण-नागरी स्थलांतरण
rurban	ग्रामनगरीय
rustic	खेडवळ; साधाभोळा जानपद

S

sabotage	घातपात; घातपाती कृत्य; सुरंग लावणे
sacrament	धार्मिक संस्कार
sacred theology	अलौकिक/पवित्र ईश्वरशास्त्र
sacrifice	त्याग; बळी
—blood sacrifice	रूधिरबली
—building sacrifice	पाया बली
—child sacrifice	पाया बली
—equal absolute sacrifice	समाननिरपेक्ष त्याग
—equiproportional sacrifice	समप्रमाण त्याग
—human sacrifice	नरबली
—marginal sacrifice	सीमान्तक त्याग
—minimum sacrifice	किमान त्याग
sacrilege	पावित्र्यभंग
sadism	परपीडाप्रियता
safe deposit	सुरक्षित ठेव
safe deposit vault	सुरक्षित ठेवघर
safe guarding of industries	उद्योगांचे संरक्षण
safe period	सुरक्षित कालखंड
safety fund	सुरक्षा निधी
safety valve	सुरक्षा झडप
salaried class	पगारदार वर्ग; वेतनी वर्ग
salaries account	वेतन लेखा
salary	वेतन; पगार
—emoluments	वित्तलब्धी
—fee	फी; शुल्क
—honorarium	मानधन; मानद्रव्य
—pay	वेतन; पगार
salary remuneration	मोबदला; वेतन
—wages	मजुरी
—earner	वेतनदार
—scale	वेतनमान; वेतनश्रेणी
sale account	विक्रय/विवरण लेखा
—deed	विक्रय विलेख/विक्रीखत
—of goods act	मालविक्रय अधिनियम
—of shares	भागविक्री
—price/selling price	विक्री मूल्य; विक्रीची किंमत
—proceeds	विक्री; विक्री उत्पन्न
saleable surplus	विक्रेय वाढावा
sales account	विक्री लेखा
—agency	विक्रय अधिकरण; विक्री एजन्सी

–deed	विक्रीखत विलेख
–ledger	विक्रीची खातेवही
–manager	विक्री व्यवस्थापक
–promotion	विक्रय परिवर्तन; विक्री संवर्धन
–quota	विक्रय कोटा (वाटा)
–tax	विक्रीकर
–tax act	विक्रीकर कायदा/ अधिनियम
salesmanship	विक्रयकला
salvage	फुटलेल्या जहाजातील माल वाचविल्याबद्दल द्यायची मजुरी
salvation	मोक्ष; मुक्ती
samantism	सामंतशाही
sami sovereign state	निम सार्वभौम राज्य
sample design	नमुना प्रारूप
sample household	नमुना कुटुंब
sample survey	नमुना सर्वेक्षण/पाहणी
sampling	नमुना चाचणी; नमुनापद्धती
–accident sampling	अभावित चाचणी
–area sampling	क्षेत्र नमुना चाचणी
–block sampling	खंड नमुना चाचणी
–cluster sampling	वृंद नमुना चाचणी
–controlled sampling	नियंत्रित नमुना चाचणी
–disproportional sampling	असमान नमुना चाचणी
–probability sampling	संभाव्यता नमुना चाचणी
–proportional sampling	प्रमाणशीर नमुना चाचणी
–purposive sampling	सप्रयोजन नमुना चाचणी

–quota sampling	कोटा नमुना चाचणी
–random sampling	यादृच्छिक नमुना चाचणी
–simple random sampling	सरल यादृच्छिक नमुना चाचणी
–stratified random sampling	स्तरित नमुना चाचणी
sanction	अनुज्ञा; अनुशास्ती/मंजुरी; लेखी परवानगी/अनुमती
sanction diplomatic	राजनयिक अनुशास्ती
sanctious committee	मंजुरी समिती
sandwich courses	सांतराल अभ्यासक्रम/ शिक्षणक्रम
sandwitch training	दोन शैक्षणिक सत्रांच्या काळातील प्रशिक्षण
satellite	उपग्रह
satelite channel	उपग्रह वाहिनी
satellite state	अंकित राज्य
satisfaction of mortgage	गहाणाची पूर्ती (परतफेड)
satisfaction of wants	गरजांची पूर्ती
satrap	दुय्यम पक्षाधिकारी
savagery stage	प्राकृतावस्था
savage society	रानटी समाज
saving	बचत
–investment theory	बचत गुंतवणूक सिद्धान्त
–account	बचत खाते/लेखा
–bank	बचतबँक
–bank account	बचत बँक खाते
–certificate	बचतपत्र

–deposit	बचत ठेव
–deposit account	बचत ठेव खाते
–group	बचत गट
–process	संचयी प्रक्रिया
scabbing	संपद्रोह
scale	अनुमाप
–attitude scale	अभिवृत्ती अनुमाप
–internal consistency scale	आंतरिक संगती अनुमाप
–rating scale	श्रेणी; अनुमाप
scale model	प्रमाणशीर प्रतिकृती
scale of preference	पसंती/अधिमान श्रेणी
scaling technique	अनुमापन यंत्र
scarce currency	दुर्मिळ चलन
scarce resources	दुर्मिळ संसाधने
scarcity value	दुर्मिळता मूल्य
scattered	विखुरलेले
scenario	चलचित्रवत योजना
scepticism; synthesis	संदेहवाद; संशय पद्धती संशयवाद
schedule	अनुसूचित/अनुसूची; लिखित सूची
scheduled bank	अनुसूचित अधिकोष (बँक)
–caste	अनुसूचित जाती
–interests	अनुसूचित व्याज
–rates	अनुसूचित दर
–tribes	अनुसूचित जमाती
scheme	योजना; कल्पना; उपाय; व्यवस्था
scholar	अभ्यासक
scholasticism	पांडित्यवाद
schooling	शालेयीकरण
school	प्रणाली; संप्रदाय; मत
school of thought	विचारप्रणाली; मतप्रणाली
science	विज्ञान
–cumulative science	संचयीविज्ञान
–empirica science	अनुभवाधिष्ठित विज्ञान
–exact science	यथार्थ विज्ञान
–general science	सामान्य विज्ञान
–natural science	नैसर्गिक विज्ञान
–normative science	प्रमाणक विज्ञान
–physical science	भौतिक विज्ञान
–positive science	प्रत्यक्षानुसारी विज्ञान
–social science	सामाजिकशास्त्र; समाजविज्ञान
–special science	विशिष्ट विज्ञान
–synoptic science	साररूप विज्ञान
–theoretical science	सैद्धान्तिक विज्ञान
science of enviornment	पर्यावरणशास्त्र
science of language	भाषाविज्ञान
science of politics	राज्यशास्त्र
science of words	शब्दशास्त्र
science transaction	विज्ञान व्यवहार
scientific attitude	वैधानिक अभिवृत्ती; वैज्ञानिक दृष्टिकोन
–cause	वैज्ञानिक कारणकल्पना
–criteria/ paradism	वैज्ञानिक मानदंड
–debet	वैज्ञानिक वाद
–definition	शास्त्रीय व्याख्या

–empiricism	शास्त्रीय अनुभववाद
–management	शास्त्रशुद्ध व्यवस्थापन
–mode	विज्ञानप्रतिमान
–model	शास्त्रीय प्रारूप
–observation	शास्त्रीय निरीक्षण
–revolution	वैज्ञानिक क्रांती
–tradition	शास्त्रीय परंपरा
–vision	शास्त्रीय दृष्टिकोन
scientifically	शास्त्रशुद्ध/शास्त्रशुद्धता
scoop	अग्रिम वार्ता
scrap value	मोडमूल्य
scrip dividend	लाभांश भाग
scriptology	लिपिविज्ञान
scripture	धर्मग्रंथ
scrutiny	परिनिरीक्षण; समीक्षण छाननी
sea customs	सामुद्रिक सीमाशुल्क
seaborne trade	सागरी बाजार
seal	कार्यस्थान
sealed tender	मोहोरबंद निविदा
seasonal employment	मोसमी सेवायोजन; हंगामी सेवायोजन
–migration	हंगामी स्थलांतरण
–occupation	हंगामी व्यवसाय
–unemployment	मोसमी (हंगामी) बेकारी; हंगामी बेकारी
seato	सिटो
secessionism	फुटीरतावादी
secessionist policy	फुटीरतावादी धोरण
seclusion	निवांतवास
–isolation	एकलन
–segregation	विलग्नीकरण
–separation	विभक्तीकरण; विलगता; वियोग
–solitude	एकांत
second class citizen	दुय्यम नागरिक
second of exchange	विपत्र द्वितीयक
second wave femninism	स्त्रीवादाची दुसरी लहर
second world	दुसरे जग
secondary employment	द्वितीयक सेवायोजन
secondary kinship relation	दुय्यम आप्तसंस्कार
secondary marriage	दुय्यम विवाह
secondary poverty	अपव्ययी दारिद्र्य
secondary reserves	गौण राखीव निधी/संचिती
secondary source	दुय्यम स्रोत
secret diplomacy	गुप्त राजनय
–reserves	गुप्त राखीव निधी संचिती
–session	गुप्त अधिवेशन
–society	गुप्त समाज/संघ
secretarial	सचिवमंडळ; सचिवालय
–practice	सचिवीय कार्यपद्धती
–staff	सचिवीय कर्मचारीवृंद
secretary	कार्यवाह; चिटणीस; सचिव
–of state	परराष्ट्रमंत्री
–of state for India	स्वातंत्र्यपूर्व काळातील ब्रिटनमधील भारतमंत्री
sect	संप्रदाय; पंथ
sectarian	सांप्रदायिक; पंथीय
sectarianism	संप्रदायवाद; सांप्रदायिकता
section	उपविभाग; शाखा; वर्ग; तुकडी कलम; छेद; विशिष्ट जात

sectional balancing system	शास्त्रीय संतुलन पद्धती
sector	प्रदल; क्षेत्र
–co-operative sector	सहकारी क्षेत्र
–joint sector	संयुक्त क्षेत्र
–key sector	आधारभूत क्षेत्र
–private sector	खाजगी क्षेत्र
–public sector	सार्वजनिक क्षेत्र
–worker sector	श्रमित क्षेत्र
sectoral equilibrium	क्षेत्रीय समतोल
sectoral planning	क्षेत्रीय नियोजन
sectoral rate	गटवार भाव
sectorisation	क्षेत्रीकरण
sectorwise	क्षेत्रवार
secular	धर्मनिरपेक्ष; निधर्मी; ऐहिकनिष्ठा; ईहनिष्ठ
–acceleration	दीर्घकालिक प्रवेग
–democratic government	निधर्मी लोकशाही शासन
–leadership	इहवादी नेतृत्व; धर्मनिरपेक्ष नेतृत्व
–marriage	धर्मनिरपेक्ष विवाह
–socialist	धर्मनिरपेक्ष समाजवादी
–society	इहवादी समाज (धर्मनिरपेक्ष/ इहनिष्ठ समाज)
–state	धर्मनिरपेक्ष राज्य
–stragnation	दीर्घकालीन गतिरोध/मंदी
–trend	इहनिष्ठ प्रवृत्ती; धर्मनिरपेक्ष प्रवृत्ती
–unemployment	दीर्घकालीन बेकारी
secularisation	धर्मनिरपेक्षीकरण
secularism	इहवाद; धर्मनिरपेक्षता/ धर्मनिरपेक्षतावाद
secured debt	संपादित प्रतिभूत ऋण
Securities and Exchange Board of India (SEBI)	सेबी
securities appeliate tribunal	मुद्रांक छापील प्राधिकरण
securities broker	रोखे दलाल
securities market	रोखे बाजार
security	ऋणाधार; जमानत; प्रतिभूती; रोखा; सुरक्षा
–agency	लोकशाही हक्क संरक्षण समिती
–bond	प्रतिभूती (सुरक्षा) रोखा; प्रतिभूती बंधपत्र
–council	सुरक्षा परिषद
–deposit	प्रतिभूती ठेव; सुरक्षा ठेव
–depositor	प्रतिभूती ठेवीदार
–market	सिक्युरिटी मार्केट
–of employment	सेवायोजनांची सुरक्षितता
–right	सुरक्षिततेचा हक्क
sedition	राजद्रोह
seditious libel	राजद्रोही अपलेख
seer	द्रष्टा
seed capital	बीजभांडवल
seed formation	बीज निर्मिती
segregation; separation	विलगता; विलग्नीकरण
segregationist; red neek	वर्ण विद्वेषी; विलग्नीकरणवादी
selection by choice	आवडीप्रमाणे निवड
selection committee	निवड समिती

selection procedure — निवडक पद्धती
selective — निवडक
—credit — निवडक पत
—credit control — निवडक पत नियंत्रण
—duty/excise — निवडक उत्पादन शुल्क
—perception — निवडक बोधन
—theory — निवड उपपत्ती
self assisted — स्वयंसहाय्यक
—accusation — आत्मदूषण
—balancing ledger — स्वयं संतुलन खातेवही
—born — स्वयंभू
—compalcency — स्वयंतुष्टी; आत्मसंतुष्टता; आत्मसंतोष; स्वयंसंतुष्टता
—command — आत्मसंयम
—conscious — आत्मसंयम
—contradictory — स्वविरोधी
—control — आत्मसंयम
—criticism — आत्मपरीक्षण; आत्मसमीक्षा
—defence — स्वसंरक्षण; स्वसंरक्षण दल
—determination — स्वयंनिर्णय/स्वयंनियमन
—discipline — स्वयंशिस्त
—employment — स्वयंरोजगार; स्वप्रयुक्तता आत्मसंतोष; स्वयंसंतुष्टता
—evaluation — आत्ममूल्यन
—evidence — स्वतः प्रमाणता; स्वतः प्रामाण्य
—expression — आत्माभिव्यक्ती
—financing — स्व वित्तव्यवस्था
—freedom of — आत्मस्वातंत्र्य
—funding — स्वनिधी
—governing — स्वयंशासित
—help group (SHG) — स्वयंसहाय्यता गट
—interest — स्वहित; स्वार्थ
—knowledge — आत्मज्ञान; आत्मबोध
—labour — स्वयंमजुरी
—looking glass — प्रतिबिंबित व्यक्तिमत्व
—luminous — स्वयंप्रकाशी
—motivation — स्वयंप्रेरणा; स्वयंस्फूर्ती
—preservation — आत्मसंरक्षण
—punishment — आत्मदंडन; आत्मशासन
—purification — आत्मशुद्धी
—realisation — आत्मसाक्षात्कार; आत्मानुभूती; आत्मसाधना; आत्मानुभव
—renunciation — आत्मत्याग
—restraint — आत्मनिग्रह
—reflectivity — स्वात्म प्रतिसंबंधी
—reliance — आत्मनिर्भरता; आत्मनिष्ठा; स्वयंनिर्भरता
—reliant economy — आत्मनिर्भर अर्थव्यवस्था
—rules — स्वयंनियमावली
—society — स्वसमाज
—sufficiency — स्वयंपूर्णता; स्वावलंबन
—sufficient — स्वयंपूर्ण
—supporting — स्वयंधारित; स्वयंनिर्वाही
—trustism — आत्मनिष्ठावाद
—valid — स्वतः प्रमाण
self-centered — स्वकेंद्रित
self-centeredness — स्वकेंद्रितता
self-complacency — आत्मसंतुष्टता/आत्मसंतोष
self-conscious — आत्मजागृत
self-control/command — आत्मसंयम
self-criticism — आत्मपरीक्षण; आत्मसमीक्षा
self-distructive — आत्मघातक
self-distructive attacks — आत्मघातकी हल्ले

self-distructive squads	आत्मघातकी पथके
self-evaluation	आत्ममूल्यन
self-expression	आत्माभियानी
self-freedom	आत्मस्वातंत्र्य
self-governance	स्वप्रशासन
self-knowledge	आत्मबोध; आत्मज्ञान
self-preservation	आत्मसंरक्षण
self-punishment	आत्मदंडन; आत्मशासन
self-purification	आत्मशुद्धी
self-realisation	आत्मसाधना/ आत्मसाक्षात्कार; आत्मानुभव/आत्मानुभुती
self-renunciation	आत्मत्याग
self-restraint	आत्मनिग्रह
selfwilled	स्वच्छंदीपणा
sell and buy book (re-purchase)	विक्री आणि पुर्नखरेदी
sell on credit	उधारीने विकणे
sell out	बेईमानी; विक्रीतील राजकारण
sellable	विक्रीयोग्य; विक्रेय
seller's lien	विक्रेत्याचा धारणाधिकार
seller's market	विक्रेता बाजार
seller's right	विक्रेत्याचा अधिकार
selling agent	विक्री अभिकर्ता/एजंट
selling cost	विक्रय परिव्यय; विक्री खर्च; विक्रीखर्च
selling price	विक्रय मूल्य
selling transactions	विक्री व्यवहार
sells analysis	विक्रेय विश्लेषण
semi-official	अर्धशासकीय
semiotics	चिन्हमीमांसा/चिन्हमीमांसा शास्त्र
semi-skilled	अर्धकुशल; निमकुशल
semi-sovereign state	अर्धसार्वभौम राज्य
senate	अधिसभा; विधीसभा; सेनेट
senator	अधिसभा सदस्य; सेनेट सदस्य
sensationalism	संवेदनसिद्धान्तवाद
sense of obligation	कर्तव्यभावना
sensitive	संस्कारक्षम; संस्कार्य
sensitive index (sensex)	संवेदनाशील निर्देशांक
sensitivity analysis	संवेदनक्षम विश्लेषण
sensitivity of demand	मागणीची संवेदनक्षमता
sensory knowledge	इंद्रियज्ञान
sentence	शिक्षादेश
sentiment	भावना; भाव; मनोविकार; स्थिरभाव; भावगंड
separation	विभक्तीकरण; वियोग; विलग्नीकरण
separation of power	विघटनवादी शक्ती
separation of powers	सत्ताविभाजन
separation rate	कामबंदी दर; वियुक्ती दर
separatism	विभक्ततावाद; विभाजनवाद
seperationist	फुटीरवादी
seperative	फुटीर
sept	उपकुल; कुळी
sequence analysis	कालक्रमीय विश्लेषण
sequence; succession	अनुक्रम; क्रम; श्रेणी
serf	भूदास; गुलाम
serfdom	भूदासपद्धती

serial	क्रमागत; यथानुक्रम
serial number	अनुक्रमांक
series	श्रेणी
servicable	कामाचा; उपयोगाचा; काम देणारा
service	सेवा; नोकरी; संधारण; उपयोग
–area/sector	सेवाक्षेत्र
–at cost	परिव्ययानुसार सेवा
–attitude	सेवा कृती
–charges	सेवाआकार; सेवादर
–conditions	सेवाशर्ती
–principle	सेवा तत्त्व
–providing industries	सेवा पुरविणारे उद्योग
–sector	सेवा क्षेत्र
–utility	सेवा उपयोगिता
service-prone	सेवायोजित
services supply	सेवा पुरवठा
servitude	सुविधाभार; मजुरी; सेवावधी; दास्यावस्था; दास्य; परिचर्या; सेवा; गुलामगिरी
servival benefit	उत्तराजीवित्त्व लाभ; उत्तरजीवी लाभ
set off	वजावट
setting	पार्श्वभूमी
settlement	कर्ज व थकबाकी यांची तडजोड; हिशेबपूर्ती; वसती; वसाहत; समझोता; जमाबंदी पद्धती
–permanent settlement	जमाबंदीची कायमधारा पद्धती
–rayatwari settlement	जमाबंदीची रयतवारी पद्धती
–survey settlement	सर्वेक्षण जमाबंदी पद्धती
settlement commissioner	जमाबंदी आयुक्त
settlement of accounts	हिशेबपूर्ती
settlement of debts	ऋणपूर्ती; कर्जपूर्ती
sex abnormality	लैंगिक विकृती
–distribution	स्त्री-पुरुष विभागणी
–education	लैंगिक शिक्षण
–hygiene	लैंगिक आरोग्य
–industry	लैंगिक उद्योग
–instinct	लैंगिक सहजप्रवृत्ती
–mores	लैंगिक लोकनीती
–offender	लैंगिक अपराधी
–perversion/ abnormility	लैंगिक विकृती
–relation	लैंगिक संबंध
sexual	लैंगिक
–atrocity	लैंगिक अत्याचार
–desire	लैंगिक इच्छा
–development	लैंगिक विकास
–entertainment	लैंगिक करमणूक
–expression	लैंगिक अभिव्यक्ती
–freedom	लैंगिक स्वातंत्र्य
–harrassment	लैंगिक छळ
–identity	लैंगिक अस्मिता
–inequality	लैंगिक विषमता
–intercourse	लैंगिक उपभोग
–labour	लैंगिक श्रम
–politics	लैंगिक राजकारण
–practices	लैंगिक व्यवहार
–revolution	लैंगिक क्रांती
–slavery/ subcordination	लैंगिक गुलामगिरी

–violence लैंगिक हिंसा/हिंसाचार
sexuality लैंगिकता
shadow cabinate प्रति मंत्रिमंडळ
shadow price छाया किंमत; पडछाया किंमत
shady transaction लबाडीचा व्यवहार
shaman देवऋषी; भगत
share शेअर, भाग
–cumulative preference shares संचयी अधिमान भाग
–deferred shares स्थगित भाग/शेअर
–equity shares साधारण भाग
–founder's shares संस्थापक भाग
–irredeemable preference shares अप्रतिदेय अधिमान भाग
–irredeemable shares अप्रतिदेय भाग
–non cumulative preference shares असंचयी अधिमान भाग
–ordinary shares साधारण भाग
–paid up shares भरणा झालेले भाग
–participating preference shares सलाभ अधिमान भाग
–redeemable preference shares प्रतिदेय अधिमान भाग
–redeemable shares प्रतिदेय भाग
share broker शेअर दलाल
share capital भाग भांडवल
share certificate भागपत्र; शेअरपत्र
share cropping हिस्सेवारीने शेती करणे
share holder भाग भांडवल धारक; भागधारक
share issue भाग बटाई
share issued at discount बट्ट्याने विक्रीस काढलले भाग
share issued at par सममूल्याने विक्रीस भाग
share issued at premium अधिमूल्याने विक्रीस काढलेले भाग
share issure privatization भागविक्री खाजगीकरण
share lease भाग बटाई; भाडेपट्टा
share market शेअर बाजार
share reserve भाग राखीव निधी/संचिती
share transfer भागहस्तांतरण (भागांचे हस्तांतरण)
share warrant भाग अधिपत्र
share warrant payable to bearer वाहकदेय भाग अधिपत्र
shareholder अंशधारक
shares भाग
shift labour पाळी कामगार
shift system पाळी पद्धती
shifting of tax कर हस्तांतरण; करांतरण (हस्तांतरण)
shipment नौभरण–जहाजी माल
shipping नौकानयन
shipping advice note नौभरण सूचनापत्र
shipping bill नौभरण देयक
shipping note नौभरण आदेश
shirt sleeve diplomacy कार्यसाधक राजनय

shock theory	धक्का सिद्धान्त
shop	दुकान
–commercial establishment	वाणिज्यिक संस्था
–departmental store	विविध वस्तू भांडार; एकछत्री भांडार
–emporium	विक्रयालय; विक्रीचे स्थान/पेठ
–establishment	व्यापारी संस्था
–floor	कारखान्यातील सामान्य कामगार
shops & commercial establishment	दुकाने व वाणिज्यिक संस्था
shops & establishments act	दुकाने व व्यापारी संस्था अधिनियम
short dated bill paper	अल्पावधी धनपत्र; अल्पावधी विपत्र
short distance migration	अल्पअंतर स्थलांतरण
short fall	तूट
–run cost curve	अल्पमुदती परिव्यय चक्र
–sale	मंदीवाल्याची विक्री
–term capital gains	अल्पावधी भांडवली लाभ
–term credit	अल्पमुदती पत
–term loan	अल्पावधी कर्ज
short term	अल्पकालीन
–call rate	अल्पकालीन व्याजदर
–capital supply	अल्पकालीन वित्तपुरवठा
–debt	अल्पकालीन कर्ज
–objective	अल्पकालीन उद्दिष्ट
–planning	अल्पकाली नियोजन
–rate of interest	अल्पमुदती व्याजाचा दर
shorter	अल्पतर (जर काळाचा संदर्भ असेल तर)
short-sleev diplomacy	अनौपचारिक राजनय
show trial	दर्शनी चाचणी; दिखाऊ खटला
sib	कुल
sib-sibling	सहोदर; कूळ
sibling rivalry	सहोदर स्पर्धा
sickness benefit	रुग्णता लाभ
side industry	आजारी उद्योग
sight bill	दर्शनी विपत्र/हुंडी
sight draft	दर्शनी धनाकर्ष
sign; symbol	चिन्ह
signified	चिन्हित
signifier	चिन्हक
silence	नि:शब्द
silent majority	मूक बहुसंख्या
silent voter	मुग्ध मतदार
silo	पेव; कोठार
simple arbitrage	सरल मूल्यान्तर पणन
simple bond	साधारण बंधपत्र
simple debenture	साधे ऋणपत्र
simple interest	सरळ व्याज
simple random sampling	सरल यादृच्छिक नमुना
simplification	सुगमीकरण
simulation	अनुरूप; सदृशीकरण
single district system	एक मतदार संघपद्धती
–entry	एकेरी नोंद
–executive	एकल कार्यकारिणी
–market	एकसंघ बाजारपेठ
–level planning	एकस्तरीय नियोजन

–member constituency एकसदस्य मतदारसंघ
–parent family एक पालक कुटुंब
–party system एकपक्ष पद्धती
–point tax एकस्तरीय कर
–tax एकल कर
–transferable vote एकल संक्रमणी मत
sinking fund ऋणनिवारण/कर्जनिवारण निधी
sinking fund charges कर्जनिवारण निधी आकार
sister-concern संलग्न संस्था
sitting बैठक
situate प्रतिभूत ऋण
situation of price war किंमत युद्धाची परिस्थिती
situation rent स्थितीविशेष भाडे/खंड
size of real income आय आकारमान; वास्तव उत्पन्न
skill कौशल्य; कसब
skilled कसबी
slab system of taxation कराधानाची सोपान पद्धती
slave labour दास; कामगार; श्रमिक; गुलाम
slavery; serfdom; servitude गुलामगिरी; दास्य
sleepers सुप्त पुस्ती (विधेयकाचा अर्थ बदलणारी परंतु विधेयक संमत झाल्यानंतर लक्षात येणारी पुस्ती)
sleeping partner सुप्त भागीदार (केवळ भांडवल गुंतविलेला भागीदार)
sliding scale चढउतारी वेतनमान
slogan घोषणा; घोषवाक्य; ब्रीदवाक्य
sluch fund बेहिशोबी पक्षनिधी
slum गलिच्छ वस्ती; झोपडपट्टी
slum clearance गलिच्छ वस्ती निर्मूलन
slump मंदीची तीव्र लाट
small farmer अल्पभूधारक
small saving fund अल्पबचत निधी
small saving scheme अल्पबचत योजना
small scale industry लघुउद्योग
small scale production लघुपरिणाम उत्पादन
smaller issue अल्पस्वरूपी प्रश्न
smuggler चोरटा व्यापारी; तस्कर
smuggling चोरटा व्यापार; तस्करी
snob उच्चभ्रू
soceital dimension समाजीय मिती
soceital phenomena समाजीय घटना
sociability समाजशीलता
sociable समाजशील; समाजप्रिय; सामाजिक
social abnormality सामाजिक अपसामान्यता
–accomodation सामाजिक समायोजन
–achievement सामाजिक कर्तृत्वसिद्धी
–accounting राष्ट्रीय लेखा
–acquisitiveness सामाजिक संपादनशीलता
–action सामाजिक क्रिया
–adaption सामाजिक अनुकूलन
–adjustment/accommodation सामाजिक समायोजन

–alse work (method)	सामाजिक व्यक्तिकार्यतंत्र
–advantage	सामाजिक लाभ
–agitation	सामाजिक आंदोलन
–amelioration	सामाजिक स्थितीसुधारणा
–animal	सामाजिक प्राणी
–anthropology	मानवशास्त्र, सामाजिक; सामाजिक मानवशास्त्र/ मानववंश शास्त्र
–approach	सामाजिक दृष्टिकोन
–approval	सामाजिक संमती
–assimilation	सामाजिक सात्मीकरण (समावेशन)
–attitude	सामाजिक वृत्ती
–audit	सामाजिक लेखा परीक्षा
–authority	सामाजिक प्राधिकार
–awareness	सामाजिक जाण/जाणीव
–background	सामाजिक पार्श्वभूमी
–banking	सामाजिक बँकिंग
–base	सामाजिक आधार; सामाजिक पाया
–behaviour	सामाजिक वर्तन
–benefits	सामाजिक लाभ
–binding	समाजसंबद्धता
–bondits	सामाजिक डाकू
–building	समाज बांधणी
–campaign	सामाजिक अभियान
–case-work method	सामाजिक व्यक्तिकार्य तंत्र
–change/ mutation	सामाजिक परिवर्तन/बदल
–choice	सामाजिक निवड
–circulation	सामाजिक अभिसरण
–clique	सामाजिक कंपू
–competancy	सामाजिक क्षमता
–composition	सामाजिक घडण
–compromise fact	सामाजिक तह
–conditioning	सामाजिक परिस्थापन/ अनुबंधन
–configuration	सामाजिक समाकृती
–conflict	सामाजिक संघर्ष
–consciousness	सामाजिक जाणीव/बोध
–conservation	सामाजिक पुराणमतवाद/ स्थितीवाद
–construct	सामाजिक रचित
–construction of history	समाजरचित इतिहास
–contagion	सामाजिक संसर्ग
–content	सामाजिक आशय
–context	सामाजिक संदर्भ
–contours	सामाजिक रूपरेखा
–contract	सामाजिक करार; सामाजिक संविदा (करार)
–contract theory	समाज करार सिद्धान्त
–control	सामाजिक नियंत्रण
–cost	सामाजिक खर्च; सामाजिक परिव्यय
–cost benefit analysis/cost benefit analysis through social approach	सामाजिक दृष्टिकोनातून केलेले विश्लेषण; सामाजिक खर्च लाभ विषयक
–crisis	सामाजिक अरिष्ट
–critic	समाज समीक्षा
–criticism	सामाजिक चिकित्सा
–critique	समाजसमीक्षा
–cultural gap	सामाजिक सांस्कृतिक अंतर
–currency readiness	सामाजिक चलनसज्जता

–custom	सामाजिक रूढी
–deeds	सामाजिक कृती
–democracy	सामाजिक लोकशाही
–derives	सामाजिक प्रेरणा
–deterioration/ retardation	सामाजिक ऱ्हास
–determinates	सामाजिक निर्णायके
–deterrance	सामाजिक धाक
–development	समाज विकास; सामाजिक प्रगती; सामाजिक विकास;
–difference	सामाजिक भेद; सामाजिक विभेद
–differential	सामाजिक व्यवच्छेद (भेददर्शक)
–dimension	सामाजिक आयाम
–discipline	सामाजिक शिस्त
–disorganisation	सामाजिक विघटन; सामाजिक विसंघटन
–disparity	सामाजिक विषमता
–disturbance	सामाजिक अशांतता
–dynamics	सामाजिक गतिशास्त्र/ गतिशीलता
–ecology	सामाजिक परिस्थितीशास्त्र
–economic structure	सामाजिक आर्थिक संरचना
–efficiency	सामाजिक कार्यक्षमता
–elements	सामाजिक मूलतत्त्वे
–engineering	सामाजिक अभियांत्रिकी
–entity	सामाजिक अस्तित्व
–enviornment	सामाजिक परिसर; सामाजिक परिस्थिती; सामाजिक पर्यावरण
–equality	सामाजिक अनुरूपता; सामाजिक समता
–equilibrium	सामाजिक संतुलन/समतोल
–ethnology	सामाजिक मानववंशशास्त्र
–evil	समाजविघातक गोष्ट
–evits	सामाजिक अरिष्टे
–excommunication	सामाजिक बहिष्कार
–factor	सामाजिक घटक
–facts/truth	सामाजिक तथ्य/तथ्ये
–feeling	सामाजिक भावना
–functionary	सामाजिक कार्यवाहक
–genesis	सामाजिक उत्पत्ती
–goods	सामाजिक वस्तू
–gradation	सामाजिक श्रेणीकरण
–group	सामाजिक गट
–grouping	सामाजिक समूहीकरण (गट पाडणी)
–guidance	सामाजिक मार्गदर्शन
–habit	सामाजिक सवय
–handicap	सामाजिक विकलता (पंगुत्व)
–heritage; inheritance	सामाजिक वारसा
–heterogenity	सामाजिक बहुजिनसीपणा
–heirarchy	सामाजिक अचलता अधिक्रमता/अधिकारश्रेणी
–hygiene	समाजस्वास्थ
–ideal	सामाजिक आदर्श
–identification	सामाजिक तादात्म्य
–immobility	सामाजिक अचलता; सामाजिक निश्चलता
–impact	सामाजिक प्रभाव
–imperative	सामाजिक अनिवार्यता
–index number	सामाजिक निर्देशांक
–inequality	सामाजिक दारिद्र्य
–infrastructure	सामाजिक आधार संरचना (मूळ पाया)
–inheritance	सामाजिक वारसा
–inhibition	सामाजिक अंतनिरोध/ अंतर्बंध
–insurance	सामाजिक विमा

–instability सामाजिक अस्थैर्य
–institution सामाजिक संस्था
–integration सामाजिक एकात्मीकरण/ ऐक्य
–integration process सामाजिक एकात्मता प्रक्रिया
–integrity सामाजिक ऐक्यभाव
–interaction सामाजिक आंतरक्रिया
–intercourse सामाजिक व्यवहार
–interia सामाजिक जडता
–investigation सामाजिक अन्वेषण
–justice सामाजिक न्याय
–law सामाजिक कायदे
–legislation सामाजिक विधिविधान
–level/strata सामाजिक स्तर
–life सामाजिक आयुष्य/जीवन
–linguistics सामाजिक भाषाविज्ञान
–maladjustment सामाजिक अपसमायोजन
–maturity सामाजिक परिपयवता
–measurement सामाजिक मापन
–medium सामाजिक माध्यम
–millieu सामाजिक वातावरण
–mind समाजमानस; सामाजिक मन; सामूहिक मन
–mobility सामाजिक अभिकरण; सामाजिक चलता/ चलनशीलता
–morality सामाजिक नीतिमत्ता
–mutation सामाजिक परिवर्तन
–negligence सामाजिक अवहेलना
–nexus/relations सामाजिक बंध सामाजिक संबंध
–norms समाजशास्त्रीय प्रमाणके; सामाजिक प्रमाणके (आदर्श मानदंड); सामाजिक मापदंड/प्रमाणके

–order/system समाजव्यवस्था
–organization सामाजिक संघटना
–orientation सामाजिक अभिमुखीकरण
–ossification सामाजिक दृढीकरण
–ostracism सामाजिक बहिष्कृत
–output सामाजिक फलित
–parasite सामाजिक परजीवी
–pathology समाजविकृतिशास्त्र/ सामाजिक विकृतिशास्त्र
–pattern सामाजिक आकृतीबंध/उतरंड
–perception सामाजिक सेवेदन
–phase सामाजिक अवस्था
–phenomena समाजविषयक घटना; सामाजिक घटना
–philosophy समाज तत्त्वज्ञान; सामाजिक तत्त्वज्ञान
–planning सामाजिक नियोजन
–poetics समाजशास्त्रीय काव्यशास्त्र
–policy सामाजिक धोरण
–position/status सामाजिक दर्जा; सामाजिक पद; सामाजिक स्थान
–pressure सामाजिक दबाव
–problem सामाजिक समस्या
–process सामाजिक प्रक्रिया
–property principle सामाजिक मालमत्तातत्त्व
–psychiatry सामाजिक मनोविकृती चिकित्सा
–psychology समाज मानसशास्त्र; सामाजिक मानसशास्त्र
–psychology theory सामाजिक मानसशास्त्र सिद्धान्त
–reality समाजवास्तव; सामाजिक वास्तव/वास्तवता; वास्तव, सामाजिक

–reforms	सामाजिक सुधारणा
–regeneration	सामाजिक पुनरुज्जीवन
–regulation	सामाजिक नियमन
–relations	सामाजिक अनुबंध; सामाजिक नाते
–relationship	सामाजिक संबंध
–reorganization	सामाजिक पुन:संघटन
–repression	सामाजिक संबंध दमन
–research	सामाजिक संशोधन
–resources	सामाजिक साधने
–response	सामाजिक प्रतिसाद
–restraint	सामाजिक निर्बंध
–resurrection	सामाजिक पुनरुत्थान
–retardation	सामाजिक ऱ्हास
–retrogression	सामाजिक अपकर्ष
–revolution	सामाजिक क्रांती
–rites	सामाजिक संस्कार
–ruling relations	सामाजिक सत्तासंबंध
–sanction	सामाजिक अनुशास्ती
–scale	सामाजिक अनुमाप (प्रमाण)
–science	समाजविज्ञान; सामाजिक विज्ञान; सामाजिक शास्त्र
–scientists	सामाजिक शास्त्रज्ञ
–security	सामाजिक सुरक्षितता
–self	सामाजिक अहम्
–service	समाजसेवा; सामाजिक सेवा
–signals/values	सामाजिक संकेत
–solidarity	सामाजिक ऐक्यभाव
–species	सामाजिक जाती
–stability	सामाजिक स्थैर्य
–standard	सामाजिक मानक
–statics	सामाजिक स्थितीशास्त्र
–status	समाज परिस्थिती
–status scale	सामाजिक स्थानमापक/स्थान अनुमान/स्थिती अनुमाप
–stimulus	सामाजिक उत्तेजक/उत्तेजन/उद्दीपन
–strata	सामाजिक स्तर
–stratification	सामाजिक स्तरीकरण/स्तरीभवन
–structure	समाजरचना; समाजाची संरचना; सामाजिक रचना; सामाजिक संरचना
–struggle	सामाजिक कलह
–suppression	सामाजिक दमन
–survey	सामाजिक सर्वेक्षण
–survival	सामाजिक टिकाव
–synthesis	सामाजिक संयोगीकरण
–system	समाजपद्धती; सामाजिक व्यवस्था
–technique	सामाजिक तंत्र
–tension	समाजीय तणाव/कर्षण; सामाजिक ताण/तणाव
–theory	समाजविषयक उपपत्ती; सामाजिक सिद्धान्त (समाज विधायक उत्पत्ती)
–thought	सामाजिक विचारप्रणाली
–tolerance	सामाजिक सहिष्णुता
–tradition	सामाजिक परंपरा
–traits	सामाजिक गुणविशेष
–transformation	समाज परिवर्तन
–transmission	सामाजिक संक्रमण
–trends	सामाजिक प्रवाह/प्रवृत्ती
–unequality	सामाजिक असमानता
–uniqueness	सामाजिक एकात्मता
–use	सामाजिक उपभोग
–utterance	सामाजिक उच्चारण
–values	सामाजिक नीतिमूल्ये
–vice	सामाजिक दुर्गुण
–wealth	समाज धन; सामाजिक धन
–welfare	समाजकल्याण

–will	सामाजिक इच्छा
–worker	समाज कार्यकर्ता
–working	सामाजिक कार्यनिष्ठता
–zonewise	सामाजिक क्षेत्रनिहाय
socialisation	सामाजीकरण; सामाजिकीकरण
socialised	समाजीकृत
socialism	समाजवाद
socialism, democratic	लोकशाही समाजवाद
socialist economic system	समाजवादी अर्थव्यवस्था
socialist, pattern of society	समाजवादी धर्तीची समाजरचना
–feminism	समाजवादी स्त्रीवाद
–modernisation	मनुष्यबळ विकास
–movement	समाजवादी चळवळ
–pattern of society	समाजवादी धर्तीची समाजरचना
–revolution	समाजवादी क्रांती
–society	समाजवादी समाजरचना
socialistic production	समाजवादी उत्पादन
socialist international	आंतरराष्ट्रीय समाजवादी परिषद
socialization	सामाजिकीकरण/ सामाजिकरण
socialtelesis	सामाजिक प्रयोगदर्शन/ प्रयोजन विचार/प्रगतीयोजन
societal	समाजीय; सामाजिक
–control	समाजी नियंत्रण
–dimension	समाजीय मिती
–needs	समाजीय गरजा
–phenomena	समाजीय घटना; समाज विषयक घटना
–tension	समाजीय तणाव/कर्षण
society	समाज
–accepted	समाजमान्य
–complex society	जटिल समाज
–component society	घटक समाज
–composite society	संमिश्र समाज
–constituent society	घटक समाज
–contemporary society	समकालीन समाज
–hierarchical society	अधिक्रमी/श्रेणीयुक्त समाज
–high society	उच्चभ्रू समाज
–open society	मुक्त समाज
–organic society	जैव/सेंद्रिय समाज
–primitive society	आदिम समाज
–scarced society	रूढिनियम समाज
–secret society	गुप्त समाज/संघ
–secular society	धर्मनिरपेक्ष/इहवादी/इहनिष्ठ समाज
–static society	स्थितीशील समाज
socio cultural revolution	सामाजिक सांस्कृतिक क्रांती
socio centric	स्वसमाजकेंद्री
socio-cultural	समाज-सांस्कृतिक
socio-cultural aspects	समाज-सांस्कृतिक पैलू
socio-cultural conditioning	समाज-सांस्कृतिक अनुबंधन/अभिसंहिता
socio-economic	सामाजिक आर्थिक

socio-economic revolution — सामाजिक आर्थिक क्रांती
socio-economic structure — सामाजिक आर्थिक संरचना
sociogenic — समाजजन्य
sociogram — समाज आलेख
sociological approach — समाजशास्त्रीय दृष्टिकोन
—deal — समाजशास्त्रीय मध्यस्थी
—investigation — समाजशास्त्रीय अन्वेषण
—method — समाजशास्त्रीय पद्धती
—norms — समाजशास्त्रीय आदर्श
—principles — समाजशास्त्रीय तत्त्वे
—research — समाजशास्त्रीय संशोधन
—trends — समाजशास्त्रीय कल
—unit — समाजशास्त्रीय एकक
sociology — समाजशास्त्र
—applied sociology — उपयोजित समाजशास्त्र
—biological sociology — जीवशास्त्रीय/जैव समाजशास्त्र
—dynamic sociology — गतिशील समाजशास्त्र
—educational sociology — शैक्षणिक समाजशास्त्र
—experimental sociology — प्रयोगात्मक समाजशास्त्र
—industrial sociology — औद्योगिक समाजशास्त्र
—medical sociology — वैद्यकीय समाजशास्त्र
—political sociology — राज्यशास्त्रीय समाजशास्त्र
—practical sociology — व्यावहारिक समाजशास्त्र
—psychological sociology — मानसशास्त्रीय समाजशास्त्र
—rural sociology — ग्रामीण समाजशास्त्र
—urban sociology — नागरी समाजशास्त्र
sociological universalism — समाजशास्त्राची सार्वत्रिकता
sociology for India — भारतासाठीचे समाजशास्त्र
sociology in India — भारतातील समाजशास्त्र
sociology of action — कृतीचे समाजशास्त्र
—arts — कला समाजशास्त्र
—development — विकासाचे समाजशास्त्र
—economics — आर्थिक समाजशास्त्र
—education; educational sociology — शैक्षणिक समाजशास्त्र
—India — भारताचे समाजशास्त्र
—knowledge — ज्ञानाचे समाजशास्त्र
—law — कायद्याचे समाजशास्त्र; विधीचे समाजकार्य
—literature — साहित्याचे समाजशास्त्र
—religion — धर्माचे समाजशास्त्र
sociometric graph — समाजमितीय आलेख
sociometric measurement — समाजमितीय माप/मापन
sociometric symbol — समाजमितीय प्रतीक
sociometrics — समाजमितीशास्त्र
sociometry — समाजमिती
socio-psychology — समाज मानसशास्त्र
soft currency — सुलभ चलन
soft loan — अल्पव्याजी कर्ज; मृदू कर्ज; सौम्य कर्ज
soft loan scheme — मृदू कर्ज योजना
software — मृदूसामग्री

soil conservation मृद संधारण
solar energy ऊर्जा, सौर; सौरऊर्जा
solar panel सौर विद्युत फलक
sold note विक्री सूचनापत्र
sole agent एकमेव अभिकर्ता/एजंट
sole trading concern एकल मालकी संस्था
solicitor general महान्यायाभिकर्ता
solidarity दृढैक्य; ऐक्यभाव; स्थैर्य; घनता
solitary confinement एकांतवासाची शिक्षा
solitude एकांत
solvency ऐपतदारी (कर्ज देण्याची कुवत)
sophisticated परिष्कृत; संस्कारित; शिष्ट; संस्कारित; सुविकसित; सुसभ्य; नागर
sorcery अभिचार; जादूगिरी; चेटूक
sororal polygyny बहुभगिनी पत्नित्व
sororate मेहुणी विवाह
soul theory आत्मा सिद्धान्त
sound finance सुयोग्य वित्तव्यवस्था
source material आधारसाहित्य
source of income उत्पन्नाचे/प्राप्तीचे साधन
source of law विधीचे उगमस्थान; कायद्याचा मूलस्त्रोत
source of profit नफ्याचे उगमस्थान; फायद्याचे उगमस्थान
sources of energy/power ऊर्जास्रोत
souteneur हस्तक
south-south dialogue दक्षिण-दक्षिण संवाद
sovage society रानटी समाज
sovereign; ruler सार्वभौम; सत्ताधीश
sovereign constitutent assembly सार्वभौम घटना समिती
sovereign democratic republic सार्वभौम लोकशाही गणराज्य
sovereignity प्रभुत्व
sovereignty of parliament पार्लमेंटचे सार्वभौमत्व; संसदेचे सार्वभौमत्व
soverignty theory duel द्वैत सार्वभौमत्व सिद्धान्त
space law अंतराळ कायदा
spacie सोने-चांदीच्या स्वरूपातील नाणी
spatial स्थलात्मक
spatial planning स्थलीय नियोजन
speaker वक्ता; सभापती; अध्यक्ष
special crossing विशेष रेखांकन
special development aid fund विशेष विकास सहाय्य निधी
special drawing rights (SDRs) विशेष उचल अधिकार
special economic zone (SEZ) विशेष अभिकर्ता क्षेत्र विभाग
special endorsement विशेष पृष्ठांकन
special fund विशेष निधी
special licence विशेष परवाना
special science विशिष्ट विज्ञान
specialised industry विशेषिकृत उद्योग
specialization विशेषीकरण
species; subcaste जाती; पोटजात; वर्ग; प्रकार

specific product service — विशिष्ट वस्तू उत्पादन सेवा
—quota — विशिष्ट प्रमाण
—tax — विशिष्ट कर
—vision — विशिष्टत्वात्मक दृष्टिकोन
speciman signature — नमुन्याची सही; सहीचा नमुना
speculation — सट्टेबाजी
specualtive motive — लाभ हेतू
speculative securities — सद्य रोखे
speculator — सटोडिया; सट्टेबाज
speed capacity — गतिक्षमता
spell — कालावधी; मंत्र; मोहिनी
spellout — निश्चितीकरण
sphere of duty — कर्तव्य क्षेत्र
sphere of influence — प्रभावक्षेत्र
spiral of inflation — भावफुगवटा आवर्त
spiral of wages and prices — वेतन व किंमती यांचे आवर्त
spirit — अंतःऊर्जा; जीवात्मा; प्रेतात्मा
spiritual — आध्यात्मिक; अध्यात्मप्रवण
spiritual pollution — सांस्कृतिक प्रदूषण
spiritualisation — अध्यात्मवाद; परलोकवाद
spiritualism — अध्यात्मवाद; चित्शक्तीवाद चैतन्यवाद; परलोकविद्या
spliter group — फुटीर गट
spot cash — तत्क्षण/हजर रोकड
—goods — तात्कालिक माल/वस्तू
—market — तात्कालिक बाजार
—price — तत्क्षण किंमत; तात्कालिक किंमत
—rate — तात्कालिक दर
—sale — तत्क्षण विक्री
—transaction — तात्कालिक व्यवहार
spouse — जोडीदार
spring — प्रेरकशक्ती; प्रोत्साहन; स्फूर्ती
stabilisation; stability; solidarity — स्थिरीकरण; स्थिरीभवन; स्थैर्य
stabilising policy — स्थिरीकरण धोरण
stability — स्थिरत्व; स्थिरता; स्थैर्य
stability of value — मूल्यस्थिरता
stable — स्थायी; स्थिर
—cheque — मुदत बाह्य (पतावधी) धनादेश
—democracy — स्थिर लोकशाही
—economy — स्थिर अर्थव्यवस्था
—equilibrium — स्थिर समतोल
—exchange — स्थिर विनिमय
—exchange rate — स्थिर विदेशी चलन दर
—population — स्थिर लोकसंख्या
—price — स्थिर किंमत; स्थिर मूल्य
staff association — कर्मचारी संघ
staff organization — कर्मचारी संघटना
stage — पायरी
stage migration — टप्प्या टप्प्याचे स्थलांतरण
stages of economic development — आर्थिक विकासाच्या अवस्था
stagflation — अवरोध-स्फीती; मंदीयुक्त भावफुगवटा
stagment economy — गतिशून्य/अवरुद्ध अर्थव्यवस्था
stagnation — मंदी; अप्रवाहितता; कुंठितता; साचलेपणा
stamp duty — जकात मुद्रांक शुल्क; मुद्रांक शुल्क

stamp duty bill of exchange	विपत्र मुद्रांक शुल्क
stand by arrangement	राखीव व्यवस्था
stand point	दृष्टिकोन; विचाराची दिशा
standard	दर्जा; मानक; प्रमाण; मान; प्रमाणभूत
–coin	मानक नाणे
–commodity	सप्रमाण वस्तू
–composit commodity	संकलित सप्रमाण वस्तू
–cost	मानक परिव्यय
–currency	प्रमाणचलन
–day	प्रमाणदिवस
–deviation	प्रमाण विचलन
–gold	प्रमाण सोने/सुवर्ण
–of living	जीवनमान; राहणीमान
–living wages theory	जीवनमान वेतन सिद्धान्त
–of value	मूल्यमानक; मूल्याचे मानक
–rate	प्रमाण दर
–rate of tax	कराचा प्रमाण दर
–wages	प्रमाण वेतन
–weights and measures	प्रमाणभूत
standardisation	प्रमाणीकरण; मानकीकरण
standardised rate	प्रमाणीकृत/प्रमाणीभूत दर; मानकीकृत दर
stand by	हातचा; राखीव; बदली
stand by arrangement	राखीव व्यवस्था
standing	स्थायी; नेहमीचा; कायमचा उभा; साचलेला; कायमस्वरूपी
–committee	स्थायी समिती
–credit	स्थायी पत

–order	स्थायी आदेश
stand point	दृष्टिकोन; भूमिका; विचाराची दिशा
starting point	आरंभबिंदू
state	राज्य; राष्ट्र; अवस्था; स्थिती
–level	पातळी
–phase	अवस्था
–plane	समतल
–stage	पायरी; टप्पा
–despotic state	स्वैरतंत्री राज्य
–federal state	संघराज्य
–universal state	जागतिक राज्य
state absolution	राज्य निरपेक्षतावाद/ निरंकुशतावाद
–act	राज्य अधिनियम
–action	शासकीय कारवाई
–aid	राज्य अनुदान; राज्यसाहाय्य
–capitalism	राज्य भांडवलशाली
–council of	राज्यसभा
–election commission	राज्यनिवडणूक आयोग
–enterprise	राज्य उपक्रम
–farming	सरकारी शेती
–fund	राज्यनिधी
–government	घटक राज्य; राज्यशासन; राज्यसरकार
–insurance	राज्यविमा
–interference	शासकीय हस्तक्षेप
–investment	सरकारी गुंतवणूक
–legislature	राज्य विधान मंडळ
–list	राज्यसूची
–loyal party	राजनिष्ठ पक्ष
–monopoly	राज्य एकाधिकार
–of consciousness	बोधावस्था; चेतनावस्था
–of socialism	राज्यसमाजवाद

–of tax कराचा दर
–planning राज्यनियोजन
–service tax राज्य वस्तू सेवा कर
–sponsered राज्य पुरस्कृत
–supremo राज्यधुरीण
–the utilitarian theory of राज्याचा उपयुक्ततावादी सिद्धान्त
–trading corporation (STC) राज्य व्यापार मंडळ
stateless society राज्यविहीन समाज
statelessness नागरिकत्व विहीनता; राज्यहीनता
statement of accounts; account to balance लेखा विवरणपत्र
state's policy राज्याच्या धोरणाची निर्देशक तत्त्वे
static स्थितीशील; स्थिर; स्थितीजन्य
–concept स्थिरकल्पना
–economy स्थितीक अर्थव्यवस्था
–energy स्थितीगती
–equilibrium स्थितिशील समतोल; स्थैतिक (स्थितीशील) समतोल
–image स्थिर प्रतिमा
–policy स्थितिशील धोरण
–society स्थितिशील समाज
staticism स्थितीवादी
stationary स्थिर; स्थावर; अचल
stationary time series स्थिर शृंखला
stationery/stable economy स्थिर अर्थव्यवस्था
statitism राज्यवाद; स्थितीवाद
statistical आकडेवारीसंबंधी; सांख्यिकी; सांख्यिकीय
–analysis सांख्यिकी विश्लेषण
–data सांख्यिकी आधारसामग्री
–frequency सांख्यिकीय वारंवारता
–information आकडेवार माहिती
–method सांख्यिकी पद्धत/रीत
–observation सांख्यिकी निरीक्षण
–technique सांख्यिकी तंत्र
statistician संख्यातज्ज्ञ; संख्याशास्त्रज्ञ; सांख्यिक (संख्यातज्ज्ञ)
statistics संख्याशास्त्र
statuate declaratry घोषणात्मक संविधी
statuatory age वैधानिक वय
status quo जैसे थे स्थिती; विद्यमान स्थिती
statute संविधी
–book संविधी पुस्तक
–declaratory घोषणात्मक संविधी
–law सांविधिक कायदा
–of limitations मुदतमर्यादा संविधी
statutory सांविधिक; संविधीमान्य; कायदेशीर
–company सांविधिक कंपनी
–declaration सांविधिक घोषणा
–democracy सांविधानिक लोकशाही
–deposit सांविधिक ठेव/निक्षेप
–development वैधानिक विकास
–development board वैधानिक विकास मंडळ
–instrument सांविधिक साधन
–meeting सांविधिक सभा/बैठक

–order and staturoty rule	सांविधिक आदेश आणि नियम
–organization	सांविधिक संघटना
–price	सांविधिक किंमत
–report	सांविधिक अहवाल
–reserve	सांविधानिक राखीव निधी
–right	सांविधिक अधिकार
–rule	सांविधिक आदेश आणि नियम
–warning	सांविधिक ताकीद
stay	तहकुबी; स्थगिती
stay at home voter	घरबसे मतदार
stay in strike	बैठा संप
steady; inert	अचर; निश्चल; स्थिर
steady market	स्थिर बाजार
steam roller	बहुमताची दादागिरी
steering committee	कर्णधार समिती
steps	उपाययोजना; तजवीज; अनुक्रम
step shaped cost curve	क्रमवार परिव्यय वक्र
stereotype	साचेबंद
sterile	जननक्षम; नापीक; वंध्यत्व
sterility	वंध्यता; जननक्षमता
stigma	कलंक
stimulant	उत्तेजक; प्रोत्साहक; उत्साहवर्धक
stimulation	उत्तेजन; उज्जीवन; प्रोत्साहन
stimuli	उत्तेजके; उत्तेजने
stimulus	चेतक; उत्तेजक; उत्तेजन
stimulus refund	उत्तेजन परतावा
stipend	वेतन; पगार
stochastic	प्रसभवता
stock	साठा; कर्जरोखा
–account	निधीलेखा; संग्रह लेखा
–exchange	शेअरबाजार; रोखे बाजार
–ledger	रोखेधारक पुस्तक; संग्रह खातेवही
–of currency	चलनसाठा
–broker	शेअर दलाल
stoicism	अतिसंयमवाद; स्टोईकवाद
stone age	अश्मयुग
stopp gap finance	अंतरिम वित्तव्यवस्था
stoppage	अटकाव; प्रतिबंध
stopped payment	थांबलेले/रोखलेले प्रदान
storable	संचयक्षम
store of value	मूल्य निधान
storehouse	कोठीघर
storekeeper	भांडारपाल
straddle	तेजीमंदी विकल्पन
straight line method of depreciation	सरासरी घसारा पद्धती
strata; stratum	थर; स्तर
strategic	लष्करी; डावपेचाचे; मोक्याचे
–instrumental relationality	व्यूह तंत्रात्मक साधनस्वरूप तर्क
–study	सामरिक अध्ययन
strategist	युद्धतंत्रज्ञ; राजकारणकुशल
strategy	युद्धनीती; लष्करी डावपेच; व्यूहतंत्र; डावपेच
stratification	स्तरीकरण/स्तरीभवन
stratified random sampling	स्तरित नमुना चाचणी
stratum	स्तर; थर; दर्जा
strength	ताकद; तीव्रता; बळ; मनुष्यबळ

stress ताण; असमाधान
—management ताण व्यवस्थापन
—theory ताण सिद्धान्त
strike संप
—general strike सार्वत्रिक संप
—go slow strike मंदकार्य संप
—lightening strike त्वरित/झटपट संप
—local strike स्थानिक संप
—partial strike आंशिक संप
—pen down strike लेखणी बैठा संप
—protest strike निषेध संप
—sit down strike बैठा संप
—sympathetic strike सहानुभूती संप
—token strike लाक्षणिक संप
strike ballot संपमत
—benefit संप लाभ
—bound संपग्रस्त
—breaker; blackleg संपफोड्या
—breaking संपभंजन
—insurance संपविमा
striker संपकर्ता
strong सज्जड
strong learning effect प्रबळ शिक्षण प्रभाव
strong proofs सज्जड पुरावे
strong room सुरक्षित कक्ष
structural संरचनात्मक
—adjustment programme रचनात्मक सुधारणा कार्यक्रम
—adjustments संरचनात्मक बदल/समायोजन
—ambivalence संरचनात्मक द्विधावृत्ती
—arrangement संरचनात्मक मांडणी
—aspects संरचनात्मक बाजू/पैलू
—constraint संरचनात्मक संरोध/निर्बंध
—dualism संरचनात्मक द्वैत
—functional method संरचनात्मक कार्यात्मक पद्धती
—functionalism संरचनात्मक प्रकार्यवादी
—hierarchy संरचनात्मक उतरंड
—inflation संरचनात्मक अतिवृद्धी/चलनफुगवटा
—planning संरचनात्मक नियोजन
structure संरचना; रचना
—contra structure प्रतिसंरचना
—infra structure आधारभूत संरचना; मूळपाया
—social structure समाजरचना
—super structure अधिसंरचना
—supra structure अतिसंरचना
structural stress theory संरचनात्मक ताण सिद्धान्त
structural unemployment संरचनात्मक बेकारी
structuralism संरचनावाद
structuralist संरचनावादी
structuralist ethnology संरचनावादी मानववंशशास्त्र
structuralist linguistics संरचनावादी भाषाविज्ञान
structuralist theory संरचनावादी प्रणाली
structure dependent रचनाधिष्ठित
structure index number संरचना निर्देशांक
structure of money rates व्याजदरांची संरचना

structure of power relations	सत्तासंबंधाची संरचना
structure of prices	किंमतीची संरचना
structured interview	संरचित मुलाखत
structured questionnaire	संरचित प्रश्नावली
struggle for existence	जीवनकलह
struggle for survival	जगण्याची धडपड
student non violent coordinating committee (SNCC)	विद्यार्थी अहिंसा सहनियमन सभा
study	अभ्यास; व्यासंग; अध्ययन
–diachonic study	द्वैकालिक अभ्यास
–macrocosmic study	स्थूलक अभ्यास
–microcosmic study	सूक्ष्मक अभ्यास
–monographic study	एकविषयक अभ्यास
–pilot study	मार्गदर्शक/पथदर्शक अभ्यास
–synchronoic study	एककालिक अभ्यास
study of structure	संरचनेचा अभ्यास
studygroup	अभ्यास गट
sub broker	उप दलाल
sub contract	उपकरार; पोट कंत्राट
sub judice	आधीन; निर्णयाधीन
sub market	उपबाजार
sub organisation	उपसंघटना
subalter	सबाल्टर्न – शोषित अंकित जनसमूह/निम्नवर्गसमूह
subalter ideology	सबाल्टर्न विचारप्रणाली
subaltern historiography	सबाल्टर्न इतिहासलेखन
subaltern history	उपेक्षितांचा/इतरांचा/वंचितांचा इतिहास
subaltern studies	अध्ययन; असंतोषाचे/उठावाचे अध्ययन
subcaste	पोटजात
subclause	उपखंड
subconscious	आंतरमानसिक
subculture	उपसंस्कृती
subhuman	अवमानव; उपमानव
subject	प्रजा; नागरिक; प्रजानन; कर्ता; विषय
subject centered	ज्ञाताकेंद्री
subject of study/ subject matter	अभ्यासविषय
subject political culture	प्रजाप्रधान राजकीय संस्कृती
subjection	पराधीनता; आधीनता; ताबेदारी; अंकित
subjective	आत्मनिष्ठ; मनोनिष्ठ; विषयसापेक्ष; ज्ञानसापेक्ष; व्यक्तिनिष्ठ
–approach	आत्मनिष्ठ दृष्टिकोन
–fact	व्यक्तिनिष्ठ घटना
–impression	व्यक्तिसापेक्ष मत
–interest	व्यक्तिसापेक्ष अभिरूची
–object	व्यक्तिवस्तू; व्यक्तिविषय
–questionnaire	विषयनिष्ठ प्रश्नावली
–value	आत्मनिष्ठ मूल्य

subjects	प्रजा
subjudice	आधीन; दायी; पात्र; न्यायप्रविष्ट; निर्णयाधीन
sub-labour class	उपकामगार वर्ग
sublease	पोटभाडेपट्टा; पोटपट्टा
sublimation	उदात्तीकरण; उन्नयन; उन्नती
sublime	उदात्त; शांतोदात्त; उन्नत
submarginaial land	अवसीमान्त भूमी
submission	आधीनता
subnormal child	अपसामान्य बालक
subnormal equilibrium	अपसामान्य समतोल
subordinate; subsidiary; inferior	दुय्यम; आश्रयी; गौण
subordinate status	दुय्यम स्थान
subordination	दुय्यमत्व
subrace	उपवंश
subscribed capital	अभिदत्त भांडवल
subscriber	वर्गणीदार
subsection	पोट कलम
subsidiary	सहयोगी/आनुषंगिक; दुय्यम; गौण
—account	दुय्यम लेखा
—bank	सहयोगी बँक
—coin	दुय्यम (गौण) नाणे
—committee	दुय्यम समिती
—company	आनुषंगिक कंपनी
—employment	दुय्यम सेवायोजन/ सेवानियुक्ती
—institute	सहयोगी/उपसंस्था
—operation	साहाय्यक केंद्र
—satrap	दुय्यम पक्षाधिकारी
subsidised	अर्थसहाय्य दिलेला

subsidy; subvention	मदत; अर्थसाहाय्य; उपदान
subsistence	निर्वाह; उपजीविका
subsistance holdings	निर्वाह धारण जमीन
subsistance living wages	निर्वाह वेतन
subsistance theory of wages	निर्वाह वेतन सिद्धान्त
substantial	सारभूत; भरीव; भरपूर
substantive law; fundamental law	आशयात्मक विधी/कायदा मूलभूत विधान (कायदा)
substitute	पर्यायी; बदली
—commodity	पर्यायी वस्तू
—labour	बदली कामगार
—money	पर्यायी पैसा
—security	पर्यायी सुरक्षितता
substitution effect	पर्यायता परिणाम
substraction	वजाबाकी
substratum	निम्नस्तर; मूलाधार
substream, subtrend	उपप्रवाह
subtenancy	पोट कूळवहिवाट; पोटभाडेकरी
subtenant	पोट कूळ; पोटभाडेकरू
subtreasury	उपकोषागार
suburb	उपनगर
suburban trend	उपनगरी प्रवृत्ती
sub-urbanisation	उपनगरीकरण
subvention	अर्थसाहाय्य
subversive	घातपाती; विघातक
succession	अनुक्रम; उत्तराधिकार; वारसा

succession duty	उत्तराधिकार शुल्क
succession tax	उत्तराधिकार कर
successive variation	अनुवर्ती परिवर्तन
successor	उत्तराधिकारी
sucker	शोषक
sufferer	पीडित; सोसणारा
suffrage	मतदार हक्क
suffragette; suffragist	स्त्रीमताधिकारवादी
suffragism	स्त्रीमताधिकारवाद
suicide	आत्महत्या/स्वनाश
summary determination	संक्षिप्त रीतीने निकाल करणे
summit conference	शिखर परिषद
summit diplomacy	शिखर मुत्सद्देगिरी/राजनय
summitry	शिखरनीती (वरिष्ठ पातळीवरील धोरण)
summon	(कोर्टात) हजर राहण्यास सांगणे; बोलावणे (कोर्टाचे)
sumptuary tax	खर्चावरील निर्बंधविषयक कर
sundries	किरकोळ वस्तू
—account	किरकोळ लेखा
—creditor	किरकोळ धनको
—debtors	किरकोळ ऋणको
sunk capital	बुडीत भांडवल
super annuation fund	नियत सेवावधी निधी
—annuation pension	नियत सेवावधी निवृत्तीवेतन
—charge	अधिभार (अधिक आकार)
—numeracy	आधिसंख्य (आवश्यकतेपेक्षा अधिक संख्या)
—organic	अतिजैविक
—power	अतिमहान शक्ती; महासत्ता
—social	अतिसामाजिक
—structure	अतिसंरचना; अधिसंरचना
—tax	अधिकर
superego	परम अहं
super empirical reality	अनुभवातील वास्तवता
superfluity	अतिरिक्तता; अतिरेक; आधिक्य
superhuman	अतिमानवी/अतिमानुष
superiority complex	अहंगंड; उच्चता गंड; वरिष्ठता गंड
superitendent	महानिरीक्षक
superman	अतिमानव; उत्तम मनुष्य; पुरुषोत्तम
supernational	अधिराष्ट्रीय
supernatural	अतिनैसर्गिक; अलौकिक; आधिदैविक; आधिभौतिक
supernatural world	अलौकिक सृष्टी; आधिभौतिक सृष्टी
supernaturalism	अलौकिक शक्तिवाद; आधिभौतिक शक्तिवाद
super numeracy	अधिसंख्य (आवश्यक संख्येपेक्षा जास्त)
superordination	वरश्रेणीकरण
superpower	महाशक्ती
superrealism	अतिवास्तववाद
superstition	वेडगळ; धर्मसमजूत; अंधश्रद्धा
superstructure	अधिसंरचना
supertax	अधिकर
supplement to money	पैशाला पूरक; मुद्रेला पूरक

supplementary budget	पुरवणी अर्थसंकल्प
supplementary demand	पूरक मागणी
supplier	पुरवठाकार; पुरवठा करणारा
supply curve	पुरवठा रेषा/वक्र
–function	पुरवठा फल/अनुवर्त
–of labour	कामगार/श्रमिक पुरवठा
–price	पुरवठाकिंमत
–schedule	पुरवठा अनुसुची
support price	आधार किंमत
suppression	अवरोध; दमन; बीमोड
supramental	अतिमानस
supramundane	पारलौकिक
supranational	अतिराष्ट्रीय; राष्ट्रवादातीत भूमिका
supranationalism	राष्ट्रवादातीत भूमिका
suprasocial	अतिसामाजिक
supreme; premier	सर्वोच्च; श्रेष्ठ; प्रधान; वरिष्ठ
supreme court	सर्वोच्च न्यायालय
supreme law	सर्वोच्च विधी (कायदा)
surcharge	अधिभार; अधिक आकार
surety	जामीनदार; जामीन
–bail	जमानतदार
–guarantor	हमीदार
surk capital	निमग्र भांडवल
surplus	अतिरिक्त; अधिशेष; वाढावा; शिल्लक; आधिक्य
–budget	शिलकी अर्थशास्त्र; शिलकी /वाढाव्याचे अंदाजपत्रक
–capacity	अतिरिक्त क्षमता
–production	अतिरिक्त उत्पादन
–rent	अतिरिक्त खंड
–value	अतिरिक्त मूल्य; मूल्यवाढावा
surrender	शरण जाणे; स्वाधीन होणे
surrender value	सोडकिंमत
surrogate production function	बदली उत्पादन अनुवर्त
surtax	जादा कर
survey	सर्वेक्षण
survey settlement	सर्वेक्षण जमाबंदी पद्धती
survival benefit	उत्तरजीवित्व/उत्तरजीवी लाभ
survival of the fittest	योग्यतमाचा टिकाव
survival, accomdation	निभाव, सोय
suspended sentence	निलंबन शिक्षा; स्थगित शिक्षा
suspense account	निलंबन लेखा
suspension of payment	प्रदान निलंबन
suspensive veto	निलंबी नकाराधिकार
sustainability	शाश्वतता
sustainable city development	शाश्वत नगर विकास
–development	चिरस्थायी/शाश्वत विकास; शाश्वत/चिरंजीवी विकास; स्थायी विकास
–enviornment	शाश्वत पर्यावरण
–farming	शाश्वत शेती
–forest	शाश्वत जंगल
– livelihood	शाश्वत उपजीविका
suzerain	अधिपती; अधिराज; राजाधिराज
suzerainty	अधिराज्य; अधिपत्य
swaps trading	व्यवहार अदलाबदल
sweated labour	शोषित कामगार
swing voter	व्यक्तिनिष्ठ मतदाता

swing over	परिर्वतन; बदल; पालट
symbiosis	अन्योन्यपोषण; सहजीवन
symbol	चिन्ह; प्रतीक; प्रतिकात्मक; सांकेतिक; प्रतीकयुक्त
symbolic	प्रतिकात्मक; प्रतीकयुक्त; प्रतीकात्मक; व्यक्त; सांकेतिक
symbolic behaviour	प्रतीकात्मक वर्तन
symbolic culture	प्रतीकात्मक संस्कृती
symbolic pattem	प्रतीक बंध
symbolic strike	सांकेतिक संप
symbolism	प्रतीकवाद
sympathetic strike	सहानुभूती संप
synchrotism	मतसमन्वय
synchronic study	एककालिक/ समकालिक अभ्यास
synchronise	एककालिक; समकालिक
syndicalism	संघसत्तावाद; श्रेणीवाद
syndicate	व्यवसायसंघ; कार्यकारिणी
syndicatism	संघसत्तावाद
synergy	सहक्रिया
synergy theory	सहक्रिया सिद्धान्त
synergist	सहकारी
synopsis	सारांश; सार
synoptic; substantial	साररूप; सारांशी; सारभूत
synoptic science	साररूप विज्ञान
syntax	वाक्यरचना
synthesis	संयोगीकरण; संश्लेषण; समन्वय; संकलन
synthetic	कृत्रिम; संश्लेषणात्मक
system; scheme	पद्धती; यंत्रणा; व्यवस्था
–deductive system	निगमन पद्धती
–inductive system	उद्‌गमन पद्धती
–as in system of values	मूल्यव्यवस्था
system of hierarchy	श्रेणीरचनेची व्यवस्था
system of information collection	माहिती संकलन पद्धती
system of proportional representation	प्रतिनिधित्व पद्धती
system of values	मूल्यव्यवस्था
system planning	पद्धती नियोजन
systematic	पद्धतशीर; रचनाबद्ध
systematic investment plan	नियोजनबद्ध गुंतवणूक योजना
systematisation	क्रमबद्धता; पद्धतीकरण; पद्धतशीरपणा
systemetic administration	सुविहीत व्यवस्था
systemic risk	प्रणालीतील धोका

T

taboo (tabu)	निषिद्ध; निषेध; वर्जन
tabulation	कोष्टक; सारणी (तक्ता)
tactics	रणनीती; व्यूहरचना/प्रयुक्त्या
take home pay	हाती पडणारा पगार/वेतन
take off	मालाचा उठाव
take over bid	स्वीकार बोली
talisman	ताईत
tangible assets	मूर्त मत्ता
tangible property	मूर्त मालमत्ता
tangible results	मूर्त परिणाम
tangible security	मूर्त प्रतिभूती (सुरक्षा)
target	लक्ष्य

target group approach — लक्ष्य गट दृष्टिकोन
tariff — प्रशुल्क; शुल्क; जकात
tariff agreement — जकात करार
tariff board — शुल्क मंडळ
tariff policy — शुल्क धोरण
task bonus — कार्यकालबाह्य बोनस
taste preference — अभिरुची
tatooing — गोंदणे
tax — कर
—ad valorem tax — मूल्यानुसारी कर
—capital gain tax — भांडवली लाभ कर
—commodity tax — विक्रेय वस्तू कर
—corporation tax — निगम कर
—degressive tax — अवगामी कर
—direct tax — प्रत्यक्ष कर
—double point tax — द्विस्तर कर
—graduated tax — क्रमवर्धी कर
—income tax — आय कर
—indirect tax — अप्रत्यक्ष कर
—occupancy tax — निवासी जागांवरील कर
—multiple/multipoint tax — बहुमुखी/बहुस्तरीय कर
—progressive tax — क्रमवर्धी कर
—property tax — मालमत्ता/संपत्ती कर
—proportional tax — प्रमाणशीर कर
—purchase tax — क्रय/खरेदी कर
—regressive tax — परागामी कर
—sales tax — विक्री कर
—single point tax — एकस्तरीय कर
—single tax — एकल कर
—specific tax — विशिष्ट/परिमाणानुसारी कर
—terminal tax — सीमान्तकर
—toll tax — पथकर
—turnover tax — पणनावर्त (उलाढालीनुसार) कर
—value added tax — मूल्यनिर्मिती कर
—wealth tax — धन कर
tax account — कर्ज खाते
tax act — कर कायदा
tax allowance — कर सूट; करसवलत
tax authority — करप्राधिकरण
tax avoidence — कर टाळणी
tax base — कर आधार
tax code — करसंहिता
tax collection — करवसुली
tax credit — कर पत
tax evader — कर चुकविणारा/बुडविणारा
tax finance — कर वित्तव्यवस्था
tax free — करमुक्त
tax free zone — शुल्कविरहीत प्रदेश
tax friction — करजन्य घर्षण
tax haven — कराश्रयस्थान
tax illusion — करभ्रम/करभ्रांती
tax in kind — वस्तुरूपातील कर
tax incidence — कराचा बोजा/भार
tax liability/offset — कर प्रतितोल (जबाबदारी)/ कराचे दायित्व
tax limit — करसीमा
tax on callings — आजीविका कर
tax paying unit — करदायी घटक
tax proceues — करप्राप्ती
tax refund — करपरतावा
tax remission — करमाफी
tax revenue — कर महसूल उत्पन्न
tax schedule — कर अनुसूची
tax sensitivity — कर संवेदनशीलता
tax sharing — कर सहभागिता/सहभागीदार
tax structure — कर संरचना
tax system — कर पद्धती
taxability — करदेयता; करपात्रता; करयोग्यता

taxable करदेय; करपात्र; करयोग्य
taxable income करपात्र आय/प्राप्ती
taxation करव्यवस्था; कराधान
taxfree zone करमुक्त क्षेत्र
taxonomy वर्गीकरण (कराचे)
teaching-centric अध्यापनलक्ष्यी
technical collaberation तांत्रिक सहयोग
technical diseconomics तांत्रिक परिव्ययवर्धक प्रतिकूलता
technical economics तांत्रिक परिव्यय-हासक अनुकूलता
technical elite तांत्रिक अभिजन
technical knowledge तंत्रविशिष्ट ज्ञान
technical pattern तंत्रबंध
technical service तांत्रिक सेवा
technical/technological unemployment तंत्रजन्य बेकारी
technique तंत्र; पद्धत; प्रक्रिया; कौशल्य
–aided recall technique अनुप्रेरित पुन:स्मरण तंत्र
–ecological technique परिस्थितीशास्त्रीय तंत्र
–graphic technique रेखाचित्रीय तंत्र
–observation technique निरीक्षण तंत्र
–panel technique नामिका तंत्र
–projective technique प्रक्षेपी/प्रक्षेपण तंत्र
–role playing technique भूमिका निर्वाह तंत्र
–scaling technique अनुमापन तंत्र
–statistical technique सांख्यिकी तंत्र
–time sampling technique समयनमुना/वेळ नमुना चाचणीतंत्र
–typological technique प्रकार चिकित्सा तंत्र
technique of production उत्पादन तंत्र
technocracy तंत्रज्ञसत्ता
technocrat तंत्रशहा
technology तंत्रविद्या; तंत्रविज्ञान
technology absorption capacity तंत्रज्ञान अभिशोषण क्षमता
teleological प्रयोजनानुसारी; हेतूदर्शक
technological unemployment तंत्रजन्य बेकारी
telesis प्रगतीनियोजन
telic प्रयोजन
teller system गणक पद्धती
temperament पिंड; स्वभाव; प्रकृती
temperate; finite परिमित; संयमी; मितसेवी
temple centric economy मंदिरकेंद्री अर्थकारण
temporal ऐहिक; कालिक
temporal value ऐहिक मूल्य
temporality कालिकता
temporary अस्थायी; तात्कालिक; हंगामी; अल्पकालिक
temporary guarantee तात्पुरती हमी
temporary worker कामगार अस्थायी

tenancy	कुळवहिवाट; कुळवहिवाटीची मुदत; भाडेदारी/भाडेदारीची मुदत
tenancy act	कुळवहिवाट अधिनियम
tenancy legislation	कुळविषयक कायदे/अधिनियम
tenant	कुळ; खंडकरी; भाडेकरू
tenant cultivation	कुळ कसणूक
tenant farmer	कुळ शेतकरी
tendency	वृत्ती; प्रवृत्ती
–acquired tendency	उपार्जित प्रवृत्ती
–caste tendency	जाती प्रवृत्ती
–inherited tendency	वंशगत प्रवृत्ती
–need disposition tendency	गरजपूर्ती प्रवृत्ती
tender	निविदा
tender money	वैध चलन/पैसा
tenet	तत्त्व
tenur of bill	बिलाचा विपत्राचा अवधी
tenure	सुधारणा; अमदानी; कारकीर्द
term loan	मुदती कर्ज
term marriage	मुदत विवाह
term of office	पदावधी
term/currency of bill	विपत्राची मुदत
term/time deposit	मुदती ठेव
terminable/terminal annuity	समाप्तीयोग्य वार्षिकी
–benefits	सेवामुक्ती लाभ
–cost	अंतिम परिव्यय/खर्च
–market	अंतिम बाजार
–tax	सीमान्तक कर
–taxation	सीमा कराधान
–toll	सीमा पथकर
terminated from service	सेवामुक्त
termination of membership	सदस्यत्व समाप्ती
terminology	परिभाषा
term relative	सापेक्ष पद
terms	तरतूदी; अटी
terms of payment	प्रदानाच्या अटी
terms of reference	विचारार्थ विषय
territorial army	प्रादेशिक सेना
–clan	प्रादेशिक कुल/कुळी
–division of labour	प्रादेशिक श्रमविभागणी
–integrity	प्रादेशिक अखंडता ऐक्य
–proximity	प्रादेशिक समीपता
–sovereignity	राज्यक्षेत्रीय सार्वभौमत्व
territory	राज्यक्षेत्र; भूप्रदेश; प्रदेश
terror	आतंक; दहशत
terrorism	आतंकवाद; दहशतवाद
terrorist	दहशतवादी
terrorist organization	दहशतवादी संघटना
tertiary employment	तृतीयक सेवायोजन
tertiary kinship	तिय्यम नातेवाईक
test	चाचणी; परीक्षा; सचोटी
–aptitude test	अभियोग्यता चाचणी
–consistency test	संगती चाचणी
–empirical test	अनुभवी/अनुभवधिष्ठित चाचणी
–parallel test	समांतर चाचणी
test for civil service	नागरी सेवा चाचणी
testimonial	शब्दप्रामाण्य

testimonio	दस्तऐवज वजा साक्ष
text book approach	संहितालक्ष्यी दृष्टिकोन
textual universe	विश्वसंहिता
theism	आस्तिक्यवाद; ईश्वरवाद
the law	विधिसंहिता
the lowest	निम्नतम
theocracy; theocratic state	धर्मशाही; धर्मसत्ताक राज्य/राज्यपद्धती
theocratic/ theocratical	ईश्वरशास्त्रविषयक/ ईश्वरशास्त्रीय
theology	ईश्वरशास्त्र; धर्मविद्या; धर्मशास्त्र
theoraputic service	उपचारात्मक सेवा
theoretic/ theoretical	औपपत्तिक; सैद्धान्तिक
theoretical acceptance	सैद्धान्तिक मान्यता
–behaviouralist	सैद्धान्तिक वर्तनवादी
–discussion	सैद्धान्तिक चर्चा
–economics	सैद्धान्तिक अर्थशास्त्र
–framework	सैद्धान्तिक चौकट
–generalisation	सैद्धान्तिक सामान्यीकरण
–insight	सैद्धान्तिक अंतर्दृष्टी
–physics	सैद्धान्तिक भौतिकशास्त्र
–policy	सैद्धान्तिक धोरण
–science	सैद्धान्तिक विज्ञान
–value/price	सैद्धान्तिक किंमत
theoriomorphism	पशुदेवतावाद
theorisation	सिद्धान्तन
theorisation about women's issues	स्त्री प्रश्नांसंबंधीचे सिद्धान्त

theory	सिद्धान्त; उपपत्ती; वाद; तत्त्व; मीमांसावाद; नियम
–bargaining theory of wages	सौदा वेतन सिद्धान्त
–marginal productivity theory of wages	सीमान्त उत्पादकता वेतन सिद्धान्त
–residual claimant theory	अवशेषभागी सिद्धान्त
–standard of living theory of wages	जीवनमान वेतन सिद्धान्त
–subsistance theory of wages	निर्वाह वेतन सिद्धान्त
theory of assimilation	अभिसरणाचा सिद्धान्त
–association	सहयोजन सिद्धान्त
–balance of power	सत्ता संतुलनाचा सिद्धान्त
–circulation of elites	अभिजनांच्या संक्रमणाचा सिद्धान्त
–derivation	युक्तिवादाचा सिद्धान्त
–descent	वंशानुक्रमवाद
–divine origin	दैवी उद्‌भव सिद्धान्त
–economic development	आर्थिक विकासाचा सिद्धान्त
–equal transfer motion	समान रूपांतराचे सिद्धान्त
–exchange	विनिमय सिद्धान्त
–price formation for financial assets	वित्तीय जिंदगीची किंमत घडण

–profits; benefit theory	लाभ सिद्धान्त
–property	संपत्तीचा सिद्धान्त
–rent	खंड सिद्धान्त
–revolution	क्रांतीचा सिद्धान्त
–social condition	सामाजिक परिस्थितीचा सिद्धान्त
–subculture	उपसंस्कृती सिद्धान्त
–taxation	कराधान सिद्धान्त
–value	मूल्यमीमांसा
–value determination	मूल्यनिर्धारण सिद्धान्त
–wages	वेतन सिद्धान्त
theosophy	ईश्वरविद्या
theoriomorphism	पशुदेवतावाद
therotical analysis of ineqality	विषमताविषयक सैद्धान्तिक विश्लेषण
thesis	स्थापना; सिद्धान्त; वाद; विधान; स्थितीविधान; प्रमेय; पूर्वपक्ष; प्रबंध; साधकबाधक प्रतिपादन
they group	परसमूह
thinking oriented research	विचारप्रधान संशोधन
third party risk	त्रयस्थ जोखीम
third world	तिसरे जग
thought	चिंतन; विचारप्रणाली; विमर्श; प्रज्ञा; शाखा
thought transference	विचारसंक्रमण; विचारविनिमय
three tier system	त्रिस्तरीय रचना
thrift; economy	काटकसर; मितव्यय
tied aid	सशर्त मदत
tied loan	बद्ध कर्ज
tight market	तंग बाजार
tight money	दुर्मिळ पैसा/मुद्रा
time barrel	मुदतबाह्य
–bill	सावधी विपत्र (हुंडी)
–bound	कालबद्धता
–deposit	सावधी ठेव
–intrinsic	काल आंतरिक; कालगर्भ
–lag	काल पश्चायन; समयान्तर
–liability	सावधी दायित्व
–sampling technique	वेळ नमुना चाचणी तंत्र; समय नमुना चाचणी तंत्र
–scale pay	समय श्रेणी वेतन
–shape of real income	वास्तव उत्पन्नाचे कालरूप
–utility	काल/समय उपयोगिता
–wages	कालाधिष्ठित वेतन; समय मजुरी/वेतन
timeseries econometrics	कालशृंखला अर्थमिती
timeshape of real income	वास्तव उत्पन्नाचे कालरूप
title	किताब; हक्क; अधिकार
titular	नामधारी
titular executive	नामधारी कार्यकारी
titular sovereginty	नामधारी सार्वभौमत्व
token	ओळखचिन्ह; प्रतीक
token coin	प्रतीक नाणे
token money	प्रतीक मुद्रा/पैसा
token payment	प्रतीकात्मक प्रदान
token strike	लाक्षणिक संप
tolerantion act	सहिष्णुता कायदा
toll tax	पथकर
tone	नूर; उठाव; सूर; स्वर; हेल; कार्यक्षमता; ताण
tonsure	केशवपन

tools down strike काम बंद संप
torture तीव्र यातना; छळ
total cost एकूण परिव्यय/खर्च
total differentiation पूर्ण विकलन विभेदन
total good संपूर्ण शिव
total literacy पूर्ण साक्षरता
total revenue product एकूण आगमरूप उत्पादन
total revolution सर्वांगीण क्रांती
total utility एकूण उपयोगिता
totalitarian अधिकेंद्रित; एकतंत्री; एकसत्ताक; सर्वंकष; एकसत्ताक
totalitarian government अधिकेंद्रित/सर्वंकष शासन
totalitarian state अधिकेंद्रित/सर्वंकष राज्य
totalitarian system सर्वंकष अल्पजनसत्ताक पद्धती
totalitarianism सर्वंकषवाद; एकसत्ताक पद्धती
totality संपूर्णता; साकल्य
totem कुलचिन्ह; गणकेतन; देवकचिन्ह; गणचिन्ह; देवकचिन्ह
totem pole देवकस्तंभ
totemic clan देवकी कुळ
totemic kinship देवकी नातेसंबंध
totemism देवकवाद
tout कज्जे दलाल
town and country planning नगर व निसर्ग नियोजन
town development scheme नगरविकास योजना
town planning नगरनियोजन
trade व्यापार; व्यवसाय
tradable व्यापार/विनिमय करता येण्याजोगा
trade account व्यापारी खाते
—ariborne trade हवाई व्यापार
—bilteral trade द्विदेशीय/उभयपक्षी व्यापार
—irect trade प्रत्यक्ष व्यापार
—entrepot trade पुनर्निर्यात/उतारपेठ व्यापार (सर्व माल एकत्र साठवून नंतर त्याचा व्यापार केला जातो)
—export trade निर्यात व्यापार/परदेश व्यापार
—external (foreign) trade विदेश व्यापार
—free trade अनिर्बंध/खुला/मुक्त व्यापार
—home trade देशान्तर्गत व्यापार
—import trade आयात व्यापार
—indirect trade अप्रत्यक्ष व्यापार
—internal trade अंतर्गत/देशान्तर्गत व्यापार
—international trade आंतरराष्ट्रीय व्यापार
—land frontier trade स्तल सीमान्त व्यापार
—reciprocal trade परस्पर व्यापार
—restricted trade निर्बंधित व्यापार
—seaborne trade सागरी व्यापार
—triangular trade त्रिपक्षीय व्यापार
—business धंदा; उद्योग
—commerce व्यापार; वाणिज्य
—industry उद्योग
—traffic व्यापार; अपव्यापार
trade agreement व्यापार करार
—association व्यापारसंघ
—barriers व्यापाररोध
—bill व्यापारविपत्र; व्यापारी पत्र
—board व्यापार मंडळ
—centre व्यापार केंद्र
—charges व्यापार आकार

–charges account	व्यापार आकार लेखा
–controls act	व्यापार निर्बंध कायदा
–credit	व्यापारी पत
–creditor	व्यापार धनको
–cycle	तेजीमंदीचे चक्र
–deficit	व्यापार तूट
–directory	व्यापार निर्देशिका
–discount	व्यापारी कसर
–discrimination	व्यापार विविधीकरण
–dispute	व्यापार विवाद
–dispute act	व्यापार विवाद अधिनियम
–distribution	व्यापार वितरण
–enquiry	व्यापार चौकशी
–ethics	व्यापार नीती
–expense account	व्यापार खर्च लेखा
–ledger	व्यापार खाते वही
–loan	व्यापार कर्ज
–mark	व्यापार चिन्ह
–marks act	व्यापार चिन्ह अधिनियम
–name	व्यापार नाम
–off point	सममूल्य बिंदू
–pattern	व्यापाराचे स्वरूप/पद्धती
–practices	व्यापार प्रथा
–price	व्यापारी किंमत (भाव)
–profit	व्यापारी नफा
–protection	व्यापारी संरक्षण
–protection association	व्यापारी संरक्षण संघ
–reference	व्यापारी ग्वाही
–restriction	व्यापारी निर्बंध
–sanction	व्यापार अनुशास्ती
–secret	व्यापारी/व्यावसायिक गुपित
–surplus	व्यापार वाढावा
–treaty	व्यापारसंधी
–union	कामगार/श्रमिक संघ
–union act	कामगार संघटना कायदा
–unionism	कामगार संघवाद
trade and development	व्यापार आणि विकास
trading	व्यापारी व्यवहार
trading account	व्यापारलेखा
trading bank	व्यापारी बँक
tradition	परंपरा
tradition oriented society	परंपराभिमुख समाज
traditional authority	पारंपरिक अधिकार
traditional function	पारंपरिक कार्य
traditional sources of energy	ऊर्जास्रोत पारंपरिक
traditional values	पारंपरिक मूल्ये
traditionalism	परंपरावाद
traffic	व्यापार; वाहतूक; अपव्यापार
traffic (in human beings)	माणसांचा अपव्यापार
traffic pool	वाहतूक समुच्चय
traffic return	वाहतूक प्राप्ती
training	प्रशिक्षण
–basic training	मूलभूत प्रशिक्षण
–fundamental training	पायाभूत प्रशिक्षण
–industrial training	औद्योगिक प्रशिक्षण
–inservice training	सेवान्तर्गत प्रशिक्षण
–management training	व्यवस्थापन प्रशिक्षण
–orientation training	दिशानिर्देशन प्रशिक्षण

–post-entry training	प्रवेशोत्तर प्रशिक्षण
–pre-entry	प्रवेशपूर्व प्रशिक्षण
–refresher training	उजाळणी प्रशिक्षण
–sandwitch training	दोन शैक्षणिक सत्रांच्या मधल्या काळातील प्रशिक्षण
–vocational training	व्यावसायिक प्रशिक्षण
traits	गुण; गुणविशेष
–cultural traits	सांस्कृतिक गुणविशेष
–dominant traits	प्रभावी गुणविशेष
–personality traits	व्यक्तिमत्त्व गुणविशेष
–racial traits	वांशिक गुणविशेष
–recessive traits	निष्प्रभावी गुणविशेष
–social traits	सामाजिक गुणविशेष
traitorship	दडपशाही
transaction	व्यवहार; कामकाज; देवघेव
transaction cost	व्यवहारातील किंमत
transaction money	व्यवहारार्थी पैसा
transaction motive	देवघेव हेतू
transfer	हस्तांतर; स्थानांतरण; बदली
–cheque	स्थानांतरण धनादेश
–cost	बदली परिव्यय
–entry	खातेबदल नोंद
–of shares	भागांचे हस्तांतरण
–of ownership rights	मालकी हक्कातील परिवर्तन
–payments	हस्तांतरणीय प्रदान
–transactions	हस्तांतरण व्यवहार
–value	पर्यायी मूल्य
transferable accounts	हस्तांतरणीय लेखा
transferable cheque	हस्तांतरणीय धनादेश
transferable goods	हस्तांतरणीय माल/वस्तू
transference	हस्तांतरण
transformation	हस्तांतरण
transformation cost	रूपांतरण परिव्यय/खर्च
transformation curve	रूपांतरण वक्र
transformation stage	संक्रमण अवस्था
transformer	परिवर्तक (रुपांतर करणारा)
transfrontier trade	सीमापार व्यापार
transgression	अतिक्रमण
transhipment trade	नौकांतर/वाहनांतरण व्यापार
transhumanism	अतिमानवतावाद
transition	संक्रमण
transitional period	संक्रमण काळ
transitory	अशाश्वत; क्षणभंगुर
transmission	वहन; संचारण; संक्रमण
transmission of share capital	भागांचे संक्रमण
transhipment trade	वाहनांतरण/नौकांतर व्यापार
transport	काळ्या पाण्यावर पाठविणे; परिवहन
transport economics	परिवहन अर्थशास्त्र
transportability	सुवाह्यता
transportation for life	काळे पाणी; जन्मठेप; काळ्या पाण्याची शिक्षा
transvaluation	मूल्यपरिवर्तन; मूल्यांतरण
trapped bull	पेचात आणलेला तेजीवाला
trauma	आघात

traumatic psychosis	आघातजन्य मनोविकृती
travel agent	प्रवास अभिकर्ता/एजंट
traveller's cheque	प्रवासी धनादेश
traveller's letter of credit	प्रवासी पतपत्र
travelling agent	फिरता एजंट
treason	राष्ट्रदोह
treasure bill market	कोषागार विपत्रे बाजार
treasurer	कोषाध्यक्ष
treasury	कोषागार; खजिना; राजकोष
treasury banking	कोषागार अधिकोषण/ बँकव्यवहार
treasury bill	कोषागार बिल; कोषाभार पत्र; राजकोष विपत्र
treasury bond	राजकोष बंधपत्र
treasury deposit	राजकोषीय ठेव निक्षेप
treasury directive	राजकोषीय निर्देश
treaty	तह; करार; संधी; वाटाघाटी
treaty of peace	शांतता करार
tree marriage	वृक्ष विवाह
trend	प्रवाह; ओढा; कल; प्रवृत्ती
—population trend	लोकसंख्येचा कल; लोकसंख्येची प्रवृत्ती
—secular trend	धर्मनिरपेक्ष/इहनिष्ठ प्रवृत्ती
—social trend	सामाजिक प्रवृत्ती
—suburban trend	उपनगरी प्रवृत्ती
—urban trend	नागरी प्रवृत्ती/शहरी वृत्ती
trend analysis	बदलाचे विश्लेषण
trenty; truce	तह
trespass	अतिक्रमण
trial	न्यायपरीक्षा; चौकशी चाचणी प्रयत्न; खेळी; परीक्षा
trial and error method	प्रयोग व प्रमाद पद्धती
trial balance	तेरीज
trial marriage	प्रयोगविवाह
triangular trade	त्रिपक्षीय व्यापार
tribal area	जनजातिसमूह
tribal chief	जमात नायक
tribal community	जनजात समूह
tribal exogamy	जमाती बहिर्विवाह
tribal welfare	जमात कल्याण
tribe	जमात; टोळी
tribunal	न्यायसभा; न्यायाधिकरण
tribune	लोककैवारी
tripartile	त्रिविध; त्रिधा; त्रिपक्षीय
tripartile pact	त्रिपक्ष करार; त्रिपक्षीय तह
triplicate bill of exchange	विपत्राची तिसरी प्रत
trojan borseman (fifth columnist)	पंचमस्तंभी (दुसऱ्या गोटात शिरून माहिती काढणारा)
truck system	किरकोळ वेतन पद्धती
trumatic psychosis	आघातजन्य विकृती
trust	विश्वस्त; न्यास; विश्वस्त मंडळ; एकाधिकार न्याय
trust deposit	न्यास निक्षेप
trust fund	विश्वस्त निधी
trust receipt	न्यास पावती
trust territory	विश्वस्त प्रदेश
trust/trusty board	विश्वस्त मंडळ
trustee	विश्वस्त
trustee securities	विश्वस्त रोखे
trusteeship council	विश्वस्त परिषद
trusteeship system	विश्वस्त पद्धती
trusteeship theory	विश्वस्त सिद्धान्त
trust bond	विश्वस्त निधी
trust receipt	न्यास पावती

trust territory विश्वस्त प्रदेश
truth value सत्यता मूल्य
truth, authenticated प्रमाणित सिद्धान्त
truth, contingent नैमित्तिक सत्य
truth, objective वास्तव सत्य
truths of reason सत्यता मूल्य
tultelage पालकत्व; अज्ञानदशा
turn over migration फिरते स्थलांतरण
turnout उत्पादनासाठी एकत्र आलेले लोक
turnover उलाढाल; पणनावर्त (उलाढाल)
turnover tax पणनावर्त (बाजारातील उलाढालीनुसार कर)
tutelary संरक्षक ठेव
two dimentional symbol द्विपरिमाणीय प्रतीक; द्विमितीय प्रतीक
two part tariff दुपाखी शुल्क
two part tax दुपाखे कर
tying agreement बंधन करार; सशर्त करार
typical नमुनेदार; प्रातिनिधिक; वैशिष्ट्यपूर्ण
typological technique प्रकार चिकित्सा तंत्र
tyranny निरंकुशता; निरंकुश शासन

U

ubiquity सार्वत्रिकता; सर्वव्यापकता; सर्वव्यापी
ultimate cause अंतिम कारण
ultimate law अंतिम नियम
ultimogeniture कनिष्ठाधिकार; कनिष्ठ वारसा
umpire पंच; मध्यस्थ
unanimity एकमत; ऐक्य; मतैक्य
unattentive उपेक्षित
unauthorised अनधिकृत
unbalanced असमतोल; असंतुलित
unbalanced budget असमतोल अर्थसंकल्प
unbalanced growth असंतुलित विकास; असमतोल विकास
unclaimed balance न मागितलेली बाकी/शिल्लक
unclaimed security अस्वाभाविक रोख/प्रतिभूती
uncommitted nation बांधील नसलेले राष्ट्र
uncommuted value अराशीकृत मूल्य
unconditional acceptance बिनशर्त स्वीकृती
unconditional assignment बिनशर्त अभिहस्तांकन
unconditional surrender बिनशर्त शरणागती
unconfirmed credit पृष्टी न दिलेली पत
unconscious अबोध; जाणीव नसलेला
unconscious, collective सामष्टिक/सामूहिक अबोध
unconsciousness अबोधावस्था; नेणीव
unconstitutional घटनाविरोधी; संविधानविरोधी
uncontrolled sexuality अनियंत्रित लैंगिकता
uncorporated business अनिगमित व्यवसाय
uncrossed cheque अरेखित धनादेश/चेक

uncurrent coin अप्रचलित नाणे
undated cheque दिनांकरहित धनादेश/चेक
under अखत्याराखालील; अधिकाराखालील
underconsumption theory न्यून उपभोग सिद्धान्त
underdeveloped न्यूनविकसित; अर्धविकसित
under developed economy अपूर्ण विकसित अर्थव्यवस्था
underemployment अपूर्ण काळ रोजगार/रोजगारी; न्यून रोजगार
under estimation न्यून अनुदान
underground भूमिगत
under ground area भूमिगत क्षेत्र
under investment न्यून गुंतवणूक
under invoice न्यून बीजक करणे
under nourished अवपोषित
under population उणी/न्यून लोकसंख्या
under production न्यून उत्पादन
underdeveloped अप्रगत
underdeveloped अर्धविकसित; अल्पविकसित; अविकसित; न्यून विकसित
underground भूमिगत
underground water survey भूजल सर्वेक्षण
underlease पोट भाडेपट्टी; पोटपट्टा
underprice अपकिंमत
underprivileged विशेषाधिकाररहित; विशेषाधिकारवंचित
understands of sexuality लैंगिकतेचे आकलन
undertaken उपक्रमी; जबाबदार
undertaker उपक्रमी
undertaking उपक्रम
undervaluation अधोमूल्यन
undervaluation of currency चलन अधोमूल्यन/न्यूनमूल्यन चलनाचे अधोमूल्यन
undervalued currency न्यूनमूल्यित चलन
underworld गुन्हेगारी जग
underwriter हमीकर्ता
underwriter agent हमीदार अभिकर्ता
underwriting commision हमी कमिशन आडत
undifferential/ undifferentitated society भेदावर न आधारलेला समाज; अभेदित (भेद नसलेला) समाज
undisbursement loan अवितरित कर्ज
undischarged bankrupt अमुक्त दिवाळखोर
undischarged insolvent अविमुक्त नादार व्यक्ती
undistributed profit न विभागलेला नफा
undivided family अविभक्त कुटुंब
undogmatic अनाग्रही
undue advantage गैरफायदा
unearned income अनार्जित उत्पन्न
unearned increment अनार्जित वाढ/वृद्धी
uneconomic holding अनिर्वाहक क्षेत्र; बिनकिफायती धारणक्षेत्र
unemployed बेकार; निरुद्योगी
unemployment बेकारी; बेरोजगारी/बेरोजगार
—agricultural unemployment कृषी बेकारी

–cyclical unemployment	चक्री बेकारी
–disquised unemployment	प्रच्छन्न/छुपी अप्रत्यक्ष बेकारी
–educated unemployment	शिक्षितांची बेकारी
–frictional unemployment	संघर्षजन्य बेकारी
–involuntary unemployment	अनैच्छिक बेकारी
–seasonal unemployment	हंगामी/मोसमी बेकारी
–structural unemployment	संरचनात्मक बेकारी
–technical unemployment	तंत्रजन्य बेकारी
–urban unemployment	नागरी बेकारी
–visible unemployment	प्रत्यक्ष/दृश्य बेकारी
–voluntary unemployment	ऐच्छिक बेकारी
unemployment benefits	बेकारी लाभ/हितलाभ
unemployment compensation	बेकारी भरपाई
unemployment insurance	बेकारी विमा
unemployment rate	बेकारी दर
unequal distribution of income	उत्पन्नाचे विषम वाटप
unequal exchange	असमान विनिमय
unequalistic social pattern	विषमतावादी समाजरचना
unexpired loan	चालू असलेले/न संपलेले कर्ज
unfair competition	अनुचित/अन्याय्य स्पर्धा
unfavourable balance of payment	प्रतिकूल आयात निर्यात शेष
unfavourable balance of trade	प्रतिकूल व्यापारशेष
unfavourable rate of exchange	प्रतिकूल विनिमय दर
unfunded debt	अनिधिगत ऋण; अस्थायी कर्ज/ऋण
unicameral	एकगृही; एकसदनीय
unicorported business	अनिगमित/असमाविष्ट व्यवसाय
unification	एकरूपता; एकीकरण; समानता
uniform	एकसमान
uniformity; unification	एकसारखेपणा; एकरूपता
unifunctional	एककार्यात्मक
unilateral	एकपार्श्विक; एकपक्षी/एकपक्षीय
unilinear theory	एकरेषीय सिद्धान्त
union; unity unanimity	ऐक्य; संघ; संयोग; संघटना
–company union	कंपनी संघ
–industrial union	औद्योगिक संघ
–labour union	श्रमिक/कामगार संघ
–occupational union	व्यावसायिक संघ
–trade union	श्रमिक/कामगार संघ
union emoluments	संघीय लाभ (मिळकत)
union of labours	श्रमिकांचे संघटन

union public service commision	संघ लोकसेवा आयोग
union territory	संघराज्य क्षेत्र
unionism	संघवाद
unique	एकमेवाद्वितीय; व्यवच्छेदक
unique identitication	व्यवच्छेदक लक्षण
uniqueness	अनन्यत्व/अनन्य
unit	घटक; एकक; पथक
unit banking	शाखाहीन अधिकोषण
unit investment trust	युनिट गुंतवणूक विश्वस्त मंडळ
unit of account	हिशेब एकक; हिशेबाचे एकक
unit of value	मूल्य एकक
unit trust	युनिट ट्रस्ट
unitarianism	एकतत्त्ववाद; ऐक्यतत्त्ववाद
unitary	एकघटकी; एकपरिणामी; एकीय; ऐक्यदर्शक
unitary, constitution	एकात्मक संविधान
unitary elastic demand	एकीय लवचिक मागणी (ज्याच्या मागणीच्या लवचिकतेचे गुणोत्तर एक आहे असा)
unitary government	एकराज्य शासन
united aid	अबद्ध साहाय्य; विमुक्त मदत
united nations	संयुक्त राष्ट्रे
united progressive alliance	संयुक्त पुरोगामी आघाडी
units	नगसंख्या/एकक
unity	एकता; ऐक्य
universal	सार्वत्रिक; वैश्विक; विश्वव्यापी; सर्वव्यापी
—assumptions	वैश्विक गृहिते
—bank	वैश्विक बँक
—banking	सार्वत्रिक बँकिंग
—cities	वैश्विक नगरे
—dimensions	वैश्विक परिमाणे
—state	जागतिक राज्य
—grammer	सर्वनिष्ठ व्याकरण
—happening	वैश्विक घटना
—justice	सार्वत्रिक न्याय
—principle	सर्वनिष्ठ तत्त्व
—religion	विश्वधर्म; जागतिकधर्म
—spirit	विश्वात्मा
—structure	विविधीकरण विश्वरचना
—traditions	वैश्विक प्रथा
universalisation of information	माहितीचे सार्वत्रिकीकरण
universalisation	सार्वत्रिकरण
universalism	विश्वजनहितवाद; विश्वपरता; विश्ववाद
universality ubiquity	सार्वत्रिकता
universality view	सार्वत्रिकतेचा दृष्टिकोन
university grants commission (UGC)	विद्यापीठ अनुदान आयोग
unlawful	बेकायदेशीर; विधी अग्राह्य
unlawful assembly	बेकायदेशीर जमाव
unlimited company	अमर्यादित कंपनी
unlimited liability	अमर्यादित दायित्व
unlimited liability principle	अमर्यादित जबाबदारी तत्त्व

unlimited partnership	अमर्यादित भागीदारी
unlimited period	अमर्यादित मुदत
unlimited/ uncontrolled	अनिर्बंध
unlisted securities	सूचिबाह्य रोखे
unnamed inspirations	अवशिष्ट प्रेरणा
unorganized sector	असंघटित क्षेत्र
unorthodox	सुधारक
unpaid	अवेतनी; बिनपगारी
unpaid premium	अदत्त अधिमूल्य (न दिलेला विम्याचा हप्ता)
unpaid service	अवेतनी सेवा
unparallel information	असममिती माहिती
unparliamentary	असंसदीय
unpeopled	निर्जन
unproductive	अनुत्पादक
unproductive consumption	अनुत्पादित उपभोग
unproductive suffix	अनुत्पादक प्रत्यय
unqualified acceptance	अवशेषित स्वीकृती
unregulated economy	निर्नियंत्रित अर्थव्यवस्था
unrequited export	मोबदला निर्यात
unsafe sexual relations	असुरक्षित लैंगिकसंबध
unsecured creditor	अप्रतिभूत (असुरक्षित) धनको
unsecured debenture	अप्रतिभूत ऋणपत्र
unsecured loan	असुरक्षित/खाजगी कर्ज
unsecured loans and advances	असुरक्षित कर्जे व अग्रिमे
unsocial	असामाजिक
unsound; unsubstnatial	विकल; दुर्बल; पोकळ; चुकीचा
unsoundness of mind	मनोदौर्बल्य; मनोवैफल्य
unstable	चंचल; अस्थिर
–equilibrium	अस्थिर समतोल
–exchange	अस्थिर विनिमय
–exchange rate	अस्थिर विनिमय दर
–worker	अस्थिर कामगार
unstructured questionnaire	असंरचित प्रश्नावली
unsubstantial	पोकळ
untimed retirement	अकाली निवृत्ती
untouchability	अस्पृश्यता
untouchable	अस्पृश्य
unwritten constitution	अलिखित घटना/संविधान
upgrading	श्रेणीवाढ
upheaval	उत्क्रांती; उन्नती
upliftment	उद्धार
upper caste	उच्चजात
upper chamber	उच्च सदन
upper house	वरिष्ठ सभागृह
uprising	उठावणी; उठाव; बंड
uprooting	अपखंडण
upset price	सरकारी बोली; हातची किंमत
upward distribution of income	ऊर्ध्व उत्पन्नवाटप
upword mobility	ऊर्ध्वगामी गतिशीलता

urban	नागर; शहरी
–anthropology	नागरी मानवशास्त्र
–bank	अर्बन/नागरी/शहरी बँक
–centralisation	नागरी केंद्रीकरण
–civilization	नागरी सभ्यता
–community	नागरी समूह
–co-operative bank	नागरी सहकारी बँक
–co-operative society	नागरी सहकारी संस्था
–development	नगरविकास; नागरी विकास
–development policy	शहरीकरण/नागरीकरण धोरण
–environament	नागर पर्यावरण
–family	नागरी कुटुंब
–growth	नगरांची वाढ; नागरी वाढ
–local self-government	नागरी स्थानिक संस्था
–renewal	नागरी नूतनीकरण
–rural migration	नागरी-ग्रामीण स्थलांतरण
–social structure	नागरी समाजरचना
–sociology	नागरी समाजशास्त्र
–trend	नागरी प्रवृत्ती; शहरी प्रवृत्ती
–unemployment	नागरी बेकारी
–zone	नागरी क्षेत्र
urbanisation	नागरीकरण; शहरीकरण
urbanism	नागरी रूप
urban-rural migration	नागरी-ग्रामीण स्थलांतरण
urge	निकड; पोटतिडीक; प्रेरणा
usage; utilisation	परिपाठ; वापर; प्रथा वापर
use of income	उत्पन्नाचा वापर
use value	उपयुक्तता मूल्य
user cost	प्रत्यक्ष उपयोग करणाऱ्याला पडणारा खर्च/परिव्यय
usual course	सामान्य/नित्य क्रम; नित्य व्यवहार
usufructuary mortage	फलोपभोग गहाण; ताबे गहाण
uterine brother	सहोदर
uterine descent	मातृक परंपरा
utilatarian doctrine	उपयोजितावादी सिद्धान्त
utilisation	वापर; उपयोग; उपयोगिता
utilisation factor	उपयोगिता गुणांक
utilisation value	उपयोगिता मूल्य
utilitarian doctrine	उपयुक्ततावादी सिद्धान्त; उपयोगितावादी
utilitarianism	उपयुक्ततावाद; उपयोगितावाद
utilitarian philosophy	उपयुक्ततावाद; उपयोगितावाद
utility; utilisation	उपयुक्तता; उपयोगिता
–iminishing utility	ऱ्हासमान उपयोगिता
–equimarginal utility	समसीमान्तिक उपयोगिता
–form utility	रूप उपयोगिता
–increasing utility	वर्धमान उपयोगिता
–marginal utility	सीमान्तिक उपयोगिता
–negative utility	नास्ति उपयोगिता
–place utility	स्थान उपयोगिता
–positive utility	अस्ति उपयोगिता
–possession utility	धारण उपयोगिता
–service utility	सेवा उपयोगिता
–time utility	समय उपयोगिता
–total utility	एकूण उपयोगिता

utility function	उपयोगिता फल (अनुवर्त)
utility measures/ standards	उपयोगिता परिमाणे
utility theory of value	उपयोगिता मूल्य सिद्धान्त
utopia	आदर्श राजा
utopian	कल्पितादर्शवादी; काल्पनिक

V

vaccination	लसीकरण
vagabond; vagrant	उनाड; भटका
vagrancy	भटकेपणा; उनाडकी
vagrant	भटक्या
valid	वैध; युक्त; तार्किक; कायदेशीर
valid allotment	विधिग्राह्य नियतवाटप/ भागवाटप
valid policy	ग्राह्य विमापत्र
validated; established	प्रमाणित
validation	प्रामाण्यनिर्धारण
validity	वैद्यकीयीकरण वैधता; सप्रमाणता; सबलता; प्रामाण्य; विधिग्राह्यता
validity of data	आधारसामग्री सप्रमाणता; आधारसामग्रीचे प्रामाण्य
validity self	स्वत: प्रामाण्य
valid policy	ग्राह्य विमापत्र
vaiorisation	किंमत रक्षण
vaiorisation scheme	किंमत रक्षण योजना
valuable security	किंमती दस्तवेज/प्रतिभूती
valuation	मूल्यांकन
—appraisement	मूल्यन
—assessment	मूल्यनिर्धारण; निर्धारण
—estimation	अंदाजी किंमत
—evaluation	मूल्यमापन
value	मूल्य; किंमत
—above par value	अधिमूल्य
—absolute value	निरपेक्ष/केवल मूल्य
—below par value	अवमूल्य
—capitalised value	भांडवली/भांडवलीकृत मूल्य
—commuted value	अंशराशीकृत मूल्य
—economic value	आर्थिक मूल्य
—external value	बाह्य मूल्य
—face value	दर्शित मूल्य
—internal value	आंतरिक मूल्य
—intrinsic value	वस्तुगत मूल्य
—local value	स्थानिक मूल्य/किंमत
—mean value	सरासरी मूल्य
—nominal value	नाममात्र मूल्य
—objective value	वस्तुनिष्ठ मूल्य
—par value	सममूल्य; तुल्यता मूल्य
—real value	वास्तव मूल्य
—relative value	सापेक्ष मूल्य
—scarcity value	दुर्मिळता मूल्य
—subjective value	आत्मनिष्ठ मूल्य
—surplus value	अतिरिक्त मूल्य
—uncommuted value	अराशीकृत मूल्य
—vocational value	व्यावसायिक मूल्य
value added tax	मूल्यनिर्मिती कर; मूल्याधिकरण कर
Value Added Tax (VAT)	मूल्यवर्धित कर/विक्रीकर
value addition	मूल्यवर्धितता; मूल्यसंवर्धन
value as means	साधनरूप मूल्य
value at par	सममूल्य
value based sociology	मूल्यभारित समाजशास्त्र
value creative	सर्जनशील मूल्य

value dated	मूल्य दिनांक
value in use	उपयोग मूल्य
value judgement	मूल्य धारणा; मूल्यनिर्णय; मूल्यनिर्माण; मूल्यामूल्य विवेक
value of immovable property	स्थावर मूल्य
value of material	वस्तू मूल्य
value of money	मुद्रामूल्य
value neutral	मूल्यनिरपेक्ष
value priority	मूल्यप्राधान्य
valued	मूल्यांकित
valued fire policy	मूल्यांकित आग विमापत्र
valued policy	मूल्यांकित विमापत्र
valuelessness	मूल्यहीनता
valuer	मूल्यपरीक्षक
vanguard of proletariot	श्रमजीवींचे अग्रदल (सेनाप्रमुख)
variability	चलता; परिवर्तनीयता; विकारी
variable	चल; परिवर्तनशील; अस्थिर; विकारक्षम
–dependent variable	परायत्त/पराधीन चल
–independent variable	स्वायत्त चल
–qualitative variable	गुणात्मक चल/परिवर्तन
–quantitative variable	परिणामात्मक चल/ परिवतर्न संख्यात्मक परिवर्तन
variable capital	चलन/बदलते भांडवल
variable cost	चल परिव्यय
variation	विकार; परिवर्तन
variation, direct	प्रत्यक्ष/सरल परिवर्तन

variation, inverse	व्यस्त परिवर्तन
variation, parallel	समांतर परिवर्तन
variation, qualitative	गुणात्मक परिवर्तन
variation, quantitative	परिमाणात्मक परिवर्तन
variation, successive	अनुवर्ती परिवर्तन
variationist	भेदनिष्ठ
varna system	वर्चस्ववादी वर्णव्यवस्था
vassal state	मांडलिक राज्य
velocity	वेग
velocity of circulation of money	चलनाचा भ्रमणवेग
vendee	क्रेता; खरेदीदार
vendetta	कुलवैर
vendiable	विक्रेय
vendor	विक्रेता
verbalism	शब्दवाद; शाब्दवाद
verifiability	प्रमाणक्षमता; निकषणीयता
verification	पडताळा
veritability principle	प्रत्यंतराचे तत्त्व
verstenhen	आत्मनिष्ठ बोध
vertical	उभा; ऊर्ध्वस्तर
vertical combination	ऊर्ध्व संयोग; भिन्नस्तर सम्मीलन
vertical equity	ऊर्ध्वस्तर समन्याय
vertical group	असमस्तरीय समूह
vertical integration	भिन्नस्तर एकात्मता
vertical mobility	ऊर्ध्वरेषी/स्तंभीय चलता/चलनशीलता
very short period	अतिअल्पकालीन
vested interest	गुंतलेले हितसंबंध

veteran; skilled कसलेला; कसबी; मुरब्बी; मुरब्बी योद्धा; अनुभवी व्यक्ती
veto; veto power नकाराधिकार
viable जीवनक्षम; वर्धनक्षम
viable community स्वयंनिर्वाही समाज
viable economy स्वयंनिर्वाही अर्थव्यवस्था
viable proposal स्वयंनिर्वाही प्रस्ताव
vicious circle दुष्टचक्र
vicious, intellectualism विकृत बुद्धिवाद
vicissitude स्थित्यंतर
victionisation बळी; छळ; सूड
video tapes चित्रफिती
vigilence जागरूकता; दक्षता
vigilence commission दक्षता आयोग
vindication of the rights of women स्त्रियांच्या हक्कांचे समर्थन
violence हिंसा/हिंसाचार
violence/violent हिंसा/हिंसक
violently जबरदस्तीने; जोराने
virgin land लागवड न केलेली जमीन
virus विषाणू
visa प्रवेशपत्र; प्रवेशाचा परवाना
visible balance व्यापारशेष
visible exports वस्तूनिर्यात; वस्तू आयात
visible imports वस्तू आयात
visible items of trade वस्तू व्यापार बाबी
visible unemployment दृश्य/प्रत्यक्ष बेकारी
visibles दृश्य बाबी/व्यापार; वस्तुरूप बाबी
vision साक्षात्कार; दृष्टिदर्शन
visionally impaired/visually challenged नेत्रहीन, अंध
visiting professor अभ्यागत प्राध्यापक
visual course सामान्य क्रम
vital force प्राणस्वरूपी प्रेरणा
vital index जीवन-मरण निर्देशक
vital registration जन्म-मृत्यू नोंद
vital revolution जीवनविषयक/जैव क्रांती
vital statistics जन्म-मृत्यूची आकडेवारी; महत्त्वाची आकडेवारी
vitality जीवनवाद; प्राणवाद
vocation व्यवसाय; धंदा
vocational education धंदेशिक्षण; व्यावसायिक शिक्षण
–guidence व्यवसायमार्गदर्शन
–rehabilitation व्यावसायिक पुनर्वसन
–training व्यावसायिक प्रशिक्षण
–value व्यावसायिक मूल्य
vogue प्रघात
voide निरर्थक; पोकळी; शून्य; अग्राह्य
voide and no effect रद्दबातल व परिणामशून्य
voilently जबरदस्तीने
volume परिमाण; विस्तार
volume of credit पतपैसा परिणाम
volume of money मुद्रापरिमाण
voluntarism इच्छावाद; ऐच्छिकवाद; प्रेरणावाद
voluntary ऐच्छिक; स्वेच्छापूर्वक
–association ऐच्छिक साहचर्य
–deposit ऐच्छिक ठेव
–disclosures स्वेच्छा कबुली आणि प्रगटीकरण

–exchange theory	ऐच्छिक विनिमय सिद्धान्त
–group	ऐच्छिक समूह
–licensing	ऐच्छिक परवाना
–liquidation	पर्यवेक्षित ऐच्छिक
–liquidation under supervision	पर्यवेक्षित ऐच्छिक परिसमापन
–orbitration	लवाद ऐच्छिक
–organization	ऐच्छिक संघटना
–parenthood	स्वेच्छा पालकत्व
–principle	स्वेच्छा तत्त्व
–retirement scheme	स्वेच्छा निवृत्ती योजना
–saving	ऐच्छिक बचत
–service	ऐच्छिक सेवा
–surrender	स्वेच्छेने स्वाधीन होणे
–unemployment	ऐच्छिक बेकारी
voluntrerism	सेवाभाव/सेवाकृती
vote on account	लेखानुदान
voter	मतदार
voting machine	मतदान यंत्रणा
voting of the demand	मागण्यांवरील मतदान
voting rights	मतदान अधिकार
voting turnout	वास्तविक मतदान संस्था
voucher	प्रमाणक; प्रमाण दाखला
voucher privatization	प्रमाणपत्र/पावती खाजगीकरण
voyage account	जलप्रवास लेखा
vulger materialism	लौकिक जडवाद

W

wage and price policy	वेतन आणि किंमत धोरण
wage bargain process	वेतन सौदा प्रक्रिया
wage	वेतन; मजुरी
–annual wage	वार्षिक वेतन
–attendence wage	उपस्थिती वेतन
–basic wage	मूळ वेतन; निव्वळ मजुरी
–differential wage	भेददर्शी मजुरी; भिन्न वेतन
–fair wage	न्याय्य वेतन; वाजवी मजुरी
–living wage	निर्वाह/जीवन वेतन; जीविका मजुरी
–minimum wages	किमान वेतन
–money wages	दृश्य वेतन; पैशातील मजुरी
–real wages	वास्तविक वेतन/मजुरी
wage account	वेतन लेखा
–board	वेतन मंडळ
–cost	वेतन खर्च
–deflation	वेतन घट
–department	वेतन खाते
–differential	मजुरी/वेतन विभेदक
–drift	वैधिकेतर वेतन अधियय
–flexibility	वेतनाची लवचिकता
–freeze	वेतन गोठवणी
–fund	वेतन निधी
–fund theory	वेतन निधी सिद्धान्त
–goods	वेतनवस्तू
–incentive	मजुरी/वेतन प्रोत्साहन; वेतनप्रेरणा
–induced inflation	वेतनप्रेरित अतिवृद्धी
–inflation	वेतन अतिवृद्धी; वेतन घट
–stability	वेतनस्थैर्य
–rate	वेतनदर

wages वेतन; मजुरी
–daily wages रोजंदारी; दैनिक वेतन; रोजमजुरी
–differential wages भेदजन्य मजुरी
–piece wages उक्ती मजुरी/वेतन
–subsistance wages निर्वाह वेतन
–time wages समय मजुरी; कालाधिष्ठित वेतन
wages efficiency मजुरी दक्षता
wages money रोख मजुरी
wages prices spiral वेतन किंमती आवर्त
wage stability वेतन स्थैर्य
wage structure वेतन संरचना
waif; bona vacanfia अनाथ/बेवारशी मालमत्ता
waif asset अनाथ मालमत्ता
waifs and strays अनाथ व पोरकी मुलं
walking inflation चालता (सध्याचा) फुगवटा
wants गरजा; न्यूनता; चणचण; टंचाई
war bond युद्ध रोखा
war chief युद्ध नायक
war criminal trials युद्ध गुन्हेगार न्यायचौकशी
war criminals युद्ध गुन्हेगार
war economy युद्धकालीन अर्थव्यवस्था
war, ethics of युद्धनीतीशास्त्र
war finance युद्धकालीन वित्तव्यवस्था
war land संघर्षभूमी
war lords युद्ध सामंत
wara's convention वॉर्सा विद्वत्सभा/करार
ware माल; विकाऊ माल

warehouse गोदाम; कोठार; वखार
warehouse price वखार किंमत
warehouse warrant वखार अधिपत्र
warning इशारा
warrant अधिपत्र; परवाना; हुकूम; प्रमाण
warrant of precedence अग्रक्रम अधिपत्र
warranted rate शक्य कमाल दर
warranty; assurance जिम्मेदारी; आश्वासन
wasting assets क्षयी मत्ता; क्षीणमात्र/क्षीयमाण मत्ता
water conservation जलसंचय
water lifting scheme उपसा जलसिंचन योजना
water literacy जलसाक्षरता
water management जलव्यवस्थापन
water resources जलसंपत्ती
watershed field development पाणलोट क्षेत्र विकास
watershed/catchment area पाणलोट क्षेत्र
ways and means अर्थोपाय; मार्ग व साधने
ways and means advances अर्थोपाय अग्रिमे; आगाऊ रक्कम
ways and means committee अर्थोपाय समिती
weakening of demand मागणी शैथिल्य
weaker section दुर्बलतर घटक/वर्ग
weaker sex अबला वर्ग

wealth	अर्थ (संपत्ती)
–assets	मत्ता
–belongings	मालकीच्या वस्तू
–effects	चीज वस्तू
–estate	संपदा; संपत्ती
wealth tax	संपत्ती कर; धन कर; वित्तप्राप्तीकर
wear and tear	झीज-तूट
weboffset	मुद्रणतंत्र
wedlock	विवाहबंधन
weight	वजन
weightage	विशेष सवलत/हक्क
weighted average	भारान्वित सरासरी
welfare activity	कल्याणकारी उपक्रम
–distribution	कल्याणकारी वाटप
–economics	कल्याणविषयक अर्थशास्त्र
–of the visually challenged	अंधकल्याण
–reforms	कल्याणकारी सुधारणा
–state	कल्याणकारी राज्य
well-being	कुशल; क्षेम; सुस्थिती
well-born	कुलीन; सुजात
well fed	सुपोषित
well-being maintenance	सुस्थिती
westernisation	पाश्चात्यीकरण; पाश्चिमात्यीकरण
wet famine	ओला दुष्काळ
wet farming	ओलिताची शेती
wet land	ओलिताची जमीन
whip	प्रतोद; पक्षप्रमुख
whipping	फटके; फटक्यांची शिक्षा
whistle blower	जागल्या
white	श्वेतवर्णी
white collar	पांढरपेशा; संभावित
white collar criminal	संभावित गुन्हेगार
white collar jobs	पांढरपेशी कामे
white collar workers	पांढरपेशे कर्मचारी
white magic	कल्याणकारी जादू
white revolution	धवल क्रांती
whole life insurance	आजीव विमा
wholeness	अखंडत्व/अखंडता
wholesale market	घाऊक विपणी (बाजार); ठोक बाजार
wholesale price	घाऊक किंमत; ठोक किंमत
wholesale price index	घाऊक किंमत निर्देशांक
wholesale rate	ठोक भाव
wholesale trade	घाऊक व्यापार
wholesale trader	घाऊक व्यापारी
wholeseller	घाऊक विक्रेता
widening of capital	भांडवल विस्तार/विस्तारणा
widow marriage	विधवा विवाह
wild cat banking	अनिर्बंध अधिकोषण; बँक व्यवसाय
will	संकल्प; इच्छा; मृत्युपत्र
will power	इच्छाशक्ती; मनोनिग्रह
wind energy	पवन ऊर्जा
wind fall profit	अकल्पित/अनपेक्षित नफा
wind up	उपसंहार; समापन (शेवट)
wisdom	प्रज्ञा; बुद्धी; चातुर्य; विवेक
witch doctor	मांत्रिक
witchcraft; black magic	जादूटोणा; चेटूक
with pay	पगारी वेतन
with proof	सप्रमाण

withdrawal amount	बँकेतून काढलेली रक्कम
withering of the state	राज्याचा विलय होणे (मार्क्सचा सिद्धान्त)
without compensation	विनामोबदला
women made invisible	स्त्रियांचे अदृश्यीकरण
women suffrage	महिला मताधिकार
women's liberation	स्त्रीमुक्ती
women's movement	स्त्री चळवळ
women's power	स्त्रीशक्ती
women's rights	स्त्रियांचे हक्क
women's studies	स्त्रीअभ्यास
words	संज्ञा, संकल्पना
work	काम; कार्य
wokability	व्यवहार्यता
work dealings	क्रियाव्यवहार
work in rule	नियमापुरते काम
work priority	शोषणरहित श्रमप्रधानता
workable competition	व्यवहार्य स्पर्धा
worker unitism	श्रमिक संघवाद
worker; workman	कामगार; कार्यकारी; श्रमिक
worker sector	श्रमिक क्षेत्र
working; acting	कार्यकारी
–capital	कार्यकारी/खेळते भांडवल
–committee	कार्यकारी समिती
–days	कामाचे दिवस
–drawing	कार्यकारी आरेख
–expenses	कार्यकारी/कामकाजाचा खर्च
–farm capital	खेळते शेत भांडवल
–group	कार्यवाही गट
–hours	कामाच्या वेळा
–population	कार्यकारी लोकसंख्या
workload	कार्यभार
workman	श्रमिक; कर्मकार; कामगार
workmanship	कसब; कारागिरी
workman's compensation	कामगार हानिपूर्ती; श्रमिक भरपाई
workman's compensation insurance	श्रमिक भरपाई विमा
works committee	कामगार मालक समिती; कार्यसमिती; बांधकाम समिती
workshop	कर्मशाळा; कार्यशाळा/ कार्यसत्र; निकेतन
work to rule	नियमापुरते काम
world bank	जागतिक बँक
world after cold war	शीतयुद्धोत्तर जग
world economic forum	जागतिक आर्थिक मंच
world empire	वैश्विक साम्राज्य
world government	जागतिक शासन
World Intellectual Property Organization	जागतिक बौद्धिक संपदा संघटना
World Trade Organization (WTO)	जागतिक व्यापार संघटना
world religion	जागतिक धर्म
world social forum	जागतिक समाज चर्चापीठ
worship	पूजा
worth	मोल; योग्यता

worth fundamental	मूल्याधार
writ	न्यायलेख; प्राधिलेख; न्यायालयाचा लेखी हुकूम
writ of mandamus	(वरिष्ठ न्यायालयाचा) परमादेष न्यायालेख
writtern and unwritten constitution	लिखित व अलिखित संविधान
wrong	अधर्म्य; अन्याय्य; चुकीचे

Y

year book	वार्षिक पुस्तक; सांवत्सरिक पुस्तक
year of account	खातेवर्ष; लेखावर्ष
year of accounting	लेखावर्ष
yield	उत्पन्न; लाभ; प्राप्ती
yield curve	परतावा दर्शक
yield elasticity	कर उत्पन्न लवचिकता
youngster	उत्साही तरुण; तरुण
youth leader	युवक नेता
youth organization	युवक संघटना
youth welfare	युवक कल्याण
youthful	तारुण्योचित
youthful offender	किशोर अपराधी; तरुण गुन्हेगार

Z

zamindari abolition	जमीनदारी निर्मूलन
zero sum	शून्य राशी; रक्कम
zerobase budgeting	शुन्याधारित अर्थसंकल्प
zionism	ज्यूवाद
zonal council	परिमंडलीय परिषद; विभागीय परिषद
zonal pattern	क्षेत्रीय रचना
zone	विभाग; परिमंडळ; क्षेत्र; प्रदेश; टप्पा
zone avoiding government control	शासकीय नियंत्रण टाळणारे क्षेत्र
zoning	निर्बंधित विभाग; परिमंडलन; क्षेत्र निश्चिती
zootheism	पशुपूजा